The Control of the Korean Media
during the Japanese Occupation

제 2 판

일제강점기
조선언론
통제사

이연 지음

박영사

머 리 말

　2020년 8월 4일, '일제 강제징용 피해자 손해배상'과 관련해 우리나라 법원은 신일본제철 자산에 대한 강제집행절차에 들어가게 되었다. 일본 또한 보복조치로 2차 규제를 예고하면서 한·일 양국은 1965년 국교정상화 이래 최악의 대립상태에 놓여 있다. 마침, 문재인 대통령도 8·15 경축사에서 "우리 정부는 언제든 일본 정부와 마주 앉을 준비가 돼 있다"고 언급하면서, 문제해결을 위해 양국정부의 공동 노력을 촉구했다.

　그렇다, 한일관계는 양국정부가 공동으로 함께 노력해서 해결하는 것이 가장 바람직하다. 과거 한·일간 교류가 가장 긴밀했던 1998년 '김대중·오부치 케이조小淵恵三 교토 공동선언'에서 보았듯이 '21세기 파트너십' 정신으로 다시 돌아가야 한다. 우리가 일본과의 관계에서 진정으로 승리하기 위해서 외교관계를 단절하고 대립의 길로 들어서는 것이 아니라, 그들을 보다 더 깊이 연구하고 분석하여 궁극적으로는 극일하는 길이다.

　2012년 12월 아베신조安倍晋三 정권이 재등장한 이래 한일 양국관계는 마치 마주보고 달리는 열차와도 같다. 특히 일본의 '종군위안부 문제'나 '극우 세력의 재특위(재일조선인특별영주권폐지주장) 활동 방치' 등으로 양국의 불신의 골은 더욱 깊어졌다. 무엇보다 일본은 2019년 7월 우리나라를 대상으로 불화수소 등 반도체 핵심 소재 3개 품목에 대해 전격 수출 규제를 단행한 바 있다. 우리도 이의 부당성에 대응해 WTO에 제소하는 한편, 지소미아(GSOMIA) 협정연장에 거부의사를 표명하기도 했다. 뿐만 아니라, 민간 차원에서도 일본제품 불매운동이 전국적으로 일어나면서 마침내 양국관계는 최악의 냉각상태에 직면해 있다. 우리가 극일하기 위해서는 지금과 같이 순수한 반일감정이나 애국심만으로는 불가능하다. 과거 1910년, 조선이 패망하던 경술국치 때도 애국자들은 차고 넘칠 정도로 많았지만 일본의 만행을 막기에는 역부족이었다. 물론 당시 조선의 국력 자체가 일본에 미치지 못한 부분도 있지만, 일본을 좀 더 철저히 연구하고 분석하여 사전대비를 잘 했어야 했다는 아쉬움은 남는다.

현재 우리가 일본과 대립적인 국면에서 극일하기 위해서 분석해야 할 부분은 일본의 현재뿐만 아니라 일본의 과거이다. 과거 일본이 우리나라를 강압적으로 통치한 사실은 부정할 수 없고, 이는 일본에게도 도덕적·윤리적인 취약점이자 급소이다. 우리가 일본의 과거 만행을 단순히 감정적으로만 비판할 것이 아니라, 객관적인 사료를 바탕으로 논리적으로 따지고 국제사회에도 진실을 알린다면, 일본으로서도 잘못을 시인하고 사과할 수밖에 없을 것이다. 필자는 이것이야말로 우리가 극일할 수 있는 가장 시급한 과제라고 생각한다.

1965년 한·일 국교정상화 이후 한·일간 문화교류가 가장 활발했던 시기는 1998년 김대중·오부치 케이조小淵惠三 교토 공동선언 이후 일본의 대중문화가 개방되었을 때이다. 그러나 2012년 8월 10일 이명박 대통령의 독도방문에 이어 8월 14일 다시 일본천황의 사과발언 요구로 양국관계는 한층 대립과 불신이 심화되었다. 또한, 2012년 12월 17일 아베정권이 재출범하면서 중·고등학교 역사교과서 수정과 종군위안부 강제동원 부인 등으로 일제 식민지 역사는 점점 은폐되어 가고 있다.

그동안 중국이 G2로 새로 등장함과 동시에 미·중간 무역 분쟁, 그리고 북한의 제6차 핵실험, 2017년 문재인 정부의 새 출범 등으로 한반도를 둘러싼 지정학적인 국제정치상황은 급변하고 있는 상태다.

과거 박정희 정권시대나 김영삼, 김대중 정부 시절에도 일본과의 마찰과 대립은 조금씩 있어 왔지만 양국 간의 공동이익과 우호증진이라는 큰 틀의 목표 앞에서는 모두가 이해를 같이했었다. 박정희, 김영삼, 김대중 대통령 세 사람 모두 식민지시대에 교육을 받은 소위 일본어 교육 세대다. 그러나 이명박, 노무현, 박근혜, 문재인 대통령은 일본어 세대가 아닌 비 일본어 세대에 속한다. 일본도 마찬가지로 미야자와 키이치宮沢喜一 수상(1991.11.5~1993.8.9)을 끝으로 일제 강점기에 교육을 받은 세대가 집권하던 시기는 이미 끝이 난 셈이다.

일본의 정치가들 중에 자신이 직접 일제 강점기의 제국교육을 경험한 통치자들은 대체로 일본의 과거사를 부정하지 않았다. 그 예로 1993년 8월 미야자와 총리 당시 관방장관이었던 고노 요헤이河野洋平(河野 太郎아버지)가 종군위안부에 대한 일본군의 강제성을 인정해 사과와 반성의 담화를 발표한 바 있다. 그러나 2차 세계대전 이후에 교육받은 세대인 고이즈미 준이치로小泉純一郎, 아베 신조安倍晋三, 후쿠다 야스오福田康夫, 아소 타로麻生太郎, 하토야마 유키오鳩山由紀夫, 간 나오토菅直人, 노다 요시히코野田佳彦 총리 등으로 이어지는 제국주의 역사를 경험하지 못한 비제국주의 세대가 집권하면서 한일관계는 다시 대립과 불신이 심화되어 가고 있다.

그 이유는 크게 두 가지의 원인이 있다고 본다. 먼저, 제2차 세계대전 이전의 교육세대는 그동안 양국 공히 과거 일제 강점기의 역사적인 인식을 서로 공유하면서 상호 타협과 협력으로 외교관계를 유지하여 왔다. 그러나 2차 세계대전 이후, 전후 세대인 단카이 세대(1947년~1949년 사이 베이비붐)가 정치권에 등장하면서 과거의 일제 강점기 통치시대에 관한 역사 인식은 제대로 공유하지 못하는 상태다. 현실적으로 서로 실리만 추구하다 보니 양국관계는 대립과 마찰이 깊어지고 있다. 특히, 한국은 역사와 명분을 중요시하는 민족인 데 반해, 최근 일본의 정치 지도자들 대부분은 전후 세대로 역사교육을 제대로 받지 않았기 때문에 역사와 명분인식이 부족한 현실주의자가 많다. 따라서 이들은 대체로 일제 강점기의 역사적 가해사실에는 모른 척 외면하고 회피하려 한다.

그 중에서도 가장 문제시되는 부분이 과거 35년 동안 일제의 조선통치에 대한 일본정부의 진정한 사과와 반성이다. 예를 들면, 종군위안부 문제나 독도 영유권 문제, 일본 역사교과서 왜곡 등이 외교 마찰의 가장 주된 원인이 되고 있다. 이 근본적인 원인은 무엇보다도 1차적으로 일제강점기 조선통치에 대한 우리나라의 연구부족에서 온 것이다. 만시지탄이 있지만, 당시 일제 식민지통치에 대한 진실규명 차원에서라도 지금 양국이 집중적으로 연구하여 근본적인 매듭을 풀어야만 한다. 이러한 근본적인 매듭을 풀지 않았기 때문에 매번 한국의 대통령이나 일본 수상이 새로 선출될 때마다 한일관계는 다시 원점으로 돌아가서 처음부터 새로 논의해야 하는 일이 반복되고 있다.

따라서 한일 양국이 근본적인 매듭을 풀기 위해서는 과거의 역사를 공유하고 존중하며 진실규명과 화해를 위해서도 진지한 연구가 선행되어야 한다. 본서는 이를 위해서 일제강점기 조선통치사 중에서도 조선언론통제사 부분에 관한 자료를 집중적으로 수집·분석해 보았다. 필자는 1984년 일본에 유학한 이래 일본에서 조선언론통제사 관련 연구 자료를 찾기 위해 35여 년간 백방으로 뛰면서 자료를 수집·분석했다. 특히 본서에는 처음으로 국내에 소개되는 문건들도 많다. 일본정부는 1980년대 후반부터 30년을 주기로 정부관계 공문서 공개정책에 따라 계속해서 역사적인 자료들도 공개하고 있다. 그 자료들 중에서 최근에 공개한 조선총독부의 언론정책이나 언론통제에 관한 자료들은 거의 수집하였다.

그 중 메이지明治 시대에 관한 자료는 도쿄대학 메이지 신문잡지문고東京大学明治新聞雑誌文庫에서 수집하였고, 이노우에 가쿠고로井上角五郎와 후쿠자와 유키치福沢諭吉에 관한 자료는 케이오 기주쿠대학 도서관慶応義塾大学図書館, 사이토 마코토斎藤実 조선총독에 관한 문서는 일본국회도서관 헌정자료실国会議事図書館憲政資料室, 식민지 관련 교육자료国文学資料館 및 조선총독부 관련 자료는 우방협회友邦協会, 学習院大学アジア文化研究所, 한일 외교자료문서는 일본 외무성 외교사자료관外務省の外交資料館, 영일동맹 및 한일합병 자료는 영국 옥스퍼드대학교 도서관 Oxford大学図書館에서 직접 수집하였다. 또한, 본서는 그동안 필자가 쓴 『日本統治下朝鮮における言論統制史』(1991, 上智大博士學位論文) 및 『朝鮮言論統制史』(2002, 日本 信山社), 『日帝下의 朝鮮情報委員會의 역할』(1993, 나남), 「일제하 경성방송국(JODK)의 설립배경과 그 역할」(2011, 한울) 등의 자료나 논문을 바탕으로 번역, 또는 수정 보완하여 새롭게 개정판을 내게 되었다.

그 밖의 자료로는 특히 곤도 켄이치近藤釗一 전 『京城日報』 논설위원의 자택을 방문해 생전에 취재한 생생한 육성 인터뷰 내용 등도 포함돼 있다. 곤도 논설위원은 1990년 인터뷰 당시 91세가 되는 고령이었기 때문에 부인이 동석하기도 했으나 아주 귀중한 인터뷰가 되었다. 또한, 본서는 일제의 탄압이나 언론통제에 대한 자료를 분석함에 있어 될 수 있는 대로 감정적인 평가나 주관적인 분석은 자제하고 객관적인 자료에 입각해 실증적으로 분석하려고 노력했다. 또한, 기존의 관련 자료라 할지라도 재검토 및 재분석하여 수치상의 오류나 오역 등에 대해서도 수정하는 한편, 같은 내용이라도 한일 양국의 자료를 비교분

석해서 최대한 오류를 줄이도록 노력했다. 특히 일제 강점기의 자료들 중에서
도 메이지明治 시대의 자료나 신문들 중에는 난해하고 해독이 어려운 자료들이
많아, 독자들의 이해를 돕기 위해 원문을 의역하거나 직역하여 원래 의미를 훼
손하지 않는 범위 내에서 자세하게 풀어서 기술했다.

다음은 본서에서 밝힌 새로운 자료나 연구 성과 및 그 특징에 대해서 몇
가지 언급해 두기로 한다.

(1) 본서는 일제하 조선통치사 분야 중에서 일본에 있는 언론통제 분야의
자료는 거의 수집·발췌하여 체계적으로 분석하였다. 종래에는 막연하게 언론통
제라고 말했는데, 본서에서는 언론통제에 대한 정의와 영역, 그리고 '무엇을 언
론통제라고 하는가?'라는 문제에서부터 시작하여 역사적인 사례를 들어가면서
시기별로 언론통제를 명확하게 매듭지어 설명하고자 노력했다.

(2) 한국 최초의 근대 신문인 『한성순보』와 『한성주보』의 창간배경이나 창
간과정에 대해 일본 측의 자료를 통해 지금까지 밝혀지지 않은 자료들을 발굴
해 소상하게 밝히고 있다. 특히 한성순보 창간배경에 관련한 이노우에 가쿠고
로와 후쿠자와 유키치 등에 대한 일본 측의 추적 자료는 근대 한국언론사 연구
에 있어서 최초로 발굴해 소개하는 귀중한 자료들이다.

(3) 일본이 대 조선 언론정책을 수립함에 있어서 대만(臺灣)의 식민지통치
정책 사례를 조선에 적용했다는 점도 처음으로 밝혔다. 대만의 척식국부총재拓
殖局副総裁였던 고토 신페이後藤新平는 「대만통치구급안台湾統治救急案」에서 대만의
언론통제정책을 소상하게 제시하고 있다. 그는 후일에 「한일병합 준비 위원회
위원」이 되었고, 나중에 그 정책을 조선에 폭넓게 활용하고 있다. 뿐만 아니라
그는 1925년에 NHK의 전신인 일본방송협회(日本放送協會)를 설립하게 되는데,
그 후 일본방송협회의 프로그램을 경성방송국에까지 중계로 배급할 뿐만 아니
라 만주지역까지 프로그램을 송출하게 된다.

(4) 영일동맹(Anglo-Japanese Alliance)에 관한 자료는 영국 옥스퍼드대학
도서관에서 직접 발굴한 자료들로 한국이나 일본에도 잘 알려지지 않은 귀중한
자료들이다. 영일동맹관련 언론 분야는 한국에서는 거의 알려지지 않은 분야다.
신사의 나라라 불리는 영국도 당시에는 영일동맹에 의해서 사실상 일본의 조선

통치를 승인하였고, 일본은 이 조약에 의해서 조선의 식민통치에 대한 결정적인 기반을 마련하게 되었다는 사실을 처음으로 밝히고 있다. 뿐만 아니라, 1902년 2월 14일 저녁, 일본정부의 주도로 도쿄에서는 4시간 동안 영일동맹을 축하하기 위해 시가행렬이 진행된다. 도쿄시가지에서는 전국에서 올라온 상공인들에 의해 대대적으로 횃불행렬 퍼레이드가 진행되는데, 여기 행진 당시 불려진 노래 가사를 보면, 사실상 조선의 식민 지배를 통한 중국진출의 찬가였음이 처음으로 밝혀졌다.

(5) 조선에서 강력하게 언론탄압정책을 실시한 테라우치 마사타케寺内正毅 조선총독은 무관으로 언론에는 문외한이었다. 그러나 그를 지지한 야마카다현山形県 출신 카츠라 타로桂大郎 총리, 이토 히로부미伊藤博文, 이노우에 가오루井上馨, 야마카타 아리토모山県有朋 등의 당시 같은 파벌인 일본정계의 거물급 인사들이 그를 적극 지지했다. 게다가 테라우치는 당시 카츠라 타로桂太郎 총리대신을 적극 지지하고 있던『국민일보国民新聞』사장 도쿠토미 소호德富蘇峰를『경성일보』감독으로 초빙하여 언론 통폐합을 주도했다는 사실도 밝혔다.

(6) 테라우치寺内 총독의 강압적인 언론탄압은 물론 윌슨의 자결주의의 영향도 있었겠지만, 조선민중의 맹렬한 반발에 의해 결국「3·1운동」으로 이어진 점과, 조선의 언론통제가 과하다는 세유카이의 하라 다카시原敬 총재와 도쿄제국대학 요시노 사쿠조吉野作造 교수 등의 비판으로 인해 새로운 국면을 맞게 된다. 또한, 사이토 마코토 총독이 유화정책으로「문화정치」를 하지 않으면 안 될 상황 속에 놓이면서『조선일보』,『동아일보』,『시사신문』민간 3지紙가 창간되는 과정도 소상하게 밝히고 있다.

(7) 1931년 만주사변과 1937년 중일전쟁을 통해 일본은 조선을 대륙전쟁의 병참기지로 삼으면서, 사상통제 및 언론통제를 보다 더 엄격하게 단속하는 한편, 법적·제도적으로도 전쟁 물자를 엄격하게 통제해 나간다. 구체적으로는 ①불온문서단속령 ②국가총동원법 ③신문지법 ④신문지규칙 ⑤출판법 ⑥치안유지법 ⑦조선사상보호관찰령 등 각종 법규 또는 제도를 만들어 언론통제내지는 사상통제까지도 강화해 나갔다. 뿐만 아니라, 일본이 설치한 '조선중앙정보위원회'가 언론통제에 어떠한 역할을 했는지에 대한 분석도 자세하게 밝혔다. 조선 중앙정보위원회는 당초 정보 및 개발선전에 관한 중요사항의 조사·심의 등을 목적으로 설립되었으나, 실제로는 조선민중들에게 프로파간다정책을 적극

적으로 펼치는 한편, 모든 통치정책이나 언론통제정책 실행에 주안점을 두고
있었다. 본서에는 「조선중앙정보위원회」의 조직과 운영 규칙, 역할 등에 대해서
소상하게 밝히고 있다.

(8) 태평양전쟁 발발과 함께 언론통제는 점점 더 엄격해지는데 당시 언론
은 총독부가 조직적으로 철저하게 통제하고 있었다. 그 예로 「조선총독부출판
통제협의회」, 「출판물용 양지 사용규정 요강」 등의 기구나 「조선임시보안령 및
동령 시행규칙」 등에 의해서 일제의 반식민지 언론이나 출판을 철저하게 통제
하는 과정을 당시 자료들을 통해서 처음으로 밝히고 있다.

(9) 지금까지 잘 알려지지 않았던 '경성방송국'에 관한 희귀한 자료들도 일
본의 고서점이나 NHK방송문화연구소, 일본국회도서관, 외교사 자료관 등에서
수집해 상당 부분 처음으로 밝히고 있다. 특히 초기 방송국에서 근무한 한국인
종업원들의 이름이나 아나운서 이름 등이 잘못 기록된 부분도 원문을 통해 바
로잡았다. 나아가서 재정 분야의 비밀자료도 발굴해 소개하였다.

(10) 본서는 일제 강점기 조선총독부 기관지였던 『경성일보』의 사사社史인
『경성일보사지京城日報社誌』를 처음으로 발굴해서 당시 언론통제에 관한 귀중한
자료들을 국내에 소개하고 있다. 이는 경성일보의 창간취지나 목적, 종사자 등
자세한 기록물까지 밝힐 수 있는 귀중한 자료들이다.

이상 본서는 일제의 조선통치사에 관한 수십만 건의 자료와 문건을 수집·
분석하여 「일제 강점기의 조선 언론통제사」로 집중적으로 정리해 보았다. 특히
미국과 영국에서 일어난 「조선동정자회」의 활동 등도 소개하고 있다. 나아가서
일제의 조선 언론통제 정책을 일본의 국내외적인 정세와 함께 조선의 국제정
세, 또한 당시의 관련 인물들에 대한 철저한 검증과 함께, 법과 제도, 조직적인
측면 등의 관계를 종합적으로 분석하였다.

초판에 이어 재판에 즈음해 독자 여러분들의 이해를 돕고자 일본인의 이름
이나 지명 등은 발음 그대로 표기하고 일본어 원문도 병기해 두었다. 특히, 메
이지明治 시대의 난해한 자료는 일본어 원문 이외에 관련 해설도 첨가하였다.
이 밖에도 단순 문구수정 뿐만 아니라 관련 내용을 추가하는 등 초판에서 미진
하였던 부분들을 본 판에서 상당 부분 보완하였다.

본서가 있기까지 필자는 일본에는 수많은 학자들이나 전문가, 언론인, 출판 관계자들로부터 귀중한 자료와 조언을 받았으며, 이를 바탕으로 10여 년 동안 번역과 자료 분석 등을 거듭해 오다가 늦게나마 완성을 하게 되었다. 이제 35 년간이나 미뤄오던 숙제를 마침내 다 끝내게 됐다는 마음에 홀가분한 느낌이 든다. 그동안 1984년 필자가 일본 조치대학上智大學 대학원 신문학과에 유학한 이래 지도교수로서 역사적 사료의 취급방법에서부터 연구자의 자세에 이르기까 지 세심하게 지도해 주신 하루하라 아키히코春原昭彦(上智大学名誉教授·前日本新 聞学会会長) 교수님을 필두로, 학문적으로뿐만 아니라 인간적으로도 격려를 아 끼지 않으셨던 다케이치 히데오武市英雄(上智大学名誉教授·前 日本매스커뮤니케이 션학회회장) 교수님, 구체적인 논문 기술방법 등까지 자세하게 조언해 주신 스 즈키 유가鈴木雄雅(上智大学) 교수님께 진심으로 감사의 말씀 드리고자 한다. 특 히 본고의 집필에 있어서 『京城日報社』의 감독인 도쿠토미 소호德富蘇峰에 관련 된 자료나 일본의 정보위원회情報委員会의 귀중한 자료뿐만 아니라 일본을 더욱 비판해 달라고 격려를 아끼지 않으셨던 도쿄대학명예교수東京大学名誉教授 고 우 치카와 요시미内川芳美(前日本新聞学会会長·東京大学新聞研究所所長) 교수님의 영 전에도 삼가 감사의 말씀을 고하고자 한다. 또한, 관동대지진과 언론통제에 관 해서는 전 도쿄대학東京大学 히로이 오사무広井脩(社会情報研究所所長) 교수님, 그 리고 언론법에 관해서는 하마타 준이치浜田純一 전 도쿄대학東京大学(前社会情報研 究所所長) 총장님, 도쿄대학東京大学·조치대학上智大學 공동세미나 등에서 신세를 진 도쿄대학東京大学 미즈코시 신水越伸 교수님께도 본서를 통해 감사의 말씀을 전한다. 그 밖에도 세이케이대학成蹊大學의 오쿠노 마사히로奥野昌宏(成蹊大学) 교 수님, 나카에 게이코中江桂子(成蹊大学) 교수님, 그리고 일본 방송의 산 증인 가 와타케 카즈오川竹和夫(東京女子大学) 교수님 영전에, 언론법학자이신 이시무라 젠지石村善治(前長崎大学学長) 교수님, 미디어사연구회 아리야마 테루오有山輝雄(東 京経済大学 교수) 회장님, 가나야마 츠토무金山勉(立命舘大学) 교수님 등 많은 교 수님들께 본서를 통해 감사의 인사를 전한다.

필자의 유학시절부터 현재까지 공사에 걸쳐 귀중한 연구 장소인, 조치대학 上智大學의 오토 요시히로音好宏 교수님, 이시카와 사카에石川旺 교수님께도 감사

의 말씀을 전하고자 한다. 또한 필자의 박사학위 논문을 기꺼이 출판해 주신
신잔사信山社의 와타나베渡辺左近 사장님에게도 다시 한 번 감사의 말씀을 전하고
자 한다.

　마지막으로 '코로나 19'라는 국가적인 재난상황 속에서 어려움을 겪고 있
다. 모쪼록 모든 국민이 합심하여 유례없는 재난상황을 잘 이겨내기를 소망한
다. 또한, 어려운 출판사정에도 불구하고 학술도서인 본서의 개정판을 주저하지
않고 승낙하여 주신 박영사 안종만 회장님과 안상준 대표님, 이영조 차장님, 오
치웅 대리님, 그리고 마지막까지 교정 작업으로 수고해 주신 조보나 대리님께도
깊은 감사의 말씀을 드리고자 한다.

2020년 8월 15일 영등포 서재에서
이 　 연

차　례

제 1 장　서　론

제 2 장　근대언론 전사前史

제 3 장　근대신문의 성립기와 일본의 언론인

제 4 장   1905년 을사늑약 전후의 일본의 언론정책

제 5 장   1910년 한일병탄시대의 언론통제

제 7 장   대륙 군수기지화정책과 강제적인 언론통제

제 8 장   태평양전쟁과 언론통제의 강화

제 9 장 결 론

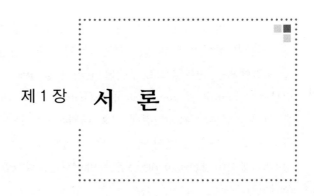

제 1 장 서 론

제 1 절 본 연구의 목적 및 필요성

흔히들 통제(control)라는 말은 '자연적인 것에 대해서 인간이 심리적 또는 물리적으로 힘을 가해 본래의 기능을 변형시키는 것'을 말한다. 인간에 있어서 가장 기본적인 욕구인 동시에 권리인 '표현의 자유(英, freedom of expression, speech)'는 천부적으로 부여 받는 것이다. 이 표현의 자유 중에서 특히 언론의 자유는 개인이 언론활동을 통해서 자기의 인격을 형성하고, 민주정치의 이념에 따라 정치적 의사결정에 참여하는 데 가장 중요한 정신적인 자유권이다.

헌법에는 개인이 의견이나 사상을 자유롭게 표현할 수 있도록 표현의 자유를 보장하고 있다. 구체적으로 명시된 표현의 자유 내용은 ① 언론의 자유권향유 ② 언론·출판의 자유 ③ 인쇄 수단의 소유, 또는 이용의 자유다.1) 이 외에도 표현의 자유에는 창작의 자유, 광고와 선전의 자유, 알 권리 등이 있다. 알 권리(right to know)는 표현의 자유에서 파생된 권리이다. 영국의 철학자이자 옥스퍼드대학 교수인 아사야 벌린(Isaiah Berlin)은 알 권리를 다시 ① 적극적 자유(Positive liberty) ② 소극적 자유(negative liberty)로 그 개념(Concepts of Liberty)을 구분해서 설명하고 있다. 적극적 자유는 국민이 국가에 대해서 적극적으로 정보제공을 요구할 권리이며, 오늘날의 정보공개 청구권과 같은 것이다.

후자는 국민이 국가로부터 방해 없이 자유롭게 정보를 습득할 권리를 말한다.

인간이 살아가는 데 없어서는 안 될 것이 '언론의 자유'다. 이는 본질적으로 인간에게는 천부적으로 부여된 권리인 동시에 자연발생적인 것이다. 그런데 언론통제(control of free speech, regulation of freedom of speech)라고 하는 것은 이러한 언론의 자유행위에 대해 내외적으로 어떤 힘을 가해 원래 언론의 소통 기능을 변형시킨 것이다. 물론 여기에는 종래의 언론통제에 관한 통념인 부정적인 통제(negative control)뿐만 아니라, 긍정적인 통제(affirmative control)도 포함된다.[2]

일반적으로 언론통제라고 말하면 언론에 미치는 내외부적인 탄압이나 압력에 한정된 의미로 사용되고 있지만, 왁스만(Jerry J. Waxman)이 지적한 것처럼 언론의 게이트키핑(gate keeping, 매스커뮤니케이션에서 편집자 등의 보도 결정권자가 뉴스를 취사선택하는 과정) 전 과정에서 부득이하게 이루어지는 정보 통제도 존재한다.[3] 언론도 뉴스 또는 정보를 수집하여 생산·가공하는 상품생산 공장에 비유된다. 말하자면 언론은 정보원으로부터 상품의 원료에 해당하는 뉴스나 정보를 수집·가공하여 메시지(신문기사나 방송)를 수용자에게 전달하는 미디어인 것이다. 통제는 그 공정과정 전반에서 이루어지는 것이다. 그래서 본서에서는 정보 수집과정에서부터 완성된 상품을 전달할 때까지의 전 과정에 나타나는 언론통제와 그 요인들에 대해서 분석하고자 한다.

우선 언론통제에 관련된 요인은 앞에서 언급한 것처럼 크게 외적요인(물리적 통제)과 내적요인(심리적 통제 등)으로 구별된다.[4] 이것을 좀 더 세분화해 보면, 외적요인에는 ①정치적 통제 ②경제적 통제 ③문화적 통제 ④정보원(news source)에 대한 접근통제(control of the information access) ⑤독자 반응에 의한 통제가 있으며, 내적요인에는 ①기자의 양심이나 철학과 가치관 ②언론기관 내부 문제(발행인, 편집인, 사내 기자조합) ③각종 단체로부터의 외압(즉, 기자클럽이나 신문협회, 편집인협회, 언론진흥협회, 각종 이익단체와 같은 단체로부터의 외압 혹은, 그 밖에 언론기관 자체에 내재하는 눈에 보이지 않는 통제)이 있다.

하나의 정보가 상품화되기까지 커뮤니케이터(communicator)는 앞에서와 같은 내외적 통제요인(control variables)과 상호작용하며 수없이 많은 간섭을 받는다. 그렇기 때문에 언론통제에 관한 연구는 라스웰(Herold D. Lasswell)이 말한 것처럼, 언론의 체계와 그 구성원의 통제요인까지도 분석하지 않으면 안 될 것이다.5) 이와 같은 통제요인에 의해 언론은 본래의 기능을 잃어버리고 정보의 불평등(imbalance), 왜곡(distortion), 오보(miss information), 편견(bias), 편향(slanting), 잡음(noise), 허위보도(mendacious report) 등을 야기할 가능성이 높기 때문이다.

언론통제 중에서도 가장 문제가 되는 것은 무력이나 정치권력을 이용한 통제다. 이것은 언론을 무력화시켜 결과적으로 언론을 우민화정치 도구로 만들어버리기 때문이다. 언론은 권력자, 혹은 통치자의 시녀(maid)가 되어 무력이나 권력통치의 수단으로 변해버린다. 세계 언론통제의 역사를 살펴보면 최초의 언론통제법은 1275년에 영국에서 제정된 '고관비방처벌법(Stathtes of De Scandalis Magnatum)'이다. 이것은 영국왕실 고급관리에 대한 비방을 철저하게 금지하는 것을 목적으로 한 법이다. 또 1662년 찰스2세 때 제정된 '출판물 허가법(Licensing Act)'은 인쇄허가와 사전검열제를 규정하고 있어서 언론의 자유를 심하게 구속하고 있었다고 하겠다.

세계 언론사에 있어서 최초로 식민지에 대한 언론통제법을 제정한 국가는 영국으로, '날인세법'이 그것이다. 이것은 1712년 앤 여왕에 의해 제정되었는데 신문, 잡지 등 모든 출판물에 대해서 일정한 세금을 부과하여 신문사 및 출판사에 대해서 제정적인 압력을 가하고 있으며, 나아가서는 독자를 줄이게 하는 통제방법으로도 이용되었다. 이 제도는 당시 영국의 식민지인 미국에서 실시되었는데, 그 결과 미국 언론계에 큰 반발을 불러일으켜 결국 독립운동을 촉발한 계기가 된다.

제국주의 시절, 일본은 세계열강의 식민지 획득 투쟁에 뛰어들어 한반도를 식민지화하게 된다. 식민지화에 있어서 일본은 조선민족으로부터 격심한 저항을 받게 되자, 이를 막기 위해 일본은 언론을 탄압하면서 동시에, 언론을 통하여 회유와 설득하는 작업을 병행하게 된다. 당시 일본정부, 또는 조선총독부가 어떻게 언론통제 정책을 취하였으며, 조선민족은 그 언론탄압에 대해서 어떻게 저항하고 항거하였는가에 대한 분석은 일제하 식민통치시대의 언론연구에 중요한 실마리가 되리라고 본다.

일제하의 식민지 언론 연구는 아직까지도 양국 간에 깊은 골로 남아있어서, 당시 식민시대 언론에 대한 연구는 중요한 의미를 가질 것이다. 한일 양국의 언론사적 연구의 측면에서 보아서도 1905년 을사늑약시대를 포함하여 일본

통치 40년간의 언론통제사 연구는 커다란 과제라 말하지 않을 수 없다. 이 시대의 조선 언론사에 대해서는 일본도 일본 제국시대의 역사의 일부분으로 취급하면서도 연구사적인 면에서는 거의 무시하고 방치해왔다. 마찬가지로 1883년 최초의 근대 신문인『한성순보』창간에서부터 1945년 광복에 이르기까지의 반세기가 넘는 기간이 근대 신문사의 중요한 연구 분야임에도 불구하고, 한국에서도 자료부족 등의 이유로 거의 연구를 제대로 못한 게 사실이다. 마치 침략의 역사는 있어도 침략당한 역사는 없어 보이는 현실이다.

2012년 12월 아베정권 수립 이후 우경화가 가속되고 있는 가운데 일본은 침략의 역사를 부정하고 있다. 이에서도 보듯이, 한·일 양국 사이의 가장 큰 과제는 일제하 식민지 통치시대의 식민잔재 청산이다. 1965년 한·일 국교정상화 이후 48년이 지났지만, 아직도 일본은 과거의 식민지 지배 사상을 완전히 버리고 못하고 있다. 2013년 4월 27일 일본의 아베 총리安部晋三의 '침략부정 발언',6) 12월 26일 야스쿠니靖国사 참배 등에서도 잘 알 수 있는 대목이다. 일제가 「황국신민」이라는 미명 아래 무력으로 한일병탄을 강행한 사실에 대해서, 그 역사적 책임을 명백히 하지 않았기 때문에 아직까지도 식민잔재가 완전히 불식되지 않고 있다고 할 수 있다. 여기에는 은폐하고자 하는 일본 측 책임도 있겠지만, 일제 지배에 대한 충분한 연구를 해오지 않은 한국 측의 책임도 또한 크다고 할 수 있다. 실제로 한국은 과거 식민지 만행에 대한 피해의식만 강조하여 감정적인 차원에서만 일본의 도발에 대응한 반면, 일본과 일제 역사에 대한 조직적인 연구나 사료 중심의 연구는 소홀히 해온 것이 사실이다.

필자는 한국 언론사에 있어서도 가장 심각한 과제인 식민지 시대에 대한 연구의 필요성을 실감하고, 1984년 일본에 유학한 이래 30여 년간 수집한 자료 및 연구업적을 기반으로 일제 치하의 언론통제 및 언론 탄압 사실의 근거를 사료를 중심으로 논리적이고 체계적으로 분석해 보았다.

본서는 종래의 식민지 언론통제사 연구방법인 단편적, 또는 서지학적인 자료소개 내지는 사건 중심적 분석방법에서 탈피하여, 자료를 바탕으로 한 종합적 또는 입체적인 실증적 분석방법을 도입하였다. 즉, 자료중심의 분석을 통해 상호관련성을 추출하여 실증적인 결론을 도출해내는 방식이다. 언론탄압사라고 하는 것도 단순히 언론 그 자체 분석에만 그치지 않고 당시 정치, 경제, 사회, 문화 등의 사회전반적인 측면에서 분석한 다음 언론통제의 요인과 언론통제 상

황, 언론통제 결과를 종합적으로 고찰할 것이다. 또한, 종래의 경향이었던 감정
적, 주관적, 자기중심적 분석 내지는 한반도 안의 정세에만 의존한 분석방법에
서 과감히 탈피하여, 객관적인 입장에 서서 당시 세계정세 속에서의 일본의 움
직임이나 전 일본열도의 정세가 한반도에 미친 영향 등을 고려하여 분석해갈
것이다.

주로 사용된 자료는 메이지시대明治時代의 조선에 관한 출판물은 도쿄대학東
京大學 메이지시대 신문 잡지문고 자료明治時代新聞 雜誌文庫資料, 후쿠자와 유키치福
沢諭吉와 이노우에 가쿠고로井上角五郎에 관한 자료는 케이오기주쿠대학 도서관자
料慶應義熟大學 圖書館資料, 사이토 마코토斎藤実 문서자료(국회도서관 헌정자료실),
조선시대 신문(아시아경제문제연구소日本貿易振機構アジア經濟硏究所), 식민지 교육자
료(국문학연구자료관国文学硏究資料館), 조선총독부에 관한 자료는 유호코카이友邦協
會, 각슈인대학學習院大學 아시아문화 연구소자료, 한일외교자료문서(외무성외교자
료관外務省外交資料館), 영일동맹 관계자료 및 한일병합 관계자료(영국 옥스퍼드대
학 도서관) 등, 당시의 언론통제 상황을 엿볼 수 있는 자료들이며, 이들 자료에
대해서는 종합적으로 분석하였다.

식민지시대의 언론 및 정책에 관한 대표적인 선행연구로는, 1959년 김규환
(전 서울대학교) 교수의 '식민지 조선에 있어서 언론 및 언론정책사'[7]와 강동진
(전 쓰쿠바대학) 교수의 '일본의 조선지배정책사 연구'[8] 등을 들 수 있다. 두 논
문 모두 식민지시대 언론 연구의 선구자적 역할을 했다고 할 수 있다. 김규환
교수의 논문은 식민지시대 조선 언론 및 선전 정책사 연구에 있어서 개척자 역
할을 했고, 강동진 교수의 논문은 난해한 한·일 역사 중에서도 특히 사이토 마
코토斎藤実 조선총독부의 문서를 해독하였을 뿐만 아니라, 「3.1 독립운동」[9]의
역사적인 배경까지도 자세히 분석한 자료로 알려져 있다.

그런데 지금부터 54년 전인 1959년 김규환 교수가 논문을 집필할 당시에
는 기밀문서로 분류돼 공개되지 않았던 공문서들이 2013년 현재 일본에서 엄청
나게 공개되었다. 따라서 당시는 기밀이었던 일본 외무성자료가 속속 공개됨에
따라 새로운 자료에 의한 수집과 분석이 절실한 시점이다. 사이토 마코토 문서
에 집중하여 사건중심의 분석을 실시한 강동진 교수의 「3.1 독립운동」이라는
논문도, 35년이라는 전 식민지 통치기간에 비춰 본다면 역시 사이토 마코토斎藤
実 총독시대에만 한정되어 있어서 단편적인 분석이라는 아쉬움이 남는다.

필자는 1991년 조치대학上智大學 신문학연구과에서 '일본통치하에 있어서 조선의 언론통제' 라는 제목으로 박사학위를 받았고, 같은 논문을 대폭 수정하여 2002년 도쿄의 신잔사信山社에서 『朝鮮言論統制史』를 출판한 바 있다. 그후 10여 년 동안 수많은 자료들을 발굴·분석하는 한편, 기존의 저서를 번역하는 동시에 그 내용도 거의 해체 수준에 가깝도록 대폭적으로 수정 내지는 보완하여 한국어로 출판하게 되었다. 특히, 본서에서는 식민지 전사前史에 해당하는 한국 근대언론의 성립기의 중요성에 착목하고 식민지 전사에 관한 자료부터 발굴해 분석해 보기로 했다. 왜냐하면, 식민지 전사前史의 분석 없는 식민지시대 언론통제 연구는 오류를 범할 수 있기 때문이다. 근대 신문의 성립기에 일본 언론의 침투 상황에 대해서 자세하게 분석하지 않은 채 바로 식민지 통치 언론을 분석한다는 것은 그만큼 적확성을 결여할 수밖에 없다.

필자는 본서를 집필함에 있어서, 우선 다음과 같은 몇 가지 점에 중점을 두고 있다.

첫째, 한국 근대 신문의 성립기에 관한 연구이다. 한국에서는 별로 연구되지 않고 있는 부분이지만, 필자는 일본 유학 이후 자료를 수집, 분석하여 1987년 일본신문학회에 발표 보고하였으며, 또 『신문학평론』(제37호)에도 발표하였다. 뿐만 아니라, 후쿠자와 유키치福沢諭吉의 대한언론관, 이노우에 가쿠고로와의 관계, 아울러 그들이 한국 언론에 미친 영향 등에 대해서도 자세하게 분석하였으며 본서에도 이러한 내용을 적극 반영하였다.

둘째, 영일동맹과 조선의 식민지화의 관계이다. 즉, 영일동맹이 한반도에 어떤 영향을 미친 것인가에 대해서는 영일동맹을 둘러싼 각국의 언론보도와 일본 언론의 보도 태도를 통해서만 분석할 수 있다. 여기서는 영일동맹을 둘러싼 신문보도를 통해서 당시 주식의 동향이나 일본의 한반도에 대한 노골적인 침략정책을 밝혀내고 있다. 즉, 당시 신문을 통해서 그때까지 침체해 있었던 일본의 주식시장이 영일동맹 직후 급상승한 사실 등을 분석하는 것과 더불어, 각 신문의 논조분석을 통해서 한일합병(병합)에 이르기까지 당시의 상황을 자세하게 고찰하였다.

셋째, 일본의 대 조선 식민지 통치 이념의 논리적 분석이다. 일본이 한반도를 식민통치하기 위해서 어떤 연구를 행했는가에 대해서 보다 체계적인 동시에 종합적으로 분석할 것이다.

넷째, 한일합병에 대한 영국 언론보도의 분석이다. 제2차 세계대전 전에 세계에서 가장 발전된 자본주의 제국이었으며, 군사대국이었던 영국이 한일합병을 둘러싸고 어떤 보도를 취하고 있었던가를 분석하고자 한다. 본서에서는 옥스퍼드대학에서 수집한 자료를 바탕으로 당시 한반도를 둘러싼 영국 언론의 보도내용을 고찰해 보고자 한다. 종래에 영일동맹에 대한 언론에 관한 연구는 거의 없었는데, 영국은 1902년 영일동맹 이후 한일병탄에 이르기까지 서구제국 중에서도 한반도 문제에 대해서 가장 큰 관심을 보이고 있었기 때문에, 특별히 분석할 만한 가치가 있었다.

다섯째, 교통통신정책과 조선의 언론통제에 관한 분석이다. 언론 발달은 교통통신수단의 발달과 매우 밀접한 관계에 있다는 사실이 종래에는 그다지 주목받지 못했다. 그러나 본서의 연구에서는 한일병합 이후 일본과 한반도 간의 해군항로나 철도, 도로 등을 통해 언론출판물의 운반로를 조사하는 과정에서 언론출판물의 수송통제에 관한 중요한 단서를 포착하게 되었다. 이를 통해 일본의 교통통신정책이 한반도 언론통제에 어떤 영향을 미쳤는가에 대해서도 밝히고자 한다.

여섯째, 『경성일보京城日報』의 역대 사장과 경영방침에 대한 연구이다. 『경성일보』는 조선총독부 기관지임에도 불구하고, 그 창간배경과 역대 사장들의 경영방침에 대해서 아직까지 그다지 명확하게 밝혀지지 않았다. 본서에서는 경성일보의 창간 취지나 사지社誌 및 역대사장의 경영방침을 엿볼 수 있는 자료분석을 통해서 동 신문이 일본의 식민지정책 실현에 어떤 역할을 하였는가를 분석하기로 한다.

일곱째, 사이토 마코토斎藤実 조선총독의 언론통제정책의 분석이다. 사이토 마코토는 이전의 전임자인 테라우치 마사타케寺內正毅 조선총독은 「무단정치」를 감행하게 된다. 그러자 조선민족의 반발과 함께 「3.1 독립운동」이 발발해 식민지 통치에 대한 국내외의 대일비판 여론이 높아지게 된다. 테라우치 후임으로 취임한 사이토 마코토 총독은 그 후 세계여론과 조선민족의 분노를 어떤 설득과 회유정책으로 식민지 통치기반을 확립하게 되었는지에 대해 고찰한다.

여덟째, 이방자李方子 여사와 조선왕조 최후의 황태자 이은李垠 세자와의 결혼을 둘러싼 한일 양국의 언론보도태도에 대한 분석이다. 이는 식민지정책에 대한 양국의 자세를 엿볼 수 있는 것이기도 하지만, 언론사적인 견지에 있어서도 반드시 분석해볼 가치가 있다고 생각된다.

아홉째, 관동대지진과 조선 언론통제에 대한 분석이다. 조선총독부의 토지수용령에 따라 전답을 잃은 농민들은 생계를 위해 남부여대 하고 일본으로 끌려가 강제 노동을 할 수밖에 없는 상황이었다. 그러다가 불의의 재난인 관동대지진을 맞이하여 많은 조선인들은 억울하게 학살되었지만, 그에 대한 진상조사는커녕, 언론조차도 엄격한 통제에 의해 유언비어만 난무했다. 국가는 재난발생시에 국민의 생명과 재산보호가 그 주된 임무이다. 그러나 일제는 관동대지진 당시 국민의 생명보호가 아닌 조선인 학살사건을 감행하게 된다. 즉, 유언비어에 의해 무고한 조선의 동포가 학살되었는데도 불구하고 언론은 진실을 말살하고 있었다. 여기서는 특히, 당시 치안의 총수인 내무대신 미즈노 렌타로水野錬太郎와의 관계 등을 중점적으로 살피면서, 양국의 언론통제 상황 등을 분석하고자 한다.

열 번째, 조선에 있어서 시청각미디어 등장과 여론통제에 관한 분석이다. 한국에서는 아직까지 경성방송국(JODK)의 설립배경과 역할에 대한 분석이 본격적으로 이루어지지 않고 있다. 따라서 본서에서는 자료를 중심으로 이에 대해 상세하게 분석하고자 한다. 또한 문화영화와 축음기(레코드) 등의 새로운 미디어에 의한 일제의 프로퍼갠더정책에 대해서도 분석하고자 한다.

열한 번째, 조선 중앙정보위원회의 설립배경과 그 역할에 대한 분석이다. 일본의 정보위원회는 1936년 내각에 설치되었지만, 이미 1932년에 비공식적으로 정보위원회가 설치된 적이 있다. 게다가 전 도쿄대학 신문연구소 소장 우치카와 요시미内川芳美 교수는 정보위원회 설립안은 이미 1918년에 제출되었다고 하는 새로운 설을 발표했다. 실제 조선에는 일본국내보다 2년이나 빠른 1920년 11월 「3.1 독립운동」 직후 정보위원회가 설치되었다. 본서에서는 필자가 최초로 학계에 발표한 '조선중앙정보위원회'의 설립배경과 담당 역할에 대해서도 구체적으로 분석하고자 한다.10) 동 위원회의 최대 목적은 당시의 매스미디어를 통제하기 위한 것이었기 때문에 본 연구의 문제해결에 중요한 연구 분야의 하나라고 생각된다.

열두 번째, 고이소 구니아키小磯国昭 조선총독의 출판물에 관한 출판통제이다. 고이소 총독은 1943년 「총독부 출판물 통제협의회」조직 및 「출판물용 양지 사용 규정요강」을 만들어, 이 중으로 조선에 대한 언론 통제를 더욱 강력하게 실시하였다. 이러한 구체적인 조직 및 통제방법은 조선 언론통제 연구에 아주 중요한 자료임에도 불구하고 한국에서는 아직 구체적으로 학계에 소개된 바가 없다.

이상의 항목에 착목하면서 본서에서는 우선 새로운 자료와 독자적인 척도에 의해 분석을 실시하며 기존의 선입관에 의해 굴절된 시각에서 탈피하여, 객관적인 입장에 서서 중립적으로 언론 통제를 고찰해 나가기로 한다.

제 2 절   본 연구의 범위 및 시대구분

전술한 바와 같이 언론을 통제하는 제 요인에는 내부적인 것과 외부적인 것이 있다고 할 수 있지만, 본서에서는 언론, 언론기관, 언론인에 대한 통제뿐만 아니라, 정치, 경제, 사회, 문화, 정보원 등의 언론통제에 영향을 미치는 제 요인까지도 분석대상에 넣고 있다. 또한, 본서에서 사용하는 「통제」의 개념이 반드시 「자유」에 반대되는, 부정적인 개념만을 뜻하는 것은 아니라는 것을 사전에 명확히 밝혀 두고자 한다. 즉, 일본총독부가 실시한 조선민족에 대한 언론의 탄압정책과 함께, 회유, 설득, 혹은 위협이나 프로퍼갠더 정책까지도 포함하여 함께 분석하고자 한다.

본 연구의 범위는 1883년 『한성순보漢城旬報』 창간배경부터 시작해 1945년 해방 후 『경성일보』 폐간까지로 한다. 1896년 이전은 식민지통치전사로 취급하였는데, 이것은 소위 일본 언론의 침투기를 살피는 본 연구에 있어서는 지극히 중요한 부분에 속한다. 다시 한 번 강조하지만, 근대 신문의 성립기에 대해 충분히 분석하지 않은 채 본 연구를 진행할 경우에는 잘못된 결론에 도달할 우려가 있는 것이다.

한국언론사 연구자들은 대체로 1880년대 근대 신문의 성립기(『한성순보』창간에서 『한성주보漢城週報』 폐간까지)도 일본인의 언론 침략기로 규정하고 있지만, 필자는 『한성신보漢城申報』 창간부터를 사실상의 일본 언론의 침략기로 보고, 그 이전 시대는 언론 침투기로서 다루고자 한다. 『한성순보』의 경우, 일본 언론인의 협력을 얻고는 있었지만 조선정부가 발간했던 신문인 반면, 『한성신보』의 경우는 아다치 겐조安達謙蔵가 일본정부의 보조금을 받아서 창간한 것이기 때문이다. 실제로 『한성신보』의 경우, 동 신문사의 간부들이 나중에 「명성황후 시해사건」의 중심인물이 되는 등 『한성신보』 창간 당시부터 언론침략이 시작되었다고 하겠다.

연대	시대구분	중요 사건 내용	본서구성
(1) 1880년~1894년	일본 언론의 침투기	1883년 『한성순보』창간	제3장
(2) 1895년~1909년	제1차 언론통제기	1895년 1월 22일 『한성신보』창간	제4장
(3) 1910년~1919년	제2차 언론통제기	1910년 한일합병·무단통치	제5장
(4) 1920년~1930년	제3차 언론통제기	1910년 3월 1일 독립운동·문화정치	제6장
(5) 1931년~1937년	제4차 언론통제기	1931년 만주사변, 1937년 중일전쟁	제7장
(6) 1938년~1945년	제5차 언론통제기	1938년 국민총동원법	제8장

李錬 『朝鮮言論統制史』 (2002), 信山社(東京), p. 8.

본서는 위와 같은 시대구분에 근거해서 연구를 진행하였다.

마지막으로 종래의 연구자는 주로 사건중심으로 분석을 해왔지만, 본서에서는 사건 전후의 논조를 함께 분석하여 인과관계를 구명究明하고자 했다. 예를 들면, 「3.1 독립운동」의 경우 사건 발생부터의 논조에 국한하지 않고, 발생 이전부터 이후까지의 논조를 종합적으로 분석하여 인과관계를 밝히고자 했다. 결과만이 아닌 사전 배경에까지 세심하게 주목하지 않으면 진실구명이 어렵기 때문이다.

미주

1. 清水英夫(1979) 『言論法研究』 学陽書房, pp. 46~48.

2. 奥平康弘(1992) 『なぜ「表現の自由」か』 東京大学出版会, pp. 8~9.

3. Jerry J. Waxman(1973), "Local Broadcast Gatekeeping during Natural Disasters", *Journalism Quarterly*, 50, winter, pp. 750~759.

4. 徐正宇, 車培根, 崔昌燮(1989) 『言論統制理論』 法文社, pp. 47~48.

5. Herold D. Lasswell(1948) "The Structure and Function of Communication in Society" in L. Bryson(Ed.), *The Communication of Ideas*, New York: Institute for Religious and Social Studies.

6. 『*Washington Post*』 27 April 2013.

7. 金圭煥(1959) 『植民地朝鮮における言論および言論政策史』 東京大学博士論文, 国会図書館所蔵.

8. 姜東鎮(1979) 『日本の朝鮮支配政策史研究』 東京大学出版会.

9. 姜東鎮(1984) 『日本言論界と朝鮮』 法政大学出版局.

10. 이연(1993) 『일제하 조선중앙정보위원회의 역할』 서강대학 언론문화연구소.

제 2 장   근대언론 전사前史

제 1 절   한일관계사

한국과 일본은 지정학적으로도 가장 가까운 나라이기 때문에 정치나 경제, 사회, 문화 등 어느 나라보다도 깊은 관계를 이루고 있다. 근현대사적 측면에서 보면 한일 관계는 끊임없이 전쟁과 대립으로 얼룩져 있다. 대표적인 것으로 1592년 도요토미 히데요시豊臣秀吉가 조선을 침략한 임진왜란과, 1905년에 시작된 일제 강점기의 식민지통치를 들 수 있다. 한일관계사를 정확하게 이해하기 위해서는 고대국가 시기까지 거슬러 올라가볼 필요가 있다.

원래 일본의 고대국가는 조선과의 밀접한 관계 속에서 형성되었다고 할 수 있다. 그 근거로 양국에 많은 유적이나 자료가 남아있기는 하지만,[1] 신화나 전설에 근거해서 기록된 문헌이 많아 과학적인 근거는 부족한 실정이다. 그런데 일본 고대국가와 한반도의 이러한 밀접한 관계를 증명하는 신화나 전설이 실제로 일본이 조선을 식민통치할 때, 조선민족에 대한 일본의 정치선전이나 동화정치同化政治의 재료로 이용되어 왔다. 구체적으로는 일본이 날조한 일본과 조선의 「동조同祖, 동근론同根論」[2] 「고구려 광개토왕(호태왕) 능비의 비문」[3] 등이 있다. 이를 차치하더라도 지리적인 인접, 민족의 성립과 이동, 인종적인 혼교, 언어발생과정 등[4]의 관점에서 보면, 한일 민족 상호간의 접촉이나 교류는

어떤 다른 민족보다도 오래되었으며, 또한 밀접한 관계였다.5)

한국과 일본의 교류는 스사노오노 미코토素盞男尊(일본서기)와 신라4대왕6)의 시대부터 시작되었다. 그 후 무로마치室町시대(1338~1578)에 왜구들의 발로가 어느 정도 진정되자 160여 년간 아시카가足利 막부와 조선왕조는 상호 친선사절을 교환하는 등 경제·문화면에서도 밀접한 관계를 유지하게 된다. 이런 선린우호 관계를 도요토미 히데요시의 등장과 더불어 소멸되었다. 도요토미는 일본 친선사절들의 조선 상경로에 일본군을 투입하여 20여일 만에 수도 한양을 함락시킨 임진왜란의 원흉이다.

왜란 이후 조선과의 전후처리를 깨끗하게 마무리한 사람은 도쿠가와 이에야스德川家康와 그의 셋째 아들 도쿠가와 히데타다德川秀忠였다. 두 사람의 노력에 의해 조선왕조의 불신감은 어느 정도 누그러졌고, 양국 관계는 다시 회복되었다. 그 후 12회에 걸쳐 외교사절인 통신사의 왕래가 있었는데, 도쿠가와 이에야스는 이를 매우 중요시하여 대환영을 하였다고 한다. 통신사가 머무르는 사관使館에는 각 번藩의 문인이나 의사, 화가 들이 몰려들어 성대한 교류와 환대를 실시하는 교환交歡(교류와 환대)의 장이 펼쳐졌다.7)

에도江戶시대에는 일본과 조선 사이에 평화로운 국교가 지속되었다. 실제로 일본은 이 시대에 200년 이상 모든 외국과의 관계를 단절하고 쇄국정책을 취했음에도 불구하고 조선과는 정식으로 외교관계를 유지하고 있었다. 특히 막부는 조선과의 우호관계에 힘을 써 양국은 각지에서 서로 통신사를 파견하여 교환하였다. 통신사 행렬은 수백 명에 달하는 대규모였다. 조선 사절들은 세토나이카이바다戶內海를 항해하여 효고兵庫로 상륙, 도카이도東海道를 성대한 행렬로 통과해 에도江戶로 상경했다. 막부는 연도沿道의 모든 다이묘大名들에게 명하여 조선통신사 일행을 융숭히 대접하게 하였으며, 에도에서는 소중한 빈객賓客으로 우대하였다.8) 막부는 조선에 경의를 표하며 조선과의 우호관계 유지에 노력했다고 한다.

그런데 막부 말에 이르러 구미 열강의 함선들이 일본에 내항하자 일본인들은 외세에 대해 위기감을 느끼게 되며, 이로써 조선관에 대해서도 커다란 변화가 나타나게 된다. 하야시 시헤林子平(1738~1850)는 1785년에 『삼국통람도설三國通覽圖說』9)을 만들어, 조선이 류큐琉球·에미시蝦夷와 함께 일본의 국가방위에 깊은 관계가 있다는 점을 논하면서 조선연구의 긴급성을 주장하고 나섰다. 이로써 구미 열강의 일본 침략에 대항하기 위해 일본이 국가 방위상의 견지에서 조선을 바라보는 시각을 상당히 달리하고 있었음을 알 수 있다. 이것은 종래 친선의 관점에서 조선을 바라보던 조선관에서 크게 변화해, 일본의 국가방위라는 큰 관점에서 조선을 방패막이로 이용하려고 하는 조선관이 싹트고 있었던 것이다. 이후 해방海防이나 양이攘夷(외국 오랑캐를 물리침)를 주장한 자들은 모두 이와 같은 눈으로 조선을 바라보았다. 이 같은 의식은 일본을 서구 열강으로부터 방어하기 위해서는 조선과 그 외의 아시아 제국들을 서구 열강이 점령하기 전에 일본이 먼저 선점해야 한다는 의식으로 이어졌다.10)

사토 노부히로佐藤信淵(1769~1850)는 「우내혼동비책宇內混同秘策」에서 「세계만국 중에서 황국(일본)이 제일 공략하기 쉬운 땅은 지나국支那國의 만주보다 쉬운 곳이 없다. …… 이미 타타르 족韃靼을 취득한 다음은 조선도 지나支那도 차례로 이렇게 도모해야 한다.」11)라고 논하면서 한층 더 구체적으로 조선 공략에 대해 기술하고 있다. 요시다 쇼인吉田松陰, 하시모토 사나이橋本左內, 마키 야스오미眞木保臣(시탄紫灘), 히라노 구니오미平野國臣 등도 국방의 충실과 아시아에의 진출을 설명하는 중에 조선의 공략을 주장하기도 했다. 가쓰 가이슈勝海舟는 유럽인에 대항하기 위해서는 아시아 제국과의 연합이 필요하며, 우선 조선과 연합하지 않으면 안 된다고 하면서도 조선이 일본의 요망을 받아들이지 않을 경우는 정벌해야만 한다고 주장했다.12)

하지만 막부 말 유신 동란기를 맞이하여 정치·경제적으로도 해외로 웅비·발전하려고 하는 구상이 충분히 성숙할 수 있는 여유는 없었다. 여기서, 앞서 언급했던 선구적인 사상가들이 구미의 식민지 정책을 배우는 것과 동시에, 서구의 동점東漸에도 대항하려고 하는 공통적인 의식을 갖고 있었다는 점을 지적할 필요가 있다.13) 그러나 실제 이러한 정책은 당장 현실적으로 실현될 수 없었으며, 오히려 외부 열강의 강한 외압에 의해서 개국을 하고 불평등 조약을 체결하는 등, 유신의 변혁이 앞당겨지게 된다.

제 2 절 정한론의 배경

구미 자본주의 제국들의 외압에 의해 촉발된 도쿠가와 막부의 봉건제도는 붕괴되고, 명치유신 선포와 함께 일본도 자본주의의 길을 걷게 된다. 명치유신明治維新은 대내적으로는 봉건제도를 타파하여 무사의 전제정치專制政治를 폐지하고 자주독립 국가를 확립하려고 한 것이지만, 대외적으로는 「대륙진출」-「조선침략」이라고 하는 명치정부의 기본적인 외교정책의 출발점에서 시작된 것이다.

이와 같은 정세 속에서 명치정부의 대륙정책은 우선 그 전기前期에서는 조선에 초점이 맞추어져 있다. 그 단서로 지목되는 것이 실패로 끝난 '정한론'의 전개이다. '정한론'은 일본이 정권 교체를 통고하고 정식국교 개시를 요구하기 위해 조선에 파견된 일본의 사절들이 여러 번에 걸쳐서 통상을 요구한 것이 거부당한 것에서 주창된 것이다. 여기에서 주의해야 할 것은 이러한 정한론이 단순한 징벌정한론으로서 제기된 것이 아니라, 당시의 극동국제정세와의 연관성 속에서 식자층에 의해 주창되었다는 점이다.[14] 서구제국주의 여러 나라가 극동에 진출하여 조선을 노리고 있다고 생각한 일본은, 지리적으로 밀접한 관계에 있는 조선을 잠식되도록 내버려두는 것이 부당하다고 판단하고, 국위발양의 호기와 더불어 정한론을 주장하기에 이른다. 이에 대한 구체적 행동 혹은 전략론으로서의 정한론에는 다양한 논의가 이루어졌다.

한편, 청국공략의 제1단계로서 정한론이 주창되었으며[15] 「외교정책으로서의 정한론이 그 국위를 펼쳐 국권을 같게 하려고 바라는 공략에 이르러서는 틀림없이 크게 이동異同없음을 믿는다.」[16]는 주장도 있다.

정한론은 전통적인 무사계급이 지배하고 있는 명치정부의 팽창주의, 침략주의, 제국주의 사상이 그 근저에 있으며,[17] 천황을 신격화하여 일본민족의 우월성을 강조하고자 하는 종교적, 민족주의적 요소도 내포되어 있다.[18] 정한론을 제일 먼저 제창한 사람은 기도 다카요시木戸孝允[19]이다. 그는 1869(명치2)년 1월 1일 오무라 마스지로大村益次郎에게 보낸 편지에 「한국은 황국의 국체國體와 상립相立하는 것을 가지고 오늘날의 세계 조리를 추진하는 것으로, 동해에 광휘光輝를 발생하는 것은 이것에 시작하는 것으로 나는 한다.」[20]라고 적고 있다. 이렇게 하여 기도 다카요시는 조선으로의 사절파견을 정부에 제안, 다음해인 1870년 10월에 일본 정부는 조선에 사절을 보내 국교회복을 요구한다.

당시, 조선에서는 대원군[21]이 정권을 잡고 쇄국정책을 취하고 있었기 때문에 일본의 국교회복 제안은 거부되었다. 그때 사절로 조선에 온 사다 모토이치로佐田素一郎(하쿠보白茅)는 귀국하자마자 건백서建白書를 제출하여 격렬하게 정한을 주장하였다. 기도 다카요시 등이 주장한 정한론은 이윽고 사이고 다카모리西鄕隆盛가 주장하는 유한대사론遺韓大使論으로 발전하여 정부수뇌부는 마침내 정한론으로 대논쟁을 하기에 이르렀다. 그 결과 정한론을 주장한 사이고 다카모리 일파는 이와쿠라岩倉, 오쿠보大久保 등의 반대파에 패했으며, 사이고를 비롯하여 사이고를 지지한 이타가키 다이스케板垣退助, 고토 쇼지로後藤象二郎, 에토 신페江藤新平, 소에지마 다네오미副島種臣 등의 참의원은 사임하게 된다. 그 여파로 사카佐賀, 구마모토熊本, 아키즈키秋月, 하기의 난萩の亂, 세이난 전쟁西南戰爭 등이 야기되었으며, 자유민권운동도 일어나게 된다.22)

하지만 이와쿠라, 오쿠보 등의 생각이 사이고 등의 정한론과 근본적으로 대립하고 있었던 것은 아니었다. 이들은 단지 정한의 시기나 방법, 또는 정한의 주도권에 대해서만 사이고 등의 의견에 반대한 것에 지나지 않았던 것이다.

결국 구미 제국주의의 극동진출과 관련한 일본의 내정 상황 속에서 정한론이 나오게 된 것이라고 볼 수 있다. 후에 한일 강제 병탄이 실시될 때, 사이고 다카모리와 함께 정한론의 지도자였던 이타가키 다이스케는 「도쿄니치니치신문東京日日新聞」23)에서 한일병합의 필연성을 주장했다. 또 조선통치 중의 일본의 신문, 잡지, 언론출판물은 정한론을 크게 다루고 있으며, 이를 한일병합과 밀접한 관계가 있는 역사적인 사건으로 높이 평가했다. 이러한 역사적 사건 및 관련 사료는 한일병탄의 정당성 내지 필연성24)을 조선민족에게 강요하는 커뮤니케이션 사료로 이용되었던 것이다.

제 3 절 한일강화도조약의 성립과 개항

조선은 1392년 창건 이래 봉건적인 쇄국정책과 세도정치(문벌정치)가 왕조정치의 중심을 이루고 있었다. 그 중에서도 특히 대원군은 전제 군주제를 유지하기에 광분하면서 외국에 대해서는 철저한 쇄국정책을 실시했다. 이에 대해 서양은 조선에 빈번하게 통상요구를 행하였다. 인도를 동진하여 북상하는 영국·프랑스, 태평양을 건너오는 미국, 시베리아를 남하해 오는 러시아 등의 여러 나라가 계속해서 조선의 문호개방을 요구하고 있었다.25)

하지만 조선은 서양인과의 교섭은 일체 위험한 것으로 간주하고 있었다.

서양제국과 통상관계를 맺고 있었던 일본과의 교섭도 위험시하였으며 오직 청
淸과의 교섭만이 유일하게 허용되었다. 병인양요 이후, 대원군은 성곽을 수리
하고 포대를 설치하여 대포를 주조하는 등 국방에 힘을 쏟아 부었다. 그러던
중 신미양요가 발생하여 미국 군함마저도 격퇴시키는 등 대원군의 기세는 크
게 올라 쇄국정책도 한층 더 강경해졌다. 그는 척양斥洋의 결의를 알리기 위해
서울 종로와 지방각지에 척화비를 세우고 「양이침범 비전칙화 주화매국洋夷侵犯
非戰則和 主和賣國」이라고 새겼다.26)

이처럼 철저한 쇄국정책을 표방하는 대원군 통치하의 조선과 평화적으로
통상관계를 맺는 다는 것은 도저히 불가능한 일이었다. 그래서 서양제국은 무
력적인 압박수단을 사용하면서 통상조약을 맺으려고 하였다. 이것이 소위 「이
대양요二大洋擾」이다.27)

하지만 일본은 이러한 서양제국과는 달리 그 당시 조선에 대해 적극적인
태도를 나타냈다. 일본은 1854년에 미국과 화친조약을 맺은 후 서양제국과도
계속해서 통상조약을 체결하였다.28) 한편, 당시 조선은 쇄국주의자였던 대원군
이 1873(명치6)년 마침내 정권에서 물러나자, 대외통상 개방정책이 일보 전진
하게 되었다. 이와 같은 국내사정을 알았던 일본은 무력에 의한 통상조약을 강
요할 수 있는 기회가 찾아왔다고 생각해서, 운양호사건29)을 일으켰다. 운양호
는 이미 일본을 출발할 때부터 조선과의 사이에 어떤 사건을 일으킬 계획을
세우고 있었던 것이다.30)31)

이 사건의 결과 마침내 양국사이에는 수호조약이 체결된다. 이것이 조일수
호조규이며 병자수호조약 내지 강화도조약이라고도 불린다.32) 이것은 1876(명
치9)년 2월의 일이었다. 이로써 조선은 자주적이 아닌 타율적인 방법으로, 즉
일본에 '의해서' 개항의 길을 걷게 된다. 근대적인 국제법 형식에 의한 조선의
개국이 일본에 의해 행해지고 말았다.

강화도조약 내용은 모두 12조로 되어 있다. 이러한 수호조약은 조선이 외
국과 체결한 최초의 근대적 조약이었다. 일본으로서도 불평등 조약을 타국에
처음으로 강요한 것이며 조약 내용도 1858년의 영일수호통상조약을 그 대로
모방한 것이었다.33) 강화도조약 중 다음 3가지 항목은 나중에 문제를 야기하
게 된다.34)

제 1 조   조선은 자주 국가로써 일본과 평등한 권리를 보유한다.

제 5 조   5도 연해에서 통상에 편리한 항구 두 곳을 선정한 후 지명을 지
        정해야 한다. 개항은 20개월에 해당하는 시기 이내로 해야 한다.

제10조   일본 국민이 조선이 지정한 항구 재류 중에 만약 죄를 범하여 조
        선 국민과 교섭해야 하는 사건은 모두 일본 관원의 심판에 따라
        야 한다.

제1조는 당시 조선과 종주관계에 있었던 청국의 정치적 종주권을 부정하
는 것으로, 일본이 조선침략을 감행할 수 있는 길을 열고자 하는 것이었다. 하
지만 이 목적을 완전히 달성한 것은 청일전쟁 이후 시모노세키조약이었다. 이
조약 중에서 가장 중요한 내용은 개항문제였다. 일본이 선정한 개항장은 단순
한 무역항이 아니라 청국과 러시아의 남하정책에 대비한 항구이기도 하였
다.35) 제10조는 개항장에 거주하는 일본인이 치외법권을 가지도록 인정하여
조선의 간섭을 받지 않는 특수지역을 획득하려는 불평등한 것이었다.

이상과 같이 일본의 노골적이고 명백한 침략 의도에도 불구하고 강화도조
약에 의해 조선의 문호는 개방되게 되었다. 이것은 외세에 의한 불평등 조약이
기는 하지만 조선이 국제적인 무대에로 등장하는 출발점이 되었다. 한국의 근
대언론이라고 하는 것도 이와 같은 배경에서 생겨나게 된다.

미주

1. 한국 측의 문헌자료는 이조시대 제9대(성종)에 편찬된 『동국통감』, 『동국여지승람』이 있고, 고려충렬왕(제34대)시대의 승려 일연이 신라, 고구려, 백제 삼국의 유문일사를 수록한 『삼국유사』, 그리고 고려 인종23년 김부식이 편찬한 『삼국사기』 등이 있다. 일본 측 문헌 자료는 『일본서기』, 『고지기古事記』 등이 있다.

2. 金沢庄三郎(1943) 『日朝鮮同祖論』 汎東洋社.

3. ① 李進熙(1972) (明治大學敎授) 『廣開土王陵碑の研究』 吉川弘文館.
　　　＿＿＿＿(1972) 「廣開土王陵碑の謎 ― 初期朝日関係研究史の問題点」 『考古学雑誌』.
　　　＿＿＿＿(1973) 「なぜ 『廣開土王陵碑文』は改ざんされたか」 『流動』.
　② 佐伯有清 「高句麗廣開土王陵碑文の再検討」 『続日本古代史論集』 上巻, 吉川弘文館, pp. 3~48 등의 연구가 주목받고 있다.

4. 小倉進平(1940) 『朝鮮語の系統』 岩波書店.

5. 金圭煥(1959) 「植民地下朝鮮における言論および言論政策史」 東京大学大学院博士論文, 国会図書館所蔵.

6. 『삼국사기』에는 「신라왕 제4대(석탈해)는 왜국 동북천리의 다파나국多波那國 탄생의 알이며, 그것이 신라에 표착하여 출생한 것이다.」라는 기록이 있다.

7. 李起雄(1984) 『韓日交流二千年』 悦話堂, p. 5.

8. 旗田巍(1969) 『日本人の朝鮮観』 勁草書房, p. 12.

9. 林子平(1944) 「三國通覽圖説」 『林子平全集 제2권』 生活社, 「蝦夷」항 참고.

10. 旗田巍, 전게서 p. 16.

11. 旗田巍, 전게서 p. 16.

12. 大畑篤四郎(1984) 『日本外交政策の史的研究』 成文堂, p. 77.

13. 大畑篤四郎, 전게서 pp. 76~80.

14. 大畑篤四郎, 전게서 p. 78.

15. 菊田貞雄(1954)『征韓論の真相と其面影』東京日日新聞社·大阪每日, p. 154.

16. 長沼熊太郎遺稿(1906)『征韓論分裂始末』文昌堂屋書店, p. 35.

17. 董德規(1983)『韓国の開国と国際関係』서울대학출판부, p. 9.

18. Robert T. Pollard(1939) "Dynamics of Japanese Imperial", *Pacific Historical Review* Ⅷ, pp. 16~19.

19. 그는 1868(明治元)년 12월 14일의 일기에서 「사절을 조선에 보내 그들의 무례함을 묻고 그들이 만약 불복할 때에는 죄를 책망하고 그 땅을 공격하여 크게 신의 위엄함을 신장할 것을 바란다.」고 적고 있다.

20. 旗田巍, 전게서 p. 17.

21. 대원군(흥선대원군, 1820~1898)은 이조 26대 고종의 왕부로서 정치실권을 장악한 정치가이다. 이름은 이하응. 그는 천주교를 탄압하고 개화에 역행하는 쇄국정책 일변도의 이조시대의 대표적인 폐쇄정치가였다.

22. 色川大吉(1982)『自由民権』岩波新書, pp. 12~15.

23. 「征韓論の回復」『東京日日新聞』1910년 8월 31일자.

24. 姜東鎭(1984)『日本言論界と朝鮮』法政大学出版局, pp. 6~10.

25. 李基白(1979)『韓國史新論』學生社, pp. 305~306.

26. 프랑스 및 미국 군함에 의한 침략을 격퇴하고 대원군의 기세가 크게 향상되어 쇄국정책은 한층 견고해졌다. 그는 척양의 결의를 알리기 위해 서울 종로와 지방각지에 척화비를 세워, 「양이침범 비전칙화 주화매국洋夷侵犯 非戰則和 主和賣國」이라고 새겼다. 즉 양이洋夷가 침범하면 배척하고, 화和로 다스릴 것을 말하는 자가 있으면 마땅히 매국의 율로 처리해야만 한다고 하는 내용이다. 이것을 보더라도 대원군의 쇄국정책은 얼마나 강경한 것이었는지를 알 수 있다.

27. 최초의 양요는 고종3(1866)년에 일어난 「병인양요」이다. 당시 조선에 와 있던 12명의 프랑스 선교사 중, 9명이 체포되어 순교하고 3명이 중국으로 탈출한 것처럼, 천주교에 대한 탄압정치를 단행하였다. 탈출한 3명 중 한명인 리델신부의 보고를 받은 프랑스공사는 수사제독水師提督 로즈(Rose)에게 명하여 군함 3척을 파견하였고 프랑스 군함은 한강을 거슬러 올라가 정찰하는 등의 시위를 벌인 후 일단 되돌아갔지만, 곧이어 군함 7척으로 쳐들어와 침략을 실시하여 선교사 살해에 항의하는 한편, 한 개 부대는 강화읍을 점령하여 무기, 서적 등을 약탈한 사건이다. 또 하나는 고종 8(1871)년의 「신미양요」이다. 미국 상선 제너럴 셔먼(General Sherman)호가 대동

강을 거슬러 올라와 평양에 도달하여 통상을 요구하였지만, 평양 군민軍民에 의해 공격을 받고 강 위에서 불타버렸다. 이에 북경주재 미국공사 로(Law)와 미국 아시 아함대사령관 로저스(Rodgers)가 군함 5척을 이끌고 공략해 왔지만 강화수비병의 공격을 받고 패퇴한 사건이다.

28. 李基白(1979) 『韓國史新論』 學生社, p. 308.

29. 1875년 9월, 조일간의 관계개혁을 위해 시위행동 중이었던 일본군함 운양호가 강화 도 포격을 받았기 때문에 포대砲臺를 파괴하고 강화도 군대와 주민을 살상한 사건. 그 후 1876년 2월 일본은 이것을 계기로 조일수호조규(강화도조약)를 체결시켰다.

30. 山辺健太郎(1966) 『日本の韓国併合』 大平出版社, p. 30.

31. 야마베 겐타로山辺健太郎는 식량과 음료수 양은 항해계획과 기항지를 고려하여 전문 경리장교가 미리 준비하지 않으면 안 된다. 식수를 마련하기 위해 한강을 보트로 역행한 것은 변명이며, 사건은 계획적으로 만든 것이라고 지적하고 있다.

32. 李基白, 전게서 p. 312.

33. 李光麟(1982) 『韓國史講座 〔Ⅴ〕 近代篇』 一潮閣, p. 82.

34. 日本外交文書頒布會(1956) 『日本外交文書』 第9卷, pp. 115~118.

35. 李基百, 전게서 p. 313.

제3장 근대신문의 성립기와 일본의 언론인

제3장

제1절 역사적 배경

한국 최초의 근대신문은 1883년 10월 31일에 창간된 『한성순보漢城旬報』이다. 『한성순보』는 1883년에 창간되어 다음해인 1884년 12월 4일 갑신정변으로 발행이 중단되게 된다. 『한성순보』는 당시 조선시대(1392~1910) 말기에 해당하는 1880년대에, 근대사상과 개화사상이 도입되는 데 큰 역할을 하였다고 하겠다. 또한 한국 언론사적인 측면에서도 『한성순보』는 근대 신문의 출발점이 되었다고 하겠다. 한 신문이 창간되기까지에는 여러 가지로 준비과정이 필요하다. 봉건적인 조선사회에서 신문발행까지는 정부의 신문발행 의지가 중요했고, 신문발행을 위한 인쇄기의 도입이나 제작기술의 도입 등 전체 발행과정을 분석해 보면 이는 더욱더 명백히 드러난다.[1]

1876(明治9)년 한일 간의 강화도 조약에 의해서 조선의 각 항만이 개항되게 되었다. 조선은 1876년 1월에 외교사절인 제1차 수신사로 김기수金綺秀를 임명하고 일본으로 파견한다.[2] 일본은 하나부사 요시모토花房義質를 공사로 파견하여 조선과의 수차례 교섭 끝에 서대문 밖의 청수관淸水館(천연정天然亭)을 임시공사관으로 쓰면서 주재하게 되었다.[3] 제2차는 1880년 김홍집金弘集[4]을, 그리고 제3차 수신사는 1882년 박영효朴泳孝[5]를 각각 수반으로 하여 일본을 방문

케 하였다.

한편 일본 상인들도 부산, 인천, 원산 등에 거류하게 되어 많은 외국 언론 출판물이 유입되게 된다. 특히 부산에서는 1881(明治14)년 12월 10일 부산상법회의소의 오이시 노리오大石德夫가 『조선신보朝鮮新報』를 창간하게 되는데 이것이 한반도에서 발간된 최초의 외국어신문(일본어)이다. 이 신문은 한국 최초의 근대 신문을 창간하는 데 촉매제 역할을 수행했다. 『조선신보』는 한자와 일본어로 기록되어 있었으며 제5호에서 제12호까지는 도쿄대학 메이지신문 잡지문고에 보관되어 있지만, 창간호에서 제4호까지는 현재까지 발견되지 않고 있다.6) 1882(明治15)년 3월 3일자 『도쿄니치니치신문東京日日新聞』(『마이니치신문每日新聞』 전신) 제3064호의 잡보에 의하면 1881(명치14)년 12월 10일자로 창간되었다는 것을 알 수 있다.7)

『조선신보』 제5호에서 제12호까지를 분석해 보면, 매호 평균 10매, 순간旬刊, 정가는 1책 4전이다. 문자는 일본어와 한문기사였다. 또 신보新報 제5호 1페이지를 보면 커다랗게 인쇄된 『조선신보』의 제목 글자가 있으며, 좌우에는 대 일본력 메이지明治15년 3월 5일 발태發兌, 대 조선력 임오 1월 16일이라는 양국의 연호를 쓰고 있다.8) 또 왼쪽 아래에는 부산항 상법회의소라는 표시가 있다.

2페이지의 예언例言에 의하면 『조선신보』의 창간취지는 다음과 같다.9)

① 경제론을 취지로써 논한다.
② 일본과 조선 양국을 위해 만든 신보이다.
③ 그 외에 중국과 외국 뉴스도 포함하여 기재한다.
④ 고견인의 논설과 새로운 관점이 있으면 투고 받는다(문서는 반드시 한문일 것).

본래 신보의 창간 목적은 일본인 상업인을 위한 것이었지만, 조선인을 위한 신보이기도 했다. 기사 내용에는 조선 정부의 동향과 상업현황에 대한 보도도 있었다. 특히 물가와 광고 등이 게재되어 있는데, 이는 한국에서 발행된 외국어 신문가운데 최초의 광고지면이라고 할 수 있다.10)11)

이 신보는 창간목적과 내용에 나타나 있듯이 일본인만이 아니라 조선의

관리 및 지식인 다수를 독자층으로 한 것으로 보인다. 따라서 신보는 일본인에
의한 신문이지만, 한국에서 최초의 근대 신문을 창간하는 데 촉매제의 역할을
하게 된다. 조선의 한 지역(부산)에 국한되었다는 한계는 있지만, 근대 신문 창
간에 촉매제가 된 사실에는 의문의 여지가 없어 보인다.

이에 대한 이제까지의 연구를 보면, 임근수林根洙 교수의 「언론과 역사」에
는 근대 신문의 생성시대를 1883년 『한성순보』의 창간에서 1910년 한일병합
까지로 하였으며, 최준崔埈의 『한국 신문사 논고』는 근대 신문의 출현기(1880~
1945), 이해창李海暢 『한국신문사연구』에서는 근대 신문의 성립기(1880년), 김규
환金圭煥 「한국 신문사의 시대구분시론」에서는 근대신문시대(1883~1945)라고
각각 설명하고 있다.12) 그러나 이들은 모두 『조선신보』의 창간배경과 내용분
석까지는 담지 않고 있다. 다만 『한성순보』가 한국 최초의 근대신문이라고 하
더라도 근대 신문의 성립기는 『조선신보』가 창간되기 1년 전인 1880년으로 보
는 것이 옳다고 본다. 1881년 12월 10일에 『조선신보』가 창간되었지만, 신보
의 발간에 필요한 인쇄기나 종이와 잉크, 인쇄에 필요한 기술상의 준비 등은
적어도 1년 전부터는 갖춰져 있어야만 했고, 실재로도 그랬기 때문이다.

이상의 내용을 종합하면 한국 근대신문의 성립기는 1880년부터였다는 설
명이 보다 합리적이다. 이와는 달리 박영효와 김옥균13)과 같은 개화파라 일컬
어지는 사람들이 일본에 대한 대외활동을 행할 수 있도록 역할을 한 사람은
당시 서울근교 봉원사奉元寺에 있던 개화승려 이동인李東仁이었다.14) 조선시대의
신분제도로 보면 당시 가장 낮은 천민에 속하는 이동인이 김옥균과 같은 귀족
이라 할 수 있는 양반15) 자녀들과 우호관계를 유지하고 그들로부터 존경을 받
은 것 자체는 봉건적인 제도를 뛰어넘는 것이었다. 이동인은 부산에서 입수한
『만국사기万國史記』와 세계 각국의 도시 및 군대모습을 찍은 사진·만화경 등을
김옥균에게 보였다. 김옥균과 박영효가 사재를 처분하여 여비를 조달하고, 외
국에 관한 문헌과 자료를 구입하기 위해 이동인을 일본에 파견한 것은 1879년
11월의 일이다.

이동인의 방일은 명치시대 이래 조선의 민간인 신분으로서는 최초의 해외
여행이었고, 국금國禁을 범하는 행동이었다.16) 이동인은 박영효, 김옥균 두 사
람의 위촉을 받아 일본 정세시찰에 몸을 던질 결심을 하고, 일본의 문물제도를
관찰, 더욱이 연구하여 조선의 문화개혁에 공헌하고 싶다는 희망을 두 사람에

게 전했다. 이에 두 사람은 여행경비로 길이 2촌 정도의 순금, 금봉 4개를 이
동인에게 주었다.[17]

이동인은 이윽고 당시 부산에 출장 중인 일본인 와다和田円付師를 따라 일
본 옷을 입고 변장하여 배로 부산에서 나가사키長崎로 밀항하는 데 성공하게
된다. 이동인이 도쿄에 도착한 것은 1879년 11월이다. 다음해 3월에는 도쿄의
아사쿠사사절浅草寺 별원別院에 체재하면서 일본어를 공부하는 한편, 정계의 정치
가와 교류를 맺고 일본의 정세, 문물, 제도 등을 연구하는 데 노력하게 된다.
이때 이동인은 히가시 혼간지東本願寺파의 승려인 데라다 후쿠주寺田福壽의 소개
로 당시 당대의 최고 지식인이자 언론인인 후쿠자와 유키치福澤諭吉와도 교류하
게 되었다.[18] 이것은 후쿠자와 유키치와 한국의 개화파 간의 최초의 접촉이며
근대 신문이 창간되는 계기로 발전하게 된다.

그동안 이동인은 김옥균 등과의 연락을 긴밀하게 취하고 있었으며, 특히
1880(명치13)년 6월 제2차 수신사로서 방일한 김홍집과의 만남은 나중에 이동
인이 조선 정계에 진출하는 계기가 된다.[19] 또 이동인이 조사하여 쓴 「일본관
찰보고서」는 개화파와 김옥균에 의해서 국왕(高宗)에게도 보고되어, 국금을 범
하여 밀출국한 죄도 용서받았을 뿐만 아니라, 국왕의 총애를 받고 궁정에 출입
하는 것까지도 허용 받는다. 이와 같이 이동인과 수신사들의 보고에 의해
1880년 무렵부터 국왕을 비롯한 조선정부는 일본에 자극을 받아, 세계 정치정
세에 대응하기 위한 새로운 체제를 만들려고 노력하였고,[20] 1881년에는 종래
의 3군부를 폐지하고 정부기관의 기구 개편을 단행했다. 특히 12사에서 통리
교섭통상사무아문統理交涉通商事務衙門(외위문外衛門)을 설치하였다.[21]

조선시대 개화파 중에서 일본 사상계의 후쿠자와 유키치의 개화사상에 착
목한 것은 이동인, 김옥균, 박영효, 어윤중[22] 등이다. 김옥균, 서광범[23] 등이
방일한 것은 1881년 12월경이었다. 그들은 이동인의 안내에 의해 다음해 7월
까지 후쿠자와 유키치와 깊이 교류하면서 필담으로 의견을 교환하였다. 그때의
모습을 본 후쿠자와 유키치의 제자 이노우에 가쿠고로(井上角五郎, 1860~1938)
는 다음과 같이 말하고 있다.

「그 무렵 모두 백의를 입은 승려 세 명이 후쿠자와 선생님의 집에 찾아
왔다. 이것이 명치14년의 연말이다. 이 세 명의 백의를 입은 승려는 후에

한 명이 김옥균, 한 명이 서광범, 또 한 명이 교토 혼간지京都本願寺의 조선
파출 포교사朝鮮派出 布教師였다.」[24]

여기서는 포교사 이동인과 함께 김옥균, 서광범이 승복을 입은 것은 몰래
일본을 방문하기 위해 일본인에게도 알려지지 않도록 변장하기 위함이었을 것
이다. 후쿠자와 유키치와 이 세 명이 만난 자리에서, 들어가는 입구의 정면에
는 후쿠자와 유키치와 고토 쇼지로後藤象二郎가 자리를 차지하였다. 이 만남이
계기가 되어 일본 정계와 교류를 하는 한편, 유학생 파견 등에도 많은 협력을
받게 되었다.

이후에 어윤중이 게이오기주쿠慶応義塾에 유학시킨 유길준兪吉濬과 도시샤同
志社에 유학한 유정준柳定濬 두 사람은 한국의 최초 해외유학생으로 기록된다.
또 유길준은 후에 한국최초의 신문기자라는 평가도 받게 된다.[25] 한편, 김옥균
등 조선의 개화파가 일본시찰을 통해서 얻은 결론은 조선도 근대국가로 발전
해야한다는 것이었다. 그러기 위해서 신지식과 기술의 도입, 정부 및 일반사회
의 구습들을 혁신해야 할 필요성 등을 실감하게 되었던 것이다.

제 2 절 『한성순보』의 창간

『한성순보』의 창간계획은 1882년 제3차 수신사의 수반으로 일본에 파견된
박영효가 조선에 귀국한 후 한성부윤漢城府尹(서울시장)에 임명되면서부터 본격
적인 궤도에 오르게 된다. 박영효는 당시 게이오기주쿠에 유학하고 있었던 유
길준兪吉濬에게 신문발간에 필요한 것들을 준비시켰다. 또 박영효와 김옥균은
박문국博文局을 만들어 후쿠자와 유키치의 추천에 의해 그의 문하생인 이노우
에 가쿠고로 외 6명을 초빙하고 신문발간에 필요한 활자와 인쇄기도 도쿄에
있는 쓰키지활판소築地活版所에서 구입하였다.[26] 원래 이 신문은 박영효가 한성
부윤일 때 그의 관할하에서 발간할 예정이었지만, 박영효가 광주유수 겸 수어
영사廣州留守 兼 守禦營使에 전보되면서 그 계획은 중단되었다.[27]

한편, 유길준이 신문에 대해 관심을 갖게 된 것은 1881년 어윤중의 수행
원으로서 일본을 시찰한 직후부터였다. 그때 도쿄에서 후쿠자와 유키치가 경영

하는 『지지신보時事新報』와 후쿠치 겐이치로福地源一郎의 『도쿄니치니치신문東京日日新聞』을 견학하고 이들과 접촉하면서 신문에 관심을 많이 갖게 되었다. 아마도 유길준은 게이오기주쿠 유학중에도 한국에서의 신문창간을 구상하고 있었기 때문에 신문창간에 필요한 준비를 추진하고 있었으리라고 생각된다. 그 후 박문국 총재에는 총리아문의 독변(장관) 민영목閔泳穆이, 부총재에는 한성판윤 김만식金晩植(김윤식의 사촌), 그리고 외아문外衙門 고문으로 이노우에 가쿠고로가 임명되어 신문발간을 돕게 되었다. 이오우에 가쿠고로는 번역, 편집 및 인쇄기술지도 등까지 지도하게 되었다.28)

『한성순보』의 발간에 대해 종래 한국 문헌과 논문 중에서는 일본인의 이름, 그 역할, 그리고 초청자(방한자)의 수에 대해 다양한 논의가 계속되어 왔다. 그러나 필자가 조사한 결과 『후쿠자와 유키치 전집福沢諭吉全集 8권』(이와나미서점岩波書店, p. 497)에는 우시바 다쿠조牛場卓造[藏]가 병기되어 있는 사실로 보아, 우시바에게는 별명別名이 있었다고 생각된다. 또 『이노우에 가쿠고로군 약전井上角五郎君略傳』(이노우에 가쿠고로군 공로표창회井上角五郎君功勞表彰會, p. 15)과 전기총서傳記叢書43 『이노우에 가쿠고로 선생전井上角五郎先生傳』(곤도 요시오近藤良雄, p. 39) 등에 의하면, 또 한명의 무예가로서 「마쓰오 미요타로松尾三代太郎」를 포함하여 이때 도한渡韓한 사람들은 학술가(교육)인 「우시바 다쿠조」와 「다카하시 마사노부高橋正信」, 활판식자공 「사나다 겐조眞田謙藏」, 활판주조공 「이와 로쿠조三輪六藏」, 무예가(군사) 「하라다 이치原田一」, 「마쓰오 미요타로」 그리고 이노우에 가쿠고로, 합계 일곱 명이다. 이런 사실은 한성순보 제작과정을 밝히는 데 중요한 자료가 되고 있다.29) 다만, 목수인 혼다 기요타로本田淸太郎라는 인물도 있었다는 주장도 있지만, 그는 직접적으로 신문발간을 위해 방한한 사람이 아니다. 이들 중 최후까지 남아서 『한성순보』 창간을 위해 진력한 사람은 이노우에 가쿠고로이다.

이노우에 가쿠고로는 1860(萬延元)년 10월 18일 빈고국 신리쓰군 노가미촌備後國深律郡野上村(현재의 히로시마현廣島縣 후쿠야마시福山市)에서 다다고로忠五郎와 스미코すゟ子 부부의 5남 중 막내로 태어났다. 1864년에 큰형과 부친이 죽고 어머니는 홀로 많은 아이들을 키웠지만, 가쿠고로에게만은 공부를 시켜 1866년 당시에 유명했던 유학자 야마무라 규코山室汲古에게 사사시켰다.30) 이윽고 번교藩校인 세이시칸誠之館에 들어가지만 학제개정(1872)에 따라 영어를 배우

기 시작했다. 서양에 대한 편견을 가지고 있었던 모친은 가쿠고로를 퇴학시켰
지만, 다시 1875(명치8)년에 오다 현립 사범학교小田縣立師範學校(세이시칸誠之館의
후신)에 입학하게 된다. 졸업 후 초등학교 교원으로 잠시 근무하다가 1879(명
치12)년에 도쿄로 상경해 동향 선배이자 당시 의학서의 저술로 세상에 널리 알
려진 고바야시 요시나오小林義直[31]의 소개를 받아 후쿠자와 유키치의 집에 기식
하며 자녀에게 한적漢籍을 가르치면서 게이오기주쿠에 다녔다.[32] 그 후 후쿠자
와 유키치의 추천으로 당시 재야에 있었던 고토 쇼지로後藤象二郎(후쿠자와의 친
구)로부터 장학금을 받아서 1882(명치15)년 7월에는 우수한 성적으로 졸업하게
된다.

이노우에 가쿠고로는 조선을 12회(왕복 6회)나 왕래하게 되는데, 제1회는
게이오 기주쿠를 졸업하고 얼마 뒤인 1882(明治15)년 10월이었다. 방한한 후
가쿠고로는 조선정부의 외아문 고문이 된다. 그는 신문창간 계획을 구체화했지
만, 박영효의 전보에 의해 일시 중단되었다. 당시 조선정부에서는 중국과 가까
운 「수구파」와 일본과 가까운 친일파인 「개화파」 사이의 정치적 대립이 심각
했기 때문에, 우시바 다쿠조牛場卓藏, 다카하시 마사노부高橋正信는 신문발행이
어렵게 되었다고 생각하여 곧바로 일본으로 돌아가버렸다. 기술감독인 미와三
輪, 사나다眞田 두 사람은 이노우에 가쿠고로를 도우면서 함께 신문발간을 준비
하기 위해 박문국에서 같이 생활까지 했다. 그러나 1883(명치16)년 4월에 조력
자였던 앞의 두 사람은 귀국해버리고 결국 남은 것은 이노우에 가쿠고로였으
며, 그는 혼자서 신문발행 사업에 동분서주해야만 했다.[33]

그럼에도 불구하고 이노우에는 당시 유력한 사람들을 찾아가 신문창간의
필요성을 호소하였는데 그 중 한 사람이 김윤식[34]이었다. 가쿠고로에게는 뜻
밖의 일이었지만 김윤식은 상당히 기뻐하며 그를 맞이해주었던 것이다.[35] 김
윤식은 대원군파도 아니며 명성왕후파도 아니었다. 오히려 양측으로부터 중요
하게 여겨져 당시 외아문협변外衙門協辯의 지위에 있었으며, 실제로 외교의 모든
것을 그가 좌지우지했다고 해도 과언이 아니다.

조선인으로서 해외 사정에 관심을 기울이는 자는 모두 김윤식을 선생으로
모셨다. 그의 사촌 김만식金晩植도 정치상으로는 중립파였다. 김윤식은 이노우
에 가쿠고로를 맞이하여 먼저 후쿠자와 유키치의 안부를 물으면서 다음과 같
이 이야기한다.

「선생님(후쿠자와 유키치)이 근동近東의 대세를 헤아려 조선의 현상에 이
르러 어떻게 해서든 일본과 같이하여, 이 조선을 개화로 인도하시려고 한
다고 전해 듣고, 일찍이 감사해 마지않는 바이다. 따라서 당신을 만나 선
생님의 목소리를 듣는 느낌이 없지 않다. 바라건대 가르침이 있어 실로 일
견구지一見舊知와 같다.」36)

이후 두 사람은 자주 서로 왕래하게 되었다. 이노우에 가쿠고로가 김윤식
과 친한 사이가 되자 김윤식의 동료, 또는 그와 가까운 지인들도 이노우에 가
쿠고로를 찾는 일이 많아졌다. 민영익閔泳翊도 그 후 이노우에 가쿠고로와 빈번
하게 왕래했으며, 궁중에서도 내관이 찾아오는 등 이노우에 가쿠고로의 주변은
번창해졌다.

민영익은 어느 날 이노우에 가쿠고로에게 '당신은 호가 없어서 친구가 당
신을 부르는 것이 곤란해 한다'고 하여 이노우에 가쿠고로는 적당한 호가 있으
면 지어달라고 부탁했다. 수일이 지난 후 김윤식이 「탁원서琢園序」라는 한편의
글을 크게 쓰고 동시에 표장表裝하여 보내주었기기 때문에 이노우에 가쿠고로
도 탁원을 호로 하고, 친구로부터 「정탁원井琢園」혹은 「정상탁원井上琢園」 등이
라고 불리게 되었다.

김윤식의 사촌 김만식金晩植이 한성판윤에 임명되자 정상탁원井上琢園도 국왕
(고종)37)으로부터 내명을 받고 조정에 머물게 되었다. 이노우에 가쿠고로가 외
아문고문으로 박문국에 출임出任한 것은 1883(명치16)년 6월이었다. 이윽고 그
해 9월 김윤식은 이노우에 가쿠고로에게 신문발간의 계획대요를 제시하라고 요
청하여, 김만식과 함께 합의한 다음 아래와 같은 발간계획안을 완성시켰다.38)

(1) 신문은 순보로 하고 매월 10일 1회 발간할 것
(2) 관보는 제일로 하고 내외의 시사를 병기할 것
(3) 인지人智를 개발하고 식산殖産을 장려하며 그 외 풍교상 필요한 논설을
    기재할 것
(4) 각 관위고등관 및 중앙, 지방관 등은 의무구독을 명할 것
(5) 편집사무 의원은 모두 관원으로 하고 내외 사정에 통하는 자, 문학 소

양을 가진 자를 채용할 것

(6) 정식으로는 한문만으로 할 것

(7) 국원일체의 봉급, 모든 급여는 외아문에서 이것을 지출하고, 그 외 비용은 한성부에서 지변할 것

대강 이와 같이 정하고 김윤식에게 제출하였더니 계획은 용이하게 받아들여져, 새롭게「박문국」이라는 교육 사무를 임무로 하는 관청이 설치되었다. 그리고 신문의 편집, 사무, 인쇄의 관계각원을 임명하고 이것에 주사主事, 사사司事를 부여해 마침내『한성순보』제1호를 발행하기에 이르렀다. 창간일은 조선 개국 492년 10월 1일(1883년 10월 31일)이었다.[39]

제 3 절 『한성순보』기사파문과『한성주보』

『한성순보』는 1883년 창간되어 이듬해 12월 4일「갑신정변」에 의해 인쇄기가 불타는 등으로 일시 중단되었지만, 1886년 1월 25일『한성주보』로 개제하여 속간되었다.『한성순보』의 창간취지는 창간호 서문에서 다음과 같이 설명하고 있다.

「산천을 사이에 두고 문물과 제도가 상이하기 때문에, 덕이 베풀어지거나 힘이 미치거나 하지 않고 선왕들이 다른 곳에 있어 계획을 세우지 않았었다. 그러나 지금 풍토와 기후가 점점 열리고 지교도 매일 발전하여 국교를 수립하고, 항만, 포구를 축조하고 상호 교역하여 남극권, 열대, 한대, 모두 이웃나라가 되고, 사변과 물류가 다양한 형태로 나타나 차복, 기용에 있어서도 기교가 일만 종류라, 세상사에 마음을 둔 사람이라면 모르고는 있을 수 없게 되었을 것이다.」[40]

이같이 이전은 문물과 제도가 상이하고 국가 간에 교류가 없었지만, 지금은 세계 각국이 이웃나라가 되어 교류가 빈번하게 되었다. 따라서 우리 조정에서도 박문국을 두어 외보를 폭넓게 번역하고 국내기사까지 게재해 알리면서

열강국까지 반포하기 위해 이 이름을 『순보』라고 했다고 창간취지를 분명히 밝히고 있다.

처음부터 『한성순보』에는 「국내관보」와 「각국근사」 코너가 있었다. 국내관보 는 국내기사이고, 각국근사는 외신이었다. 외국의 뉴스원은 중국의 『신보申報』, 『호보滬報』, 『중외신보中外新報』, 『순환일보循環日報』, 『상해신보上海新報』 등의 신 문과, 일본의 『지지신보時事新報』, 『도쿄니치니치신문東京日日新聞』, 『호치신문報知 新聞』 등의 인용보도였다. 그 외는 영국에서 발간된 신문이 많이 인용되었다.[41] 『한성순보』가 언제까지 지속되었는지는 분명하지 않지만, 현재는 1호부터 36 호까지가 현존한다.

순보는 발간되고 나서 3개월 후인, 1884(明治17)년 1월 3일의 기사가 문제 를 일으켰다. 당시 청국으로부터 조선정부의 내정, 외교 등에 대한 간섭이 점 차 심해지는 와중에, 특히 주둔하고 있었던 청국 병사의 약탈·강간 등의 횡포 가 점점 심하여 그 방자하고 안하무인격인 행동은 보기에 견딜 수 없을 정도 였다. 그래서 『한성순보』 제10호는 청국병사에 의한 「서울약국 주인피살사건」 을 폭로하는 기사를 게재하고 이것을 규탄하게 되었다. 이것이 청국 측을 자극 해 강한 반발을 초래하게 되었다. 처음은 청국병관淸國兵官과 박문국 사이에서 교섭을 계속했지만, 이윽고 청국정부는 북양대신 이홍장의 이름으로 조선정부 및 박문국에 서간을 보내 「『한성순보』는 관보이며, 관보는 민보가 수문수록隨 聞隨錄하는 것과 달라, 이번 기사는 오류로 말살하기 어려우며 단연 청국에 예 를 잃은 것이다.」[42]라고 비난했다.

이홍장의 항의는 조선정부 및 박문국원의 걱정을 한층 고조시켰다. 그래서 당시 일본인 이노우에 가쿠고로는 이는 자신의 소견을 기록한 것이기에, 「책임 은 나 한사람에게 있다.」면서 스스로 그 책임을 지고 『한성순보』 제16호를 발간 한 후 외아문 고문과 박문국주재를 모두 사임하고 1884(明治17)년 5월 귀국하게 된다. 그런데 신문 편집은 이노우에 가쿠고로가 없더라도 몇 개월간은 지장이 없고, 이미 조선인도 인쇄기술을 잘 이해하고 있었다. 이노우에 가쿠고로는 자기 가 돌아간 뒤에도 순보발행을 계속할 것을 국원 일동에게 전달해 두었다. 마침 내 이노우에 가쿠고로는 귀국에 앞서 고종을 알현하게 되었는데, 고종은 크게 기뻐하며 「어쨌든 빨리 다시 돌아오라. 기다리고 있겠다.」고 말했다.[43]

이 같은 경위로 이노우에는 일본으로 돌아가게 되었지만, 결국 이 사건은 한국에서 신문보도가 국제적인 파문을 일으킨 최초의 필화사건이기도 하다. 이 노우에는 귀국했지만, 『한성순보』는 1884(明治17)년 12월 4일 「갑신정변」으로 박문국 인쇄기가 전소될 때까지 편집 및 발행을 계속해 적어도 40호 이상은 발행했을 것이라고 추측된다. 그 후 이노우에 가쿠고로는 「갑신정변」 전, 즉 1884(명치17)년 8월 『지지신보時事新報』 기자로 조선에 다시 도항하게 된다. 조선정부는 이노우에 가쿠고로를 다시 박문국에 채용하여 그를 신문편집에 협력하도록 하였다.[44]

「갑신정변」에 의해 일시 정지된 『한성순보』는 통리교섭 통상사무아문 독문변인 김윤식의 지도로 1886(명치19)년 1월 25일 『한성주보』로 개제되어 다시 발행하게 된다. 『한성주보』는 유학자 강위姜瑋[45]가 창안한 국한문혼용문체를 채용한 이래, 일반대중이 이해하기 쉬운 한글이 사용되게 된다. 당시 모든 공문서와 서적은 한문만으로 쓰이고 있었기 때문에 『한성주보』가 한글로 발간된 것은 혁신적인 일이었다. 게다가 신문에서 한글이 사용됨으로써 장기간 억압되고 있었던 사람들이 대중 언론시대를 맞이하게 되었다.[46]

한글문체인 『한성주보』는 관청의 요소요소에 게시되어 많은 국민으로부터 호평을 받았다. 종래의 언론은 상류계층과 양반 및 중류계층사이에서 사용되고 있었던 한문 신문이 전부였지만, 주보에 의해 대중은 한문지에 국한된 언론으로부터 해방되게 되었던 것이다. 이와 같이 『한성주보』는 한국 신문사에 있어서도 최초의 한글문체를 개발하여 민족문자보급 면에서도 높은 평가를 얻고 있다. 그 이유는 한국의 말과 문자를 일치시켜(언문일치), 한글을 대중화시키는 것에 결정적인 역할을 다했기 때문이다.

여기서 유의할 것은 『한성순보』와 『한성주보』는 완전히 별개의 신문이라는 점이다. 그것은 첫째, 『한성주보』의 창간취지는 순보와 거의 다르지 않지만, 『한성주보』 서문은 신문발간이 중지되어 암흑사회를 실감했던 상류층 사이에서 신문을 복간하려는 소리가 고조되어 박문국을 열어 신문을 발간하게 되었다고 명확하게 밝히고 있기 때문이다. 둘째, 두 신문은 각각 제호가 다르며, 또 연속적인 호수도 사용하지 않고 후자가 제1호로부터 새로이 창간되었다는 것이다.[47] 그렇지만 『한성주보』도 순보와 마찬가지로 경영난으로 1887(明治20)년 7월 7일 박문국의 폐지와 함께 폐간되고 만다.

제 4 절   후쿠자와 유키치와 이노우에 가쿠고로

후쿠자와 유키치는 토쿠가와德川 봉건시대인 1835년 1월 11일(天保5년 12월 12일) 오사카大阪에서 하급무사의 아들로 태어났다. 에도江戶시대 중기이후는 네덜란드어 서적을 통해 서양학을 공부하여, 1860년에 막부가 간신마루咸臨丸를 미국에 파견할 때 동행한다. 또한, 1862년 막부가 유럽에 외교사절을 파견할 때 수행원으로 동행하거나, 1867년에 도미하여 막부말기에 이미 3차례에 걸쳐 구미제국을 방문한 일본개화의 선구자 중의 한 사람이다.[48]

후쿠자와는 일본에서 자유주의와 공리주의를 강조해 봉건적 사상을 비판하고 실학을 장려하는 한편, 관존민비官尊民卑사상에 대해서도 도전했던 인물이다.[49][50] 당시 후쿠자와가 일본국민에게 가장 높이 평가받고 있었던 점은 봉건제도의 근본에 대한 비판적 태도였다. 그는 하급무사의 아들로 태어나 고된 생활을 스스로 체험하고 관료적인 봉건제도에 반대한 인물이다.[51]

후쿠자와 유키치는 언론활동을 통해 「강대국으로부터 개방」 등을 주제로 활동해 왔다. 그러나 명치유신 이후 봉건제도가 폐지된 1880년대에는 국력 신장과 국가독립을 위해 문명개화를 주장했다.[52] 1894년 청일전쟁 때에는 강경주전론强硬主戰論을 제창했는데, 이는 나중에 그의 동아시아관이 조선과 중국의 침략정책, 개화정책, 일본주의화 정책, 군비확장을 지지하게 되는 계기가 된다.[53][54] 따라서 후쿠자와 유키치는 결과적으로 조선의 침략정책을 제공한 침략자인 셈이다.

그의 문명관을 간단히 기술해 보면, 1875년 「문명론 개략文明論之槪略」에서 그의 기본적인 대 아시아관 및 중국론을 알 수 있다. 1권 2장에 의하면 「서양문명을 목적으로 할 것」에서 세계의 문명을 ① 문명 ② 반개半開 ③ 야만의 3단계로 구분하고 있다.[55] 즉, 유럽제국 및 미국은 최상의 문명국으로 분류하고 있고, 독일, 중국, 일본 등 아시아제국을 반개의 나라로 분류했으며, 또 아프리카나 호주를 야만국이라는 식으로 구분하고 있다. 그러나 그가 극동아시아 3국의 연대의식을 주장한 것은 문명 단계에 있어서 서양제국의 아시아침략에 대항하는 것이었다.[56] 즉, 후쿠자와는 삼국이 연대하지 않으면 서구 열강에게 침략당하고 만다고 주장하고 있다. 그는 또 1880년대에 이르러 일본은 문명개화가 진행되고 있지만, 중국과 조선은 아직도 반개의 상태에 머물고 있다고 보고 있었다. 게다가 1884년 「갑신정변」으로 조선의 개화파가 실각한 것을 보고 1885 년 3월 16일 『지지신보』에서 「아시아 동방의 악우惡友를 사절謝絶한다.」라는 「탈 아론脫亞論」을 게재하기에 이르러 조선에서는 그를 침략자로 규정하게 된다.57)

그런데 후쿠자와 유키치가 조선에 관심을 가진 것은 고종황제와 밀접한 관계에 있는 김옥균 등과의 만남에서 시작된다. 그 후 1882년 3차 수신사로 일본에 와있던 박영효 등과 접촉하고 나서 조선의 개화와 신문발간 정책에 적 극적으로 관여하게 된다. 후쿠자와 유키치는 수신사를 맞이하여 평소 주장해 오던 조선의 개화에 대해 자기의 생각을 밝혔다. 후쿠자와는 조선의 개화와 인 지人智를 개발하기 위한 수단으로 ① 청년교육 ② 학교설립 ③ 신문발간 ④ 신 식군대 양성 등을 권하면서 자신도 가능한 한 조선을 지원할 것을 약속했다. 그의 권유를 받아들인 박영효와 김옥균 등은 귀국하여 신문발간에 매진하게 된다. 먼저, 박영효 등은 후쿠자와 유키치에게 신문발간에 즈음하여 필요한 원 조를 요청했고, 후쿠자와는 『지지신보』를 통해 협력하게 이른다. 이것을 계기 로 이노우에 가쿠고로는 후쿠자와 유키치의 추천에 의해서 조선에 와서 신문 제작에 돌입하게 된다.58)

한편, 후쿠자와 유키치는 1882년 3월 11일 「조선과의 교제를 논한다.」(『지 지신보』 사설)에서 일본은 조선의 맹주로써 서양의 침략을 막아야 한다고 주장 하고 있다. 또 1883년 1월 13일 「우시바군牛場君 조선에 가다」(『지지신보時事新報』 사설)에서 「우시바군牛場君」에게 무武가 아닌 문文에 의해서, 즉 학자의 입장에 서 문명개화를 지도할 것을 주장했다.59)

후쿠자와 유키치는 일본 국민들로부터는 가장 존경받는 인물 중의 한 사 람으로 최고액권인 만 엔짜리 지폐에 그의 사진이 오를 정도로 일본에서는 추 앙받는 인물이다. 그러나 한국에서의 후쿠자와 유키치는 침략자로 규정되어 있 을 뿐 아니라, 그의 사상에 대한 평가도 매우 비판적인 시각이 많다. 물론, 일 본에서는 후쿠자와 유키치에 대한 방대한 연구 자료가 소개돼 있고, 게이오 기 주쿠대학 등 연구기관에서 계속 후속 연구가 이루지고 있기 때문이기도 하다.

실제로 일본에서는 후쿠자와 유키치의 사상에 관한 연구영역이 명치시대 의 소사小史일 정도로 방대하기도 하다. 그러나 그의 사상 또한 복잡할 정도로 일관성 없이 변화가 무상하다. 따라서 연구자들이 간단하게 평가하기에는 어렵다는 지적도 있다.

후쿠자와 유키치에 대한 연구 없이는 일본의 명치시대 역사, 혹은 일본 근대 언론사에 대한 연구는 단순히 표면적인 분석에 그칠 가능성이 크다. 따라서 후쿠자와 유키치에 대한 비판적인 주장을 정리해볼 필요가 있으며, 구체적으로 다음과 같이 3가지로 요약해 보고자 한다.

첫째, 후쿠자와 같이 일반적으로 제국주의 열강이 아시아·아프리카 등 후진지역을 침입할 때는 「야만을 문명개화시킨다.」라고 하는 것을 표방한다. 이와 같은 명분에 기초하여, 후진지역에 철도, 도로, 전신, 항만 정비 등의 개혁을 실시하는 경우가 일반적이다. 이러한 개혁은 야만의 문명화보다도 실질적으로는 원료의 반출과 상품 판매를 노리고 행해진다고 하겠다.60) 즉 이러한 개혁은 제국주의열강이 보다 더 효과적으로 식민지를 수탈하기 위한 필수적인 제도완비에 지나지 않는다는 것이다.61) 일본이 조선에 침투하는 과정에서도 후쿠자와 유키치와 이노우에 가쿠고로가 조선의 내정개혁을 시도한 이유가 제국주의열강의 침투수단을 모방한 것일 수도 있다.62)

둘째, 후쿠자와 유키치의 저서인『지지소언時事小言』의 한 대목을 들 수 있다.

「우리 집을 막는 것을 겸해 가까운 이웃을 위해 그 예방을 마련하고, 만일의 경우 응원하는 것은 물론, 무사한 날에 그 주인에게 상담하여 우리 집과 같은 석실을 만들게 하는 것은 긴요하다. 혹은 시기적절한 것에 의해 억지로 이것을 만들게 하는 것도 가능하다. 또 혹은 사정이 절박할 때는 사양 없이 그 지면地面을 압령押領해 우리 손으로 신축할 수도 있다. 확실히 진실로 이웃을 사랑하는 것이 아니며, 또 나쁜 것이 아니라, 오직 자기 집의 유소類燒를 걱정하는 것이다. 지금 서양제국이 위세로 동양을 공격하는 모양은 불이 만연하는 것과 다르지 않은데, 그런데 동양제국 특히 이웃인 중국, 조선 등이 지둔遲鈍해 그 기세에 맞설 수 없는 것은 목조판옥이 불에 견딜 수 없는 것과 같다. 따라서 우리 일본의 무력으로 응원하는 것은 단순히 남을 위함이 아니고 자기를 위한 것임을 알아야 한다. 무武로 이것을 보호하고 문文으로 이것을 유도하며, 속히 우리 예를 모방해 가까운 시기에 문명으로 들어가지 않으면 안 된다.」63)

조선과 중국은 지둔해 유럽과 맞설 수 없기 때문에 일본이 무력으로 응원해야 한다. 그것은 남을 위한 것이 아니라, 자기를 위한 것이라고 주장하고 있다. 이를 통해 후쿠자와 유키치는 이제까지 조선이나 중국의 문명개화 주장한 것도 결국 일본을 위함이었다는 것이 증명된다고 할 수 있다.

셋째, 일본의 유명한 정치사상가 마루야마 마사오丸山眞男는 「후쿠자와 유키치는 시시각각으로 변화하는 청국과 이씨조선의 국내정세에 대해, 때때로는 예측을 잘못하고 있었다.」[64]고 지적했다. 청일전쟁에 승리하여 청국을 물리치면 조선의 개화가 추진될 것이라고 본 것도 그 하나의 예이다. 두 번째 사례는 바로 후쿠자와 유키치의 갑신정변에 대한 판단 착오이다. 1882(명치15)년 이후 조선의 내정은 보수당과 개화당의 분쟁이 상당히 격렬해져 암살사건이 계속되고, 박영효, 김옥균 등의 개화당은 금력과 무력을 일본에 빌리려고 했다. 그들은 먼저 이노우에 가오루井上馨 당시 외무경에게 원조를 요구했지만, 일본정부는 오히려 한일관계에 해를 끼칠 우려가 있다고 그의 요청을 받아들이지 않자, 후쿠자와 유키치에게 호소하여 민간유력가의 원조를 구하려 했다. 후쿠자와는 크게 동정하여 고토 쇼지로後藤象二郎를 추천하고, 박영효 및 김옥균과 책략을 꾀하게 하여 100만엔의 자금을 조달하려했다. 당시 금융계가 어려워 자금을 조달하기가 쉽지 않았기 때문에 프랑스공사를 이용해 출자시킬 책략까지 생각해 내기에 이르렀지만[65] 이 계획이 실패하고, 「갑신정변」과 함께 박영효와 김옥균은 일본으로 망명해 버렸다는 지적이다.

여기서 후쿠자와에 대한 위의 첫 번째 비판에 재반박하는 견해로, 후쿠자와는 결과론적으로 일본의 조선 식민지화 정책을 도왔을지는 모르나, 처음부터 그의 사상 자체가 의도적으로 조선침략을 계획했다고 보기는 어렵다는 주장이 있다. 그 내용을 몇 가지 점에서 살펴보자.

첫째로 『지지소언』은 1881년에 발표된 것이고, 그 내용도 후쿠자와 유키치 자신의 사고방식을 논한 것에 지나지 않는다. 또 이 『지지소언』의 문장 말미를 보면 후쿠자와 자신의 기본적 입장은 「일본의 독립」이며, 또한 조선내부에 있어서는 근대화의 길을 걷게 하는 움직임에 대해 강한 지지태도를 보이고 있다는 점이다.[66]

둘째, 1882년 임오군란 처리문제로 제물포조약이 체결되었을 때 배상금 50만 엔은 조선의 문명사업, 항만, 등대, 전신, 우편, 학교, 신문, 철도 등의 건설보조비로 일단 받아들인 후에 다시 반환하는 것이 적당할 것이라고 주장했다. 또 조선개혁을 위해 인재파견을 기획하고 조선에서 수십 명의 유학생을 받아들이기로 계획하기도 했다.[67]

셋째, 특히 여기서 주목해야 할 것은 후쿠자와 유키치는 정치가나 군인이 아닌, 사상가 내지는 언론인이라는 점이다. 그래서 명치시대 일본제국정부가 그의 사상을 이용해 조선의 침략정책을 이용했을 가능성도 배제할 수 없다는 것이다.[68] 다시 말해, 후쿠자와 유키치의 대아시아관이 나중에 명치정부의 외교정책으로 채택되었을 수 있다는 것이다.

넷째, 후쿠자와 유키치는 일본 병력으로 조선에 임하는 것은 조선의 개화 때문이고, '영토를 합병해서는 안 된다. 다만 국사는 개혁해야한다'고 주장했다. 결국, 제국주의 열강으로의 길을 걷고 있는 일본의 체제를 후쿠자와는 인식하지 못했을지도 모른다는 점이다.

1884년 「갑신정변」은 후쿠자와 유키치에게 있어서 조선개혁에 대한 마지막 지원이었지만, 이것이 실패하였기 때문에, 1885년에는 「탈아론」을 발표하게 이른다. 후쿠자와 유키치의 「탈아론」의 진의는 일본의 자위력 증강에 관심을 기울이면서 문명개화라는 하나의 자립자존의 길을 일본인에게 제시한 것이라고도 볼 수 있을 것이다.[69] 그러나 「탈아론」은 명치정부에게 침략의 빌미를 제공했을 뿐만 아니라, 결과적으로 그의 사상이 정한론의 선구가 되는 데 크게 역할을 하게 된다.

언론사 연구는 어떤 특정 시대만을 한정해 연구하거나 언론자체만을 보지 말고, 전반적으로 언론 발전 흐름을 통해서 종합적으로 연구해야 한다. 언론의 역사란 언론만이 혼자 걸어온 길이 아니고 대부분 시대의 흐름이나 언론인들에 의해서 발전된 것이라는 사실은 부정할 수 없다. 따라서 한사람의 인물 또는 한사람의 언론인을 이해하기 위해서는 그의 전 생애를 종합적으로 분석해 볼 필요가 있다.[70] 그런 면에서 후쿠자와 유키치의 제자 이노우에 가쿠고로에 대해서도 위와 같이 후쿠자와와의 관계 등을 포함해서 그의 전 생애를 더듬으면서 객관적인 분석을 할 필요가 있다.

이노우에 가쿠고로는 후쿠자와 유키치의 추천을 받아 처음으로 배를 타고 조선으로 출발할 때 후쿠자와로부터 다음과 같은 훈계를 받는다.

「조선의 흥발興發은 동양치안에 중대한 관계가 있다는 것을 잊어서는 안
되며, 잘 개발하고, 잘 유도해 일본과 같도록 문명개화의 계로計路로 향하
게 하고 독립자강해서 나아간다면, 조선을 위해 이 이상 없는 행복이며 동
시에 일본의 행복이다. 만약 그렇지 않으면 일본에게 의뢰하여 중국은 말
할 것도 없이 러시아나 그 외의 간섭을 철저히 막아야 한다. 국권문제나
권력주의 이런 것을 밖에서 하는 것도 또한 인도적으로 생각하여 조선의
천만 명을 도탄의 고통에서 구하여 우리들과 같이 안도를 얻게 하는 것이
단연코 군자가 취할 길이다. 우시바牛場, 마쯔오松尾 두 사람은 상대편으로
부터 고용되어 도항하는 것이기에 자연히 그 책임도 있겠지만, 자네는 고
토 백작後藤伯과 상의하여 특히 우리 두 사람이 특별히 파견하는 것이기에
이 주지主旨를 잘 이해하여 세상에 나오는 출발점으로 일련의 전환점을 세
워주었으면 한다.」고 했다.[71]

이노우에 가쿠고로는 이 후쿠자와 유키치의 말에서 훈도薰陶를 받아 그의
삶의 방식으로써 신문발행에 협조하게 된다. 이노우에는 나중에 조선에서 발간
된 최초의 근대 신문인 순보旬報를 후쿠자와 유키치에게 보내자 진실로 기뻐했
다고 했다. 또 후쿠자와는 일본신문에서 가나혼용문 사용이 종래의 언론 발전
에 대해서 일대 변화를 주었다고 주장하면서, 한국에 있어서도 조속히 한글을
사용하는 편이 좋겠다고 조언했다고 한다. 이노우에 가쿠고로는 한글사용에 관
해 강위姜瑋와 함께 연구하게 된다. 이노우에 가쿠고로는 한글문체의 연구가
어느 정도까지 진행되자 이것을 김윤식金允植에게 보고하고, 박문국에도 말하게
된다. 당시 한문과 한글 혼합문체가 편리하다고 하는 것에 대해 누구도 이견은
없었다고 한다. 다만 「수백 년간 전래된 사상으로 크게 이 한글은 비하되었기
에 실행하려고 해도 도저히 보급하기에 이르지 못할 것이다. 특히 이것을 신문
지상에 이용하는 것은 상당한 고려를 요한다.」[72]고 하는 논의가 많았다
이노우에 가쿠고로는 한글의 역사적 사실과 한글이 사상적으로 미치는 영
향에 관해서도 연구하게 되었다고 한다. 그 중에서도 특히 주목해야 할 만한
사실은 한글 사용의 배척이다. 당시 일반국민에게는 학식이 없는 자, 또는 부
녀자를 제외하고는 남자가 한글을 읽거나 쓰거나 하는 것은 대단히 치욕적인
것으로 여겨졌다고 한다. 즉 당시는 지식인이나 양반이 아닌 천민으로 경멸되

는 것이 조선 상류사회의 실정이었다.[73]

이노우에 가쿠고로는 한글이 일반적으로 보급되지 않아 한글사용이 쉽지 않다는 것은 알고 있었지만, 후쿠자와 유키치가 지적하였듯이 한글사용에 의해 종래의 사상을 크게 변화시킬 수 있다고 생각하게 되었다. 마침내 조선에서는 1886년에 한자와 한글혼용의 신문인 『한성주보』를 창간하게 된다.

한편, 후쿠자와 유키치는 아시아의 근대화가 동양의 평화에 중요한 역할을 달성한다는 생각을 가지고 있었다. 후쿠자와의 언론사상은 조선뿐만이 아니라 중국에도 큰 영향을 주었다. 예를 들면 중국 근대 신문학의 아버지라고도 불리는 양계초梁啓超는 일본 망명 중에 후쿠자와의 언론사상에 감명을 받고 귀국한 후 중국의 근대언론발전에 큰 영향을 주었다.[74][75] 이와 같이 후쿠자와의 언론사상은 중국에도 영향을 미치게 되었다.

종래에 이노우에 가쿠고로는 1884년 「갑신정변」에 가담하게 되어 후쿠자와 유키치와 함께 조선의 침략정책을 도왔던 것으로 비판의 대상이 되었다. 최근 한국 근대사학회의 보고 자료와 「갑신정변연구」[76] 등으로 그의 개화정책에 대해 재평가하려는 움직임이 생겨나고 있다. 그 예로 만일 「갑신정변」이 「3일천하」로 끝나지 않고 개화파가 성공했더라면, 역사는 어떻게 바뀌었을지, 즉 개화사상의 급격한 보급에 의해 자주적인 근대화의 방향으로 발전하고, 보다 빨리 근대화가 진행되었을지도 모른다는 주장이 있다. 또 일본과의 원만한 외교정책에 의해 일본의 침략세력을 사전에 막을 수도 있었다는 가능성을 주장하는 학자도 있다.[77] 아무튼 이노우에 가쿠고로가 갑신정변에 가담해 폭약장치를 도왔다는 것은 침략적인 행동으로 비판받아야 할 것이다.

다른 한편으로 한국 언론사의 일부 연구자들은 후쿠자와가 침략의 수단으로 신문미디어를 이용했다고 주장하기도 한다. 그러나 이노우에 가쿠고로는 후쿠자와 유키치의 훈도에 충실한 청년이자 언론인이었다는 점을 몇 가지 사실에서 유추할 수 있다. 이노우에 가쿠고로가 1937년 3월 혼고本鄕의 진정사眞浄寺에서 김옥균의 44회 추조追弔법회에서 다음과 같이 말하고 있다.

「나는 그 때가 마침 23살로 막 학교를 나온 청년이었기 때문에 무엇이든 다른 일은 생각하지 않았다. 두렵다든지, 위험하다고 염려하는 자는 아니기 때문이었다.」[78]

여기서 자기는 아무것도 모르면서 신문발간에 노력했다고 말하고 있다. 또 사나다眞田와 미와三輪는 「… 우리들이야말로 이때 참고 견디어 죽든 살든 후쿠자와 선생님께서 기뻐해 주셨으면 좋겠다.」79)라고 말한 것처럼, 세상사에 어두운 이노우에 자신에게 동정해 주었다고 말하고 있다. 이와 같이 이노우에 가쿠고로는 후쿠자와의 지도를 받아, 어디까지나 신문을 발간하기 위해 전념했던 사실을 엿볼 수 있다고 하겠다. 이 부분에 대해서는 차후 그들에 대한 정세한 비판적인 후속연구가 꼭 필요한 부분이다.

제 5 절   이노우에 가쿠고로와 이노우에 가오루井上馨

이노우에 가오루井上馨(1835~1915)는 명치시대 일본정부의 최고 외교정치가의 한 사람이며, 또한 일본의 대 조선 식민지화 책략을 진두지휘한 침략이기도 하다. 당연히 조선민족으로서는 가장 적대적인 최고의 침략자로 비판받아야 한다. 따라서 여기서는 이노우에 가오루와 이노우에 가쿠고로와는 어떤 관계에 있었는가에 대해서 주목해 볼 필요가 있다. 이를 통해 이노우에 가오루의 조선의 식민지정책에 대해서 보다 더 접근해 볼 수 있기 때문이다.

이노우에 가오루는 1876년 강화도조약을 체결할 때부터 조선정책에 깊은 관련이 있다. 그 후 이노우에 가쿠고로는 1882년 조선에 와서 외아문고문이 되고 신문발간 준비를 서두르게 된다. 이때 이노우에 가오루 외무경은 이노우에 가쿠고로에게 편지를 보내 격려하며, 일본공사관도 가쿠고로에게 호의를 보이게 된다.80) 그런데『한성순보』제10호에서「화병華兵사건」이 일어나, 이노우에 가쿠고로는 모든 직을 사임하고 일본으로 돌아갈 것을 결심하기에 이른다. 이때 일본공사관과 이노우에 가오루의 태도가 일변해 가쿠고로가 편지를 써도 답장도 않고 공사관에서도 조금의 원조도 하지 않았으며, 오히려 가쿠고로가 비난을 받고 일본으로 되돌아가는 것을 기뻐하듯이 보였다.

1884(明治17)년 5월 일본에 돌아와 있던 이노우에 가쿠고로는 어느 날 외무성에 불려 이노우에 가오루 외무경을 방문하게 된다. 그곳에서 이노우에 가오루는 이노우에 가쿠고로에게 다시 조선에 도항할 것을 권하면서, 후쿠자와 유키치와 함께 그를 소외한 것에 대해서도 빈번히 사과했다고 한다. 외무성은

『한성순보』를 청국인의 손에 넘기지 않기 위해 약간의 보조금을 내고 가쿠고로를 원조하고 싶다고 전했다.[81]

이즈음 일본정부는 청국과 프랑스분쟁을 기회로 삼아 일을 도모할 것을 정하고 있었다. 그 후 이노우에 가쿠고로는 다시 경성으로 돌아와 『한성순보』의 복간작업에 노력하면서, 1884년 「갑신정변」 때는 김옥균과 함께 다이너마이트 폭발작업을 도운 일도 있다. 그것이 후에 이노우에 가쿠고로에 대한 비판적인 사고방식을 낳게 한 유일한 행동이 된다. 이노우에 가쿠고로는 그 후 「갑신정변」의 실패와 함께 귀국 길에 오른다.

가쿠고로가 일본으로 되돌아갈 때 김옥균·박영효·서광범·서재필·유혁노·변수 등 6인은 내란 수모자首謀者로서 조선에 있을 수 없었기 때문에 인천항으로 도망쳐 가쿠고로와 함께 일본으로 가기로 했다. 그러나 일본 영사관은 그것을 허락하지 않고, 선장에게 명해 그들 6인의 승선을 거부시킨다. 그러나 이노우에 가쿠고로는 그들을 버리고 일본으로 돌아간다면 6인은 반드시 체포되어 곧바로 처벌받을 것이 명백한 사실이기 때문에 여러 생각 끝에 치토세마루千歲丸 선장에게 부탁하기로 했다. 선장인 쓰지카쿠 사부로辻覺三郎는 전 와카야마 번사和歌山藩士이고 무사집안에 태어나 가쿠고로角五郎의 의협義俠심을 높이 사서, 야간을 이용해 6인을 승선시켜 배 바닥에 숨겨주었다. 치토세마루가 출발하려 할 때 4명의 관리가 병사를 데려와 김옥균 등이 선내에 있을까 의심해 수색을 시작했지만, 결국 발견하지 못하자 6인은 무사히 12월 13일 나가사키長崎에 도착할 수 있었다.[82] 김옥균(岩田周作)과 박영효(山崎永春)는 각각 개명改名하고 도쿄에 들어가 후쿠자와 유키치의 사저에 잠시 머무르게 되었다.

한편 1884년 12월 13일 「갑신정변」의 전보가 일본에 전달되어, 이노우에 가오루 외무참의가 그 수습책으로 같은 달 21일 특파 전권대사에 임명되었다. 당시 일본국내에서는 다케조에 신이치로竹添進一郎 공사의 착취를 비난하는 자도 있어 조일관계는 최악의 상태였다.[83] 그래서 이노우에 가쿠고로는 이노우에 가오루의 요청에 의해 개인 자격으로 경성에 동행했다. 그때 두 사람 사이에는 선중문답이 행해졌다. 이때 이노우에 가오루는 후쿠자와 유키치가 항상 주장하는 조선의 독립과 인도주의를 주창했다.[84] 그러나 이노우에 가쿠고로는 다음과 같이 말하고 있다.

「나는 실은 다케조에 공사의 불신행위를 꾸짖지 않으면 안 된다. 그러나 우리 병사가 공사의 명대로 이 상황을 고려하지 않고 철수한 것도 똑같이 무정하다고 책망 받더라도 어쩔 수 없다고 생각한다. 만약 그때 우리가 응전했다고 하면 혹은 승리는 우리에게 없었을지도 모르지만 확실히 며칠은 유지할 수 있었을 것이다. 최후에 좋지 못했던 것을 개인인 김·박 등의 부주의라고만 할 수 없을 것이다.」[85]

이처럼 가쿠고로는 다케조에 공사의 불신과 책임을 촉구하면서 김옥균과 박영효들에게 동정했다. 이노우에 가쿠고로는 두 사람과의 의리를 중히 여기며 일본정부의 외교책임자인 이노우에 가오루에게 다케조에 공사의 악정에 대하여 심하게 공격했다. 이것이 계기가 되어 다케조에 공사는 점차 가쿠고로를 제거하려고 노력하기 시작했다고 한다.

이윽고 이노우에 가오루 대사 일행이 인천에 도착하자 조선정부는 돌연 대사의 경성입성을 거부하고 성문을 폐쇄해 조선병사와 청나라 병사에게 전투준비를 하기에 이르렀다. 특히 당시는 청나라 병사의 일본인에 대한 적대적 태도가 가장 심했다.

이노우에 대사와 김홍집·김윤식과의 회담은 결론을 내지 못하고 끝났다. 그래서 가쿠고로는 두 김씨를 방문하여 강화조약에 대한 이노우에 가오루 참의의 의향을 전달했다. 그 결과 대립하고 있었던 양국의 감정은 해소되고 김윤식에 의해 다시 외아문고문이 된다. 이 숨겨진 이노우에 가쿠고로의 노력에 의해 이노우에 대사는 다음해 1월 6일 국왕을 알현해 국서를 봉정하고, 조선전권대사 김홍집과 담판을 개시하게 되었다.[86]

그러나 1885년 4월 10일 천진조약은 이토 히로부미伊藤博文와 이홍장李鴻章의 조인에 의해 평화적으로 끝났으므로 조선정부는 이노우에 참의에게 속은 것처럼 느껴 두 김씨가 이노우에 가쿠고로를 향해 「이노우에 참의는 당신에 대해 식언한 일은 없는 것인가.」[87]라는 식으로 몇 번이나 말했다. 그 후 이노우에 가쿠고로는 1885년 3월 말경 도쿄로 돌아갔다. 당시 일본 신문의 대부분은 당국의 천진조약에 대한 태도를 비난하고 있었으며 후쿠자와도 매우 불만이었다. 이노우에 가쿠고로의 분개는 극에 달해 외무성에 가서 이노우에 가오루에 대해 다음과 같이 격하게 비판했다고 한다.

「각하는 나를 조선에 보내 다케조에 공사와 함께 위험을 무릅쓰고 일을 시켰다. 특히 판단 시에는 한 목숨을 걸고 성내에 들어가게 했다. 더구나 그런 경우 항상 청국과 싸울 것을 언명했던 것이 아닌가. 그런데도 이번 천진조약은 무엇을 말하고 있는가? 이렇게 완전히 각하는 나를 기만했던 것이다.」「각하와의 교의도 이것으로 끝이다.」[88]

이처럼 더욱 격앙해서 말하고는 떠난 것이었다. 여기서 주목해야 할 것은 이노우에 가쿠고로가 「각하」라고 부를 정도의 지위인 외무경에 대해서 심하게 공격하는 것은 극히 이례적인 일이라는 것이다. 오히려 어느 정도 자신의 처벌도 생각하고 있었을 것이다. 그 주된 이유는 먼저 양 김씨와의 신의, 조선의 독립, 후쿠자와 유키치의 훈도 등 여러 가지 복합적인 요소가 포함되어 있었으리라고 본다.

이때 이노우에 가오루는 후쿠자와 유키치와 이노우에 가쿠고로의 행방을 탐지하고 있었기도 했다. 그래서 후쿠자와 유키치도 일본에 있어서의 가쿠고로의 행동을 주의하고 있었다.

그 후 이노우에 가쿠고로가 1885년 「오사카大阪사건」[89][90]에 관여했다고 해서 일본 외무성 서기관 구리노 신이치로栗野愼一郎는 경찰순사 수십 명과 함께 이노우에 가쿠고로를 체포할 목적으로 조선에 왔다. 당시 조선정부는 단호히 이것을 거부하고 만약 이노우에 가쿠고로에게 그 죄가 있더라도 국사國事범인이 아니면 인도할 수 없다고 주장했다. 이런 사실로 보더라도 그는 당시 조선정부에는 상당한 신임을 받고 있었던 것을 알 수 있다.[91] 1886년 2월 이노우에 가쿠고로가 모친의 서거로 히로시마廣島로 돌아갔을 때 이노우에 가오루 외무경에게 편지를 보냈다. 이 서간에서 「각하의 보호는 앞으로 일절 받지 않고, 완전히 독립하여 도한渡韓하고 싶다. 또 나의 지위로 일본의 이해에 대해 생각하기 어렵고 ……」[92]라고 하는 기술에서 보듯이, 이노우에 가쿠고로는 명치정부의 외교정책, 또는 이노우에 가오루의 외교 책략에 대해서는 스스로 독립하고자 하는 의견을 피력하고 있다.

이토 히로부미 편 「조선 교섭자료」 상권에 의하면,[93] 당시 주한공사인 다케조에 신이치로가 이노우에 가쿠고로의 밀보 등을 지적하면서, 본국의 이토 히로부미와 이노우에 가오루에게 보고하고 있다. 그러나 그때는 이노우에 가쿠고로와 이노우에 가오루는 이미 외교적으로 갈등상태였으며, 이노우에 가오루의 부하가 다케조에 공사였던 때다. 그리고 가쿠고로는 그들의 외교정책에 방해가 되는 존재였으며, 이 서간을 보면「갑신정변」이 끝난 후 다케조에 공사는 자기의 실수를 새삼스레 변명하는 것 같이 보인다.「조선 교섭자료」중권을 예로 들면 다음과 같은 내용이 있다.

「…… 이노우에도 근래는 일반 조선인 사이에 있어서 평판이 좋지 않다. 외무참의 정헌시鄭憲時는 박문국 당상으로 겸무하고 있는 자로 이즈음 일본공사관 역관에게 면회 시 그의 거동을 음험陰險 불량하다고 평하고 있다. …… 생략 …… 1886(明治19)년 3월 31일 경성 다카히라 코고로高平小五郞」94)

여기서 보면 조선의 외무참의 정헌시와 일본의 대리공사 다카히라 코고로는 가쿠고로를 음험한 인물이라고 판단하고 있다. 이 부분은 상당히 주의해서 볼 필요가 있다. 그것은 1883년 12월 29일 양 아문이 개편되어 청나라의 추천으로 정권사협변征權司協辨(외교재정고문)에 독일인 멜렌도르프(P. G. von Mollendorff)를, 주사에 정헌시가 임명되었지만,95) 두 사람은 친청파親淸派이며「갑신정변」의 실패로 개화파가 제거된 후에 정헌시가 외무참의가 되었기 때문이다. 따라서 정헌시에게는 이노우에 가쿠고로가 적대적 인물이며 다카히라 공사도 외교교섭에 장해가 되는 인물로, 이들을 제거하는 것은 당연한 일로 여겼던 것으로 청국과 같은 생각을 가졌으리라고 추측할 수 있다.

결국, 이노우에 가쿠고로가 모든 직을 사임하고 일본으로 돌아간 것은 1887(明治20)년 1월 초였다. 귀국 이유는 밝혀지지 않지만, 신문발행도 어느 정도 가능해졌으며, 무엇보다도 청국과 일본 외무성의 간섭이 있었기 때문에 돌아간 것일 것이다. 학자들 중에서는 이노우에 가쿠고로가 일본에 귀국한 이후 오사카 사건과 관련되어서 체포되었다고 주장하는 이도 있다. 하지만, 실제로 이노우에는 오사카 사건과는 무관하다.96) 이 사건은 1885년 11월 23일 시행되기 직전에 발각되어 주모자가 체포되는 등 사건 처리 단계에 있어서도 이노우에 가쿠고로와는 관련성이 없는 것으로 밝혀졌기 때문이다. 이노우에 가쿠고로가 귀국해서 체포된 것은「사문서위조죄」와「관리모욕죄」의 혐의였다. 결

국, 이노우에 가쿠고로는 역시 이노우에 가오루의 고발에 의해 「조선내란전말
서」라는 사건에 관련되어 후쿠자와 유키치 저택에서 다카나와高輪(港区) 경찰서
의 순사 수십 명에 의해 강제로 구인되어 체포된다.97)

그 후 이노우에 가쿠고로는 경시청으로 연행되어 바로 유치소로 끌려갔다.
당시, 고향에서는 부인의 출산이 임박한 시기였으며, 평소 가정사에는 그다지
신경 쓰지 않았던 그가 이때는 크게 낭패하지 않을 수 없었다고 한다.98) 이노
우에 가쿠고로에 대한 심문은 모두 140여 회에 걸쳐 이루어졌다. 마침내 4월
13일에는 예심이 종결되어 도쿄 경범재판소 예심판사 이지치 코조伊知地光定에
의해 관리모욕죄를 언도 받게 된다. 그러나 공판은 열리지 않고 예심종결로부
터 3개월 반이 지난 8월 1일 공판이 다시 열려 관리모욕 범으로 중금고重禁固
5개월, 벌금 30엔의 형을 받는다.99)

당시 예심조사는 등사를 허락하지 않았을 뿐 아니라, 재판의 방청도
모두 금지되어 공판언도도 완전히 비밀로 행해졌다.100)

그 판결문의 내용은 다음과 같다.

재판관 언도서 裁判官 言渡書

廣島縣 備後國 深律郡 野上村 第87番地

이노우에 가쿠고로井上角五郎

1894(명치27)년 8월

「이노우에 가쿠고로에 대한 관리모욕 피고사건 심리를 끝내는바, 피고
가쿠고로는 조선정부에 고용되어 1885(明治18)년 4월 중, 이토伊藤・이노우
에井上 참의를 모욕했기 때문에 그 직무에 관해 무실無實의 사건을 만들고,
조선 외아문 즉 해廨(공관)에 이것으로 외아문독변 김윤식金允植・동 주사主
事 정병하鄭秉夏 또는 그 외의 조造(조작)에 대해 공지할 의지意旨를 갖고 이
것을 연설하고자 했던 취지는 …… 후략」101)

이노우에 가쿠고로는 곧바로 공소절차를 취하고 관할이 다르다는 주장을
제기했기 때문에, 도쿄 공소원東京控訴院에서 10월 1일부터 공판이 열렸지만 역
시 방청을 금하고 공판을 진행하여 같은 달 3일 공소 기각 처분이 내려졌다.

한편 이노우에 가쿠고로가 수감된 후 그의 가정에는 큰 시련이 닥치기 시

작했다. 이노우에 가쿠고로가 구속됨과 동시에 후쿠자와 유키치의 가택도 수색을 받았다. 1월 말경 고향 후쿠야마福山에 있던 부인의 친정집도 가택수색을 받았다. 부인은 고향에서 산욕産褥으로 임상심문臨床尋問을 받았는데 출산이 얼마 남지 않은 시기라 매우 놀라서 괴로워했다. 그 후 5일째인 2월 3일에 남자아이를 분만했지만, 아이는 처음부터 잔병이 많았다. 남자아이의 출산은 가쿠고로 가정에 있어서는 더할 나위 없는 기쁨이었지만, 옥중의 가쿠고로에게는 통지할 수가 없었다. 가쿠고로가 가장 존경하는 후쿠자와 유키치에게만 알려 명명命名을 요청하였기에 후쿠자와는 이노우에 센타로仙太郎라는 이름을 지어주었다.

이러한 모자母子 모두의 건강과 성장 회복을 기원하는 곳에 또 형사가 찾아와 심문을 진행한 것이다. 당시 산모에게는 혹한에도 불구하고 거리낌 없이 이런 일이 행해졌기 때문에 정신적으로 충격을 받고 젊은 부인은 마침내 전간 고질癲癎痼疾(정신질환)102)을 얻어 이듬해에 이르기까지 때때로 발작해 괴로워하기도 했다. 그에 이어 장남 센타로도 뇌막염에 걸려 병약하게 된 것은 큰 희생이었다.103) 또 가쿠고로로서는 자기 때문에 후쿠자와가 가택 수색을 당하거나 증인으로 법정에 소환된 일로 상당히 마음고생이 많았다. 무엇보다도 견디기 어려운 일은 마침내 1890년 8월 10일 장남 센타로의 죽음이었다.

제 6 절 조선의 근대화와 일본의 식민지화 정책

조선의 근대화(Modernization) 과정에 있어서 문호개방은 일본에 의해서 강제적으로 이루어졌다. 일본은 1876년 불평등 조약인 강화도조약으로 강제적으로 조선의 항구를 개방했고 이 항구를 통해서 외국의 문물이 침투해 오도록 했다. 당시 일본도 명치유신에 의해 근대화가 진행되고 있었지만, 구미제국주의의 세력 확장에 의해서 위기감을 느끼고 있을 때였다.

이 당시 일본에서는 후쿠자와 유키치가 등장해 아시아의 문명개화와 일본의 독립을 주장하고 있었다.104) 명치유신도 후쿠자와 유키치가 바라고 있었던 점에 있어서는 사상적으로도 일치한다고 하겠다. 나중에 명치정부는 대부분 후쿠자와 유키치의 외교사상을 명치정부의 외교정책으로 받아들이게 된다. 그것이 결과적으로 후쿠자와 유키치로 하여금 처음부터 아시아 또는 조선의 근대화가 아닌, 식민지화 사상을 가지고 있었다는 평가도 있다.

후쿠자와 유키치는 가난한 가정에서 태어나 경제적으로는 매우 어려운 여건 속에서 자랐다. 그러나 후쿠자와는 한문에 정통한 학자였을 뿐 아니라, 언론인이었으며, 당시 조선의 지식층 문자인 한문의 불합리함을 지적하고 한글 사용의 대중매체 개발을 주장한 인물이기도 하다. 물론 중화사상 타파라는 부차적인 목적도 있었는지는 모르지만, 조선의 개화사상 보급에 첫째 목적이 있었다고 할 수 있을 것이다. 그것은 기본적으로 일본의 이익을 위한 것이었다고도 볼 수 있다.[105] 또한, 후쿠자와 유키치는 이노우에 가쿠고로가 도한渡韓할 때부터 고토 쇼지로後藤象二郞와 함께 사재를 처분해 여비를 조달하거나, 또는 조선에서의 신문발행을 위해 인쇄기를 주문하기도 한 인물이다.[106] 후쿠자와 유키치는 1884년 갑신정변 이후에는 정치적인 영향력이 상당히 떨어지고, 명치정부와도 대립하는듯한 모습을 보인다. 그것은 김옥균 등에 관한 문헌[107]에서도 알 수 있다.

한편 이노우에 가쿠고로는 게이오기주쿠慶應義塾을 졸업한 후 후쿠자와 유키치의 추천에 의해 조선에 와서 신문발간에 노력하게 된다.

이노우에 가쿠고로는 신문발행을 통해 조선의 근대화와 내정개혁의 필요성을 조선정부에 제안한 인물이다. 또 조선정부 관리들과 함께 깊은 관계를 맺고 있었으며, 조선의 외교정책에 관한 상담역까지도 했다. 이와 같은 상황에서 그는 마침내 조선정부 관리로부터도 신임을 얻게 된다. 예를 들면 김윤식은 이노우에 가쿠고로에 대해 「당신의 가슴속에는 나라의 경역境域은 존재하지 않는다. 그러나 당신은 확실히 일본인이다. 이것을 알고 교류하는 것은 우리들은 당신의 심중은 항상 공평하다고 하는 것을 알기 때문이다.」[108]라고 까지 말하고 있다.

한편 이노우에 가쿠고로에 대해서는 다음과 같은 연구과제도 남아있다. 그것은 그가 갑신정변과는 어떤 관계를 가졌는지를 구명하는 것이다. 가쿠고로에 대한 부정적인 견해를 남긴 것이 갑신정변이기 때문에 실제로 가쿠고로가 갑신정변에 가담해 어떤 역할을 했는지에 대해서도 명확하게 규명할 필요가 있다. 또 명치정부와 이노우에 가쿠고로와 관계, 그리고 가쿠고로와 후쿠자와 유키치의 깊은 관계도 추적 연구할 필요가 있다. 마지막으로 짚을 점은, 일본, 중국과 비교해 근대 신문의 성립기에 대한 연구가 한국에서는 그다지 행해지지 않았다는 점이다.[109] 그 결과 이 부분에 대해서는 독자적인 연구 논문이 별로 없는 상태이며, 신문의 효시인 『한성순보』의 성립과 창간배경에 관한 한일 간의 관계를 상세하게 분석해 볼 필요가 있다.

미주

1. 李錬(1988) 「韓國の新聞成立に果たした井上角五郎の役割」『新聞學評論』 第37號, 日本新聞學會, p. 143.

2. 김기수(1832~미상)는 조선말기의 문신, 강화도조약 체결에 의해 제1차 수신사의 수반으로 방일(예조참의).

3. 李基百(1975) 「韓國史新論」 學生社, p. 314.

4. 김홍집(1842~1896)은 조선말기 정치가, 제2차 수신사의 수반으로 방일.

5. 박영효(1861~1939)는 조선말기 정치가, 제3차 수신사로 방일하였다. 김옥균과 함께 개화당을 조직, 갑신정변(1884)으로 사대당事大黨에게 패하여 일본으로 망명, 귀국 후 내무대신 등을 역임.

6. 李錬(1988)『新聞學評論』前揭書, p. 143.

7. 李錬(1987) 「韓國の新聞成立に果たした井上角五郎の役割」 日本新聞學會報告資料, 中央大學秋季研究發表大會, pp. 1~6.

8. 도쿄대학 명치신문 잡지문고에 보관되어 있는 이노우에 가쿠고로 관계문서, 일본국 회도서관 헌정자료실 소장문서, 게이오기주쿠대학 중앙도서관 이노우에 가쿠고로와 후쿠자와 유키치 관계문서, 각슈인대학동양문화연구소의 관계문서, 또는 필자 개인 소장 자료 등의 문헌이다.

9.　　　　　例言　　　　　　　　　　　　目次

　　本所新報刊行之旨趣在專叙　　　　○ 朝鮮新報

　　述經濟論說以供日鮮兩國博　　　　○ 雜報

　　雅之朵覽而如其發露中外之　　　　○ 釜山商況

　　奇事異聞亦要收拾不遺也° 因　　　○ 奇書

　　希四方諸君子能諒此意° 高論　　　○ 物價表

　　新說必不吝投寄° 而其文 務用

　　漢文則記者之幸以何加之 敢

　　望々々

10. 「朝鮮新報」 제5호 참조.

11. 이연(1989)『新聞과 放送』1月号, 한국언론연구원, p. 67.

12. 고려대학부설 신문방송연구소(1982)「커뮤니케이션과학」제6집, 도서출판, pp. 3~19.

13. 김옥균(1851~1894)은 조선26대 고종시대의 문신, 정치가. 1881년 일본으로 건너가 문물과 제도를 시찰한 후 귀국해 독립당을 조직하는 한편 갑신정변을 일으켜 개화당 내각을 조직했지만, 3일 만에 실패로 돌아가 일본으로 망명, 중국 상하이에서 조선에서 보낸 자객 홍종우洪鐘宇에 의해 피살되었다. 저서는「치도약론治道略論」수기에「갑신일록甲申日錄」이 있고,「기화근사箕和近事」도 편찬했다.「갑신정변」은 조선 26대 고종21년(1884)갑신 12월 4일 일어났다. 김옥균·박영효 등 개화당의 간부가 왕조의 내정을 개혁하려한 정변. 사대당의 중심인물인 민씨 일파를 살해하고 일본의 힘을 빌려 신정권을 세웠지만 3일 만에 실패로 끝났다.

14. 이동인(어학사의 참모관, 생년미상)은, 하나부사 공사 등을 통해 일본어를 배우는 등 명치 이래 처음 조선 민간인으로 국금을 범하며 도일했던 개화파 승려이다.

15. 양반은 고려 및 조선시대의 지배계급을 이룬 세습적인 지위와 신분을 가진 상위계급.

16. 李鍊(1988)『新聞學評論』前揭書, p. 144.

17. 姜在彦(1970)「朝鮮近代史硏究」日本評論史, p. 59.

18. 이연(1988)『新聞學評論』前揭書, p. 144.

19. 日本外務省編(1963)「日本外交文書」 p. 290, pp. 294~299.

20. 「日本外交文書」前揭書, pp. 360~365.
    ①통리기무아문설치 1건 (부속서)
    ②통리기무아문설치지의상신 (부속서)

21. 姜在彦(1970)『朝鮮近代史硏究』日本評論史, p. 81.

22. 어윤중(1848~1896)은 조선26대 고종시대의 대신.

23. 서광범(1859~1896)은 조선시대의 문신이며, 정치가. 갑신정변에 참여했지만 실패해 일본으로 망명.

24. 中島司(1937)「金玉均君に就て」中央朝鮮協會, p. 4.

25. 李鍊(1988)『新聞學評論』前揭書, p. 145.

26. 李鍊(1988)『新聞學評論』前揭書, p. 145.

27. 井上角五郎(1934)「福澤先生の朝鮮經營と現代朝鮮の文化とに就いて」明治印刷株式

會社, p. 10.

28. 原田璟(1984)「井上角五郎과『漢城旬報』」『三千里』第40號, 三千里社, pp. 70~71.

29. 이연(1989)『新聞과 放送』1月号, 한국언론연구원, p. 68.

30. 古壓豊(1919)『井上角五郎君略傳』井上角五郎君功勞表彰會編, pp. 7~10.

31. 고바야시 요시나오小林義直는 도미야마福山의 성지관誠之館 교수, 동경제국대학 의과
    대학교수 역임후, 당시는 예술에 전념한 사람이다. 이노우에는 그의 자택에서 서생
    을 하면서 근처 공관의숙에서 영어를 배우고, 그 후 후쿠자와 유키치에게 배움을 구
    했다. 이노우에가 고바야시에게 배운 한학의 소양은 나중에 조선에서 김윤식 등과
    교류를 깊이하며 활약하는 데에 있어서도 큰 도움이 되었다.

32. 古壓豊(1919)『井上角五郎君略傳』前揭書, p. 11.

33. 李錬(1988)『新聞學評論』前揭書, p. 146, 李錬『朝鮮言論統制史』(2002), 信山社
    (東京), p. 25.

34. 김윤식(1835~1922)은 이조 26대 고종 시대의 문신, 학자, 저서에는「음청사陰晴史」,
    「천진담초天津談草」,「운양집雲養集」16卷 등이 있다.

35. 井上角五郎(1934)「福澤先生の朝鮮經營と現代朝鮮の文化とに就いて」前揭書, p. 11.

36. 井上角五郎(1934)「福澤先生の朝鮮經營と現代朝鮮の文化とに就いて」前揭書, pp.
    12~13.

37. 고종(1852~1919)은 조선 26대의 왕, 이름은 희熙, 재위기간은 1863~1907년까지이다.

38. 近藤吉雄(1988)「井上角五郎先生傳」大空社, pp. 41~42.

39. 李錬(1988)『新聞學評論』前揭書, p. 147.

40. 서울대학교소장 영인본(1883年 10월 31일 창간호) 및 순보.

41. 李錬(1986) 前揭書, 上智大學修士論文, p. 332.

42. 井上角五郎(1934)「福澤先生の朝鮮經營と現代朝鮮の文化とに就いて」前揭書, p. 21.

43. 井上角五郎(1934)「福澤先生の朝鮮經營と現代朝鮮の文化とに就いて」前揭書, p. 22.

44. 이연(1989)『新聞과 放送』1月号, 전게서, p. 70.

45. 강위는 이노우에 가쿠고로에게 한글을 가르친 개인교사였다. 그는 일본과의 강화부
    교섭에도 조선정부의 일원으로 참가했다. 일본에도 1980년과 1982년 2번 간 적이
    있다. 저서에는「동문자모분해東文子母分解」라고 하는 한글에 관한 것도 있었기 때

문에 이노우에의 개인교사가 되었다. 이노우에는 그에게 한글을 배워『한성순보』의 한글혼용문체도 만든 것이다.

46. 李錬(1988)『新聞學評論』前揭書, p. 148.

47. 李海暢(1977)「韓國新聞社研究」성문각, pp. 20~23.

48. 春原昭彦(1985)「福澤諭吉の對韓觀」『東西語路』한국외국어대학부설 국제커뮤니케이션연구소, p. 5.

49. 福澤諭吉(1968)「福翁自展」角川書店, pp. 18~19.

50. 春原昭彦(1985)「福澤諭吉の對韓觀」前揭書, p. 6.

51. 福澤諭吉(1973)「福翁自展」岩波文庫, pp. 9~22.

52. 川合貞一(1940)「福澤諭吉の人と思想」岩波書店, pp. 30~40.

53. 春原昭彦(1985)「福澤諭吉の對韓觀」前揭書, p. 6.

54. 小泉信三(1966)「福澤諭吉」岩波新書, pp. 105~106.

55. 慶應義塾大學編(1970)「福澤諭吉全集」第4卷, 岩波書店, pp. 16~50.

56. 春原昭彦(1985)「福澤諭吉の對韓觀」前揭書, p. 8.

57. 春原昭彦(1985)「明治言論の對韓觀」『ソフイア』133號, 上智大學, pp. 144~145.
　　　「강대한 구미열강에 대해 민족적 독립을 지키고, 국가로서의 자립을 달성하려 하는 피압박민족의 입장을 버리고, 구미제국주의로의 길로 적극적으로 전화転化해 가는 자세전환을 이 사설은 선언했다고도 말할 수 있다. 그러나 당시, 구미제국에 대해서는 피압박이었던 일본이 불평등조약 개정으로 괴로워했던 것을 생각하면, 문명화라는 것은 일본에게 있어서 최대의 과제였다. 후쿠자와에게 있어서는 봉건적체제와 그것을 이데올로기면에서 떠받치는 유교는 사회발전을 저지하고 문명화를 늦추는 기본적 요인으로 생각되었다. 조선과 중국의 청조淸朝가 유교로 유지되는 한 후쿠자와에게 있어서 「탈아」는 필연의 길이었다고 생각된다.』그런데 1870년대에 들어와 정한론이 아직 계속 논의되었지만, 후쿠자와는 1875년 10월 7일 「유빈호치신문郵便知新聞」에 있어서는 정한론에 비판적인 태도였다. 물론 침략주의에는 반대하지 않았을지도 모르지만, 당시 일본 국력으로 보아 일본의 독립을 위협할 가능성이 있어 시기적으로 반대했다고도 말할 수 있을 것이다.

58. 이연(1989)『新聞과 放送』1月号, 전게서, p. 54.

59. 문명개화에 관해 쓴『시사신보』의 사설

①1894년 6월 13일자 ②1894년 6월 17일자 ③1894년 6월 19일자 ④1984년 7월 7 일자 ⑤1894년 7월 8일자 ⑥1894년 7월 12일자 ⑦1894년 7월 14일자 ⑧1894년 7월 15일자 ⑨1894년 8월 10일자.

60. 朴鍾根(1989)「日淸戰爭と朝鮮」一潮閣, p. 107.

61. 신흥범(1982)「제국주의이론」창작과 비평사, p. 274.

62. 朴鍾根(1989)「日淸戰爭と朝鮮」前揭書, p. 107.

63. 慶應義塾大學編(1969)「福澤諭吉全集」第五卷, 前揭書, p. 186.

64. 『時事新報』 1894년 7월 5일자.

65. 賀田直治(1937)「福澤諭吉先生と澁澤榮日翁(四)」『朝鮮實業俱樂部』 朝鮮實業俱樂部 社, pp. 3~5.

66. 春原昭彦(1985)「福澤諭吉の對韓觀」前揭書, pp. 10~11.

67. 春原昭彦(1985)「明治言論の對韓觀」前揭書, p. 144.

68. 이연(1989)『新聞과 放送』 1月号, p. 54
石河幹明翁『福澤諭吉全集』第3卷에 의하면, 오쿠마 시게노부大隈重信, 이토 히로 부미伊藤博文, 이노우에 가오루井上馨 등으로부터 국회개설과 정부의 진보정책을 대 변할 신문을 창간할 것에 협력해 달라는 요청이 있었다.

69. 平野健日郎(1973)「日本の社會文化史」講談社, pp. 410~412.

70. 武市英雄(1985)「言論人內村鑑三の對韓觀」『東西語路』 한국외국어대학부설 국제커 뮤니케이션연구소, pp. 21~23.

71. 古壓豊(1919)『井上角五郎君略傳』前揭書, p. 5.

72. 井上角五郎(1934)「福澤先生の朝鮮經營と現代朝鮮の文化とに就いて」前揭書, p. 17.

73. 井上角五郎(1934)「福澤先生の朝鮮經營と現代朝鮮の文化とに就いて」前揭書, p. 20.

74. 賴光臨(1980)「中國近代報人與報業」臺北臺灣, 商務印書館, pp. 93~94.

75. Ernest Box(1895) "Native Newspaper and Their Value for a Against Christian Work", *the Messenger*, Vol.8(March~june), p. 37.

76. 한국정치외교사학회(1985)「甲申政變硏究」 평민사.

77. 이연(1989)『新聞과 放送』 6月号, p. 55.

78. 中島司(1937) 「金玉均君に就て」前揭書, p. 16.

79. 中島司(1937) 「金玉均君に就て」前揭書, p. 17.

80. 近藤吉雄(1988) 「井上角五郎先生傳」前揭書, p. 46.

81. 同上, p. 49.

82. 同上, pp. 66~67.

83. 阪谷芳郎(1934) 「世外井上空轉」第3卷, 內外書籍株式會社, pp. 506~507.

84. 近藤吉雄(1988) 「井上角五郎先生傳」前揭書, pp. 68~70.

85. 同上, pp. 69~70.

86. 同上, p. 74.

87. 同上, p. 77.

88. 同上, p. 78.

89. 大阪事件硏究會編(1982) 「大阪事件の硏究」柏書房, pp. 1~9.
    오사카사건은 1884년 이타가키 다이스케板垣退助가 속한 자유당이 정부의 언론 집합 강압에 의해 해산 된 후, 1985년 5월 일본 자유당좌파의 지도자인 오이 겐타로大井憲太郎와 그의 동지 고바야시 구스오小林樟雄·이소야마 세이베磯山淸兵衛·아라시 쇼고新井章吾 등이 계획해 이소야마를 리더로 장사 20명이 조선으로가 친청파를 암살하여, 김옥균·박영효 등의 독립당의 정권장악을 실현시킬 계획을 도모한 사건이었다. 그리고 그 외환을 계기로 일본 국내의 민주주의 혁명을 성취시킬 목적이었다. 이것은 자유당우파에 대한 반기이며 갑신정변 후의 친청 세력의 제거이기도 했다. 현재 히라노 요시타로平野義太郎·도오야마 시게키遠山茂樹·이노우에 가오루·나카쓰카 아키라中塚明 등의 설도 있지만, 그 근본 동기는 조선 공략 사상이다.

90. 古壓豊(1919) 「井上角五郎君略傳」前揭書, p. 29.

91. 이연(1989) 『新聞과 放送』 6月号, p. 55.

92. 國立國會圖書館憲政資料室所藏 「井上馨關係文書」전문은 다음과 같다.
    申上候゜ 爾後數度參上仕似得共´ 不得拜謁´ 依テ以書面申上候゜ 先般来吉田大輔ヘハ一寸御話シ申置候通リ´ 私再度韓の心組有リ之候゜ 然ル処兼テ閣下ヨリ多少ノ保護金ヲ下候義御不沙汰ニテ出立候モ如何ト存候゜ 然ルニ該金員ハ少額ニテ迚テモ何カノ入費ニ足リ不申´ 附テハ或ル筋外国人ヨリ随分沢山ニ保護致シ吳シ候モノ有之ニ付キ´ 閣下ノ保護ハ今後一切コレヲ受ケズ全ク独立ニテ渡韓致度左候トイ素

ヨリ私ノ地位日本ノ利害ニツキ思案致シ難ク゛依テ閣下ヘ御伺申上゛一応コレニテ
モ差支無之由承ハリ及ビ其後ニテ決定致度ござ候゛度々参上今日モ亦夕罷出候トコ
ロ御不在ノ由ニ付キ如此ニ候゛私ハ両三日内当地出立故郷福山ニ帰リソレヨリ直チ
ニ渡韓ノツモリニ付キ其前一度御面会被差許度゛私住処ハ三田福沢諭吉ニ御座候ノ
頓首

井上角五郎
明治十九年四月六日゛外務卿閣下

93. 伊藤博文編(1970)「朝鮮交渉資料」上卷， 原書房, pp. 278~288.

94. 同上, 中卷, p. 52.

95. 姜在彦(1970)「朝鮮近代史硏究」前揭書, pp. 81~82.

96. 近藤吉雄(1988)「井上角五郎先生傳」前揭書, p. 96.

97. 「이노우에 가쿠고로井上角五郎 씨 구인되다.」「郵便報知新聞」1888年 1月 28日付.

98. 그때 구치소에서 이노우에 가쿠고로는 두 가지의 결심을 한다. 그것은 원래 조선사
건이라는 것은 후쿠자와가 인도와 교육의 견지에서 조선의 개발을 생각하고 있었다.
동시에 이노우에 가오루 외무참의가 또 조선의 독립을 주려고 했다. 그것이 우연의
일치로 일어난 것임에도 불구하고 실패로 끝나 이노우에 가오루는「전혀 자기가 아
는 일은 아니고 후쿠자와·고토 등이 김·박 등과 연관되어 이노우에 가쿠고로를 앞
잡이로 한 것이다.」라고 선전했다. 이것에 대해 은사 그 외의 선배를 위해 자진해
조선사건의 진상을 분명히 하고, 그 사건은 완전히 이노우에 가오루의 의도였던 것
을 밝히지 않으면 안 된다는 것이었다. 또 하나 조선사건에는 처음부터 내 한 몸은
희생될 것을 각오로 관여했으므로, 사변 중에 죽지 않은 것이 오히려 다행이라고 할
만한 것으로, 이제 와서 처자의 일이나 이민의 일도 감히 시도할 수 없다. 만에 하
나라도 선생님에게 폐를 끼치는 일이 있어서는 안 된다. 하늘은 다행히 좋은 기회를
주어 사건의 진상을 밝혀 줄 것이다. 많이 밝혀야 한다고 하는 것이었다(近藤吉雄
(1988) 前揭書, pp. 133~134).

99. 李錬(1988)『新聞學評論』前揭書, p. 149.

100. 古壓豊(1919)『井上角五郎君略傳』前揭書, pp. 53~54.

101. 『讀賣新聞』소재의 전문이다. 近藤吉雄(1988) 前揭書, pp. 141~143.
    1. 작년 5월 중 일본에서 德德·법法 양국의 밀약을 운운, 그 사실은 이토伊藤·이노
    우에井上 양 참의가 이를 좋게 했을 뿐. 일본정부는 모르는 바이다.
    1. 작년 7월 이래 프랑스와 중국의 다툼을 운운. 일본정부가 모르는 바라면 이토伊

藤·이노우에井上 두 사람은 매우 힘들다.

1. 이토伊藤·이노우에井上 두 사람이 국정을 멋대로 하는 것을 도모하는 것도 아직 초지初志를 버리지 않고, 이것으로 조선에 개방하고 싶다고 운운.

1. 그 두 사람은 특히 많은 사람에게 고하여 운운. 당시 조선의 식자가 거동을 의심하여, 실은 이노우에 씨 이것으로 그런 사실에 관계했다.

1. 같은 해 12월 4일 변이 있어, 조선인 아무개 등과 개략이 있다고 하더라도 6대신을 죽이기에 이르고, 그리하여 결국은 이것을 죽인 자는 운운. 그렇다면 즉 작년 12월의 변, 그 책임이 있는 자는 이토伊藤·이노우에井上 두 사람이 아니면 결코 누구라고 하는 것인가.

1. 이토伊藤·이노우에井上 두 사람 법국의 보報를 전문 운운. 진퇴유곡進退維谷 운운. 그런데도 두 사람은 일본 참의 중 가장 지략 있는 자이고, 틀림없이 다시 한번 획책이 있다 하여, 어찌 조선인지 두려워하지 않을 것인가.

위 사실은 즉 공연한 연설로 관리의 직무에 대해 모욕한 것을 인정한다. 그 증빙은 피고인이 본 공정公廷에 있어서의 진술, 예심판사 경찰관이 만든 피고인의 조서, 피고인이 자작자필함을 인정하는 필담 및 참고문서, 즉 다카히라高平 공사로부터 외무성으로 보내진 이호伊號·여호呂號 및 갑·을·병호에 의해 충분하다.

따라서 이것을 법률로 조해하여 형법 제141조 제2항에 해당하므로 그 제1항에 의거하여 중금고 1개월 이상, 1년 이하, 부가벌금 5원이하의 범위 내에 있어서 피고 이노우에 가쿠고로井上角五郎를 중금고 5월에 처하고 벌금 30원을 부가한다.

1887(명치21)년 8월 1일

도쿄 경죄 재판소東京輕罪裁判所에 있어서 검사檢事 후쿠하라 나오미치福原直道 입회선고立會宣告한다.

始審裁判所 判事　　　　　三浦芳介
裁判所書記　　　　　　　紫茂三郎

102. 정신적으로 자주 발작하여 놀라는 증세로 단기간에 치료가 어려운 질병.

103. 近藤吉雄(1988) 前揭書, pp. 138~139.

104. 靑木功一(1969) 「朝鮮開化思想と福澤諭吉の著作」 『朝鮮學報』 第52卷, 天理大學朝鮮學硏究會, pp. 36~40.

105. 이연(1989) 『新聞과 放送』 6月号, p. 56.

106. 中島司(1937) 「金玉均君に就て」 前揭書, pp. 7~9.

107. 김옥균은 1884년 갑신정변이후 일본에 망명했지만, 1886년 7월 13일 야마가타 아리토모山縣有明 내무대신에 의해 국외 퇴거명령을 받았다. 당시 김 씨는 요코하마橫浜

에 거주했지만 외국으로 도항할 여비가 없어 8월에 이르러 오가사와라小笠原 섬으로 호송된다. 1890(명치23)년 제국의회에서 이노우에 가쿠고로井上角五郎가 유지와 함께 정부를 설득해 김 씨를 도쿄에 거주시키기로 했지만 실패했다. 김 씨의 생계는 후쿠자와 유키치福澤諭吉를 비롯해 일본유지의 후원으로 이어갔지만, 동지후배를 위한 실비는 많고 경제적으로도 또한 점점 궁하게 되었다. 이때 이홍장의 양자 이경방李經芳이 청국공사로 도쿄에 주재했을 때에 김 씨와 서로 친한 사이가 되었다. 김 씨는 그에게 권유받아 망명생활 10년째가 되는 1984(명치27)년 7월 3일 상해로 가 같은 달 28일 여관에서 홍종우洪鐘宇의 권총에 의해 사살 당했다. 김 씨의 유해는 중국 군함에 수용되어 범인 홍종우를 동승시켜 한국정부에 인도되었다. 그러나 그 후 김 씨의 목이 남대문에 효수되었을 때 나가사키長崎 사람인 가이 군시甲斐軍司 씨 (경성에서 사진업을 경영하고 김 씨에게 은총을 받은 자)가 그 납골의 일부로 모발을 가지고 돌아왔기 때문에, 후쿠자와 유키치가 이노우에 가쿠고로로 하여 혼고코마고메本鄕駒込 진정사眞淨寺 내에 매장시키고 묘비를 세운 것이다.

당시 신문기사에 의하면 김씨가 상해에서 암살된 여관, 동화양행의 숙박부에 「東京市 麴町有樂町一丁目 岩田三和 44年」이라고 적혀 있었다. 미리 이와타 슈사쿠岩田周作라는 다른 이름을 사용했지만, 이즈음 3국 협화의 주의에 의해 「삼화三和」라고 스스로 이름을 불렀다. 이노우에 가쿠고로가 이것을 후쿠자와 유키치에게 말하자 「김은 죽기까지 삼화를 잊지 않았는가.」라고 자주 감탄했다고 한다. 또 후쿠자와는 김씨의 비보를 접하고 「…… 동양백년의 대계를 꾀하는 친구를 잃고서 하늘을 우러러 한탄한다.」라고 했다(近藤吉雄(1988) 前揭書, pp. 114~121).

① 梶村秀樹(1967) 「朝鮮近代史と金玉均の評價」『思想』 12月號, ② 古筠記念會編(1944) 「金玉均傳」上卷, ③ 徐載弼 「回顧甲申政變」 ④ 吳吉寶 「개화파의 형성과 그 초기의 활동」, 「김옥균 硏究」 ⑤ 姜在彦(1989) 「개화사상·개화파·김옥균」『한일관계사재검토』 극동서점, ⑥『조선학보』(1977) 제82집, pp. 161~222 등 참조.

108. 近藤吉雄(1988) 前揭書, p. 75.

109. 李錬(1986) 「日本·中國·韓國を對象とする近代新聞の成立期における浸透壓理論 (Theory of osmotic pressure)による比較的硏究」上智大學大學院文學硏究科新聞學專攻修士論文(2卷).

제 4 장 **1905년 을사늑약 전후의 일본의 언론정책**

제 1 절 일본의 식민지정책 연구

1. 식민지 이론의 전개

조선에 대한 일본의 식민지 통치정책을 분석하기 위해서는 일본의 식민지 정책의 역사적 배경부터 이를 뒷받침하는 이론의 형성과정까지 전반적으로 고찰해야 한다.

먼저 식민지는 제국주의가 존립하는 유일한 경제적인 기초 및 기반이 된다. 따라서 식민지를 경제적·정치적으로 연구하는 것이 중요하다.[1] 식민지에 관한 3가지의 개념 중에 가장 기초적인 것은 「식민지」, 즉 식민이 행해지는 땅이다. 이 식민지에 관한 정책이 식민지 정책이라고 할 수 있다.[2]

'식민'이라는 현상은 인류역사의 최초부터 존재한 것이다. 오늘날 사용되는 '식민'의 어원인 colony는 라틴어인 colo(경작의 의미)와 colonus od. colonia (경작자 혹은 농부의 집합체)의 합성어이다. 이 콜로니아는 원래 「경작지」를 의미하지만, 후에 의미의 범위가 확장되어 농경의 목적을 가지고 모국 이외의 토지에 이주하는 민간 거류단을 가리키게 되었으며, 나아가 그 이주처의 토지도 의미하게 되었다.[3]

식민의 개념은 많은 학자에 의해 다양하게 정의되어 있지만, 대체로 다음과 같이 3가지의 계통으로 나눌 수 있다.[4]

첫째, 이주 정착하는 것을 식민의 주개념으로 하는 것이다. 이는 루이스 (Lewis), 워크필드(Wakefield), 메리벨(Merivale) 등 19세기 중반 경의 학자 및 시츠펠(Max Schippel) 등 사회주의월보(Sozialistische Monatshefte)의 동인에 의해 정의된 것이다.

둘째, 이주와 더불어 통치권의 연장을 식민개념의 요소로 여기는 것으로, 근세 식민 개념의 통설이 되고 있다. 이 개념에 의하면 식민은 인구의 이동과 정치권력의 연장이다.[5]

셋째, 정치권력의 연장만이 식민의 필요한 개념을 구성하는 것이라고 하는 설로, 제플(Zoepfl)이 유력한 주창자이다.

식민지의 종류에 대해서는 여러 가지 표준에 의해서 다양한 분류법이 고찰되고 있는데, 비교적 타당하다고 생각되는 것을 형식적 분류와 실질적인 분류로 나누어보자.

식민지의 형식적인 분류에 따르면 본국에 대해서 정치적인 예속관계에 있는 토지를 식민지로 간주하고, 이에 대한 통치의 형식의 차이에 의거해 ① 속령(협의) ② 보호국 및 보호지 ③ 위임통치(Mandatories) ④ 조차지(Leased Territories)로 그 종류를 나눈다.[6]

식민지의 실질적 분류에 따르면 자연적 조건 및 자연자원의 관점에서 보아 식민지를 원시 생산적 식민지와 경제적 가치를 가진 근거적根據的 식민지로 분류할 수 있다.[7]

이상 '식민' 및 '식민지'의 의의를 요약하면 '식민'이란 '민단民團'의 이주라고 하는 실질적 측면과 정치적 권력의 확장이라는 형식적인 측면으로 나눌 수 있다. 따라서 식민지란 민단의 이주가 행해진 토지와 정치적 예속지로 나누어진다. 일본의 식민지 연구의 대가 야나이하라 타다오矢內原忠雄는 '식민은 이주'를 동반한 사회현상이며, 이 이주를 본질로 하는 식민적 활동이 행해지는 지역을 실질적인 식민지라고 하고, 정치적 종속적 관계에 의해 정해진 식민지를 형식적인 식민지로 분류하고 있다.[8]

2. 일본에 있어서 식민지정책 연구

무엇보다도 식민殖民 정책의 전환에 관해서 가장 전형적으로 나타난 국가
는 영국이다. 영국은 식민지정책의 표본국이며, 본국 면적의 110배나 되는 광
대한 지역의 식민지를 영유했다. 1881년 특허식민회사 북보루네오회사의 설립
은 영국의 자유식민정책, 자유무역적 소영국주의 포기의 효종曉鐘(새벽종)이었
다. 영국의 식민지 및 해외 제국으로의 자본수출은 막대했으며, 1883년 이후
특히 급격히 늘어나, 그 투자가 가져온 이익이 1915년에는 2억 파운드에 달해
국가 총 세입의 12분의 1을 차지하게 되었다.[9]

영국의 대아시아진출은 1890년 페르시아의 담배독점권 획득이 최초이다.
그 후 영국은 영일동맹(1902)으로 아시아진출을 시도하게 된다. 한편, 프랑스
의 대 아시아진출은 1897년 광주만 조차廣州灣 租借에 의해 시작되어 그곳에서
부터 동남아시아에 대한 프랑스의 패권이 확립되었다고 할 수 있다.[10]

일본이 언제부터 제국주의 경제로 접어들었는가에 대한 논란이 있지만, 대
체로 청일전쟁(1894~1895년) 후에 산업자본주의 시대로 진입해 제1차 세계대
전(1914~1918년) 중에 제국주의의 시대로 접어들었다고 볼 수 있다.[11] 청일전
쟁의 결과 일본은 중국으로부터 요동반도와 대만을 할양받아 조선에 대한 발
언권을 인정받음과 동시에, 아시아의 식민지정책 연구를 진행하기 시작했다.

일본에서 오늘날 사용되는 「식민」이라는 말은 1919년에 니토베 이나조新渡
戶稻造가 법학협회잡지(29권 2호)에 발표한 것이 최초이다.[12] 이와 가장 비슷한
의미로 나타난 것이 도쿠가와德川시대에 하이蝦夷의 개척과 관련해 주장된 「개
국」, 「개업」론이다. 또한, 후에 네덜란드학자에 의해 서양의 문헌이 일본에 소
개되면서 Colonie가 「개국」 "Volkplanting"이 식민이라고 번역되게 되었다.[13]

1887년경부터는 일본에서는 리스트와 아담스미스 등의 자유주의 경제학의
식민이론植民理論에 영향을 받아 해외 이민의 필요성이 주창되고, 1893년에는
식민협회가 설립되었다. 당시 에노모토 다케아키榎本武揚 회장이 이식민移植民이
행해질 만한 지역으로 멕시코·태평양 해안을 들고 있었던 것에서도 엿볼 수
있듯이, 당시의 경제적인 불황과 인구증가 등의 국내 사정에서 상업상의 타관
벌이와 이민을 권장하고 있었다. 또 정한론征韓論과 1873년의 대만정벌 등에서
도 볼 수 있었던 대외 팽창은, 국내의 정치적 모순을 밖으로 돌리려 하는 동기

를 바탕으로 한 군사적 팽창 정책의 일환이었다. 이러한 것들이 초기의 식민지 경영 사상으로 보인다.[14]

산업혁명을 이뤄낸 유럽 선진 자본주의국가가 19세기 후반에 본격적으로 식민지 쟁탈전에 착수하게 되면서 식민지쟁탈전 문제가 당시의 중요한 국제적 사안으로 등장한다. 일본에도 러일전쟁 전후에 국내자본주의의 독점화 현상이 나타나면서 제국주의에로의 흐름이 형성되는 한편, 조직적인 식민지획득정책이 국가적 사업으로 등장하게 된다. 그와 동시에 식민지 정책에 관한 번역연구도 활발해졌으며,[15] 한일병합을 계기로 본격적으로 식민지 정책형성에 대한 연구가 활발해진다.[16]

처음으로 식민지를 획득한 일본의 정책입안자에게 있어서의 대만은 식민지 정책연구의 실험지가 되었다. 이것이 곧 후에 조선통치에 유용한 호재가 되었다고도 볼 수 있다. 하나의 예로, 고토 신페이後藤新平(대만총독부 민정장관)가 나중에 한일병합 때에 준비위원이 되었다.

일본은 영국, 프랑스, 네덜란드 등 저명한 식민국가와는 달리 사쯔마번薩摩藩의 류큐琉球 통치를 제외한 식민지 통치의 경험이 없고, 논리적 연구도 행할 여유가 없었으며, 거의 예기치 않게 대만을 영유하게 되었다. 따라서 대만영유 약 1개월 후인 1895(명치28)년 6월 13일에 칙령으로 제정된 대만 사무국관제에 의해 일본정부는 내각에 대만사무국을 설치하고, 그달 18일과 26일에 이토 히로부미伊藤博文 총리대신과 가와카미 소로쿠川上操六 참모총장을 총재로 임명했다.[17] 그래서 내각과 각 성을 대표하는 대만통치위원회를 만들고,[18] 대만통치 기구에 관한 조사 및 법안 등의 연구를 행해서, 영국인 몬테규카크트, 프랑스인 미쉘루봉 등에 대만통치에 대한 의견서를 제출하게 하였다.[19]

이에 대해 프랑스인 루봉은 1895년 4월 22일의 답신[20]에서 프랑스의 알제리에 대한 정책을 모색할 것을 제안했다.

하라 다카시原敬[21]는 「대만을 식민지, 즉 '콜로니'의 종류로 간주할 것」이 아니라, 「대만은 내지內地와 다소 제도를 달리함도 이것을 식민지의 종류라고는 간주하지 않는 것」이 옳다고 하는 문관총독제의 사안私案을 이토 히로부미에게 제출하였다. 그런데 하라 다카시의 사안私案은 외국식민지에 사례가 없었으며, 더욱이 대만 영유를 자기의 공적으로 하여 정치세력의 확대를 기획한 육군 측의 경우는 무관 총독제를 주창했다. 양자의 의견이 첨예하게 대립해 결론

이 쉽게 나지 않아, 메이지천황의 칙재勅裁에 의해 무관총독제가 채용되었다.[22]

하라 다카시의 의견서는 채용되지 않았지만, 이는 명확히 내지연장주의內地延長主義, 동화주의를 통치정책의 기조로 하는 것이며, 이후 조선에 채택된 식민정책의 원형이 된다.[23] 1918(大正7)년 9월 29일 하라 다카시 세유카이政友會 총재는 일본의 최초 정당내각을 조직하고, 다음해 8월 19일에 대만총독부 조례 제2조의 규정에 대만총독은「육해군 대장 혹은 중장으로 이것에 임명한다.」는 문구를 삭제해 관제상 문관총독 임명의 길을 열었다. 그 직후 아카시 모토지로明石元二郎 총독이 사망하고, 같은 해 10월 29일에 덴 켄지로田 健治郎가 초대 문관총독으로 임명되었다.[24]

대만총독부 조례[25]에 의하면 대만총독은 행정권과 사법권에 더하여 군대 편성 등의 군정권과 용병작전 등에 관한 군령권을 가지고, 비상사태에는 병력 사용의 권한이 주어졌으며, 평상시에도 수비대장 등의 군인에게 민정사무를 겸무시키고 있었다. 대만총독부 조례 제3조는 일반정무에 대해서 대만총독에 대한 내각총리대신의 감독을 규정하고 있지만, 이외에 대만총독은 일반정무의 통화, 은행, 관세, 장뇌樟腦 등의 전매에 대한 대장대신大藏大臣의 감독을, 또 우편과 전신通信에 대한 체신대신의 감독을 받는 것으로 정해져 있었다.[26]

일본의 대만 통치는 국고에서 해마다 500~600만엔의 보조금을 조달하면서도 조금도 성과를 올리지를 못했다. 당시 청일전쟁의 반동공황 때문에 경제가 힘들었던 것도 있었기에, 일본의 지도적 입장에 있는 사람들 사이에서조차 대만 포기론이나 청국 혹은 프랑스에 1억엔 매각설[27]이 신중하면서도 공공연하게 주창될 정도였다. 이런 난국을 수습하여 일본의 대만통치를 쇄신하고 식민통치의 기초를 확립하기 위해서 고다마 겐타로兒玉源太郎[28]가 1898년(명치31) 2월 26일에 제4대 총독, 고토 신페이後藤新平[29] 내무성 위생국장이 같은 해 3월 2일 민정국장에 각각 임명되었다.[30]

고다마 총독과 고토 신페이의 대만시정은 1906(명치39)년 4월 11일의 고다마총독의 사망과, 같은 해 11월 13일 고토 신페이 민정장관이 러일전쟁의 승리로 창설된 남만주철도주식회사의 총재로 취임하여 퇴임하기까지 8년 이상 지속됐다. 이 사이에 고토 민정국장은 프랑스가 알제리에 대해 취하고 있었던 식민정책을 모방해 대만통치정책을 독자적인 통치방침에 따라 근본적으로 다시 세웠다. 그 결과 일본의 대만통치에 대한 기초가 확립되고, 경제적으로는

자본주의에 의한 체제가 급격히 진전되었다.[31]

고다마 총독은 대부분의 기간을 겸임하고 있었기 때문에 대만 시정은 실제로는 거의 민정국장 혹은 민정장관인 고토 신페이에 의해 행해졌다. 고토 신페이는 일찍이 독일에 유학한 의사로서 고매한 식견과 내무성 위생국장을 거치며 풍부한 행정경험을 지니고 있었다. 그는 특히 식민지에 있어서 자연적인 조건과 사회조건, 풍속, 관행, 민정 등 특수적 상황에 잘 적응한 시책을 행하지 않으면 성공을 기대하기 어렵다고 하는 「생물학의 원칙에 입각한 식민지 경영」[32]의 이념을 내세우고 있었다.

후에 고토 민정장관은 1900(明治33)년 10월 30일에 「대만관습연구회」를 창립하고, 다음해 10월 25일의 칙령으로 「임시대만 구관습조사회규칙」을 제정, 거액의 국비를 지출했다. 이에 따라 대만과 대륙인 중국의 법제와 경제 등의 관습에 대해 조사를 행했다. 1909(明治42)년 4월 25일에는 법령조사를 실시하는 입법부가 설치되고, 오카마쓰 산타로岡松參太郎와 오다 요로즈織田萬 등의 고명한 법학자의 지도에 의해 광범위한 구관조사가 실시되었다. 그 결과 메이지明治 말기부터 다이쇼大正 초기에 걸쳐 광대한 『청국행정법』, 『대만사법臺灣私法』, 『대만경제자료보고』, 『번족藩族조사보고』 등이 발간되어 지금도 학문적인 가치[33]가 높이 평가되고 있다.[34]

또 고토 민정장관은 1900년 8월 1일 「임시대만토지조사국」의 기능을 획기적으로 확충하여 4년 반에 걸쳐 정밀한 검사와 측량에 의해 토지대장을 작성했다. 특히 그는 시정에 이바지하기 위해 통계를 중시하여, 1903년 11월 14일 대만통계협회를 설치하고 통계의 개선책을 도모했다.

일본의 식민지 정책 연구가 구체적으로 조선의 통치정책입안에 어느 정도 영향을 미쳤는가는 가늠하기 어려운 문제이지만, 크게 서로 관련된 것은 사실이다. 구체적인 예를 몇 가지 더 들어보자.

첫째는 「토지정책」이다. 이는 조선이 병합되자 총독부가 곧바로 막대한 자금으로 8년의 장기계획으로 착수한 「토지조사사업」이다.[35] 또 하나는 언론정책이다. 고토 신페이는 「대만통치구급안臺灣統治救急案」에서 다음과 같이 언급하고 있다. 즉, '외국신문, 예를 들면 홍콩 「텔레그래프」, 중국 「메일」 등의 종류를 이용해 대만정책을 표명하고, 이것을 한자신문 또는 대만신문으로 번역시켜, 크게 주민의 사상을 환기시킬 때 이것을 변하게 하는 수단을 얻을 만한 것'이라고 제안하고 있다. 후에 상세히 서술하겠지만, 일본의 시정자施政者는 모든 조선통치기간을 통해서 이 점을 충분히 고려했다고 생각된다. 또, 대만통치시에 연구된 제반의 식민지정책 및 아이디어가 조선통치에 적용된 것은 부정할 수 없을 것이다.[36]

실제 일본에서 식민지통치정책은 영국, 프랑스, 독일 등의 제도를 직접적으로 도입해 적용하게 되었다. 하지만 그 사이에는 여러 문제가 일어나기 시작해 일본의 독특한 식민지경영 제도가 갖춰지게 되었다. 이는 외국의 제도적 사례를 실제로 적용해 보고, 현지의 반발과 논쟁, 실패 등의 과정을 겪으면서 수정 보완하여 완수한 것이라 하겠다.

한편 다이쇼 시대에 접어들고부터 어용식민학자[37]에 의해 식민지 이론과 정책이 연구되게 되고, 더욱이 다이쇼부터 쇼와시대에 걸쳐 식민지에 관한 연구는 활발해지고 있었다.[38] 특히 야나이하라 타다오矢內原忠雄는 1923년 도교제국대학의 경제학부의 교수가 되어, 「식민지정책」이라는 강좌를 일본에서 처음으로 담당했다. 그 후에 그는 자신의 저서 『제국주의 연구』에서 「만주문제」를 둘러싸고, 일본제국주의의 만주침략을 근본적으로 비판하며 만주침략을 그만두어야한다고 주장하게 되었다.[39] 또 야나이 하라는 1937년 『추오공론中央公論』 9월호에 게재된 「국가와 이상」이라는 논문에 의해 도쿄대학에서 그 직을 물러나기에 이른다.[40] 당시 야마모토 미오노山本美越乃도 「인류애에 입각한 신식민영유론新植民領有論」으로 조선의 식민지 지배방침을 비판하고 있었다.[41]

이상 고찰한 것처럼 일본에 있어서 식민지 정책 연구는 대만통치와 함께 시작되어 조선통치시대에 그 절정기에 이른다고 할 수 있다. 그런데 대부분의 일본 학자들은 식민지정책에 대한 비난의 목소리를 많이 내었다. 일본정부는 그들의 비판적인 여론에 대해서 엄격하게 탄압하면서도 통치제도를 정비하였다. 필자는 그 비판적인 학자들의 이론에 대해 주목할 필요성을 느꼈다. 당시 엄격한 정치 체제 속에서 저항의 자세를 고수해온 그들의 이론을 통해, 35년간 혹독했던 식민지정책의 일면을 엿볼 수 있기 때문이다.

제 2 절   일본 언론의 침투

1. 일본인 경영 신문의 침투

1880(明治13)년에는 일본공사관이 서울에 설치되는 한편, 각 항만에도 일본인 거류 자가 급격하게 증가하고 있다. 1886년 8월말 조사에 의하면 <표-1>과 같이 2,300명을 넘고 있다.[42)]

〈표-1〉 ··· 일본거류민의 수

(1886년 8월 조사자료)

항구	호수	남자	여자	계
부산	431	918	889	1,807명
서울	26	94	37	131명
인천	–	–	–	289명
원산	27	115	27	142명

• 단 원산항은 1881년의 통계이다.

이후 1894년 청일전쟁 전의 통계에 의하면 경성 823명, 원산 794명, 부산 4644명, 인천 2564명 합계 8825명으로, 1886년의 약 4.8배인 약 1만 명까지 증가했다. 이와 같이 일본인 거류민이 계속 늘어나며 거류민들의 상호정보교환 및 권익옹호를 위해 신문발간의 필요성이 고조되고 있었다.

이미 1881년 부산에서 『조선신보朝鮮新報』가 창간되었으며, 인천에서도 『인천경성격주상보仁川京城隔週商報』(1890년 1월 28일)가 창간되었다. 『인천경성격주상보』는 1891년 9월 1일에 『조선순보』로, 1892년 4월 15일에는 『조선신보』[43)]로 각각 개제改題해 발간되었다.[44)] 이 『조선신보』는 청일전쟁(1894~1895) 때문에 휴간되었지만 종전終戰과 함께 아오야마 요시에靑山好惠[45)]에 의해 복간되었다. 그는 1889년 인천에서 활판인쇄소를 설립할 때 인쇄소의 주주였고, 『오사카 아사히신문大阪朝日新聞』의 통신원을 겸임하고 있었다.

당시, 일본정부는 일본계의 신문을 관리하기 위해 외무성을 통해 신문사에 보조금을 지불하고 있었기 때문에 『조선신보』도 일제의 선전정책에 동조하고 있었다. 또 부산에서는 1894년(명치27) 11월 27일에 『조선시보』가 창간되었다. 이 신문의 주주는 오하타 히데오大畑秀夫이고, 쿠마모토 국권당熊本國權黨46)의 중심인물이 되는 아다치 겐조安達謙藏47)에 의해 창간되었다. 쿠마모토 국권당의 중심적인 사상은 국권신장과 국권확장이었다. 청일전쟁 당시 대세가 거의 정해진 1894년에 아다치 겐조 등은 쿠마모토 국권당의 사상을 실천하기위해 조선의 신문발간사업에 착수하고 있었다. 『조선시보』, 『한성신보』, 『평양신보』 3개의 신문창간 사업이 그것이다. 또 중국에서도 미테 사부로三手三郎에 의해서 『한보漢報』가 창간되었다.48)

한편 1894(明治27)년 12월 1일자 『규슈니치니치신문九州日日新聞』은 삿사토모후사佐々友房 중의원 의원의 대한정책에 대한 기사를 게재해 이른바 조선의 근대화로의 지도, 경제적·정치적 자주화정책을 돕는 것을 표방했다. 이 방침에 따라서 아다치 겐조安達謙藏는 부산을 방문해 부산총영사 무로타 요시아사室田義文와 회담했다. 그래서 무로타로부터 신문발행의 의뢰를 받아 『규슈니치니치신문九州日日新聞』에서 기쿠치 가게하루菊地景春, 오하타 히데오大畑秀夫 2명과 조판인쇄공을 불러왔다. 그 결과 아다치는 부산상법회의소장 사카키 시게오榊茂夫(郵船지점장)과 미야모토 히구마宮本羆(히구마 회의소 서기장羆會議所書記長) 등의 협력을 얻어 『조선시보』를 창간하게 되었다.49) 『조선시보』는 그 뒤에도 쿠마모토 국권당의 중심인물의 경영에 의해 다이쇼시대까지 이어져, 신문반포의 범위를 확장해서 마산, 진주, 진해, 대구 등지에까지 지국을 두었다.50)

1895년 무렵 한반도에는 신문이 거의 전무한 상태였다. 이러한 맥락에서 『조선시보』의 창간은 상당히 의미 깊은 일이었지만, 한편으로는 일본 언론의 조선 침투에 결정적인 역할을 하기도 했다. 『조선시보』 창간에 이바지한 아다치 겐조는 1895년(明治28) 2월 17일 경성에서도 『한성신보漢城新報』를 창간하게 된다. 『조선신보』는 쿠마모토 국권당의 사람들이 중심이 된 민간인에 의한 소규모적인 신문이었던 것에 비해서, 이 『한성신보』는 외무성기밀비로 창간되어 매월보조금을 받는 외무성 기관지의 성격을 가진 것으로,51) 일본어와 한국어 양국어로 구성된 최초의 신문이었다. 또 조선에서 외무성의 기밀비를 계속 받으면서 창간한 신문도 이 『한성신보』가 최초이다.52)

이 『한성신보』의 창간배경에 대해서는 아직까지 명확하게 알려져 있지 않

다. 그러나 이 신문은 일본외무성을 대변하는 기관지로 이 신문을 통해서 일본
언론의 침투 및 일본의 대 조선 정책선전은 점점 더 격화되게 된다. 이 때문에
이 신문에 대한 연구는 일본통치하의 조선의 언론통제에 대해 상당히 중요한
의미를 가진다고 할 수 있다.

한편, 종래 『한성신보』의 창간일에 대해서는 여러 가지 이론이 있었다. 최
준崔埈 『한국신문사논고』(p. 289)는 1894년 11월 상순 창간을 추정하고, 정진석
鄭晋錫 『한국언론사연구』(p. 5)에서는 '서울에서는 1894년 일본어자 신문이, 다
음해 1895년 1월 22일에 한국어판이 발행되었다'고 쓰고 있다. 또, 오주환吳周
煥의 『일제의 문화침략사』(p. 394)에 의하면 창간일이 1895년 1월 1일로 기록
되어 있다.

그러나 필자의 조사에 의하면 『외교문서』(新聞操縱關係雜纂・漢城旬報의 部,
외무성 외교사료관소장)에서 그 창간일은 1895년 2월 17일로 확인되었다. 이
기록에 의하면 아다치 겐조는 1894년 12월 6일 외무성으로부터 창간비 명목으
로 1200엔의 보조금을 받았고, 1895년 2월부터 보조금을 계속해서 받고 있었
다. 또, 『아다치 겐조安達謙藏자서전』(新樹社)와 『경성부사京城府史』(제2권 p. 368),
삿사 히로오佐々博雄의 논문53)에서도 창간 날짜가 이와 일치한다.

『한성신보』의 창간배경에 관해서도 조금 더 고찰해 보자. 우선 한성신보
는 아다치 겐조의 제안과 이노우에 가오루井上馨의 적극적인 지지에 의해서 창
간되었다. 아다치安達는 쿠마모토 국권당의 사상을 실현하려는 의도를 갖고 있
었으며, 이노우에 가오루는 조선의 내정개혁을 촉진하고 일본의 정치선전을 도
모하려고 하는 목적을 갖고 있었다.

당시, 청일전쟁에 의해 한반도에서 일본의 영향력은 점점 더 확대되어 갔
다. 그로 인해 일본은 조선에 대한 내정간섭 내지는 언론의 통제까지도 자행하
게 된다. 1895년 10월 15일 이노우에 가오루는 조선전권공사에 임명된다. 아
다치 겐조는 이노우에 공사가 경성에 도착하자 곧바로 면회하고, 조선민족을
계몽하기 위해서는 무엇보다도 먼저 조선 언문에 의한 신문간행이 중요하다는
것을 지적하면서 적극적으로 신문발행의 필요성을 역설한다.54) 이노우에 가오루
도 그 필요성을 인정하여 공사관의 일등서기관 스기무라 후카시杉村濬에게 신문
발행 계획에 대한 보조금 지급을 명하였고, 아다치 겐조도 계획안을 구체화시
켰다.

그런데 아다치의 신문계획에는 한 가지 문제점이 있었다. 그것은 아다치가 이노우에에게 신문발행계획을 말하기 전에 이미 경성일본거류민의 유지들로부터 신문발행계획이 스기무라 서기관에게 제출되어, 무쓰 무네미쓰陸奧宗光 외무대신에게까지 보고되었던 것이다. 스기무라는 그 해결책으로 아다치와 거류민과의 공동경영안을 이노우에 공사에게 진언했지만,55) 이노우에는 이 제안을 거절하고 아다치 혼자에게 경영을 맡길 것을 강경하게 주장했다.56) 이 경위에 대해서는 이노우에 공사와 무쓰 외무대신과의 전문을 보면 잘 알 수 있다.

Inoue

 Seoul

(179), I intend carry out the scheme of publishing in Seoul newspaper in Corean Ianguage sending there suitable editorial staff and plants of press.

Ask 三村 for details. I trust you have no objection answer by telegraph.

Mutsu

October. 31. 1894[57)]

이 전문의 내용을 보면 무쓰 외무대신은 이노우에 가오루 공사에 대해서 스기무라 후카시로부터 조언 받은 거류민에 의한 신문발행계획을 인정하고 지지하는 방침을 나타내고 있다. 이에 대해 이노우에 가오루 공사는 무쓰 외무대신 앞으로 다음과 전문을 보내고 있다.

Mutsu

 Tokio

(140), The publication in Corean Language mentioned your telegram 179 would be of no avail under the present condition of Corean government. Wait till I propose a new on good occasion.

Inoue[58)]

Seoul. November. 8. 1894

여기서 이노우에는 현재 조선정부의 상황에서 신문발행은 유익하지 않고, 정치사정의 양상을 보고 호기를 기다리는 것이 좋겠다고 무쓰 외무대신에게 요청하고 있다. 나중에 이노우에 공사와 아다치의 신문 발행계획 구체안이 정리되어, 1894년 11월 29일 무쓰 외무대신에게 보내져 신문의 체재 자금 등에 관한 교섭이 진행된다. 그러나 일방적인 발행계획에 불만을 가진 무쓰는 우선 이노우에 가오루 안에 반대하며『신문을 지배할만한 인물』[59]로 종래 그가 생각하고 있던 오다 준이치로織田純一郎라는 인물을 추천한다.[60] 그래서 이노우에 가오루는 다시 전문을 보내『신문기자의 건은 이쪽에서 이미 적당한 자를 선발하였다. 이것은 저가 데리고 있는 자에게 맡겨 주고자 하오니 그 인선은 꼭 저에게 맡겨주시길 바란다.』고[61] 회신을 보내 무쓰 외무대신의 요청을 거절하고 있다. 이 외에 신문 보조금과 경영자에 대한 논의에서도 다소 문제가 있었다.[62] 그렇지만 신문의 체제, 즉 반은 한국어, 반은 일본어로 하여 격일신문으로 하는 등에는 서로의 이의가 없었다.

이런 상황 속에서 이노우에 가오루의 적극적인 지지로 아다치 겐조를 중심인물로 한 쿠마모토 국권당계의 구성원들에 의해서 마침내『한성신보』가 창간되게 된다.[63]

이노우에 가오루의 지지를 얻은 아다치 겐조는 더욱 조선인의 유력자와 협력관계를 체결하고, 조선인 안동수安駧壽[64]로부터 신문사 창립에 필요한 토지를 제공 받고 현지 출자형태로 신문경영에 참가시켰다. 그때 1894년 12월 7일 신문창간비로 1200엔이 외무성기밀비에서 이노우에 앞으로 전신환으로 보내졌다.[65]

그래서 아다치는 같은 해 12월 10일 도쿄로 돌아와 도쿄 쓰키지활판소에서 8만개의 활자를 매입하고, 1895년 1월 5일 인천에 도착해 드디어 신문발행을 진행시켜 마침내 2월 17일『한성신보』를 창간하게 이른다.[66] 여기서 특기할 만한 것은 이『한성신보』는 완전히 외무성의 계획에 의해 창간되었으며, 이노우에 가쿠고로가 창간한『한성순보』와는 그 성질을 달리한다는 점이다. 이『한성신보』는 한반도의 여론조작이나 침략을 위해 창간되었다고 해도 과언이 아니다.

이상의 신문을 시작으로 1894년부터 1905년 을사늑약까지 약 10년 간 다수의 일본인 경영 신문이 창간된다. 당시 주요한 신문들은 <표-2>와 같다.

〈표-2〉 ··· 일본인경영신문의 창간

(1894년에서 1905년까지)

간행물명	창간일	발간지	주요내용
압록시보	1896. 12. 1		
원산시보	1897. 7	원산	등사판인쇄
목포시보	1899. 8	목포	山本岩吉이 순간창간, 후에 주간, 격일간, 일간
양자신문	1900. 10	목포	목포지방신문
달성주보	1901. 6	대구	대구일본인회에 의한 등사판 신문
원산시사	1903. 1	원산	8페이지의 일간신문
인천상보	1903. 11. 29	인천	
군산신보	1903	군산	
경성신보	1903. 3	서울	순간
조선 일일신문	1903. 10	인천	仁科三也에 의해 창간(海外邦字新聞雜誌, 蛯原八郎著)
한남일보	1903. 12	군산	등사판
부산일보	1904. 2. 12	부산	日刊 芥川正이 창간
한조민보	1904. 3. 16	대구	일간으로 창간
전남신문	1904. 4	목포	국판12페이지의 격일지
전주신보	1904. 12. 25	전주	등사판, 일간
전북일보	1904. 12. 25	전주	4페이지의 일간지
조선일보	1905. 1	부산	조선시사신보로 개칭
대구 실업신문	1905. 3. 26	대구	격일간, 村松祐之창간(후에 대구신문, 조선민보로 개제)
평양시보	1905. 7	평양	격 일간지

• 筆者 작성(한·일양국의 문헌자료를 이용해 재작성.)

　이 외에도 일본인 경영의 한국어·한자신문은 『대한신보大韓新報』, 『대한일보大韓日報』, 『대동신보大東新報』[67] 등이 있다. 영자신문으로는 "Seoul Daily Bulletin"이 있었다. 이 신문은 1904년 1월 20일 창간되어, 5월 2일까지 발간되었지만, 일본외무성의 반관적半官的 기관지이며, 러일전쟁 때는 정치선전과 지방뉴스 등을 보도했다.

이처럼 일본인 경영의 신문발간이 활발해진 것은, 먼저 일본거류민이 급증했기 때문이다. 거류민의 대부분은 무역관계자, 또는 상인들이었다. 또 다른 이유는 대개 이런 신문들이 외무성으로부터 보조금을 받아 창간된다는 점이다. 그결과 당연히 이들 신문은 외무성 정책의 선전과 기관지 역할을 하게 된다. 일본정부가 언론기관에 대해서 보조금을 지불한 것은 결국, 러일전쟁 이후 조선의 지배정책을 강화하기 위해 언론통제 정책을 먼저 강행하려 했기 때문이다. 이와 같이 일본인 경영의 신문은 결국 한반도의 언론 통제를 강화하고 실제적으로 일본의 지배력을 넓혀가기 위한 일종의 정치선전의 도구로 이용되었다.

2. 일본의 언론통제정책과 민간지의 창간

앞서 언급한 것처럼 조선에서의 언론통제는 『한성신보』에서 시작되는데, 이는 '명성황후 시해사건'(민비: 1851~1895)[68]을 계기로 급격하게 심화된다. 『한성신보』의 창간당시 조선에서는 신문이 없었던 데다가, 보도 논조에 대한 폭넓은 호평을 바탕으로 조선인 구독자도 400명을 상회하고 있었다.[69] 한성신보의 사원을 보면 사장부터 직공에 이르기까지 대부분 쿠마모토 국권당 관계자들로 이루어져 있었다. 한편, 한국어판을 발행하기 위해 한국어 담당기자로서 윤돈출尹敦朮을 채용하고 있었다.[70] 이처럼 『한성신보』는 한국인을 채용해 국한문체로 된 신문을 발행했던 까닭에 조선정계에서도 호평을 받아서 독자층도 넓힐 수 있었다.[71]

조선 측에서 호평을 받았던 또 하나의 계기는 이노우에 가오루의 통제에 의한 『한성신보』의 논조이다. 이노우에 가오루는 1895년 7월 박영효가 총리대신에서 실각한 후 대 조선정책의 전환을 시도하게 된다.[72] 즉 종래의 강경정책에서 조선정부에 대한 궁중유화宮中宥和정책으로 전환하기에 이른다. 이노우에는 일본이 요동환부조약遼東還付條約에 따라 청국으로부터 받은 배상금의 일부를 조선에 기증할 것을 일본정부에 제의하기도 했다.[73] 또한 조선의 왕실재정을 고려해 당시의 외무대신 대리 사이온지 킨모치西園寺公望에게 재정원조를 요청하기도 했다.[74] 물론 이것은 조선정부의 러시아에 대한 관심을 사전 차단함과 동시에 조선에 대한 일본의 이권을 받아내기 위해서였다.

신문을 통한 회유정책이 궁중유화정책의 가장 효과적인 수단으로 여겨졌다.75) 그래서 이노우에 가오루는 『한성신보』와 관계있는 삿사 토모후사佐々友房와 시바 시로紫四郎를 통해 궁중의 유화책을 신문이라는 수단을 통해 실현하려 했다. 이 방침에 의해 『한성신보』의 편집장인 고바야카와 히데오小早川秀雄가 실제로 「조선개국시말」이라는 제목의 글을 써 조선국정을 논하고, 민비일파가 양국의 진취적인 정책을 취해 온 것을 매일매일 신문에 대서특필하였다.76)

『한성신보』는 외무성으로부터 보조를 받고 있었기 때문에 일본정부와 일체화 되어 외무성 어용지 성격을 지닌 채 활동하게 되었다. 그 결과 일본의 대조선정책과 밀접한 관계를 가지게 된다. 삿사 히로오佐々博雄는 쿠마모토 국권당의 자명회紫溟會 결성 당시 이념이었던 조선의 자립, 그리고 동아시아연합과 자주적인 성격도모를 『한성신보』에서 발견하고자 했다. 하지만, 점차 당초의 의도와는 멀어지게 되어, 이 신문은 정부의 대 조선정책에 밀착해 점점 급진화 되었다.77)

당시 『한성신보漢城新報』가 처한 입장을 이해하려면 관련 사건을 통해서 분석해 보는 것이 보다 더 명확할 수 있다. 1895년(明治28) 10월 8일(음8월 20일) 미명, 이노우에 공사가 옹호하고자 했던 민비를 일본인들이 살해하고 궁중에서 민비의 세력을 축출하는 한편, 대원군을 옹립하는 사건이 일어났다. 흔히 말하는 명성황후 시해사건이었다. 이 사건은 이노우에 가오루를 대신해 조선국 특명전권대사로 임명된 미우라 고로三浦梧樓의 지시에 의해 이를 지원한 일본수비대와 아다치 겐조安達謙藏 사장을 중심으로 한 『한성신보』 사원들에 의해 일어난 것이다.

이 점에 관해서 삿사 히로오佐々博雄는 다음과 같이 두 가지 주장하고 있다. 먼저, 『한성신보』는 일본정부의 정책을 뛰어넘어, 그들의 사상을 실현하기 위해 민비사건을 일으켰다고 하는 주장이 있고, 또 다른 하나는 민비사건은 미우라 고로三浦梧樓의 독단에 의해 일어났다는 주장이다. 그런데 여기서는 몇 가지의 의문점이 남는다. 『한성신보』는 창간당시부터 일본외무성의 보조금을 받고 있는 어용지 성격의 정부대변지이며, 당시 외무대신대리 사이온지 킨모치西園寺公望의 극비문서에 의하면 일본정부는 『한성신보』에 대해 꽤 기대하고 있었다는 것이다.78)

또, 미우라 고로三浦梧樓는 당시 조선공사에 임명된 지 얼마 지나지 않아 아직 조선의 실상을 잘 모르는 상태로 왕실의 중대한 사건을 단독으로 결정했다고 보기는 힘들다는 것이다. 그는 이노우에 가오루의 친구이며, 이노우에 가오루가 추천한 사람으로 서로 외교노선이 그다지 다르지 않았다. 이 사건 후 사건관계자는 곧바로 조선에서 퇴거처분을 받아 『모살謀殺 및 흉도취중凶徒聚衆』의 죄명으로 히로시마 지방재판소의 예심에 붙여졌다. 하지만 결국 1896년 1월 20일 전원 면소처분을 받게 된다.79)

한편 삿사 히로오佐々博雄는 언급하지 않았지만 민비살해에 관한 『한성신보』의 보도 그 자체에도 상당히 문제가 있었다. 이 신문은 사건 다음날인 8월 21일자로 일본어와 한국어를 병용해 사건을 크게 다루고 있다. 그 주된 내용은 일본사관교육을 받은 훈련대가 왕실의 실정에 격분해 일으킨 사건이지만 일본군이 출동해 진압했다는 식의 허위보도였다.80)

또 미우라 공사는 외국통신사의 전보발신에까지 불법적인 탄압을 가하고 있었다. 당시 서울주재 『뉴욕헤럴드』(New York Herald)지의 특파원 코커릴(Colonel Cockerill)이 민비시해사건을 상세히 취재해 본국으로 타전하려 했지만 그 발신은 중지되고, 지불한 요금도 반환된 사건이 있었다.81) 후에 일본정부가 사과했지만 결국 이 내용은 구미제국에 보도되어 일본정부는 미국과 러시아 등 전 세계로부터 비난, 또는 규탄을 받게 된다. 그래서 일본정부는 먼저 외무성 정무국장 고무라 쥬타로小村壽太郞를 조선에 파견해 이 사건의 경위를 조사하는 한편, 러·미·영·불·독 등의 재외공사에 훈령해 각국의 동향을 조사했다. 이 고무라 주타로小村壽太郞의 조사보고에 의해 미우라를 중심으로 행해진 것이 명료해졌으며, 같은 해 8월 29일(양10월 17일) 미우라에게는 귀국명령을, 또 그와 관련된 스기무라 등 48명은 앞서 상술한대로 각각 히로시마 감옥에 구금되어 조사를 받게 되었다.82)

이처럼 민비사건에 의해 일거에 아다치 겐조安達謙藏를 비롯한 유력 직원을 잃게 된 『한성신보』는 조선정부의 압박과 함께,83) 새롭게 조선 측에서 창간된 『독립신문』과의 경쟁 등에 의해 그 경영이 어렵게 된다. 그러나 미우라三浦의 후임인 고무라 주타로小村壽太郞공사의 노력에 의해 지금까지 받던 월액 170엔의 보조금이 300엔으로 증액되면서 경영이 조금씩 안정되게 된다.84) 그 후 신문의 성격도 바뀌는데, 정치적인 것은 피하고 문화 보도와 조선인의 편의와 기호를 생각해 유화적인 보도 태도를 취하게 된다. 이는 조선정부를 의식한 일본 공사관의 지도 태도로 표면적으로는 외무성의 온건한 기관지로 변화한 것으로 보인다.

『한성신보』는 이후에도 쿠마모토 국권당이 중심이 된 것은 바뀌지 않았고 또한, 퇴한退韓처분을 받은 사람들도 후에 명령이 풀리자 다시 조선으로 건너와 신문사의 경영을 맡게 된다. 『한성신보』는 일본정부의 보조금을 받는 경성에서 유일한 한·일 양국어 신문으로 조선에 대한 침략미디어로써 계속 그 역할을 하게 된다. 마침내 1906년(명치39) 8월 31일 조선통감부의 매수형태로 인수되어 『경성일보京城日報』로 개제해 본격적으로 식민지선전활동을 하는 기관지가 된다.

앞에서 언급한 『독립신문』의 창간배경을 살펴보면, 민비사건에 관한 『한성신보』의 보도태도에 반발한 측면도 없지 않다. 게다가 민비사건에 의해 조선인으로부터 신용을 잃은 『한성신보』는 1896년 4월 19일부터 다시 대한제국의 몰락을 찬양하는 동요를 게재했다.[85] 이에 대해 조선정부 및 일부상류층 계급은 일본 측에 거세게 항의했다. 이를 계기로 국내에는 배일사상이 확산되어 조선민족을 대변하는 신문의 필요성이 고조되었다.

1895년 말경 「갑신정변」 뒤 일본을 경유해 미국에 망명했던 서재필[86]이 11년 만에 귀국한다. 당시 조선의 고종은 신문 발간에 호의적이었으며, 내무대신 유길준兪吉濬의 적극적인 협력에 의해서 서재필은 국고금에서 5천원을 보조받아 1896년 4월 7일 『독립신문』을 창간한다. 이 독립신문은 한국 역사에 있어서 최초의 근대적인 민간신문이다.[87] 특히 이 신문이 창간된 배경에는 당시 박정양朴定陽 총리대신이 민비사건 이후 일본의 세력침투를 막기 위해서 신문 창간의 필요성을 느꼈던 점도 작용했다. 이에 따라 서재필은 이승만 등과 함께 독립협회를 조직하고 그 기관지로서 『독립신문』을 발행했다.[88]

이 무렵 시대의식을 대표하고 있다고도 할 수 있는 독립협회의 조직은, 국내에는 민권을 신장하고 군주전제의 폐단을 견제하여 군민공치君民共治의 성과를 나타내려 했으며, 국외에는 인접 강대국의 간섭을 방지하여 자유독립의 성과를 확고히 하려고 했다. 즉, 국가적인 일대 위기를 극복하려고 한 것이다.[89] 그와 같은 배경하에서 『독립신문』이 창간되었고, 다음에 『협성회회보協成會會報』 (1898. 1. 1), 『경성신문京城新聞』(1898. 3. 2), 『매일신문每日新聞』(1898. 4. 9, 협성회

회보 15호부터 개제), 『대한신보大韓新報』(1898. 4. 6), 『제국신문帝國新聞』(1898. 8.
10), 『황성신문皇城新聞』(1898. 9. 5) 등의 조선인 경영 신문이 계속해서 발간되
게 되었다. 이들 신문은 각자 독자적인 특색을 발휘하려고 노력했다.90)

    이 점으로 봐서 당시 신문들은 이미 관보 본위의 형식에서 벗어나 민중의
공기公器로써 지도 및 보도기관다운 면모를 보인 것은 물론이거니와 기사보도
보다도 국난 극복지도에 중점을 두고 대외적으로는 자유민권 사상을 고취한
것을 알 수 있다. 그렇게 하는 것이 위기에 빠진 국가운명을 보전하는 길이라
생각해서 민족의식을 선양하기에 노력했던 것이다.91) 그 중에서도 민족지의
선구적 역할을 한『독립신문』에 대해서 간단히 언급해 두고자 한다.

    『독립신문』은 한글신문으로서 격일간지로 창간되었지만, 창간 후 1년 여 뒤
서재필이 수구파의 추방운동에 의해 미국에 돌아간 후92) 1898년 7월 1일 부터
는 일간지가 된다. 자주, 자유, 불편부당을 사시社是로 하는 이 신문은 구사상,
구제도의 혁신을 들고 있었기 때문에 당시 수구파의 사상에는 반대되었다.

    1898년에는 11월 21일부터 23일까지는『독립신문』관계자를 중심으로 한
『만민공동회』와 친일파를 중심으로 모인 『황국협회』와의 대립이 있었다. 그
결과 독립협회는 1898년 12월 19일 중추원회의에 의해서 조선 정부로부터 해
산명령을 받게 된다.93) 그 후 같은 달 27일에는 황국협회의 모략적인 책동에
의해 독립협회의 주요 간부들이 투옥되고, 신문의 운영권도 아펜젤러(H. G.
Appenzeller)에게 인도되었다. 그 사이 한글판은 먼저 중단되고 영자판인『디
인디펜던스(The Independent)』만이 계속 발간되었으나, 1899년 12월 4일자로
결국 폐간되고 만다.

    여기에서는 언급하지 않았지만, 당시 조선인에 의해 민간지가 몇 개 창간
되었다. 그러나 이들은 경영적으로 상당히 어려움을 겪을 수밖에 없었다. 이에
비해 일본인 경영의 신문은 대체로 일본 외무성으로부터의 보조금을 받는 등
경영 상태가 좋았기 때문에 부수를 늘리고 있었다. 하지만『한성신보』와 같은
일본인 경영의 신문은『독립신문』등의 창간에 의해서 경영적으로 다소 힘들
게 됐고, 조선의 민간지와의 격한 논쟁을 이어가게 된다.

제 3 절   영일동맹과 언론보도

1. 영일동맹이 대한제국의 침략정책에 미친 영향

영일동맹은 일제가 대한제국을 식민지화하는 데 결정적인 계기가 된다. 이는 영국정부가 영일동맹조약을 맺은 이후 사실상 일본의 조선통치를 인정했기 때문이다. 우리는 아직까지 영국에 대해 우리의 우방국이자, 신사들의 나라라고 생각하고 있는 경우가 많아 이러한 사실은 가히 충격적이라 하지 아니할 수 없다. 단순히 1902년 영일동맹 전후 과정만을 살펴본다면 영국은 분명 우리의 우방이 아니라, 일제의 대한제국의 침략정책에 결정적인 역할을 한 국가로 비판 받아야할 것이다. 당시 영일동맹을 둘러싼 한반도 상황에 대해서 구체적으로 언론보도를 통해 분석해 보기로 한다.

1894년 2월에는 조선말기 대규모의 농민반란인, '동학 난'이 전북에서 일어났다. 동학 난이 전국적으로 확산되어가자 조선정부는 무력과 회유로 그 세력을 진압하려 했지만, 날마다 강해지는 혁명세력에 의해 오히려 정권이 붕괴 직전의 위기에 몰리게 되었다. 결국 조선정부는 청국에 원군을 요청하고, 청국은 군대 2,800여 명이 조선으로 출병하게 된다. 당시 조선출병의 기회를 노리던 일제는 청국의 조선출병이 천진조약 제3조 위반이라는 이유로 조선에 일본군을 대거 출병시키면서 청일전쟁이 발발한다.[94] 청일전쟁 결과 일제는 청의 전권대사 이홍장(李鴻章)과 일본의 이토 히로부미(伊藤博文)가 1895년 4월 마관조약馬關條約(시모노세키조약下關條約)을 체결하게 된다. 이 조약으로 청은 조선의 독립을 확인하고 전비 2억 냥 배상과 랴오둥반도(遼東半島), 대만, 평후(澎湖)섬을 일본에 할양한다. 하지만 이를 계기로 일제는 오히려 조선침략의 발판을 마련하게 된다.

그러나 일제의 침략정책은 순조롭지만은 않았다. 역시 조선 침략을 목표로 삼아온 러시아도 청국을 대신해 일제에 대항했기 때문이다. 러시아는 동맹국인 프랑스, 독일과 함께 일본이 마관조약에서 청국으로부터 획득한 요동반도를 반환할 것을 강력하게 요구한다. 일제도 이에 굴복하지 않고 「와신상담」을 국민적 슬로건으로 부르짖으며, 산업혁명을 통해 국력을 증진하고 민심을 통일하여 대륙 침략 정책을 점점 강화하게 된다.[95] 또한, 일본정부는 조선반도를 둘러싼 주변 열강들의 세력 관계에도 유의하면서 신중하게 행동하는 치밀함도 보인다.

한반도 주변 열강들은 조선 문제로 상호 대립하면서도 충돌에 휘말려들 위험이 있는 상황은 극히 피하려는 움직임을 나타냈다.[96] 일제도 러시아의 급격한 한반도 남하정책에는 끝까지 저항하면서 수차례의 외교교섭과 협정체결 등으로 조선에서의 독점적 지배를 확립하려 했다.[97] 그러나 당시 일본은 독자적으로는 힘으로 러시아를 제압할 수 없었으므로, 세계 최대의 자본국이자 해양대국인 영국과 교섭하여 영일동맹을 체결하게 된다. 영일동맹은 영국으로서는 외교사적으로 중대한 전환점이 되었다. 그 이유는 당시 영국이 러불 동맹 (France Russian Alliance 1893. 12. 27~1894. 1. 4)에 의해 두 국가와 대립 관계에 놓이게 됨에 따라 고립되었기 때문이다.[98] 이에 따라 영국과 러시아 사이에 첨예한 대립관계가 유지되었기 때문에 영국은 극동 아시아로의 진출을 모색하게 된 것이다.

1902년 1월 30일에 체결된 영일동맹은 국제조약으로 일본에게는 최초의 동맹 조약이었다. 그 후 이 동맹은 20년에 걸쳐 일본의 안정과 번영을 구축하는 데 초석이 되었을 뿐만 아니라, 일본이 제국주의 국가로 진입하는 데 발판이 되기도 했다.[99]

일본은 영일동맹에 의해서 러시아의 남하정책을 억제하면서, 조선을 명확하게 자국의 세력하에 두게 되었다.[100] 이러한 영일동맹의 발안은 가토 다카아키加藤高明가 주영 공사시절에 최초로 제창하였고, 영국의 죠셉 체임벌린(Joseph Chamberlain: 1836~1914) 식민지 장관이 1898년 3월에 가토공사에게 영일 제휴의 희망을 전달하면서 급속하게 추진되었다.[101] 당시 일본 정계에서는 영일동맹에 대해 찬반양론의 논의가 있었지만, 영일동맹이 러시아의 남하정책을 억제할 뿐만 아니라, 선진 식민지 제국으로부터 통상, 식민, 재정상의 편익을 얻어 국익을 증진시킬 수 있다는 의견이 우세하게 되었다.[102] 그 결과 영일동맹은 고무라 쥬타로小村壽太郎의 교섭에 의해 성안되고, 일본도 점점 제국주의의 외교에 본격적으로 뛰어들게 된다.[103] 오늘날 고무라 외교에 대해 비판하는 학자가 많지만,[104] 당시에는 대부분의 사람들이 그를 지지하였고, 그를 명치외교를 완성한 사람으로 보기도 하였다.[105]

영일동맹에 관해서는 영국 내에서도 여러 가지 의견이 많았다.[106] 이는 동

맹의 성립배경과도 관계가 있었지만, 대부분은 다음과 같이 자국의 이해관계가
바탕이 된 것들이었다.

① 1891년 착공된 시베리아 철도는 러시아의 태평양 진출과 조선 반도로
의 침투를 의미하고, 영국으로서는 잠재적 위협이 되고 있었다.[107]

② 1900년 말부터 1901년 사이는 소위 「만주위기」이다. 만주위기는 '의화
단의 난'[108]이 만주에 파급되어, 러시아가 자국의 철도보호를 명목으로
만주를 점령해 버렸다. 이것은 결국, 청국의 영토 보존에 직접적인 위
협이 되었다.[109][110]

③ 1901년경 러일 화해의 가능성이 크게 강조되자 영국은 그것을 막기 위
해서도 일본과의 동맹을 체결할 필요성을 느끼게 되었다. 러일 화해 교
섭이 이루어지면 러시아의 세력 확장과 함께 인도의 안보가 문제 될
수 있었다.[111] 한편, 당시 영국의 입장을 간파한 하야시 타다스林董 주
영 일본공사는 러시아와의 협상 가능성을 부인하지 않으면서 영국과의
협상을 간접적으로 촉구했다.[112]

이와 같은 요인들이 영국 측에서 영일동맹을 체결하게 된 이유로 작용하
였다. 한편, 일본에서는 러시아와의 협상을 주장한 이토 히로부미伊藤博文가
1901년 5월 10일 총리직을 사임하자, 1901년 6월부터는 강력한 영일동맹론자
인 가츠라 타로桂太郎가 수상에 취임했다. 그때부터 일본의 외교정책은 급속하게
영일동맹을 체결하자는 쪽으로 전환된다. 그 해 10월부터 고무라 외무상을 중심
으로 동맹안이 작성되어 다음해 1월에 역사적인 영일동맹이 체결되게 된다.[113]

필자는 영일동맹 조약 중에서 조선에 대한 일본의 지위를 결정적으로 강
화하는 조항에 주목하고자 한다. 이 조약은 구체적으로 '동맹에 의해 대한 제
국에서 발생한 소요사태나 제3국의 간섭으로부터 일본의 특수한 이익을 보장
하는 권리'까지 인정해 주고 있어, 영국이 사실상 일본의 대한제국 보호통치를
승인했다고 볼 수 있다.[114] 이에 따라 당시 일본의 외교정책은 한반도 전역의
이익선(利益線)을 확보하는 방침으로 되돌아가며, 마침내 한반도에 대한 러시아
의 위협을 배제하기 위해 러시아를 만주에서 철병토록 교섭하기에 이른다.[115]

2. 영일동맹과 언론보도

앞서 언급한 것처럼, 영일동맹은 당시 전 세계적인 제국주의 하에서 한반도를 둘러싼 일본과 러시아의 이익쟁탈전 속에서 이루어진 것이다. 그럼에도 불구하고, 우리나라에서는 아직까지 식민통치나 관련된 언론사적 연구 분야에서도 영일동맹이 일제 강점에 미친 영향에 대해 거의 언급조차 않고 있다. 이렇듯 일제 강점기 연구에서 필수적인 연구 분야가 간과됨에 따라 상당한 부분에서 오류가 발생되었다. 당시 일본 국내에서도 영일동맹에 관해 여러 가지의 논의가 있었는데, 논의 그 자체가 결국에는 러일전쟁 발발을 초래했다고 볼 수 있다. 그러면 당시 영일동맹에 대한 각국의 보도내용과, 조약 체결 직후 일본의 신문보도 내용을 분석하여 일본의 대 조선 침략정책 및 식민지 언론정책이 어떻게 전개되었는지를 파악해 보자.[116]

영일동맹을 둘러싼 각국의 언론보도를 요약해 보면, 미국정부는 영일동맹을 환영하면서도 조선에 대해서는 동정적인 태도를 보이고 있다.[117] 독일 신문의 논평들을 보면 대체로 조선에 대해 냉담한 태도를 취하고 있다. 영일 협약은 평화를 보존하기 위해서 효과가 있을 것이며, 러시아가 영·일에 확실히 제압당했다고 언급하고 있다.[118] 영국 언론은 신문마다 환영하는 논조를 띠면서, 극동에 있어서의 평화를 더욱 굳건히 할 수 있게 되었다고 보도하고 있다.[119] 하지만 영국 국내에서도 자유당은 반대하고 보수당은 찬성했다고 전했다. 오스트레일리아연방의 경우는, 중앙정부 수상 바턴(Sir Edmund Barton)이 영일 협약에 만족해하며, 오스트레일리아에도 이익이 된다고 믿었다고 보도되었다.[120] 청국도 만족을 표시하면서 영·일 양국에게 신뢰를 보냈다.

그러나 러시아 언론만은 침묵을 지키며 논평하지 않다가,[121] 곧이어 자국의 이익을 보호하기 위해 균형 잡힌 정책을 내야한다는 식의 비판적인 논조를 전개했다.[122] 프랑스의 경우도 영일동맹 제3조는 프랑스를 가리킨다고 간주하고 독일이 여기에 동참하는 것을 우려하는 태도를 내비쳤다.[123] 그 밖에 이탈리아 등은 환영의 태도를 보였다.

이와 같은 상황에서 일본의 신문은 대부분 환영일색의 태도를 보이고 있다. 1902년 2월 13일 영일동맹 협약과정이 내각에서 중·참(중의원, 참의원) 양 의원에게 소상하게 보고되자 각 신문들은 이를 일제히 보도하기 시작했다. 당시 대표적인 일본 신문들의 영일동맹에 관한 논조를 분석해 보자.

1) 『도쿄아사히신문東京朝日新聞』

『도쿄아사히신문東京朝日新聞』은 2월 13일자 「영일동맹 성사」라는 제목에서 동맹 조약의 전문을 게재함과 동시에 다음과 같은 해설도 덧붙이고 있다.

『도쿄아사히신문』은 1902년 2월 13일자에서 추밀원은 어전회의를 열고 가츠라 타로 수상과 고무라 외상이 출석한 가운데 영일동맹의 협약 과정을 설명했다고 보도하고 있다. 동 신문에 따르면 「영일동맹 전문」은 「양국은 극동의 현 상태 및 평화를 유지하는 것을 희망하고, 또 청 제국 및 대한제국의 독립과 영토보전을 유지할 것」[124] 등을 논하고 있다. 또, 「청 제국과 대한제국에 대해서는 영일 양국이 상공업으로써 균등의 기회를 얻을 수 있는 것」[125]을 강조하고 있다.

「영일동맹의 발전」[126]이라는 제목하에서 동 신문은 「동양 전체의 평화 유지를 바라는 것은 모두 반드시 영일 양국민과 같은 감정으로 체결을 기뻐할 것이다」라고 말하고 있다. 특히, 「영일동맹 조약은 일본의 조선에 대한 정치상, 상업상, 공업상의 현격한 이익에 대해, 공동으로 타국의 침략적 행동을 배제하기로 약속했기 때문이고, 또 청·한 양국의 형세가 극히 위태롭게 되었기 때문이다」라고 보도하고 있다.

2월 14일자 신문에는 영일동맹의 목적이 동양의 평화를 유지하고, 청·한 양국의 영토를 보전함에 있다고 전하고 있다.[127] 또한, 동 보도는 국민동맹회는 북경에서 러시아의 퇴양退讓에 즈음해서 영일동맹의 성립을 계기로, 이 회의 목적이 이미 관철됐다고 보고 「국민동맹회 해산의 의議」[128]를 결의하기에 이른다고 전했다. 또, 「오쿠마 시게노부백작大隈重信伯의 연설」[129]을 담은 기사는 중국 분할, 만·한滿·韓 교환론에 강한 불만을 나타내고 경솔하게 언론을 조롱하는 자의 맹성猛省을 촉구하고 있다. 영일동맹의 취지에 따라서 일치단결할 것을 주장하는 것이라 하겠다.

2) 『오사카아사히신문大阪朝日新聞』

『오사카아사히신문大阪朝日新聞』의 1902년 2월 한 달간의 보도내용을 분석해 보면 영일동맹을 가장 환영한 계층은 상공계층이었다는 것이 드러난다. 관련된 표제와 주요 기사내용을 정리해 보면 다음과 같다.

① 「영일동맹, 실업계의 축하」[130]
    도쿄상업회의소, 상공경제회, 상공구락부, 3단체가 주가 되고, 각 대신과 양원 의장, 영국 공사 및 체류 영국인과 함께 일대 축하회를 개최하였다.
② 「영일동맹과 우리경제」[131]
    영일동맹은 청·한 양국에서 통상 상 막대한 이익을 초래할 것은 물론, 일본 외 내지의 경제계에서도 편리를 얻을 만한 사업전반을 기획하는 것이다.
③ 「재정상의 신 계획」[132]
    영일동맹과 상업계책으로써 조선에 있어서 일본의 상공업은 중요하다.
④ 「국민동맹회의 축하회」[133]
    동맹은 중국 보전과 조선 옹호에 중요하다.
⑤ 「나고야名古屋 축하회」(시내 목재상材木商 120여 명)
    「다카사키高崎동맹의 축하회」(다카사키시高崎市 유지회)
    「영국 양원과 신 동맹」「양원 연합축하회」
    양원의 발표 후 영일동맹성립축하회가 열렸다. 영일 양 국기를 게양해 양국 폐하의 만세를 삼창하고 해군군악대는 영국의 국가를 연주했다. 또 「도쿄상업회의소」에 「런던 상업회의소」앞으로 축전까지 보내고 있다.[134]
⑥ 「런던 상업회의소의 축전]135]
    도쿄상업회의소에서 런던상업회의소로 보낸 영일 협약 성립의 축전에 대해 같은 곳에서 축전을 보내 축하하고, 이 협약이 평화를 보장하고, 또 양국 간에 있어서 상업과 복지를 증진시킬 것을 확신한다고 했다.
⑦ 「이중의 경사」[136]
    동맹은 국리민복을 위해 있고 원로 정치의 시대가 이루어질 수 있다.

⑧ 「오사카大阪의 영일동맹축하회」137)

오사카大阪시에 대한 영일동맹 축하회에 있어서, 동맹은 동양 백년의
평화를 유지하고 청·한 양국의 영토를 보전하며, 만국으로써 균등하게
통상 상의 이익을 받아들여 누리는 것이고, 제국의 상권을 확대할 것
이라고 했다.

이상의 항목에서도 나타났듯이, 영일동맹은 정계보다도 상공업계의 사람
들에 의해 대환영을 받았다는 것을 알 수 있다.

3) 『고쿠민신문國民新聞』

『고쿠민신문國民新聞』은 정치적 팽창주의 또는 국권주의의 관점에서 극동의
평화를 주장하고 있다. 동 신문 2월 13일자 「극동에 있어서 평화동맹」이라는
제목 하에서 '영일 평화동맹을 선언하고, 양원의 의원 일동은 국민의 의지를
대표하여 칭찬의 뜻을 나타냈다'고 보도했다. 그리고 간략하게 '제국 및 동맹국
영국을 위해 축하뿐만 아니라, 실로 극동평화를 위해서는 영일동맹을 축하해야
한다. 더욱이 청·한 양국에 있어서 제국의 권리 및 이익을 옹호하는 외에 제
국이 문명적사회로 계속 발전해 나가고 있다'고 보도하고 있다.

또, 「영일동맹의 성립」138)이라는 기사에 의하면, 동맹의 조약은 1월 31일
런던에서 조인이 끝나 즉시 유효한 것으로, '2월 12일에 상하 양원 의원회에
상정해 공표했다'고 한다. 또, '의원들에 의한 박수갈채는 전국에 파급되어 중
대한 감동을 환기시키는 것은 말할 필요도 없고, 영국에서도 같은 날 의회에
공표되어 전 영국을 통한 감동도 매우 중대할 것이다'고 추측하고 있다. 동 신
문은 영일동맹조약의 전문을 『고쿠민신문』 자기 자신의 호외 제1호에 보도하
기도 했다.

「영일조약의 축안연祝安宴」139)이라는 기사에 의하면, '각 정당 및 중립의
사람들도 이번 영일협약의 성립을 축하하기 위해 일대 축하 연회를 개최하게
되었다. 「고무라 외무대신의 연설」140)에도, 본 협약의 목적은 평화를 추구함과
동시에, 청·한 양국에 있어서 제국의 권리 및 이익을 옹호함에 있다'고 보도하
고 있다. 그 외에 이 신문은 가츠라 타로 총리대신의 연설도 게재했다.

2월 14일자에서는 「영일동맹과 여론」, 「게이오기주쿠慶應義塾 햇불 행렬」등

의 기사에서 영일동맹에 대해 축하와 찬성의 논조를 취하고 있다. 2월 15일부터는 영일동맹의 유래에 대해 말하고 있지만, 특히 오자키 유키오尾崎行雄 원내총무와 마스다 마사히사松田正久 총무위원장 두 사람 담화에 주목해야 할 것이라고 말하고 있다.

먼저, 「오자키尾崎 유키오 원내종무의 담화」[141] 내용을 살펴보자. 세유카이政友會[142] 원내총무인 오자키 유키오尾崎行雄는 '영일동맹에 관해 반대하지는 않지만, 극동문제를 해결하기 위해서 단순히 영일동맹만을 능사로 생각하지 말고, 영일동맹은 나라 형편상 어쩔 수 없다고는 하더라도 여기에 러시아를 참가시켜 영·일·러 3국이 동맹을 협약할 필요가 있다'고 했다.

다음은 「마스다松田 총무위원장의 담화」[143] 내용이다. 「세유카이 총무위원장 마스타 마사히사松田正久는 국가를 위해서는 많이 축하하지 않을 수 없고 일청전쟁 이후의 국위선양이다. 또, 이토 히로부미伊藤博文 후작도 영일동맹에는 결코 반대하지 않을 것이라고 믿는다. 이 영일동맹은 전 내각 당시에도 이미 수 회에 걸쳐 화제가 되었기 때문에 이토 후작도 결코 반대하지 않을 것으로 믿고 또, 후작도 반드시 그의 땅에서 이 조약의 체결에 다소 진력할 만하다고 생각할 것」이라고 밝히고 있다.

이 두 사람의 담화 내용에서는 영일동맹을 환영하면서도 이토伊藤 전 총리의 공적, 또는 그의 대 러시아의 교섭론 등에 관해서 평가하려는 면이 보인다. 여기에 덧붙여 이토 히로부미伊藤博文 전 총리와 정치적으로 대립관계에 있는 「오쿠마 시게노부의 연설」도 이 신문에 게재되었다. 이는 당시 가츠라 타로桂太郎 총리를 지지하고 있던 『고쿠민신문國民新聞』사장 도쿠토미 소호德富蘇峰[144]가 바라는 바가 아닐까라고 생각할 수 있다. 왜냐하면, 이토 히로부미伊藤博文 전 총리는 영일동맹에 반대하면서도 러일 교섭론을 주장했기 때문에 가츠라 총리의 의견과는 다른, 더욱 오쿠마 시게노부大隈重信[145] 전 총리와는 정치적인 적대 관계였기 때문이다.

그래서 도쿠토미 소호德富蘇峰는 익일, 「영일동맹이 국민적 성격에 미치는 영향은 어떠한가?」[146]라는 장문의 연설문을 써서 대국민 설득 및 경각심을 불러일으키고 있다. 그 주요한 내용을 보면 '동맹은 일시적이지만, 국민적 성격은 영구적인 것이기 대문에 개인은 조금도 등한시해서는 안 되는 대상이다. 그리고 영일동맹은 일본 국민을 향해 무형유형의 큰 책임을 증가시킨 것이라고 하는 것을 모든 국민은 잠시라도 잊어서는 안 된다. 마지막으로 명기할 만한 것은 영국이 일본을 향해 요구하고 있는 것은 일본이 실력이 있기 때문이고, 적어도 그 실력을 잃는 날은 동맹의 이름만이 남게 되어 신뢰할 수 없게 되고 신뢰 할 수 있는 것은 자기 힘뿐이다. 그 때문에 힘을 증장增長시키기 위해서는 미래 영구적으로 국민이 일치단결해서 전력하지 않으면 묘책은 없다'고 잘라 말하고 있다.

또, 2월 18일자 「양원의 축하회」라는 논설에서는 러시아에 대해 특히 강경한 태도로 나와서는 안 되고, 배로주의排露主義를 고취해서 적이 아닌 것을 적으로, 평지풍파를 일으키는 듯한 것은 피하지 않으면 안 된다고 했다. 동맹의 목적은 청·한 양국에 있어서의 일본의 정치적 권리와 상업상의 이익을 옹호하는 것이라고 언급하고 있다.147) 「국민 동맹회의 선언」148)에 의하면, 중국 보전·조선 옹호의 관건은 단 하나, 만주문제의 해결에 있다고 지적하고 있다. 또, 전 외무대신 가토 다카아키加藤高明가 도쿄경제학협회에서 연설하면서 영일동맹에 대한 의견을 진술하고 이 협약은 그 범위를 극동으로 제한하고, 청·한 양국으로 제한한 것은 가장 좋은 것을 얻었다고 말하지 않을 수 없다고 했다.149) 그는 오후 거의 같은 내용의 연설을 동방협회東邦協會(帝國政育會會堂)에서도 행하고, 「고쿠민신문」은 이것을 같은 달 18일부터 20일까지 3일간 연재했다.

영일동맹에 대한 긍정적 평가가 일본 국내에서 고조되는 때에, 도쿠토미 소호德富蘇峰는 또 다시 일본 국민에게 아래와 같이 세계적 시민자격을 호소하고 있다. 그 내용의 일부분을 소개하면 다음과 같다.

「세계적 시민」
「한 군(郡)의 일을 자세히 모르면 완전한 촌장村長이라고 할 수가 없고, 한 현(縣)의 일에 통달하지 않으면 흡족한 군장郡長이라고 하기 어렵다. 때문에 세계적 시민의 자격 없이, 일본 국민의 자격만을 가지려 하는 것은 말도 안 되는 일이다. 내가 지금 여기서 세계적 시민에 합당한 교양의 필요성을 말하는 것은 일본 국민의 자격보다도 세계적 시민의 자격이 더욱 중요하기 때문은 아니다. 이 자격 없이는 도저히 진실된 일본 국민이 될 수 없다고 믿고 있기 때문이다.」150)

그는 여기서 3가지를 들고 있다. 즉 ①세계적인 시민, ②세계적인 지식 ③ 세계적인 동정同情이다. 특히 청·한 양국을 향해서는 진실로 동정을 가지고, 동시에 이것을 표창하고 널리 알리는 기회를 잃지 않을 것을 주장하고 있다. 이러한 내용의 논조를 보면, 미래지향적인 사고방식을 가진 세계적인 시민이 될 것을 호소하고 있다는 것을 알 수 있다.

또 「여론개관」이라는 표제로 '영일동맹협약은 동양의 평화를 최종의 목적 으로 하고, 세간에는 때때로 이토伊藤 전 총리가 이 협약을 기뻐하지 않고 세유 카이政友會가 영일동맹에 반대한다고 전해지고 있는 것은 매우 잘못된 것으로 써 사정私情을 끼워 국가계획을 그르치는 언동이 있어서는 안 된다.'고 지적하 고 있다.

이와 같이 『고쿠민신문』의 전반적인 논조는 영일동맹을 강하게 지지하면 서 도쿠토미德富가 이미 논설에서 호소하고 있는 바와 같이 일본국민이 영일동 맹과 함께 일대 약진할 것을 노리고 있다고 말 할 수 있다. 특히 주목할 만한 부분은 어느 신문보다도 『고쿠민신문』이 영일동맹에 대해 환영하는 기사 수가 많았다는 점이다.

4) 『도쿄니치니치신문東京日日新聞』

『도쿄니치니치신문』은 2월 13일자 「영일동맹성립」이라는 제목 아래서 가 츠라 수상의 연설요지를 게재하고 있다. 이날 연설 중에 '오늘의 이 협약이 성 립한 것은 가장 자연스러운 것이며, 천하의 어떤 국민도 이에 대해 의문을 제 기하지 않을 것임은 틀림없다'고 하고 있다.[151] 또, 「유럽歐州 외교의 경향」이 라는 기사를 보면 다음과 같이 기술하고 있다.

> 「러시아로 하여금 페르시아 만波斯灣에 철도를 연장하여 요새를 건설하
> 는 우려는 우리 두 나라간 동맹과 협상하여 해군 정략상 및 상업상으로
> 받는 이익보다 그다지 크지 않기 때문에 본 문제에서는 이것을 군 전략상
> 보다 정치상으로 고찰할 것을 요한다. ……」[152]

또, 「영일 협약 정신」과 「영일동맹 세율 자율권」에 대해서도 13일자에 각

각 설명하고 있다. 2월 14일자 논설에서는 「조선반도」라는 문제에 대해서 상당히 구체적으로 언급하고 있다. 그 주된 내용을 보면 다음과 같다.

「…… 조선반도의 독립을 지키고 그 영토를 보전하는 것은 일본 제국의 정책으로 시종일관 변함이 없는바, 청국에 대해서는 천진조약(1885년) 시모노세키 조약으로 우리 정책을 승인하게 하고, 그 후 러시아와 반도와의 교섭이 점점 더 가까워지는 것을 보고, 우리는 러일 협상으로 러시아로 하여금 우리 정책을 승인하게 했다. 반도에 대해서는 중대한 정치적 관계를 지니는 것은 청나라가 아니면 러시아이다. 그리하여 청·러 문제에 있어서 공히 우리 의지를 받아들이는 데 있어서 세간에서 또 이의 제기를 해서는 안 된다. 동시에 영국과 동맹 조약에 의해 영국은 반도에 대한 우리 정책을 받아들여 동맹의 중요한 사항으로 삼고, 미국 및 구라파 제국 모두 우리 정책을 시인하고, 영일동맹에 대해서 호의적으로 찬성한 오늘날에 있어서는 조선반도의 일에 관해서는 우리는 세계국민의 찬동을 얻어 그 전래의 뜻을 이루는 것이라고 말하지 않을 수 없다. 동시에 약속한 현상을 변경해서 일본제국의 힘을 말살하려고 하는 말을 행해서는 안 된다. ……」[153]

이 내용을 면밀히 분석해 보면 두 가지 점에서 주목할 만하다. 이미 앞에서 언급했지만, 영일동맹에 의해 일본은 이미 조선반도의 경영에 있어서는 영국으로부터 승인을 얻었다는 것을 확인 할 수 있다. 또, 하나는 조선반도에서의 일본의 정책은 청국이나 러시아, 영국으로부터 승인을 받았고, 나아가 세계국민들로부터도 찬동을 얻었다고 하는 주장이다.

2월 14일자에는 「영국 제 신문의 논조」와 「영일협약」, 「영국신문 환영」 등의 표제 아래, 세계 각국의 여론에 대해서도 보도하고 있다. 2월 15일자의 보도에 의하면, 동맹 국민으로써 영국국민에 대한 교류의 정을 표명하는 등 영국 국민에게는 사의를 표하고 있다.[154] 그 하단 부분에 「영일동맹과 이토伊藤후작」이라는 표제의 기사로 영일동맹의 성립에 대해 여러 가지 여론의 억지 설을 내세워, 이토伊藤후작이 영일동맹에는 반대 의견을 가지고 있어서 그의 성립을 바라지 않았기 때문에 후작의 부재에 편승해 동맹이 성립됐다고 하는 것은 전혀 사실에 반하는 보도라고 지적하고 있다. ①작년 봄 이토伊藤 내각 때 외무대신 가토 다카아키加藤高明가 이토伊藤 총리와 함께 조목조목에 훈령을 내려 상호의 의지를 관통하기 위해 노력했다. ②그 후 내각은 경질되고 외무대신은 일단 소네 아라스케曾禰荒助가 겸임하고, 다음으로 현재 고무라 쥬타로小村壽太郎로 바뀌지만, 런던주재 전권공사는 시종 하야시 타다스林董였기 때문에 일정한 정책을 준수하기에 노력했다. ③또 당시 북경에서 이 문제와 깊은 관계를 가지고 있던 고무라 쥬타로는 오늘날 외무부 당국자였다는 것 등으로 추찰해도 이토伊藤 후작이 영일동맹 반대자였다고 하는 사실은 진실이 아니라고 하는 것이 증명된다고 기술하고 있다.155)

영일동맹에 있어서 또 하나 주목할 것은 주식의 문제이다. 2월 13일 각 신문에 동맹 조약이 발표되고 15일부터는 주가가 급등하게 된다. 그것은 영일동맹이 일본의 재정 및 경제계에 미치는 영향이 매우 크다는 것을 의미한다고 할 수 있다.156) 또, 영일동맹은 청·한 양국의 평화를 담보로 체결되었기 때문에 그때까지 본국에서 청·한 양국의 투자에 주저하던 유망 사업은 점차 착수되게 되고, 일본상품의 수요지인 양국 경기에 활력을 불어넣어, 그 결과 일본이 청·한 무역에서 얻는 이익이 이전보다 훨씬 커진 것이다157)

가토加藤 전 외무상은 이토伊藤 후작이 영일동맹에 반대했다고 하는 것은 황당함의 극치라고 했다. 특히, 이와 같은 황당무계한 말로써 이토 후작에게 상처를 입히는 것은 동맹 협약의 힘을 약화시킬 우려가 있다고 했다. 왜냐하면, 유럽에서는 이토伊藤 후작을 일본 제일의 정치가인 동시에 세력가로 보고 있기 때문이다. 만약 후작이 영일동맹에 반대한다는 식으로 전파된다면 당장 이 협약이 견고하지 못한 것은 아닌가 하는 의심이 제기될 것이고, 영일동맹을 달가워하지 않는 자는 이것을 틈타 술책을 기도할지도 모른다고 말하고 있다.158)

한편, 「세유카이(政友會)와 영일동맹」이라는 논설에서는 다음과 같이 기술하고 있다.

「…… 세간에는 때때로 이토 후작이 이 협약을 달가워하지 않거나 혹은 이를 방해 운운, 또는 후작이 이끄는 세유카이는 영일동맹에 반대하는 정파로 중국을 분할해 조선을 병탄할 의견을 갖고 그 의견을 받아들이는 조건으로 세유카이에 들어가기 때문에, 이런 정황으로 미루어 보더라도 이토 후작과 세유카이와는 외교방침으로써 현 내각과 충돌하지 않을 수 없다고 말하고 있다.」159)

이 몇 개의 논설을 보면, 이토 전 총리는 영일동맹에 반대하지 않고, 재임 시절부터 이 조약의 교섭이 시작되어서 찬성했다고 주장하고 있다. 게다가 당시 이토는 유럽을 방문하고 있어서 그가 이 조약에 반대했다고 하는 것은 잘못되었다는 것을 알 수 있다.

5)『지지신보時事新報』

『지지신보』는 2월 13일자「영일협약」이라는 사설에서 영일협약은 청·한 양국의 독립과 영토보전을 유지하고자 하는 것이라고 설명하며,「영일협약영문」을 게재했다. 이 신문은 여러 가지 해설을 덧붙이며, 다른 신문과 마찬가지로 가토 다카아키加藤高明의 담화를 게재하고 있다. 가토 다카아키는「영일동맹과 실업계」라는 담화에서, 영일동맹조약은 일반적으로 환영받을 일이며, 특히 실업계에 관하여는 동양의 평화를 보증하고 동양 무역안전의 기초를 설정했기 때문에 일본의 상공업을 크게 안심시켰을 것이라고 지적했다.[160]

영일동맹 협약내용이 의회에 공표되면, 헌정본당憲政本黨의 발기에서 연합 축하회를 개최하고 무소속, 제국당, 국민동맹회 등이 중심이 되어 국민을 대표해 양 의원 축하식을 거행하는 것을 교섭했다.[161] 한편, 헌정본당은 2월 14일 본부에서 영일동맹 체결 축하회를 열었으며, 오쿠마 총리가 출석해 연설하기도 했다. 실제로,『지지신보時事新報』는 다른 신문보다도 영일 협약의 효과에 대해서 상세하게 논하고 있다. 이 사설의 일부분을 소개하면 '일본의 국시國是가 청·한 보전 동양 평화를 유지함에 있고, 이 협약으로 일본의 지위를 높여 명실 공히 세계 강국의 대열에 들게 되었다. 게다가 일본 국민은 금후 안심하고 청·한 양국의 상공업에 종사함에 따라서 본국의 식산殖産도 한층 발달해 갈 것을 의심치 않는다. 영일동맹의 결과가 국민의 실제적 이익에도 큰 영향이 미친다고 하는 것을 알아야 한다'고 논하고 있다.[162]

지지신보는「영일 양국의 이해」라는 제목의 사설에서 영일양국의 경제 관계에 대해 구체적으로 언급하고 있다. 그 사설의 내용을 보면 '영일 양국의 청·한에 대한 이익은 극히 중대하고, 또 극히 밀접해서 그것을 관계하는 바가 적지 않기 때문에 그것을 방어하고 보호하기 위해서 양국 동맹이 체결되었다'고 말하고 있다.[163] 여기에서「지극히」라는 말을 사용하고 있는데, 이는 일본으로서는 조선반도에 상당히 중대한 이해관계가 있었다는 것을 시사한다.

이 사설에 이어 다음날 사설에도 「영국의 결단」이라는 제목으로 '이번 영일협약의 상업적인 논의商議는 극비 속에서 진행되었으며, 열강 외교사회에서 마침내 발표되기 전까지는 그 기밀을 예측 할 수 없을 정도로 양국이 외교수완을 발휘했'고 보도하고 있다. 또 '영국이 일본에 대해 동맹을 약속한 것이 결코 보통의 결단은 아니며, 이번 협약이 그 기한을 5년간으로 규정한 것도 극동에 있어서 양국의 이해관계가 변화하지 않는 한 오래 지속될 것이고, 양국의 이익을 위해서도 그 협약의 영속을 희망한다'고 주장하고 있다.[164]

다카하시 사쿠에高橋作衛 도쿄 제국대학 법학과 교수는 「영일협약에 대해서」라는 본 신문의 기사에서 영일 협약의 국제공법학상의 몇 가지 문제점에 대해서 지적했다. 예를 들면, 협약전문에서 극동에서 현상을 유지함을 운운하는 「현상」이란 어떠한 것인지, 러시아의 만주 점령 때의 현상인지, 또는 그 이전의 상태인지 등을 지적하기도 했다.[165]

그러나 2월 18일자 사설에서, '이번 협약은 누가 뭐래도 이토 후작과는 관계가 없는 사항이고 우리들은 조금도 무게를 두지 않지만, 이토 후작이 협약에 반대했다고 하는 설에 관해서는 전혀 사실무근이고 단연 배척해야 한다'며, '왜냐하면 영일 관계는 전 내각, 즉 이토 당국 때에도 친밀했을 뿐 아니라, 현재 주영공사로서 오래된 양국 관계를 주선하고 협약 성립에 이르기까지 크게 공헌한 가토 다카아키도 이토 내각의 외무대신이었기 때문이다'라고 언급했다. 또한, '그에 대한 논쟁은 이익을 잃고 해를 볼 뿐 이번의 협약에 대해서 일반 국민은 물론 각 정당은 함께 이것을 환영해야 하고, 무익한 논쟁을 반복하는 것은 타인에게 상처를 입힐 뿐 아니라, 국가의 명예도 손상시키는 우를 범하는 것이다'라고 주장하고 정당의 언동을 비판하면서 이토 후작을 옹호했다.[166]

2월 19일자 「동맹국에 대한 국민의 예의」라는 사설에서는 「영국 황제폐하 대관식을 기회로 일본 국민이 동맹국의 제실帝室에 대해 예의를 표하는 한 가지 일은 여론과 일치하는 일이고, 또 그저께 도쿄상업회의소의 임시회의 회원 중에 제의提議한 전국의 상업회의소에서 23명의 위원을 런던에 특파해 축하의 뜻을 보낼 것을 발기했다.」[167]고 보도하고 있다.

23일자 「영일동맹의 제 일성」이라는 사설에서는 1895년 5월 28일자 『지지신보時事新報』의 기사를 인용 보도했다. 즉, '국가의 이익에는 2종류의 구별이

있으며, 하나는 무역의 이익을 획득하는 것이고, 다른 하나는 국세國勢를 신창
伸暢케 하는 한 가지 일에 이르러서는 훌륭한 외교가에 의한 고뇌에 찬 외교
기술을 요하는 일이라고 해도 과언이 아니다'고 말하고 있다.[168] 이상의 기사
내용에 의하면, 영일동맹을 가장 환영한 것이 상공업계 및 무역관계 단체였다
는 것이 드러난다.

〈그림-1〉 ··· 지지신보

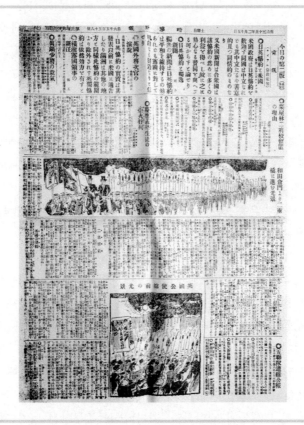

　　『지지신보』의 내용을 분석해 보면 특히 주목할 만한 두 가지 추가적인 사
실이 있다. 하나는 영일동맹을 축하하기 위해 게이오 기주쿠慶應義塾의 학생 및
교직원들이 앞장서서 도쿄 시내에서 횃불 행렬을 실시한 것이고, 다른 하나는
영일동맹협약이 발표된 직후부터 일본의 주가가 급등했다는 사실이다.

먼저 횃불행렬에 관한 기사를 살펴본다. 2월 14일자『지지신보』에 의하면, 게이오 기주쿠慶應義塾의 학생 및 교직원은 영일동맹의 성립을 축하하기 위해 2월 14일 오후 6시부터 10시까지 4시간 동안 횃불행렬을 거행하게 되었다. 그때 상황을 살펴보면, 직원 및 학생 1,500명이 일장기, 영국기, 주쿠기塾旗를 힘차게 세우고 각각 칸델라(휴대용 석유등)를 들고 행진할 예정이었다.169)

횃불행렬의 코스170)는 학교에서 일본외무성 앞까지였지만, 니주바시二重橋에 이르러 양국 황제를 위해 만세 삼창하고 사쿠라다몬桜田門을 나와 참모본부의 옆쪽 영국 공사관에 이르러 문전에서 만세소리를 지르고 되돌아가 사쿠라다몬櫻田門 앞의 큰길을 지나서 일본외무성 앞에 이르러서는 똑같이 만세삼창을 부르짖고 학원으로 돌아갈 예정이었다.171) 또, 석유등 외에 23개의 만등萬燈을 점화하고, 행진 시 학생 등은 영일동맹을 축하하는 창가172)도 부르게 되어 있었다. 이 창가의 2절 가사는 영일동맹이 이루어진 이유가 청·한을 부식扶植하여 동양 평화의 낙원을 만들려고 하는 의협심 때문이라고 전한다.

다음 2월 15일자「지지신보」기사에 의하면, 게이오 기주쿠慶應義塾 학생들의 횃불행렬에 의해 도쿄를 중심으로 한 시민들과 영국공사관, 일본외무성, 일본정부 관계자들은 온통 축제 분위기였다는 것이 분명하게 밝혀진다. 당시의 신문기사 내용을 분석해 보면 다음과 같다.173)

「횃불행렬은 예정대로 진행되었지만, 당일 오전 개인 하늘이 오후에 들어서면서 점차 흐리기 시작해 눈과 비가 내릴 듯한 날씨가 되어 직원은 물론 학생들도 하늘만 바라보고 있다가, 4시경부터 날씨가 개여 한 점의 구름도 없이 개이게 되자 모두가 기뻐하는 것은 말할 것도 없고, 마음 설레는 학생들은 5시경부터 일찍이 운동장에 집합해 가마타 에이키치鎌田栄吉 주쿠장(塾長: 총장)을 필두로 직원들이 나와서 각각 준비에 착수했다.174)

마침내 전 학생들이 집합하자, 가마타鎌田 주쿠장은 먼저 왼쪽부터 행진 순서를 정했다. 제1열에 만등万燈,175) 나팔, 대학 5년생도, 유치원생, 악대, 보통부의 학생(초등), 만등(표면에 대학부라고 기록) 등의 순으로 4열을 만들게 해 석유등을 켜는 등 점호를 받을 준비가 완전히 되어 있었다.176)

이들의 횃불행렬 코스는 가는 곳마다 인산인해를 이루고, 그 중에서도 시바구치芝口에서 니혼바시日本橋에 도달하는 사이 여기저기 2층에서 만세

를 부르는 사람도 있었다. 또, 차속에서 케이오 기주쿠를 외치는 사람도
있고, 일부러 인력거에서 내려 일행을 축하하는 동시에 영일 만세를 부르
는 이도 있고, 학생 일동에게 귤을 기증하는 일도 있었다. 특히 마루젠丸善
주식회사 등은 가게 앞에 붉은 등을 걸고, 국기를 걸어 일행을 환영하기도
했다.[177]

더욱이 이 횃불행렬이 영국공사관에 도착한 것은 8시 40분이었지만, 여기서
도 순서대로 주의를 기울이는 자세를 취하고, 악대가 당시 대영제국의 애국가이
던 '룰 브리타니아(Rule, Britannia, 추후 공식 국가는 God Save the Queen)'를 연
주하자 산도山道 씨의 발언으로 영국황제 만세를 삼창했다. 이때 공사 클라우드
맥스웰 맥도널드(Claude Maxwell MacDonald) 씨의 호의로 일행은 공사관 내를
행진하는 영광을 누리면서, 이 건물을 행렬이 통과할 때 공사는 자신이 현관에
나와서 일행을 맞이하였으며, 또 가마타鎌田 주쿠장과 악수도 했다.[178]

〈표-3〉 ··· 『지지신보』 1902년 2월 13일

	圓	圓	錢
	2월 10일	2월 12일	비교
株式	181,50	175,50	2,00
三品	121,90	112,70	9,20
商船	25,70	25,35	35
南海	66,90	65,60	1,30
阪鶴	17,45(高)	17,55	10
京都	20,00(高)	21,40	1,40
參宮	83,90	83,15	75
關西	41,35	41,05	30
山陽	55,55	55,35	20
九州	57,95	57,75	20
關西ヂキ	41,35	41,35	

최후의 행선지인 일본 외무성 문 앞에 이르러서는 일본제국 만세, 외무대신 만세를 삼창했다. 이 성은 현관 앞의 전등을 남기지 않고 모두 켜 일행을 맞이하였고, 또 문을 열고 일행을 구내로 인도해, 행렬은 성 앞의 호수를 돌아서 관저 앞을 통과할 때 친다 스테미珍田捨巳 총무성 장관 등은 주쿠장을 향해 예를 표했다.」[179]

이상과 같이 영일동맹은 일본 국민 전체의 대환영 내지는 축제 분위기 속에서 받아들여졌다는 것을 엿볼 수 있다.

마지막으로 가장 주목해야 할 대목은 영일동맹과 일본의 경제적인 관계이다. 영일동맹 체결이 발표된 직후에 일본의 주식시장은 거래가 활발해지면서, 주가가 급격하게 상승했다. 당시의 경제상황을 상세히 분석해 보면 다음과 같다. 영일동맹 발표 직전에는 오쿠라 증권(大藏証券: 일본재무성증권)의 발행과 2월 상순의 수입초과 등에 의해 주식이 하락세를 타고 있었다. 한편, 그 와중에도 영일동맹에 대한 신문의 호외기사 등으로 일본의 외교적인 인기상승과 함께 이후 경제 상황이 점점 좋아질 것이라고 예상하는 사람도 있었다.[180]

〈표-4〉 ··· 『지지신보』 1902년 2월 16일

	圓	圓	錢
	2월 5일	2월 14일	비교
株式	188,80	181,50	7,30
三品	118,00	114,90	3,10
商船	25,20	25,75(低)	55
南海	66,75	66,00	75
阪鶴	19,40	18,80	60
京都	22,25	21,45	80
參宮	84,65	83,00	1,65
關西	42,15	41,40	75
山陽	56,50	55,95	55
九州	58,50	58,15	35
關西ヂキ	41,35	41,80(低)	45

이와 같이 대체로 침체하던 일본의 주식시장은 영일동맹 발표에 의해 전
날보다 계속 소폭 상승 보합세를 이루었다.[181] 또, 2월 15일이 되자 주식시장
은 상당히 호전되어 주가가 상승 기조를 띠게 된다. 이러한 현상이 일어난 까
닭은 영일동맹의 성립 영향이 점차 주식시장으로 파급되었기 때문이다.[182] 『지
지신보時事新報』 2월 25일자 「오사카전보, 24일」[183]에 의하면, 주식은 전반적으
로 소폭 상승보합을 유지하였으나, 2월 27일자 「오사카전보, 26일」[184]에 의하
면, 주식 시세는 강보합세를 나타내고 있다. 여기에서 확실히 2월 13일자 영일
동맹 발표 이후 주식의 가격이 급격하게 상승했다는 것을 알 수 있다.

이상의 5개 신문을 통해서 영일동맹을 분석한 결과 영일동맹의 체결로 일
본은 당시 해양대국인 대영제국으로부터 막대한 외자를 유치함과 동시에, 조
선·만주 등에 대해서도 경제적인 침략을 꾀하게 되는, 최대의 수혜국이 되었
다고 말할 수 있다.

당시 대한제국 정부는 내정 혼란과 함께 외교 정책의 판단미스로 상당히
혼미한 상태였다. 하야시 곤스케林權助 주한일본공사는 영일동맹의 목적을 한국
황제에게 설명하고[185] 박제가 외무대신에게도 이를 설명하였는데, 박 외무대신
은 크게 만족한 뜻을 표했다고 전해진다.[186] 이는 아마 당시에 하야시 공사가
영일동맹 조약 내용에 관하여는 구체적인 설명을 하지 않고, 전반적인 취지만
설명하면서 내부 조약 내용은 숨겼기 때문이 아닐까 하는 생각이 든다. 이에 따
라, 당시 대한제국 관계자들은 영일동맹의 체결로 인해 영국이 일본의 조선 지
배를 인정하게 되었다는 사실을 제대로 알지 못했을 것이라는 추측을 할 수
있다.[187] 특히 일본 도쿄에서는 영일동맹 축하를 위해 범정부적인 차원에서 대
대적인 축하횃불행렬을 벌이고 있었는데도 불구하고 주일공사는 무엇을 했는
지 반문하지 않을 수 없다.

제4절 러일전쟁과 조선의 언론탄압

1. 러일전쟁과 조선의 침략 정책

일본의 제국주의가 발돋움하는 결정적인 배경에는 영일동맹이 있다. 1902년 영일동맹을 맺고 나서 2년 뒤인 1904년 2월에 일본은 대영제국의 군사력을 등에 업고 러일전쟁을 일으켜 직접적으로 조선을 침략한다. 당시 일본은 러시아의 남하 정책을 저지하여 조선을 지배하고자 하는 침략적인 야욕을 감추지 않았다. 그러던 중 일본은 영일동맹이 체결되어 한반도에서의 입지가 강화되자, 기회를 놓치지 않고 곧바로 러일전쟁을 일으킨 것으로 볼 수 있다.

영일동맹이 배경이 된 1904년의 러일전쟁은 이후 동북아에 큰 영향을 미친다. 전쟁에 승리한 일본은 제국주의에로의 기틀을 마련하고, 한반도와 만주를 침략해서 식민지화함으로써 침략적인 대 아시아 정책에 결정적인 전환기를 맞게 된다.[188]

러일전쟁의 직접적인 원인은 1901년부터 러시아가 이미 보유하고 있던 압록강 유역의 목재 채벌권과 경성·신의주간의 철도부설권을 확장하고, 나아가 북한 전체를 지배하기 위해 1903년에 용암포를 점령한 데 있다. 일본은 곧 철병을 요구했지만 러시아가 이에 응하지 않자, 대한제국 황제에게 영구조차권永久租借權을 강요하게 된다. 당시 러시아는 만주에서도 청국과의 협약을 무시하고 철병을 이행하지 않았다. 일본은 고무라 주타로小村壽太郎 외상을 통해서 러시아와의 교섭을 개시하고 러시아군의 만주에서 철병할 것과, 조선에서 일본의 우월적 지위를 승인할 것을 제안했지만 러시아는 이것을 끝내 거부했다. 마침내 일본은 1904년 2월 8일 육군을 인천에 상륙시켜 여순항을 무력으로 기습공격하면서 전쟁을 일으키게 된다.[189]

전쟁 발발직전 1월 23일에 대한제국정부는 국제적으로 엄정중립을 선언했지만, 일본은 이를 무시하고 개전을 불사했으며 일본군을 조선에 상륙시켰다. 전황이 자국에게 유리하게 전개되자 일본은 곧바로 대한제국을 위협해 2월 23일에 「한일합병의정서」[190]를 조인한다. 이로써 일본은 조선을 러일전쟁에 휘말리게 하는 데 성공했을 뿐만 아니라, 조선정부의 시정개선施政改善을 일본의 지도 아래에 묶어두고, 일본군의 조선주류 권까지 획득하였다.[191] 나아가, 일본은 조선반도에서 조선정부가 자국의 「자유행동」을 제한하는 어떠한 타국과의 조약도 체결할 수 없도록 외교권마저 박탈했다.[192]

같은 해 5월에 일본은 「대한시설강령對韓施設綱領」을 내각에서 결정하고, 한일의정서의 내용을 대폭적으로 확장하는 정책을 취한다. 즉, ① 군대의 주둔 ② 외교권의 장악 ③ 재정의 감독 ④ 교통통신의 장악 ⑤ 기타 토지의 개척이나 이주 정책상의 여러 가지 특권 등을 취해 사실상 조선을 일본의 보호국으로 만들어 버렸다.[193] 이와 같이 일본이 처음으로 실질적 특권을 취하게 된 것은 러일전쟁 이후의 일이다. 러일전쟁 발발 중인 1904년 8월 22일에 일본은 제1차 한일협약을 체결하고, 재정·외교 고문의 고용과 여타 외교 교섭과 관련하여 조선정부가 일본정부와 사전협의를 거치도록 의무를 지웠다.[194] 일본은 1905년에는 「보호권확립」을 내각회의에서 결정하기에 이른다.[195]

〈표-5〉 ··· 각종 이권의 매각 내용

년 월	매입국	획 득 내 용
1896년	러시아	함경북도, 경원, 종성의 광산채굴권, 인천월미도저탄소설치권, 무산, 압록강의 유역과 울릉도의 삼림벌채권
1896년	프랑스	경기철도부설권
1896년	미국	평안도운산금광의 채굴권과 경인철도부설권(후에 일본에 양도)
1897년	독일	강원도금성군의 금광채굴권
1898년	영국	브라운 씨는 재정고문 겸 세관총무로써 유력한 경제적 지배권 장악, 평안도 운산금광채굴권을 획득 서울의 수도, 전차, 전등시설 등의 권리
1898년	미국	마산포, 성진을 개항
1899년	일본	마산포 남방의 율구 미만의 조차권, 황해도 은율, 재령광산의 채굴권
1900년	일본	* 이전에 이미 일본은 부산해저 전선부설권(1883), 인천·의주간 전선부설권(1885) 부산·인천 간 전선부설권(1885) 부산절경도저탄소설치권(1891) 경부선 철도부설권(1894) 등의 이익을 취하고 있었다.

한편, 러일전쟁 이전에 조선의 지배층 중 일부는 매국적 부패 사상을 가지고, 열강인 제국주의 국가에 철도부설권, 광산채굴권 등과 같은 각종 이권 및

국가권리를 「잘라 팔아먹기」를 서슴지 않았다. 구체적인 사실은 위의 <표-5>과 같다.

　　일본의 경우, 조선의 각 항구에 왕래하는 기선의 약 9할 정도가 일본 국기를 걸고 있을 정도였고, 한반도의 모든 등대는 일본인의 수중으로 들어갔다. 또, 조선에 부설된 철도는 일본인의 소유가 되고, 전국의 우편국, 전화국도 일본인에 의해 운영되었다.[196] 더욱이 오늘날도 일본의 재벌기업인 미쓰이三井, 미쓰비시三菱, 스미토모住友 등은 당시에도 독점자본주의를 형성해 군수산업을 지탱하고 있었다. 이들 기업은 대외적으로는 침략정책을 적극적으로 지원하면서 한반도에서 독점적 경제체제를 취하고 있었다.[197] 뿐만 아니라, 이들은 일본이 제국주의 국가로 발전하고, 러일전쟁을 일으키기까지 적극적으로 지원했다고 할 수 있다.[198] 그러나 오늘날까지도 과거 태평양 전쟁 당시 그들이 지원한 군수산업에 의해 피해를 본 아시아인들에 대해서 전혀 반성의 기미가 보이지 않는다. 이에 지난 2010년 10월 17일 광주에서는 일제강점기의 강제징용과 과거사 문제 해결 등에 적극 나서고 있다. 특히, 「근로정신대 할머니와 함께하는 시민모임」이라는 단체는 과거 제국주의시대 침략기업인 미쓰비시 자동차 광주·전시장을 철수시키기도 했다. 이는 미쓰비시 기업이 과거 식민지시대 민족 침략의 '전범기업'임에도 불구하고 충분한 반성 없이 광주에 진출했기 때문에, 동 시민단체가 이에 반대하는 항의시위를 계속해 자진 철수하게 한 사건이다.[199]

2. 일본의 대 조선 언론탄압

　　1898년부터 1904년 러일전쟁에 이르기까지 조선 측에선 많은 민간신문을 창간하였고, 민족의 독립사상을 고취시키기도 했다. 일본은 외교 경로를 통해서 이들 언론을 통제하려 했다. 당시 신문보도의 내용을 보면 이와 같은 경향을 뚜렷하게 알 수 있다.

　　1898년 1월 1일 창간한 『협성회회보』는 4월 9일부터 『매일신문每日新聞』으로 제호를 바꾸고 한국 최초의 일간지로서 발행했다. 그때, 격일간지였던 『독립신문』도 7월 1일자부터 일간지로 발행했고, 주간지였던 『대한황성신문』도 9월 5일자부터 『황성신문皇城新聞』[200]으로 개제改題하여 한국 최초의 국한문 혼용 일간신문으로 탈바꿈했다. 그런데, 1898년 5월 16일자에서 『매일신문』과 『한성신보漢城新報』가 외교문서 내용을 보도하여 대한제국과 러시아, 프랑스 간에 외교상 큰 파문을 불러일으켰다. 문제의 기사 내용은 러시아가 조선의 목포와 진남포 조계지租界地의 주변 10리를 매수하려 한 것과, 프랑스가 평양에 있는 한 석탄광을 채굴해 경의선철도 부설용으로 사용하려 한 것이었다. 여기에 대해서 『매일신문』은 다음과 같이 비판하고 있다.

「…… 이 말을 듣고 너무 아연실색하고 숨이 막혀 분노를 금할 길 없어서, 먼저 기사만 보더라도, 이는 실로 대한제국민의 피를 토하는 노여움을 발하게 하고, 우리 제국신민은 좌시할 수가 없다. 우리 동포는 한마음으로 분발해 조속히 조치할 방법을 모색해야 할 것이다 ……」[201]

이리하여, 러시아와 프랑스의 무리한 요구가 국민에게 알려지고, 반대 여론이 강하게 일어 양국 공사관이 대한제국의 외무성에 항의하는 지경에 이르렀다. 양국공사는 이것이 외교 기밀누설이기에 보도 관계자를 처벌해야 한다고 항의했다. 그러나 『매일신문』은 5월 19일자 논설에서도 나타나듯이 의지를 굽히지 않았다. 이 문제에 얽혀서 러시아 공사와 대한제국의 외무성, 그리고 『매일신문』 사이에 1개월가량 공방이 계속되었다.[202]

1) 일본인 경영신문과 조선인 신문의 논쟁

일본인경영 신문과 조선 신문과의 사이에서도 논쟁이 계속됐다. 1898년 9월 14일자 『제국신문帝國新聞』은 「한성신보에 대답하는 말」이라는 논설에서 『한성신보』의 보도태도를 비난했다. 1899년 11월 21일자 「제국신문」의 논설도 『한성신보』의 11월 16일자 논설을 비난했다. 문제가 된 내용은 『제국신문』이 '일본과 러시아가 마산 조계지를 서로 많이 팔기위해 경쟁하는 것에 대해 후일 조선 반도를 서로 삼키기 위해 투쟁이 일어날 것'이라고 경고하고 조선 정부의 각성을 촉구하는 기사였다. 『한성신보』는 계속해서 『제국신문』을 비난하고, 『제국신문』은 다시 11월 27일자로 「한성신보 기자에게 대답한다.」라고 하는 논설로 대항했다.

1900년 10월 18일자 『황성신문』의 논설은 『한성신보』의 논조를 격하게 비난하고 있다. 그 원인은 다음과 같다. 대한제국정부가 일본 측의 요구로, 전라도, 경상도, 강원도, 함경도, 경기도 등의 어로 행위를 허가해준 일이 있었다. 『한성신보』는 이에 대해 조선은 하나는 잃었지만, 둘을 얻었다고 논했다. 하지만 『황성신문』은 이것이 곡필로 농락하는 것일 뿐이라 반발하면서, 일본인이 송도(현재의 개성)지방에서 불법으로 인삼을 빼앗는 것을 주한일본공사는 금지해야 한다고 논했다. 또, 일본이 조선의 연안에서 어로 구역 확장을 요구하는 것에 대해서도 격하게 비난했다. 더욱이 『황성신문』은 『한성신보』의 논조가 조선인을 경멸하고 모욕하는 경향을 띤다고 비난했다.

한편, 『조선신보朝鮮新報』는 1901년 10월 14일자 「다시 말해서 일본인 자유 도한渡韓」이라는 논설에서 일본인이 자유롭게 도한 할 수 있도록 일본인의 여권을 폐지할 것을 주장했다. 이에 대해 『황성신문』은 1901년 10월 17일자에서 ①일본인의 조선연안에서의 불법행위 ②일본인의 울릉도에서의 불법행위 ③송도 지방에서의 불법인삼채굴 등을 거론하면서 자유왕래에 반대했다. 이에 대해 『조선신보』와 『한성신보』는 '소국(조선)은 문명국(일본)에서 도한渡韓하는 이민을 잘 이용하면 유익하지 않은가?'라고 보도했다. 『황성신문』은 1902년 1월 16일자 「기서(寄書: 투고)」에서 두 신문의 이민 정책에 반대하면서 일본의 노동자가 여권 없이 부산항에 대거 입국했다고 보도하고 자유 도한을 인정하지 않는 것이야 말로 식민지화를 미연에 방지하는 것이라고 논했다.[203]

1903년 2월 26일자 『황성신문』의 논설 「일본 제일은행권의 관계」에서는, 일본의 제일은행권이 대한제국에서 통용되는 것이 부당하다는 것을 5개의 항목에 걸쳐서 지적하고 있다. 그러나 『조선신보』는 「은행권의 성질」을 지적하면서, 대한제국은 화폐제도의 문란으로 상인들도 백동화(대한제국화폐)보다 제일은행권을 좋아하며, 일본의 화폐가 조선에서 통용되는 것은 자연적인 추세라고 주장했다. 『황성신문』은 3월 20일, 21일 이틀간, 『조선신보』의 은행권 변론에 반박하면서, 23일자 논설 「관급정리화폐」에서 화폐제도를 확립할 것을 대한제국 정부에 촉구했다. 이와 같은 논쟁은 한일합병에 이르기까지 계속되며, 조선 민간지는 조선 민족 측에 서서 제국주의 열강의 조선반도에 대한 경제적 지배정책에 대해 강하게 반발했다.

또한, 1898년 8월에는 프랑스가, 9월에는 러시아가 각각 외교 경로를 통해서 조선의 언론을 통제하고 신문지법을 제정할 것을 요구했다.[204] 1898년

10월 7일에, 주한일본공사 가토 마스오加藤增雄는 주한외교사절단의 자격으로 외교 문서의 교섭 안건을 신문지에 게재하는 것을 일절 금지함과 동시에 이를 규제할 것을 요구했다.205) 그러나 당시 신문 허가 기관은 농상공부였으며, 신문의 규제는 기대할 수 없는 상태였다. 당시 외부(외무성)는 10월 8일 한성판윤에 훈령을 보내 신문을 규제할 것을 지시했지만, 한성판윤은 신문 규제는 한성부의 권한이 아니라고 회답했다.206) 즉, 신문에 대한 규제는 시행할 수 없었을 뿐만 아니라, 정부 어느 기관도 관여하는 것을 회피하고 있었다. 하지만 그대로 방치하면 외교 문제로 발전할 우려가 있어, 외무성으로서는 신문 규제를 위해 입법을 해야만 하는 상황에 직면하게 되었다.207)

그 결과 1898년 10월 30일 고종의 조칙詔勅에 의해 내부와 농상공부가 신문조례를 만들고, 이를 1899년 1월 중추원에 넘기게 된다. 이 신문조례는 가혹한 규제조항이 많아 언론계의 반발에 부딪혔고, 중추원은 세계 각국의 신문조례를 참고해 수정을 가하려했다.208) 그래서, 중추원은 남궁억, 이시우, 박승조 3인을 신문조례수정위원으로 선임해 원안 36조 중 3조항을 삭제, 전문 33조로 수정하고 3월 4일 이를 의정부에 보냈으나 시행되지는 못하였다.209) 이 신문조례의 구체적인 내용과 폐기 이유에 대해서는 명확하게 제기된 바가 없다. 다만, 『독립신문』(1899. 3. 1)과 『황성신문』(1899. 3. 3)의 기사에 의하면, 이것이 일본의 신문지조례(1875년 공포)210)를 모방했기 때문에 언론계의 반발에 직면해 시행되지 않았던 것이 아닌가 하는 추측을 해볼 수 있다.

2) 일본군에 의한 언론탄압 정책

1904년 러일전쟁이 발발하자, 하야시 곤스케林權助 주한일본공사는 대한제국의 민간신문에 대해 계속해서 항의했다. 즉, 3월 1일 하야시공사는 대한제국의 민간신문이 일본군의 동향을 상세하게 보도해 일본군의 군사기밀을 누설하는 경우가 많다고 지적하고, 앞으로는 충분한 단속取締법을 제정하여 군사기밀 보도를 금지할 것을 대한제국에 요구했다.211) 또, 하야시공사는 4월 8일자로 대한제국에 공문을 보내 전날 『황성신문』이 보도한 「거제巨濟정보」라는 기사가 일본군의 전략에 큰 지장이 된다고 판단하고, 신문 검열을 실시해 엄격하게 단속할 것을 요구했다.212)

이에 대해 대한제국은 『황성신문』과 『제국신문』에 엄중 경고하고 군사관

계 기사를 정밀히 검열할 것을 약속했다.[213)]

　이어서 하야시공사는 6월 1일 한일 간의 공문서 중에서 특히 비밀을 요하는 것은 그 봉투와 본문번호 위에 「비(秘)」자를 쓰고 허가를 받은 자만이 볼 수 있게 하며, 이를 외부(외무성)만이 아닌, 궁내부, 의정부 등의 각 부처도 똑같이 실시할 것을 요구했다.[214)]

　이전까지 일본은 외교경로를 통해서 언론 통제를 요구해 왔지만, 이제는 직접적으로 통제조치를 취하기 시작했다. 1904년 7월 20일 주한 일본주차군사령관 하라구치 겐사이原口兼濟가 한국주둔 헌병대장에게 「군사경찰훈령」을 제출하고, 「집회 또는 신문 중 치안에 방해된다고 인정되는 것은 정지하고, 관계자를 처분 할 것. 단 신문은 발행 전 미리 군 사령부의 검열을 받도록」하는 조치를 내린 것이었다. 이것이 소위 한반도에 있어서 최초의 「사전검열제도」가 된다. 이와 더불어 10월 9일 「군정시정에 관한 내훈內訓」(주한참제268호)을 시달해 집회, 신문, 잡지, 광고 등 치안을 방해한다고 인정되는 것은 이를 해산, 정지 또는 금지시킬 수 있도록 했다.[215)] 이들 「훈령」이나 「내훈」에 기초해 한반도의 언론 통제가 이루어지게 된다.

　1904년 8월 13일 「주한일본군헌병사령부」[216)]는 일본인 경영신문으로서는 처음으로 『대동신보大東新報』에 정간명령을 내렸다. 『대동신보』는 같은 해 4월에 창간되었으며, 편집인은 에토 도시히코衛藤俊彦, 발행인은 무라사키 주타로村崎重太郎였다. 이 신문은 러일전쟁에서 러시아군의 만행으로 패해서 도주한 기사를 큰 표제로 게재하고 일본군의 승리를 선전했다.[217)] 그럼에도 불구하고 정간처분을 받은 것은 군사기밀 누설 때문이었다. 이 신문에 대한 정간 처분은 8월 19일에 해제된다.[218)]

　한편, 주한일본헌병사령부는 대한제국의 민간지에도 정간명령을 내렸다. 10월 9일에는 『제국신문』도 아래와 같이 정간명령을 받게 되며, 이것이 일본군에 의한 최초의 대한제국 신문 정간처분이었다.

　「10월 9일 일요일에 신문을 발간하려 하자 오후 4시경, 일본헌병사령부 위관 1명, 하사 1명, 헌병 5명과 통역 1명이 와서 사령부 명령으로 같은 달 7일 『제국신문』의 논설은 일본군과 치안에 방해가 되므로 정간을 명했다. 당시 반 정도 인쇄한 신문과 기계를 창고에 넣어두므로, 우리 회사는 이와 같은 정간 이유를 광고하려고 했지만 할 수 없었다. 요전에 우리 사원이 사령부를 몇 번이나 방문하거나 또 사령부로부터 우리 회사의 동정을 몇 번이나 탐지해왔다. 다만 지난 31일 사령부로부터 정간이 해제되게 되었다. ……」219)

이와 같이 『제국신문』에 대한 정간처분은 10월 31일 해제되었지만, 경제적인 문제 때문에 11월 9일에야 겨우 속간하게 된다. 다음해 1905년 1월 8일 하야시공사는 경성과 그 주변의 치안을 대한제국경찰을 대신해 주한일본군사령부가 담당한다고 통보했다. 그것은 1905년 1월 4일 주한일본군사령부가 발표한 「군율軍律시행에 관한 훈령」(한주참韓駐參 제9호)에 기초한 통보이며, 같은 훈령 중 고시는 다음과 같다.

「우리군은 군사행동상의 이익을 보호하고 작전군의 배후에 있어서 치안 질서를 유지할 필요가 있을 때는 먼저 관구管區 내 일반에게 군율을 선포해 실시한다. 바야흐로 경성 및 그 부근에서 치안에 관여하는 경찰은 한국 경찰을 대신해 한층 엄숙함을 도모하려 한다. 그리고 여기에 아래의 군율을 공포하여 일반 인민으로 하여금 실수가 없음을 기대한다.」220) 또 같은 군령의 시행규칙 아래에서 「군율」(1905년 1월 6일, 주한참 제15호)을 정하고, 19항목의 군율을 선포했다. 이 19항목 중에서 제11, 제12, 제15 항목이 언론 탄압에 관한 항목으로 그 내용은 다음과 같다.

제11항 우리 군에 불이익인 허보 혹은 과대한 통신을 하거나 또는 같은 전설傳說을 유포하는 자
제12항 우리 군사상의 불이익한 제시를 행하는 자
제15항 집회, 결사 또는 신문, 잡지, 광고 등 그 외의 수단으로 공안 질서를 문란하게 하는 자221)

이와 같이 3가지의 「군율」항목을 기초로 신문, 잡지, 광고 등 치안에 방해가 되는 경우 이를 정지, 또는 금지시킴과 동시에, 이에 저촉되는 행위를 저지르는 자는 사형, 감금, 추방, 과태료 또는 태형에 처하도록 했다. 본격적인 언

론검열은 1905년 7월 이후에 행해진다. 검열관에는 한국어에 정통한 자인『한
성신보』의 한국어판 주간 후루가와 마츠노스케古河松之助를 임명해 대한제국의
민족지를 탄압했다. 특히. 신문에는 악법 중의 악법인 사전검열제도를 도입해
언론인을 극심하게 처벌했다. 이에 따라, 대한제국의 언론에 대한 탄압은 더욱
강화되고 그에 따른 대한제국의 항일 언론도 현저히 위축되게 된다.[222]

제 5 절 조선통감부시대의 언론통제정책

1. 조선통감부의 언론통제정책

일본은 러일전쟁을 계기로 조선반도를 군사적으로 점령해 식민지화를 위
한 입지를 굳힌다. 1905년 9월 5일 미국의 포츠머스조약(Portsmouth)이 성립돼
러일전쟁은 일본의 승리로 종결되며, 일본은 같은 해 11월 일본 정계의 원로추
밀원의장 이토 히로부미伊藤博文를 특파대사로서 조선에 파견하여, 조선에 대한
「보호조약」(을사늑약) 체결에 나선다.[223] 러일전쟁의 승리로 급격히 향상된 국
제적 지위를 바탕으로, 서구 선진 자본주의 국가의 압력에 대항해 대륙침략에
개입한 일이기도 했다. 이토 히로부미는 주한일본공사인 하야시 곤스케 및 일
본병사와 함께 궁궐에 들어가, 황제와 대신들을 위압해 일본 측 보호조약을 승
인할 것을 강요했다.

이에 대해 조선정부 인사는 강렬히 반대하였으며, 참정(대신)인 한규설韓圭
卨 등은 졸도하기도 했다. 이에 따라 일본병사가 한규설을 회의실에서 강제로
끌어내는 사태가 벌어지기도 했다.[224] 한편, 이토는 조선주둔군 사령관 하세가
와 요시미치長谷川好道 대장을 동석시키고, 고야마小山三巳 헌병대장憲兵隊長이 인
솔하는 일본헌병대의 포위 속에서 조선각료회의를 열기에 성공한다. 시내의 각
성문에는 야포기관총까지 준비한 부대가 배치되었다. 이토 히로부미는 관료 개
개인에 대해 개별심문으로 찬반의 채결을 물어,[225] 1905년 11월 17일에 「보호
조약」(을사늑약 : 강제 한일 제2차 협약)을 체결했다.

체결의 결과 필사적으로 반대한 참정대신 한규설은 감금되었다. 체결에 적
극적으로 찬성한 것은 이완용(학부대신) 한 명이며, 이토의 협박에 두려움을 느

껴 애매한 태도를 취한 박제순(외부대신), 이지용(내부대신), 이근택(군부대신), 권중현(농상대신)도 결국 찬성하게 되었다. 이들이 바로 「매국오적」으로, 후에 조선인의 원망과 한탄의 적이 되었다.[226] 보호조약에 따라 1910년 8월 29일의 한일병합까지의 시기는 이른바 보호를 빙자한 침략의 시대가 되었으며, 외교, 내정에 관한 「감리 지휘권」을 가진 통감(Resident-General)정치의 시기였다.[227] 보호조약의 전문에는 「한국의 부강한 결실을 인정할 때까지 이 목적을 가지고 ……」라는 내용이 있지만, 실은 후에 합병을 통해 완전한 주권 이양을 수행하기 위한 기간이었다고 볼 수 있다.

초대통감 이토 히로부미의 「평화주의」는 어떤 의미에서는 영·미·러 등의 지지 또는 묵인으로 조선민족의 저항을 최대한 약화시켜, 결정적인 시기에 합병을 단행하려하는 교묘한 술책이었다. 이것은 하라 타카시原敬일기(1910년 4월 15일)를 보면 잘 알 수 있다.[228]

보호조약에 의해 1905년 12월 20일 통감부 및 이사청관제理事廳官制(지방)가 발포되고, 통감부가 설치되었다. 일제의 외교권 접수와 함께 경성주재 영·미·독·불·러·청·벨기에 등의 각국공사는 철수를 시작하고 대한제국에 주재하는 총영사, 영사는 일본정부의 승인을 얻게 되었다. 보호조약이라는 공지는 조선민족으로써는 큰 충격이었다. 이에 따라, 전 민족적인 반대투쟁이 일제히 일어나고 항일운동이 확산되었다.

제2차 한일협약에 의해 권력을 찬탈 당한 고종은 시종일관 이토에게 반대하고, 각국에 밀사를 파견하여 구미열강에게 일본의 만행을 막아줄 것을 요청했다.[229] 1907년 6월에는 네덜란드의 헤이그에서 개최된 만국평화회의에 고종의 친서를 가진 이준열사가 밀사로 파견되었지만, 이미 외교권을 상실한 대한제국의 대표는 공식적인 참가를 거절당한다. 이것을 계기로 1907년 7월 24일 일본은 또 「한일신협약」을 체결한다. 하지만 고종은 미국인 헐버트(Hulbert, Homer B.)와 『대한매일신보』사주인 영국인 베델(Bethell, Earnest T.) 등과 연대해 일본을 비판하며 반격을 가한다.[230]

1907년 7월24일 한일신협약에 의해 친일적 내각인 이른바 이완용 내각[231]이 구성된다. 이 내각은 대한제국의 최후 내각이 되고 만다. 당시 비준된 신협약의 내용은 다음과 같다.

1. 한국정부는 시정개선에 관한 통감의 지도를 받아 중요한 행정상 처분
   은 반드시 통감의 승인을 경유할 것.
2. 한국 사법사무는 보통 사무와 구별할 것.
3. 한국고등관사의 임면은 통감의 동의를 요할 것.
4. 한국정부는 통감이 추천하는 일본인을 한국 관리로 임명할 것.
5. 한국정부는 통감의 동의 없이 외국인을 용빙하지 않을 것.[232]

　　이 1907년 7월24일의 신 조약은 1904년 2월의 한일의정서와 1905년 11월
의 2차 한일협약의 양 협약에 약간의 살을 붙인 것에 지나지 않으며, 헤이그
밀사사건, 대한제국황제가 퇴위되는 정미정변丁未政變 등이 체결 배경으로 작용
했다.

　　한편, 이토 통감은 1906년 5월 행정조사위원회를 설치하고, 동 위원회의
조사를 기초로 지방행정제도의 개혁을 단행한다. 또한, 이토 통감은 일본법학
계의 권위자이자 도쿄제국대학 법학과 교수인 우메 겐지로梅謙二郎를 초빙해서
신법전의 편찬과 법령의 보수補修를 담당하게 하였다. 1907년 7월에는 눈엣가
시 같았던 대한제국 군대를 해산시키고 일본군의 힘에 의해서만 조선반도의
치안을 유지하게 하였다.[233]

　　나아가 이토는 경찰제도의 정비증강에도 힘을 쏟았다. 1907년 1월에는 경
시총감인 마루야마 시게토시丸山重俊가 초빙되며, 같은 해 3월에 각도 경찰부에
경무기관警務機關을 두고 일본인의 고문경관을 배치하였다. 10월 29일에는 「경
찰사무에 관한 취극서取極書」[234]에 의해서 한일경무기관이 통합되고, 마쓰이 시
게루松井茂가 경무국장이 되어 경찰제도를 정비 증강해 병합의 준비를 진행한
다. 1908년 말 경찰세력은 경찰서, 분서, 주재소 등으로, 총 숫자는 339개이고,
경찰관의 숫자는 일본인이 1,863명, 조선인이 3,128명(주로 하급경찰관)이었다.
이들을 유지하는 연도경비는 253만 9천 엔을 상회하였다.[235]

　　조선반도가 이러한 과정을 거쳐 일제의 보호국이 된 것은 조선민족으로서
상당히 충격적인 것이었기에, 저항투쟁이 일어나는 것은 당연하고 불가피한 상
황이었다. 일본 통감부로서는 이를 통제하는 것이 가장 어려운 문제였다. 당시
통감부의 언론통제정책에 대해 분석해 보자.

　　통감부의 언론통제정책은 두 가지 측면에서 실행되고 있었다. 하나는 치안

유지 명목으로 시행된 조선 국내와 국외의 항일언론에 대한 탄압과 단속정책
이다. 물론 러일전쟁 중부터 헌병에 의한 사전검열제도가 실시되고 있었지만,
이들의 언론통제의 대상은 조선 국내에서 발행되고 있는 모든 신문(일본인 경
영신문도 포함)과 일본 본국에서 발행되는 두 종류의 신문뿐이었다.[236)

또 하나는 조선에서의 적극적인 언론통제정책이었다. 그 중에는 다음과 같
은 것들이 있다.

(1) 통감부의 기관지인 『경성일보』 창간.
(2) 국제적인 여론을 유리하게 유도하기 위해 외국인 선교사·기자와의 친
    선정책.
(3) "The Seoul Press" 발간 및 영자출판물 발행에 의한 외국인에 대한
    홍보활동.
(4) 조선인 경영의 신문사 매수 및 언론인에 대한 회유정책.

이처럼 일본은 한일합병에 이르기까지 5년간 조선 내외의 언론을 통제하
면서 국제여론도 자기들에게 유리한 쪽으로 조작한다. 이미 앞에서도 지적한
것처럼, 이는 신문출판물 등의 미디어를 이용하고 있지만, 광의의 의미로는 일
본의 정책을 선전하는 프로퍼갠더(Propaganda) 성격을 지니고 있었다. 여기서
주목할 점은 한일조약 및 협약문서, 또는 공식문서에서는 아래와 같이 정치적
인 선전의도를 보인 부분이 많다는 것이다.[237)

(1) 1904년 「한일의정서」 제1조는 「한일 양제국간의 항구 불변한 <u>친교를
    지키고 동양의 평화를 확정한다.</u> ……」라는 내용이다.
(2) 1905년 「보호조약」 전문에는 「…… <u>한국의 부강함을 진정으로 인정할</u>
    때에 이를 때까지 이 목적을 가지고 다음 조관條款을 약정한다.」고 하
    고 있다.
(3) 1907년 「한일신협약」의 전문은 「일본정부 및 한국정부는 신속히 <u>한국
    의 부강을 도모해 한국민의 행복을 증진시킬</u> 목적을 가지고 ……」라
    고 하고 있다.
(4) 1910년 「한일합방조약」 전문은 「일본국 황제폐하 및 한국 황제폐하는

양국의 특수하고 친밀한 관계를 고려해 상호의 행복을 증진시키는 동양의 평화를 영구하게 확보시킴을 바란다. ……」고 기술하고 있다.

(5) 1910년 「한국합병조약에 관한 조서詔書」에는 「짐이 동양의 평화를 영원히 유지하고 제국의 안전을 장래에 보장할 필요성이 있다고 바래 ……」라고 기술하고 있다. (밑줄필자)

여기에서 보는 것처럼, 「동양의 평화」, 「한국의 부강」, 「양국의 친밀」, 「상호의 행복」 등이 당시의 최고 통치이념의 키워드로 사용되고 있었다. 역시 조선국민에 대해 합병의 정당성을[238] 설득하기 위한 프로퍼갠더적인 미사여구가 다수 숨겨져 있다.

한편, 1907년 한국 군대의 강제해산이 한국 내에 소동을 일으켰다. 그 상황 중에 항일투쟁이 격심해지고 암살사건도 빈번하게 일어나기 시작했다. 1908년 6월 사임한 이토는 다음해인 1909년 10월 26일 하얼빈 역에서 안중근에게 암살된다. 같은 해 12월 22일 친일인사였던 총리 이완용도 흉기에 찔리고, 일본이 추천한 외교고문인 스티븐슨도 그의 친일성명에 격분한 조선인에 의해 샌프란시스코에서 피살되었다. 일본의 합병강경론자들은 이러한 일련의 사건을 기회로 삼는다. 특히 이토 암살사건은 직접적인 「합병」운동을 가속화시키게 된 계기가 되었다. 합병운동의 급진파였던 흑룡회[239]는 스스로 합병을 주장하는 것을 불리한 정세라고 판단했지만, 일진회[240]는 같은 해 12월 4일 「합병청원서」를 한일 양국정부에 제출하고 일반에게도 공표해 큰 파문을 일으킨다.

『경성일보』는 1906년 9월 1일 조선총독부 기관지로 창간되었는데, 총독부의 모든 정치선전은 『경성일보』를 중심으로 선전되어 왔다. 『경성일보』라는 이름은 이토 히로부미가 스스로 지은 이름으로, 원래 삿사 마사유키佐々正之가 주재했던 공사관 기관지 『한성신보』와 기쿠치 겐조菊池謙讓가 창간한 『대동신보』를 매수해서 통합한 신문이다.[241] 초대사장은 『도쿄아사히신문』의 편집장인 이토 유칸伊東祐侃이 맡았다.

『경성일보』는 처음부터 일본어와 한국어(국한문)판을 발간했지만, 1907년 4월 21일(지령 185호)부터 한국어판은 중지하고, 일본어판만을 발행했다. 또, 1907년 2월에는 이토 통감의 번역비서이자 영자지(Japan Mail)의 번역 기자였던 즈모토 모토사다頭本元貞[242]가 사장으로 취임하면서 영자지인 "The Seoul

Press"라는 영문판도 발간하게 된다. 1910년 한일합병 이후에는 『매일신보』가 한국어판을 복간하게 되어 『경성일보』는 이른바 3개 국어로 발간되게 된다.

여기서 주목할 점은 즈모토 모토사다가 영자지를 발간한 배경이다. 즉, 당시 일제에 대한 조선내외의 여론은 급격히 나빠졌고, 조선의 국내 각지에서는 일본군과 경찰관, 헌병 등과 조선인 사이에 충돌사건이 자주 일어났다. 수치적으로 보면 1907년에는 44,116명이 체포되었지만, 1908년에는 69,804명으로 그 숫자가 급격히 늘어날 정도로 한일 간에는 충돌이 잦았다. 충돌횟수도 1907년 323회에서 1908년 1,451회로 급증했다.[243]

이상과 같이 조선통감부는 언론을 통해서 프로파간다 적인 정치선전 활동을 행하는 한편, 법률적으로도 언론 통제를 강화하고 있었다. 언론에 대한 단속은 앞서 말했듯이 러일전쟁 중의 검열제도에서 시작했다. 법제상의 규제는 1908년 4월 30일 통감부령 제12호로 발포된 「신문지규칙」이 처음이지만, 이는 원래 재한일본인 경영의 신문을 단속하기 위해 제정된 것이다.[244] 이 「신문지규칙」은 어떻게 제정되었는지 그 성립과정을 살펴보자.

(1) 신문단속조항을 포함한 규제는 1906년 4월 17일 통감부령 10호로 발포된 「보안규칙」(일본인에 대해 적용)이며 5월 1일부터 시행됐다. 이 「보안규칙」은 나중에 1907년 7월 통감부령 31호와 1909년 5월 통감부령 13호로 각각 개정되었지만 당초는 전문13조에 정해져 있었다. 이 규제 중에서 언론에 관한 부분은 제9조 2항, 3항으로 다음과 같이 되어 있다(1908년 1월 『조선일일신문』의 발간정지는 2항에 의해 적용된 대표적인 예이다).

제9조의 2 [이사관理事官]은 신문 그 외 인쇄물의 기사외교, 혹은 군사상의 기밀에 관하고, 또는 안녕질서를 방해하는 것이라고 인정될 때 그 발매반포를 금지. 이것을 차압해 그 발행을 정지하고 혹은 금지할 수 있다.
제9조의 3 [이사관]은 「통감」의 명에 따라 신문 원고를 검열해, 전 항에 해당하는 사항의 기재를 금지할 수 있다.[245]

주요한 내용으로 '외교상·군사상의 기밀누설, 안녕질서를 방해하는 혐의가 있으면 발매금지 또는 발매정지할 것'을 명기하고 있다.

(2) 1907년 7월 법률 제2호에 반포된 『보안법』(제정령 제1호에 의한 조선인에게 적용)에도 언론통제에 해당하는 항목이 있다.

제4조, 경찰관은 큰길(도로)이나 그 외 공개된 장소에 있어서, 문서, 도서의 제시 및 분포 낭독 또는 언어, 형용 그 외의 행위를 해서 안녕질서를 문란할 여지가 있다고 인정될 때에는 그 금지를 명할 수 있다.

제7조, 정치에 관한 불온한 언론동작 또는 타인을 선동교사 혹은 사용, 또는 타인의 행위에 간섭해 치안을 방해하는 자는 50 이상의 태형 10개월 이하의 금옥禁獄, 또는 2개년 이하의 징역에 처한다.246)

7조의 밑줄부분은 언론에 대한 남용가능성이 있을 수 있는 항목이다.

(3) 「신문지법」은 1907(광무 11)년 7월 법률 제1호[후 1908(융희2)년 4월 제8호로 개정](한일병합과 함께 제령 제1호에 의해 총독부명령으로 조선인에 적용)에 의해, 조선인을 대상으로 한 신문지법이다.247) (부록 참조) 이 법률은 한국정부 법률 제1호로써 공포되어, 반체제언론을 정면에서 탄압할 것을 목적으로 한 것이고, 그 내용은 상당히 무거웠다고 한다. 이 「신문지법」은 한국연호인 광무 11년에 공포된 것으로 일명 「광무신문지법」이라 지칭되며, 해방 후에도 폐지되지 않은 악법중의 악법으로 알려져 있다. 이 법률에 기초해 대부분의 신문이 탄압을 받았기 때문이다.

그러나 처음 이 법률이 공포된 때는 외국인이 조선에서 발간한 신문248)과, 조선인이 외국에서 발간한 신문에 대한 규제항목이 없었으므로, 이것을 단속하기 위해 상기와 같이 다음 해 개정된 것이다.249) 또 일본인이 발행하고 있는 신문을 규제하기 위해 「신문지법규칙」도 정하게 되었다.

1908년 5월 5일 통감부는 조선인 발간의 신문과 일본인 발간의 신문, 해외에서 발행된 교포신문을 효과적으로 통제하기 위해서 「신문지 압수처분에 관한 내규」250)와 「신문지 압수에 관한 집행요령」251)을 제정·시행했다.

(4) 「신문지규칙」(제령 제1호에 재한일본인에 적용)은 1908년 4월 30일에 통감부령 제12호에 의해 공포되고, 1909(明治42)년 8월 제22호, 같은 해 10월

제35호로 각각 개정되었다. 「신문지규칙」은 「보안규제」와 마찬가지로 재한내
지인在韓內地人(재한일본인)에 대해 적용되었으므로, 그 내용은 대개 일본본국에
있어서 현행법을 모방해 제정된 것이다. 전문은 28조로 정해져 일본인에게까
지 단속이 상당히 강화되었다고 할 수 있다.[252]

그 규제(1909년 8월 개정) 내용을 보면, 제6조에는 보증금 금액이 규정되어
있고, [( )안은 1908년 정해진 당시의 수치], 경성, 인천, 부산 및 그 구역 외
2리 이내에 있어서는 2천 엔(천 엔), 그 외 이사청(현)의 소재지 및 구역 외 1리
이내의 땅에 있어서는 천 엔(5백 엔)이다. 그 외의 지역은 500엔이었다.[253] 이
것은 일본의 「신문지조례」(1897년 3월 개정)를 모방해서 만든 것이며, 또 대만
의 「신문지조례」(1900년 1월 2일 율령 제3호 관보 2월 1일)를 절충 개악한 것으
로 각 신문의 적이 되었다.[254]

특히, 발행보증금은 본국의 경우 도쿄 1000엔 그 이외 교토, 오사카 등 6대
도시 7백 엔, 그 외는 350엔이었다.[255] 그러나 대만의 경우 일률적으로 천 엔
(제3조)이고, 조선은 「신문지규제」가 정해진 당시는 1000엔(3대도시), 500엔(그
외)이었지만, 소네會禰 통감에 의해 1909년 8월 30일 개정되어, 보증금은 배가
되어 가장 심했던 것이 특징이다. 또 신문발간도 신고주의제도에서 인가제로,
편집책임에 관한 규정도 실제의 편집 담당자 혹은 게재 사항에 관계된 자 및
취소, 정오게재를 요구한 것에 이르기까지 미치고 있다.

(5) 「출판법」(제령 제1호에 의한 조선인에 적용)은 1909(융희3)년 2월 법률
제6호로 발포되어 전문 16조로 제정되어 있다. 이 법률에 의해 모든 조선 내
의 출판물(책, 문서, 통신, 광고, 연설, 강의, 팸플릿 등)이 단속 대상이 되었다.

이에 동반해 외교 및 군사상의 기밀 또는 사회의 안녕질서를 방해, 풍속
괴란塊亂한 문서 및 도서도 제재制裁하게 되었다.

이 「출판법」 중에서 주목할 만한 것은 다음 제12조이다.

「외국에서 발행한 문서 및 도서 또는 외국인이 내국에서 발행한 문서 및
그림으로, 안녕질서를 방해하고 풍속을 괴란하는 것이라고 인정될 때에 대부대
신大部大臣은 그것을 내국의 발매 또는 반포를 금지하고 그 인본을 압수할 수
있다.」[256]

여기에서 본 것처럼 외국에서 발간된 출판물에도 단속이 부과되게 되었다.
이상에서 논한 5개 법률에 의해 조선은 한일합병에 이르기까지 철저하게
언론 통제를 받았다. 또, 조선인에 대한 언론통제법규와는 다르게, 일본인에
대한 법규는 특별히 정해져 있어 통제에도 차별이 있었던 것이 명확히 드러났
다. 상기의 법률적인 제약이외에도 경성부령 등으로 각각 정해진 법률, 영슈,
규제 등에 의해 언론은 통제되었다. 단, 영국인 베델이 발간한『대한매일신보』
의 경우는, 그가 영국 국적이었으므로 상기 법률로 단속이 불가능했다. 이 신
문은 한일합병과 동시에 매수되는 형태로 폐간되었으며, 이에 관해서는 나중에
상세히 논하고자 한다.

2. 반 통치체제와 조선 언론의 탄압

1905년 을사보호조약 체결을 폭로해 일대 파문을 일으킨 것이『황성신문』
이다. 보호조약 체결은 같은 해 11월 17일이고, 이 사실이 국내외에 알려진 것
은 3일 뒤인 11월 20일의 일이었다.『황성신문』은 같은 날「오건조약청체원말
五件條約請諦願末」이라는 조약의 내막內幕을 폭로한 기사와 함께 장지연張志淵의
「시일야방성대곡是日也放聲大哭」(이날에 목 놓아 큰소리로 통곡하다)이라는 사설을
게재해 문제가 되었다.257)

『황성신문』은 보도중심이 아닌 논설을 중요시하고 구국적인 논조를 지속
했다. 장지연의 사설이 문제가 된 까닭도 여기에 있다. 이 사건으로 집필자 장
지연은 일본경찰에 의해 70여 일 동안 감옥에 수감되었고,『황성신문』도 80여
일 간 발행정지처분을 받게 되었다.

을사늑약에서 한일합병에 이르는 시기에 대표적인 신문은『대한매일신보』
(1904년 창간),『만세보』(1907년 창간),258)『대한민보』(1909년 창간),『국민신보』
(1907년 창간),『대한신문』(1907년 창간) 등 다섯 개이며, 일진회의 기관지『국
민신보』(1906년 창간)와 수상 이완용이 창간한『대한신문』(1907년 창간) 등은
친일신문이었다. 다섯 개 신문 중에서『국민신보』,『대한신문』두 신문을 제외
하고『황성신문』,『제국신문』을 포함한 다섯 개 신문이 당시 조선 측의 여론
을 대표했다고 할 수 있다. 이들 신문은 일본의 통치 체제를 부정하고 일본제

국주의의 조선침략에 대항하는 언론으로 활약했다.

그러나 이들은 일본관헌의 감시와 탄압에 의해 시종일관 저항적 논조를 유지할 수는 없었다. 보호조약 당시는 일제히 배일논조의 기세를 높이 올렸지만, 그 후 차차 필봉이 둔해져, 신 협약 성립 시에는 지면이 꽤 연화軟化되었다.259)

예를 들면 1908년 4월 10일 『황성신문』의 논설 「유망자와 절망자」는 망국의 통한을 「와신상담」의 고사성어에 비유했지만, 일본제국의 침략정치에 대해 직접적인 반대논조는 드러내지 않는다. 이는 당시 지식계층의 독립투쟁의 특징이라 할 수 있으며, 합법적인 언론활동의 한계점을 드러낸 것이다. 1906년 보안규칙 제정, 1907년 광무보안법, 1907년 신문지법, 1908년 신문지규칙 등이 각각 제정되면서 조선 언론에 대한 법적인 규제가 상당히 엄격한 상태였기 때문이 이는 어쩔 수 없는 현상이라 하겠다.

여러 번 언급했듯이 러일전쟁에 의해 일본군사령부는 대한제국의 민간신문에 대해 사전검열제를 실시해왔다. 그러나 『대한매일신보』는 창간 주체가 영국인 베델이었기 때문에 『대한매일신보』에 대한 언론 통제에는 문제가 발생하게 되었고, 또한 일본인이 경영하는 신문들은 『대한매일신보』 때문에 경영상의 타격을 받게 되었다고 한다.

『대한매일신보』는 양기탁梁基鐸이 주필이며,260) 영국인 베델(Bethell, Earnest Thomas 한국명 배설裵說)261)을 사장으로, 1904년 7월 18일 한영 양국어로 창간된 영국인 경영신문이었다. 이 신문은 영국인이 경영했으므로 치외법권적 지위에 해당해 사전검열 대상이 되지 않았을 뿐만 아니라 정간처분도 명할 수 없는, 언론 통제가 원천적으로 불가능한 신문이었다. 이 신문은 이 지위를 활용해 배일사상을 고취하면서 일본의 대조선 식민지화 정책을 집중적으로 비판했다. 이 신문은 나아가 일본의 식민지 정책을 정면에서 공격하기까지 이른다.

당시 조선에는 아직 영자지가 없었지만, 이미 일본과 중국에는 몇몇 영자지가 발간되고 있었다. 이렇듯, 국제적으로 영자지에 대한 관심이 고조되고 있었기 때문에 양기탁과 베델이 동 신문의 창간을 추진한 것이다.262) 이 신문은 창간 당시 한국어 2페이지, 영어 4페이지였지만, 1905년 8월 11일자부터는 『대한매일신보』와 "Korea Daily News"라는 식으로 각각 제목을 붙여 국어판과 영자판을 완전히 분리해서 발간하게 되었다.

이 신문은 나중에 조선민족에게 독립사상과 배일사상을 외치게 해서, 조선

통감부와의 제재사건에까지 휘말리게 되었다. 실제로 당시 대부분의 조선 신문
은 일본의 언론통제에 의해 본래의 기능을 상실했던 반면, 『대한매일신보』는
조선민족의 독립정신을 외치거나, 여러 가지 계몽적인 기사를 통해 조선정부와
조선민중으로부터 많은 지지를 받고 있던 상황이었다. 동 신문은 일본의 대조
선 식민지정책에 반대하고, 조선민족에 대한 일본의 신뢰감을 저하시키는 작용
을 했다. 따라서 통감부는 사장인 베델을 추방하기 위해 일본 외무성에 건의하
기에 이른다.263) 이에 대해 외무대신 하야시 다다스林董는 1906년 11월 17일부
로 이토 조선통감에게 전문을 보내고 결과를 기다릴 것을 지시한다.

외무대신 하야시 다다스는 일본주재 영국대리대사를 통해 영국정부가 베
델에게 대한제국으로부터 퇴거를 명하게 요청하고, 또 베델의 추방 혹은 신문
발간을 정지시킬 것을 통고했다. 그 후 영국정부는 1907년 10월 1일 일본정부
에 베델을 처벌할 것을 각서로 약속했다. 그 후 조선통감부 쓰루하라 사다키치
鶴原定吉 총무장관은 1907년 10월 9일 한성주둔 영국총영사 쿡번(Cockburn)에
게 베델의 처벌을 요구하는 소장을 공식적으로 제출하게 된다.

쓰루하라가 제출한 소장 내용을 살펴보면 다음과 같다.

제1, 9월 21일 신문에서 일본국 황태자 전하의 내유來遊에 관한 사실은 허
구로, 또한 정부에 대해 무례한 언론을 행했다.

제2, 9월 18일 한일 양국어 신문에서 일본군대가 폭주(항일운동자)의 진압
에 즈음해 문명의 방식에 의하지 않고 잔인 야만적 행동을 취했다고
보도했다. 그런 참무讒誣한 보도가 현시의 폭동을 일으키는 영향은 말
하지 않아도 명백하다.

제3, 10월 1일의 매일신보에는 각국에서 혁명전쟁을 인정하여 많은 생명
과 재산을 희생으로 하는 것이 아니라면, 그 목적을 이루는 그런 일
을 논하는 것은 현시의 상태에 비추어 음연폭동陰然暴動을 선동하는
것밖에 안 된다. 상기의 언론은 청·한에서 영국신민의 선동적 출판
물에 대한 추밀원령에 의해 처분해야만 하는 것으로 인해 해당신문
의 기사 및 사원을 처벌하고 재범을 방지하게 함을 희망한다.264)

이때 『대한매일신보』의 국한문판과 『Korea Daily News』 영자판도 증거

서류로 제출되었지만, 결국 베델의 추방운동은 실패하게 된다. 일본은 을사보호조약 체결 후 베델 문제를 거론하지 않은 채 엄밀히 대책을 세웠으며 1907년 4월 다시 이 문제가 제기되었다. 일본이 거의 1년 반 동안 베델 문제를 외교안건으로 내놓지 않았는데 아직까지 그 이유는 명확히 밝혀지지는 않았다.

이에 대해서는 여러 가지 설이 있다. 첫째, 당시에는 일본과 영국의 주한 외교사절이 거의 같은 시기에 바뀌었으며, 이와 같이 외교사절의 교대시기에 미묘한 문제를 해결하는 것은 시기적으로도 적절하지 않았을 수 있다.[265] 그렇지만 역시 영일동맹에 끼칠 수 있는 악영향에 대해 우려했던 것이 크게 작용했다고 볼 수 있다. 즉 일본으로서는 영일동맹을 바탕으로 러일전쟁에서 이기고 한일보호조약까지 체결한 상황에서 영국과의 관계를 불편하게 만들고 싶지 않았을 것이다. 앞서 설명한 대로, 영일동맹은 일본이 수년에 걸쳐 공들여 체결한 조약이다. 따라서 일본은 베델과 같은 단순한 사건으로 영국과의 외교관계에 흠집 내고 싶지 않았을 것이며, 결국 보다 더 신중하게 대응할 수밖에 없었을 것이다.

영국의 입장에서는 대한제국의 통치를 영일동맹에 의해 이미 일본에게 맡긴 것이라 해도 과언이 아니다. 그러나 영국은 자국민에 대한 치외법권, 또는 자국 상업인의 세제상의 보호 등을 고려해야만 했을 것이다. 만약, 베델을 일본당국이 직접 추방하는 것을 인정하면 영국은 대한제국에서 스스로 치외법권의 파기를 방치하는 것과 마찬가지였을 것이다.

베델에 대한 재판은 1907년 10월 14일 오전 11시경 주한영국총영사관에서 열렸다. 다음날 재판관이었던 쿡번(Cockburn)은 베델에게 6개월간의 근신처분을 내렸다. 이는 이후 6개월간 과거와 같이 행동하지 않을 것을 맹세하게 하고 위반하면 300파운드의 벌금을 지불한다는 내용이었다.

그럼에도 불구하고 『대한매일신보』와 『Korea Daily News』는 일본에 대해 직접적인 공격은 자제하면서도, 친일 신문을 비판하는 간접적인 방법으로 항일논조를 굽히지 않았다. 일본의 베델에 대한 제1차 추방운동이 실패로 끝나자 마침내 통감부는 1908년 5월 2일 외무대신 하야시 다다스林董에게 장문의 전보를 보내 다시 베델 추방운동을 건의하게 된다. 베델이 조선반도에서 추방되면 『대한매일신보』의 반일언론도 근절된다고 생각했던 것이다.[266]

하야시 외무대신은 결국 같은 해 5월 4일 동경주재 영국대사와 주영일본

대사 고무라 쥬타로小村壽太郎에게 베델의 처벌을 요청했으며, 영국정부는 동맹
국인 일본정부의 강경한 요구에 응하지 않을 수 없었다.

영국정부는 상해고등법원검사 윌킨슨(H. P. Wilkinson)을 한성에 급파했다.
이것으로 이토 통감은 1908년 5월 27일 통감부 서기관 겸 경성이사청의 이사
관인 미우라 야고로三浦彌五郎에게 『대한매일신보』사장 베델을 고소할 수 있는
권한을 주었다. 미우라의 고소장은 『대한매일신보』의 1908년 4월 17일자 「수
지분포살須知分砲殺의 상보詳報」, 같은 29일자 「백매특날百梅特捏이 부족이압일이
태리不足以壓一伊太利」, 5월 16일자 「학계의 꽃」 등의 기사와 논설을 지적했다.
이는 일본의 한국보호제도를 전복하고 일본인 배척을 선동한 것이며, 청국 및
한국에 대해 1907년 추밀원령 제5조 교사선동의 죄를 범했다고 소송한 것이
다.[267] 영국정부는 1908년 6월 15일 한국의 영국총영사관에 영국·청·한 고등
법원(Britainic Majestey's Supreme Court)을 설치시켜 베델 사장을 직접 신문하
게 되었다.[268]

영국은 당시 동맹국이었던 일본의 항의로 신문규칙을 제정했으며, 이는
1908년 6월 12일 주한영국영사 쿡번이 공포하고 7월 12일에 발효했다. 이것은
베델재판 전의 일이었지만 전문 9조에 정해진 이 신문규칙(British Newspaper
Regulation)은 대한제국에서 신문을 발행하는 영국인은 매년 1월 총영사관에
신문에 관한 상세한 항목을 등록해야 하고 변경이 있으면 이것을 신고해야 한
다고 규정하고 있다.[269] 이 신문규칙에 의해 영국인 소유의 신문에 대한 통제
가 가능했던 것이다. 더욱이 조선통감부도 「신문지법」을 개정하고, 1908년 5
월 5일(주 252, 주 253 참조) 「신문지 압수처분에 관한 내규집행요항」을 제정했
으며, 이것에 의해 『대한매일신보』도 단속 대상이 되어 처분을 받을 수밖에 없
었다.

전술한 대로 베델에 대한 재판은 1907년 10월 15일 근신처분 이래 1908
년 6월 15일 3국의 합동고등법원이 설립되고 나서 다시 진행되었다. 영국총영
사관 내에서 판사대리 본(F. S. A. Bourne)이 재판관이 되고 윌킨슨 검사의 입
회하에 피고인 베델을 소환해 고소인 미우라三浦 서기관 이하가 열석해 재판이
진행되었다.[270] 증인으로 『대한매일신보의 양기탁 총무가 출두하여 베델에게
유리한 증언을 했다. 즉 '피고는 사심 없이 언론보도의 역할에 충실했다'고 증
언한 것이다. 이때 양 총무가 증인으로 법정에 출두하기 전 쿡번은 그에 대한

신변 보호와 자유를 통감부로부터 보장 받고 증인으로 채택했다. 양기탁은 또한, '베델 피고는 사실을 사실대로 보도 논평했을 뿐 공명정대했다'고 주장했다.271) 이에 대해 윌킨슨 검사는 피고가 영국인이었기에 『대한매일신보』가 치외법권의 비호를 받아 한국독립을 제창할 수 있었으며, 이 신문은 결국 한국인의 불평의 분화구가 되었고, 이와 같은 사실은 영국 황제폐하 및 영국 정부도 간과할 수 없는 것이라고 주장했다.

그 결과 6월 18일 베델은 본 판사로부터 제1종 경죄범인(first class mis-demeanour)으로서 3주간의 금고(three－week imprisonment), 만기 후 6개월의 선행보증금에 피고자신이 1,000달러, 보증인 1,000달러, 합해서 2,000달러를 곧 납부해야 한다는 판결을 언도 받았다.272) 이 내용을 일부 소개하면 다음과 같다.

　　베델 판결문(미우라三浦 이사관 고발)
　　…… 피고를 제1종 경죄범인으로 3주간의 금고에 처하고 금고 만기 후 6개월간 근신에 처한다. 보증물건을 제공할 것을 명한다. 그렇지 않으면 추방을 명할 수 있다. 피고의 금고 장소는 미정에 속한다. 따라서 당분간 언제나 소환에 응하는 보증으로 피고자신에게 1,000달러, 보증인에게 1,000달러, 도합 2,000달러를 납부하면 석방을 허락한다. 그렇지 않으면 당 법정 경찰관의 감독을 받는다.

영국청한 고등재판소 대리판사
에프·에스·에이·본273)

이 선고에 의해 베델은 영국 극동함대 군함 「클리오」호로 인천을 출발해 상해로 호송되어, 3주간의 금고생활을 보낸 후 1908년 7월 12일에 만기 석방되었다. 그 후 베델은 한성으로 돌아와 『대한매일신보』의 사장에 그의 비서인 만함萬咸(A. W. Marnham)을 임명한다. 베델 자신은 휴간 중이었던 『Korean Daily News』지의 복간 등에 대해서 『대한매일신보』의 총무 양기탁과 상의하며 언론활동을 이어가려 했으나, 나중에 끝내 병사하고 말았다.274) 여기서 주목할 만한 것은 3국(한·영·일)의 합동 재판이 이루어진 것으로, 이는 동양 역사상 최초였으며 특기할 만한 사건이었다.

당시에는 진기했던 재판 양상은 법정에 모인 모양을 보아도 알 수 있었다. 재판관과 변호사는 법정의 격식에 따라 가발을 쓰고 있었으며, 미우라는 금실로 수놓은 제복을 입고 있었다. 증인인 한국인은 하얀 민족의상의 모습이었다. 대한제국에 있었던 지방의 영국인 선교사들도 이를 보기 위해 상경했고, 고베 神戶의 「재팬·크로니컬」은 이 재판을 취재하기 위해 더글러스·영(Douglas Young) 기자를 서울로 특파했다. 또 미국의 AP통신도 취재하러 올 정도로 국내외의 관심은 상당히 높았다.275)

이렇듯, 베델은 일본의 언론탄압처분의 주요 희생양이 되었다. 또한, 이후에는 『대한매일신보』의 총무인 양기탁도 구속되고 만다. 1908년 7월 12일 밤, 조선통감부의 경시총감視総監인 마루야마 시게토시丸山重俊는 「국채보상금」 모집금을 횡령했다는 혐의로 양기탁을 구속했다. 이에 관해 한성 주둔 영국총영사 쿡번은 바로 통감부에 항의한다. 베델의 재판 때 증인으로 소환된 양기탁을 구속하는 것은 베델에 대한 보복조치로 비춰졌기 때문이다. 「국채보상회」(흡연금지회)라는 것은 1907년 1월 하순 경상북도 대구에서 일본에 대한 차관 상환을 목적으로 발족된 모임이며, 구체적으로 흡연금지회를 통해 모금운동을 벌여 차관을 갚으려고 시도했다. 김광제金光濟와 서상돈徐相敦은 이완용 내각이 일본에서 차관한 1,300만 원을 급히 상환하지 않는 한 대한제국은 독립을 확보할 수 없다고 자각하였으며, 이에 따라 동 모임을 결성하게 되었다. 동 모임은 각 민간 신문사와 출판사 등이 모체가 되어 전국적인 모임으로 거듭났으며, 일반인들로부터도 지지를 받았다.276)

모임에 참여한 애국시민들의 의연금이 신문사로 보내져, 『대한매일신보』를 비롯해 『제국신문』, 『황성신문』, 『만세보』 등 각 민간신문은 페이지를 늘리기까지 하면서 그들의 이름과 기부 금액을 보도했다. 국채보상 단체는 각지에 분립해 의연금을 모집하는 경우 후일 분의分義의 원인이 될 가능성이 다분히 있어 경성에 「국채보상지원금 총합소」라는 것을 설립했고 윤웅렬尹雄烈이 소장에 임명되었으며, 본부를 『대한매일신보』에 두었다. 이어서 4월 1일 경성에 있는 국채보상 관련 단체는 그들의 역할을 확실히 해 사업의 통일, 담합을 목적으로 각 단체로부터 대표자 2~3명을 선출해 평의회를 구성했으며, 「국채보상연합회의소」를 조직하여 책임자 등이 결의해 규약을 만들고 각 도에 통문을 보내 자금의 출연에 권유하도록 노력했다. 당시는 일제의 감시를 피해 이를 주

재했으며 대한매일신보사 총무 양기탁이가 관련 된 것으로 보인다.[277]

영국정부는 구속 중인 양기탁을 보석할 것을 일본정부에 요구했다. 이유로
는 양기탁이 병약하며 구속될 때 영국인 건물에서 고용인으로 근무했다는 것이
제시되었다. 또, 양기탁은 과거 베델에 관한 증인의 신분에서 베델에 유리한 증
언을 했을 뿐이며, 단지 그 이유로 처벌할 수는 없다는 사실을 들었다.[278]

그 후 국채보상지원금 총합소 간부들 사이에서 거금이 소비되고 있다는
설이 분분하게 일어나자 출자자들이 격한 비난을 해 모금권유에 소동이 일어
나게 되었다. 마침내 경시청도 움직이기 시작해 양기탁과 윤용렬이 심문조사를
받기도 했다. 이에 관계된 자로는 프랑스인 아스토 하우스 호텔(Astor House
Hotel) 소유주인 마르탱(Martin), 미국인 수도 사업가 콜브랑(C. H. Collbran),
영국인 베델 등이 있었으며, 총영사에게 이들 모두에 대한 조사 심문이 위촉되
었다.

한편, 거금을 취급한 『황성신문』 『제국신문』에도 경찰관이 파견되어 정
밀한 조사가 진행되었다. 그 결과 양기탁에 대해 공소가 제기되어 1908년 8월
31일 경성지방재판소에서 제1회 공판이 열리게 된다.[279] 또 9월 3일자 제2회
공판이 이루어졌다. 재판소에서 이 두 사람이 행한 모든 사무는 베델의 지휘에
따른 것이고, 총합소의 이사인 피고는 명의뿐이며 실무는 담당하지 않았고 「마
르탱」에 대한 금전대여, 금광주식매입과 같은 일과는 전혀 무관하다는 진술이
이루어졌다.[280]

마지막인 제4회 공판이 8월 25일에 열렸으며, 다음날 선고공판에서 공소
사실은 증거가 불충분하다고 하는 이유로 무죄가 언도되었다. 이상과 같이 통
감부는 양기탁과 베델의 유죄판결에는 실패했다. 그러나 이로써 일본은 대한제
국의 국민운동인 국채보상운동을 효과적으로 좌절시킨다. 또한, 나중에 두 사
람도 『대한매일신보』에서 물러나게 된다. 더불어, 조선총독부는 한반도에서 일
본인 경영 신문에도 통제정책을 실시한다. 일본인 발행 신문에 대해서는 「신문
지규칙」을 제정해 1908년 5월 공포했으며, 이로 인해 언론통제는 완전한 체계
를 갖추게 된다. 이렇듯 법률적으로 완전한 체제를 갖추게 된 조선에 대한 언
론통제정책은 1910년 합병에 이르러 조선 언론을 완전히 무력화시키고 만다.

미주

1. 伊藤欽二(1932) 『現代植民政策論』雄文閣, 序文.

2. 矢內原忠雄(1933) 『植民及植民政策』有斐閣, p. 1.

3. 富田芳郎(1945) 『植民地理』叢文閣, p. 9.

4. 矢內原忠雄 『植民及植民政策』前揭書, pp. 1~2.

5. Keller(1908) *A. G. Colonization*, p. 1.

6. 富田芳郎 『植民地理』前揭書, p. 10, pp. 20~25.

① 속령은 본국에 대해 정치적으로 예속관계에 있지만, 이것을 광의로 해석하면 명의상 다른 주권자를 받들고 독립국가다운 보호국, 혹은 추장국과 같은 국제공법상 국가로 인정하지 않는 보호지, 또한 국제연맹에서의 위임통치지도 포함한다. 주권 및 통치권일부는 이미 상실하지 않는 것을 포함하지만, 여기서 말하는 협의의 속령, 통치권 전부는 물론 주권에도 모두 본국의 손에 돌아가는 토지를 말하므로 이 협의의 속령은 본국의 일부 혹은 전부가 되는 것도 있고, 또 어떤 국가에도 소속시키지 않고 미개발지로 두는 것도 있다.

② 보호국이란 어떤 약소국이 어떤 강대국보다 보호조약의 체결에 의한 보호를 받을 수 있는 경우, 해당 약소국을 가리켜 부르는 명칭으로, 보호를 받아들이고 누림에까지 국제관계보호의 수단 등에 의해 각각 구별이 되게 되지만, 보호국이라는 국가인 이상 주권자는 있어도, 그 통치권의 대부분은 보호를 받는 강국의 손으로 돌아가고, 오직 자리만 지키는 것이 많다. 안에는 내정 외교권의 전부가 해당 강대국의 속국으로 이들은 이미 국제공법상의 국가라고 인정받을 수 없다. 대부분의 보호국은 국유의 민족과 문화 및 상당한 인구를 가지고 있고, 국가로서 오랜 역사를 보호 유지하는 것이므로, 그들의 자존심을 다치지 않게 또는 그 반항을 회피하기 위해 특수한 대우를 주고 있음에 지나지 않는다.

③ 위임통치지는 국제연맹규약 제22조에 있듯이 형식상 국제연맹의 위임에 의해 통치를 받는 구 독일舊獨逸 및 터키령 식민지로, 이것에 ABC의 3식의 종류가 있고, A식은 거의 자립할 수 있는 정도로 발달시킨 지방, B식은 독립국으로 반승인을 받을 수 있는 정도로는 발달하지 않는 지방, C식은 인구희박, 문명정도가 낮은 지방에서 수임국의 영토와 근접하는 등의 사정으로 수임국의 영토 일부분으로 그 국법 하에 일체의 시설을 행하는 것이다.

④ 조차지는, 한나라가 타국의 영토에 대해 일정 기간을 한정해서 일정의 통치를 행하는 것을 인정받은 지역을 말하지만, 조차기간이란 간단히 형식적인 것이고 만기가 되면 다시 그 연장을 요청해야 하고, 일정의 통치라 하더라도 대개 무제한 모든 통치를 행하고 있으므로, 요컨대 가장假裝의 할양이라고 생각되며 실질상 속령과 다를 바 없다고도 할 수 있다.

7. 富田芳郎『植民地理』前揭書, pp. 33~43.

8. 矢內原忠雄『植民及び植民地』前揭書, p. 2~5.

9. 星野辰男『植民地の再分割』朝日時局讀本, 第7卷, 東京朝日新聞社, pp. 52~53.

10. 同上, p. 59.

11. 同上, p. 80.

12. 黑田謙一(1942)『日本植民思想史』p. 17.

13. 네덜란드 학자계통을 이어받은 시즈키 타다오筑忠雄가 1716년에 초역해설한 켄플의『鎖國論』, 일본문고 제5편 17페이지에서 "Volksplanting"를「식민」으로 번역했다.

14. 金圭煥『植民地下朝鮮における言論および言論政策史』前揭書, p. 28.

15. 同上, p. 50.
台灣總督府民政部譯(1898)『ルーカス氏英國殖民誌』, 井上雅二譯(1904)『モリス殖民史』, 山內正瞭(1904)『世界殖民史』, 三輪德三(1905)『植民史』, 水崎基一譯(1909)『カルデコット英國殖民史』, 永井柳太郎譯(1909)『エジャートン英國殖民發展史』등을 들 수 있다.

16. 大河平隆光(1905)『日本移民論』, 有賀長雄(1905)『滿洲委任統治論』, 森孝三譯(1904)『殖民行政組織改革論』, 台灣總督部內台灣慣習研究會譯(1906)『殖民地統治策』, 竹越與三郎(1906)『比較殖民制度』, 東鄉實(1906)『日本植民論』, 中內光則(1907)『植民地統治論』등이 있다.

17. 向山寬夫(1987)『日本統治下における太灣民族運動史』中央經濟研究所, p. 120.

18. 委員의 멤버는 兩正副總裁 伊藤巳代治內閣書記官長, 末松謙澄內務次官, 田尻稻次郎, 大藏次官, 原敬外務省通商局長, 田建治郎遞信省通信局長, 兒玉源太郎陸軍次官, 山本權 兵衛海軍次官이었다.

19. 『台灣制度大要』向山寬夫, 前揭書, p. 120.

20. 伊藤博文秘書纂『台灣資料』pp. 399~409.

21. 하라 다카시原敬는 1919년『3·1독립운동』이 발발한 때 수상이고, 이른바 조선민족에 대한 문화정치의 최고 입안자였다.

22. 向山寬夫, 前揭書, p. 120.『外地法令制度의 槪要·外地法制誌 第2部』.

23. 金圭煥, 前揭書, p. 30.

24. 向山寬夫, 前揭書, pp. 120~121.『台灣 委任立法制度·外地法制誌 第3部の1』

25. 1897(明治30)년 10월 21일 칙령으로 제정되었다.
  『대만에 시행할 만한 법령에 관한(63법, 3법 및 법3호)』의 의사록·외지법제지 제3부 부속, 전부 13조로 정해졌다.

26. 向山寬夫, 前揭書, p. 122.

27. 대만 포기론과 청국 혹은 프랑스로의 매각설에 관해서는『台灣總督府警察沿革誌』,『後藤新平』제2권 23페이지이하, 後藤新平(1944)『日本植民政策一斑』明治文化叢書 등에 상세하다.

28. 고다마 겐타로兒玉源太郎는 당시 일본군의 장성 중 가장 탁월한 인물이었을 뿐만 아니라, 드물게 보이는 정치적 재간을 가진 장군이다. 특히 그는 정치적 능력에 의해 대만총독재임인 상태로 1900(明治33)년 12월부터 약 1년간은 육군대신, 1903년 7월부터 3개월간은 내무대신 겸 문부대신 같은 해 10월부터 참모차장 게다가 러일전쟁 중 만주파견군총참모장이 되었다.

29. 고토 신페이後藤新平(1852~1907)는 독일유학의 의사출신이라는 특이한 경력과 더불어 탁월한 식견과 행정수완을 보이며 각 방면에서 현저히 주목받은 특이한 관료였다. 또, 고다마兒玉 총독의 겸임기관 중의 대만시정은 실제로는 거의 민정국장 혹은 민정장관인 고토에 의해 행해졌다고 해도 과언은 아니다. 대만의 식민지 통치는 확립되어 나중에 조선의 식민지경영에도 도입된다.

30. 向山寬夫, 前揭書, p. 214.

31. 同上, p. 221.

32. 同上, p. 221.
  國際院大學法學會(1983)   『日本統治下における台灣の法と政治 ― 民族法學の視點に立って』,『國際院法學』제21권 제2호 수록, p. 73 이하.

33. 대만에 있어서 관행조사사업의 학문적 가치에 대해서는 東京大學東洋文化硏究所編(1958)『東洋文化』제25호『岡松參太郎博士台灣慣調査と華北農村慣行調査における末弘嚴太郎博士』東京大學出版會, 참조.

34. 向山寬夫, 前揭書, p. 222.

35. 金圭煥, 前揭書, pp. 31~32.

36. 同上, p. 31.

37. 일본에 있어서 식민지정책의 대표적인 연구자는 야나이하라 다다오矢內原忠雄이다. 야나이하라는 1923년 동경대 경제학부 교수로서 일본에서 처음『식민정책』의 강좌를 담당했다. 야나이하라는 우치무라 간조內村鑑三의 계보를 이어받은 무교회 그리스도교도이다. 1937년 정부의 파쇼적 탄압에 의해 대학의 일자리를 쫓겨난 것은 일본식민지 정책학연구사에도 큰 전환이 되었다. 야나이하라의 식민지연구에는『帝國主義下の台灣』(1929년),『滿洲問題』(1934년),『南洋群島の研究』(1935년) 등이 있다. 그는 전쟁이 끝난 뒤, 1951년부터 1957년까지 도쿄대 총장을 맡았다.

38. 예를 들면, 淺見登郎(1928)『일본식민지 통치론』, 堀眞琴(1939)『식민정책론』, 阿部源一(1937)『인구·자원·식민지』, 伊藤兆司(1937)『식민농업』, 伊藤秀一(1933)『식민정책, 식민지문제』, 稻田昌植(1927)『식민과 농정』, 入江寅次(1928)『邦人海外發展史』, 加田哲二(1938)『현대의 식민정책』, 角井靖一(1935)『비약 일본의 이식민지리』, 金持一郎(1931)『식민정책』 등 다수의 책과 연구논문이 있다.

39. 矢內原忠雄(1965)『帝國主義研究』矢內原忠雄全集 第4卷, 巖波書店, p. 340.

40. 太田哲男(1987)『反戰·平和の哲學, 吉野作造と矢內原忠雄を中心に』,『大正民主主義の思想水脈』同時代社, pp. 213~214.

41. 幼方直吉(1965)『矢內原忠雄と朝鮮』,『思想』9月號, 岩波書店, p. 44.

42. 『朝野新聞』1866년 10월 7일자.

43. 1881년 부산에서 창간된『조선신보』는 大石德夫(부산상법회의소)에 의해 발간된 신문이고, 인천에서 발간된『조선신보』는『조선순보』를 개제한 이름이다. 두 신문은 모두 제호는 같고, 발행지는 각각 부산과 인천이다.

44. 鄭晋錫(1983)『韓國言論史研究』一潮閣, p. 5.

45. 그는 1889년(明治22) 인천에서 활판인쇄소를 설립할 때 주주이며 또『大阪朝日新聞』의 통신원을 겸임했다. 아오야마 요시에는『조선신보』를 재건하고, 편집, 인쇄, 경영에도 힘썼지만, 1896년에 병사했다. 그 후 이 신문은 나카무라 타다요시中村忠吉가 경영권을 인수해 1902년에는 일간지가 되었다.『조선신보』에서 근무한 기자로는 靑山好惠, 菊地謙讓, 態谷直亮, 中村忠吉, 西川谷垣, 萩谷壽夫, 蟻生十郎, 小野賢一郎, 今井忠雄 등이 있다.

46. 佐々博雄(1977)「態本國權黨と朝鮮における新聞事業」『人文學會紀要』第9號, 國士館大學文學部, p. 21 참조. 구마모토 국권당은 1881년(明治14) 9월 구마모토態本에서 결성된 자명회紫溟會를 모체로 1889년 1월에 성립된 국권주의의 정당이다.

47. 아다치安達는 1894년(明治27) 10월 5일, 후에 삿사 토모후사佐々友房의 뒤를 이어 구마모토 국권당의 중심인물이 된다. 아다치는 같은 해 조선의 부산을 방문해 부산

총영사 무로타 요시아야室田義文와 회담했다. 무로타의 신문발간 권유로 아다치는 바로 구마모토의 기관지『九州日日新聞』에 전보를 보내 구체적인 상담을 하고는 부산에서『조선시보』를 발간했다. 후에 경성에서『한성신보』까지 창간하게 되었다. 그러나 사장인 아다치는 주한일본공사 미우라 고로三浦梧樓의 지지로 민비시해사건의 주동적 역할을 담당했다. 그 결과 이 신문에 허위보도를 게재해 추방되기에 이른다.

48. 佐々博雄『人文學會紀要』前揭書, p. 27.

49. 同上, pp. 27~38.

　　『조선시보』의 창간일에 대해서는 여러 가지 다른 의견이 있지만, 吳周煥(1982)『日帝의 文化侵奪史』(玄音社, p. 393)에는 1892년 7월 11일, 李海暢『한국신문사연구』(p. 283)에 1894년 2월, 蛯原八郎『海外邦字新聞雜誌史』에 의하면, 1892년 12월 구마모토인인 다카기高木末態에 의해『釜山商況』이 발간되고, 그 후『東亞貿易新聞』으로 개제되어 1894년 7월『조선시보』가 되었다고 각각 쓰고 있다. 이들은 모두 사실과 다르며『조선시보』가 발간된 것은 1894년 11월 21일이다. 또 다카기高木末態는 1905년 당시『조선시보』주필이다. 이『조선시보』는 1892년 12월에 창간된『부산상황』이 그 후『동아무역신문』이라 개제해, 잠시 폐간된 것을 다시 개제해 발간한 신문이다.

50. 李海暢(1977)『韓國新聞史研究』成文閣, p. 284.

51. 本表는『外交文書』「新聞操縱關係雜纂・漢城新報ノ部」(外務省外交史料館所藏)과 佐々博雄, 前揭書, p. 29, p. 35 參照.

[漢城新報 補助費 一覽表(1896년 9月까지)]

년　월	보조금	비　고
1894년 12월 6일	1,200円	創立費
1895년 2월	130円	2月17日 第1號 發刊
3월	130円	
4월	130円	
5월	130円	
6월	130円	
7월	170円	
8월	170円	
9월	170円	
10월	170円	10月8日 閔妃事件

11월	170円	
12월	170円	
1896년 1월	170円	閔妃事件豫審
2월	170円	終結全員免訴
3월	170円	
4월	170円	
5월	170円	
6월	170円	小村壽太郎公使
7월	300円	補助金增額要求
8월	300円	6月30日認可以後 300円
9월	300円	

52. 崔埈(1976) 『韓國新聞史論攷』 一潮閣, p. 289.

53. 佐々博雄, 前揭書, p. 31, p. 34.

54. 安達謙藏(1960) 『安達謙藏自敍傳』 新樹社, pp. 47~48.

55. 佐々博雄, 前揭書, p. 30.

56. 安達謙藏, 前揭書, p. 38.

57. 陸奧宗光により井上馨宛電報文 『新聞雜誌操縱關係雜纂漢城新報ノ部』 明治27年10月31日, 外務省外交史料館所藏.

58. 井上馨により陸奧宗光宛電報文 『新聞雜誌操縱關係雜纂漢城新報ノ部』 明治27年11月8日, 外務省外交史料館所藏.

59. 陸奧宗光により井上馨宛電報文 『新聞雜誌操縱關係雜纂漢城新報ノ部』 明治27年12月3日, 外務省外交史料館所藏.

60. 佐々博雄, 前揭書, p. 31.

61. 井上馨により陸奧宗光宛電報文 『新聞雜誌操縱關係雜纂漢城新報ノ部』明治27年12月4日, 外務省外交史料館所藏.

62. 무쓰와 이노우에와의 전보문을 보면, 신문의 체재, 보조금, 격일제신문 등 거의가 이노우에의 일방적인 주장이고, 그대로 실천되었다고 할 수 있다. 물론 무쓰도 그 안을 인정하게 되었다.

63. 安達謙藏, 前揭書, p. 49; 佐々博雄, 前揭書, p. 31.

64. 安氏는 1894년 7월 제1차 김홍집 내각시, 경무사, 군부대신이었다. 후에 독립협회회
  장, 중추원 의관이었다. 1898년 7월 戊戌謀計에 관련해 일본으로 망명했다.

65. 陸奥宗光により井上馨宛電報文 『新聞雜誌操縱關係雜纂漢城新報ノ部』明治27年12月7
  日, 外務省外交史料館所藏.

66. 安達謙藏, 前揭書, p. 50.

67. 李鍊『朝鮮言論統制史』(2002), 信山社, p. 67. 蛯原八郎『海外邦字新聞雜誌史』學
  而書院, pp. 262~264; 吳周煥, 前揭書, p. 413.『대한신보』는 1898년 4월 10일, 서울
  명동일본조합협회에서 와타나베 쓰네키치渡邊常吉에 의해 타블로이드판으로 창간된
  2페이지 격 일간지였다. 『대한일보』는 1904년 3월 10일 하기타니 카즈오萩谷籌夫
  등이 중심이 돼 창간된 일간지이다. 최초는 인천에서 창간되었지만, 후에 경성으로
  이전해 발간했다. 또한 하기타니는 1908년 12월에는 조선신보를 창간하기도 한다.
  『대동신보』는 1904년 4월 18일 기쿠치 겐조菊池謙讓에 의해 경성에서 발간되었다.
  이 신문은 4페이지 타블로이드판으로 일간으로 발행했다.

68. 李光麟(1982) 『韓國史講座(ⅴ)近代編』 一潮閣, pp. 369~378.
  명성황후사건은 1895년 10월 8일(8월 20일) 주재일본공사 미우라 고로三浦梧樓
  (1846~1926년)의 지시에 의해 일본수비대, 또『한성신보』사장인 아다치 겐조安達
  謙藏와 그 사원 등이 중심으로 공모, 당시의 왕비인 민비를 시해한 사건이다. 그것
  은 이른바 을미사변이라고도 할 수 있다. 청일전쟁 후, 친러 세력이 등장했으므로,
  일본은 조선정부 중에 친러 세력을 제거할 것을 목적으로 했다. 이 사건을 계기로
  일본은 조선에 대해서 언론탄압의 정책을 취했다.

69. 1895(明治28)年3月1日 「新聞事業補助費請求ノ件」『新聞雜誌操縱關係雜誌纂漢城新
  報ノ部』外務省外交史料館所藏.

70. 安達謙藏, 前揭書, p. 50.

71. 佐々博雄, 前揭書, p. 32.

72. 李光麟, 前揭書, pp. 361~365.

73. 『日本外交文書』2 8卷(Ⅰ), No.245, p. 369; 李光麟, 前揭書, p. 363.

74. 『日本外交文書』28卷(Ⅰ), No.246, p. 368; 李光麟, 前揭書, p. 364.

75. 伊藤博文編『秘書類纂朝鮮交渉資料』明治28年7月28日, 井上馨により西園寺宛電報.

76. 安達謙藏, 前揭書, p. 52.

77. 佐々博雄, 前揭書, p. 33.

78. 井上馨により西園寺公望宛極秘公信文 『新聞雜誌操縱關係雜纂漢城新報ノ部』 明治28

年7月16日, 外務省外交史料館所藏.

79. 『王城事變關係一件』 1卷, 2卷, 3卷(文書) 「豫審終結決定書(文書)」.

이 결정서에 의하면 피고총수 48명 중 구마모토인은 21명. 이 중, 廣田正善, 中村楯雄, 田中賢道의 민권운동경험자 3명을 빼면 모두 구마모토 국권당態本國權黨관계자이다.

80. 小早川秀雄(1920) 『閔妃狙落事件』(pp. 80~86). 미우라 공사의 명령과 『한성신보』 사장 아다치 겐조安達謙藏의 지휘로 대원군을 옹위해 입궐했다고 적혀있다. F. A. Mckenzie, The Tragedy of Korea, Hodder and Stoughton, London, 1908; 延世大出版部, 1969, p. 68.

81. F. A. Mckenzie, ibid, p. 68; 『일본外交文書』 28卷, No.359, pp. 494~496.

82. 『閔后弑害事件の眞相』(1946) 民友社, pp. 91~112; 李瑄根(1963) 『韓國史(現代編)』 乙酉文化社, p. 636.

83. 駐韓日本公使館記錄(1896) 『機密本省往』 pp. 195~219; 崔埈, 前揭書, p. 297: 鄭晋錫, 前揭書, p. 9.

조선정부는 외국인 경영신문을 직접 통제하기보다는 간접적인 수단을 동원해 『한성신보』를 배달한 조선인의 배달원 체포령을 내는 등, 이 신문의 강독 금지령까지 내부적으로 훈령을 내릴 정도였다. 이 신문 독자는 내훈 전은 911명이였지만, 그 이후는 510명으로 격감했다. 특히 서울은 450명에서 100명으로 격감했다. 당시 조선정부는 『한성신보』의 인가취소, 발행금지처분까지 논의했지만, 강독을 금하는 조치를 취하게 되었다. 이것과는 다른 외교통로를 통해 일본국에 항의 또는 경고하거나 했다.

84. 佐々博雄, 前揭書, p. 33.

85. 『漢城新報』 1896년 4월 19일자, 駐韓日本公使館記錄(1896) 『機密本省往』 前揭, p. 218.

86. 서재필(1863~1951)은 갑신정변을 일으키고, 실패한 후 김옥균과 함께 일본에 망명한 후 미국으로 건너갔다. 1896년 귀국, 독립협회를 조직하고 『독립신문』을 발간한 독립운동가다. 그는 미국에서 고등학교와 의과대학을 졸업한 후 필립 제이슨(Philip Jaisohn)으로 개명해, 미국 국적을 얻었다. 이 사이 서재필은 서양의 근대사상가 (John Locke, Jeremy Bentham, Jea n-J acques Rousseau, Montesquieu) 등의 사상을 공부했다. 또, 그는 근대적인 저널리즘을 연구하고부터 조선에 있어서 최초의 민간지로 『독립신문』을 창간하게 되었다.

87. 崔埈, 前揭書, p. 45.

88. 서재필 박사의 『自敍傳』(pp. 209~210)에 의하면, 서재필은 오천원의 보조금을 받고

오사카에서 인쇄기를 구입하고, 그 신문사의 장소는 정동미국공보관에서 발간했다.

89. 朝鮮總督府(1927)『朝鮮の言論と世相』p. 9.

90. 李海暢, 前揭書, pp. 14~56.

91. 朝鮮總督府, 前揭書, pp. 9~10.

92. 서재필이 미국에서 귀국한 것은 수구파각료들의 추방운동 때문이었다. 그것은『독립신문』과 독립협회의 활발한 언론전개로 국민대중의 각성을 촉구함과 함께 국정개혁의 급선봉이 되었기 때문이다. 이것에 두려움을 느낀 조선정부 수구파는 서재필을 회유 또는 뇌물로 매수하려 했다. 그러나 서재필은 이것에 응하지 않았기 때문에, 당시 내부대신 조병식은 서울주재 미국총영사 알렌(H. N. Allen)에게 편지를 보내 서재필을 추방할 것을 촉구했다. 그것은 당시 서재필의 국적이 미국인이었기 때문이다. 이와 같이 대한제국정부로부터의 압박과 미국인의 권고도 있었지만, 결정적인 이유로는 의붓어머니가 병으로 위독하다는 미국으로부터의 전보에 의해 미국으로 간다. 후에 밝혀졌지만, 이것은 서재필을 귀국시키기 위한 가짜전보였다.

93. 吳周煥, 前揭書, p. 405.

94. 田保橋潔(1964)『近代日鮮關係の硏究』下卷, 文化資料調査會, p. 294

95. 金圭煥(1982)『植民地下朝鮮에 있어서 言論 및 言論 政策史』, 二友出版社, p. 22.

96. J. A, White, *The Diplomacy of the Russo-Japanese War*, Princeton University Press, 1964, British Foreign Office: *Confidential Print- China*, 1848~1922. Microfilm F. O. 405, No.88, Affairs of Corea, Pt. XII, p. 107, Jordan to Salisbury, October 11, 1900.

97. 제1차 러·일 협정(1896년 5월 14일, 외무대신 고무라 주타로小村壽太郎와 러시아 공사 웨버(Weber) 사이의 각서), 제2차(1896년 6월9일) 로바노브(Lobanov)·야마가타 아리토모 의정서山縣有朋議定書.

98. G. P. Gooch and Harold Temerley, eds., *British Documents on the Origins of the war*(1898~1894 London: Her Majesty's Stationary Office).

99. 齊藤鎭男(1981)『日本外交政策史論序說』, 新有堂, p. 107.

100. 伊藤正德(1929)『加藤高明』上卷, p. 273.

101. 加藤伯傳記編纂委員會(1929)「加藤高明の英日協商論について」『加藤高明』(上卷), 寶文館, pp. 284~288.

102. 大畑篤四郎(1983)『日本外交政策の史的展開』, 成文堂, p. 50.

103. 鹿島守之助(1931)『日本外交政策の史的考察』, 嚴松堂書店, pp. 144~150.

104. 內山正態(1971) 「小村外交批判」 『現代日本外交史編』 慶應通信株式會社, p. 71.

105. 朝比奈知泉 『明治功臣錄地卷』, 1915年, p. 1006.

106. Zara Steiner(1963), "Great Britain and the Creation of the Anglo—Japanese Alliance", *Journal of Morden History*, Vol.XXXI, No. i. March 1959, p. 27. and, George Monger, *The End of Isolation: British Foreign Policy* 1900~1907, London; T. Nelson and Sons, p. 48.

107. L. K. Young(1970), *British Policy in China*, 1895~1902, Oxford University Press, p. 11.

108. 1900년에 중국에서 일어난 제국주의 반대운동으로 일본에서는 북청사변이라 불린다. 청·일 전쟁 이후 열강들은 싸움을 통해 중국에 세력범위를 확대하여 광산채굴 권익을 획득하고 공장이나 철도를 건설해서 중국을 분할하게 된다. 특히, 철도건설이나 전신의 부설은 외국의 물품을 대량으로 중국내 유입시키게 된다. 이는 결국 농민들의 부업을 빼앗았기 때문에 대부분의 사람들이 실업자가 되었다. 뿐만 아니라, 철도건설은 농민으로부터 논밭을 몰수하고 수로까지 파괴하였다.

109. Andrew Malozemoff, *Russian Far Eastern Policy* 1881~1904, Berkeley, 1958, pp. 10~122.

110. Steiner, "Anglo—Japanese Alliance", pp. 31~34, George Monger, "The End of Isolation; Britain, Germany and Japan, 1900~1902", *Transactions the Royal Historical Society*, Series Ⅳ, vol. 13, 1963, p. 109.

111. 立作太郞博士論行委員會(1946) 『立博士外交史論集』 日本評論社, p. 437.

112. A. M. Pooley(1986), The Secret Memories of Count Tadasu Hayashi, New York, p. 129.

113. 崔文衛(1986) 「英日同盟과 日本의 韓國浸透」 『露日戰爭前後 日本의 韓國侵略』, 一潮閣, p. 45.

114. 黑羽茂(1982) 『日露戰爭史論·戰爭外交の硏究』 杉山書店, p. 1597.

115. 大江志乃夫(1988) 「大國の舞臺に登場した日本」 『朝日ジャーナル』, 朝日新聞社, p. 55.

116. 李鍊(2002) 『朝鮮言論統制史』, 信山社(東京), p. 75.

117. 『時事新報』, 1902年 2月 15日付.

118. 『東京日日新聞』, 1902年 2月 16日付.

119. 『國民新聞』, 1902年 2月 14日付.

120. 『國民新聞』, 1902年 2月 18日付.

121. 『東京朝日新聞』, 1902年 2月 16日付.

122. 『東京朝日新聞』, 1902年 2月 17日付.

123. 『東京朝日新聞』, 1902年 2月 16日付.

124. 『東京朝日新聞』, 1902年 2月 13日付.

125. 『東京朝日新聞』, 1902年 2月 13日付.

126. 『東京朝日新聞』, 1902年 2月 13日付.

127. 「英日同盟」『東京朝日新聞』1902年 2月 14日付.

128. 「國民同盟會解散の議」『東京朝日新聞』1902年 2月 14日付.

129. 「전략 …… 특히 한마디 말이 필요한 것은 오랫동안 우리 동지를 괴롭힌 반대당의 태도이다. 그들은 작년 말에 우리당의 선언에 대해서 근거 없는 망언을 해 전날 우리당을 대표해서 질문하신 오이시 마사미大石正己 군의 연설에 대해서도 또 무례하게 매도했다. 조약 체결에 대한 보답은 반드시 그들의 고막을 찢도록 해 이제 꼭 부끄러운 죽음을 해야 한다고 믿는다. 혹은 중국이 분열하고 혹은 만한교환滿韓交換이라는 그 연설의 말은 사라지더라도 신문에 당보에 남은 문자는 말살 시킬 수가 없다. 그러나 나는 옛날 일을 추궁하려는 하는 것이 아니고, 단지 국가적인 큰 중대사 에 대해 무조건 자기편만 드는(당동벌이: 黨同伐異)일을 일삼아 함부로 경솔한 언론짓거리를 하는 자를 장래에 경계하기 위해 여기에서 맹렬한 반성을 촉구할 뿐이다. ……후략」

130. 『東京朝日新聞』, 1902年 2月 14日付.

131. 『東京朝日新聞』, 1902年 2月 14日付.

132. 『東京朝日新聞』, 1902年 2月 16日付.

133. 『東京朝日新聞』, 1902年 2月 17日付.

134. 『東京朝日新聞』, 1902年 2月 18日付.

135. 『東京朝日新聞』, 1902年 2月 23日付.

136. 『東京朝日新聞』, 1902年 2月 25日付.

137. 『東京朝日新聞』, 1902年 2月 26日付.

138. 『國民新聞』, 1902年 2月 13日付.

139. 『國民新聞』, 1902年 2月 13日付.

140. 『國民新聞』, 1902年 2月 13日付.

141. 『國民新聞』, 1902年 2月 15日付.

142. 릿켄세유카이立憲政友会는 1900년 9월15일에 결성된 정당으로 당시 릿켄민세이도立

憲民政黨와 함께 2대 정당을 이루었다. 초대총재는 이토 히로부미**伊藤博文**이고 약칭으로 세유카이라고 부른다.

143. 『國民新聞』, 1902年 2月15日付.

144. 도쿠토미 소호**德富蘇峰**는 당시 도쿄의 『國民新聞』의 사장으로 러일전쟁을 적극 지지한 논조를 편 바 있다. 특히, 그는 총리대신인 가츠라 타로의 측근으로 데라우치 마사타케**寺內正毅** 초대 조선총독(3대 통감)에 의해 경성일보**京城日報** 감독으로 임명되어 경성에 와서 조선식민지 통치 이데올로기를 신문을 통해서 조선에 전파한 인물이기도 하다.

145. 오쿠마 시게노부**大隈重信**는 1898년 6월 30일 제8대 총리, 1914년 4월 16일 제17대 내각총리로 두 번에 걸쳐서 총리가 된 오쿠마는 켄세카이**憲政會**의 총재를 지냈으며 와세다 대학**早稻田大學** 설립자로도 잘 알려져 있다.

146. 『國民新聞』, 1902年 2月 16日付.

147. 『國民新聞』, 1902年 2月 18日付.

148. 『國民新聞』, 1902年 2月 18日付.

149. 「加藤高明氏の演說」『國民新聞』, 1902年 2月 18日付.

150. 「世界的市民」『國民新聞』, 1902年 2月 23日付.

151. 「英日同盟」『東京日日新聞』, 1902年 2月 13日付.

152. 『東京日日新聞』, 1902年 2月 13日付.

153. 「朝鮮半島」『東京日日新聞』, 1902年 2月 14日付.

154. 「同盟國民の交誼の表明」『東京日日新聞』, 1902年 2月 15日付.

155. 『東京日日新聞』, 1902年 2月 15日付.

156. 「英日同盟と株式」, 『東京日日新聞』, 1902年 2月 16日付.

157. 「英日同盟と株式」, 『東京日日新聞』, 1902年 2月 16日付.

158. 「加藤前外相の同盟談」, 『東京日日新聞』, 1902年 2月 17日付.

159. 『東京日日新聞』, 1902年 2月 22日付.

160. 『時事新報』, 1902年 2月 13日付.

161. 『時事新報』, 1902年 2月 14日付.

162. 「英日協約の效果」『時事新報』, 1902年 2月 14日付社說.

163. 「英日同盟の利害」『時事新報』, 1902年 2月 15日付社說.

164. 「英國の決斷」『時事新報』, 1902年 2月 16日付社說.

165. 「英日の協約に就いて」『時事新報』, 1902年 2月 17日付.

166. 「政黨の言動」『時事新報』, 1902年 2月 18日.

167. 「同盟國に對する國民の禮意」『時事新報』, 1902年 2月 19日付社說.

168. 「英日同盟論の第一聲」『時事新報』, 1902年 2月 23日付社說.

169. 「英日協約祝賀炬火行列」『時事新報』, 1902年 2月 14日付.

170. 「게이오 기주쿠 몬慶應義塾門을 나와서, 미타三田 시고쿠쵸四國町 육묘장育種場 옆 우측 시고쿠쵸四國町 파출소 앞 시바공원芝公園 길로 나와 조죠지增上寺 앞의 다이 몬大門에서 하마마스쵸浜松町를 왼쪽으로 돌아 신바시新橋를 건너 니혼바시日本橋까지 가서 강가를 따라 왼쪽으로 굽은 고후쿠바시吳服橋를 지나서 와타구라몬和田倉門에 들어가 이어 니주바시二重橋에 이르러 양 국 폐하의 만세를 삼창하고 사쿠라타몬櫻田門을 나와 참모본부의 측면 영국공사관에 이르러 문전에 만세소리를 높이고 되돌아와 사쿠라타몬櫻田門 앞 큰길인 외무성 앞에 이르러 다시 만세를 합창하고 토라노 몬虎ノ門에서 고토히라쵸琴平町의 길 이구라飯倉를 지나 주쿠로 돌아 올 예정이었다.」

171. 「英日協約祝賀炬火行列」『時事新報』, 1902年 2月 14日.

172. 「英日協約祝賀炬火行列」『時事新報』, 1902年 2月 14日.
영일동맹을 축하하는 횃불 행렬의 노래
1. 아침 해 빛나는 일본과 일몰을 모르는 영국과 동서로 나눠서 동맹계약 이루는 날은 세계 평화의 깃발을 들어라고 축하하는 오늘의 기쁨이여.
2. 양국이 악수하는 목적은 청 한 두 나라의 세력을 합해서 동양평화의 낙국樂國을 이루려고 하는 의협심이 천지에 부끄럽지 않은 계약을 표방하는 마음의 용맹스러움이여.
3. 우리 일본은 역사가 오랜 나라 게다가 명치 소와시대에 탄생한 우리들이야말로 선조보다 더 행복을 받아서 이러한 성스러운 일을 듣게 되니 나라님을 축하하는 기쁨이여.
4. 독립자존의 두 제국 열강이 둘러보고 있는 목전에서 동맹조약 발포하여 더욱더 거리끼는 바 없도다. 이러한 씩씩한 거동을 독립의 자존이라고 칭송하여라.

173. 李鍊(2002) 『朝鮮言論統制史』, 信山社(東京), p. 85.

174. 「慶應義塾生徒の炬火行列」『時事新報』, 1902年 2月 15日付.

175. 万燈은 표면에 영국기와 일장기를 교차한 그림을 그리고 그 위에 축 영일동맹의 5자를 나타내고 이면에는 일본 부인과 상대로 서로 예를 말하는 그림을 그린 것이다.

176. 「慶應義塾生徒の炬火行列」『時事新報』, 1902年 2月 15日付.

177. 「慶應義塾生徒の炬火行列」『時事新報』, 1902年 2月 15日付.

178. 「慶應義塾生徒の炬火行列」『時事新報』, 1902年 2月 15日付.

    횃불행렬은 영국공사관에 들어가서 엄숙하게 먼저 앞문으로 들어가 왼쪽으로 돌아서 관저 앞을 통과 하면서 1500여 명의 손에 칸델라를 들고 만세를 부르고, 이어서 뒷문으로부터 이 건물을 떠나왔는데 행렬이 통과할 때 마침 공사는 스스로 현관에 나와서 일행을 맞이하였고, 또 가마타 주쿠장鎌田塾長과 악수하고 오늘은 정말 성대한 행렬을 배웅하게 되어 후의에 마음깊이 감사하는 뜻을 전함과 동시에 또 학생 수 및 그 여정 등을 묻는 등 상당히 만족해 하는 모습으로 보였다.

179. 「한 무리가 외무성 현관 앞을 통과하여 관저 앞 뒷문으로 나왔다. 관저 앞을 통과할 때 친다 스테미珍田捨巳 총무성장관, 혼다 쿠마타로本多熊太郎 비서관, 이시이 서기관石井書記官은 가마타 주쿠장鎌田塾長을 향해서, '오늘밤 대신은 어쩔 수 없는 일이 생겨서 나에게 감사의 말을 전하라'는 대신으로부터 특별히 전언이 있었다고 인사했다」고 보도했다.

180. 「株式は不景気」『時事新報』, 2月 12日付 .

181. 「株式は続き保合」『時事新報』, 1902年 2月 15日付.

182. 「株式は好景気」『時事新報』, 1902年 2月 16日付.

183. 「株式は強保合」『時事新報』, 1902年 2月 25日付.
    『株式은 강보합』『時事新報』1902년 2월 25일자

	24일 단기거래	22일 단기거래	비교
	원	원	원
株式	223,00	211,50(高)	22,50
三品	124,40	121,10(高)	3,30
商船	27,35	27,30(高)	05
南海	67,50	67,55(低)	05
阪鶴	21,00	21,50(低)	50
京都	23,10	23,65(低)	55
參宮	84,75	85,10(低)	35
關西	44,25	44,30(低)	05
山陽	57,90	57,65(高)	25
九州	59,25	59,55(低)	30
거래	정기 15952매	단기거래 780매	

184. 「株式は強合み」『時事新報』, 1902年 2月 27日付.

	26일 단기거래	25일 단기거래	비교

株式	222,00	226,00(低)	4,00
三品	121,90	122,00(低)	10
商船	27,35	27,45(低)	10
南海	67,75	67,70(高)	05
阪鶴	21,00	21,20(低)	20
京都	23,15	23,10(高)	05
參宮	84,05	84,40(低)	35
關西	44,40	44,10(高)	30
山陽	57,70	57,45(高)	25
九州	59,15	58,75(高)	40

185. 日本外務省編(1957)『日本外交文書』(第35編), pp. 31~32.

186. 『時事新報』, 1902年 2月 14日付.

187. 李鍊(2002)『朝鮮言論統制史』, 信山社(東京), p. 87.

188. 古屋哲夫(1988)『露日戰爭』, はしがき, 中央公論社, p. 110.

189. 金圭煥(1982)『日帝의 對韓言論宣傳政策』, 二友出版社, p. 46.

190. 古屋哲夫(1988)『露日戰爭』, はしがき, 中央公論社, p. 111.
이 의정서는 일본이 한국의 독립 및 영토보전, 한국 황실의 안전을 생각할 것, 한국정부는 시정의 개선에 대해 일본정부의 충고를 들을 것, 제3국의 침해와 내란 때문에 한국 황실의 안전과 영토보전에 위험이 있을 경우에는 일본정부는 임시로 필요의 조치를 하고, 한국정부는 충분한 편의를 제공 할 것, 일본정부는 이 때문에 군 전략상 필요한 지점을 임시수용 할 수 있을 것, 이 의정議定에 반대하는 협약을 제3국과 체결해서는 안 될 것 등이 규정되어 있다.

191. 森山茂德(1987)『近代韓日關係史研究』東京大學出版會, p. 196.

192. 森山茂德(1987)『近代韓日關係史研究』東京大學出版會, p. 196.

193. 外務省編(1966)『日本外交年表竝主要文書』, 上卷, 原書房, pp. 223~224.
1904년 5월, 일본정부 내각회의에서는
1. 적당한 시기에 한국을 우리의 보호국화 하든지, 혹은 이것을 우리나라에 합병해야 한다.
2. 위 시기가 도래하기까지는 정치상, 군사외교상 보호의 실권을 쥐고, 경제상에 있어서는 점점 우리의 이권을 발전시켜나가야 한다는 것이 의결되어 있었다.

194. 外務省編『日本外交年表竝主要文書』, 前揭書, 231頁.

195. 森山茂德, 前揭書, p. 196.

196. 金圭煥, 前揭書, 42頁(李淸源著『朝鮮社會史讀本) 참조.

197. 藤井松一(1972)「露日戰爭」『岩波講座日本歷史』18卷(現代Ⅰ), 岩波書店, pp. 123~136.

198. 李光麟(1982)『韓國史講座Ⅴ』(近代編), 一潮閣, p. 465.

199. 「'전범 기업' 미쓰비시 완전철수」『시민 공감 지역신문, 광주드림』, 2010년 10월 17일자.

200. 『皇城新聞』은 1898년 3월 2일에 창간된 『京城新聞』을 4월 6일자 제11호에서 『大韓皇城新聞』이라고 개제해 주간으로 발행하다가 9월 5일부터는 다시 『皇城新聞』으로 개제해 일간 신문이 되었다.

201. 『每日新聞』, 1898년 5월 16일자 논설 및 『漢城新報』의 같은 날 2페이지 잡보 난을 참조.

202. 高麗大學아시아問題硏究所 『舊韓國外交文書』(第17卷, 俄案1), pp. 570~582.

203. 鄭晋錫『韓國言論史硏究』, 一潮閣, 1982年, p. 20.

204. 「雜報」『帝國新聞』, 1898년 9월 19일자.

205. 『舊韓國外交文書』(舊案4), 前揭書, pp. 149~150, 「外交文書の交涉中新聞揭載事件の禁斷要望」.

206. 『舊韓國外交文書』(舊案4), 前揭書, pp. 581~584, 「外衙門日記」, 10月8日付, 10月30日付.

207. 「雜報」『帝國新聞』, 1898年 10月 19日付.

208. 「雜報」『獨立新聞』, 1899年 1月 27日付, 修正委員.

209. 「雜報」『皇城新聞』, 1899年 3月 3日付, 改正條例.

210. 春原昭彦(2003)『日本新聞通史』, 新泉社, pp. 33~34.
　　　1875년(明治8) 이래 정한론의 발흥, 민권론의 유포 등을 보고, 신문잡지의 단속을 검토했지만, 6월 28일 새로운 신문지조례, 잔보리츠(讒謗律: 참방률, 즉 비방죄)를 제정했다. 이 신문지조례는 이전의 신문지 발행조목과 비교해 현저하게 체계적으로 정비되어 있었다. 그 주된 내용은 책임자는 엄격하게 다루고, 또 처음부터 형벌규정을 두어 규정위반에 대한 제재규정으로써는 발행금지, 정지처분을 신설하고 있다. 이 법률의 공포당시에는 기자들이 매우 놀라고 당혹해 했다. 그 결과 한 때 민권론은 꺾이게 되었지만, 얼마 안가서 새로운 법률에 대해 공격이 끊임없이 계속되자 그에 대항해 정부는 기자들을 속속 금고·금옥(禁獄)에 처해 신문기자의 공포시대가 출현하게 되었다, 특히, 이 참방률은 후에 일본에 있어서 최초 명예훼손법의 모태가 된다.

211.　『舊韓國外交文書』(舊案6), 前揭書, p. 737, 「日本軍事關係記事の新聞揭載要請」, 『皇城新聞』 1904年 2月29日付 「雜報」 の軍事關係記事.

212.　『舊韓國外交文書』(舊案7), 前揭書, pp. 12~13, 「韓國新聞の日本軍事行動揭載の禁止および同檢閱官選任要求」

213.　『舊韓國外交文書』(舊案7), 前揭書, pp. 28~29. 「日本軍情の新聞報道嚴禁措置の 准行回答」.

214.　『舊韓國外交文書』(舊案7), 前揭書, pp. 107~108.

8096. 機密外交文書上의 「秘」 字添加와 各部 共同秘密嚴守要望(原35冊)

[발] 일본공사 林權助　光武 8년(서기 1904년) 6월 1일

[수] 외무대신 李夏榮

공문제116호

　　서간에 의해서 아뢰옵니다. 말씀드리자면 외교에 관한 중요 문서의 기밀을 엄수할 것에 대해서는 개명국開明國들에 있어서 엄격한 관례가 있사옵기에, 종래 귀 정부에 대한 교섭 안건은 그때마다 외문外門에 누설되어 교섭상 불편함이 매우 심했기 때문에, 귀국의 전임 외무대신 이지용李址鎔에 대해 그 뜻을 조회해 두었던 사정이 있었습니다. 또한, 금후 귀 대신 각하의 계칙(戒飭: 경계하여 타이름)에 의해 한층 외교문서의 기밀을 엄수해 줬으면 좋겠다고 생각하여, 금후는 쌍방이 상호 간에 왕복하는 공문서 중 특히 기밀을 지킬 필요가 있는 것에 대해서는 그 봉한 봉투와 본문번호의 상부에 「秘」 글자를 첨가하도록 해야 합니다. 이와 같은 문자를 첨가한 문서는 특별한 관리를 하여 이것을 취급함과 동시에 이것을 누설할 경우 책임을 지우도록 했으면 좋겠습니다. 외교상 중요 안건의 기밀을 지키는 일은 단순히 귀부에 있어서만 아니라, 다른 각부를 비롯해, 궁내부 및 의정부 등에 대해서도 똑같이 지켜야 합니다. 최근 의정부와 그 외의 관아에 있어서 제반의 의안이나 사건을 처리하고 관리하는 데 있어서 기밀이 엄수되지 않기 때문에, 크고 작은 일 할 것 없이 세상에 누설되어서 귀 정부 부내의 실태가 노출된 사례가 적지 않아서 본 공사는 귀 정부의 체면을 고려하여 몰래 마음아파하고 있었던 터라서, 사전조회를 할 때는 다른 각 아문에도 서로 이첩(통보)하여 금후의 폐단을 방지토록 하시고, 차후 조회 때는 귀국의 뜻에 따르겠습니다. 삼가 올립니다.

　　　　　　　　明治37년(1904년) 6월 1일　　　　특명전권공사 林 權助　인

　　　　　　　　　　외무대신　　　　　　李夏榮 閣下

215.　金正明 『朝鮮駐箚軍歷史』, 嚴南堂書店, 1967年, p. 217, p. 229.
　　서울大奎章閣圖書 「外交機密事件の新聞揭載に対する抗議および問責要求」, p. 15.

216.　全國憲友會連合會編纂委員會(1976) 『日本憲兵正史』, 全國憲友會連合會本部(硏究所

院), pp. 141~143.

　조선 헌병대의 창립은 청일전쟁 이후 明治29년 1월25일, 送乙第223호를 가지고, 임시헌병대의 편성 및 복무 개칙이 정해지고 이어 1월 31일 密發第6호로써 육군대신으로부터 다음과 같은 통달이 있었다.

　「조선국 부산, 경성 및 인천 간의 무선 보호를 위해 임시 헌병대를 편제하고, 조선국에 파견하였기 때문에 각 헌병대를 요충지에 편제하고, 조선국 부산에 파견해 그곳에서 임시 전신부제리電信部提理과 가와무라 마스나오川村益直의 지휘를 받게 해야 한다.」

　이상의 통달에 의해 같은 해 2월 파견헌병이 조선에 도착해 임시 전신부제리의 지휘를 받아 임무를 시작했다. 이것이 조선헌병대의 시작이다. 明治36년 12월 1일, 러일 간의 형세가 긴박하자, 임시헌병대를 한국주차헌병대로 개편하고 동시에 한국주차사령관의 예하로 들어가 같은 달 8일부터 경찰사무를 개시했다. 明治37년 2월 10일 선전宣傳의 조칙詔勅이 내려져 러일 양국 개전이 되자 2월14일 한국주차헌병대에 하사 이하 65명이 파견되어, 한국 각지에 헌병을 분산해 주둔시켜 종래 임무와는 다른 군사경찰의 임무를 집행하게 했다.

217. 鄭晋錫, 前揭書, p. 27.
218. 『皇城新聞』, 1904年 8月17日字 「雜報」.
219. 『帝國新聞』, 1904年 11月9日自 「論說」에서 『帝國新聞』의 停刊事情.
220. 金正明(1969) 『朝鮮駐箚軍歷史』, 嚴南堂書店, pp. 179~181.
221. 金正明(1969) 『朝鮮駐箚軍歷史』, 嚴南堂書店, pp. 179~183.
　「韓日外交資料集成」, 別冊 Ⅰ卷 參照.
222. 片山慶隆(2003) 「日英同盟と日本社會の反應 1902~1904(1)」 『一橋法學』, 一橋大学院法学研究科, pp. 421~459.
223. 姜在彦(1970) 『朝鮮近代史硏究』 日本評論社, p. 235.
224. 李基百(1979) 『韓國史新論』 學生社, p. 357.
225. 山邊健太郎(1988) 『韓日合倂小史』 岩波書店, p. 178.
226. 姜在彦(1970) 『朝鮮近代史硏究』 日本評論社, p. 236.
227. 金圭煥 『日韓の對韓言論·宣傳政策』 前揭書, p. 62.
228. 原敬日記(1910. 4. 5)에는 요컨대 한국의 합병은 이토伊藤 통감이 부임할 당시부터 내정한 정책이므로 이것을 실행하는 것은 열국의 감정여하를 감안하여 가장 좋은 때에 실행할 만한 일인 이유라는 최고 방침을 피력하고 있는 것이다. 원래 서구형의 보호정치를 베푸는 것에 의해 일본은 한국이 국제적으로 관심의 표적이 되는

것을 효과적으로 피하게 된 것이다.

229. 朝鮮總督府編 『朝鮮の保護および合併』 p. 20; 國史編纂委員會編(1965) 『韓國獨立運動史』 第1卷, p. 18, 고종은 1905년 12월에는 주불공사 민영찬閔泳讚을 미국으로 파견하고, 다음해인 1906년에는 민영돈閔泳敦을 미국에, 이기현李起鉉을 러시아에 각각 밀사로 파견했다.

230. 『元帥寺內伯爵傳』 p. 505, 朝鮮總督府編 『朝鮮の保護および合併』 74, pp. 92~93.

231. 구한보호국화舊韓保護國化 이후, 이른바 「매국노」 박제순 내각에 대해 조선민족의 저항이 격해져, 통감부는 내각을 경질함에 따라 더욱 적극적으로 친일내각을 조각해 위기를 넘기고자 했다. 이것이 이완용 내각으로 조선민족의 비판 내각이 되었다.

내무대신內務大臣	임선준任善準
탁지부대신度支部大臣	고영가高永嘉
군부대신軍部大臣	이승무李乘武
법무대신法務大臣	이중응李重應
학부대신學部大臣	이재곤李載崑
농상상부대신農商上部大臣	송병준宋秉畯

232. 久保寺山之(1964) 『韓日離合之秘史』全卷, 日本乃姿顯彰會, p. 151.

233. 同上 p. 154.

234. 이 취극서는 한국 정부와 일본정부가 1907년 7월 24일 체결, 한일협약 제5조에 의해 임명된 한국 경찰관이 해당 일본헌병의 지도감독을 받아, 재한국 일본신민에 대해 경찰사무를 집행할 것을 약속한 것이었다.

235. 朝鮮總督府編 『朝鮮の保護および合併』前揭書, p. 236; 金圭煥, 前揭書, p. 69.

236. 金圭煥, 前揭書, 88.

237. 葛生能久(1930) 『韓日合秘史』, 上卷, 黑龍會出版部, p. 329.
久保寺山之, 『韓日離合之秘史』, 全卷, 前揭書, pp. 256~257.

238. 이토 히로부미伊藤博文는 「由來積弱痼」에서 지적한 대로 한국은 역사적으로 한 번도 완전한 독립국이었던 적이 없고, 영원히 자립할 가능성이 없다고 하는 설득과 회유를 병행했다. 이것은 한국 황실 스스로의 이름으로 공언된 것이라고 했다. 「자치능력의 결여」라는 것은 식민지국가를 의미하고, 식민지 통치주체로써는 자기의 지배체제를 유지하기 위해 기꺼이 이용한 암시적 설득과 회유정책일 것이다. 또 「한일동조론日韓同祖論」, 「내선일체」, 「황민화정책」 등은 나중에 중요한 프로퍼갠더의 재료가 되어 조선민족에 대해 꿈과 희망을 여지없이 짓밟게 된다. 이것은 전술한 각종의 조약 등과도 궤를 같이하는 협박과 설득의 회유방법일 것이다.

239. 흑룡회黑龍會는 일본의 고전적 우익단체이다. 이 모임은 우치다 료헤이內田良平 등
에 의해 1901년 결성되었다. 아시아 후진국의 독립지원을 목표로 했지만, 실제는
일본제국주의의 대륙침략의 담당자였다. 그러나 아시아의 평화, 일본의 독립 등을
외치는 사상적 측면으로는 이것과 궤를 같이하려는 단체가 몇 개 있었다. 전술한
구마모토 국권당熊本國權黨과 오이 겐타로大井憲太郎를 중심으로 한 자유민권파가
그 단체이다.

240. 일진회一進會는 당초에는 동학당을 이어받은 잡분자雜分子에 의해 조직되어, 흑룡
회의 구즈 요시히사葛生能久, 우치다 료헤이內田良平의 지도와 함께 원조를 받았다.
러일전쟁 중에는 일본국의 철도부설, 병참운송 등으로 노고를 제공한 친일협력단체
였다. 한일합병시에는 회원 백만을 칭하며 적극적으로 나섰다. 실제 회원 수는 『경
성일보』 9월 27일에는 140,725명이고, 이 중 과반수인 93,079명은 평안도 출신이었
다. 또 조선민족에서 이완용, 박제순 등과 같은 이른바 매국노라고 칭해지는 이용구
李容九, 송병준宋秉畯은 일진회의 개방에 즈음해, 정리비로 거액의 자금을 받고, 송
병준은 백작을 수여받았다. 그의 친일가 모습을 『오사카아사히大阪朝日』(1910. 3. 5)
는 다음과 같이 보도하고 있다. 『(일본체재 중)송병준은 조선인에 대해서가 아니면
결코 송병준이라 하지 않았다. 자택 표찰에도 반드시 노다 헤이지로野田平次郎라고
했다. 항상 흐트러진 일본복장, 일본인 첩을 얻고, 일본인 서생을 기르며 무엇이든
일본식이 아니면 용납하지 않았다. ……』 더욱이 잡지 『조선』(1911년 4월)에 의하
면 송병준과 이용구는 구 일진회 회원으로부터 사기취재로 소송 당했다고 기록되어
있다. 金圭煥, 前揭書, p. 72.

241. 『京城日報社誌』 및 李鍊『朝鮮言論統制史』 (2002),   信山社(東京), p. 201.

242. 頭本元貞는 이토 히로부미 비서관伊藤博文秘書官으로, 『JAPAN MAIL』 紙의 번역기
자였다.
　　 1906년 이토 통감과 함께 한국에 와서 영국인이 경영하던 영자신문을 인수해 『Seoul
Press』 사장 겸 주필이 된다. 그 후 일본에 돌아가서 격주간지隔週刊인 『The Oriental
Economic Review』를 창간하게 된다.

243. 友邦協會(1974) 『統監府時代の財政』 中央日韓協會, p. 111.

244. 高等法院書記課編(1923) 『朝鮮司法提要』 全卷, 巖松堂京城店, pp. 886~889.

245. 朝鮮總督府官房審議室校閱, 帝國地方行政學會朝鮮本部編(1935) 『現行朝鮮法規類纂』
第8卷, 法36, p. (2~5)~(2~6).

246. 朝鮮總督府官房審議室校閱, 帝國地方行政學會朝鮮本部編 『現行朝鮮法規類纂』 第8
卷, 前揭書, p. (2~5).

247. 朝鮮總督府官房審議室校閱, 帝國地方行政學會朝鮮本部編 『現行朝鮮法規類纂』 第8

卷, 前揭書, p. 110.

248. 당시 조선국내에서 외국인이 발간한 신문은 베델의『대한매일신보』뿐이었다.

249. 해외에서 발간된 한국어 신문 중에서 문제의 기사가 있으면 압수처분 또 발매금지 처분을 내릴 수 있었다.

250. 주한일본공사관기록『明治41~2年 機密本省往』신문단속에 관한 서류, 崔埈, 前揭 書, pp. 237~238.
「신문지압수처분에 관한 내규」
1, 압수처분할 때는 경무국은 경시청 및 각도경찰서, 분서에 통달할 것. 경찰서장은 이것을 소속관찰사에 보고할 것.
2, 내무대신은 신문지의 발매반포를 금지하고 압수했을 때에는 관보에 고시수속을 할 것.
3, 경찰관은 신문지의 처분에 있어서 외국인의 가택 또는 서원, 영업소 등에 침입하지 말 것. 외국인이 소지한 신문지는 압수하지 말 것.
4, 외국에서 발간된 국문지 또 국한문 혹은 한문 신문지 중에서 봉투우체에 의한 것은 통신관리국은 내부결정하기까지 봉한 우편은 배달을 유보할 것.
5, 기차에 의해 보통화물로 지방판매점 등에 송달하는 것에 대해서는 경무국에서 압수처분의 뜻을 철도관리국으로 통지해 동 관리국은 또 각 역장에게 통달하고, 그 외의 경찰서 및 경무국의 전보통달에 의해 압수처분을 행할 것.
6, 선박에 의해 보통화물로 수송할 경우, 경무국에서 압수의 뜻을 관세국에 통지하고 관세국은 또 통달해, 경찰서 및 관공서는 경무국의 전보통달에 의해 압수처분을 행할 것.

251. 駐韓日本公使館記錄『明治41~42年 機密本省往』신문단속에 관한 서류, 崔埈 p. 238.
「신문지압수에 관한 집행요령」
제1조, 경찰서는 신문지압수처분에 관해 경무국장으로부터 전명을 받은 때에는 속히 소속 관찰사에 보고할 것.
제2조, 전 조의 명령을 받았을 때, 속히 하기의 각호에 의해 집행할 것.
(1) 압수한 신문지가 우체국 및 우체중계소에 도착하면 인수할 것.
(2) 철도편탁송(우체물이 아닌 화물로 보낸 것)일 경우도 이것을 인수할 것.
(3) 정차장내에서 종람용으로 해당신문지가 비치되어 있을 때는 역장과 교섭해 이것을 철거할 것.
(4) 세관소재지에서 선박으로 운송된 일이 있을 경우 이것을 인수할 것.
(5) 경찰서 소재지 및 순사주재소의 관할구역 내에 있는 중계소 판매점 및 배달인의 사택 등에서 압수할 것.

(6) 배달중인 것은 이것을 차압 압수할 것.

(7) 압수할 신문을 소지한 자가 있을 때는 경찰에게 넘기지 않고 주의해 압수할 것.

제3조, 압수처분에 있어서는 아래의 점을 주의할 것.

(1) 외국인이 소지하고 있는 것은 압수하지 말 것.

(2) 외국인의 가택, 사원 혹은 경영소 등에 침입하여 압수하지 말 것.

제4조, 압수한 신문지의 부수는 즉시 경찰국장에게 보고할 것.

252. 日本新聞協會(1936)『出版及著作關稅法法令集』pp. 97~107, 부록 참조.

253. 日本新聞協會(1936)『出版及著作關稅法法令集』p. 98.

254. 1909년 9월 14일자『경성신보』사설은 신문규칙개정을 비난하며 전 이토伊藤 통감은 언론의 자유를 존중해 신고형식을 채용하여, 사방에서 오는 공격 속에 태연자약으로 그 위대함을 보이고 있다고 했다.

255. 春原昭彦(1988)「植民地の新聞統制」『自由・歷史・メディア』日本評論社, p. 180.

256. 朝鮮總督官房審議室 校閱帝國 地方行政學會 朝鮮本部編『現行朝鮮法規類纂』第8卷, 前揭書, pp. 100~101, 전문은 부록 참조.

257.『동아일보』1989년 11월 4일자. 李海暢(1977)『韓國新聞史研究』成文閣, pp. 45~50. 문제의 사설은 장지연이 술에 취해 썼다고 하는 일화가 있다. 장지연은 사장으로 직접 썼지만, 술에 취해 정리가 되지 않은 채 자버렸다. 그래서 같은 회사의 유근柳瑾이 정리해 게재했다고 한다. 그러나 이 기사는 사전검열 없이 인쇄되어 정간처분을 받았다. 이 내용을 일부소개하면「……입이 있어도 말할 수 없는 것은 새보다 못한 것이며, 무심하게 침묵해 있는 것은 짐승만도 못한 것이다.」라는 것이다.

258. 독립운동의 지도자 중 한사람인 오세창이 창간한 대한협회의 기관지이다. 당시 독립협회의 기관지는 독립신문, 황성신문, 제국신문의 3개이다.

259.「朝鮮の言論取締と暴徒鎭壓」『外交時報』1909년(127號) 金圭煥, 前揭書, pp. 94~95.

260. 경성의 Mission School에서 가르친 후, 나가사키長崎로 가서 한국어 교사를 했다. 1903년 귀국해서 베델과 함께『대한매일신보』를 창간하고 총무가 되었다. 1919년『동아일보』창간 당시는 편집감독으로 위촉되어 민족 언론계의 제1인자였다. 1912년에『테라우치寺內 총독암살음모』사건에 관련되어 투옥되었다.

261. 베델은 런던의『Daily Chronicle』의 특별통신원으로 러일전쟁을 취재하기 위해 1904년 3월 10일 조선으로 와서, 후에『대한매일신보』를 창간했다. 1908년은 일본정부의 강요에 의해 영국청한 고등재판소에서 유죄판결을 받았지만, 상해에서 3주간의 금고를 받고, 또 경성으로 돌아갔지만, 다음해 5월 병사했다. 베델부인은

『Japan Advertiser』에서 그의 죽음은 일본당국의 정신적인 박해에 의한 것이라 비난했다. 베델은 1886년 일본으로 가서 니콜(P. A. Nicolle)이라는 사람과 함께 고베시神戶市 42번지에서 Nicolle and Co.라는 무역상을 경영했다고 한다.

262. 鄭晉錫(1987) 『대한매일신보와 배설裵說』 나남出版, p. 81.

263. 日本外務省 「大韓每日新報ベセル事件」 『機密本省往』 明治39年~49年(機密第9號).
崔埈, 前揭書, p. 239.

『대한매일신보주필 베델에 관한 건 …… 경성재류영국인 베델(Bethell)은 작년 8월 이후 「코리아·데일리·뉴스」(Korea Daily News)라는 영자신문을 발행해 제국의 대한정책에 반항함을 그 주의主義로 하며, 혹은 열국의 간섭을 주창하고 러시아의 권토중래를 보도하여 가까운 장래에 있어서 제국 세력이 반도에서 배제될 만함을 이야기하고, 한국관민으로 하여금 충심衷心 신뢰의 뜻을 없애는 것을 꾀하고, 혹은 제국관헌 및 고문의 시설을 비방해 제국관민의 비행을 구무構誣하여 제국의 진의는 한국을 없애고 한국민을 멸하는 것에 있음을 얘기하고, 한국의 상하에 강개慷慨의 뜻을 고무하여 배일排日을 미만瀰蔓시키는 것에 힘을 쓰는 등, 진실로 제국의 신용을 손상시키고 제국의 시정을 방해하는 것에 족하다고 사료되는 것은 무문국필에 전력을 쏟는 것에 이르러, 궁중에 출입하는 소위 잡배 등은 그 기사로 비밀운동의 재료로 제공하는 등 해독이 미치는 곳이 적지 않은 차제에 있다. ……」

264. 「大韓每日新報ベセル事件」 『朝鮮統監府施政年報』 1906~1907, 統監電信 第204號.

265. 鄭晉錫 『대한매일신보와 배설裵說』 前揭書, p. 320.

266. 前揭書 "Korea Daily News"(『대한매일신보』사건, 1908), 電信 第41號.

267. 崔埈(1975) 『韓國新聞史論攷』 一潮閣, p. 254.

268. 同上, p. 225.

269. 鄭晉錫, 前揭書, p. 344.

270. 友邦協會(1917) 『朝鮮の保護及合併』(朝鮮總督府極秘資料) p. 79.

271. 崔埈, 前揭書, p. 225.

베델의 변호인 클로스(C. N. Crose)는 베델은 한국어를 할 수 없는 것을 지적하며 국한문판 『대한매일신보』에 관한 한 그 처벌에 있어서 경감해야 한다고 주장했다.

272. 鄭晉錫, 前揭書, p. 388.

273. 友邦協會(1917) 『朝鮮の保護及合併』(朝鮮總督府極秘資料) pp. 79~84.

274. 崔埈, 前揭書, 256.

275. 『황성신문』 1908년 6월 17일, 재판방청. 『경성신문』 1908년 6월 20일, 외국통신원 향응.

276. 友邦協會 『朝鮮の保護及合併』 前揭書, p. 57.

277. 同上, p. 58.

278. 崔埈, 前揭書, p. 257.

279. 友邦協會, 前揭書, pp. 58~59.

　　　검사공소취지의 진술

　　「피고 양기탁은 대한매일신보에 있어서, 회사사장 영국인 [베델]과 협의해 국채
보상지원금의 명의 하에 금액을 모집하고, 또 특히 [베델] 그 외의 사람과 협의해
설립된 동 지원금 총합소의 책임자로 그 회계 일을 담당했다.

　　매일신보사에서 금년 4월 30일까지 모집된 총금액은 적어도 132,982엔 32전으로
인정된다. 그 증빙근거는 아래와 같다.

　　　1. 금 2만7천5백원(프랑스인 「마르탱(Martin)」 대여 액)
　　　2. 금 2만5천원(수안 금광주식 매입대금)
　　　3. 금 3만 원(인천, 향상은행 예금고)
　　　4. 금 6만1천42원 33전(전기회사 은행예금고)
　　　합계, 금 14만3천542원 33전
　　　보상금 수입총액(신보사 총합소분)(상)

　　총합소 수입금 중 매일신보사에 관계없는 분, 위 금액 중, 금 15,060원 1전, 매일
신보사 수입총액, 위의 차액잔금 132,982원 32전. 하지만 피고는 신보사에서 불과
금 61,042원 33전 2리를 수입으로 한 것과 같이 매일신보 지상에 보고하여 일반 의
연자를 속이고 그 차액금 71,939원 98전 8리를 횡령했다.」

280. 友邦協會, 前揭書, p. 60.

제5장　**1910년 한일병탄**
　　　　시대의 언론통제

제1절　한일병탄과 언론통제 정책

1. 일제 식민지 조선의 통치기구

　　식민지통치기구는 본질적으로 식민정책을 실시하기 위한 제도적인 장치이며 식민통치의 목표에 따라 그 설치내용과 운영방법도 달라진다. 그러나 한국에서 일본제국주의의 식민지통치에 관한 연구는, 전반적으로 「일본의 통치사적인 시점」 혹은 「조선민족의 민족사적인 시각」에서만 접근하는 일 방향적인 연구가 대부분이었다.[1] 이것은 일본제국주의와 조선민족의 대립관계라는 시점에서 식민지통치기구의 구체적·실질적 내용을 파악하기보다는, 피통치자인 조선의 입장에서 일본의 통치과정을 분석한 것으로, 식민지통치기구의 형식적 측면만을 논한 것이 대부분이었다. 따라서 본 연구는 일본의 조선통치에 대해 통사적인 측면과 조선민족의 투쟁과 저항이라는 민족사적 시각 양쪽을 병행해서 분석해 보고자 한다. 우선 일본이 조선을 식민통치하면서 통치기구를 어느 정도로 구성하였고, 또 어떻게 운영하였는가를 분석하고자 한다. 이를 통해 식민지 시대의 통치정책 및 언론통제정책을 정확히 파악해 낼 수 있을 것이다.

　　일제의 조선 통치는 식민지통치기구인 통감부의 설치로부터 시작된다. 통감부는 1905년 11월 17일에 체결된 한일보호조약에 의거해 설치되었으며, 일본은 같은 해 12월 21일 칙령 제267호 「통감부 및 이사청관제理事廳官制」를 공포함과 동시에 이토 히로부미伊藤博文를 초대 통감으로 임명했다. 이 관제의 대강은 다음과 같다.

제1조 통감은 친임親任(천황이 임명)으로 천황에 직속하며, 외교에 관해서는 외무대신에 따르고 내각총리대신을 거치며, 그 밖의 사무에 관해서는 내각총리대신을 거쳐 천황에게 말씀을 아뢰고 또 재가를 받는다.

제2조 통감은 한국에서 제국정부를 대표하여 외국영사관 및 외국인에 관한 사항을 관할한다.

제3조 통감은 조약에 기초해 한국에서 제국관헌 및 관공서의 시행을 할 제반의 정책을 감독하고, 그 밖의 종래 제국에 속한 일체의 감독사무를 시행한다.

제4조 통감은 안녕질서유지를 위해 필요할 때는 한국 수비군 사령관에 병력의 사용을 명할 수 있다.[2]

이와 같은 조항에는 총 10개항이 있었다. 상기 관제에 대해 대장성 관리국 해석 자료는 다음과 같이 기술하고 있다.

「통감부의 한국정부에 대한 권한은 오로지 외교에 관한 사항만 관리함에 그치며, 한국 내정에 대해서 재정 및 경무 등에는 각각의 고문이 각 한국정부의 명령 하에 집무를 수행하고 있다. 또한, 통감은 간단히 이것을 감독함에 지나지 않고, 요는 한국정부 각부대신을 소집하고 충고를 할 수 있었기 때문에, 지방행정에 이르러서는 통감은 하등 이것에 관여할 권한과 능력을 부여받지 않았고, 따라서 통감의 성의와 노력에 관계없이 보호정치의 결실을 얻고자 하는 것은 곤란했다.」[3]

여기에서 볼 수 있듯이 한국의 통감은 조약에 따라 오로지 외교에 관한 사항만을 관리하게 되어 있었지만, 실제로는 대한제국을 대표하며, 외교, 행정, 군사 등 실정 일반에 관한 광범위한 권한을 보유하고 있었다.[4] 당시의 통감부

의 직제는 <그림-2>와 같다.5)

〈그림-2〉 ··· 통감부의 직제

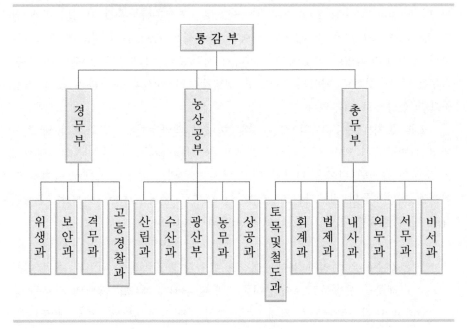

이렇게 하여 직제를 정비하고 통감으로는 이토 히로부미伊藤博文, 총무장관에 쓰루하라 사다키치鶴原定吉, 농상공부 총장에 기우치 주시로木內重四郎, 경무부 총장에 오카키 시치로岡喜七郎가 각각 취임했다.6)

하지만, 이에 대해서는 조선 민중의 저항뿐만 아니라, 대한제국의 황제를 비롯해 정부각료들의 저항이 예상외로 강했다. 이에 이토 히로부미伊藤博文는 1906년 7월 대한제국의 궁중경비는 마루야마 쓰루키치丸山鶴吉 경무고문이 지휘하는 형태로 대한제국의 궁정 경비는 일본경찰이 지배하게 되었다. 이토伊藤는 여기서 그치지 않고, 서울에 경무고문 본부를 설치하고 전국 13도에 지부를 두었으며, 36개소의 분견소와 122개의 분파소, 그리고 각 이사理事(현청)의 주재지에 이사청 경찰을 두고 전국적으로 경찰조직을 확대해 나갔다.7) 게다가 1907년 8월 대한제국의 군대 해산을 명령하며, 헌병제도도 한국주둔 헌병대로 개편했다. 이로 인해 일본은 대한제국의 치안과 경찰권을 완전히 장악하게 되었다.

1910년 8월 한일병합과 함께 테라우치 마사타케寺內正毅 통감이 초대총독
이 되고, 같은 해 9월 29일 칙령 제354호로 「조선총독부관제」가 발표되게 된
다. 당시 조선의 치안 및 정세는 상당히 불안해서 강도 등의 범죄가 증가하는
한편 항일의 움직임이 곳곳에서 일어나기 시작했다. 이와 같은 상황 속에서 총
독부는 우선 첫째로 치안의 유지 및 생명재산의 안전을 도모하는 것을 가장
중요한 현안으로 다루었다.[8)]
일본 통치 계층은 이와 같은 상황 하에서 테라우치寺內 총독을 통해 조선
에서 헌병경찰에 의한 이른바 「무단정치」를 감행하게 된다. 또한, 합병당시에
는 조선의 급격한 변화를 피하기 위해 먼저 기존의 통감부를 그대로 승계하고,
여기에 대한제국의 정부기관을 흡수하는 형태로 총독부의 통치조직을 구성했
다.[9)] 당시 주요한 칙령 내용을 보면 다음과 같다.

「조선총독은 친임관 육해군대장으로 천황에 직속하여 위임된 범위 내에
서 육해군을 통솔하고 조선방비를 담당한다(관제 제1조). 제반의 정무를 통
할하고 내각총리대신을 거쳐 상주上奏하고 재가를 받는다(관제 제2조). 조
선에서는 법률에 요하는 사항은 칙재勅裁를 거쳐 명령으로 이것을 규정할
수 있다(관제 제3조).」

이를 비롯해 전문 7개조의 조선총독부관제가 공포되었다.[10)] 이상과 같은
칙령에 의해 조선총독부의 관제기구가 정비되었는데 그 조직은 <그림-3>과
같다.

〈그림-3〉 ••• 조선총독부 관제기구

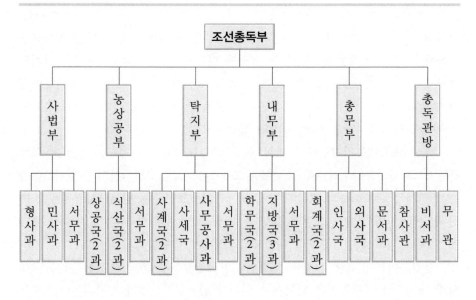

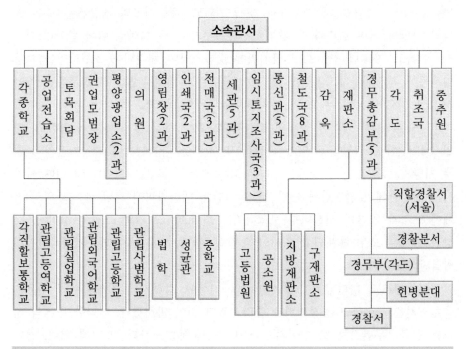

상기 칙령에서 볼 수 있듯이 가장 중요했던 것은 총독의 지위와 권한이다.[11] 조선의 총독제는 「무관총독제」[12]로, 총독은 일반 정무에서뿐만 아니라, 군사적으로도 강력한 권한을 가지고 있었다. 즉, 위임의 범위 내에서 육해군을 통솔하고, 조선의 방위를 장악하는 규정에 따라 총독은 조선군사령관을 자기의 예하에 두고 조선주둔군을 지휘하게 되었다. 또, 이와 같은 강력한 군사통솔권과 법률을 필요로 하는 명령 발휘권한도 총독이 가지고 있었기 때문에 총독은 조선에서 사실상 「상황제上皇帝」[13]와 같았다고 할 수 있다.[14]

조선총독부 통치기구에서 가장 특징적이고 핵심적인 제도는 헌병에 의한 경찰제도이다. 통감부시대에 조선에는 2가지 계통의 경찰기관이 있었다. 하나는 조선제국정부 소속의 경찰관이고, 또 하나는 조선주둔 일본군사령부에 소속된 일본군 헌병이었다. 그런데 1907년 12월 29일 한일양국 간에 체결된 협약에 의해서 외무성 경찰관서와 대한제국경찰관서가 통합되게 되었다.

한편, 1910년 6월 24일에 조인된 「한국경찰사무 위탁에 관한 각서」[15]에 의해 대한제국의 경찰권은 일본에 위임되어 한국경찰관제가 폐지되었다. 그 후 6월 29일에 「통감부경찰관서관제」가 공포되고, 대한제국의 경찰관은 모두 통감의 관할이 되며 합병과 동시에 조선총독부가 이를 그대로 이어 받았다.[16]

이윽고 1910년 8월 22일 극비리에 병합조약이 체결되어 조선국민들의 항일운동이 격심해지자, 같은 달 25일 한국주둔 헌병대사령관 겸 경무총장 아카시 모토지로明石元二郎는 모든 정치단체는 1주일 이내로 해산할 것을 명령했다.[17] 또한, 이후 어떠한 종류의 결사집회도 허가하지 않을 뜻을 언명하고, 친일·배일단체를 불문하고 일시적 집회 및 강연을 금지했으며 총독기관지와 일부 지방의 일본인 경영 신문을 제외하고는 모든 신문을 폐지했다.[18] 이때 아카시는 친일단체인 일진회에 15만 엔, 항일단체 대한협회에 10만 엔, 그 외의 단체에도 각각 약간의 해산비를 보조하기도 한다.[19] 그 결과 조선의 정치적, 사상적 단체는 모두 해체되고 조선인의 집회, 결사, 언론, 출판의 자유는 완전히 박탈당하게 된다.

이상에서도 나타났듯이 조선민족의 저항이 강해지면 강해질수록 일본은 통치조직을 강화하고 경찰병력을 증강시켰던 것이 밝혀졌다. 이러한 일본의 태도는 결국 「무단정치」로 이어지고 「3·1 독립운동」을 불러일으키게 되며, 결과적으로는 「무단정치」, 「황민화 정책」, 「내선일체」, 「동화정책」 등의 실정과 함께 총독정치가 실패하는 원인이 되기도 한다.

2. 테라우치 마사타케寺內正毅 조선총독의 언론통제 정책

테라우치寺內 총독은 「한일병합」을 성사시킨 조선총독이며, 이른바 「무단정치」정책과 함께 언론정책에도 강경한 조치를 취했다. 그는 합병이전에 조선에서 발행된 신문은 물론, 일본에서 발행된 신문에도 엄격한 통제정책을 취했다. 그는 통치하는 동안 조선의 총독정치에 대해 부정적으로 언급한 기사가 있으면 일본에서 발행되는 신문이라 할지라도 바로 압수하거나 반포를 금지하는 엄격한 조치를 취했다. 테라우치 총독은 한일병합 이후에는 더욱 더 적극적으로 언론통제에 착수해 총독부 기관지, 혹은 어용신문 및 그 외 일반신문에도 매수, 또는 폐간 처분 등의 탄압책을 가하는 것을 서슴지 않았다.

우선 테라우치 총독은 앞 절에서 언급했던 영국인인 베델에 의해 경영된 『대한매일신보』를 매수하여 총독부기관지인 『매일신보』로 개제하여 발간했는데, 이를 제외하고는 모든 한국어 신문은 발행을 금지했다.[20] 총독은 총독부에 비판적인 신문뿐만이 아니라 친일적인 신문에도 같은 통제정책을 취하면서 조선인에 대한 모든 언론활동을 일체 봉쇄하기도 했다. 그 과정에서 일본인 경영 어용지인 『대한일보』, 『국민일보』와, 『제국신문』, 『황성신문』 등에 약간의 폐간료를 지불하고 폐간시키기도 했다.[21] 결국 조선에서는 『경성일보』밖에 남지 않게 되었다. 이 신문은 일본어 신문으로 이토伊藤 통감이 창간한 기관지이기 때문에 살아남을 수 있었다. 나중에 총독부 기관지가 되지만 『경성일보』의 한국어판 신문은 『매일신보』이고 영자판은 『The Seoul Press』인데, 일본어판, 한국어판, 영자판 모두가 총독부기관지로 역할을 하게 된다.

이와 같은 언론의 탄압은 테라우치寺內 총독의 통치방침에 근거해 주로 조선주둔 헌병대사령관 아카시 모토지로明石元二郎에 의해 행해진다.[22] 총독부는 신문뿐만 아니라, 출판물에도 검열을 강화했다. 총독부에 관한 것은 출판할 수 없었을 뿐 아니라, 통신, 전보에 이르기까지 모든 것은 경무국의 허가를 받도록 통제를 가했다. 그 때문에 조선총독부시대에 출판된 잡지, 서적은 총독부와 그 부속기관, 그리고 경성제국대학에서 출판된 것을 제외하고는 거의 볼 수가 없었다. 다만, 해외에서 발간된 신문은 국내에 가지고와 읽을 수 있었다. 샌프란시스코의 『신한민보新韓民報』와 잡지 『대도大道』, 하와이의 『신한국보』와 『한인교회보』, 최재형이 블라디보스톡에서 발간한 『대동공보大東共報』 등이 그것이다.23)

테라우치寺內 총독의 언론단속의 주요 대상이 된 것은 일본에서 발간된 신문과 조선에서 발간된 출판물이었다. 물론 총독부기관지도 그 대상의 예외가 아니었다.24) 이와 같은 테라우치寺內의 언론정책에 의해 배일민족지는 폐간내지는 통폐합되어 총독정치 아래에서 치안은 표면적으로는 어느 정도 평정을 찾게 된다. 그럼에도 불구하고 총독부가 일본인의 언론활동에 대해서도 엄격하게 단속을 실시했기 때문에 테라우치寺內의 언론통제정책은 일본 언론계에서도 비판의 대상이 되기도 했다. 이에 대해 경성주재 일본인 기자 클럽인 「춘추회春秋會」25)는 다음과 같은 성명으로 비판하고 있다.

　　「조선은 합병 직후 치안상태가 이미 안정되었음에도 불구하고 언론의
　　단속이 너무 준엄해서 유감이며, 총독은 여론의 대세를 비추어보아 반성할
　　것을 바란다.」

이에 대해 아카시明石 경무총장은 춘추회를 위험분자 집합단체라는 식으로 간주해, 더욱 강경한 언론단속 정책을 취하게 된다.26) 아카시明石 총장은 단속 이유를 다음과 같이 말하고 있다.

　　「일본인의 자유로운 언론 활동이 총독에 대한 비판으로 이어져 조선총
　　독정치에 악영향을 미칠 우려가 있고, 또 일본인의 언론에 대한 권리는 식
　　민지에서는 적용되지 않는다.」27)

아카시明石는 한국주둔 헌병대사령관 시절부터 테라우치寺內 총독의 오른팔이었던 자로 조선의 치안문제를 비롯한 언론탄압정책의 실질상 책임자였다.28) 그의 조치는 일본인의 언론활동이 조선인에게 영향을 주고 총독정치의 위엄을 훼손하는 결과를 초래할 가능성을 우려한 것이다.

김규환 교수는 테라우치寺內 총독의 가혹한 언론단속의 직접적인 동기가 다음 두 가지였음을 지적하고 있다.29)

(1) 먼저, 테라우치寺內 총독은 독선적 성격30)을 가졌고, 여론의 비판을 기
피하는 전제통치자였기에 언론 단속은 이러한 특성이 표출된 것이라고 지적했
다. 구체적으로는「자기가 달성한 것, 행한 것, 모두가 완전하다고는 생각하지
않는다. 고금의 정치가와 당국자에 그런 인간이 어디에 있었는가? 단지 가능한
한 완벽에 다가가고자 노력했다. 따라서 우리들은 성의 있는 공격과 성실한 충
고라면 언제라도 경청한다. 현재 조선인 따위는 여러 가지 건언서建言書와 진정
서 같은 것을 많이 제출한다. 그것을 하나하나 보고 있다. 그러나 어쨌든 신문
잡지는 무책임하게 쓰고 세상 속 인간은 곤란해 하고 있다.」31)라는 테라우치寺
內 총독의 견해를 지적한다.

(2) 또한, 테라우치의 언론단속은 정책상의 비판에도 기인하지만, 오
히려 신문과 신문기자와의 감정적 대립에 의해 점점 더 격화되었다고 주장한
다. 그 구체적인 사건으로『오사카매일신문』32)이 테라우치가 본국의 이세신궁
참배에 즈음해서 일본 국내의 요로要路로부터 냉대 받았다고 보도해서 발매금
지된 것과, 그 기사를 전재한『경성일보』(1911년 4월 26일자)도 발행정지된 것
이 있다.

김규환 교수가 지적하고 있는 2가지는 상당히 중요한 내용이라 할 수 있
다. 이 점을 염두에 두면서, 필자도 3가지 사항을 첨부해 그 요인을 분석해 보
고자 한다.

첫째, 테라우치 총독의 언론단속 요인은 무엇보다도 그가「무인정치가」였
다고 하는 데 있다. 일반적으로 종래에 무인, 혹은 군인 정치가는 비판적 견해
나 대립된 의견에 귀를 기울이지 않고, 일방적이고 명령적이며 독선적 또는 감
정적인 통치스타일에 전념한다는 것을 우리는 경험을 통해 알 수 있다.

둘째, 테라우치 총독은 임명과 동시에 이미 한일합병의 중책을 맡고 있었
다는 점이다.33) 따라서 테라우치 총독은 합병의 사명을 실현하는 과정에서 전
대미문의 언론탄압정책을 실시하게 된다. 그와 같은 정책의 배경에는 당시 일
본 국내에서 정권을 장악한 두 사람의 거두 가쓰라 타로桂太郎, 야마가타 아리
토모山縣有朋 등 야마구치 현 출신 육군정치가들의 두터운 신임을 받았던 것이
크게 작용했을 것이다. 이는 당시 가쓰라 총리가 1910년 5월 10일 테라우치 육
군대신을 불러 조선통감을 겸임시키기 위해 그와 나눈 대화에서도 잘 알 수
있다.

「현재, 조선 문제를 처리하는 데 있어 잘 다룰 수 있는 자는 일본에서 두 명뿐이다. 당신이 갈 것인가. 내가 갈 것인가. 만약 당신이 끝까지 응하지 않으면 수상의 지위를 당신에게 양보하고 내가 간다.」[34]

당시 가쓰라 총리가 테라우치 육군대신을 불러 극도에 가까울 정도로 칭찬하고 평가해주자, 테라우치는 얼굴이 상기될 정도로 그 자리에서 감동을 받았다고 한다. 결과적으로 제2차 가쓰라 타로 내각 때 테라우치 마사타케에 의해서 한일합병이 결행되게 된다. 5월 10일에 한일병합을 모의한 괴수(魁首)들의 밀약이 맺어진 꼴이다.

셋째, 테라우치 총독의 언론정책이 도쿠토미 소호德富蘇峰[35]의 언론사상에 많은 영향을 받았다는 점이다. 이것은 식민지통치시대 언론연구에서 대단히 중요한 부분이다. 이 내용은 당시 『경성일보』의 한국어판인 『매일신보』의 편집장이었던 나카무라 겐타로中村健太郞의 증언이기도하기 때문에 대단히 신빙성이 높다. 나카무라 겐타로는 조선어가 능숙한 인물로, 1904년(명치37) 1월부터 경부철도회사에 근무한 후에 아다치 겐조安達謙藏가 사장을 맡고 있었던 『한성신보』의 조선문 주간을 거쳐 조선총독부 경무고문 마루야마 시게토시丸山重俊의 번역관까지 맡았다. 그 후 그는 『매일신보』의 편집장이 되기도 한다.

테라우치寺內 총독은 육군대장으로 언론정책에는 문외한이었기 때문에 총독부 기관지인 『경성일보』의 경영은 도쿠토미 소호德富蘇峰에게 맡기게 되었다. 당시 도쿠토미 소호蘇峰는 『국민신문』 사장 겸 주필로 카쓰라 타로桂太郞 내각을 지지해 왔기 때문에 그 뜻을 이어받아 1910년에 『경성일보』의 경영에 참여하게 된다. 하지만 사장은 경성에 상주해야 했기 때문에 소호蘇峰 자신은 스스로 감독으로서 경영을 계획한다. 결국 초대사장으로는 자기신문사인 『고쿠민신문國民新聞』의 정치부장인 요시노 다자에몬吉野太左衛門을 추천한다. 그 외에도 다수의 기자, 사원을 소호蘇峰가 데리고 와 그 진용을 정비케 한다.[36] 이러한 『경성일보』의 직원들은 거의 대부분이 『고쿠민신문』의 동료들로 구성되었으며, 이 신문 또한 소호蘇峰에 의해서 운영되게 되었다. 나카무라 겐타로中村健太郞에 의하면 다음과 같다.

「경성에는 당시 수많은 신문이 있었다. 언론 통일을 위한 일은 그들 신문을 모두 매수해서, 『경성일보』 하나로 정리하도록 하는 것이다. 소호蘇峰가 처음 착수한 것은 그 신문매수의 일이었다.」37)

그에 의하면 지금까지 남아있던 몇 가지 문제가 해결된 셈이다. 여태까지, 한일병합과 동시에 조선총독부가 설치되고 언론 통폐합 정책이 강력하게 실시되었지만, 누구에 의해 실행되었는지에 대해서는 명확하게 밝혀지지 않았다. 다만, 테라우치寺內 총독의 언론탄압정책에 의해 아카시明石 경무총장이 집행한 것은 아닐까 하는 추측만 있었을 뿐이다.

그러나 총독부 초기의 언론정책은 도쿠토미 소호德富蘇峰의 협력에 의해서 행해졌고, 조선반도에서 신문사의 매수 혹은 통폐합 처리를 한 것도 도쿠토미德富였다는 것이 이제 명백해진 것이다. 소호蘇峰는 자기 자서전에서 당시 조선에서의 신문정책은 아직 완전히 결정되지 않았고, 자기가 의견을 내고 테라우치寺內 총독이 그것을 인정하면서 자신이 조선의 언론통제정책에 개입했다고 말하고 있다.38) 또, 당시 아카시 모토지로明石元二郎에 대해서는 다음과 같이 말하고 있다.

「아카시明石 남작은 후쿠오카 사람이며, 후쿠오카 사람의 가장 양호한 점을 지닌 쾌남아였다. 무엇보다도 테라우치寺內 총독이 그와 같은 치적을 올릴 수 있었던 것은 아카시明石 남작의 힘을 받은 것이 크다고 해야 한다.」39)

이 증언에 의하면 도쿠토미 소호와 아카시 모토지로明石는 언론통제정책에 관해 의견이 일치하고 있었다는 점을 알 수 있다. 아카시明石는 러일전쟁 때는 스톡홀름에서 혁명하의 러시아 내정에 관해 첩보활동을 한 사람으로, 첩보의 전문가(스파이)였으며 한일 병합전후에는 경무총장을 지내기도 했다. 한일병합 전후에는 조선의 내부정보를 조작해 민족진영 간에 내부 분열을 유도하여, 서로가 서로를 공격하여 한일병합을 청원하게 하는 등 한일병합을 앞당기게 한 흉악한 인물이기도 하다. 또한, 도쿠토미 소호蘇峰가 쓴 『경성일보』의 논설을 보면 조선총독의 시정방침을 대변하고 있다. 그는 조선총독의 제일성第一聲이라고도 말할 수 있는 내용을 경성일보에서 밝히면서 다음과 같이 향후 논설의 방침을 정하고 있다.

(1) 동양의 평화를 영원히 유지하고 제국의 안전을 장래에 보장하는 데
필요할 것.

(2) 한국이 항상 화란禍亂의 연원淵源인 것을 고려하여 한국을 제국의 보호
아래에 두어 화원禍源을 두절社絶하고 평화를 확보하기에 이르게 된 것.

(3) 한국의 현 제도는 아직 치안유지를 완수하기에 족하지 않다는 의구심
이 국내에 충일充溢하여 국민이 그 울타리에서 편안하지를 못한다. 따
라서 공공의 안녕을 유지하고 민중의 복리를 증진하기 위해 현 제도
에 혁신을 가하는 것에 이르게 된 것.[40]

도쿠토미德富는 이와 같이 『경성일보』의 언론방침 하에서 한국어 신문 발
간을 계획하고, 나카무라 겐타로中村健太郎에 의해 『매일신보』를 창간한다. 이와
같은 상황에서 테라우치寺內 총독의 총독정치에 대해 여러 가지 비판이 일어나
게 된다. 테라우치寺內 개인에 대한 비판은 강대한 「제령조선총독부制令朝鮮總督
府의 명령 발포권」을 부여하여 무제한의 권력을 초래하는 「무관총독제 반대」
의 논진을 펴고 있던 『도쿄아사히』와 『오사카아사히』가 주가 되었다.[41] 또
테라우치寺內의 가혹한 언론정책에 대해서는 『도쿄니치니치신문』과 『오사카아
사히』가 다루고 있으며, 그 중에서도 『오사카아사히』가 가한 비판의 횟수가
많고 격했다고 할 수 있다.

예를 들면 1910년 12월 『오사카아사히』는 「테라우치寺內의 귀임」이라는
제목의 사설에서 테라우치寺內 총독이 조선에서 항상 계엄적 단속의 언론통제
정책을 취했던 것과, 민간지를 어용화한 정책을 비난하고 있다.[42] 이와 같은
언론정책을 이 신문은 대일본제국헌법 제26조의 「신서비밀보지信書秘密保持」와,
제29조의 「법률의 범위 내에 있어서 언론저작인행言論著作印行의 자유」에 저촉
하는 위법행위라고 몰아세우고 있다. 『도쿄니치니치신문』도 사설 「조선의 언
론계」에서 테라우치寺內의 언론탄압을 비판하면서, 탄압이유였던 '조선인의 해
방투쟁진압책의 일환'이라는 변명에 대해 「식민지 통치와 언론의 속박과는 하
등의 관계가 없는 것이다.」라고 반론하고 있다.[43]

테라우치寺內 총독의 언론탄압이 최고조에 달한 것은 1911년 무렵이다. 『오

사카아사히신문』은 1911년 4월 5일부터 15일 사이에 10회에 걸쳐 테라우치寺內 총독에 관한 기사를 게재했다. 이것은『오사카아사히』경성특파원인 오카노 요노스케岡野養之助가「고천자告天子」라는 필명으로 테라우치寺內 총독의 인품과 정책을 강하게 비난한 것이다.44) 그 논설 내용을 분석해 보면 15개 항목45)으로 되어 있는데 그 골자는 다음과 같다.

「테라우치寺內 총독은 계급주의자로 육군내부에서는 성공했지만 민정에는 신참이다. 그리고 그는 탐정정치로 무단정치를 행하고 공명정대함이 부족하다. 테라우치寺內 총독은 언론의 자유를 거꾸로 되돌려 이제는 언론탄압이라고 하면 <테라우치코寺內子의 대명사>가 되기에 이르렀다. 또 그는 언론을 모두 공리공론이라고 생각하고 있다. 조선인을 보호하기 위해 내지인의 이주를 가능한 한 금지시키고 모국민을 희생으로 바치면서까지 그들을 보호할 필요가 어디에 있겠는가?」라는 것들이다).46)

이상에서『도쿄아사히』와『오사카아사히』의 논조의 특성을 몇 가지 들 수 있다. 즉 테라우치寺內 총독 개인의 독선적인 성격, 편협심, 또는 총독의 자격 등 모두가 개인적인 평가에 맞춰져 있다. 그 외 언론통제에 대한 것은 언론통치기구와 권한 지위에 관한 것이었다. 특히 총독부관제와 강대한「제령발포권制令發布權」, 테라우치寺內 육군대신겸임해제에 관한 것이며, 그 외의 가혹한 언론통제와 조선인에 대한 전대미문의 헌병경찰제도 등의 폭압정치에 관해서는 전혀 언급하지도 않았다.47)

그래서 이들의 테라우치寺內 총독의 비판논조를 통해 당시 일본 언론기관의 일면을 읽을 수 있다. 그것은 당시 언론의 조선총독에 대해 가할 수 있었던 비판의 한계점이라고도 하겠다. 당시 언론은 어디까지나 식민지 조선에서 자국민을 보호하고 이주자의 권익만을 대변하는 논조를 유지하는 한에서 테라우치寺內의 전제적 조선 지배를 비난했다. 조선민족의 자유와 복지, 또는 언론의 통제, 집회, 결사의 자유 등의 제한에 대해서는 그다지 관심이 없었다. 예를 들면 테라우치寺內의 언론탄압정책을 심하게 공격하면서도 조선인의 언론통제에 관해서는 조금도 언급하지 않은 채, 오히려「조선인의 언론단속에 대한 오늘날의 방침에 대해서는 굳이 시비의 뜻을 나타낼 것 없음.」48)이라며, 이를 당연한 결

과로 인정하고 있다.49) 『지지신보』, 『후쿠오카니치니치신문』50) 등도 테라우치
寺內총독통치에 대해 공격하기는 했지만 『오사카아사히』, 『도쿄아사히』 등과
같은 한계를 나타냈다.

　　한편, 한일병합이전부터 신문지법 및 출판물의 단속규제에 따라 대부분의
신문이 발매금지 또는 압수처분을 받았다. 당시 샌프란시스코, 하와이, 블라디
보스톡 등에서 조선인이 발간한 신문과 경성의 『대한매일신보』 등의 압류를
시작으로 압수된 것의 종류별 수량은 <표-6>과 같다.51)

〈표-6〉 신문압수 및 발매반포 금지수 1908(明治41)년~1909(明治42)년

융희隆熙 2·3(明治41·42)년도

		발매반포 융희3년	금지도수 융희2년	발매반포 융희3년	압수지수 융희2년
대한매일신보 大韓每日申報	언문諺文	7	5	3,592	49,328
	한언문漢諺文	7	8	12,722	6,727
(샌프란시스코)공립신문共立新聞		4	19	6	10,264
(샌프란시스코)신한공보新韓共報		31	—	1,211	—
(샌프란시스코)대동공보大同公報		—	3	—	668
(하와이)합성신문合成新聞		4	10	46	542
(하와이)신한국보新韓國報		27	—	1,135	—
(블라디보스톡)해조신문海潮新聞		—	20	—	1,569
(블라디보스톡)대동신문大東共聞		57		2,235	—
계		137	65	20,947	69,098

　(비고)(1) 본 표는 「1908(메이지明治41)년 조선통감부시정연보, 1909(메이지明治 42)년 조선통
　　　　　 감부시정연보」에 의한다.
　　　　(2) 『대한매일신보』는 경성에서 영국인 베델이 경영한 신문이다.

　　또 한일병합 이후에도 이들 모든 법규는 종래대로 시행되고 있었다. 특히
테라우치寺內 총독의 취임 이후 언론통제정책에 의해 발매반포금지 또는 압수
된 신문의 발행 상황은 <표-7>과 같다.52)

　　상기 수치에도 나타났듯이 일본 국내에서 발간된 신문 중에 발매금지, 또
는 압수처분을 받은 경우도 방대한 숫자에 이른다. 이는 조선에서 민족지가 전

폐되고, 일본인 경영의 제한 등에 의해 조선의 신문발행기관이 총독부기관지를
제외하면 거의 없었기 때문이기도 하다.

〈표-7〉 신문압수 및 발매반포 금지수 1910년(明治43)4월~1911년 3월

메이지43년		발매반포금지도수	발매반포압수지수
발행지별	일본	97	70,814
	한국	26	7,462
	블라디보스톡	34	274
	미국(하와이 포함)	98	2,512
	계	255	81,062

• 본 표는 「1910(明治43)년 조선총독부연보」에 의한다.

<표-6>에 의하면 병합 직전은 1907년 신문지법, 1908년 신문규칙이
공포된 직후였기 때문에 매우 심각했다는 것을 알 수 있으며 그런 시대적인
상황에서도 영국인 베델이 경영하는 『대한매일신보』는 저항적인 논조를 이어
가고 있었다. 또 <표-7>에 의하면 조선 내부에서는 신문의 반포금지와 압
수가 수치적으로 상당히 낮았는데, 이는 오히려 테라우치寺內 총독의 엄격한
언론통제 정책 때문에 움츠려든 언론의 단면이 아닌가 생각된다. 왜냐하면, 각
각의 신문사 스스로가 자극적인 논조를 피해 언론 통제를 받아들이고 있었을
가능성이 높기 때문이다.

한편, 경성에서의 유일한 일본인 경영민간지는 『경성신보』로 『경성일보』
에 대해 저항하는 논조를 띠었다. 『경성신보』는 테라우치寺內 총독의 악정에
대해 비판하면서도 일본인 거류자의 이권획득을 주장하였으며, 조선인의 언론
의 자유는 인정하려하지 않았다는 점에서 식민지통치제도에 대해 근본적으로
는 반대하지 않았던 것으로 보인다.

이상에서 보았듯이 일본 언론들의 테라우치寺內 총독의 언론탄압에 대한
비판은 어디까지나 지배민족을 위한 제언적 성격에서 나온 것이지 피억압자에
대한 언론탄압의 완화를 위한 것은 결코 아니었다는 것을 알 수 있다. 또, 궁극
적으로는 조선의 식민지 지배를 목표로 하는 것에 대해서도 이견을 내비치지

않았으며, 다만 그 방법론적인 측면에서 의견차를 드러낸 것에 지나지 않았다.

제 2 절   한일병합을 둘러싼 국내외의 언론보도

1. 한일병합을 둘러싼 일본의 언론보도

한일병합시대 언론보도의 분석은 식민지시대 연구에 가장 중요한 연구 분야이지만, 지금까지 밝혀지지 않은 많은 부분이 과제로 남겨진 상태다. 그러나 관련 자료부족 등으로 당시의 진실을 밝혀내기란 여간 어려운 것이 아니다. 실제로 당시에는 모든 조선어 신문은 폐간되고, 일본인 경영 신문까지도 정간, 또는 발매금지되었다. 그래서 본 절에서는 당시 일본에서 발행한 『도쿄니치니치신문東京日日新聞』, 『도쿄아사히신문東京朝日新聞』, 『지지신보時事新報』, 『오사카아사히신문大阪朝日新聞』 등과 영국신문을 중심으로 한일병합을 둘러싼 언론을 분석하고, 지금까지 밝혀지지 않은 언론과 관련된 모든 요소를 분석해 보기로 한다.

한일병합조약은 일본에 의해 1910년 8월 22일 체결되고, 24일부터 외교사절을 통해 통고되어 정식으로는 29일 발표된다. 당시 조선의 민간지는 모두 폐간되고 일본인 경영신문은 2, 3개밖에 남지 않았다. 이러한 일본인 경영신문도 테라우치寺內 총독의 엄한 단속의 대상이 되어 통감부의 기관지인 『경성일보』, 『The Seoul Press』까지도 발행정지처분을 받게 되며, 이러한 상황을 보더라도 당시의 언론 상황을 쉽게 추측할 수 있다.[53]

조선에서 각 신문에 대해 발매반포금지처분이 내려진 것은 한일합병 직전부터이며, 같은 해 8월 19일자로 부산 잔교棧橋(부산역에서 이어진 구름다리)에서 조선으로 반출하려던 일본신문이 압수처분을 받은 숫자만도 무려 9,164매에 이른다.[54]

테라우치寺內의 언론통제하에서 일본인 경영 신문도 예외 없이 한일병합을 둘러싼 언론보도는 모두 금지되었다.[55] 그럼에도 불구하고 일본 내의 언론은 이를 다루고 있었다. 구체적으로 『지지신보時事新報』(8월 22일), 『오사카아사히 大阪朝日』(8월 22일), 『도쿄니치니치東京日日』(8월 23일), 『도쿄아사히東京朝日』(8월

23일) 등의 신문이 이와 관련된 기사를 다뤘다. 그 때문에 테라우치寺內 총독은 일본신문이 조선에 반입돼 발매·반포되는 것을 금지했다.

그 결과 8월 19일 조간신문은 모두 부산역 잔교棧橋에서 억류되고,56) 같은 달 20일에도 『호치報知』, 『오사카지지大阪時事』, 『도쿄니치니치』, 『추오中央』, 『고베戶神』 등이 압수처분을 받았다.57) 게다가 같은 달 21일에는 『오사카아사히』, 『오사카마이니치大阪每日』, 『규슈마이니치九州每日』, 『오사카지지』가 압수되었으며,58) 23일에는 『오사카마이니치』 외 3개 신문이 압수되었다.59) 이어서 24일에는 『오사카아사히』, 『오사카마이니치』 외 9개 신문, 25일에는 『오사카아사히』 등 13종류의 신문이 압수되었다.60) 이와 같이 대부분의 신문들은 8월 29일까지 발매금지, 압수 등의 처분이 이어졌으며, 신문잡지에 대한 통제는 정식으로 한일병합의 발표가 이뤄지고 나서야 해제되게 된다.

여기서 특기할 만한 것은 총독부기관지인 『경성일보』조차도 27일에 이르러서야 처음으로 「시국문제의 경과」라는 제목으로 병합조약61)에 대한 개요를 보도했을 정도였다.62) 또 한 가지는 27일자 일본 신문들의 "합방"에 대한 언어사용이다. 『도쿄아사히』는 24일부터의 기사에서 「합병」이라 게재하면서 「합방이 아니라 합병이다」라고 보도하면서, 어디까지나 대등한 두 나라 간의 통합이 아닌 일본에 의한 병탄倂呑인 것을 논하고 있었다. 이것에 대해 『오사카아사히』는 22일자에는 「병합」이라는 말을 사용하며, 형식상 「병합」이라는 단어를 사용해야 한다고 보도하고 있다. 『요미우리신문』은 「한국합병」(8월 30일)이라는 사설에서 「병합」 형식에는 연구해야 할 문제가 있다고 말하고 있다. 『요미우리신문』은 유일하게 미노베 타쓰키치美濃部達吉63)에게 위촉하여 3회에 걸쳐 조선의 법적인 문제에 대해 연재하였다.

한일병합 조약은 8월 22일 극비리에 체결되어 24일부터 각국으로 통고되었다. 26일에는 신문기자를 통감부에 소집하여 야마가타 이사부로山縣伊三郎 부통감에 의해 처음으로 병합조약 조인의 내용이 발표되었지만, 그 발표는 29일자로 일제히 해금되어야만 보도할 수 있다는 취지로 발표하였다.64) 또 조인 내용을 외국에 공식적으로 설명한 것은 8월 22일 주러대사 혼노 이치로本野一郎가 러시아당국자에게 밝힌 것이 처음이다.65) 한편 합병의 조인 내용을 최초로 보도한 신문은 8월 29일자 『오사카마이니치신문』이고 경성특파원 나라자키간이치楢崎觀一의 호외전보였다고 알려져 있다.66)

전술한 4개 신문을 중심으로 병합직후 신문논조에 대해 분석하고자 한다. 먼저 『오사카아사히신문』을 보면 1910년 8월 20일자로 본국 신문이 조선반도에 반입, 발매금지를 재빠르게 보도했다. 22일자에도 워싱턴발로 「한일병합은 포츠머스 강화조약상에서 보더라도 당연한 일로 조만간 그렇게 되어야만 하고 기대되는 것으로 특별히 이상하게 생각되는 것이 아니다. 미국 국무성은 병합 협약의 내용을 알고자 그 연락을 기다리고 있으며, 단지 2, 3개의 신문이 약간 한국의 멸망을 기재한 것만으로 아직 어떤 비평도 덧붙인 것은 없다.」[67]라는 기사를 냈다. 이 내용에서는 미국이 한일병합에 관한 내용을 알고자 했던 것으로 볼 수 있다.

또한, 같은 날 기사에서 한국병합 이후의 토지정책에 대해 논하며, 일본 정부가 한국의 토지문제에 관해 결국 조선은 식민 지역이 아닌 국내지로 여기고 홋카이도北海道, 대만, 사할린樺太 등과 같이 외인 토지소유법外人土地所有法에서 제외하기로 결정하여, 병합 후 긴급칙령의 하나로 이것을 공포할 것이라는 사실을 논하고 있다.[68]

『오사카아사히』는 23일이 되자 병합 사실을 특집으로 보도하면서도 정보원에 대해서는 철저하게 비밀로 했지만, 그 보도내용을 보면 「22일에는 임시 추밀원회의를 열게 된다. 발표는 가까이에 있는 만큼 해결형식은 협약에 의한 것으로 아직 그 내용을 보도할 수 없는 것도 처분의 성질이 합방이 아니고 합병인 것이라 ……」[69]고 쓰고 병합조약의 내용과 해설까지 덧붙이고 있다. 그 병합조약의 보도를 보면 「확실한 소식통에서 들은 것에 의하면」이라면서 한국병합협약의 내용은 모두 78개조라고 발표,[70] 해설로 「합병협약에 대해서」라는 제목으로 상기 7가지 항목을 상세히 설명하고 있다. 이들 내용은 나중에 발표한 병합조약을 보더라도 대체로 같고, 사전에 내용을 특종한 인상이 강하다. 또 하나 예를 들면 『오사카아사히』는 23일자에 재빨리 「조선호 발간」이라는 사고社告를 다음과 같이 보도하고 있는데, 이것을 보더라도 한국의 병합을 명확히 추찰할 수 있다.

〈조선호 발간朝鮮號 發刊〉
「한국의 합병은 우리나라 미증유의 일대 사실임은 말할 필요도 없으며, 또는 실로 세계사상 일대 사실로 국민이 가장 기념할 만한 것. 즉 우리 회

사는 이 일대 사실을 기념하기 위해서 그 발표 후 곧바로 조선호를 발간
해 널리 애독자 여러분께 배포하고자 한다.」71)

〈그림-4〉 ··· 한국합병기념호

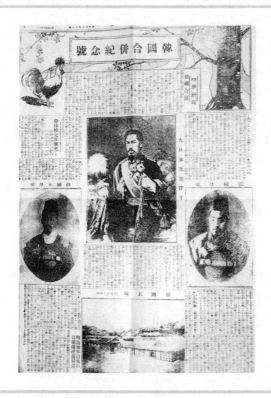

또 이 신문은 23일자 한일병합 이후 재계에 대해 구체적으로 논하고 있으
며, 병합이 일본 경제계에 어떠한 영향을 미칠 것인가 하는 것이 가장 중요한
문제이지만, 재계 일부는 병합과 함께 어떤 복음이 하늘에서 내려올 것이라고
기대하는 자도 적지 않는 상황이었다고 논했다.72)

23일자 「합병과 한국유학생」이라는 제목의 기사에 의하면, 한일병합의 정
보가 전해진 도쿄 한국 유학생 간에는 국권의 소멸은 우리 국민으로서 견딜
수 없고, 무슨 면목으로 고향 사람을 만날 수 있을까라고 분개하면서 귀국하는
유학생의 움직임이 있었다고 한다.73) 이것이 이른바 도쿄학생독립운동의 시작

이다.

　『오사카아사히』24일자(경성전보 23일발)는 「중요회의」라는 기사로 합병사실을 명확히 하고 있으며, 이어 「비준조인批准調印 마무리」(동경전화)라는 제목으로 다음과 같이 논하고 있다.

　　「22일 도쿄에서 중요안건의 어전회의가 정오종료하자마자 한국내각은 바로 테라우치寺內 총독으로부터 공식제시를 받게 되어, 오후 1시부터 궁중에 내각회의를 열고 한국 황제도 임하시고 중추원의장 및 23원로도 출석해 황족을 대표하는 완흥군完興君도 임석하여 우리 추밀원회의의 결과 한국 황실의 대우, 황족, 공로가 있는 양반의 처분 등 모두 만족을 표시한 것에 따라, 내각 및 우리 천황폐하의 심후한 성려에 신뢰하고 의심하지 않는 것으로 일치단결하여 곧바로 그 취지를 테라우치寺內 통감에게 복답復答하기 위해 이완용은 오후 3시에 통감저택으로 찾아가 동행인 조농상趙農相의 통역으로 협약을 마치며, …… 후략 ……」74)

　그런데 당시의 이완용을 비롯해 그를 지지한 대신들과 정치가, 일진회 등에 의한 「한일합방청원서」75) 등의 행동은 당시의 조선민족의 의견에는 반하고 있어, 자기 자신의 영욕을 위한 것이었음을 알 수 있다. 후에 그들은 조선민족으로부터 매국노라는 낙인이 찍혀 심한 비판을 받는다. 전술한 기사에서 나타나듯이 황족과 양반 또는 일진회 간부들은 병합에 대해 만족했을지도 모르지만 대부분의 국민 의사는 이에 반했다. 이것과 관련하여 야마베 겐타로山辺健太郎씨는 일진회라는 것은 실제가 없는 유령단체이고, 이 일진회의 「한일합병」제창은 모든 일진회 간부의 사욕에서 생긴 것이라고 지적하고 있다.76)

　『오사카아사히』25일자에는 정계가 침묵으로 돌변해 각부대신은 자택에 틀어박혀 왕래하지 않고 인심도 역시 극히 정숙하여 아무 변화도 없으며, 내용은 충분히 알려지지 않은 채 거짓말만이 계속 난무하면서 유언비어는 여전히 성했다고 한다.77) 이것은 통감이 훈유로 각 대신에게 수일간 확실한 비밀을 지켜야한다고 엄중히 주문했기 때문이다.

　이 신문은 26일자 기사에서도 오카 이쿠조大岡育造 씨가 한일병합은 양국의 장래와 동양평화를 유지하기 위해 지극히 필요한 것이고 병합 이후에도 조선

국민에 대해서 일본국민은 일치 협력하여 이것을 선도해야 한다고 말하고 있다.[78] 27일에는 러시아발로 지난 22일의 병합조인을 발표하고 있으며 이 신문의 28일자 경성전보(26일밤 발연착금전재發延着禁轉載), 「한국처분세목」[79]이라는 기사를 보면 15항목에 걸친 병합비준조약문을 보도하고 있다. 이것은 경성발전보로 다루었지만, 「전제 금지禁轉載」라는 조건부로 발표했다. 그것은 두말할 것도 없이 조선반도에는 병합의 정보가 들어가지 못하도록 하기 위해서이다.

그리고 29일자에서는 「조선호 제1호」를 내고 있다. 그 중 2페이지는 이황제의 그림과 함께 보호국시대 이전의 조선과 보호국시대의 조선을 상세하게 논하고 있으며, 3페이지는 황후의 사진과 조선의 통화, 조선의 기문奇聞(야사)에 대해 적고 있다. 또 사설에는 한일 양국인은 역사상, 인류학상, 언어학상에서 보아도 동종이며 지리적인 환경에서 보아도 한일양국의 병합은 극히 자연스러운 것임을 말하고 있다.[80] 『오사카아사히』는 병합문제에 대해서 다른 신문보다 크게 다루고 있으며 기사수도 많았다.

『도쿄니치니치신문』은 평론중심으로 보도하면서 8월 23일자에는 이누카이 쓰요시犬養毅의 의견을 게재하고 있다.

　「한일합병은 마치 폐병환자가 드디어 눈을 감듯이 확정적 기정의 문제이기에 그 형식 및 조건 등의 내용에 대해 새삼스레 소란스럽게 할 정도의 문제는 아니므로 시험 삼아 합방 후의 대한정책에 대해 한두 개의 비평을 시도하자면 ……」[81]

이후 이누카이犬養는 동 기사에서 몇 개를 지적하고 있다. 우선 「산업개발을 먼저 하라」는 것으로 식산흥업을 도모하는 것을 급선무로 하지 않으면 안 된다고 했다. 즉 도로의 개통, 교량의 가설, 항만의 수축, 철도의 부설 등 일반교통 편리를 개척하는 동시에 경지수리, 치수사업이 급선무라고 주장했다.

또 조선민족은 게으르고 저축심이 극단적으로 궁핍한데, 이는 중앙집권제로 인해 국민은 자포자기가 되어 게으르게 된 것이라고 하며, 일본의 황민화 아래서 이것을 선도 계발하여 많은 산업개발과 경제력의 충실함을 도모함과 동시에 재산권의 확보와 제도를 확립하면 반드시 종래의 폐풍이 일변될 것이라고 지적했다.[82]

다른 하나는 병합이후 교육문제, 황실의 우대방법, 관세문제, 양반의 처분 등에 대한 대책방법을 논하고 있다.[83] 여기서 이누카이 쓰요시犬養毅는 조선의 병합을 폐병환자에 비유하고 임종에 이르렀다고 진단하면서 이후의 정책방안 까지 제시하고 있다.

『도쿄니치니치』의 24일자 기사는 「한국합병해결」이라는 표제로 지난 22 일 각부대신이 내각에 모여 어전회의를 열고 시국의 근본적인 대책을 결정하 고, 의의 없이 협약에 조인을 끝냈다고 보도했다. 한일 2천년의 관계는 여기서 완전히 해결되어 한국은 마침내 순연한 일본本邦의 영토내로 귀속되고, 그 국 민은 영원히 우리의 성은을 입게 되었다고 하면서,[84] 그 발표는 26일이 될 전 망이라고 덧붙이고 있다. 이 신문 24일자의 기사 「합병과 여론」은 각 분야 명 사들의 논평을 게재했다.[85] 그 중 다음 4사람의 논평을 소개하도록 한다.

먼저, 마쓰다 마사히사松田正久는 이번 병합에 의해 종래와 같은 여러 가지 화근을 근절함과 동시에 동양의 평화는 물론, 세계의 평화도 이것에 의해 확보 되었다고 하고 있다. 하세바 스미타카長谷場純孝도 마찬가지로 오늘날 우리가 조 선을 병합할 수 있었던 것은 일본의 영원한 화근을 단절하고, 동시에 동양의 평화를 확보한 것을 의미한다고 말하고 있다.

하야시다 가메타로林田龜太郎는 한일양국병합결과 한국은 우리 판도의 일부 로 되돌아왔기 때문에, 그 주민은 일본 헌법이 명하는 바에 의해 선거권 및 피 선거권을 갖게 된다면 우리 입법 및 행정상 많은 지장을 초래하게 된다고 했 다. 조선이 일본의 일부인 것은 말할 필요도 없지만 결코 일본제국의 본토가 아닌, 즉 속지가 되어 속지에 대해 특히 천황이 소칙을 발표하고, 본토가 시행 하지 않는 한 조선국민에 참정권이 없는 것이 명백하다고 논하고 있다.

마지막으로 홋타 마사야스堀田正養는 오늘날 한국 황제와 대한국민을 우러 하는 것은 스스로 그들은 류큐(琉球)와는 다른 점이 있어야만 하며, 한국 황제 에 대한 처지 및 대한국민에 대한 태도에 있어서는 매우 신중한 주의를 요한 다고 논하고 있다.

『도쿄니치니치東京日日』는 26일자에서 각국의 한일병합평론을 게재하고 있 다. 특히, 로이터통신원은 영국정부는 한국병합에 대해 정치상 조금도 반대의 뜻은 없고, 다만 이 정변에 대한 상업상 영향에 대해서는 심의해야만 한다고 말했다고 보도했다. 또 다음날 27일 논설에서도 전날의 것을 다음과 같이 상세히 다루고 있다.

「…… 전략, 영국정부는 한일합병에 대해 정치상 하등의 이의는 없지
만 합병에 의해 생긴 상업상의 영향에 있어서는 지금 고려중으로, 상
업상 어떠한 영향을 받을 것인가에 대해서는 합병조건이 발표되기까
지는 어떤 것이라도 성명을 내서는 안 된다. …… 하략 ……」86)

동 언론은 이와 같이 논하면서, 병합논평에 대해서는 유보했다.

『도쿄니치니치東京日日』는 문학박사 기타 사다기치喜田貞吉의 「이종족동화
선례異種族同化先例」라는 표제로 민족동화론에 몰두했다. 본 기사는 「합병 이후
는 먼저 한국인을 동화시켜 충량忠良한 일본신민으로 만드는 것이 급선무중의
급선무로, 이것을 과거역사에서 생각하면 야마토大和 민족은 먼 옛날부터 이종
족을 동화시키는 것에 있어 많은 경험이 있으며 가장 잘 성공하고 있다. 오늘
날 인종학자가 일본인을 잡종이라고 하는 것을 듣고 다소 나쁜 감정이 들 수
도 있지만, 체격상의 조사 결과 그것을 반드시 부정할 수는 없다. 역사적으로
는 이것을 증명하는 점이 있지만, 일본인은 오늘날 야마토 민족으로 서로 조금
의 구별도 인정하지 말고 가장 견고한 단결을 이루어야만 한다」고 했다.

또한, 「야마토 민족은 고대 삼국, 하이蝦夷(에조: 동북과 홋카이도 지역), 중
국 등으로부터 귀화한 수가 매우 많고, 특히 백제 멸망 시에는 그 나라의 귀족
평민 등이 유입되고 야마토민족의 일부가 되어 다른 것과 구분이 없어지게 된
것이다」고 논하고 있다.87)

또 이 신문에서는 「조선종교의 장래」라는 제목으로 시바斯波 종교국장이,
조선왕조 오백년 이래 종교계를 좌우한 것은 유교라고 말하며 유교를 종교로
논하고 있다. 그러나 유교는 종교가 아닌 것은 주지사실이다. 불교와 기독교,
천도교 등과 달리 한국에서 유교는 하나의 사상, 인간이 지켜야 하는 윤리로
취급받고 있다. 즉, 유교는 공자의 사상, 예절, 규범, 습관, 사상 등을 전도하는
도덕인 것이다.88)

이 신문 28일자 사설 「한국합병기념」에서, 「한국의 합병은 국사상의 일대
사업이고 이 일대 사실은 일본국민에게 있어 기념할 가치가 있을 뿐 아니라,
동시에 한국인에게 있어서도 또 기념하지 않을 수 없다. ……」라고 보도하면

서, 한국합병은 제국정부로서 정치적·경제적 책임의 가중성을 의미하는 것이라고 지적했다. 이 기사는 마지막에 「그리고 적당한 방법에 의해 대다수의 일·한 사람들을 망라한 일대 기념회가 적당한 시기에 있어서 개최되는 것은 일면에 있어서는 일한 양국인의 친목의 기회도 될 만한 것은 물론, 동시에 국민으로 하여금 국가의 쇠망은 그 쇠망하는 날에 있어서 쇠망할 수밖에 없는 교훈을 깊이 새겨서(완미玩味), 제국의 현재 및 장래에 대해 반성할 기회로 삼아야 한다.」고 보도하고 있다.

8월 29일의 한일합병과 함께 『도쿄니치니치』는 「일본국민의 진정한 영광」이라는 사설을 게재했다. 한국병합의 역사 선언은 오늘 세계 앞에 공표하려고 하지만, 그 내용은 이미 명백한 것이고 그 사실도 또한 거의 기정에 속하는 것이라고 논했다. 또한, 일본은 당연히 여러 문명국의 이해와 동정과 찬송사이에 획기적인 대업을 성취한 것이 되었다고 했다. 나아가 이 사설의 말미에는 「대국민으로서 기념할 만한 이유가 있다고 한다면, 소국민에게 그 좋고 기념할 만한 이유를 정당히 이해시켜 일본제국의 새로운 운명에 대한 정명正明 웅대한 감각을 환기시킬 필요가 있다고 말할 수 있다.」[89]라고 논하고 있다.

다음으로 『도쿄니치니치』의 논조를 살펴볼 필요가 있다. 『도쿄니치니치』는 23일자 「한국합병」이라는 기사 중에서 지난 22일에 임시추밀원회의가 개최되기에 이르러 발표는 즉시 있을 것이라고 보도한다. 게다가 병합조약내용에 대해서는 6개조로 하여 모두 밝히고 있다.[90]

『도쿄니치니치』는 23일자 「합병과 여론」의 기사에서 한국문제는 점점 근본적 해결을 고하고 병합의 열매를 얻게 되어, 우리나라의 영원한 화근을 단절함과 동시에 동양의 평화를 확보할 것이라고 보도하고 있다. 24일부터는 「합병되는 한국」이라는 제목으로 병합문제에 대해서 논하고 있다. 이 24일자의 내용은 다음과 같다.

「이번에 한국이 일본에 합병되는 것도 이것 역시 약육강식의 하나에 불과하기에 세상의 인정가는 한인에게 많이 동정하여 일본을 백주에 도둑질을 하는 불의자라고 하며 비애의 글로 한국의 쇠망을 조의하는 것도 있을 것이다. 하지만 한국과 같이 원래 독립국으로서 존재할 수 있는 …… 후략 ……」[91]

다음날 기사에서는 「강자의 위威」라는 표제로 약자에 대해 악정을 행해서
는 안 된다는 것을 다음과 같이 지적하며, 강자의 정치에 대해서 비판적인 생
각을 말하고 있다.

　「강대국이 반드시 선정을 행할 수 있는 나라에만 한정되지 않는다. 하지
만 선정을 행할 수 있는 나라로 오랫동안 약소국인 것인 좋다. 그래서 약
소국은 대체로 오랜 악정을 지속하는 것으로 이어진다. 악정이 이어져 백
년 동안 지속되면 약하지 않은 나라는 드물고, 2, 3백년 이상 역시 망하지
않은 나라는 거의 없다. 따라서 나라가 흥하는 것은 스스로 흥하며 나라가
망하는 것도 또한 스스로 망한다. 스스로 흥할 수 없는 나라를 흥하게 하는
것도 어렵다. 동시에 이미 망하는 나라를 망하게 하여 같이 하는 것은 강
대국에게 있어서 수월한 일이다. 그런 수월한 일이 경우에 따라서 수월하지
않는 것은, 단지 강대국이 독자적이지 않기 때문이다. …… 후략 ……」92)

　또 8월 27일이 되자 「합병의 책임」이라는 기사에서 「한국합병에 대한 열
강의 여론은 대체로 인지하고 있으나 적어도 일본정치가가 이야기한 것보다
한층 온화한 것으로, 마치 오랫동안 기대하고 있었던 것이 실시된 것을 기뻐하
는 것과 같다」고 보도하고 있다. 그렇지만 앞으로 조선개발에 관한 일본의 책
임은 점점 중차대한 것을 각오해야만 한다고 했다. 그렇기 때문에 정치기관의
조직도 가능한 한 쉽게 고치고, 오랜 세월 양반의 악정에 시달리며 궁핍한 생
각에 견뎌온 인민들에게 춘풍화기 속에 있는 유쾌함을 느끼게 하는 것 또한
지극히 필요하다고 했다. 일본인은 재판에 있어 이미 많은 대한국민의 신뢰를
얻고 있는 듯하지만, 그 외에 있어서는 많이 오해받고 있다고 생각해야 한다고
덧붙이고 있다.93)

　여기서 주목할 점은 김옥균에 관한 기사가 나온 것이다. 김옥균은 갑신정
변 이후 일본으로 망명했지만, 퇴거명령이 나와 결국 상해로 가는데 여기서 암
살되어 불귀의 객이 되어버렸다. 이 「김옥균의 옛날이야기」라는 기사는 다음
과 같이 그에게 상당히 동정적인 태도를 취한다.

「…… 당시 만약 김옥균의 이상이 실행되었다면 한국은 좀 더 빨리 오늘날과 같은 문명의 새로운 공기를 보다 작은 분란 속에서 전국으로 유통시킬 수 있었던 것을, 합병정책의 결정을 듣고 잊을 수 없는 것은 김옥균의 박명이라고 말을 끝내 장연帳然하다.」[94]

이처럼 김옥균의 「박명」을 언급하면서 당시의 정책을 공공연히 비난하는 것을 노리고 있었던 것으로 볼 수 있다. 혹은 김옥균을 동정하고 있는 것은 오히려 그의 사상은 조선의 근대화라는 것이었지만, 실제로는 병합을 목표로 하고 있었다는 것을 내비춰서 조선국민에 대한 선전과 회유의 재료로 활용하려고 한 것일지도 모른다. 이 시점에서 왜 김옥균 사건을 논했는지는 의문이지만, 하나 생각할 수 있는 것은 후쿠자와 유키치福澤諭吉도 죽고, 조선이 겨우 병합되었기 때문에 그들의 업적을 탐색하려 했던 시도였는지도 모른다.

동 신문은 8월 28일, 「경성 특전特電을 보고」라는 제목으로 병합사실을 보도하고 있다. 그 중에서 몇 개의 항목은 다른 신문보도보다도 상세히 병합내용을 해설하고 있으므로 여기에서 소개해 보고자 한다.[95]

첫째, 한국을 조선의 옛 이름으로 되돌리고 그 황실에 그 존칭을 유지시키며 동시에 무상의 우대를 하고,

둘째, 원로대신 등에게 하사함에 영작으로 하기 위해 특히 조선화족령朝鮮華族令을 제정해야 한다고 했다.

셋째, 이하의 일은 이에 준하는 은전恩典에 관한 것이 많아, 양반유생인 어떤 자에게는 금을 하사해야 하고, 일반인민에게는 금년도의 조세 5분의 1을 하사해야 하며, 더욱이 우리국고에서 1700만 엔을 지불해 산업 및 교육을 장려해야 한다고 하고 있다.

또 『도쿄아사히』는 8월 29일 「시국해결처리」라는 보도에서 다음과 같이 언급하고 있다.

「…… 전략 …… 이것은 필경 우리나라가 한국을 지도 계발하는 이유의 방법으로 기하는 것은 오직 한국복지의 증진밖에 없고, 이와 함께 우리는

우리의 대한정책 최후의 해결을 향해 필요한 순서를 진행한다고 하는 것
으로 다른 하등의 의미도 가지지 않는다.」[96]

이와 같이, 동 신문은 어디까지나 한일병합은 한국사회의 복지증진에 목적
이 있다는 것을 주장했다.

마지막으로 『지지신보時事新報』의 논조를 보자. 『지지신보』는 서둘러 병합
문제를 다루었지만, 8월 22일에도 「합병의 최적례」라는 논설을 게재하고 「임
시추밀원회의」라는 제목의 기사에서도 병합의 문제를 깊이 논의했다. 또 이 신
문은 사고社告로 「후쿠자와福澤 선생 수기手記경성변란시말」[97]이라고 하여 1884
년 김옥균 등에 의한 갑신정변의 사정을 명확히 할 것을 예고로 알리고 있다.
이 시말기의 내용은 한일양국의 기밀에 관한 것이 많았지만, 이것을 보도할 것
을 사고社告로 알린 것은 역시 이미 병합조약이 체결된 것을 암시하는 것이라
고도 할 수 있다.

23일자 기사를 보면 「한국합병」이라는 표제로, 이미 한일합병협약 조인이
종료된 것을 다루고 있다.[98] 8월 24일자에서는 「합병과 여론」이라고 하는 합
병에 관한 특집기사를 싣고는 『도쿄니치니치』와 같이 명사들의 논평을 게재하
고 있다.

그 중에서 특히 주목할 점은 한일병합 추진론의 주모자인 우치다 료헤이內
田良平가 「대한정책의 대단락」이라는 말로 「한국합병의 단행은 어쨌든 우리 대
한정책상의 대단락을 고하는 것으로 인해 우리들 국민된 자는 큰 잔을 들어
축하해야 한다.」[99]라고 선동하는 대목이다. 그는 또 이후 개발에 관해서 「어떻
게 하면 가장 빨리 우리에게 동화시킬 수 있을까를 많이 강구해야 하지만, 조
선민족이 음모술책에 뛰어나고 악질적인 것은 그들의 극히 일부에 지나지 않
고, 일반농민에 이르러서는 순박하며 개인적으로는 서로 신의가 있어 실로 다
스리기 쉬운 백성이다」라고 했다. 또 「종래 다소의 악정을 위해 순치馴致하는
폐풍이 있지만, 이들은 선정이 오래 이어지면 스스로 그 습관을 고치려할 것이
다」라고 말하고 있다.[100] 마지막으로 우치다 료헤이內田良平는 근면하고 어학에
뛰어난 부인에게 직장을 갖게 하고 일본어 전파에 노력하게 하여 좋은 결과를
볼 수 있을 것이라고 논하고 있다.

한편 24일에는 「한국합병기념호」로 특집을 발간하여 4페이지에 걸쳐 보도

하고 있다. 이 기념호의 논설을 보면 다음과 같다.

「…… 조선은 원래부터 순연한 독립국이 아니더라도 우리나라는 솔선하여 그 독립을 인정하고 동양평화 유지에 이바지하려고 극력이 그 유액시 道誘腋示導(회유 등)에 노력했는데도, 어쨌든 그들 스스로 독립의 의지가 없으며 또 그 실력도 없어, 오히려 우리나라의 시정에 방해를 주었기 때문에 피해 받은 것은 이루 헤아릴 수 없다. 마지막에 이르러 결국 러일전쟁을 일으킨 결과 우리의 보호 아래에 있게 되어 여러 해 끌어온 문제는 이것으로 비로소 해결되었다고 하지만, 진실로 우리나라의 안전을 기함과 동시에 조선인민으로 하여금 문명의 덕택을 받게 하기에는 그 국토를 우리나라에 합병시켜 동일 통치를 반도에도 하여 동양의 화원을 영원히 근절하고 그 인민에게 오랜 태평의 행복을 누리게 해야만 한다. 즉 이 오늘날의 만사는 어쩔 수 없는 이유로 동양의 평화유지를 중심으로 행한 것이라고 하면서 더욱이 조선인민의 예로 보아도 크게 기뻐해야 한다. ……」101)

즉 한일병합은 조선의 독립유지, 동양평화, 또는 일본문명의 덕택을 받기 위한 것이며, 조선민족이 오랫동안 태평행복을 누리게 해야 하기 때문에 병합조약은 어쩔 수 없는 일이었다는 논지이다. 그러나 이러한 언론의 보도태도에 대해 야마나카 하야히토山中速人 교수는 조선을 병합하는 어떠한 논리나 미사여구도 일종의 레토릭(수사)에 지나지 않고 정당성을 찾을 수 없다고 비판하고 있다.102)

더욱이, 동 신문은 그 뒤 일본국의 책무에 대해서도 다음과 같이 덧붙이고 있다.

「조선을 합병하여 제국의 일부분이 된 것은 그 민족을 도탄의 고통 속에서 구하고, 이로써 일본국민과 같은 문명의 화육을 누리고, 그 행복을 증진시키는 것은 일본의 책무이다. 조선인은 이것에 의해 더욱 문명의 신생활로 들어가 오늘까지의 불행을 벗어나는 것을 기뻐해야 한다. 일본국민의 책무도 현저히 증대한 것은 국민 각자가 마음에 새기고 부디 깊이 각오해야 한다.」103)

이 특집 5페이지에는 오쿠마 시게노부大隈重信 등에 의한 정한론이 추회追懷 (회고)되고 있으며, 6페이지에는 중의원 이노우에 가쿠고로井上角五郎에 의해 갑신정변의 전후 등이 보도되었다.

25일에는 「조선통치의 대 안목」이라는 제목의 논설에서, 「조선국민의 사상 감정의 전화轉化는 정치력만으로 이루어야 하는 것은 아니다. 스스로로부터 세월의 문제로, 사교상은 물론 교육, 종교상의 감화유도와 같은 일도 가장 필요한 유력한 수단이므로, 이 일단에 있어서는 관민청욕官民淸浴을 불문하고 사회일반에 한마음으로 힘을 모아 1천만 후진의 동포를 부액유인扶腋誘引하여 문명의 은화를 함께 해야 한다」고 했다. 그리고 병합을 마치 정복이라고 일반적으로 이해하여 식민지를 대하는 듯한 태도로 임하면 그 민족의 내심에 반감의 생각을 깊이 새겨 난치의 원인을 더할 뿐이라고 했다. 나아가, 병합을 흡사 폐번치현廢藩置縣의 단행과 동일시하는 동시에 조선사민을 진실로 동포형제라고 인정하여 그 사상 감정을 하루라도 빨리 동화시켜 함께 문명의 이익을 서로 나눌 수 있도록 명심할 것을 큰 안목으로 해야만 한다고 논하고 있다.104)

『지지신보』는 8월 26일자에서 이후 조선에 관해 충실히 논의하고 싶다는 사고社告를 내면서 「조선인민을 위해 축하 한다」라는 사설을 게재하고 있다. 그런 까닭으로 영국인은 이미 거문도(전라도해안)를 점령하고 해군의 근거지를 만들고 있으며, 러시아는 육지로부터의 침입을 쉽게 하여 조선독립의 운명도 임박했다고 했다.

동 신문은 「조선이 드디어 멸망한다고 생각하면 나라의 왕족을 위해 정말 불쌍하며, 또 그 직접 신하인 귀족사족을 위해서도 매우 불리하게 된다. 그런데 일반국민의 이해여하를 논할 때에는 멸망이야말로 오히려 그 행복을 크게 하는 방편이라고 말할 수밖에 없다. 또 조선의 관리귀족 등이 백성을 무시하며 그 육체정신을 괴롭히고 게다가 그 고혈을 짜는 것과 비교하면 논할 바가 아니다. 이미 오늘날 거문도의 인민 700명은 행복한 자이고 다른 사람에게 부러움을 받는 형편이라고 듣고 있다. 심한 악정에 민심은 해체하려고 한다. 따라서 우리들은 조선의 멸망이 멀지 않았다는 것을 헤아려, 우선은 합병에 즈음해 정부를 위해서 조문하지만, 국민을 위해서는 축하하려고 생각하고 있다.」105)

이어 『지지신보』는 「조선의 합병과 동시에 종래의 통감부는 폐지되고 결국 조선총독부가 설치될 것이다. 조선통치의 중임은 신총독 그 사람의 두 어깨에 달려 있기 때문에 그 인선은 가장 중요시 되어야 한다」고 했다. 그리고 8월 27일자 「조선총독의 인물」이라는 사설에서 신임총독은 지금의 테라우치寺內 통감이 통감부의 폐지와 동시에 곧바로 총독으로 전임하기에 상당히 좋은 상황이라, 현 내각 하에서 그 임무를 맡을 만한 인물을 구한다면 테라우치寺內 통감이 가장 적임자라고 했다. 특히 조선총독은 군대를 지휘 명령하는 권한이 있어야만 한다고 주장했다. 그 까닭으로는, 조선의 통감은 군인이 아니더라도 조선수비군 사령관에 대해 병력의 사용을 명하는 직권이 있으며, 이제까지 실제로 문제가 없었던 것을 보면 이후 총독에게도 같은 권력과 능력을 주어지더라도 하등의 지장이 없을 것이라는 이유를 들었다. 조선통치의 책임은 매우 중대하여 그 당국자의 인선이야말로 가장 중요할 것이라고 논하면서 테라우치寺內 총독을 강력히 지지하고 있다.106)

또 『지지신보』는 다른 신문사와 달리 경성특파원 마쓰모토 세이松本生의 보고에 의한 「한성 최후의 일막」이라는 어전회의의 상세한 보도를 게재하고 있다. 그 내용은 이완용 총리가 합병의 불가피성을 황제에게 아뢰어 전하며 다음과 같이 기술하고 있다.

> 「이완용 총리는 낙심하여 이것을 오래도록 슬피 호소하기를, 폐하, 세계의 대세는 우리 대한국민의 독립을 인정하지 않고, 이미 지난 두 번의 한일협약에 있어서 군기, 외교, 사법, 경찰권의 전부를 일본제국에 위임하여 국민의 복지를 증진하고 재정의 기초를 견고하게 하려고 노력했지만, 서민의 궁핍함이 아직 회복할 조짐이 없고, 장래 국운 융성할 것을 확신하기 어렵기 때문에, 유감이지만 통치권의 전부를 일본제국에 맡겨서 위로는 황실의 안정을 기하고 아래로는 만민을 번창하게하기에 시의적절 하옵니다. ……」107)

이것에 대해 황제는 다음과 같은 태도를 보였다고 보도하고 있다.

「황제 폐하는 잠시 화난 듯이 묵상에 잠겨계셨지만, 이윽고 목소리를 흐리면서 짐은 경들의 충성을 고맙게 생각한다. 재위 4년 동안 아직 천만백성들에게 은덕을 베풀지 못한 것은 짐의 부덕의 소치이다. 생각하건대 한국의 전도는 크게 우려스럽노라. 경들은 반드시 짐의 뜻에 따라 국민을 위해 최선을 다하라고 하시는 가슴 아픈 칙범(勅諚: 임금의 분부)을 듣고서는 누구나 대 철퇴를 머리에 맞은 듯이 느껴졌다. ……」[108]

이어 황제는 대한제국을 망하게 한 것은 경들의 책임이 아닌 짐의 죄이며, 짐이 무엇으로 저승에서 황실 조상을 알현한 것인가. 더군다나 대하大廈(큰집)는 한 나무로 지탱하는 것이 아니므로, 바라건대 일본정부에게 일임하여 자국의 안녕을 도모하려고 한다고 눈물을 흘리면서 말씀하셨다고 보도했다.[109]

29일자 『지지신보』의 사설에서는 한일병합의 필요성 내지 정당성을 말하고 있다. 즉 조선의 병합은 동양평화를 영원히 유지하기 위한 필요상 어쩔 수 없이 행해졌다고 하면서, 어쨌든 일본의 책임이 중대하다고 논하고 있다. 동 신문은 「그 책임은 말할 것도 없이 일본문명의 은화恩化를 반도에 미치게 하여 1천만 동포를 일본 국민과 같이 행복하게 하는 것이 진정한 합병의 큰 목적이다. 어디까지나 공식주의에 의해 문명의 치택治澤을 반도에 미치게 하여 1천만 동포를 그 울타리에 안주시켜 하늘이 준 행복을 완수해야 하며, 조선통치의 대주안大主眼이 여기에 있어야만 한다」고 했다. 또 「국민 각각이 조선인과의 교제에 있어서도 깊이 주의해서 진실로 동포형제의 정의로써 서로 만나야 한다. 이미 병합이 성립한 뒤는 그 인민은 일본의 신민이다」라고 논하고 있다.[110]

마지막으로 주목할 것은 8월 30일자의 사설이다. 이 내용도 앞과 같이 합병은 상호의 행복을 증진하고 동양평화를 영구히 확보하는 목적으로 양국주권자의 합의에 따라 원활하게 주권의 수수授受를 한 것이라고 보도하고 있다.[111] 또 하나 주목할 만한 것은 전술한 것이기도 하지만, 30일부터 「경성변란시말」이라는 후쿠자와 유키치福澤諭吉의 수기가 공개된 점이다. 도대체 어떤 의미로 수기를 공개했는가에 대해서는 앞으로 깊은 검토가 필요하다.

당시, 조선에서는 국내신문의 폐간 또는 발행금지, 압수처분 등에 의해 한일병합의 문제는 거의 보도되지 않았지만, 대부분의 일본 신문사는 한일병합 이전부터 병합문제의 기사를 다루고 있었다. 특히 테라우치寺內 통감은 8월 10

일 일본신문의 경성특파원을 초대하여, 한일병합문제를 둘러싼 보도에 대해 신중하게 할 것을 엄중하게 경고까지 한 바 있다.112) 그럼에도 불구하고 22일 병합조약이 조인된 사실이 보도되었기 때문에, 이들 신문들은 조선국내에는 발매금지되기도 했다. 앞에서도 기술했듯이 일본 언론은 병합사실을 정식으로 발표 이전부터 다루고 있었다. 조선에 관한 정보, 또는 병합문제를 둘러싼 소식은 『오사카아사히』, 『오사카마이니치』가 도쿄보다 빨랐다. 병합 이전인 1909년 10월 26일 이토 히로부미伊藤博文가 하얼빈에서 암살되었을 때도 그것을 제일 먼저 전하고 있었다. 이토伊藤 암살사건은 당시 매일전보주간 다카기 도시타高木利太가 미쓰이三井 물산에서 탐지한 것으로, 한일병합을 특종한 『오사카마이니치』의 제1호 호외였던 것이다.113)

또, 『오사카아사히大阪朝日』는 8월 29일자에서 일본에서 가장 빨리 「조선호」라는 특집기사 제1호를 발간해 조선에 관한 기사를 양적으로도 많이 다루고 있었다.

『도쿄니치니치東京日日』는 병합문제에 대해 명사들의 논평 중심의 보도를 하며 양적으로도 적었다. 한편 『도쿄아사히』의 논조는 강자의 책임, 지배자로서의 선정善政 등의 논조를 유지하면서 동양의 평화를 위해 병합은 불가피했다고 기술하고 있다. 이 신문은 정치적인 발언을 많이 하고 합병사실을 『도쿄니치니치』과 함께 빠르게 보도해 병합조약의 내용을 정식 발표 전에 보도하고 있다. 게다가 『도쿄아사히』는 병합의 조약내용을 8월 28일자에 다른 신문보다도 빨리 몇 개의 항목으로 정리해 보도하는 신속성을 보이고 있다.

『지지신보』는 8월 22일 이전부터 병합문제에 대해 연재하고 있으며 병합된 사실도 처음으로 보도했다. 또 병합한 다음날부터 후쿠자와福澤의 수기手記도 연재해 간접적으로도 병합 사실을 알리고 있었다. 『지지신보』는 영일동맹 때와 같이 8월 24일자 「한국합병기념호」라는 특집호를 발간해 다른 신문보다 강한 관심을 나타내고 있다.

한편 주목할 만한 것은 『지지신보』의 8월 28일 경성특파원 마쓰모토 세이松本生의 보고인 「한성최후의 일막」이라는 특집으로, 당시 어전회의의 침통한 분위기를 생생하게 보도하고 있다. 이 신문은 다른 신문보다 상세히 속보를 게재했지만, 이들 특종은 일본정부와 조선총독부와의 사이에 깊은 관계가 있었던 것을 시사하는 것이라고도 생각된다. 특기할만한 것은 『지지신보』는 한일병합이 동양평화와 함께 어디까지나 조선민족의 행복을 위한 것이라고 일관되게 주장하는 점이다.

2. 한일병합을 둘러싼 영국의 언론보도

한일양국의 병합문제를 둘러싼 영국의 언론보도도 분석해 보고자 한다. 그것은 당시 영국이 세계에서 가장 앞선 자본주의 국가이며, 식민지도 가장 많이 소유한 군사대국이었기 때문이다. 일본은 군사대국인 영국과 1902년 영일동맹을 맺은 직후 이어서 러일전쟁을 일으켜 승리한 후, 그 여세를 몰아 조선을 침략하게 된다. 이 과정에서 영일동맹은 조선침략에 직접적인 영향을 미쳤기에 당시 영국의 언론보도에 대한 분석은 한일병합의 상황분석에 중요한 실마리가 되리라고 본다. 따라서 본장에서는 필자가 1988년 옥스퍼드 대학에서 조사한 한일병합 전후의 영국의 대표적인 신문 5개를 표집하여 그 논조를 분석해 보기로 한다.

우선 영국언론들의 전반적인 논조는 1902년 「영일동맹조약」에 의해 영국은 일본이 한국에 있어서 정치, 상업공업상의 각별한 이해관계가 있다는 것을 승인하고 있다. 또, 영국 언론은 영국정부가 1904년 8월에 개정한 영일조약 제3조에 의해서 영국은 일본이 한국에서 정치·군사 및 경제상의 특별한 이익을 보유한 것을 인정하고 일본의 모든 이익을 옹호할 것을 보도했다. 이것도 어디까지나 영국 자국의 권리를 지키기 위해서였다고 볼 수 있다. 1905년에 일본이 한일보호조약(을사조약)이 체결되자 영국은 외교조약체결권을 상실하게 된 한국에서 주한외교관은 철거하게 된다.114) 그때 일본정부는 모든 외국에 대해서 충분한 이해와 동의를 얻을 수 있도록 외교적인 조치를 취한 바 있다.

그러나 영국 언론은 영국 정부가 1907년 7월 한국 황제의 지위문제에 관해 다루면서, 조약상 권리로 일본정부의 조치를 인정하기는 했지만, 이후 일본정부의 설명을, 또는 국제여론상 오해가 생길 우려가 있는 경우 그 사정에 대해 상세한 설명 듣고 싶다고 영국정부가 요구한 점을 보도했다. 앞에서 기술했지만, 같은 해 10월 「베델」의 재판사건을 통해 양국의 외교관계는 가장 긴밀한 시기를 맞이하고 있었다고 할 수 있다.

1) 『더 타임즈(The Times)』

런던의 『The Times』는 1908년 9월 28일자에서 기존의 경봉철도(경성－봉천)를 봉천奉天에서 법고문法庫門까지 확장하는 철도부설 문제를 언급했다. 동기사는 제3국에 대한 문호개방과 기회균등이라는 측면에서 보아 이는 동의할 수 없다고 보도하고 있다.[115]

한편, 『The Times』는 1909년 8월 23일자 기사에서 청일교섭에 관해서 일본은 모든 외국에 대해 신뢰관계를 철두철미하게 지키며 외교정책에 있어서 가장 평화적인 태도를 보이고 있다[116]는 식으로 일본의 대청외교정책을 지지했다. 이처럼 베델사건 이후 영국의 언론 보도를 보면 오히려 상당히 우호적인 자세를 보이고 있었다고 할 수 있다.

1910년 1월이 되자 서서히 병합의 준비가 진행되고 있었고, 외부에는 전혀 알려지지 않는 상황이었지만 일본정부는 영국정부에 대해 충분한 사전협의를 행하고 있었다. 영국에서 가장 신속하게 한일병합 사실을 보도한 신문도 『The Times』였다. 이 신문은 1910년 8월 22일 혼노 이치로本野一郎 주 러시아 일본대사가 러시아당국자를 면회하여 한일병합조약의 체결사실을 통고한 것을 8월 24일자에 게재하였다.[117] 이 신문은 병합조약의 내용은 기회균등주의에 반하지만, 영일동맹조약의 잔존기간은 10년이며 이 기간 내에 관세에 관한 현상유지의 보증을 얻을 수만 있다면 병합결과는 동맹조약의 위반이 아니라고 보도했다.

한국병합에 관해서는 1910년 8월 25일자로 영국의 각종 신문이 보도했다. 『The Times』는 「한일합병과 영국」이라는 기사에서 한일문제를 확실하게 해결하는 유일한 방법은 한일병합이라고 논하고 있다. 또 한국점령 초기에는 과도한 일본의 무단통치 권력이 점차 제한되어야만 한다는 것을 믿는다고 했다. 더욱이 일본의 신관세가 한국까지 파급되어 영국의 통상활동에 장해가 되어서는 안 된다는 것이 주요한 논조였다.[118]

26일자에는 병합문제에 대해서 「일본이 한국을 병합한 것은 지금까지 일어난 몇 개의 문제를 해결하기 위해서였다. 우리는 이후 일본이 섬나라적인 지위를 포기하고, 고등정치高等政治를 실시하여 항상 일본의 이름을 드높이는 고매高邁하고 동시에 주저하지 않는 용기로 한층 확대되는 운명에 대응할 것을

확신한다」고 기술하고 있다.[119)

『The Times』는 26일자 한일병합의 논평에서, 먼저 영일동맹조약 제3조를 들어 두 가지 점에서 보도하고 있다. 두 가지는 상업상의 관세문제와 치외법권의 문제였다. 후자의 문제로 「치외법권의 소멸은 재한 영국인의 수가 소수가 된다는 점에 비춰 특별히 이것을 우려할 만한 부분이 있는 것은 아니지만, 다만 영국무역이 점차 증진하고 있는 사실에 비추어, 일본의 신관세가 한국에서 시행된 결과 이것을 감소시키는 일이 있다면 처음부터 등한시할 수는 없는 것이다. 이와 같은 일은 일본정부가 기획한 것은 아닐 것이라 믿는다」고 해설하고 있다. 게다가 일본이 종래의 섬나라적인 지위를 버리고 아시아 대륙으로 연장해 팽창하는 것은 정치, 경제상 필요한 것이라고 특집기사에서 논평을 정리하고 있다.[120)

8월 28일자 『The Times』에 의하면, 일본이 앞으로 10년간은 한국에서 종래대로 해오던 외국무역을 그대로 유지할 수 있게 한 조치는 칭찬할 만하며, 영국인 기업들은 이 사이에 기초를 더욱 공고히 하지 않으면 안 된다고 보도했다. 그리고 일본의 새로운 관세법을 언급하며 도쿄에서 몇 번이나 받은 보증으로 영국인은 걱정할 필요가 없다는 것을 지적한 후, 일본이 동맹국의 의견을 대표하는 『The Times』를 환영해줄 것을 희망하며, 마지막으로 일본정부가 영국수입상인의 희망을 받아들일 것을 요구하고 있다.[121) 『The Times』는 상기한대로 한일병합에 대한 논의가 행해져야만 한다면서 일본의 결단을 지지했다. 영국의 상업상 불이익, 또는 치외법권의 문제가 없으면 일본이 어떤 정책을 취하든 상관없다고 하는 논지였다고 말할 수 있다.

2) 『데일리뉴스(The Daily News)』

『The Daily News』는 1910년 8월 25일자 「한국의 운명」(The Fate of Korea)라는 제목에서 한국의 병합은 정치적인 문제는 없고 계획된 의도에 의해서 행해졌다고 보도하고 있다. 다만, 영국은 한국에서 상업상의 영향(commercial effect)이 없으면 인정할 생각이라고 논하고 있다.

또 24일 도쿄 발 로이터통신을 인용해 현재 병합의 사실은 발표되지 않았지만, 이 병합조약의 조인은 22일 행해졌고 29일, 30일 양일간에 발표될 전망이라고 보도했다.[122) 동 신문은 8월 26일자 「한국의 합병」이라는 기사에서 한일병합 후 5년 간 새로운 세율에 의한 관세를 부과할 것이라는 유력한 소식통의 이야기를 인용해 보도했다. 아직 병합조약이 정식으로 발표되지 않고 있는 상황에서 주영일본대사관도 확실한 언급을 회피했다고 전하고 있다.123)

또, 『The Daily News』는 소국이 대국을 위해 통합되고, 그 결과 과거 5년간은 단순히 자국의 이익만을 계산하여 모든 한국전통적인 역사 및 국민적인 감정을 무시했다고도 논평하고 있다.124) 이 26일자 기사에서 또 하나 주목할 것은 「한국의 기적」(Miracle of Korea)이라는 제목에서 논한 내용이다. 동 기사는 「한국에서 기독교정신이 크게 전도되어 있다. 러일전쟁 이후 조선(지금은 식민지)에는 관심이 없었지만, 기독교선교사에 의해 놀랄 만한 성과가 있었다」고 보도한다.

또한, 「지금부터 20년 전 조선반도에서 기독교도는 7명밖에 없었다. 당시 인구는 1천만에 육박했다. 그러나 1907년에는 5만 명의 성도가 생기고 1910년에는 백만 명의 성도를 목표로 전도하고 있다. 처음에는 선교사들이 통나무 오두막집(Log-house erected)을 세우고 예배를 봤는데 이것은 1886년 무렵의 이야기이다. 그 후 대사건이 일어나 교도는 학살되었지만, 그 이후는 종교를 억제하지 않았다(un-check). 따라서 현재는 100여 명의 선교사가 기독교 정신을 전도하고 있다」고 보도하고 있다.125)

이러한 보도 내용은 분석해 보면 합병에 의해 종교 활동이 자유롭게 이루어져 신도가 계속 증가할 것이라는 전망이지만 실제 결과는 이와는 달랐다. 선교사들이 독립운동의 선두에 서서, 병합에 의해 종교의 자유가 더욱 탄압받게 되었기 때문이다.

『The Daily News』는 1910년 8월 29일의 특집기사에서 「한국의 멸망」이라는 제목으로 다음과 같이 논평하고 있다.

「한국의 병합은 일본의 강제적인 법규에 의해 한국의 황제가 일본의 천황에게 양위하게 되었다. 일본정부는 황제를 왕으로 칭하고, 황제를 일본의 왕족과 같이 우대하게 되었다. 현재 한국과 영국 사이에 체결된 조약은 병합에 의해 소멸되게 되지만, 관세에 관해서는 일본본국보다는 낮게 유지된다. 또 한국은 지도에서 사라져버리고 일본의 야망은 섬나라에서 대륙으로 뻗게 되었다」126)

이 내용을 분석해 보면 『The Daily News』는 먼저 자국의 경제적인 손익관계에 관심을 나타내지만, 다음으로 한국의 황제와 황족의 양위 혹은 처우 문제에도 관심을 보이고 있었다고 볼 수 있다. 다음의 자료는 그 유력한 근거가 된다.

> Seoul , August 27.
> Both the Emperor and the ex-Emperor have willingly consented to Japan's proposals, which are considered most generous. The only hesitation shown was when the titles of the Emperor were discussed. The Japanese proposed the title of Grand Duke, but the Emperor insisted upon being styled "Whang" or King. To this the Japanse finally consented. It was also agreed that Princes of the Imperial House should be treated as Japanese Princes, should receive an annuity of 750,000 dollars, and should be allowed to reside where they pleased.[127]

위의 내용을 보면, 「황제와 태황제는 일본 측의 제안에 상당히 관대한 생각을 보이면서 별다른 의견 없이 동의했지만, 황제의 칭호가 논의될 때는 주저했다고 한다. 칭호에 있어서 일본의 제의는 「대공大公」(Grand Duke)이었지만, 한국의 황제는 「Whang」(황)이나, 「King」(왕)을 주장했다. 결국 일본 측은 한국 황제의 주장을 수락하게 되었다. 또 황족들은 일본의 황족과 같이 대우하는 조건에 동의했다. 그와 함께 연금으로 75만 달러를 받기로 되었다」고 상세하게 보도하고 있다.

본고에는 소개하지 않았지만, 원문의 끝부분에는 한국의 고관들은 일본의 귀족으로, 또는 능력에 따라 추밀원 고문관(Privy Councillor) 혹은 지방행정의 관리(Provincial Administration)에 등용하게 되었다고 부가하고 있다. 이 기사에 의해 짐작되듯이 『The Daily News』지는 황제와 황족의 문제, 즉 병합 이후 그들의 예우에 대해 상당히 관심을 가지고 있었다고 할 수 있다. 이것은 영국이 황족중심의 국가이기 때문일 것이다. 상기의 「Whang」이라는 말에 해당하는 영어의 단어는 기록되어 있지 않지만, 이는 한국어 「황」이라는 말에 해당한다. 상기의 원문은 서울발신의 전보문이므로 「황」이라는 단어로 다루더라도 틀리지 않다.

또 이 신문은 같은 칼럼 워싱턴 발(8월 28일) 로이터통신에서, 한일병합조약의 내용에 대해서도 8개 항목으로 상세하게 설명하기도 했다.[128]

3) 『모닝 포스트(Morning Post)』

『Morning Post』는 1910년 8월 24일 도쿄발 로이터통신을 인용 보도하면서 한국의 병합은 8월 22일 조인되고, 발표는 29일, 30일 양일간에 행해질 것이라고 보도했다. 「일본정부는 모든 보도기관에 협력을 요청하여 정식발표 때까지 비밀을 지킬 것을 요청했다고 한다. 영국정부의 태도는 이미 한국의 병합은 계획된 구도에 의한 것임을 충분히 알고 있었던 것을 나타낸 것이다. 영국은 단지 상업상의 영향이 없다면 찬성하는 태도였다. 영국정부는 정식으로 발표될 때까지 상업의 문제에 무관한 것을 기대했다」[129]고 논하며, 이 신문은 그만큼 병합문제에 대해서는 관심을 나타내지 않고, 이후 보도에서도 그다지 언급하고 있지 않다.

4) 『데일리 텔레그래프(Daily Telegraph)』

『Daily Telegraph』는 오스트리아 빈발 전신 1910년 8월 25일자에 의해 다음과 같이 보도하고 있다. 「일본에 의한 한국의 병합은 외교사회에 잘 알려져 있었지만, 러시아로서는 한국의 병합은 아시아발전 상황에 따른 자연적인 결과로 인정했다. 1905년 포츠머스조약 성립 이래,[130] 지난 5년간 알려진 사실에 의하면 한일병합은 일본의 권리이므로 러시아정부로서는 일본의 행동에 다른 의견이 없었다고 하는 것이다. 한일병합은 러일전쟁의 결과 일본이 획득한 것이지만, 포츠머스조약에 의해 최대 이익관계가 얽혀 있다. 일본은 러일전쟁 후 5년간 조선반도에 도로와 철도를 건설했다. 그러나 이것을 건설하는 과정에서 어려움이 많았는데, 일본통치(Mikado's Rule)에 대해 증오도 있었기 때문이다. 이와 같은 분위기는 몇몇의 격렬한 모반으로 나타나거나, 냉혹한 처분에 의해 많은 피를 흘린 것을 보아도 알 것이다. 이와 같은 사실은 결국 병합에 의해 또 하나의 폭동을 야기하게 될 것이다.」[131]

또, 『Daily Telegraph』는 8월 29일자 「한국의 병합」이라는 제목에서 병합

조약과 관세의 문제를 워싱턴 발 로이터통신을 인용해 보도하고 있다. 이 기사
는 한일병합조약을 중심으로 8개 항목으로 해설하고 있는데, 역시 처음은 관세
문제에 대해서 언급했다. 즉,「한일 간에 병합조약이 체결되어 오늘 발표되었
지만 일본의 설명서 의하면 영국이 한국에 있어서 관세협정의 일정, 외국과의
수출입 통제와 조절, 한국의 개항 등 10년 정도는 그대로 보증 된다」고 보도하
고 있다.[132] 그런데 아직 미국무성사무관과 워싱턴 주재 일본대사관 사이에는
한미 간의 관세문제에 관해 교섭되지 않은 것을 보도했다.

이들 기사를 보면 영국은 어디까지나 한일병합에 관한 문제보다도 자국의
이익, 또는 관세에 의한 손익에 대해 관심이 높았으며, 조선민족의 독립이나
자유에 대해서는 그다지 논하고 있지 않았다고 할 수 있다. 앞서 언급한대로
이 기사는 병합조약에 관한 발표기사가 주요 보도였음에도 불구하고 최초의
표제(The Tariff Question)에서는 관세문제를 다루며 세율문제까지 논하고 있기
때문이다.

게다가 『Daily Telegraph』는 이 기사 마지막에 「상업적인 관심」이라는 작
은 표제를 붙여 테라우치寺內 총독의 성명을 인용하고 있다. 결국 병합조약에
의해 한국에서는 일본의 법규가 적용되어 이것은 한국의 이익이 될 것이라고
했다. 이것은 결코 한국의 퇴보를 의미하는 것이 아니라, 오히려 병합을 통해
안심할 수 있게 되어, 일본의 새 통치행정은 직접적인 환경개조와 함께 한국의
자원개발을 위한 것이 될 것이라고 보도했다. 또 권위 있는 소식통을 인용한
보도에 의하면 한일병합에 의해 한국과 체결된 외국과의 사이의 관세협정은
소멸되지만, 불특정기간(indefinite period)은 아직 낮은 세율이 적용될 것이고
수년 후 일본의 높은 세율이 공개되면 외국인은 일본에서 생활하는 것과 같이
한국에서도 그 높은 세율이 적용될 것이라고 보도하고 있다.[133]

『Daily Telegraph』는 8월 30일자 「한국의 합병」이라는 제목으로 일본제
국의 병합조서倂詔書(Imperial Rescript) 발표를 크게 다루었다. 그 내용 중에서
주목할 것은 다음 부분이다.

「일본이 동양에서 영원한 평화를 유지하기 위해 가장 중요한 것은 한국
을 병합하고 제국하에 두는 것이다. 또 조선반도의 공공질서, 안전유지와
함께 한국국민의 복리증진을 위해 현재의 통감부 조직이 근본적으로 개편

되어야 한다」고 논하고 있다. 그래서 일본과 한국은 동일한 위치에서 교섭하고 있으며 영원한 병합을 위해 제도를 정비해야 한다는 등 한일병합의 필요성 또는 불가피성을 보도하고 있다.[134]

더불어, 『Daily Telegraph』 기사의 논조는 거의 병합조약에 의해 행해진 관세의 문제를 다루며 특히 자국의 상업상 손익문제에 대해서는 상당히 관심이 높았다고 할 수 있다.

5) 『데일리 메일(The Daily mail)』

마지막으로 『The Daily mail』의 논조를 분석하기로 한다. 이 신문은 1910년 8월 25일자 「전망－한국합병」이라는 큰 칼럼에서 한국의 병합은 이달 말경 발표될 것이라고 전망하고 있었다. 특히 이 칼럼기사에 의하면 영국은 한국의 병합에 대해서 정치적으로 반대는 하지 않지만, 다만, 상업적인 이익을 완전히 보호하기 위해서는 관세조약은 명확하게 해둘 필요가 있다고 보도했다. 또, 병합조약이 공식적으로 발표되기까지 이 점에 대한 판단은 유보해야만 하며, 이 관세 문제가 최대의 관심사의 하나라고도 했다. 더욱이 관세문제는 영국정부로서는 대단히 중요한 일이기 때문에 영국대신들(Majesty's Ministers)을 납득시켜야 하며, 만약 상업상의 조약 중에서 조금이라도 오해를 받는 부분이 있다면 해명해야 한다고 했다.[135]

이 칼럼 중에서는 역사적으로 상당히 중요한 의미를 가지는 부분이 있기에 원문을 그대로 소개하고자 한다. 결국 일본이 취한 한일병합이라는 조치는 수세기 전으로 거슬러 올라가면 논리적인 연속의 결과라고 논하면서 그 이유를 다음과 같이 설명하고 있다.

"There has always been in Japan a popular belief that Korea, by the conquest of the third and the sixteenth centuries, was an integral part of the Japanese Empire. The attempt of China to revive its suzerainty over the Hermit Kingdom was the cause of the Chino－Japanese war in 1894, and the fear that Russia had designs on Korea was responsible for the war in Manchuria."(밑줄＝은둔의 왕국)[136]

내용을 간단히 요약하자면, 「일본 내에는 3세기와 16세기의 조선정복에 의해서 조선이 일본제국의 일부분이 되었다는 믿음이 옛부터 지금까지 폭 넓게 퍼져 있다. 은둔의 왕국(=조선)에 대해 그 종주권을 회복하고자 했던 중국의 시도는 1894년에 일어난 청일전쟁의 원인이 되었으며, 러시아가 한국에 대해 어떤 의도를 지니고 있었다는 두려움은 만주에서의 전쟁을 불러일으킨 것이다」라고 보도하고 있다.

이 기사에서 다루고 있는 일본의 조선정복 설에 대해 간단히 논하고자 한다. 먼저, 3세기의 정복설에 관해서는 근거가 불명확하다. 중국에서는 220년 후한이 멸망한 후 위·촉·오 3국의 정립시대가 되었고, 조선반도에서는 245년경 한족의 반란이 일어나 대방군의 태수 궁준弓遵이 전사했다. 이런 정세 하에서 조선반도는 고구려, 백제, 신라, 대가야로 분리되었다. 일본은 이무렵 여왕인 히미코卑稱呼와 남방의 구나코쿠狗奴國 사이에 싸움이 일어나기 시작해 전투가 계속되기도 했다.[137] 이 상황을 보면 3세기의 조선정복설이라는 것은 근거가 없는 것이다. 진구왕후神功皇后의 조선정복설도 있지만, 당시 아직 배의 건조기술은 생각할 수 없을 정도였고, 신화와 전설에 지나지 않는 실정이었다.

그러나 일본의 조선에 대한 침략행위는 야마토정권이 일본을 통일한 4세기이후가 되어 본격화된다. 일본군은 391년부터 십수년간에 걸쳐 백제, 신라에 출병하여 군사적인 지배를 시도했지만 실패로 끝났다. 또 16세기의 정복설은 1592년부터 1598년에 이르기까지 도요토미 히데요시豊臣秀吉의 임진왜란(조선정벌)을 바탕으로 한 것이다. 이때 일본은 조선반도에서 많은 약탈행위를 행했지만, 결과적으로 침략은 단순한 군사적인 위력에 그쳐 실패로 끝났다.[138]

그런데 동 신문의 칼럼은 계속 일본의 병합사실을 지지하고 있다. 만약 일본이 무력적인 힘에 의해 조선에서 그들의 권리를 주장한다면 조선에서 일본의 입장은 의문을 품을 여지도 없으며 어리석은 결정은 아닐 것이라고 논하고 있다. 또 병합은 국제적인 상업효과에서 분리하면 러일전쟁이후 명목상 현존하는 모든 것을 구제하는 것처럼 보였지만 사정은 아무것도 변하지 않았다고 덧붙이고 있다.

더욱이 『The Daily mail』은 이 칼럼에서는 한일병합에 있어서 최후의 장애문제로 한국 황제의 양위문제를 다루며 다음과 같이 논하고 있다.

"With the <u>deposition</u> of the Emperor of Korea in 1907 and the nomination of a successor who was <u>content to obey</u> his masters in TOKIO vanished the last <u>obstacle</u> to permanent occupation and control by the Japanese. However much the Koreans may resent the domination of a power which they accused of <u>slavish trucking</u> to "<u>foreign devils</u>", they can not ignore the material benefits which the Japanese protectorate has conferred upon their country. The corruption, incompetency and greed that reduced Korea to a state of squalid poverty and made progress in any from impossible were checked, if they did not disappear, under the firm and experienced rule of the late Prince Ito.(밑줄필자)139)

이 내용을 보면 우선 1907년에 한국 황제의 퇴위(deposition)와 함께 도쿄에 있는 일본 지배자들이 만족할 정도로 복종할 후계자를 지명하는 것에 의해, 일본인에 의한 영원한 점령과 통제를 향한 마지막 장애물(the last obstacle)이 소멸되었다고 한다. 어느 정도 많은 조선인이 「양귀자洋鬼子(foreign devil)140)들에게 예속적으로 아첨하는(slavish trucking) 것에 반발하더라도 일본인의 보호국으로서의 조선의 물질적인 이익은 무시할 수 없을 것이라고 했다. 또 조선에서는 부패, 무능력, 욕심쟁이가 줄어들지 않는 한, 더럽고 빈곤해질 것이고 그들의 요소(부패, 무능력 등)가 소멸되지 않는 한, 고 이토伊藤 공작과 같은 노련한 통치하에서도 억제는 불가능할 것이라고 논했다.141)

이 내용을 분석해보면 꽤 정치적으로도 전문적인 부분까지 깊이 코멘트하고 있는 것을 알 수 있다. 예를 들면, 병합문제에 대해서는 최후의 장애물을 제거하는 요소로 한국 황제의 양위와 후속자의 지명을 들고 있다. 그러나 당시 조선인의 사고방식으로는 한일병합의 최대 문제는 1907년에 행해진 한국 황제의 양위와 후계자의 지명보다도 역시 한일병합조약의 조인(sign)이었던 것이다.

칼럼의 논자는 황제가 권력을 양도하면 장애물이 없어지게 되어 병합이 자연적으로 이루어질 것이라고 했다. 즉 권력의 중심인물이 사라지면 병합이 바로 성립될 것이라고 하고 있다. 그러나 이것은 영국중심적인(황제 중심정치)

발상으로, 조선에서는 반드시 그렇지 않았다고 할 수 있다. 1907년 양위당시, 조선의 황제는 완전히 무기력해져 실제로는 내각이 힘을 가지고 있었다. 다만, 이 칼럼에서는 꽤 과격한 표현(밑줄 부분)을 사용하면서 황제의 양위, 즉 병합이라는 입장론을 반복하고 있다.

이 기사는 계속해서 다음과 같이 이야기하고 있다. 즉「철도건설은 실질적으로 러일전쟁까지 알려져 있지 않으며, 일본은 조선과 중국 사이에 간선도로를 건설하고 있었다. 더욱 중요한 항만의 건설과 대륙개척 등은 조선에서 부를 축적하는 것에 도움이 된다」고 주장했다. 특히, 농업은 원시적인 방법에서 과학적인 영농방법으로 개량되고 큰 삼림자원과 어업을 개척했다고 논하고 있다.

마지막으로 그 막대한 사회의 경제혁명을 행하기 위해서는 저항이나 개인의 불공평 없이는 불가능하며, 바꾸어 말하면 경제혁명의 추진에 따른 작은 희생은 불가피하다고 했다. 또 전쟁 후 바람직하지 않지만, 조선은 어쩔 수 없이 일본에서의 이주자를 받아들여야만 한다고 했다. 그러나 이토伊藤 공작은 이와 같은 정복의 죄악감을 완화하기 위해 선의를 다했으므로, 이토伊藤의 후계자나 일본정부도 조선통치에 대해 책임을 져야 한다고 논하고 있다.[142]

이 칼럼을 전반적으로 분석해보면 몇 가지 주목할 만한 점이 보인다.

첫째, 앞서 언급했듯이 이 칼럼은 전보와 인용에 의한 것이 아니고, 칼럼니스트가 쓴 문장임에도 불구하고 한일병합을 둘러싼 역사적인 배경까지 깊이 분석하고 있다는 점이다. 그런 의미에서 이제까지 분석한 다른 영국 신문보다는 가장 자세한 기사라고 할 수 있다.

둘째, 표현의 방법, 혹은 언어사용법에서는 과격한 표현이 많다. 예를 들면 'deposition'(퇴위)라는 말이다. 황제는 퇴위가 아닌 'abdication(of the crown)', 'demise of the crown'(양위)라는 경어가 있음에도 불구하고 불경한 표현을 사용하고 있으며, 내용에 대해서도 꽤 구체적인 부분까지 언급하고 있기 때문에 영일간의 외교문제에 책임 있는 인물이 쓴 것은 아닐까 하는 의심이 제기될 만도 하다.

셋째, 한일병합조약에 대한 지지이다. 여기서는 한일병합조약의 국제적인 상업상의 중요성을 강조하면서 영국에 손해가 없는 한은 상관없다는 입장을 취했다. 일본에 의한 병합은 당연한 일이며 역사적으로 보더라도 반복에 지나지 않는 것으로 다루고 있다. 게다가 일본은 조선에 대해 철도와 도로의 건설,

농어업의 개량을 실시하여 조선국민의 부의 원천이 된다고 말하고 있다.

여기서 생각할 수 있는 것은 칼럼니스트 자신은 상당히 제국주의 경제이론에 정통한 사람일 것이라는 점이다. 이렇게 단정할 수 있는 것은 일반적으로 제국주의 국가가 후진국을 침략할 때 내세우는 것 중 가장 기본적인 단계가 문명의 개화, 도로의 건설이라는 것이기 때문이다. 그리고 그러한 건설의 목적 자체도 중요시 되어야만 하는 것이다. 이런 점에서 추정해 보면 그는 당시 영국에서 제국주의 경제이론에 문외한은 분명 아니었다고 할 수 있다.

『The Daily mail』은 8월 25일자 「한국의 합병」이라는 기사에서 일반적인 사실을 말하고 있다. 그 내용은 상기의 「전망·한국합병」이라는 기사보다는 개론적이고, 조선의 일반적인 지형과 역사의 소개에 지나지 않는 것이었지만, 이 칼럼의 중간부분을 보면 다음과 같다.

「조선의 독립은 러시아와 일본군대에 의한 보호 아래에서 1897년 정식으로 조인되지만, 그 동의는 일본에 의해 깨져버렸다. 조선에 대한 러시아의 의도에 대한 의심에서 일본이 러시아에 선전포고를 했기 때문이다. 그러나 일본은 러일전쟁이 끝나기 전에 이토伊藤 공작을 조선에 보내 실질적으로 1905년 조선반도를 보호국화 하는 작업을 실행하고 있었다. 1905년 조선은 일본과의 사이에 신 조약을 체결, 일본으로써는 실질적으로 조선을 소유하게 되었다」고 보도하고 있다.[143]

이 신문은 다음날 보도에서도 한일병합 문제를 다루고 있다. 동 신문은 조선의 병합은 언젠가 올 것이었으며, 예견된 사실로 놀랄 만한 것이 아니라고 보도하고 있다. 또 「우리들은 일본이 매우 높은 정치적인 분별력과 숙명, 그리고 확고한 용기에 대해 깊이 이해하고 있다. 그리고 우리들은 일본정치가를 믿고 있으며, 그들이 조선에 대한 장래의 정치와 야망을 세계에 보여줄 것을 믿어 의심하지 않는다」고 논하고 있다.[144]

더욱이 『The Daily mail』은 자사의 특파원 보고를 인용해 「한국의 운명」이라는 제목으로 보도했다. 부제로 「병합에 즈음해 일본인을 축하 한다」라고 쓰면서 일본은 훌륭한 외교비밀의 승리에도 불구하고 한국의 병합사실은 이미 일반인들에게 알려졌다고 보도하고 있다. 이것은 천황이 참석한 지난 월요일

추밀원회의의 영향으로 보인다. 또, 신문에 보도된 중요한 논점의 하나는 전날 내무장관이 기자단을 백여 명 초대해 정부의 정책을 설명하고 여러 가지 협력을 요구했다는 점이다. 이어서, 동 신문은 일본국내에서는 이미 병합의 환희가 넘쳤던 것이 밝혀졌으며, 앞선 사실은 일본역사 중에서 언론에 의한 첫 이벤트로 보인다고 보도하고 있다.145)

한편, 베를린통신원의 보고에 의하면 독일의 신문보도는 냉담한 논조를 띠며 일본의 한국병합에 관해 다음과 같이 평가하는 것을 볼 수 있다. 즉, 「일본이 10년간을 통해 강력한 외교정책(stiffneck diplomacy)과 양대 전쟁의 승리에 의해 얻은 것이다. 일본으로서는 영국과의 조약기간 중 병합이 큰 가치가 있는 것이다. 그러나 영국이 일본병합에 있어서 무관심한 것은 아니다. 병합은 영일동맹(Anglo-Japanese alliance)에 따른 것이고, 일본의 외교적인 수완과 양대 전쟁의 결과에서 얻을 수 있다」고 보도했다.146)

이상 영국의 신문논조를 각각 분석해 보았으며, 영국은 한일병합조약에 관해 찬성 또는 긍정적인 입장에서 보도하고 있었다고 말할 수 있다. 대부분의 신문은 상업상 문제가 없으면 이에 대해 다른 논의를 내지 않았고, 역사적으로 찾아보더라도 일본에 의한 조선의 병합은 당연한 것이라는 논조를 드러냈다. 또, 일본은 이 병합에 의해서 조선에서 얻을 수 있는 경제적인 이익은 무시할 수 없는 것이라는 의견도 대부분의 보도가 덧붙이고 있다.

이 사실과 관련해 영국인이면서 일본의 내셔널리즘 연구자인 리차드 스토리(Richard Story)는 그의 저서에서 다음과 같이 기술하고 있다.

「조선인이 하얼빈 역에서 이토伊藤를 암살했지만, 이 암살사건이 일본정부에 한일합병을 단행하게 하는 데 하나의 구실(pretext)을 주었다. 그 후 테라우치 마사타케寺內正毅에 의해 합병조약이 체결되게 되었다. 일본은 35년간의 통치기간에 조선에서 경제적으로는 큰 이익을 가져왔다. 물론 조선 역대 왕정보다는 상당부분에 있어서 잔혹한 정치였다. 조선에서 상상도 할 수 없을 정도로 엄격한 총독정치를 행하고, 조선민족이 전혀 바라지 않는 사상적인 지배까지 강요하며 일본과의 사이에 완벽한 통합을 목표로 하고 있었다」고 논하고 있다.147)

이와 같은 영국의 보도와 리처드의 의견은 영일동맹조약에 근거하여, 즉 동맹국으로서의 입장에 기초한 보도논조, 혹은 의견을 제시한 것이라고 볼 수 있다.

현재 한국에서 식민지통치에 관한 대부분의 연구자는 일본통치하에서 조선총독부에 의해 건설된 조선의 철도와 도로, 또는 개척 산업 등이 조선의 경제발전에 큰 역할을 완수했다고 하는 일본 측의 주장에 심하게 반발하고 있다. 그 근거는 그와 같은 건설 사업이 조선민족의 행복과 경제발전을 위한 것이 아니라, 어디까지나 일본 제국의 경제적인 수탈에 목적이 있었다는 것이다. 이것은 앞에서 기술한 대로 당시 식민지 제국경제 이론을 보더라도 상당 부분 타당하며, 이는 영국, 프랑스 등이 그렇고 일본도 예외는 아니었다고 할 수 있다.

일본 통치시대의 정책분석은 식민지 통치 전반에 걸쳐 정치, 문화, 교육 등 모든 분야에 있어서 종합적으로 이루어져야 한다. 본고에서는 어디까지나 각국의 신문 논조에 주목하여, 그것을 구체적으로 분석하는 것에 목적을 두었다. 정책 자체에 관한 평가 문제는 또 다른 차원으로, 다른 연구과제로 남겨두고자 한다.

제 3 절   매스미디어에 의한 선전과 회유, 강압과 위협 커뮤니케이션

1. 선전과 회유, 강압적인 위협 커뮤니케이션

일본은 위협적인 방법으로 강제로 조선을 병탄했으나, 이후 조선민족을 어떤 방법으로 회유하고 설득할지에 대한 문제에 봉착하게 된다. 여기서는 언론이나 각종 출판물을 통한 프로퍼갠더로서의 회유 내지는 위협, 설득 커뮤니케이션에 대해서 분석하고자 한다.

먼저 '설득 커뮤니케이션'의 개념부터 언급해 두고 싶다. 최근 설득 커뮤니케이션의 연구이론에는 여러 가지 논의가 활발히 진행되고 있다. 설득 커뮤니케이션이란 받는 측의 행동과 의견을 특정 방향으로 변화시킬 것을 바라고 행하는 커뮤니케이션을 지칭한다. 예를 들면, 텔레비전의 선전을 비롯해 정치가

의 연설에서부터 부모가 아이를 꾸짖을 때의 잔소리까지, 받는 측에게 보내는
측이 원하는 행동을 일으키도록 이루어진 커뮤니케이션은 설득적인 커뮤니케
이션에 해당한다. 텔레비전의 선전은 소비자에게 특정상품을 구입시킬 것을 바
라고 행해지며, 정치가의 연설은 유권자에게 자기의 주장에 따르는 정치적 행
동을 취하게 할 것을 의도한다. 그리고 부모가 아이에게 하는 잔소리는 아이의
행동을 자기가 기대하는 방향으로 변화시키려 한다.[148]

　　이 '설득 커뮤니케이션이론'을 조직적으로 연구하기 시작한 것은 C. I. 호
블랜드(C. I. Hovland)를 중심으로 한 예일대학의 연구그룹이다. 그들은 연구
성과를 "Persuasion and Communication"(Hovland et al. 1953)이라는 제목의
책으로 정리했다. 설득 커뮤니케이션의 효과를 규정하는 요인으로는 보내는 측
이 지니는 특성, 메시지의 내용과 구성, 설득적 커뮤니케이션의 전달방법, 받는
측이 가지는 특성 등이 있다.[149] 여기서 주목할 것은 보내는 측의 신빙성
(credibility)이다. C. I. 호블랜드와 W. 와이스(Hovand and Weiss 1951)가 지적
한 대로, 실제로 동일한 커뮤니케이션이더라도 신빙성이 높은 공급자가 보냈을
때와 신빙성이 낮은 공급자가 보냈을 때 받아들이는 측의 반응은 각각의 경우
상당히 다른 것으로 나타났다.[150]

　　1974년 P. M. 기리그(Gillig)와 A. G. 그린월드(Greenwald)의 논문에 의하
면, 신빙성이 높은 측보다 신빙성이 낮은 측의 경우 보다 많은 반론이 형성되
며 의견변화도 적다는 결과가 나왔다.[151] 이러한 연구 결과는 반대로 신빙성이
높은 측이 보내는 메시지는 반론이 형성되기 어렵기 때문에 설득력이 높아진
다는 것을 의미한다. 이에 대해 G. R. 하스(Hass)는 1981년에, 설득적 커뮤니
케이션에 대한 반론의 양은 반드시 그렇지는 않다는 다른 의견도 제기하고 있
다. 즉, 반론의 양이 항상 의견변화의 양과 대응하는 것은 아니라는 견해이
다.[152] 그러나 적어도 의견변화와 신빙성과의 사이에는 밀접한 관계가 있다는
것에 대해서는 학자들 사이에 이견이 없는 것처럼 보인다.[153]

　　여기서 한 가지 지적할 점은 설득 커뮤니케이션의 조직적인 연구의 시작
은 1950년대이지만, 실제로 설득 커뮤니케이션은 이미 그 이전부터 행해졌다
는 것이다. 즉, 이론의 성립은 1950년대이지만, 설득 커뮤니케이션의 실제 사
례는 그 이전으로 거슬러 올라간다. 한일합병 때에도 어떤 식으로 조선민족에
대해 회유나 설득을 행할 것인지에 대해서는 일본에게도 커다란 과제였다.

그러나 조선총독부는 자기들이 직접 회유나 설득에 나설 것이 아니라, 조선인을 통해 회유 내지는 설득시키려고 계획했다. 이것은 일본인에 의한 회유나 설득보다도 조선인에 의한 회유나 설득이 신빙성이 높다고 판단했기 때문으로 보인다. 또, 조선총독부는 신빙성이 높은 조선인에 의해 회유나 설득을 수행하면 일본에 대한 반발도 일어나기 어려울 것으로 보았다. 이러한 연유로, 일본은 조선인으로 구성된 친일단체를 만들어 조선민족에 대해 회유나 설득을 강요하게 된다. 일본의 이러한 잘못된 식민통치는 결과적으로 이후에 친일인물이나 반민족 단체를 양산하기에 이른다. 뿐만 아니라, 그들의 그릇된 프로퍼갠더나 회유, 강압과 위협 커뮤니케이션 등은 우리 민족을 서로 간의 반목과 대립으로 얼룩지게 했을 뿐 식민통치는 결국 실패하게 되었다.

또 하나 중요한 것은 설득 커뮤니케이션의 하나인 프로퍼갠더(선전)이다. 프로퍼갠더(propaganda)의 어원은 로마시대로 거슬러 올라간다. 발생연대는 불분명하지만, 언어학자의 보고에 의하면 고대 로마인이 구체적으로 이 언어를 사용하고 있었다는 것을 알 수 있다. 'propaganda'는 'propagare'(접목)의 과거분사인 'propagatus'에서 나온 것으로, 제1차 세계대전 이후 허위 뉴스나 의견의 총괄로서 나쁜 의미로 통용되어 왔다.[154] 프로퍼갠더라는 말이 처음 현대적인 의미로 사용되게 된 것은 1622년에 로마정교의 전도를 위해 법왕이 신교선전회의(congregatio de propaganda fide)를 설치하고 나서부터이다.[155]

원래 선전이라는 것은 어떤 목적을 달성하기 위해 행해지는 일정 활동으로 그 목적 달성을 위해 모든 가능한 수단이 총동원된다.[156] 즉 선전은 사회집단의 대립이나 갈등, 단결의식 등을 계획적으로 통일 조직화하는 특수행동이다. 그에 의해 해당 집단의 인식태도와 주장을 표현하고, 따라서 자기의 통일적 과제에 봉사함과 동시에 대립하는 집단을 설득 혹은 파괴로 향하게 하는 것이다. 따라서 선전에 의해 특정집단은 자기의 존재를 방위옹호하고 상대측의 이데올로기와 싸워 이것을 분쇄하려고 한다. 이처럼 선전은 집단의식이 무장된 것이며 정치적으로는 가장 집중된 첨예한 지식무기라고 할 수 있다.[157] 요컨대 선전은 계획적으로 상대에게 정신적으로 시사를 주는 활동으로, 그 결과 피 선전자가 선전되는 목표를 자발적으로 자신의 목적으로 삼아 실현하다가 궁극적으로는 선전자로 전화轉化(Transformation)해 버리는 것이다.[158] 당시 일본의 선전 선동은 나치의 프로퍼갠더를 연상할 정도로 강한 메시지였다. 특히 1937년

중일전쟁 이후로 조선반도는 병참기지화 되어 그들의 프로퍼갠더는 훨씬 강화
된다.

실제로 프로퍼갠더가 행해진 것은 제1차 세계대전 이전부터이다. 그러나
프로퍼갠더가 보다 정교하게 조직적으로 이루어진 것은 1900년대 이후로 보고
있다. 예를 들어 프랑스는 1914년 1차 세계대전이 발발했을 때 프로퍼갠더를
조직적으로 행한 바 있다. 그 사례로서 「나는 고발한다! 어느 독일인의 익명
(Richard Grelling)에 의한」(J'accuse ! par un allemand : 나 규탄한다) 책을 들
수 있는데, 이는 이름을 밝히지 않은 독일인이 독일을 비난하는 내용의 책이다.
이 책은 1915년 4월 4일 스위스 로잔의 파이요 출판사(Payot S. A. Librairie)에서
출판되었는데, 프랑스어로 되어 있어서 프랑스 쪽 진영에서 적국인 독일에 대
한 반감과 적개심을 부추기기 위해 의도적으로 쓴 것으로도 볼 수 있다.[159]

영국의 프로퍼갠더는 전반적으로 프랑스의 프로퍼갠더와는 전혀 다르다.
영국은 개전 직후인 1914년부터 1915년에 걸쳐 단기간으로 리플릿 선전
(Leaflet Campaign)을 개시했다. 그 제안자는 탱크의 발명자로 전쟁사에 남아있
는 스윈턴 중좌로, 그는 제1차 세계대전이 개전되고부터 불과 2개월 후인 10
월부터 독일어로 쓴 『베칸트 마흥』(Bekantmachung)(공보, 공고, 포고)이라는 타
블로이드판으로 신문형식으로 만들어 비행기로 서부전선의 독일장병 머리위에
뿌렸던 것이다.[160]

이상 프로퍼갠더의 어원에서부터 역사적인 실례까지 언급해 보았다. 국가
적인 프로퍼갠더는 대내적으로는 개인들을 조직적으로 통제하고 설득하여 의
도하고자 하는 내용을 실현하고자 하는 수단이며, 대외적으로는 자국에 관한
주장을 펼침으로써 타국이 자국의 목적 실현에 협력하도록 하는 정치적 욕구
실현의 수단이라고 말할 수 있다.[161] 실제 일본이 프로퍼갠더를 활발하게 전개
한 것은 '대동아공영권확립'이라는 것으로, 일본국민 또는 아시아의 모든 민족
에 대해 행해진 정치적인 프로퍼갠더이다.

일본에서 근대적으로 중요한 선전미디어는 신문, 라디오, 영화, 레코드, 잡
지, 팸플릿, 강연, 인쇄물 등이다.[162] 그러나 일본은 한일병합 전후에 있어 조
서, 훈시, 강연, 성명서 등을 미디어를 통해 조선민족에게 설득을 강요하였다.
먼저 그들의 조서, 훈시, 성명서 등을 중심으로 한 인쇄미디어가 병합문제를
둘러싸고 조선민족에 대해 어떤 설득 커뮤니케이션을 행했는가를 분석해 보기

로 한다.

먼저 「한국합병의 조서」는 실제 우치다 료헤이內田良平가 작성한 것으로, 그 내용을 보면 「짐은 동양의 평화를 영원히 유지하고 한국에 있어서 공공 안녕의 유지, 민중의 복리를 증진할 것을 바란다」라고 하고 있다. 여기서 일진회 회장 이용구李容九는 「일백만 명」의 이름으로 약소국의 오명을 벗어나기 위해 대일본국 천황폐하의 황택을 받아야만 한다고 하는 일대 프로퍼갠더로 조선민족을 설득하고 있다.163) 또 「한일합병조약」(전문)에서도 다음과 같은 내용을 볼 수 있다.

「일본국 황제폐하는 한국 황제 폐하, 대황제 폐하, 황태자 전하 및 그 후비 후손이 각각 그 지위에 상응하는 존경위엄 및 명예를 향유 또는 보유하기에 충분한 재비를 공급해야만 하는 것을 약속한다(제3조)고 적고 있다. 합병조약 3, 4조에서는 한국의 황족과 합병에 공훈이 있는 자에 대해서도 표창과 자금공급을 약속했다. 일반국민에 대해서는 신체와 재산을 충분히 보호하고, 그에 상응하는 자격이 있으면 사정이 허락하는 한 조선에서 제국의 관리로 등용할 수 있다고 말하고 있다(제6, 7조).」

여기에서는 한국의 황제 및 황족, 귀족, 일반국민까지 병합 이후 조치를 선전하고 있다.164) 또 한국 황제에게도 조서를 발표시키고 있으며, 그 조서의 마지막 부분에는 「대한국민은 일본제국문명의 신정新政에 복종하여 행복을 함께 누릴 수 있도록 한다」165)라고 한국 황제가 직접 대한국민에 대해 이해를 호소하고 있다.

한편 한일병합에 즈음해 테라우치寺內 총독은 일반 조선인에 대한 논시諭示를 발표하고 다음과 같이 회유 내지는 설득적인 커뮤니케이션을 행했다. 이 논시의 전문은 2,468자나 되는 장문이다. 앞서 언급한 한국 황제조서와 일본천황의 조서보다도 5배 이상이 된다. 이들의 내용을 분석해 보면 크게 나누어 통치권, 황실(왕족을 포함), 은전恩典과 사면, 납세, 치안, 식산, 관제, 의료, 생활태도, 종교 등 10개 항목에 걸쳐 아래와 같이 조선민족에 대해 설득내지는 회유하고 있었던 것을 알 수 있다.166) 이 '테라우치寺內 총독의 유시諭示'에는 조선민족을 설득하는 내용이 상당히 포함되어 있어, 당시의 프로퍼갠더 연구를 위한 중요한 자료이다. 필자 나름대로 항목별로 내용을 정리해 보기로 한다.

(1) 대일본 천황폐하는 조선의 안녕을 확실히 보장하고, 동양의 평화를 영원히 유지하기 위해 전 한국원수의 희망에 응하여 그 통치권의 양여를 수락하기에 이르렀다.(통치권)

(2) 한국 황제폐하와 대황제, 태황제의 호칭 및 황족 등에 대해 충분한 예우를 한다.(황실)

(3) 양반, 유생, 서민의 사표가 된 자에게는 은전을 주고, 효자절부로 향당의 모범된 자에게는 포상을 주며 그 덕행도 표창한다. 또 일률적으로 대사大赦의 특전을 준다.(은전과 특사)

(4) 국세의 미납자는 그 책임을 해제하고 융희2(1908)년 이전의 토지세는 특별히 그 5분의 1을 경감한다.(납세)

(5) 신민의 생명재산의 안전을 지키기 위해 제국군대는 각 도의 요소에 주둔하고 사변에 대비해 헌병, 경관은 치안 일에 따라 안녕질서를 유지한다.(치안)

(6) 조선의 지세地勢는 남쪽 땅이 비옥하여 농업에 적당하고, 북은 광물자원이 풍부하다. 따라서 그 산업의 진작을 위해 철도, 도로 등 운송기관을 정비하기로 한다.(식산)

(7) 상압하원上圧下怨의 폐를 해결하여 민의를 상의하달上意下達하기 위해 중추원의 규모를 확장하고, 각도부군에 참여관 또는 참사직을 설치하고 능사준촌能士俊村을 등용한다.(관제)

(8) 병고病苦를 구원하여 천수를 누리게 하기 위해 경성에 중앙의원을 열고, 또 각 도에 자혜의원慈惠醫院을 증설하여 명의를 두고 양약을 갖추어 기사회생의 인술을 베풀기로 한다.(의료)

(9) 인문의 발달은 후진교육의 결과이며, 교육의 요소는 지혜를 높이고 덕을 닦아 수신제가에 이바지한다. 여기서 공리空理와 방만放漫, 무위도식의 폐를 지적하고 근검한 미풍을 함양하는 것에 노력해야만 한다.(생활태도)

(10) 신교信敎의 자유는 문명 열국과 똑같이 인정하여 종교를 가지고 추호도 친소親疎의 뜻을 품지 않는 것은 물론 그 포교전도에 적당한 보호

편의를 준다.(종교)

이상 앞으로의 조선통치전반에 걸쳐 설명하면서도 조선민족에 대해 회유나 이해를 구하기 위한 설득 커뮤니케이션을 행했다고 할 수 있다. 즉 조선민족에 대해 정치적 선전, 황실의 예우, 조세의 경감, 식민지 개발정책 등을 호소하면서 설득 내지는 회유작업도 시작했다.

테라우치寺內 총독의 선전정책은 사이토 마코토齋藤實보다 활발하지는 않았다. 테라우치寺內 총독은 식민지기반의 구축에 있어서 설득보다도 무단정치라는 방법으로 무력에 의한 위협 내지는 협박을 동반한 설득을 도모했기 때문이다. 사이토 마코토齋藤實 총독은 3·1독립운동 이후 총독에 임명되었기 때문에 조선민족에 대한 설득작업이 다른 총독보다도 현저히 활발했다고 할 수 있다. 테라우치寺內 총독은 병합과정에서 조선민족에 대한 반발을 최소화하기 위해 협박과 위협적 설득활동을 강행했다. 그 대표적인 것으로 일본의 어용단체인 일진회를 조직해 병합운동을 전개시키고, 조선민족 자신에 의해 합병의 움직임이 일어나도록 적극적인 선전활동을 전개한 것이었다. 이것이 나중에 한일병합의 직접적인 계기가 되었다.

일진회 회장 이용구는 1909년 12월 3일 한일병합을 제창하는 「성명서」를 공포하고 이어 한국내각을 통해 황제에게 상소를 청하며, 또 스스로 통감부로 출두해 병합을 상서하기에 이른다.167)

일진회의 「성명서」는 당시 2천만 대한제국 국민을 상대로 발표한 것으로 주요 내용은 병합의 지급성至急性을 호소하고 있다. 또, 일진회는 「황제폐하 상소문」에서 대한제국의 대 황제폐하(순종)에게 상언하였다. 이 상서는 이용구 등이 백만 회원과 2천만 신민을 대표해 봉정奉呈하고 있다고 했다. 그 내용의 일부를 보면 「폐하와 대일본 황제폐하가 그 성모聖謨(임금의 통치방식)를 하나로 하셔야 하기에, 신 따위 등이 감히 홍도鴻圖(넓은 계획)를 돕고자 한다.」168) 고 말하며 한국 황제의 결단을 재촉하고 있다.

더욱이 일진회는 「통감에게 올리는 글(上統監府長書)」이라는 것을 적어 조선통감에게도 보냈다. 여기서 이용구 등은 회원 1백만과 대한제국 2천만의 민중을 대표해 삼가 경의를 표하며 재배하고 황송하게 글을 대 일본국 천황폐하를 대표하는 한국통감 자작子爵 소네 아라스케曾禰荒助 각하에게 올린다고 밝히고 있다. 이 글에서 그들은 한일합방을 창립할 것과, 대일본국 자위의 길과 세계의 평화를 보임(保任)하기 위해 병합은 불가피한 것이라고 말하고 있다. 일진회는 또 당시 이완용 내각총리대신에게도 「총리에게 올리는 글(上內閣長書)」이라는 것을 보내 병합의 필요성을 호소했다.169)

그들의 상서내용은 병합의 불가피성 내지는 시급성을 말하고 있다고 할 수 있다. 이에 대해 이완용 내각총리대신을 비롯한 농상상農商相 등은 「대한협회」, 「한성부민회」, 「국시유세단」, 「흥사단」 등 각각의 민족주의 단체를 통해 「국민대연설회」170)를 조직하고 회장인 민영소를 중심으로 연설회를 개최하여 일진회가 제창하는 합방성명서를 격렬하게 공격했다. 그 결과 12월 7일 통감 사택에서 대신회의가 열려 일진회 상소를 각하하게 되었다. 그래서 일진회는 그날 밤 총회를 열고 다시 상소를 통감부에 우편으로 상정했지만, 국민대연설회의 격렬한 반항을 초래해, 크게 민중 심리를 충동시켜 한성의 정계는 심각한 혼란 상태에 빠졌다. 여기서 같은 달 9일 그 취지의 내부의견에 의해 경시청은 일진회 회장 이용구, 국민연설회장 민영소를 한 곳에 모아 일반집회연설 및 선언서의 유사물 반포를 금지하게 되었다.171)

일본통감부는 이상과 같은 설득 내지 회유를 통해 한일병합 전부터 합병을 향해 준비해 가고 있었다. 특히 일진회 같은 단체를 육성하여 친일파를 조직하고 있었으며 일본방문단, 일본유람단 등의 일본관광을 통해 일본국내의 발전상을 구경시키는 정치선전을 강화하게 이른다.

일본의 근대사학자 야마베 겐타로山辺健太郎는 일진회와 병합문제에 대한 견해를 다음과 같이 피력하고 있다.

「조선의 <합병>요구가 조선인 사이에서도 나왔다고 하는 것은 일본에게는 사정이 좋은 것이었을 것이다. 그 때문에 여러 책동이 일어나지만 그 책동의 산물의 하나가 일진회이다. 그 <한일합병>의 제창이 조선의 조야를 움직였다고 쓴 것도 적지 않았다. 그러나 이것은 잘못된 것으로 일진회라는 것은 실체가 없는 유령단체라는 것과, 그 「한일합병」의 제창이 모두 일진회 간부의 사욕에서 나온 것이다.」172)

야마베山辺는 여기에서 그 이유를 몇 가지 들고 있다. 결국 일진회의 간부

인 송병준宋秉畯이라는 사람은 일진회의 고문 우치다 료헤이內田良平의 획책 지
휘에 의해 움직인 것으로 생각되지만 반드시 그렇지는 않다. 그는 오랫동안 일
본에 망명해 표랑하고 있었다. 그가 귀국한 것은 러일전쟁이 시작된 후 일본본
군의 통역을 위해서다. 야마베山辺는 이와 같은 점을 지적한 후에 일진회의 「한
일합방론」은 완전히 송병준, 이용구의 정치적인 야심에서 나온 것으로 당시 한
국민족의 의지와는 전혀 다른 것으로 조금도 한국민을 대표하지 않는다고 논
하고 있다.173) 일진회가 제창한 병합문제에 대한 반대의 목소리가 너무 높아
일진회가 거의 「고립상태」에 놓여서, 그들은 이것을 벗어나기 위해 여러 모임
을 날조했다고 한다.174)

　　야마베山辺에 의하면 일진회의 병합론에 대해 반대한 것은 한국인만이 아
니고 한일병합의 급선봉에 선 한성에 있던 일본인 거류민과 일본인 신문기자
단도 일진회에 반대하는 결의를 내었다고 말하며, 선언서 일부를 다음과 같이
소개했다.

　　「…… 전략 …… 지금 한국의 정당 일진회가 갑자기 한일합방론을 제창
　한 것이 여론의 통렬한 반대를 받아 소기의 목적을 이루지 못했다. 단지
　그들에게 한인 붕당알력朋黨軋轢의 도구로 제공되어, 일패도지一敗塗地(싸움
　에 한번지고는 못 일어남)의 비경悲境에 침륜沈淪한 것은 일진회를 위해 유감
　일 뿐만 아니라, 한일관계의 촉진상 매우 큰 장애를 남긴 것을 통탄하지
　않을 수 없다(하략).」175)

　　그런데 야마베山辺는 일진회가 실체가 없는 유령단체라고 단정하지만, 반
드시 그렇지는 않은데 일진회가 한일병합에 이르기까지 큰 작용을 한 것은 사
실이기 때문이다. 이용구 등 일진회 간부들이 정치적인 사욕을 위해, 또 살아
남기 위해 최후의 수단으로 병합을 주장한 것은 사실이지만 그것도 항상 일진
회의 이름을 빌리고 있었던 것이었다. 더욱이 1907년부터 1908년 8월까지 사
이에 의병(민족주의자)에게 살해된 일진회의 회원 수는 966명에 달한 사실 등
으로부터도 결코 유령단체는 아닐 것이라고 짐작할 수 있다.

　　다만 이용구를 중심으로 일진회의 병합성명서 등에는 항상 1백만 회원과
2천만 민중을 대표한다고 하지만 그것은 확실히 허구의 수치이다. 당시는 조선

민족 중에서는 항일감정이 강했기 때문에 그와 같은 대중을 움직이는 것은 도저히 불가능했을 것이다.

또 하나 야마베山辺의 주장에 대해 지적하고 싶은 것은 일진회의 병합청원에 대한 경성기자단의 반대성명이다. 일본 측 경성기자단의 반대성명은 일진회의 병합방식에 반대하는 것이지, 결코 병합 그 자체에는 반대하지 않는 것이었다. 이 성명서의 중반 부분을 보게 되면「한일관계의 근본적인 해결이라는 것은 세계대세에 의해 양국이 병합을 단행해 쌍방이 함께 이익과 행복을 향유함에 있다」고 확실하게 이야기하고 있다. 반대성명을 낸 배경에는 통감부의 어려운 입장을 대신해 발표하기 위함이었던지, 아니면 일진회와의 사이에 병합론을 둘러싸고 감정대립이 있었는지도 모른다.176)

일진회의 간부는 원래 천민계층 출신자가 많아서, 당시 봉건적 지배층에 대한 그들의 감정을 역이용하여 통감부는 그들에게 금전과 지위를 먹이로 지배질서에 큰 혼란을 야기해 침략을 위해 보다 좋은 조건을 만들고 있었다.177)

그리고 무직의 일부 도시빈민과 어렵고 탐욕스런 일부관리들을 연루시켰다. 전 관리인 유맹劉猛 등이 송병준일파를 정략적으로 지원하거나,178) 다수의 친일파가 일진회를 통해 관리로 채용되었다. 또 이토伊藤는 이완용에게 강요하여 송병준일파를 구한말 최후의 매국내각에 입각시키고 있으며, 내각 외에 있어서는 우치다 료헤이內田良平 등으로 일진회에 의한 요인협박을 강행시키고 양쪽으로 위협하여 마침내 고종의 양위를 실현시켰다.179) 이것은 영국의『데일리메일』이 지적한 것처럼 한국병합의 난제인 고종의 양위문제를 일진회가 해결했다는 것을 나타낸다.

이에 대해 전 쓰쿠바筑波대학 강동진姜東鎭 교수는 저서에서 일진회는「백만 회원」의 대단체가 아닌 불과「실제로 4천에도 못 미치는 회원으로 멋대로 백만이라 칭하는 헛소리도 역시 대단하다.」라 하며「실제로 일부 소수의 단체에 지나지 않는다」180)고 혹평하고 있다. 더욱이 일진회는 일본군부에 의해 창설되었고 일본의 자금과 조종으로 움직인 매국단체로 어떤 사회적인 기반도 없으며 그 지도자인 송병준과 이용구 등은 조금의 민족적 양심도 없고 파렴치한 허수아비였다181)고 강동진 교수는 논하고 있다.

당시 일본은 병합을 실현하기 위해 여론 만들기와 설득적 커뮤니케이션을 적극적으로 실행했으며, 일진회 이외에도 새로운 많은 친일단체를 만들거나 혹은 기존 배일단체에도 손을 써 친일적인 단체로 개조하기도 했다. 이것은 병합에 의해 해산된 11개의 단체[182]를 보더라도 알 수 있다. 특히 이들 친일단체는 일본의 프로퍼갠더기관으로 조선 국내여론을 한일병합방향으로 유도하려는 목적을 가졌으며, 이를 위해 이들 단체는 중대한 정치적 사건이 있을 때마다 선언, 성명서, 유세, 집회연설, 개인지도 등으로 활동했다.

그런데 이들 간부 및 단체회원은 대개 상민출신으로, 변덕자, 무뢰한, 지방 불평분자 등을 모았기 때문에 이른바 설득 커뮤니케이션에 있어서 신빙성이 낮았다. 그 결과 각 단체가 조선 대중에게 준 설득효과가 어느 정도였는지는 의심스럽다. 다만 프로퍼갠더로 한국정부에 대해서 황제의 자발적 의지인 듯이 말을 시키며, 일진회에는 「민중의 요망」을 날조시키는 것에 의해 일본 당국의 병합체제를 촉진, 확립한 것은 사실일 것이다.

하지만 이 시기에 있어 지배적인 사회 사조는 어디까지나 반일애국주의이고, 각종단체의 활발한 활동은 애국문화 계몽활동을 발흥시키는 계기가 되었다. 이 운동은 언론, 사상, 교육, 그 외 일반문화 사업을 통해 행해졌고, 특히 언론, 교육 분야에 있어서 눈부신 성과를 냈다.[183] 언론활동으로는 레지스탕스의 몇 가지 대표적 신문과 함께 1905년 이후 월간 잡지의 간행이 왕성하게 이루어졌다. 각종단체가 월보, 잡지를 발간하는 등 언론출판물[184]의 발간도 급격히 발전하게 되었다.

2. 「동화정책」과 「내선일체」, 「내지연장주의」

일본의 조선통치에 대한 근본적인 방침은 「일시동인一視同仁(모두평등)」 또는 「내선일체內鮮一體」였다. 그것은 식민지 정책학상 술어에 적용시킬 때는 이른바 「동화정책」을 의미하며 「내지연장주의」이기도 하다.[185] 즉 궁극적으로는 조선의 시코쿠四國 규슈九州화와 같은 것이었다. 이에 이르는 사이 통치자의 마음가짐은 「일시동인」으로, 취해야하는 정책도 조선민족을 일본국 국민과 똑같이 할 것, 즉 조선민족의 일본 동화에 도움이 되는 것에 항상 주안을 두고 있다.[186]

「동화정책同化政策」에 관해 야나이하라矢內原 교수는 그의 저서 「식민지 및 식민정책」에서 「일기조一基調」라는 표현을 사용하고 있지만, 전 경성제국대학 교수 스즈키 다케오鈴木武雄는 「동화정책」은 단순히 조선이 지리적으로 가까운 위치에 있다는 것만으로 이유를 설명하는 것은 충분하지 않다고 했다. 그래서 야나이하라矢內原는 유럽의 경우에는 볼 수 없는 다른 「동조동근同祖同根」론이 있다고 논하고 있다. 더욱이 야나이하라矢內原는 조선인과 일본인의 관계는 프랑스인과 알제리인과의 관계와는 비교될 수 없을 정도로 가까운 것이라고 지적하면서, 일본의 조선통치 근본방침이 「동화정책」이었다는 것을 반드시 비난할 만한 것은 아니라고 했다.187) 일본의 통치에 관해 정책적인 면에서부터 실제 운영 및 역사적인 면을 보면 외국의 예와 어느 정도 비교할 수가 있다. 주로 영국의 아일랜드에 대한 문제, 영국의 인도통치, 러시아의 폴란드통치, 프랑스의 베트남 통치 등을 생각할 수 있다.188)

일본이 조선, 대만에 대해 취한 식민지 정책의 기조는 「동화정책同化政策」, 「일시동인一視同仁」, 「내지연장주의內地延長主義」였다.   일반적으로 「동화주의」 (L'Assimilationist)라는 것은 종속(L'Assujettisement), 자주(L'Autonomie)와 함께 식민정책상 세 가지 방침 중의 하나이다.189) 원래 「동화」라고 하는 것은 어떤 특정문화가 다른 이질문화에 포섭된다든지 또는 원래의 문화와는 다른 이질문화를 형성하는 현상을 동화assimilation라고 한다. 즉, 서로 다른 복수의 문화가 원래의 각 문화와는 별도로 등질적인 문화를 형성하는 것이다.

이때 강제를 수반하지 않고 자발적으로 만들어지는 현상을 통합integration이라고 부른다. 동화는 보통, ①강제하는 법 ②관습 ③행정조치 등을 통해서 어떤 형태든지 억압 내지는 회유를 수반하는데 강제의 정도는 강약이 있을 수 있다. 결국 어느 정도의 강제를 정책으로 제도화 한 것이 동화정책이다. 동화는 흡수나 융합의 형태를 통해서 이루어진다. 흡수의 경우, 강자 내지 지배적 집단이 약소 내지 종속적 집단에 스스로의 문화를 일방통행의 형태로 강제해서 동화하게 한다. 최종적으로 약자의 독자적인 전통문화(언어, 문자, 종교, 예술, 가치관, 풍습 등)와 통일성은 상실된다.

「동화정책」(cultural assimilation)은 두 가지로 나누어서 분석할 수가 있다. 첫째는, 원주민에 대해서도 식민자植民者와 똑같은 법률을 적용하는 등 경제, 사회적으로 본국과의 차별을 없애고 동일 대우를 하도록 하는 것이며, 둘째, 문화적, 심리적으로 본국에 융합시키고, 자연적, 사회적 환경의 차이에서 오는 차별을 없애는 것이다.190) 이와 관련해 야나이하라矢內原 교수와 김규환金圭煥 교수의 생각을 정리해 보면 다음과 같이 4가지 요소를 지적할 수 있다.191)

(1) 정치적으로는 식민지행정은 중앙집권적이고 본국연장주의에 근거한 관료주의적인 행정이다. 또 상급관리에서 하급관원에 이르기까지 본국인을 많이 충당하고 원주민에 대해서는 지위를 부여하는 것이 지극히 인색하다는 점이다.

(2) 경제적으로는 본국을 옹호하는 블록정책이고 관세동화정책을 취하고 있다.

(3) 법제상의 정책에 대해서는 본국의 법률 혹은 이것과 동일한 내용과 취지의 법률을 시행한다.

(4) 교육 및 언어에 관해서는 본국어를 가르쳐 언어를 통해 동화하려고 한다. 게다가 관용어官用語에서 현지어를 배제한다. 더 나아가 상호의 혈액 또는 문화적 융합을 이상理想으로 한다.

원래 동화주의 정책의 이상은 인도적인 입장에서 보호하고 협력하여 직접적인 지배 착취관계를 가능한 한 지양하고, 상호 대등한 위치에서 공동번영의 길을 가려고 하는 것이다. 또 하나는 경제적 측면에서 식민지에 대한 영구적 지배권을 확립하려고 하는 측면이다.192)

전자인 인도적 동화정책을 취한 대표적 식민지국가는 프랑스이다. 프랑스의 동화정책에 관해 야나이하라矢內原 교수는 18세기 말 프랑스혁명시대의 철학은 천부인권론의 관념사상에 근거한 것으로, 인간은 그 출생지의 차별에도 불구하고 이성의 소유자로서 근본적으로 평등하다고 논하면서, 식민지 원주민도 프랑스인과 동일한 천부적인 인권을 소유하고 있다고 논했다.193) 일본의 경우 천부인권의 이념에 대응하는 것으로 「일시동인」, 「폐하의 적자」가 그것이다. 이 양자의 이상적인 사상은 근본적으로 다르지만 동일시되어 왔다고 한다.

하지만 일본의 식민지정책은 「팔굉일우八紘一宇」(세계를 도덕적인 국가로 통일)194)에 보이는 것처럼, 일본국민의 우월성의 신념을 근거로 식민지를 통치한 것은 분명하다. 이런 측면에서 김규환 교수는 다음과 같이 두 가지 점을 지적하고 있다.

첫째, 식민지정책 수행상 용이성을 위해서 그 본질을 은폐하기 위해 위

서적僞書的(가짜)이고 형식적인 말을 하는 경우이다. 둘째, 지배자 중에서 일부 인사에 의한 이른바 「선의」가 인정되는 경우이다. 즉 식민지통치를 위해서 지배와 피지배 사이의 관계에는 이와 같은 기만적 정책상이 존재하는 것은 일반적 현상이다. 예를 들어 「이상주의」적인 「선의」가 조선 통치과정에서는 거의 실제화 되지 못하고, 오히려 결과적으로는 「선의의 악정」으로 조선민족에 대한 착취와 압제를 강화시킨 것이었다고 해도 그들에게는 의미 있는 현상일 것이다.[195] 일본은 대만과 조선에서 동화정책을 실시하여 완전하고 영구적인 식민지통치를 영유하기 위해 필요한 정책은 거의 모두 다 취했다.

이와 관련해 스즈키 다케오鈴木武雄 전 경성제대 교수는 다음과 같이 논하고 있다.

「독립이든 타국의 예속이든, 어쨌든 조선의 분리라는 것을 극단적으로 두려워하는 일본의 입장이 강하게 간취看取(보여), 이른바 확실히 내심 깊이 안고 있지 않으면 안심할 수 없다고 하는 기분이 강하게 표현되어 있다.」[196]

스즈키 다케오鈴木武雄 교수는 또 외무성 비밀보고 자료에 있어서도 동화정책에 대해 다음과 같이 언급하고 있다.

「양은 양으로서 자유롭게 들판에 방목해 풀을 먹게 놔두는 방법이 사육주로서도 마음이 편하며, 경비도 목동과 지키는 개 정도로 싸게 먹힌다. 그러나 양을 방목하면 누군가 훔쳐갈지도 모르고 도망가 버릴지도 모른다는 걱정도 있고, 한두 마리의 손실은 무시할 수 있는 배짱도 없어서 경비를 들여 울타리를 쳐 오히려 양을 여위게 하거나, 혹은 양을 가축 취급하는 것을 참지 못해 인간적 대우를 하려고 인간사회의 풍속을 강요해 오히려 양이 호의를 귀찮아하는 사육주도 있다. 이런 사육주는 결국 양으로 돈을 벌 자격이 없다. 그러나 양에게 만약 사람의 마음이 전달된다면, 그는 반드시 이런 소심한 빈곤사육자를 이해할 수 있을 것이다.」[197]

스즈키鈴木 교수의 지론은 물리적인 동화정책이 조선으로서는 귀찮은 호의

라는 것이다. 양은 자유로이 방목되는 편이 가장 쾌락하며 결코 다른 것에 의해 간섭받아서는 안 된다는 것이다. 즉, 「훌륭한 사육주가 있고 훌륭한 목적으로 양을 훈련시키거나, 또는 울타리를 쳐 좋은 대우를 하더라도 양이 자유를 속박 받는 한 사육주에게 동화되지 않을 것이다. 빈곤한 사육주에게 마음을 줄 수 있는 양이야 말로 사육주의 마음을 이해하고 동화될 것이다. 만약 목적은 좋아도 방법이 잘못되면 결과도 나빠진다.」

스즈키鈴木 교수는 현실적인 표현을 사용하면서 동화정책의 방법론을 문제삼고 있다는 점에서 주목할 만하다.

그러나 일본은 35년 조선통치 전 기간을 통해서 통치자들뿐만 아니라, 식민지정책 실행자들에 의해서도 조선의 분리와 독립에 대해서 주창한 적은 한번도 없었다. 조선민족의 독립에 의해 그들의 지배가 위협받을 때는 더욱 그렇다. 경성일보의 한 사설을 보면, 「조선의 독립은 절대로 허용하지 않는다. 만약 조선이 외국의 힘을 빌려 독립을 계획하려고 한다면 일본국민은 최후의 한명까지도 이것에 반대하고 싸울 것이다. 그러나 어느 나라가 조선을 위해 자기의 피를 흘리고 일본과 전쟁할 것인가.」198)라는 단호한 결의를 보이고 있어, 어디까지나 조선의 독립은 결코 허용하지 않을 방침이었다.

일본의 식민지 정책학자 야나이하라矢內原 교수는 일본과 프랑스의 식민지정책의 유사성을 논하면서,199) 일본도 만주정책의 전략상 필요에 의해서 조선에도 동화정책을 추진하고 있다고 했다.200) 일본은 1919(大正8)년 독립만세 소요사건이후 더욱더 동화정책을 강화하는 방향으로 나아가고 있었다. 더욱이 1936년 미나미 지로南次郞 총독에 의한 「내선일체」의 슬로건하에서 추진된 「일시동인」과 같은 모든 정책은 「황민화」의 이름하에 민족의 존재를 간단히 부정하는 등 동화정책을 지나치게 강화하게 되었다.201) 그것은 경우에 따라서는 역효과를 낳는 경우도 많았다.

전 경성일보사장 소에지마 미치마사副島道正는 조선의 동화정책에 대해 다음과 같이 솔직하게 비판하고 있다.

「내지 연장주의 및 동화정책에 반대하고 조선의 자치를 고창하여, 조선 자치는 조선인이 바랄 수 있는 최고의 정치형식이다.」202)

식민지통치에 있어서의 동화정책은 실제로 원주민의 법률과 사회제도뿐만 아니라, 그들의 언어, 풍속, 관습, 종교 등까지 파괴적으로 간섭하고 이것에 대신해 본국의 법과 제도들을 강요하려고 한다. 일본 식민자植民者들은 조선에서 일관되게 동화정책을 실시해 식민지 조선인에게 일본어, 창씨개명, 신사참배 등을 강요하여 극심하게 민족적인 저항을 받은 바 있다. 동화정책의 가장 극단적 예는 조선인의 성명을 일본식으로 개칭시키는 강제적인 정책으로, 이에 응하지 않으면 협박, 감금의 폭거를 자행하기도 했다.203) 이것과 함께 조선어 사용을 배척하고 민족 고유의 언어까지도 말살하려 했다. 이와 같은 「이민족에 대한 동화정책은 조선인의 민족성 파괴(Denationalization)뿐만 아니라, 민족 고유의 문자마저도 강제적으로 말살하는 행위이다」.204) 또, 일본의 심리학자 혼고 마코토本鄕實는 민족심리학적인 입장에서, 한 민족의 제도, 습관을 일조일석으로 타파하려고 하는 동화정책은 실패로 끝날 「운명」을 가진 것이라고까지 말하고 있다.205)

일본의 식민지 지배이론은 명치정부 정치가들의 지배이론 내지는 동화정책에 의해 강행되었다. 명치후반기에 조선민족은 이민족에 대한 경계심이 상당히 강했다. 특히 당시 조선 민족 사이에는 사대주의(중화사상) 유교적 사회사상에 따른 척외적 풍조가 퍼져있었다. 그러한 시기에 일본의 동화정책이라는 것은 상당히 받아들이기 어려운 정책이었다.

일본의 동화사상에 대해 조선민중은 「반만년의 역사를 가진 2천만의 문화민족」이라는 표어를 항상 저항의 슬로건으로 걸고 있었다. 이것은 조선이 식민지가 되기 전에 역사적으로는 오히려 일본에 대한 문화의 제공, 전달자로서 자부심을 가지고 있었기 때문이다. 김규환 교수는 조선민족에게 자발적으로 동화될 수 있는 심리적 기반이 일본에 대한 외경과 공감에 있다고 한다면, 그것은 일본의 군사력과 자본주의적 상품에만 국한되며 문화적인 것에 대해서는 결코 그렇지 않았다고 말하고 있다.206) 일본 통치시대에 일시적으로 동화정책을 받아들일 여지가 있었다고 한다면, 그것은 당시 조선민족에 대한 무력적 위협과 공포감이며 정치적인 체관을 바탕으로 하는 수동적인 자세였다고 할 수 있다.

그런데 「내선일체內鮮一體」라는 것은 제창자인 미나미 지로南次郎 조선총독 자신의 정의에 의하면 「반도인半島人으로 충량忠良한 황국신민일 것」207)이다. 그것은 사상에 대한 명확한 체계를 가지지 않는 단순한 정치적 슬로건이었다고 할 수 있다. 미야타 세쓰코宮田節子에 의하면 당시 조선에서는 실로 다종다양한 「내선일체」가 표현되어 저서, 논문, 소설, 시 등에서 「내선일체」를 언급하지 않는 것이 없을 정도였다. 이러한 자료를 정리 분석해 보면 두개의 기본적인 입장을 찾을 수 있다.

　　하나는 일본인 측이 제창한 동화논리로서의 「내선일체」론이고, 다른 하나는 조선인 측이 제창한 「차별로부터의 탈출」의 이론으로서의 「내선일체」론이다.[208] 여기서 미야타 세쓰코宮田節子는 같은 이론 중에 완전히 이율 배반하는 논리가 내포되어 있다고 한다. 여기에 「내선일체」의 본질적인 모순이 있어 「조선인을 일본인으로 한다.」라는 자연의 섭리를 무시한 「있을 수 없는」일을 있을 수 있게 한 마력의 원천이 있고, 또 그것에 일정한 조선인을 「내선일체」론 속으로 끌어들이는 것이 가능했던 까닭도 있었다고 논하고 있다.[209] 그것은 「동화정책」이 단순한 정치적, 경제적, 물질적 수탈만이 아니라, 보다 근본적으로 인간성 그 자체를 어떻게 변질, 파괴하는지에 주안을 두고 있었다는 것을 의미하는 것이다.

　　이상 동화정책에 대해 언급했지만 동화정책의 구체적인 표현은 「내선일체」이며, 궁극적인 목적은 「내지연장주의」로 나타나게 되었다. 결과적으로는 일본 제국주의의 동화정책은 실패로 끝난다. 그 실패의 원인으로 첫 번째로 들 수 있는 것은 민족의 차별정책이었다. 하나의 예를 들면 일본인 중심의 관료주의이다. 즉 표면적으로는 「동화정책」을 호소했지만, 실제는 일본인 우위의 관료 정치가 지속되었다. 조선총독부에서 지방행정 이사청까지의 직원 경력서가 도쿄대東京大, 메이지대明治大, 와세다대早稲大 출신의 엘리트 관료들만으로 구성된 것을 보아도 이를 알 수 있다.

　　둘째는 민족성의 차이이다. 일본인은 섬나라 국민성을 가지고 있으며, 조선인은 대륙적인 민족성을 가지고 있다. 구체적으로 말하면 조선민족은 자기의 주의주장이 강하고 어디까지나 자기의 의견을 관철시키려하는 경향이 있다.[210] 그래서 타민족 혹은 이민족의 무력적인 탄압에 대해서는 상당히 저항력이 컸던 것이다. 그 결과 자기의 의지와 맞지 않는 일방적인 회유 혹은 강요에 대해서는 최후까지 투쟁하는 기질을 가졌다. 그것이 좋은지 나쁜지는 별도이지만, 개인보다도 집단을 중요시하고, 주위 사람들을 보고 행동하는 일본인의 습성과는 맞지 않는 민족성임이 분명하다. 그렇다고 한다면 일본이 취한 동화정책은 그 출발점에서부터 문제가 있었던 것으로 보인다.

셋째, 동화정책도 하나의 설득 커뮤니케이션으로 조선국민들에게 이루어졌지만, 설득 커뮤니케이션 이론에 의하면 설득효과를 높이기 위해서는 피설득자에 대한 대상의 연구가 꼭 필요하다. 그런데 피설득자의 수용태도나 설득대상에 대해서는 그다지 연구되지 않았다.211) 박영효가 『조선문제연구호』에서 일본인의 눈으로 본다면 조선인은 무력하게도 보이고 빈약하게도 보일지도 모르지만 조선인은 이전부터 자랑할 만한 문화를 가지고 있었으며, 특히 4천년이라는 역사가 있으므로 민족의식이나 민족정신을 단순히 힘으로 파멸시켜 없애려는 것은 불가능하다고 단언한 것은 동화정책의 어려움을 지적한 것임에 틀림없다.

1991년 12월 구 소련이 붕괴하고 냉전체제가 종식된 뒤에도 러시아의 체첸분쟁, 구 유고슬라비아의 민족정화사건이 발생하는 등 동화정책에 반대하는 민족독립투쟁은 지금도 현재한다. 중국은 티베트의 위구르족, 일본은 오키나와 민족 등과의 마찰을 빚고 있는 상황 속에서도 유엔총회에서는 원주민들의 권리와 인권선언이 채택되고 있다. 한편, 지난 2008년 2월과 6월에는 오스트레일리아와 캐나다정부가 각각 자신들의 동화정책이 애초부터 잘못되었다는 것을 뉘우치고 원주민들에게 공식적으로 사죄하고 있기도 하다.

제 4 절   교통통신정책과 조선의 언론통제

1. 조선의 교통정책과 언론

언론의 발달은 교통통신수단의 발달과 불가분의 관계를 가지고 있다. 특히 조선은 일본의 식민지정책의 일환으로 여러 가지 교통통신수단을 만들어 식민지정책의 효율적인 수단으로 이용되었다. 일본과 조선 사이에는 일찍이 조선통신사라는 외교적인 문화사절단의 교류가 있어, 구체적인 기록에 의하면 1607(慶長12)년부터 1806(文化3)년까지 12회나 행해졌다고 하는 자료가 남아있다.212) 또 통신사의 일행은 경성과 부산, 쓰시마対馬, 이키壱岐 등의 섬을 연결하는 코스에서 6척의 배로 교류가 이루어졌다고 기록되어 있다. 한일합병 전후에 있어서도 주요한 교통수단은 배에 의한 왕래였다.

여기서는 한일합병에 의해 일본의 해운정책과 철도, 도로 건설 등이 언론에 대해 어떠한 영향을 미쳤는가 하는데 대해 이색적인 분석을 하고자 한다. 그것은 현재도 교통통신의 수단은 언론의 발달에 크게 영향을 주고 있지만, 당시는 특히 교통통신이 상당히 불편했던 점으로 미루어 보아 현재보다도 교통수단이 언론에 미친 영향력은 훨씬 더 크다고 하겠다. 본 절은 종래에는 그다지 주목을 받지 못한 연구 분야로 필자 나름대로의 교통통신에 관한 자료 분석에 의해서 당시의 언론 상황을 추적해 보고자 한다.

먼저 한·일 사이에 주요한 교통수단은 해상통운이었다. 1910년 10월 1일 현재, 조선국적 선박은 기선 40척 7815톤, 범선 48척 5779톤 정도였다.[213] 역사적으로 돌이켜보면 1876년 조선이 일본과의 사이에서 체결한 강화도조약에 의해 미쓰비시三菱의 소유선 「나니와호浪華號」가 매년 1회 부산으로 항해하게 되었고, 이어 스미토모住友도 새로운 조선인 「안네이마루安寧丸」의 부산기항도 개시되게 되었다. 그 당시 개항지는 부산과 원산뿐이었지만, 1906년에는 13항 정도의 항만이 개항되게 된다.[214]

〈표-8〉 ··· 일본과 조선의 주요정기 해상항로와 횟수

노 선 명	사용 선수	월항해 횟수	경 로
청진·쓰루가선	1	2회 이상	조선조선朝鮮造船
부산·오사카선	2	2회 이상	조선조선朝鮮造船
웅기·관문선	3	3회 이상	조선조선朝鮮造船
조선·상해선	1	1	조선조선朝鮮造船
부산·제주도·관문선	1	2	조선조선朝鮮造船
북조선·동경선	1	1	조선조선朝鮮造船
조선·나가사키長崎·대련선	2	2	조선조선·오사카상선 공동
북조선·북해도·대련선	2	1	시마타니기선島谷汽線
여수·오사카선	1	3	조선우선朝鮮郵線
하카다博多·부산	1	10	기타큐슈상선北九州商船

• 이들 해상항로는 합병 후 신규 개설한 것이다.

그리고 한일합병 이후 조선총독부의 명령 하에서 새로운 항로가 정기적으로 개시되게 되었다. 그 주요 노선은 <표-8>과 같다.215)

또 부정기적인 기선도 운항되어 일본에서 조선반도로 가는 해운은 한층 긴밀해졌다고도 할 수 있다.

다음 지도를 통해 해운항에 의한 조선반도로의 언론출판물 반출로를 보기로 하자.

〈그림-5〉 ··· **일본과 조선의 언론출판물의 반출로**

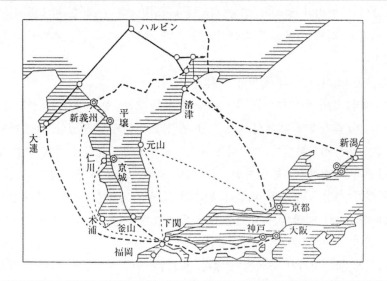

<그림-5>의 지도를 보면 알 수 있듯이, 일본에서 조선반도로 가기에는 시모노세키下關·부산 간이 가장 가깝다. 다음은 하카다博多·후쿠오카·부산일 것이다. 당시 가장 왕래가 빈번했던 것은 신의주·인천·부산·제주도와 일본의 나가사키長崎·하카다博多·시모노세키下關·쓰시마對馬·규슈九州 등이었다.

부관연락선에 의한 승객수의 이동상황을 조사해 보면 다음과 같다(괄호안은 조선에서 일본으로 간사람 수이다).

1910년(명치43년)에 일본에서 조선으로 간 사람은 7만 5천명(6만 5천),

1915년은 10만 명(9만 8천), 1920년에는 22만 5천명(22만 5천), 1925년
에는 29만 명(31만 2천), 1929년은 34만 8천여 명(39만) 정도이다.216)

이상 해상항로에 의한 선박의 항해회수와 항만, 게다가 부관연락선에 의한
조선반도로의 출입국 인원수 등은 수치적으로 조사해 보았다. 이것에 대한 구
체적인 분석은 나중에 설명하기로 하고 여기에서는 먼저 왜 이들이 중요한 의
미를 가지는가를 언급해 두고자 한다. 당시 일본에서 발간되고 있던 언론출
판물은 이들 항로를 통해 한국으로 유통되었다. 위에서 보았듯이 승객수의 증
가는 그만큼 빈번한 왕래가 있었다는 것을 의미한다. 그리고 언론출판물도 그
들의 선박에 의해 빈번하게 운반되어 조선반도에서 나아가 만주까지 유통되었
던 것이다.

다음은 조선 국내의 철도에 관해서 살펴보고자 한다.

19세기 초의 산업혁명은 증기력을 이용한 것이 동기이지만, 철도의 창시
도 역시 이 증기력에 의해서 혁신적인 변화가 초래되게 되었다. 조선반도에도
예외 없이 그 철도부설이 개시되게 된다. 즉 1894년 동학당의 봉기를 계기로
청일전쟁의 개전과 함께 군사상 필요에서 경성·부산 간 및 경성·인천 간의
철도부설이 가장 급선무로 떠올라 일본의 대본영大本營은 10월 운수통신철도기
사運輸通信鐵道技師·공학박사 센고쿠 미쓰기千石貢에게 그 조사를 명했다.217)

그런데 이미 1892년 3월 경인철도의 부설권은 미국인 모스(James R.
Morse)에게 특별허가가 내려져 있었다. 모스는 이미 청일전쟁 이전에 미국공사
알렌(Horace Newton, Allen)을 중개로 하여 한국정부에 전국토에 걸친 간선철
도의 건설에 관한 운동을 계속하여 철도부설권의 숙원을 이룩한 것이다.218)

그 후 모스는 자금난으로 인해 경성철도부설권의 양도를 희망하여 1897년
5월 시부사와 에이치澁沢栄一, 마스다 다카시益田孝 등을 대표자로 하는 경인철
도인수조합에 양도되었다.

그래서 중단된 철도공사가 재개되어 1899년 8월에는 인천, 노량진간 20마
일의 가영업을 시작했다. 이것이 조선에 있어서 최초의 철도이며 일본의 철도
창시보다 27년이 늦어진 것이다. 1907년 7월 경성·인천 간 전 노선 36마
일이 준공되어 같은 해 12월 12일 경성의 서대문에서 개통식이 거행되었

다.219) 일본은 경인선의 건설에 이어 그 기득권을 주장한 결과 조선정부와의 사이에 경부선과 경의선의 부설권도 조인하게 되었다.

그러나 1904년 2월 6일 러일전쟁이 발발하고 전쟁지인 만주로의 부대 및 군수품의 수송을 위해 경부·경의 양선을 속성할 필요가 있어, 군은 임시철도 간부를 설치하고 이것을 담당하게 되었다. 경부선은 1905년 1월 1일부터 전선의 운수영업이 개시되어 5월 25일 경성 남대문 정차장에서 개통식이 이뤄졌다. 또 1905년 4월 경성·신의주간에 경의선이 개통되게 되었다.

1910년 한일합병과 함께 조선총독부내 철도국이 신설되었다. 그 후 철도사업은 직영화 되어 각각의 간선 철도도 연이어 개통되는 등 1942년까지 전국의 간선철도가 건설되었다.220)

특히 1913년 10월 1일부터 개시된 일선만지日鮮滿支의 연락운수는 일본에게 있어서 대륙진출에 획기적인 계기가 되었다고 할 수 있다. 만철滿鐵 및 만주국선, 또 시베리아 선을 경유하여 서구제국으로 통하는 노선은 동양과 서구를 잇는 세계 최첩最捷의 경로였다.221) 또 철도와 함께 1911년 4월 도로규칙을 발포하고 도로의 종류, 관리 및 이용에 관한 규칙을 제정했다. 더욱이 도로의 수리·개축·건설 등을 통해 이른바 내륙 간선도로를 확장했다.222)

어쨌든 이상과 같이 일본제국시대의 철도정비는 어디까지나 자국의 경제 우선이며, 조선반도의 식민지지배의 정책 일환으로 만들어진 것은 부정할 수 없다. 그것은 전술한 대로 조선반도를 횡단하는 경부선 또는 경의선이 러일전쟁 직전에 건설된 것을 보아도 짐작할 수 있다. 이것이 계기가 되어 만주철도 건설하여 소위 대륙침략전쟁에 전쟁기반이 되는 수송로를 구축하게 되었다.

이상 해상항로와 철도 및 언론출판물의 수송수단까지 살펴보았지만, 표면적으로는 그다지 언론관계에 관련이 없는 것 같이 보인다. 그러나 실제로는 엄청난 영향력을 미치고 있었던 것은 여러 가지의 사실에서도 짐작할 수 있을 것이다. 이와 관련하여 조치대학上智大學의 하루하라 아키히코春原昭彦 교수는 1990년 한국의 프레스센터에서 열린 한일국제커뮤니케이션 심포지엄에서 다음과 같이 발표한 바 있다.

신문의 발달과 운수통신수단의 발달은 불가분의 관계이다. 일본의 경우에도시대江戸時代 후기가 되면 여러 가지 교통이 활발해진다. 쌀이나 해산물 등 물자의 이동면에서는 북으로는 홋카이도北海道 도호쿠東北, 남으로는 류큐琉球, 가고시마鹿兒島에서 오사카大阪, 에도江戸로의 해상교통이 상당히 발달하고, 통신 면에서는 에도와 교토京都, 오사카를 연결하는 동해도東海道에서 역장역宿場驛(잠잘 수 있는 역)이 완비되고 정기적인 파발꾼飛脚제도가 실시되었는데, 이러한 운수통신수단의 발달은 언론발달에 큰 영향을 미치게 되었다.[223]

더욱이 하루하라春原 교수는 일본의 호쿠리쿠北陸 3현(도야마富山, 이시카와石川, 후쿠이福井)을 하나의 예로 들고 있다. 1989년 9월 1일부터 『아사히신문』 도야마富山판은 오사카에서 오는 것이 아니라, 도쿄판으로 바뀌었다고 지적하고 있다. 이 경우 가장 큰 문제는 교통통신의 발달과 직접적인 관계에 있다. 이와 같은 점에서 교통통신수단의 발달은 반드시 언론발달과 결부되어 있는 것을 알 수 있다.

이러한 점을 생각하면 역시 일본에서 조선반도 나아가서 만주지역까지 뻗은 교통운수수단은 당시의 언론연구에 상당히 중요한 의미를 지닌 것이라고 생각된다. 조금 전에 언급한 <그림-5>의 지도를 보면 일본과 조선과의 사이의 가장 가까운 길은 후쿠오카福岡·부산·모지門司와 시모노세키下関·부산일 것이다. 특히 후쿠오카는 명치이후 서일본 지구에 있어서 공업, 무역 등의 중심지이며,[224] 모지는 야하타八幡제철소, 시모노세키는 옛날부터 조선과의 연락관문으로 잘 알려져 있다.

여기서는 당시의 해상항로를 통해 조선반도로 수입된 언론출판물과 역으로 대륙의 언론출판물이 만철을 통해 조선반도로 수입된 각각의 종류, 수량(표-9, 표-10)을 보기로 한다.[225] 이 자료는 한국뿐만 아니라, 일본에서도 상당히 진귀한 자료로 사료적 가치가 높은 자료이다.

<표-9>를 보면 먼저 1935년 말 현재 신문의 경우 일본에서 조선수입이 158,027부, 잡지는 269,272부로 합계 427,299부에 달한다. 지역별로 보면 경기도(인천), 경남(부산)에서 압도적으로 많이 수입되었다. 그것은 말할 것도 없이 인천과 부산이 큰 항만이기 때문이다. 그 다음 주요 지역별수입부수는 다음과 같다. 또한, 이하 팔호안의 수치는 잡지부수를 나타낸 것이다.

경기지방의 신문은 38,337부(79,196), 경남은 25,055부(35,243)이다. 신문

잡지를 합하면 427,299부에 달한다.

외국발행신문으로는 334부(1521)가 수입되었고, 중국발행(만주포함)은 3609부(579)였다. 또 외국발행인 것으로 일본에 수입되고 게다가 조선으로 다시 이입된 신문은 191(390)부이다. 다만 여기에는 당시 하와이, 블라디보스토크 등의 신문이 포함되어 있다고 생각한다.

어쨌든 이 표에서 나타났듯이 4개의 세션에서 수치를 종합해 보면 신문이 162,161부이고, 잡지는 271,571부이다. 신문보다 잡지의 부수가 10만부 이상 많다는 것을 알 수 있다. 또 신문·잡지를 합해보면 433,733부로 꽤 높은 수치에 달한다. 또한, 이들은 각각 인천, 부산을 경유하여 입항된 것이 확실하다. 그 밖에 인편으로 보내거나 직접 소지하고 입국하는 경우도 많이 있었을 것으로 본다. 다만, 여기서는 정식 출입 항구를 통해서 들어온 공식통계 기록만 제시하였다.

1933년 말 조선의 인구통계에 의하면 당시의 인구는 20,205,591명이었기 때문에, 1935년의 433,733부수[226]로 계산하면 약 47명당 1부이다. 물론 당시 수입된 출판물의 공식집계는 이 자료 공개가 처음이기 때문에 실제적인 공식통계다. 조선에서의 최초의 비행기운항은 1944년이므로[227] 그 외의 입국수단이 거의 없었던 것을 생각하면 인구면에서도 정확한 수치에 가깝다.

〈표-9〉 ···· 조선에 이수입·반출된 신문·잡지의 종류 및 수량

| 발행지별 | | 내지발행 | | | | | | 외국발행(중국포함) | | | | | | 중국발행(만주포함) | | | | | | 외국발행인 것으로 내지에 수입하여 더욱이 조선에 이입된 것 | | | | | | 총 | | | | 계 | |
| 종별 | 도별 | 신문 | | 잡지 | | 계 | | 신문 | | 잡지 | | 계 | | 신문 | | 잡지 | | 계 | | 신문 | | 잡지 | | 계 | | 신문 | | 잡지 | | | |
		종류	수량	종류	수량	종류	수량	종류	수량	종류	수량	종류	수량	종류	수량	종류	수량	종류	수량	종류	수량	종류	수량	종류	수량	종류	수량	종류	수량	종류	수량
	경기	191	28,227	894	79,156	1,095	117,222	57	199	372	1,132	409	1,331	34	962	21	85	55	1,048	27	22	52	142	80	164	189	39,020	1,240	80,557	1,629	120,177
	충북	82	2,310	372	4,409	454	6,729	4	35	2	4	6	39	2	2	1	22	3	24							88	16,257	375	4,425	462	76,792
	충남	92	6,727	461	11,479	554	18,206	3	4	2	3	5	7	12	42	6	10	18	52							108	6,772	469	11,492	577	18,265
	전북	117	8,624	368	13,395	485	22,019			31	72	31	72	4	4			4	49							31	8,672	399	3,467	520	12,140
	전남	195	11,597	692	17,602	887	19,200	9	57	67	196	76	132	7	13	14		9	27							211	11,647	761	17,813	972	29,460
	경북	64	14,131	298	13,614	562	57,746	9				9	27	8	97			8	97							81	14,256	298	13,614	579	57,870
	경남	194	15,052	1,902	35,142	1,395	60,286	8	10	4	7	11	17	8	135	3	25	11	160							309	25,198	1,908	35,275	2,217	60,472
	황해	113	6,019	405	10,031	518	16,051	8	9	27	28	35	57	8	162	1	2	9	165							39	6,201	422	10,052	562	16,251
	평남	60	12,165	331	18,131	392	30,397			6	6	6	6	10	311	1	1	11	32		1	1	1	1	1	70	12,576	241	18,141	411	30,717
	평북	124	8,246	454	1,157	588	10,602	2	6	2	6	4	12	24	1,287	67		52	1,254	45	70	44	54	89	124	205	9,709	509	12,284	714	22,092
	강원	21	3,756	102	4,898	133	8,654							8	17			8	17							39	3,772	202	4,898	241	8,671
	함남	85	10,795	420	19,896	505	30,691		6	62	64	62	64	10	60	1	8	11	68							95	10,852	494	19,998	589	30,832
	함북	101	10,096	315	19,217	416	29,172	5	7	2	2	7	9	20	470	5	345	25	815							36	10,855	32	19,174	447	29,997
	계	-	289,027	-	269,172	-	42,299	-	334	-	1,521	-	1,855	-	3,690	-	579	-	4,188	-	191	-	199	-	350	-	162,161	-	271,571	-	422,722

또 <표-10>을 보면 1924년의 신문·잡지 이수입移輸入의 상황은 먼저 신문 87,047부(92,003)이며, 1935년(소화10)에는 162,161부(271,571)로, 약 20년 간 신문은 2배, 잡지는 2.5배 정도 많이 보급된 것이다.

이상 고찰한 대로 철도, 도로, 선박 등의 교통통신수단의 발달이 언론발달 에도 큰 영향을 미쳤다는 것은 부정할 수 없는 사실이다. 바꾸어 말하면 이들 교통수단을 이용한 언론출판물의 이동은 조선민족에 대한 프로퍼갠더에 큰 역 할을 담당하기도 했다는 것을 의미한다. 물론 이러한 언론출판물도 조선통감부 의 반입허가를 얻은 것이고, 내용에 관해서는 꽤 선전적인 것이 많았다.

〈표-10〉 ··· 신문 잡지 이수입 연별표

종별 연별	이입		수입		계	
	신문	잡지	신문	잡지	신문	잡지
1924	85,043	91,493	2,004	510	87,047	92,003
1925	93,216	109,503	1,154	965	94,370	110,468
1926	109,342	138,426	1,351	69	110,693	139,117
1927	109,603	154,568	1,331	895	110,934	155,553
1928	164,118	177,644	1,737	921	165,855	178,565
1929	145,701	167,457	1,308	682	147,009	168,139
1930	122,599	199,025	2,739	867	125,338	199,892
1931	120,926	186,883	1,331	646	122,258	187,529
1932	130,441	212,236	2,155	1,019	132,596	213,255
1933	144,319	232,937	3,836	1,278	148,155	234,215
1934	144,051	235,445	3,339	2,249	149,390	237,694
1935	158,218	269,471	3,943	2,100	162,161	271,571

2. 조선의 통신정책과 언론

통신정책의 발달은 교통통신수단과 함께 언론의 발전에 결정적인 영향을 미친다. 특히, 1800년대 근대신문의 성립기에 있어서 조선의 통신정책과 언론

발전은 상당히 밀접한 관계가 있다. 그것은 2020년 현재와 같이 인터넷이나 E-메일, 팩시밀리, 문자전송, 위성통신, 전신, 전화, 스마트 폰 등의 통신수단을 이용해 신속하게 정보를 전송할 수 없었기 때문이다.

한국에서 통신제도의 시작은 한일병합 이전부터이다. 1896년 한국에서 처음으로 근대적 우편제도가 실시되었다. 그것은 전 오사카우편전신국장 야마다 구모스케山田雲助를 우편고문으로 초빙하여 일본제도에 따라 우편사업을 시행한 것이 시초이다.[228] 또, 1898년에는 프랑스인 고문을 초빙하여 우정제도를 실시했고, 1900년 1월에는 「만국우편연합」에 가맹하여 직접 외국과 우편물을 교환함과 동시에 내부우편제도도 「만국우편조약」에 준거하는 것으로 하여, 거의 우편제도의 모양을 갖추게 되었다. 그렇지만 기관설비, 사업경영 등은 아직 지극히 불완전하고 그 취급업무도 우편에 해당하는 서신이나 엽서, 인쇄물, 서적 등의 집배와 서류 및 배달증명을 취급하는 것에 그쳤다.[229]

조선의 통신역사는 1883년 덴마크의 대북전신회사가 나가사키長崎, 부산 간 해저전신선(본선은 1910년 11월 일본정부에 의해 매수됨)을 최초로 부설하였는데, 다음해 1884년 2월에 일본정부가 여기에 전신시설을 설치해 부산우편국에서 최초로 전신업무가 개시되게 된다.[230]

그 후 조선정부는 전신시설에 많은 관심을 기울이게 되어 1885년 11월 경성·인천 및 경성·의주 간에 전신을 개설하게 된다. 다만 이것은 당시 청국정부의 출자경영에 의한 것이었다. 1887년 7월에는 조선정부에 의해 경성·부산 간 개통, 그리고 1891년 7월에는 경성·원산 간에 전신선이 개통되게 된다.[231]

청일전쟁(1894. 7. 25.~1895. 4. 17) 때에는 경성·부산 간에는 전신의 불통과 단선 등으로 고장이 잦았다. 그러자 일본군은 전쟁 등의 우려도 있었기 때문에 임시조치로 부산·경성·인천 간 군용전신선을 가설하고 공중전보의 취급도 행하는 외에 각지에서 군용통신소의 경영도 맡게 된다.

한편 전화는 1902년 6월 경성 및 인천의 우편전신국에서 교환사무가 시작되고, 이어 각지에 전화교환 및 통화사무가 시작되어 조선국내에서의 통신사업은 한일양국기관이 병존하는 형태가 되었다.[232] 1904년 러일전쟁이 발발하자 일본군은 전후 반납을 조건으로 조선반도의 모든 체신기관을 수용 통제하게 된다. 특히, 전신대電信隊를 조선에 주둔시키고 군사상 중요지점의 조선통신선은 모두 일본군이 접수함과 동시에 전선의 확장에 따라 필요한 곳에 전신선 및 전화선도 신설했다. 또 군용통신소를 개설하고 언론의 검열제도 실시와 함께 통신정책도 통제하게 되었다.

이와 같이 한국에서는 한일양국통신기관이 병존하여 경영상 매우 불편·불리해졌으며, 한국정부의 재정상황도 그것을 직접 맡아서 경영 사업을 쇄신하기에는 기대하기 힘들었다. 한편 일본도 군사상, 경제상 한국을 부액扶掖(돕다) 보호하고 설비의 완전을 도모할 수 없었으므로, 양국 정부는 협의를 거듭해 1905년 4월 1일 「한국통신기관위탁에 관한 취극서取極書」233)의 조인교환을 하고 통신사업관리를 모두 일본정부에 위탁하여 일본정부가 그 책임을 지고 한일통신사업을 합동경영하게 된다.234)

일본정부는 바로 이를 개보수 계획하여 선로의 개수, 회선관계의 개선과 통일에 상당히 노력하는 한편, 군대의 배치이동, 회선의 양호여부 등 통신력의 관계를 조사 연구하여 점차 필요한 구간에 전신회선의 증설에 나갔다. 1905년경에는 조선내 통신국소가 81개소였지만, 그 중 전보취급국은 33개소에 지나지 않는 빈약한 상태였다. 그 후 개설회선의 운용을 원활하게 하기 위해 중계를 폐지하여 직통선으로 하고, 전신방법도 인자印字 통신에서 음향통신으로 고쳤다. 전화기 통신을 음향통신으로, 음향단신통신은 음향기 2중으로, 2중은 더욱더 4중으로 고치는 등 전보취급의 수량에 따라 개보수하여 통신의 빠른 소통을 도모하고 그 면목을 일신하기에 이르렀다. 그 결과 1921년 말경, 당초 33 전신사무취급소에서 일어655, 유럽어554, 한국어544개소가 되어 상당한 진전을 보이고 있었다.235)

그런데 조선에서 전신전화의 대부분은 육군의 경영에 속해 조선에 주둔한 전신대가 이것을 통괄했다. 러일전쟁 후에는 군이 경영에 임할 필요가 없어져, 1906년 1월 조선통감부가 설치되고 같은 해 7월에 조선의 통신사업은 모두 통감부 통신관리국의 관할이 되었다. 이에 의해 조선반도에서의 통신정책은 모두가 일본의 수중으로 들어가 일본정부에 의해 통제되었다.

더욱이 1910년의 한일병합 이후 조선총독부가 설치되자 총독부 체신관서 관제의 발포가 있어 재래의 우편 및 통신취급소 139개소는 모두 우편국으로 개정되게 되었다. 각 부군에 배치하고 있던 임시우편소는 전부 폐지되고, 이것을 대신해 우편소를 신설하고 각 군에는 적어도 1개소 이상 통신기관을 설치하게 되었다.236)

또 1910년 12월 경성·시모노세키 간 직통전신 회선구성 때 음향이중 전신기를 설치하고, 이어 다음해 오사카와 경성京城 및 부산 간 직통회선을 구성하고 여기에 자동기를 설치하게 되었다. 더욱이 같은 해 원산·마쓰에松江 간의 직통회선 구성 때 장거리해저선 통신에 적합한 최신식 전파전신기를 도입했다. 조선에서 전파전신기를 설치한 것은 실로 이것이 처음이었다. 1912년 11월에는 경성京城·도쿄東京 간의 음향이중전신기의 직동회선을 설치했다. 또한 경성·오사카선 및 경성·도쿄는 장거리선이므로 고속도 중계반에 전동식 통신법을 사용했지만, 그것은 진동식 계전기의 효시가 된다. 그리고 1919년부터는 전보직접수신용으로 전보수신용 타이프라이터가 사용되기 시작했다.237) 이것은 아마도 조선의 「3·1독립운동」의 영향으로 조선과 일본과의 긴밀한 연락을 취하기 위한 것으로 생각된다.

무선전신은 1910년 조선총독부 설치를 전후해 인천은 월미도, 황해도의 소청도, 목포의 각 등대 및 당시 관소유 기선인 코사이마루(광제환光濟丸) 등에 설비한 것이 효시이다. 그러나 이것은 각 등대간의 통신, 기상통신, 근해를 항해하는 선박과의 경보 및 해난구조 등에 사용되어 아직 일반 전신용으로는 공급되지 않았다. 일반통신용 시설로는 1923년 4월 경성육군무선전신소를 체신국으로 이관하고 같은 해 6월부터 경성무선전신국이라고 개칭하여 공중전신의 취급을 개시했지만, 그 설비와 통신방식은 모두 구식으로 행해졌다.238)

그러나 이들은 원거리통신에 적합하지 않아 우편국내에 중앙통신소를 두고 그 통신방식을 중앙 집권식으로 3가지 장치를 설치하게 되었는데 이것은 1927년 8월에 준공되었다. 그 첫 번째 장치는 도쿄무선전신국과의 사이에 고속도이중통신이 완성되고, 두 번째 장치는 국경육군무선통신소 등, 세 번째 장치는 히로시마와의 사이에 통신을 개시했다.

그 후 마지막 장치를 증비하여 오사카·대련과도 연락해 통신소통의 원활을 도모했다. 1932년 9월 청진무선전신국의 설비를 개선하고 오사카무선전신국간 연락을 개시한 것 외에, 만주의 신경新京 및 돈화敦化와도 통신연락을 하여 해당방면 및 북조선 내지 간 전보의 속달을 도모하기도 했다.239) 이것이 계기가 되어 1932(소화7)년 9월에는 무선에 의한 유럽 여러 언어의 신문전보 취급을 인정함과 동시에 외국과의 뉴스정보교환이 획기적으로 이루어졌다.

여기서 더욱이 특기할 만한 일은 방송무선전화에 관한 것이다.

조선에서는 1924년 9월부터 체신국내의 실험용 소전력 무선전화를 개조하여 실험방송을 개시했다. 이 방송을 청취하는 시설을 허가하기로 하여 일반 민중에 대해 라디오에 관한 지식보급에 노력했다. 그 결과 라디오 열기가 크게 일어나고 방송 사업이 유망시되자, 이것을 합리적으로 경영하도록 그 시설허가를 출원한 것이 점차 증가하여 1925년 말에는 10여 개 단체에 이른다. 조선에서는 당시의 사정에 비추어 2개 단체를 1개 단체로 하고 동시에 비영리사업으로 경영시킬 방침을 세워 1926년 11월 사단법인 조선방송협회의 전신인 경성방송국의 설립을 허가하게 된다. 그리고 당국에서는 1927년 2월부터 전력 1킬로 단일장치를 가지고 한일양국어로 방송을 개시하기에 이르렀다. 조선방송국에서는 다양한 난국에 대처하면서도 보도, 교화, 위안, 오락의 기관으로 방송하게 이른다.[240]

그런데 조선체신사업사상 가장 비약적인 수치를 보였던 것은 전화사업의 발달이다. 즉, 1905년 5월 전화교환사무를 취급한 개소는 한성전보총사 및 인천·수원·영등포 3곳의 전보사뿐이었다. 당시 러일전쟁 이전에 조선내의 전화 가입자는 불과 65명에 지나지 않았다. 이것이 1921년(大正10)이 되면서 총 가입자 수는 14,993명으로 급증했다. 13년 사이에 약10배가 증가한 셈이다. 또 1941년에는 4만 명을 돌파하여 사업의 보급은 실로 경이적인 수치에 이른다.[241] 하지만 이 모든 시설은 조선의 식민지통치를 용이하게 하기 위하여 일제가 서둘러 보급한 결과다.

이상 통신정책 중에서도 우편, 전신, 전화, 무선방송까지 분석해 보았지만, 이들은 조선에서 언론의 발달 내지 통제에 지대한 영향을 미쳤다고 할 수 있다. 언론의 정보는 이러한 통신수단에 의해서 운반되고 전달되기 때문이다. 한편 일본정부는 이들 통신수단을 자유로이 통제할 수 있었기 때문에, 조선내부의 여론형성을 저지하고 또 조선여론을 외국통신기관으로 쉽게 반출시키지 않도록 통제를 가했다. 일본정부는 식민지 통치에 있어서 여론통제가 자유로워진 반면, 조선의 경우는 스스로의 표현수단인 언론기관과 정보전달의 수단인 통신시설마저도 잃어버린 결과가 되었다. 통신의 발달은 정보전달의 신속성을 동반해 여론을 형성하지만, 그 통신기관이 일본정부에 의해 자유롭게 통제되어 여론의 형성보다는 일방적인 위로부터의 정보전달기관의 역할을 담당했다고 할 수 있다.

제5절 통감부기관지 『경성일보京城日報』의 창간배경과 그 역할

1. 『경성일보』의 창간배경과 도쿠토미 소호德富蘇峰

『경성일보』는 1906년 9월 1일 조선통감부기관지로 창간되어 대만총독부 기관지인 『대만일일신보台湾日日新報』및 만주철도의 기관지 『만주일일신문満州日日新聞』과 함께 2차 대전 전의 일본식민지시대에 있어서 3대식민지 신문이라고 불린다.[242] 이『경성일보』는 식민지통치시대의 조선통감부 및 조선총독부 대변 기관인 어용신문으로, 조선민족에 대한 침략적인 선전활동을 행한 신문이란 이유로『경성일보』의 창간배경이나 역할에 대해서는 그다지 연구되지 않았다. 그러나 최근 일본정부의 공문서 개방정책에 따라『경성일보사지京城日報社誌』등 관련 문건이 발견돼 보다 면밀하게 『京城日報』의 창간배경이나 역할에 대해서 분석해 보고자 한다.

〈그림-6〉 ··· 경성일보사지

『경성일보』는 1906년 9월 초대 조선통감 이토 히로부미伊藤博文의 주창에 의해 창간된 신문으로, 조선총독부의 시정방침이나 정치선전을 중심으로 보도하는 신문이었다. 또한, 『경성일보』는 이토 히로부미가 유력한 신문을 창간해 대한보호정치의 정신을 국내외에 선양하고 일선융합의 대의를 제창할 필요성을 느껴서 창간했다고 한다. 『경성일보』는 구 주한일본공사관의 기관지였던 『한성신보漢城新報』와 『대동신보大東新報』를 매수, 합병하여 이토 자신 스스로가 『경성일보』라고 명명한 것이다.243)

『한성신보』에 대해서는 전술한 바와 같이 일본외무성 기밀비의 보조금을 받아 1895년 2월 삿사 마사유키佐々正之에 의해 창간된 신문이다. 『대동신보』는 1904년 4월 18일 기쿠치 겐조菊池謙讓에 의해 창간된 신문이었다.

1) 『경성일보』의 경영과 도쿠토미 소호德富蘇峰

『경성일보』의 초대사장에는 『도쿄아사히신문』의 편집장인 이토 유우칸伊東祐侃이 취임하였는데, 그 운영경비는 이토 히로부미의 기밀비에서 운영되었다고 한다. 1908년 소네 아라스케曽禰荒助가 2대 통감으로 취임함과 동시에 『경성일보』사장도 오오카 이쿠조大岡育造의 동생인 도쿄의 『中央新聞』 부사장 오오카 쓰토무大岡力로 교체되었다.244) 『경성일보』는 처음은 한글과 일본어로 발간되었지만 1907년 4월 21일 지령185호부터는 한글판을 중지하고 일본어판만을 발행했다. 단, 1907년 2월에는 즈모토 모토사다頭本元貞를 사장으로 영입한 후 영자신문인 『The Seoul Press』를 창간하게 된다.245) 그런데, 1910년 8월 29일 한일합병에 의해 조선통감부는 조선총독부로 승격되면서 조선의 식민통치는 새로운 단계로 접어들게 되었다. 그와 동시에 조선민족을 설득할 『경성일보』의 역할도 점점 증대하게 되었다. 그래서 테라우치 마사타케寺內正毅 초대총독은 『경성일보』의 중요성을 충분하게 인식하여 총독부기관지로써 한층 정치선전을 강화할 것을 염두하고 당시 도쿄의 『국민신문國民新聞』의 사장 도쿠토미 소호德富蘇峰를 감독으로 맞이하게 되었다.246)

도쿠토미 소호는 이후 1918년까지 8년간 그 지위를 유지하며, 요시노 다자에몬吉野太左衛門, 아베 미쓰이에阿部充家 등 『국민신문』의 간부사원을 사장으로 불러, 식민지 초기에 있어서 『경성일보』를 지도 감독하고 조선총독부의 기반을 확고히 하는 데 크게 이바지했다.

『경성일보』의 사시社是에는 1910년 10월 테라우치 총독이 『경성일보』사원들에게 행한 훈시를 통해 식민지당국의 기관지 역할을 완수해야 할 것을 다음과 같이 명확하게 훈시하고 있다.247)

1. 『경성일보』사원은 충군애국의 정신을 발휘하여 조선총독부시정의 목적을 관철하는 것에 노력할 것.
1. 사회일동 질서를 지키고 기율에 복종하며 동심협력同心協力 정려분진精勵奮進하여 사원의 융성을 기할 것.
1. 공정온건필봉을 근엄하게 하여 경성일보의 품위를 높이고 신용을 두텁게 하여 세력을 더하는 것을 마음에 새길 것.
1. 사원은 각자 품행을 방정히 하며 위의威儀를 닦아 체면을 완수하여 신문기자다운 자격을 고상히 할 것.
1. 어떤 경우라도 연장자의 명령에 장순함과 동시에 각자의 능력을 경주하고 자발적 활동을 하여 그 직무에 충실할 것.

이상과 같이 테라우치 조선총독은 『경성일보』의 경영을 도쿠토미 소호에게 간청하여 그 뜻을 받아 도쿠토미는 신문의 경영을 위해 1910년 경성으로 오게 된다. 당시 사장은 경성에 상주해야 하기 때문에 소호자신은 감독으로 그 경영을 계획 감독한 것이다. 하지만 『경성일보』는 실제로 도쿠토미 소호에 의해서 운영되었고 논설도 그에 의해 행해졌다. 그래서 도쿠토미가 쓴 『경성일보』의 논설에서 조선총독의 제일성이라고 할 만한 것을 한번 살펴보기로 한다.248)

1. 동양의 평화를 영원히 유지하고 제국의 안전을 장래에 보증할 필요가 있을 것.
1. 한국이 항상 화란의 연원으로 비추어보아 한국을 제국의 보호 아래에 두고 화원을 사절하여 평화를 확보할 것.
1. 한국의 현제도는 아직 완전한 치안유지를 하기에 부족하고, 의구심이 국내에 충만하여 국민은 그 울타리에 안주하지 못하기에 공공의 안녕을 유지하고 민중의 복리를 증진하기 위해 현제도에 혁신을 더할 것.

도쿠토미 소호는 처음 조선에 왔을 때 총독부의 관사를 제공받아 머물었지만, 나중에는 경성북문내의 조선가옥을 매수하여 이것을 「카사사기 교鵲巢居」[249]라고 명명하고 경성체재 중에는 이 카사사기 교에 머물렀다.[250] 총독부로서는 도쿠토미에 대해 상당한 대우를 한 것을 알 수 있다. 특히 여기서 주목할 만한 것은 도쿠토미 소호에 의해 창간된 한글신문인 『매일신보』이다.

앞에서 『경성일보』의 회사방침에서도 보았듯이 테라우치 조선총독은 『경성일보』의 성격을 이중성으로 강조하고 있다. 즉, 그 하나는 충군애국, 총독부 시정의 관철과 함께 사내의 질서, 상하복종관계의 확립이라는 행정의 조직화를 바라고 있다. 더욱이 회사의 품위유지, 신용을 두텁게 하여 세력을 확장할 것 등을 들고 있다.[251]

요컨대 『경성일보』는 조선총독부의 기관지만이 아닌 조선에서 「가장 권위 있는 신문」[252]으로 언론계에 군림시킬 것을 최초로 도모하고 있다. 또한, 활발한 민간 언론활동에도 충분히 대항할 수 있는 유력한 언론기관지로서의 『경성일보』를 창간했다고 생각할 수 있다. 주목할 만한 것은 조선총독의 경질과 거의 동시에 이 신문의 사장도 교체하는 것은 통례가 되었다. 이것은 『경성일보』가 총독의 직속기관이기 때문에 총독부의 공식적인 대변기관이라는 것을 보여주는 단적인 예라고도 할 수 있다. 그 때문에 총독신임이 두텁지 않으면 『경성일보』의 사장이 될 수 없었던 것이다.

2. 『경성일보』의 역대사장과 신문경영

『경성일보』의 사원조직을 보면 사장을 비롯한 사원 대부분이 일본인이었다. 여기서는 역대사장 및 신문의 경영방침에 대해서 분석해 보기로 한다. 먼저 초대사장에는 『도쿄아사히신문』의 편집장인 이토 유우칸伊東祐侃이 취임했지만, 당시 경성의 신문업계는 군웅할거 상태였기 때문에 그 경영상태도 모두가 어려운 상태였다. 이러한 상황 속에서 1908년 4월 이토 히로부미가 사임하고 이 해 6월 2대 사장 오오카 쓰토무大岡力가 취임하여 새로운 경영방침을 정하고 적극적으로 신문경영에 나서게 되었다. 다음해 1909년 4월에는 여러 가지의 어려움을 물리치고 양반, 유생 및 실업가들로 구성된 관광단을 만들어 일본의 발전상을 시찰하게 하여 일선융합을 도모하고자 했다. 1910년에 한일합병이 되고 새롭게 조선총독부가 설치될 즈음『경성일보』도 그 조직을 변경하게 되었다. 따라서 오오카 쓰토무 사장도 사임하고, 도쿠토미 소호의 신문경영에 의해서 국민신문의 요시노 다자에몬吉野太左衛門을 새 사장으로서 맞이하게 되었다. 다음해 1911년 7월부터는 6페이지를 8페이지로 증면하게 된다. 1913년에는 테라우치총독과 도쿠토미와 사이에「신문정리에 관한 취극서」가 체결되어『경성일보』는 테라우치조선총독과 도쿠토미 소호의 공동출자 형식으로 합자회사를 설립하게 된다. 그것은 테라우치가 사임할 경우 경성일보사의 지위와 경영을 명확히 하고자 하는 도쿠토미 소호 측의 의도에 따른 것으로 보인다.253)

그러나 1914년 7월에도 요시노 사장은 지병으로 물러나고, 그 다음 아베 미쓰이에阿部充家 국민신문 간부가 대신해서 사장이 된다.254) 게다가 1915년에는 경성일보 사옥이 화재로 소실된 뒤로는 경제적으로 더욱 더 조선총독부에 의존하게 되었다.

『경성일보』는 창간 이후 그 규모가 점점 커짐에 따라 신사옥을 준공하게 된다. 1916년 10월 1일에 신사옥을 짓고 낙성식을 올렸다. 또, 1918년 6월 30일 도쿠토미가 사정에 의해 감독직을 그만두게 되자 아베 사장도 퇴임하고 가토 후사조加藤房藏(전 산요신문山陽新聞의 주간)가 5대 사장으로 취임하게 된다. 이 사이에 1919년「3·1독립운동」이 발발하자 테라우치 조선총독의 무단정치에서 사이토 마코토齋藤実 총독은 문화정치로 그 통치 패러다임을 바꾸게 된다. 이러한 통치 패러다임의 변화에 따라 사이토 마코토 총독의 문화정치에 의해서 조선인에 대한 민간지도 창간되게 된다. 그 결과가 1920년『조선일보』(3월 5일)『동아일보』(4월 1일),『시사신문』의 창간이 그것이다. 따라서『경성일보』도 이들 민간지에 대응하기 위해서는 우선 기구와 조직을 확대 개편해야 했다. 이에 테라우치 조선총독은 프랑스로부터 윤전기輪轉機 2대를 구입하여 일본국내에서도 일류라고 일컬어질 정도로 시설을 확충하게 되었다. 여기서 주목하고 싶은 것은 초대부터 1921년 가토加藤 사장까지는 언론사 출신 사장이었지만, 이후는 외교관 혹은 고급관료가 사장을 맡았다는 점이 다르다. 1921년 2월 가토 사장의 사임으로 조선총독부 청탁이었던 해군중좌 오하라 도시타케大原利武가 사장 직무대리가 되었지만, 6월 1일 정식으로 아키즈키 사쓰오秋月左都夫(전 요미우리 사장)가 정식으로 사장에 취임하게 된다. 그 후 1924년 8월 8일에는 다시 소에지마 미치마사副島道正 사장으로 바뀌게 된다. 이때 소에지마의 취임사가 문제가 된 것은 이미 앞에서도 지적했지만, 그는 사장 재임중에도 조선총독부에 반하는 듯 한 발언을 자주 하기도 했다. 예를 들면 소에지마는 「조선통치에 대해서」라는 제목으로 다음과 같이 피력했다.

　　「조선인에 대해 인류학적·역사적인 다양한 견지에서 정치적 동화주의를 취한 것은 너무도 조선인의 현실사상 및 생활을 무시하는 행위이다. 조선인의 언어, 풍속, 관습 그 외의 특수한 문화적 의의를 가볍게 보는 것이다. 조선인의 민족주의는 결코 공허한 관념은 아니다. 신화와 학설과 그 외의 모든 것에 있어서도 조선인의 민족주의를 부정할 수 없다.」[255]

　　또, 소에지마는『경성일보』사설에서도 조선에서 내지연장주의는 불가능하다고 논했다. 그 이유는 일본에서부터 조선 연장과 조선에서 일본 연장은 일본제국을 위해 불가한 것이다. 버드나무를 푸르게 하고 꽃을 붉게 하는 것은 영국 계통의 통치정치이다. 다른 민족을 무리하게 동일한 주형鑄型에 넣어 동일한 진로를 취하게 하는 것이 일본제국에게는 이익이 될지 어떨지는 의문이라고 비판했다.[256]

　　소에지마 미치마사는『오사카마이니치신문大阪每日新聞』사설에서도 조선의 내지 연장주의 및 동화정책에 반대하고 조선자치를 고창해야 한다고 하며「조선자치는 조선인이 바랄 수 있는 최고의 정치형식이다.」고 단정했다.[257] 이와 같이 소에지마 미치마사는『경성일보』사장 재임 중에도 총독정치에 대해 비판을 가하기도 했다.

　　마침내『경성일보』는 1925년경『동아일보』등의 민간지 창간에 의해 발행부수가 3분의 1, 4분의 1로 크게 감소하게 되었다. 그 구체적인 수치를 추정해 보면 <표-11>과 같다.

　　이 수치를 보면『경성일보』는 1926년 27,000부에서 3분의 1 내지 4분의 1 정도로 줄어 약 18,000~20,000부가 되는 셈이다. 이렇게 경영적으로 대단히 힘든 상황이 되었는데, 만약 조선총독부로부터 보조금을 받는 기관지가 아니었다면 더 이상 발행할 수 없었을 것이다.

〈표-11〉 ··· 조선의 주요 신문의 추정발행부수

(「신문 및 신문기자」 1926년 6월호)

신문	발행부수
동아일보	53,000부
매일신문	31,000부
경성일보	27,000부
조선신보	13,000부
조선일보	11,000부
부산일보	15,000부
경성일일신보	8,000부
Seoul Press	3,400~4,000부

• 『매일신보每日申報』는 1938년 4월 29일부터 『매일신보每日新報』라고 개제하고 1945년까지 발간되었다. 또 『The Seoul Press』는 1937년 5월 30일자(제1089호)로 종간했다.

따라서 총독부로써는 조선의 민간지에는 언론탄압을 가하면서도 자신들의 신문사에는 혁신을 병행하게 된다. 그 결과 앞에서 설명한 대로 수전기를 도입해 지면을 쇄신하고 기사내용에 있어서도 일본정부에게는 조선민족에 대한 이해 및 조선의 자치제도를 요구하기도 했다. 더욱이 총독부는 행정기관에 대해서는 『경성일보』구독을 의무화시킴과 동시에 『동아일보』(1926년 3월 5일), 『조선일보』(1925년 9월 8일) 등의 조선의 민간지에 대해서는 무기정간이라는 탄압조치를 내렸다. 여기에서 주의해야 할 대목은 이 민간신문들의 무기정간처분이다. 신문사가 정간처분을 받으면 경영적으로는 상당히 힘든 상태에 빠지며 치명적인 타격을 입는다는 것을 간과해서는 안 될 것이다.

1927년 2월 『경성일보』는 지면을 12페이지로 증간하고, 12월 3일 마쓰오카 마사오松岡正男(동 신문사 부사장·전 오사카매일경제부장)가 사장으로 취임했다. 1931년 10월 22일에는 이케다 히데오池田秀雄(전 훗카이도北海道 장관)가 사장으로 임명되지만 이듬해 물러나고, 1932년 10월 29일에는 도키자네 아키호時實秋穗 사장(경기도지사, 후쿠오카福岡 시장)이 임명되게 된다.258) 이 도키자네 사장은 1915년 에히메현愛媛縣 경찰부장 재직 당시, 이 현의 어느 공원에서 에히메현 경찰계의 거물들 8명과 함께 술에 취해 큰 자작나무大白樹의 가지를 자르기도 했는데, 그때 그것을 보고 주의를 준 공원감시원을 때리고 차고 밟는 등

의 폭행을 가해 「도츠도츠괴사咄々怪事259)」라는 사건을 일으키게 된다.『해남신
문』(현재의 에히메愛媛신문)은 사설란에서 「놀랄 만한 경관의 폭행」260)이라는 제
목으로 이 사건을 논평하게 된다. 이 기사에 대해 다음날 「에히메현愛媛縣 경찰
부장 도키자네 아키호」라고 서명한 자필의 장문 반박서가 도착했다. 이것을 보
고 여론은 들끓어 해남신문도 9일 석간(10일자)에 약 4단에 걸쳐 이 반박서를
게재함과 동시에, 경찰부장 자신이 폭행범인인 것을 인정했으므로 이 신문은 4
월 30일까지 24일간 지면을 채워 계속 기사로 보도했다. 이 보도의 표제는 「도
키자네 부장일행 폭행사건」으로 매일 주된 표제어로 편집해 이 사건의 파문은
전국으로 퍼져나가 오사카아사히大阪朝日, 오사카마이니치大阪毎日, 도쿄아사히東
京朝日, 도쿄니치니치東京日日, 고쿠민신문國民新聞, 호치신문報知新聞, 지지신보時事
新報 등에도 보도되었다. 결국 이 사건은 검사국의 수사에서 경범죄로 불기소
되었지만, 같은 해 5월 15일 도키자네 부장은 돌연히 시마네현島根縣 경찰부장
으로 전보되고 사건은 종결되었다.261)

　이런 전력이 있었던 도키자네는 17년 후인 1932년『경성일보』의 사장이 된
것이다.

　도키자네는 1936년 1월 일본과 조선을 포함해 처음으로 6페이지 석간제를
실시하여『경성일보』는 조간 석간 합쳐 14페이지가 되었다. 또 이 해 8월 9일
손기정 선수가 2차 세계대전 이전 마지막인 베를린올림픽 마라톤대회에서 우
승하게 되었다. 이것을 보도한『동아일보』에 대해『경성일보』는 격하게 비난
을 퍼붓는다. 9월 9일에는 경성일보 주필겸 편집국장이었던 다카다 치이치로高
田知一郎(전 호치報知신문 간부)가 승진하여 사장으로 취임하게 된다. 또, 1938년
4월 11일에는 다쿠치 쓰케이치田口弼一(귀족원 의원)가 사장이 되고, 같은 해 10
월 7일에는 경성일보 부사장이었던 미타라이 다쓰오御手洗辰雄(전 국민신문 편집
국장)이 다시 사장이 되는 등 사장이 자주 바뀌게 되었다.

　더욱이『경성일보』는 독자들에게 환심을 사기 위해 1939년 10월 29일 ‘조
선문인협회’를 만들고 작품 활동을 전개해 독자들에게 인기를 모으게 된다. 이
듬해 1940년 8월 10일에는『조선일보』,『동아일보』가 강제 폐간되고『경성일
보』만 남아 독무대가 되자 국민정신총동원연맹, 전시생활체제 강요, 생활 간소
화, 6시 기상 정오묵도 등의 국민 총 캠페인을 실시하기도 했다. 그 후 1942년
다카미야 다헤이高宮太平 사장, 마지막 사장으로는 요코미조 미쓰테루橫溝光暉(쿠

마모토현熊本県 지사)가 1944년 9월 임명이 되지만, 1945년 11월 1일에는 폐간
되게 된다.[262]

　여기서는 특히『경성일보』사장 중 정보 전문가로서 마지막까지 신문발간에
진력을 다한 요코미조 미쓰테루横溝光暉의 신문발간에 대해서 살펴보기로 한다.

　요코미조 사장은 1915년 가나가와현神奈川縣 현립 제일요코하마第一横浜 중
학교, 제일고등학교, 동경제국대학 법학부를 졸업한 엘리트 관료였다. 1931년
에는 내각관방 총무과장이 되고, 1936년에는 내각에 정보위원회가 설치되자
간사장이 되었으며, 도메이 통신사同盟通信社(렌고우連合通信와 덴츠電通의 합병)의
감독과 육성을 담당하게 되었다. 더욱이 1937년 9월 25일 내각정보부로 확대
개편되자 정보부장이 되었고, 그 후 ‘국민정신총동원운동’ 등에서 보도 및 계발
선전을 담당하기도 했다. 이 내각정보부가 1940년 12월 6일에 다시 정보
국으로 확대되었다.[263]

　요코미조는 일본의 초대내각 정보부장으로 정보의 전문가이며 국민정신총
동원운동의 발안자이기도 한 요코미조가 1944년 9월에 아베 노부유키阿部信行
조선총독의 추천으로『경성일보』사장에 취임하게 된다. 이것은 말할 것도 없
이 조선에서 긴박하게 돌아가는 전쟁정보의 수집이라고 하겠다. 환언하면 당시
조선반도는 일본의 전략적 전진기지로서도 상당히 중요한 병참기지였으며, 조
선민족에 대해서도 전쟁과 전쟁물자 동원에 이용할 속셈이었다고 하겠다.

　또 하나는『경성일보』의 창간 40년 기념사업의 문제도 관련되어 있었다.

　사업의 구체적인 내용을 보면 「경일40년사의 편찬京日四年十史의 編纂」, 「조
선백과사전의 편찬간행」, 「경일문화장京日文化章의 제정」, 「경성신문연구소의 창
설」, 「경일보건소京日保健所 설치」, 「글라이더를 중학교에 기증」, 「경일농원
京日農園(保養所를 겸함)의 설치」를 계획했지만, 패전과 함께 중지되었다.[264]

　마지막으로 주목하고자 하는 것은 요코미조 사장의『경성일보』에 대한 역
할 분석이다.

　제2차 세계대전의 패전과 함께 쇼와천황의 항복방송에 의해 경성시내는
갑자기 뒤숭숭해졌다. 당시 조선인 종업원도 경성일보 사내에서 봉기하여, 먼
저 편집실내에서 「일본인은 나가라」라고 요구하였으며, 방송국내 각 국 부서
들도 똑같은 상태가 계속되었다. 마침내 조선인 종업원들은 「스스로 건국준비
위원회의 지령에 근거하여 경성일보를 관리하게 되었기에 사무를 인수인계 받

고 싶다」고까지 요구했다. 그러나 요코미조는 물론 거부했지만, 8월 16일 저녁
에는 신문사가 조선인들에게 빼앗겨 17일자 신문은 발행할 수가 없었다. 그러자
그는 잔류하고 있던 일본인 간부들에게 명해 모두가 분담하여 등사판 신문을
인쇄할 것을 지시해 18일자『경성일보』는 겨우 발행하기에 이르렀다.

그러자 등사판 신문을 여기저기 붙이도록 명하고, 자기 스스로도 17일 밤
부터 이미 18일자로 바뀌고 있는 한밤중에 이 신문을 눈에 띄는 장소에
붙이기도 했다.265) 그 후 치안의 회복과 함께 등사판신문도 한 번뿐으로
나중에는 활판인쇄로 다시 복귀하지만 출근자수는 급격히 줄어들었다.

따라서 소수의 일본인 직원과 임시 고용한 일본인 등으로 소형신문을 계
속해서 만들게 되었다. 그 결과『경성일보』는 8월 15일 패전 후 대혼란 속에
서도 불과 하루 휴간했을 뿐 10월 31일까지는 발간되었다. 이것은 조선민족으
로서는 용서할 수 없는 일이지만, 한 사람의 언론인으로써 자기 회사의 신문을
마지막까지 계속 발간하고자 하는 것은 높이 평가할 만한 일이다.266)

또, 요코미조 미쓰테루도 말했던 것이지만 이상한 일이 일어났다. 그것은
합자회사 경성일보사의 정관 6조에「본사의 존립기간은 설립한 날부터 만 40
년으로 한다.」고 규정되어 있다는 점이다. 설립등기가 늦어져서 법률상 존속기
한의 도래까지는 아직 수년이 남아 있었지만 실질적으로는 만 40년으로 존속
기한이 만료된 것이다.『경성일보』는 1945년 10월 31일(지령 13686호)자로 종
간호를 발간하게 되었지만,「이상한 인연이다」고 요코미조는 말하고 있다.267)

이상『경성일보』의 역대사장과 경영방침을 중심으로 개관해 보았는데『경
성일보』라는 것은 조선에서 중앙지임과 동시에 창간 당시부터 총독부의 홍보
지 역할을 겸하고 있었다. 총독의 시정施政을 조선의 각 지방관공서까지 침투
시키는 사명을 가지고 있었던 것이다. 따라서 이 신문의 사장은 총독과 일체가
되는 사람이어야만 했다. 일종의 총독의 정무관적 임무로 단순한 신문사 사장
이 아니라, 총독정치의 대변자이며 협력자로서의 역할을 담당하고 있었던 것이
다. 이와 같은 의미에서『경성일보』의 사장과 경영방침에 대한 연구는 총독정
치 혹은 식민지 통치연구에 필수불가결한 분야이다. 그럼에도 불구하고 한일
간에도 이 분야에 대한 연구가 아직 그다지 활발하게 이루어지지 않고 있다.

3. 『The Seoul Press』와 『매일신보』의 역할

1) 『The Seoul Press』

영문일간지인 『The Seoul Press』[268]는 1907년 2월 이토 히로부미가 『경성일보』와 함께 그의 기밀비로 창간한 통감부의 기관지였다. 이 신문은 베델이 창간한 『The Korea Daily News』와 선교사인 헐버트가 발간한 『The Korea Review』에 대항하기 위해 창간한 신문이다. 서울·프레스의 초대사장은 이토의 공보비서였던 즈모토 모토사다頭本元貞였다. 즈모토는 『The Japan Times』의 창간자이며, 또 1915년에는 일본국회의원으로 정계에도 진출한 일본영자신문계의 거물이다.

즈모토가 1909년 4월 사장직에서 물러나자 같은 해 4월 8일 야마가타 이소오山縣五十雄[269]가 사장으로 취임하게 되었다. 『The Seoul Press』는 한일합병 이후에도 하나의 독립된 신문으로 발간되었다. 이 신문의 논조는 『The Korea Daily News』의 평론을 정면으로 반박하고 일본의 대한정책을 외국인들에게 홍보했다.[270]

『The Seoul Press』가 보도했던 구체적인 언론활동의 하나는 식민지정책에 대한 국내외의 외국인에 대한 이해와 협력을 구하는 것이다. 이 신문의 논조는 때때로 재한외국인 단체에게 시정상施政上 문제에 대한 이해를 구하는 한편, 한국인들을 위한 의료시설의 확장, 교육사업의 충실 등에 대한 협력도 요청했다. 이것과 동시에 조선총독부의 진의가 조선인들의 복지행정이라는 것을 선전했다.

또, 『The Seoul Press』는 외국특파원의 반일기사 중에서 일본의 영자지에 게재된 것에 대한 반론을 제기했다. 예를 들면, 1910년 10월 10일자 신문사설 「조선의 폭도탄압」에서 『The Japan Chronicle』지에 게재된 영국의 『Standard』지 동경특파원의 기사에 대해 다음과 같이 반박한다. 그 주요 내용은 일본은 조선의 진보와 문명을 위해 최선을 다한다. 일본은 조선반도에서 그 위대한 사업을 수행하기 위해 자제들의 피와 막대한 금액을 희생하고 있다. 조선의 현상은 그 성과가 얼마나 큰가를 여실히 증명하고 있다고 하는 것 등이었다.[271]

『The Seoul Press』는 조선총독부의 기관지로 『경성일보』의 영자 판이라고도 말할 수 있다. 즉, 『경성일보』는 국내에 있어서 「권위지」, 「최유력지」라는 이중적 성격을 가지고 있었던 것에 대해 『The Seoul Press』는 외국용으로 조선국내(일본포함) 외국인이라는 대상에도 불구하고 그 지면내용은 조선의 국제적인 지위문제 등을 다루고 있었다. 즉 이 신문은 조선내부에서 행해지고 있는 일본의 식민지정책 실정을 외국에 알려 홍보를 위한 것이었다.

1919년 「3·1독립운동」이 일어나자 『The Seoul Press』는 더욱 부각되었다. 외국 언론이 조선의 식민통치에 대해 상당히 비판적이었다. 그 때 이 신문의 활발한 홍보활동에 의해 어느 정도 진정시킬 수 있었기 때문이다.

다음으로 이 신문의 경영에 대해 분석해 보고자 한다.

『The Seoul Press』는 창간 당시부터 부수 면에서는 그다지 늘어나지 않은 상태였다. 그래서 1930년에는 경영의 어려움을 해결하기 위해 『The Seoul Press』를 『경성일보』로 합병시켜 『경성일보』가 직접 경영하게 되었다. 『The Seoul Press』는 1907년 창간 이후부터 기관지로 계속 발간되었지만, 『경성일보』, 『매일신보』와 같이 동일 사내에서 발간된 일은 없이 독립된 회사로 남아있었다. 그럼에도 불구하고 이 회사는 적자가 계속되고 독자도 거의 조선 주재 서양 선교사들로 조선인 독자는 거의 없는 상태였다.[272]

그러는 동안 신문사 경영도 야마가타山縣 사장에 이어 1923년부터는 미요시 시게히코三好重彦 사장과 도미나가 시나키치富永品吉가 주필 겸 이사 두 사람이 공동으로 경영하게 된다.[273] 그 후에는 미야타테 사다이치宮館貞一가 사장으로 취임하게 된다.[274] 『The Seoul Press』가 『경성일보』에 합병되고 총독부 기관지는 일본어(경성일보), 조선어(매일신보), 영어(Seoul Press)가 된 셈이지만, 1937년 5월 『The Seoul Press』는 스스로 폐간했다.[275] 『The Seoul Press』는 5월 30일자(제1809호) 종간 호에서 그동안 조선에 거주하는 외국인들의 편의를 위해 발간되었지만, 외국인들에게도 일본어와 한국어가 보급되어 더 이상 발간할 필요가 없다고 폐간이유를 기술하고 있다.[276]

그 결과 1945년 대한만국독립까지 조선에서 영자신문은 모두 사라진 것이다.

2) 『매일신보每日申(新)報』

『매일신보』는 한일합병 다음날인 1910년 8월 30일자부터 조선총독부기관지로 창간되어 조선통치 36년간 중단되지 않는 유일한 조선어 신문이다.

『매일신보』의 전신은 1904년 7월 18일 영국인 베델(Ernest Thomas Bethell)이 창간한 『대한매일신보』이다. 『대한매일신보』는 1904년 2월에 일어난 러일전쟁을 취재하기 위해 내한한 베델이 양기탁 등의 협력에 의해 창간되었다. 『대한매일신보』는 1905년 8월 11일부터 조선어판 외에 영문판 『The Korea Daily News』로 발간했다. 한일합병과 함께 『대한매일신보』는 조선총독부에 매수되어 합병 다음날인 1910년 8월 30일 『대한매일신보』에서 「대한(독립이라는 의미)」이라는 두 글자를 빼고 『매일신보』라는 제호로 총독부기관지로 발행하게 된 것이다.[277] 나중에 총독부는 도(현), 면(정) 등 지방행정단위별로 『매일신보』의 구독을 의무화시켜,[278] 1910년 10월 19일자에 의하면 이 신문의 발행부수는 12,000부에 이르고 구독료는 한 부에 2전 5리, 1개월 30전, 3개월 90전, 1년에 3원 40전이었다. 이 신문의 논조는 「일선융화日鮮融和」와 「세도인심世道人心의 감화유도」등을 중심 이슈로 보도하고 있었다.

『매일신보』는 이른바 『경성일보』의 한글판으로, 총책임자는 도쿠토미 소호德富蘇峰였다. 『매일신보』의 논조는 『경성일보』와 거의 동일하며 다만 그 대상이 조선인인 것이 다르다. 1910년 10월 도쿠토미 소호 감독은 『매일신보』사원들에게 다음과 같이 훈시했다.[279]

1. 매일신보가 신문으로 존재하는 이유는 우리 천황폐하께서 지인지애至仁至愛로 일선日鮮인을 일시동인一視同仁으로 생각하시는 것을 봉재奉載하여 이것을 조선인에게 선전하는 것에 있다.
1. 집필자는 공정하게 하여 결코 편사심便私心을 품고 당동대이黨同代異의 붓을 농락하는 것 같은 일이 없을 것을 요한다.
1. 문장은 간정명창簡淨明暢함을 요한다.
1. 일반 소론所論은 온건타당을 기해야 하며, 결코 궤언망설詭言妄說을 고취하지 말 것.
1. 매일신보는 경성일보와 제휴해 항상 그 보조를 동일하게 할 것.

이러한 내용을 분석해 보면, 부녀자에 이르기까지 일반서민이 충분히 신문 내용을 알 수 있도록 할 것을 명시하며 『경성일보』와의 보조도 맞출 것을 강

조하고 있다. 결국,『한성주보』의 한글판과 같이 소위 대중미디어로서의 역할
을 담당하고 있었다고 할 수 있다.

『매일신보』는 한일합병 후 국한문판(한글과 한문의 혼용), 한글판의 2종류
신문을 발행한 한국어신문이었다. 1910년부터 1920년 초기까지 한국어 신문은
『매일신보』의 독점무대가 되었다.

이 신문은 합병 직전인 1910년 6월 14일 이장훈李章薰이 맡았지만, 10월
22일부터는 편집인 겸 발행인은 변일卞一, 인쇄인은 이창李蒼으로 바뀌었다. 그
런데 합병 이후의 발행인, 편집인이라는 직위는 경영과 편집에 실질적인 권위
가 없어 편집장 정도의 정책실무자에 지나지 않았다. 1912년 3월 1일부터『매
일신보』는 한글판 신문을 폐지하고, 그 대신 국한문판 제3면을 한글전용으로
제작했다.『매일신보』는 한글판을 폐지하면서 한국에서 최초의 한글 5호 활자
를 도입하게 된다.280) 이 신문은 한글판의 폐간은 어디까지나 폐간이 아닌 확
장이며 합간合刊이라는 것을 사고로 내고 있다.

1913년 11월 11일에 경성일보사는 자본금 7만 원의 합자회사로 조직을
변경했지만,『매일신보』는 이 회사 구내에서 발간되어 자매지로써의 성격은
변함이 없었다.

한편 1915년 1월 편집장이었던 변일이 퇴사하여 1월 30일자부터는 선우
일鮮于一이 발행인 겸 편집인이었지만, 사내의 지위는 어쨌든 편집국장 아래인
편집인 신분이었다. 그 후 1918년 9월 18일부터는 편집과장 이상협李相協이 발
행인 겸 편집인이 되었고, 같은 해 11월 4일 종래의 월요일 휴간제를 폐지하
여 연중무휴제가 되었다. 이상협은 다음해인 1919년『동아일보』창간에 참여
하여 후임자는 방태영方臺榮이 되었다. 아무튼 두 사람 모두 조선의 민간지 발
전에 큰 공헌을 한 사람이다.281)

1920년은 한국 신문사에 큰 전환점이 되는 해였다. 그것은 전해에 일어난
「3·1독립운동」에 의해『조선일보』,『동아일보』,『시사신문』의 3대 민간지가
창간된 일이다. 이 결과 1920년『매일신보』도『경성일보』로부터 10년 만에 다
시 독립해 독자적으로 편집국에 논설부, 편집부, 외사부, 사회부, 지방부 등 5
부서를 설치하게 된다. 그 후 1921년 3월 방태영 편집국이 물러나고『경성일
보』의 편집국장인 나카무라 겐타로中村健太郎가 겸임했다. 1929년 9월에 이르러
조선인인 김상회金尙會가 편집국장으로 임명되었다. 이로 인해『매일신보』는 완

벽하게 조선인 손에 의해 제작되게 되어 독립한 편집국이 되었다. 1930년 조선인으로는 처음 부사장으로 박석윤朴錫胤이 임명되어 독자적인 편집, 제작을 하는 재량권이 확대되는 등 결국 독립경영형태로 발전했다.[282]

여기에서 두 가지 이유를 생각할 수 있다. 하나는 『매일신보』는 총독부 기관지이지만, 조선어로 발간되었기 때문에 조선인의 손으로 만들어야만 한다는 필요성을 느끼게 되었다. 또 하나는 3개의 민간지의 사세社勢가 크게 신장했기에 경쟁시키기 위해 독립시키게 된 것이다.

1933년 10월에 이상협은 『동아일보』를 퇴사하고 다시 부사장이 되어, 5년 후인 1938년 4월 16일자부터는 『매일신보每日新報』라고 개제改題하여 『경성일보』와는 분리했다. 초대사장은 최린崔麟, 부사장으로 이상협을 선출하게 되었다.

여기서 주목해야 할 것은 『매일신보』가 『경성일보』로부터 독립하더라도 『경성일보』는 『매일신보』의 주식 45%를 가지고 있는 대주주이며, 더욱이 총독부 소유의 주식을 포함하면 『경성일보』의 영향력은 종전과 마찬가지로 적어도 영향력 행사에는 변함이 없었다는 것이다. 오히려 신체제의 『매일신보』가 보다 효과적으로 총독부의 시책을 지지하는 기관지로서 강화되었다고 보는 것이 바람직하다.

『매일신보』는 이상과 같이 한일합병과 함께 해방 이후까지도 발간된 한국어 신문이다. 이 신문은 일본제국의 조선침략을 합리화하고 조선민족의 독립은 부인하는 입장에서 제작되었지만, 이들 신문은 총독시대의 언론을 연구하기 위해서는 중요한 1차 자료가 되고 있다. 따라서 지금까지 그다지 주목받지 못했던 이 신문에 관한 분석도 시급하며 정치, 경제, 사회, 문화 등 각 분야에서도 이 신문의 내용과 논조를 고찰할 필요가 있다.[283]

결론적으로 총독부 기관지인 『경성일보』는 일본어판으로 일본인 또는 조선의 일본거류민을 위해 혹은 조선인에 대한 일본어의 보급 및 일본의 식민지정책의 선전을 위해 만들어진 신문이다. 또 "The Seoul Press"는 외국인 대상 즉 외국에 대한 조선 내외의 정치선전을 행하기 위한 신문이고, 『매일신보』는 조선어로 발간, 부녀자 내지 일반서민을 설득하기 위해 발행한 신문이다. 이들 세 가지 신문의 내용을 보면 일본은 조선에서 식민지통치를 위해 국내외의 언론활동에 상당히 적극적이었다고 할 수 있다. 결국 외국에 대해서는 정치적인 선전활동을 행하는 한편, 내부적으로는 식민지정책의 시정선전과 여론형성 등의 내부 환경 만들기에 한층 힘을 쏟았다고 하겠다.

미주

1. 車基壁(1980) 「日本帝國主義植民地政策의 形成背景과 그 展開課程」『日本의 植民政策에 關한 研究』文教部學術研究助成費에 의한 研究報告書, pp. 9~10.

2. 大藏省管理局 「朝鮮統治機構의 近代化」『日本人の海外活動に關する歷史的調查』通卷第3册, 朝鮮編第2分册, 出版年度未詳(秘密資料), pp. 80~81.

3. 大藏省管理局『日本人の海外活動に關する歷史的調查』前揭書, pp. 81~82.

4. 金雲泰(1971) 「統監府時代의 大韓帝國統治體制의 構造와 機能」『行政論叢』第9卷第1號, 서울대학교행정대학원, p. 2.

5. 田保橋潔(1923) 「朝鮮統治論」朝鮮研究會, p. 19.

6. 李太一(1985) 「植民地統治機構의 整備와 運用」『日帝의 韓國植民統治』正韻社, p. 51.

7. 山邊健太郎(1966) 「日本の韓國合併」大平出版社, pp. 275~276.

8. 友邦協會(1974) 「總督府時代の財政」中央日韓協會, pp. 24~25.

9. 金雲泰(1972) 「日帝時代政治行政研究(2)」『行政論叢』서울대학교 행정대학원, p. 93.

10. 大藏省管理局『日本人の海外活動に關する歷史的調查』前揭書, pp. 88~89.

11. 山邊健太郎(1971)『日本統治下の朝鮮』岩波書店, p. 11.

12. 山崎丹照(1943)『外地統治機構の研究』高山書院, p. 101.

13. 山邊健太郎, 전게서, p. 12.

14. 李太一, 전게서, pp. 58~59.

15. 外務省條約局法規課(1971)『日本統治時代の朝鮮』(外地法制誌第4部の2) pp. 235~236.
    일본국 정부 및 한국정부는 한국 경찰제도를 완전히 개선하고 한국재정의 기초를 공고히 함을 목적으로 아래의 정관을 약정한다.
    제1조 한국 경찰제도의 완비를 인정할 때까지 한국정부는 경찰사무를 일본정부에 위탁할 것.
    제2조 한국 황궁 경찰사무에 관해서는 필요에 응해 궁 내부대신은 해당 주무관과 임시협의하고 처리시킬 수 있을 것.

16. 田保橋潔, 전게서, p. 89.

17. 해산단체는 일진회(친일단체), 대한협회, 서북학회, 국시유세단, 진보회, 정우회, 국민협성회, 유생협동회 등의 정치단체.

18. 姜東鎭(1979)『日本の朝鮮支配政策史 硏究』東京大學出版會, p. 141.

19. 釋尾春芿(1926)『朝鮮合倂社』朝鮮及滿淵社, p. 815.

20. 李太一, 전게서, p. 61.

21. 釋尾春芿, 전게서, pp. 815~818.

22. 山邊健太郎, 전게서, p. 14.

23. 久保寺山之輔(1964)『日韓離合之秘史』日本乃資顯彰會, p. 378.

24. 金圭煥(1982)『日帝의 對韓 言論·宣傳政策』二友出版社, p. 149.

25. 朝鮮總督府『朝鮮』제39호.
　　춘추회는 일본인 기자들이 조직한 단체로「경무총장 아카시 모토지로明石元二郎에게 위압되어 합병 후 의기 조충하여 생색없고, 언론의 오랜 권위가 땅에 떨어져 그 상황이 참담하다. 도쿄아사히의 특파원인 오카노 요노스케岡野養之助, 오사카마이니치의 도요다豊田, 시사時事의 요코오橫尾, 호치報知의 다케다武田, 경성일보의 미네기시峰岸, 일본전보의 마키야마牧山」등이 회원이었다.

26. 朝鮮總督府『朝鮮』전게서, p. 39.

27. 朝鮮總督府(1911)『朝鮮』5월호, pp. 2~3.

28. 久保寺山之輔(1964)『日韓離合之秘史』日本乃資顯彰會, p. 245.

29. 金圭煥『日帝의 對韓言論·宣傳政策』전게서, p. 151.

30. 大村琴花「寺內と宿緣の喧嘩」『村山龍平傳』에서 테라우치寺內의 독선자 모습을 묘사하고 있다. 大村琴花의 回顧와 金圭煥, 전게서, p. 151 재인용.
　　「뾰족한 빌리켄머리, 45도로 올라간 매와 같은 눈, 자유롭지 않은 오른손을 항상 뒤로 돌려 뽐냈다. 독재자라기보다도 독선자인 테라우치寺內는 항상 적, 청 양단의 연필을 손에 쥐고 막료가 제출한 문안에는 반드시 다소의 수정을 하지 않으면 마음이 내키지 않았고, 의사에게 의술을 훈시하며 농민에게 농경을 가르쳤다는 드문 인물이었다.」

31.「寺內訪問記」『朝鮮及滿洲』104호.

32. 1911년 4월 22일자 『오사카마이니치신문』에 게재된 기사의 내용은 다음과 같다.
「(전략) 총독의 참궁은 봉고제奉告祭를 집행하기 위해서라는 소문이지만, 적어도
칙재勅裁가 없는 한 임시로 봉고제를 할 수 없어 단순한 참배라고 생각하셔야 된다
는 보고에 그토록 대단했던 총독도 어안이 벙벙하여(중략) 어렵게 오동나무 상자에
준비해 가지고 온 합병보고문의 두루마리는 나카야마 대좌中山大佐(총독부관리)에
게 들게 하여 신전에 나아간 것만으로 그대로 가지고 돌아갔다.(후략)」

33. 久保寺山之輔 『日韓離合之秘史』 전게서, p. 245.

34. 久保寺山之輔 『日韓離合之秘史』 전게서, pp. 243~244.

35. 도쿠토미 소호德富蘇峰(1863~1957)는 언론인, 역사가, 본명은 이이치로猪一郎. 구마
모토현熊本縣 미나마타水俣에서 태어나 구마모토 양학교, 동경영어학교를 거쳐 교토
동지사同志社에서 니이지마 죠新島襄에게 사사, 나중에 향리에서 오에 기주쿠大江義
塾을 열고, 1886(명치19)년 <장래의 일본>을 저술하여 일약 이름을 드높이고, 상
경한 다음 87년 민우사에서 잡지 『고쿠민노토모國民之友』를 창간(1898년 폐간)했고,
마침내 1890년 2월에는 『고쿠민신문國民新聞』을 창간했으며, 이후 1929(소화4)년까
지 그 사장·주필로 활약. 언론계의 일각에 특이한 위치를 계속 차지했다. 러일전쟁
후 특히 3국간섭을 계기로 그의 사상적 입장은 국가주의로 바뀌고, 정치적으로는
번벌藩閥원로 특히 가쓰라 타로桂太郎와 강하게 연결되어 『국민신문』은 번벌藩閥기
관지와 같은 존재로 바뀐다. 후에 「국가주의」 혹은 「황실중심주의」가 사상의 중핵
이 되었다.

36. 中村健太郎(1969) 『朝鮮生活50年』 靑潮社, p. 49.

37. 同上, p. 49.

38. 德富猪一郎(1930) 『蘇峰自傳』 中央公論社, p. 416.

39. 同上, p. 417.

40. 中村健太郎 『朝鮮生活 50年』 전게서, p. 50.

41. 姜東鎭(1984) 『日本言論界と朝鮮』 法政大學出版局, p. 41.

42. 「寺內總督の歸任」 『大阪朝日新聞』 1910년 12월 18일자 논설.

43. 姜東鎭 『日本言論界와 朝鮮』 전게서, p. 42.

44. 金圭煥, 전게서, p. 152.

45. 제1 「총독의 나쁜 평판」, 제2 「테라우치코寺內子의 역로逆櫓」, 제3 「신앙의 2개조」,

제4「역시 내가 아니면 안 된다.」, 제5「공명정대가 부족하다」, 제6「둔사遁辭」, 제7 「경찰정치의 폐」, 제8「일종의 골계극」, 제9「조선이란 무엇인가?」, 제10「소위 언론의 압박」, 제11「선정과 결탁, 밀정」…… 제14「대 선인방침對鮮人方針」 등이다.

46. 『大阪朝日新聞』 1911년 4월 5일~4월 15일까지의 논설을 필자가 요약한 것이다.

47. 姜東鎭 『日本言論界と朝鮮』 전게서, p. 42.

48. 朝鮮總督府 『朝鮮』 1911년 5월호, pp. 2~5.

49. 金圭煥, 전게서, p. 154.

50. 1911년 4월 11일자 『지지신보』 논설에서 「조선과 관계있는 일본인에게는 어쨌든 총독정치가 인기 없음, 따라서 총독이 나쁜 평판을 받더라도 조금은 주의하여 민의를 받아들이는 것이다. 인기 없음, 나쁜 평판은 어떤 것일까 하나하나 주장할 필요 없이, 사소한 관문서까지도 친히 첨삭을 하지 않으면 만족하지 못할 정도로 세심한 각하의 일, 특히 신문 기사에는 가장 세밀하게 유의하고 지금 또한 신문지의 발행, 발매금지를 할 정도로 만사에 주의가 깊은 각하의 귀에 들어가지 않을 리 없을 것이다. 그 인기 없고 나쁜 평판을 회의에서는 정의투합에 의해 벗어나고 세상에 대해서는 신문의 발행, 발매금지를 하고 위협해 통하게 하는 것은 군인으로서 무단으로서 혹 가능하겠지만, 정치가로서는 조금도 통용되지 않는다.」라는 기사를 게재하여 조선에서 발매금지되었다. 또 이 기사를 전재한 『경성일보』도 발행정지처분을 받았다. 『福岡日日』는 같은 달 13일자 논설에서 「조선총독의 나쁜 평판」이라는 제목으로 반 테라우치寺內 논조를 다루고 있다.

51. 友邦協會(1974) 『統監府時代の財政』 友邦シリーズ 第18號, p. 123.

52. 同上, p. 124.

53. 『경성일보』는 헌병이동의 기사를 게재하여 1910년 6월 9일부터 24일까지 발행정지 처분을 받았다. 이것에 대해 잡지 『조선』(제29호, 時事片片)은 헌병의 이동은 내지 각 신문에 게재되어 천하에 알려졌지만, 이것을 게재한 것에 의해 치안을 방해했다고 한다. 또 『The Seoul Press』의 발행금지는 이 신문이 8월 6일자 신문에서 하와이, 샌프란시스코, 멕시코 등의 조선인 수천 명이 일본에 대한 무력투쟁을 준비하고 있다고 하는 『하와이 가제트』의 기사를 인용한 것에 의한다. 이 신문은 12일에 금지가 해제되어 'Word of Apology'라는 사죄를 게재한다.

54. 그 내용은 『大阪時事新報』1 82매, 『大阪每日』4 667매, 『大阪朝日』 4071매, 『福岡日日』 206매, 『馬關每日』 38매이다.

55. 1910년 8월 10일 테라우치 통감은 일본인 기자회견에서 「한국 민중에 대해 동정과

이해를 가지고 신중하게 행동할 것」이라는 취지의 훈시를 한다.

56. 「釜山電報」『大阪朝日新聞』 1910년 8월 20일자.

57. 「京城電報」『大阪朝日新聞』 1910년 8월 22일자.

58. 「新聞押收」『大阪朝日新聞』 1910년 8월 23일자.

59. 「釜山押收」『大阪朝日新聞』 1910년 8월 24일자.

60. 「釜山電報」『大阪朝日新聞』 1910년 8월 24일, 25일자.

61. 姜東鎭『日本言論界と朝鮮』 전게서, pp. 32~33.

　　일제는 조선 병탄을 실현하기 위한 책동의 시기에는 그 무력제압이라는 침략적 본질을 은폐하기 위해 일부러 「합방」이라는 말을 사용했다. 대륙양인들이 작성하고, 매국단체 「일진회」의 이름을 내걸은 이른바 「한일합방청원」은 그 예이다. 그 외에 「병합」전후에는 「합병」의 단어가 나오고 있었다. 「합병」직후에는 새롭게 「병합」의 말이 등장한다. 「병합」의 신어를 만든 당시의 외무성 정무국장 쿠라치 데쓰키치倉知鐵吉는 그 말이 가지는 의미를 다음과 같이 말하고 있다. 「……자기는 한국이 완전히 폐멸로 돌아가 제국영내의 일부가 되는 의미를 확실히 함과 동시에, 그 어조가 너무 과격하지 않은 문자를 고르고 싶어 여러 가지를 고려했지만 결국 적당한 문자를 찾을 수 없어, 따라서 당시 아직 일반적으로 사용되지 않는 문자를 고르는 것이 득책이라고 인정해, 병합이라는 문자를 전기 문서에 사용하거나, 이후의 공문서에는 항상 병합이라는 문자를 사용하게 된다. ……」

62. 『京城日報』 1910년 8월 27일자.

63. 미노베 타쓰키치美濃部達吉는 동경대학 교수로 당대 헌법학계의 권위가 있는 학자이며, 한일병합 후『요미우리신문讀賣新聞』에서 「조선의 병합과 헌법문제」라는 사설을 3회 연재한 법학자이다. 특히 식민지문제를 「비밀주의」, 「정부의 독단」으로 하지 않고 「민의로 의논한다.」는 것이 입헌정치의 본연의 자세라고 논하고 있다.

64. 久保寺山之輔『日韓離合之秘史』 전게서, p. 354.

65. 이것은 필자의 조사로 밝혀진 사실이지만, 1910년 8월 24일 「타임즈」에 게재되었다 (The Times, September 42, 1910). 물론 비공식으로는 영국 등에 대해서도 사전에 협의를 하고 있었다.

66. 『大阪每日新聞50年』 大阪每日新聞社, 1932년, pp. 218~221.

　　『大阪每日』는 합병의 진행상황을 탐지하고 8월 15일 이후는 이미 경계시간으로 해야 할 것을 확인하고 있었다. 이 조약의 정문正文은 29일 경성 및 도쿄에서 동시에 발표되지만, 경성에서는 오전 1시에 아카시明石 장군으로부터 각 사에 발표되었다. 타사는 도쿄에서도 발표가 있었기에 타전에는 이르지 않는다고 들었지만, 도쿄의 발표는 오전 9시라고 알았다. 나라사키楢崎는 조약의 正文을 바로 지국으로 보내하다 나미노죠羽田浪之紹 씨가 신속히 오사카본사로 타전했으므로, 이른 새벽 시민의 꿈을 깨는 호외의 종소리는 울려 퍼져 본사는 정확하게 제1보의 명예를 얻은 것이다. 당시 도쿄의 각 신문사에서는 발표시각인 오전 9시 외무성에 가자마자 이미『每日電報』(大阪每日新聞의 經營紙)의 호외가 나와 놀랐다고 하는 것이다. 김규환 교수는 정식발표보다 2시간 전(즉 7시경)에 시민에게 알렸다고 하지만, 실은 기자들이 9시경 외무성에서 뉴스를 받아 본사에서 인쇄해 시민에게 배부하기까지는 적어도 2~3시간이 걸렸다고 보아, 그렇다면『每日電報』로부터 기자에게 도착하기에는 4, 5시간 후가 될 것이다. 그것을 생각해 보면 당시의『每日新報』의 호외는 상당한 특종이었다고 할 수 있다.

67. 「合邦은 當然」『大阪朝日新聞』1910年 8월 22일자.

68. 「韓國併合와 土地」『大阪朝日』1910年 8월 22일자.

69. 「韓國併合」『大阪朝日』1910年 8월 23일자.

70. 「合併協約內容」『大阪朝日』1910年 8월 23일자.
   1. 한국의 주권을 우리 일본국에 바칠 것.
   1. 한국 황실의 존엄을 지키기 위해 그 존칭을 유지시키고 황실비를 지급할 것.
   1. 한국 명칭은 이것을 폐하고 조선이라 칭하며 우리나라의 일부로 할 것.
   1. 한국 황실 및 유공자에 대해 훈등에 의한 작위 또는 재산을 지급할 것.
   1. 내각을 폐하고 우리 관헌 아래에 둘 것.
   1. 한국정부의 내용은 당분간 지금대로 할 것.

71. 「朝鮮號發刊」『大阪朝日』1910年 8월 23일자.

72. 이 신문은 그 이유로 조선은 면적에 있어서 대만의 수배이고, 이것을 취하면 영토가 크게 증가하여 야마토 민족은 새로 광대한 식민지를 얻기 때문이라고 했다. 따라서 개발할 만한 부원富源은 또 대만에 수배이다. 흘러넘치는 자력과 문명은 국경의 장벽을 없애고 도도하게 재력의 확대를 볼 것이라고 하면서, 이것을 결국 정치상에 있어서 국가의 팽창과 재계의 복음과 바로 연결 짓는 것은 경솔한 생각이라 하지 않을 수 없다고 했다.

73. 「合併と韓國留學生」『大阪朝日』1910년 8월 23일자.

74. 「批准調印終る」『大阪朝日』1910년 8월 24일자(동경전화에서).

75. 한일합방 청원서는 일진회회장 이용구, 송병준 등 백 만 회원은 2천만 국민을 대표
한다는 명분으로 1909(명치42)년 12월 4일 아침을 기해 돌연 3통의 「한일합방상서」
를 제출한 것이다. 하나는 이 황제 앞(합방상주문), 두 번째는 소네曾禰 통감 앞(합
방청원서), 세 번째는 이완용 총리대신 앞(합방청원서)으로 했다. 당시의 한국정계
는 분규가 대단히 심해 일진회, 서북학회, 대한협회의 3파가 있어 한번 합체를 보면
서 곧바로 분열하여, 대한협회와 같은 단체는 많은 합방반대의 운동을 일으키고자
했으며, 한편으로는 「국시유세단」이 결성되었다. 이것도 또 일진회의 박멸을 계획하
여 하루 사태를 늦추면 그만큼 모임의 입장이 불리하게 되는 형세가 되었다. 이에
12월 3일 밤 갑자기 회원의 비상소집을 하여 이용구회장은 분노한 큰소리로 한일합
병 단행을 제의하는 뜻의 연설을 한다. 「찬성자는 거수, 이의 있는 자는 내 앞에 나
와 논해라.」라고 소리친 것에 대해 거수하지 않은 자 불과 2명. 게다가 일어나 논박
할 용기가 없어 바로 만장일치로 상서제출의 건을 결정했다. 이와 같은 일진회 간부
의 강제적인 행동은 자기 자신의 안전을 위해 일본 및 일본군의 비호를 구한 것이
다. 이 모임의 「한일병합론」은 완전히 이용구, 송병준의 정치적 야심에서 나온 것이
므로 조선인의 의지는 털끝만큼도 대표하지 않는다. 따라서 일진회에 대한 반대운동
은 일본측 문서에 조차 「일진회가 제창하는 한일합병문제에 대한 반대의 소리가 빈
번하고, 이 모임은 거의 독립 상태에 있다.」는 형태로, 이 「고립상태」를 부수기 위
해 일진회는 여러 모임을 날조했다. 이 모임은 조선인에게 반대 받았을 뿐 아니라
조선합병의 급선봉에 선 서울에 있는 일본거류민과 일본인 신문기자단도 이 모임을
반대하여, 한일관계의 촉진상 큰 장해를 남긴 것을 통탄하지 않을 수 없었다(山邊健
太郎, 전게서, pp. 231~232 참조).

76. 山邊健太郎(1988) 『日韓合倂小史』岩波新書, p. 230.

77. 「死黙の世界」『大阪朝日』1910년 8월 25일자.

78. 「韓國合倂と諸名士」『大阪朝日』1910년 8월 26일자.

79. 한국처분 세목의 내용을 보면 합병전문과 거의 같아 어떤 의미에서는 정식적인 발
표문이기도 했다. 이것은 특히 「금전재禁轉載」라는 조건이 붙어 타사의 전재를 금하
고 있으며, 또 아마도 조선반도에는 발매반포 금지된 것이라고 생각할 수 있다. 한
편 이들 기사는 8월 28일 단계에서는 일본에서 가장 새로운 정보이며, 29일자『大阪
每日新聞』의 호외기사보다도 빨랐다고 할 수 있다. 그것은 결국 총독부가 비공식적
인 형태로 정보를 흘린 것은 아닐까라고 생각된다.

80. 「日韓併合は自然なり」『大阪朝日』1910년 8월 29일자.

81. 「倂合と輿論」『東京日日』1910년 8월 23일자. 犬養毅의 「論評の價値なし」에서.

82. 「合倂と與論」『東京日日』1910년 8월 23일자.

83. 교육은 예상외로 쉬운 일이지만, 내가 현행제도와 동일한 주형으로 교육하려는 것은 매우 어려운 일이므로 그 정도를 낮출 것이 요구된다. 황실황족 등의 우대방법은 오늘날의 경우 불명확하지만, 최선의 방법으로써 이것을 우대하는 것은 예상할 수 있다. 관세문제는 각종 조약이 소멸함과 동시에 이 기회에 있어서 근본적인 해결을 줄 것을 가장 바라야 하지만, 특수한 사정이 있으면 잠시 동안 현상에 방임한 것 외에는 없다. 양반에 대해서는 교육할 방법을 강구하는 것은 아마 적당한 처치이다.

84. 『東京日日』1919년 8월 24일자.

85. 「合倂と與論」『東京日日』1910년 8월 24일자.

86. 「外人の韓國倂合觀」『東京日日』1910년 8월 26일자.

87. 「異種族同化先例」『東京日日』1910년 8월 27일자.

88. 종교는 숭배의 대상이 되지 않으면 안 된다. 즉 기독교는 예수그리스도, 불교는 석가 등이다. 그러나 유교는 대상이 없으므로 종교라 할 수 없다. 유교는 공자의 사상을 존신尊信하는 중국철학이며, 본래의 취지는 자기치인自己治人(자기수선自己修繕)이다.

89. 「日本國民の眞光榮」『東京朝日』1910년 8월 29일자 합방기념의 최선인 방법에서.

90. 「合倂條約內容」『東京日日』1910년 8월 23일자.

91. 「合倂せらるる韓國(1)」『東京朝日』1910년 8월 24일자.

92. 「强者の威」『東京朝日』1910년 8월 25일자.

93. 「合倂の責任」『東京朝日』1910년 8월 27일자.

94. 「金玉均の昔語」『東京朝日』1910년 8월 27일자.

95. 「京城特電を見て」『東京朝日』1910년 8월 28일자.

96. 「日韓最近の關係」『東京朝日』1910년 8월 29일자. 京城에서 永魂郞로부터.

97. 「福澤先生手記京城變亂始末」『時事新報』1910년 8월 22일자 사고社告.
    「오른쪽은 명치17년 12월의 경성변란 즉 김옥균 등의 일파가 결사 단행한 쿠데타의 전말기사로, 후쿠자와 선생의 수기에 관계되며, 그 재료는 사건의 수모자인 김옥균, 박영효 및 당시 경성에 있는 그 사정을 숙지한 이노우에 가쿠고로井上角五郞 등의 실화 및 일기에서 찾은 것, 외교기밀에 관한 것이 많아 선생의 생전에 이것을 다른 사람에게 보이지 않고 깊은 광주리 바닥에 숨겼지만, 이제는 이것을 공식화하는

것도 지장이 없기에 이르러, 곧 신문지상에 제출해 수일간 연재하여 독자의 청람清
覽을 제공해야 한다. 43년 8월 지지신보사」.

98. 「調印既に了り－ 兩日中發表」『韓國合併』 1910년 8월 23일자.

99. 「內田良平氏」『時事新報』 1910년 8월 24일자.

100. 「內田良平氏」『時事新報』 1910년 8월 24일자.

101. 「韓國併合記念號」『時事新報』 1910년 8월 24일자. 특집 「한국합병」에서.

102. 中山速人 「朝鮮同化政策と社会学的同化(下) ― ジャーナリズムを通して見た日韓併合時の民族政策論の構造 ―」『関西学院大学社会学部紀要』 第46号, 1983年, p. 297.

103. 「韓國併合記念號」『時事新報』 1910년 8월 24일자. 특집 「한국합병」에서.

104. 「朝鮮統治の大眼目」『時事新報』 1910년 8월 25일자.

105. 「朝鮮人民の爲めに賀す」『時事新報』 1910년 8월 26일자.

106. 「朝鮮總督の人物」『時事新報』 1910년 8월 27일자 사설.

107. 「韓城最後の一幕」『時事新報』 1910년 8월 28일자. 어전회의의 상보 「이총리」에서.

108. 「韓城最後の一幕」『時事新報』 1910년 8월 28일자. 어전회의의 상보 「황제폐하」에서.

109. 「韓城最後の一幕」『時事新報』 1910년 8월 28일자. 어전회의의 상보 「덕수궁」에서.

110. 「一千万の新同胞」『時事新報』 1910년 8월 29일자 사설.

111. 「合併發表」『時事新報』 1910년 8월 30일자 사설.

112. 테라우치 총독은 일본 신문이 합병문제를 둘러싸고 한국민족을 자극할 우려가 있어, 1910년 8월 10일 경성에서 일본기자단과 회견하여 한국의 민중에 대해 동정과 이해를 가지고 신중하게 행동할 것을 훈시했다.

113. 『大阪每日新聞50年』大阪每日新聞社, 1932년, p. 220.

114. 日本外務省(1958)『日本外交文書』 제38권, 日本國際連合協會, p. 575.

115. *The Times,* 28 September, 1908.

116. *The Times,* 23 September, 1909.

117. *The Times,* 24 September, 1910.

118. *The Times,* 25 August, 1910.

119. *The Times*, 26 August, 1910.

120. *The Times*, 26 August, 1910.

121. *The Times*, 28 August, 1910.

122. *The Daily News*, 25 August, 1910. "The Fate of Korea" British Government's Attitude towards Annexation(in London).

123. *The Daily News*, 26 August, 1910. "Annexation of Korea".

124. *The Daily News*, 26 August, 1910.

125. *The Daily News*, 29 August, 1910. column headed "Passing of Korea", Ex−Emperor given title of king and person.

126. *The Daily News*, 29 August, 1910. column headed, Term "Most Generous." Reuter's Agency.

127. *The Daily News*, 29 August, 1910. column headed, Term "Most Generous."

128. *The Daily News*, 29 August, 1910. "Terms of the treaty."

129. *Morning Post*, 25 August, 1910. "Annexation of Korea by Japan." British Government's Attitude.

130. Portsmouth는 미국 뉴햄프셔 주 동남부의 항만, 해군기지이며 러일전쟁조약을 체결한 땅이기도 하다.

131. *The Daily Telegraph*, 25 August, 1910. Column Headed, "Annexation of Korea", from our own correspondent.

132. *The Daily Telegraph*, 29 August, 1910. Column Headed, "Annexation of Korea", The Tariff Question.

133. *The Daily Telegraph*, 29 August, 1910. Column Headed, "Annexation of Korea", Commercial Interests.

134. *The Daily Telegraph*, 30 August, 1910. Column Headed, "Annexation of Korea", Imperal Rescript.

135. *The Daily Mail*, 25 August, 1910. Column Headed, "The Outlook" The Annexation of Korea.

136. *The Daily Mail*, 25 August, 1910. Column Headed, "The Outlook" The

Annexation of Korea.

137. 笹山晴生(1977)『日本古代史講義』東京大學出版會, pp. 49~50.

138. 細川嘉永(1941)『現代日本文明史(第10卷)植民史』東洋經濟新聞社, p. 215.

139. *The Daily Mail*, 25 August, 1910. Column Headed, "The Outlook", The Annexation of Korea.

140. foreign devils라는 원문의 의미는 양귀자羊鬼子이며, 특히 구미인에 대한 경멸의 호칭이다. 그런데 이 문장에서는 일본인을 칭하고 있다. 당시 1910년대부터는 일본인을 한국어로 왜구倭寇라는 말을 사용하고 있었지만, 일본어인 왜구(화구和寇)라는 의미는 일본 도적, 왜인 군도群盜이다. 특히 가마쿠라鎌倉 말, 무로마치기室町期에 한반도, 중국대륙 연안을 습격한 일본 해적을 지칭하는 경우가 많다. 이 문장에서는 외적이라는 표현이 가장 상응하며 영문에 가까울 것이다.

141. *The Daily Mail*, 25 August, 1910. Column Headed, "The Outlook", The Annexation of Korea.

142. *The Daily Mail*, 25 August, 1910. Column Headed, "The Outlook", The Annexation of Korea.

143. *The Daily Mail*, 25 August, 1910. Column Headed, "Annexation of Korea", Japan's Action, Fate of the Hermit Kingdom, British Attitude, "No Objection".

144. *The Daily Mail*, 26 August, 1910. Column Headed, "Annexation of Korea".

145. *The Daily Mail*, 26 August, 1910. "Fate of Korea", Japanse Rejoicings at the Annexation.

146. *The Daily Mail*, 26 August, 1910. "Fate of Korea", from our own correspond−ent(Berlin, Thursday).

147. Richard Story, *A History of Modern Japan*, 1987. Great Britain, Set in Monotype Baskerville, pp. 143~145.

148. 山口勤(1984)「最近の說得的コミュニケーションの研究」『コミョニケーションの社會心理學』東京大學出版會, p. 29.

149. 同上, p. 29.

150. Hovland, C.I. and Weiss, W 1951, "The influence of source credibility on communication effectiveness," *Public Opinion Quarterly*, 15, pp. 635~650.

호블랜드는 보내는 측의 신빙성을 규정하는 요인으로 전문성(expertness)과 신뢰성(reliability)을 구별하고 있다. 전문성이란 보내는 측이 문제로 하는 토픽에 관해 정당한 주장을 한다고 여겨지는 정도의 것을 의미하고 있으며, 또 신뢰성이란 가장 정당하다고 생각하는 주장을 전달하는 보내는 측의 의도에 대한 신뢰성인 것이다. 양방 모두 독립으로 보내는 측의 신빙성에 영향이 있고 설득 커뮤니케이션의 효과를 규정한다고 생각되는 것이다. 그런데 반드시 보내는 측의 신뢰성만으로 설득 커뮤니케이션의 효과가 규정되어지는 것은 아니며 그 외의 요인도 있지만, 신뢰성의 요인이 역시 설득 커뮤니케이션의 효과에 영향을 주는 것이 크다고 볼 수 있다. 한편 신뢰성에 영향을 주는 것은 다양하지만, 메시지를 보내는 측의 이야기의 신속함, 설득적 의도 유무 등이 있다.

151. Gillig P.M. and Green Wald, A.G. 1974, "Is it time to lay the sleeper effect to rest?", *Journal of Personality and Social Psychology*, 29, pp. 132~139.

152. Hass, G.R. 1981, Effects of source Characteristics on cognitive responses and persuasion, "cognitive responses in persuasion" Lawrence Erlbaum Associates.

153. 山口勸, 전게서, p. 41.

154. C. F. Lumley, *The Propaganda Menace*, New York, 1933, p. 56.

155. K. Young, *Social Psychology*, An Analysis of Social Behavior, New York, 1930, p. 653.

156. 戸澤鐵彦(1942)『宣傳槪論』中央公論社, p. 11.

157. 伊藤迪(1941)『ジャーナリズムの日本的課題』日本評論社, p. 74.

158. 同上, pp. 74~75.
  선전의 기본형식은 3가지로 나눌 수 있다.
  제1형식 선전은 공적 의미의 프로퍼갠더이며 일반적으로 공공적인 문제에 관한 것이다.
  제2형식 선동은 이른바 애지테이션이며 상대방의 정신교란을 목표로 하고 주로 파괴적으로 기능하는 것이다.
  제3형식 광고 레크라이메는 선전자의 사익을 목적으로 하는 점이며, 공적인 선전과 구별할 수 있다.

159. 池田德眞(1981)『プロパガンダ戰史』中央公論社, p. 45.
  이 책의 저자는 리하르트 그렐링 박사(Dr. Richard Grelling)라고 하는 유태계 독일인 변호사로, 독일저작가협회의 법률고문과 1893년 설립된 독일평화협회의 창립자의 한사람으로 부회장을 맡은 사람이라는 것이 전후 확실해졌다. 그는 이 책에서

전쟁범죄자로 독일황제·독일정부·독일지배계급에 대한 철저한 비난을 행하고 있다.

160. 池田德眞, 전게서, p. 63.

　　1914년 10월 영국육군에서 관찰장교(Eye Witness)로 활약한 스윙턴 중좌는 선전용 리플릿까지 작성했다. 이 『베칸트 마흥』은 영국의 모략선전 속의 리플릿선전의 기원이 된 것이다.

161. 小山榮三(1942) 『戰時宣傳論』三省堂, pp. 2~3.

162. 內閣情報部(1939) 『宣傳の心理と技術』 情報宣傳硏究資料 第11集, pp. 326~327.

163. 石森久彌(1926) 『朝鮮統治の批判』 朝鮮公論社, p. 1, 명치천황의 조선병합에 대한 조서.

164. 日本外務省編(1962) 『日本外交文書』 第43卷 第1冊, 日本國際連合會, pp. 679~680.

165. 久保寺山之輔(1964) 『日韓合併之秘史』 日本乃姿顯彰會, p. 263.

166. 同上, pp. 265~269.

167. 中央日韓協會(1917) 『朝鮮の保護及び併合』 朝鮮總督府資料, pp. 400~402.

168. 同上, pp. 400~406. 다만 이 문서는 1909년 12월 4일 봉정한 것이다.

169. 同上, pp. 406~412.

170. 국민대연설은 보국정일품輔國正一品인 민영소를 회장으로 조직된 이른바 민족주의파의 단체이다. 그들은 1909년 12월 4일 서대문구 원각사에서 연설회를 개최하고, 일진회의 합방성명서를 비난 공격했다. 또 이 모임은 통감부 및 내각에 천오백여명의 이름으로 비 합방의 상서를 제출함과 동시에 의견서를 발표했다. 또 한편 이달 7일 통감저統監邸에서는 대신회의를 열어 상소를 각하했다. 그래서 일진회는 같은 밤 총회를 열어 상소의 재정을 가결하고 다음날 8일 다시 상소를 우편으로 상정했다.

171. 中央日韓協會, 전게서, pp. 412~413.

172. 山邊健太郎(1988) 『日韓合併小史』 岩波新書, pp. 229~230.

173. 同上, pp. 230~231.

174. 中央日韓協會, 전게서, p. 413.

　　한편 일진회는 보부상 단체인 대한상무조합소에 합방찬성을 공표시키거나 국민동지찬성회를 창립하고 대개 합방문제에 찬성의 뜻을 표했다. 게다가 국민찬성회 등을 결성하여 합방문제를 설명한다.

175. 山邊健太郎, 전게서, p. 232(명치42년 12월 21일, 경성일본인 신문기자회).

176. 당시, 서울주재일본인 기자단은 일진회에 대해 부정적인 입장을 취하고 있으며, 한국에 있어서 정당 활동은 친일, 배일여하를 묻지 말고 이것을 해산, 금지할 것을 주장했다. 일진회의 일본인 고문인 우치다 료헤이內田良平의 『日韓合併秘史』에는 일본인 기자가 소네會禰 통감에게 매수되어 그 명에 따라 일진회 반대운동을 전개했다고 비난했다. 양자 사이에는 한국문제에 대해 선구자적인 의식을 가지고 경합하는 것에 의해 발생한 질시, 반발 등이 얽혀 일어난 것이라는 지적도 있다. 또 우치다 료헤이(1874~1937)는 1894(명치27)년 동학농민운동(갑오농민전쟁)이 일어나자 천우협天佑俠에 참가하고 조선에서 활동하게 되었다. 청일전쟁 후 시베리아를 시찰하고 1901년 흑룡회를 결성, 대러 주전론을 부르짖었다. 러일전쟁 후에는 한국합병의 촉진을 획책했다. 일본에서는 다이쇼大正민주주의 배격운동에 활약, 또 1921(대정10)년 궁중모중대사건宮中某重大事件에서는 도야마 미쓰루頭山滿와 의기투합해 야마가타 아리토모山縣有朋에 대항하여 같은 해 일조융화를 부르짖고 동광회同光會를 설립했다. 1925년에는 가토 다카아키加藤高明 내각의 보통선거법안에 <순정보선론純正普選> (가장보선론家長普選論)운동에 의해 대항, 가토加藤 수상 암살교사 용의로 검거되었지만, 무죄가 되었다. 1930년 런던해군군축조약 반대운동을 전개하거나 다음 해는 대일본생산당결성에 참가하여 총재가 되었다.

177. 齋藤實文書895「元一進會有力者名簿」에 의하면 회장 이용구, 부회장은 김택현, 회원 원세기 외 305명이다. 齋藤實文書는 국회도서관소장 齋藤實文書에 의함.

178. 齋藤實文書1006에 의하면 유맹劉猛은 당시에 「송신유혼宋身劉魂」이라 불릴 정도로 일진회의 모든 문헌을 기초한 자이다.

179. 姜東鎭(1979)『日本の朝鮮支配政策史研究』東京大學出版會, p. 128.

180. 姜在彦 「朝鮮問題における內田良平の思想と行動」『歷史學研究』307號, 歷史學研究會(內田良平『日韓合併秘史』下卷).

181. 姜東鎭, 전게서, p.129.

182. 합방에 의해 해체된 단체는 다음과 같다. ( )는 회원수.
① 대한협회(7379) ② 서북학회(2324) ③ 진보당(500) ④ 정우회(46) ⑤ 평화협회(1,000) ⑥ 국민동지찬성회(460) ⑦ 국민협성회(500) ⑧ 우성협동회(73) ⑨ 합방찬성건의소(201) ⑩ 대한상무조합(100만여) ⑪ 한성보신사(2,240) 등이다. 다만, 회원수에도 의문이 있고 한 사람이 몇 개의 회원일 수도 있어, 회원이 없는 채 이름만 남은 유령단체가 존재했을 가능성도 있다.

183. 金圭煥(1982) 『日帝의 對韓言論·宣傳政策』 二友出版社, pp. 83~87.

184. 당시의 언론출판물은 민족문화창조에도 노력했지만, 특히 언문일치를 부르짖는 신
    문학 운동이 일어나 그 출발점이 된 것이 『소년』이라는 잡지이다. 이 잡지는 합병
    이후 『청춘』, 『태서문예신보』 등이라 개제하면서 이어지고 있었다. 이 신문학운동
    은 「3·1독립운동」 이후의 민족문학발전의 분기점이 된 것이다.

185. 極秘, 大藏省管理局 『日本人の海外活動に關する歷史的調査』 通卷第11冊, 朝鮮編第
    10分冊, p. 2.

186. 取秘注意, 大藏省管理局 『日本人の海外活動に關する歷史的調査』 通卷第3冊, 朝鮮
    編第2分冊, p. 3.

187. 外務省調査局(1946) 『朝鮮統治の性格と實績, 反省と反批判』 調三資料 第2號, pp.
    4~5.(衆議院調査課所藏)

188. 金圭煥, 전게서, p. 55.

189. 동화정책은 대개 식민지의 원주민에 대한 정책에 관련해 사용되고 있으며, 모국연
    장주의는 통치국의 법률, 제도, 국민이 식민지에 미친다는 면에서 말해지는 것이므
    로, 모국연장주의는 어떤 의미에서는 동화정책(주의)과 같은 것이다.

190. 矢內原忠雄(1933) 『植民及植民政策』 有斐閣, pp. 303~304.

191. 矢內原忠雄, 전게서, pp. 313~350, pp. 351~354, pp. 384~389, pp. 581~589; 金圭
    煥, 전게서, pp. 55~59; 矢內原忠雄(1949) 『帝國主義硏究』 參照.

192. 金圭煥, 전게서, p. 56.

193. 矢內原忠雄(1933) 『植民及植民政策』 전게서, p. 384.

194. 팔굉일우(八紘一宇はっこういちう)는 『日本書紀』 卷第三神武天皇의 「掩八紘而爲
    宇」에서 따온 조어로 2차대전 전 명치시대 다나카 치가구田中智學가 처음으로 國
    體硏究를 하면서 사용한 언어다. 이를 미나미 지로 총독이 식민지통치를 정당화하
    기 위해 내걸었던 일종의 프로퍼갠더다. 즉 세계를 하나의 도덕국가로 통일한다는
    의미로 제국주의 침략전쟁을 정화하기 위한 기만적 미사여구이다.

195. 김규환 교수는 자신의 저서에서 상기와 같은 기만적 오모테 코토바라는 말로 표현
    하지만, 그 것보다는 오히려 위선적 건전이라는 말이 좋은 것 같다. 김규환, 전게서,
    p. 57. 참조.

196. 鈴木武雄(1946) 「朝鮮統治の反省」 『世界』 5월호, pp. 41~51.

197. 鈴木武雄(1946)『朝鮮統治の性格と實績』外務省調査部, p. 21.

198. 「朝鮮統治論」『京城日報』논설, 1920년 3월 5일자.

199. 「병참기지」는 만주사변을 계기로 조선에 뒤집어씌운 명칭이 되었다.

200. 矢內原忠雄(1933)『植民及植民政策』전게서, pp. 323~324.

201. 極秘, 大藏省管理局『日本人の海外活動に關する歷史的調查』通卷11冊, 朝鮮編第10
分冊, pp. 6~7.

202. 副島道正「朝鮮統治に就いて」友邦協會資料, 筆者所藏, p. 26.

203. 1939년 12월 「조선민사령개정朝鮮民事令改正, 조선인의 씨명변경에 관한 건」의 시
행에 의해 이른바 「창씨개명」을 강박과 위협적인 방법으로 실시했다. 또 조선어의
배척과 함께 공식적인 사용을 금지했다. 이것은 당시, 세계에 유례가 없는 일이고
일본의 동화정책의 가장 특징적이고 나쁜 정책인 것이었다고 할 수 있다.

204. 本鄕實(1937)『植民政策と民族心理』友邦協會, pp. 97~103.

205. 本鄕實『植民政策과 民族心理』전게서, p. 104; 金圭煥, 전게서, p. 60.

206. 金圭煥, 전게서, p. 60.

207. 朝鮮總督府官房文書課編纂(1939)「道知事會議ニ於ケル總督訓示」『諭告·訓示·演
述總攬』 p. 196.

208. 宮田節子(1985)『朝鮮民衆と「皇民化」政策』未來社, pp. 148~149.

209. 宮田節子『朝鮮民衆と「皇民化」政策』전게서, p. 149.
　　「내선일체」는 중일전쟁부터 태평양전쟁까지의 시기에 있어 조선지배의 「최고통치
목표」였을 뿐 아니라, 1910년 「한일합병」이래 일본의 조선지배 기본방침인 「동화정
책」의 극한화이기도 하여, 그 본질을 집중적으로 체현하고 있기 때문이다.

210. 한민족은 원래 대륙적인 민족성을 가지고 있으며, 특히 5천년 역사 중에서 유교적
사고가 강한 민족이다. 따라서 정의, 도덕, 신용, 의리를 중요시하는 민족이고 불의
에 대해서는 상당히 저항적인 자세를 보인다.

211. 鈴木裕久(1968)「說得的コミュニケション硏究における受け手の諸問題·效果形成過程·
媒介槪念·被說得性」『東京大學新聞硏究所紀要』 No.17, 東京大學新聞硏究所, pp.
141~166.

212. 芳賀登(1986)『日韓文化交流史の硏究』雄山閣, p. 26.

213. 本山實(1968)「朝鮮海運の史的展開」『拓殖大學論集』第2號, 拓殖大學, p. 124.

214. 本山實「朝鮮海運の史的展開」전게서, pp. 122~123.

　　조선해항지를 보면 1883년에 인천, 양화진, 경성을 1888년에 경흥을 1897년에 진
남포, 목포를 1898년에 평양을 1899년 군산, 마산, 성진을 1906년 용암포를 각각 일
본 그 외의 각국에 개방했다.

215. 朝鮮總督府(1933)『朝鮮總攬』p. 796. 필자가 정리한 것이다.

216. 朝鮮總督府(1935)『施政25年史』圖表篇, 부관연락선 승객표를 참고해 필자가 작성
한 것이다.

217. 鮮交會(1986)『朝鮮交通史』三信圖書, p. 18.

218. 일본에서는 1872년 창시된 철도가 겨우 새로운 교통기관으로 인식되고, 그 기업가
치가 민간 투자를 환기하여, 연이어 사철私鐵의 건설이 출원되어 국내에는 사철시
대를 현출現出하고 있었다. 따라서 해외의 사철투자에 관해서도 관심을 불러일으키
고 재선在鮮 유지의 요구와 더불어 조선에 있어서 철도부설권 획득으로의 격한 운
동이 전개되는 것이었다.

219. 本山實(1968)「朝鮮交通の史的考察」『拓殖大學編集』第52, 53 합병호, 拓殖大學,
pp. 209~210.

220. 1905년 12월 경성에 통감부를 두고 이토에게 초대통감을 맡긴다. 그런데 조선 개
발에 선구가 되는 철도의 정비가 필요해져, 먼저 군사철도로써 속성된 간선의 개량
을 행하는 것이 선결문제가 되어, 그것에는 사설철도인 경부철도와 臨時軍用鐵道監
部가 소관하는 경의철도를 통일경영의 아래에 둘 필요가 있었다. 그래서 일본정부
는 1906년 3월 경부철도매수법을 제정하고 경부철도와 경인간 철도를 매수했다.
통감부 철도관리국에는 특히 임시철도건설부에 있어서 오로지 경부·경의간선의 개
량을 담당했다. 1909년 6월에는 관리국을 폐지하고 통감부 철도청을 두고 있었다.
그러나 1910년 10월에는 평양·진남포간의 평남선의 준공, 1914년 1월 대전·목포
간의 호남선, 8월에는 경성·원산간의 경원선을 개통했다. 1911년 10월에는 압록강
의 가교공사가 완공되고, 같은 해 준공을 본 만철안봉선의 광궤개축과 함께 남대문
·장춘간의 선만鮮滿 직통열차가 운전되게 되었다.

221. 朝鮮鐵道協會「朝鮮の鐵道」『朝鮮鐵道協會會誌』臨時增刊號 第17卷 第1號, p. 2, p. 13.

222. 朝鮮總督府(1928)『朝鮮の道路』中央日韓協會, p. 1, p. 11.

223. 春原昭彦(1990)「日本のジャーナリズムの生成に及ぼした傳統と西歐の影響」韓國
言論學會報告資料, 한국프레스센터, p. 7.

224. 명치시대 상공업의 중심지구(현재 서일본)는 구마모토熊本이며, 지금도 NHK, 일본 은행 등이 있다.

225. 秘, 朝鮮總督府警務局(1936)『朝鮮出版警察槪要』 pp. 104~107.

226. 朝鮮總督府(1936)『施政25年史』 pp. 674~675.
　　1906(명치39)년 11월 조선통감부는 각도 警務顧問支部에 훈령하여 일정한 기일로 호구의 실시조사를 행하게 한 것이 효시이다. 당시 인구는 9,781,671명이였지만, 1933(소화8)년말 통계에 의하면 20,205,591명이었다. 당시 10년간의 평균차 증가는 인구 1,000명에 대해 14.75를 나타냈기 때문에, 현시에 있어서 평균매년 인구 증가 수는 특수사정이 없으면 약 30만 명 내외로 보는 것이 타당하다고 기록되어 있다. 그래서 2년간으로 계산하면 20,800,000여명에 되는 것이다.

227. 鮮交會(1986)『朝鮮交通史』 三信圖書, pp. 1034~1035.
　　일본과 조선 사이에 있어서 최초의 항공기는 대구·후쿠오카福岡선이었다. 이것은 대한해협이 적의 잠수함에 유린되어 해상항공이 불안해졌기 때문에, 항공기에 의한 연락의 필요성을 인정하여 조선과 일본의 최단거리인 대구·후쿠오카간 정기항공편을 개설하게 되어, 1944년 4월부터 매일 2회 왕복의 운항을 개시한 것이다. 이것이 한일사이에 있어서 최초의 비행항로이기도 하다.

228. 友邦協會(1974)『統監府時代の財政』 p. 339.

229. 大藏省管理局『日本人の海外活動に關する歷史的調査』 通卷第9冊, 朝鮮編, 第8分冊, p. 70.

230. 1884(명치17)년 2월 덴마크의 대북전신회사가 일본 면허를 얻어 부설, 나가사키長崎·부산 간의 해저전신선(112리)이 부산에 陸揚(배에 짐을 육지로 옮김) 됨과 동시에, 일본이 부산우편국에서 전신사무를 개시한 것이 한국에 있어서 전신의 시초이다.

231. 大藏省管理局『日本人の海外活動に關する歷史的調査』 전게서, p. 71.

232. 友邦協會『統監府時代の財政』 전게서, pp. 399~400.

233. 한국통신위탁에 관한 취극서는 명치38(광무9)년 4월 1일에 체결되었다. 이 전문은 한일양국 정부는 한국의 통신기관을 정비하고 일본국의 통신기관과 합동 연락하여 양국공통의 한 조직이 됨으로써 한국의 행정 및 경제상 유리한 책략이라고 하며, 동시에 이 때문에 한국의 우편전신전화 사업을 일본정부의 관리에 위탁할 필요를 인정하고 대일본제국 특명전권공사 임권조 및 대한제국 외부대신 이하영은 각각 상당한 위임을 받아 좌의 취극을 이룬다고 정하고 있으며, 내용은 10개조로 나누어

설명하고 있다.

234. 友邦協會 『統監府時代の財政』 전게서, pp. 401~402.

235. 友邦協會 『岡本桂次郎傳』(작자연대미상) pp. 77~78.

236. 大藏省管理局 『日本人の海外活動に關する歷史的調査』 전게서, pp. 81~82.

237. 大藏省管理局, 전게서, pp. 87~88.

238. 池淸(1935) 『朝鮮遞信』 朝鮮遞信協會, p. 105.

239. 池淸 『朝鮮遞信』 전게서, p. 105.

240. 池淸 『朝鮮遞信』 전게서, p. 107.

241. 友邦協會 『岡本桂次郎』 전게서, pp. 79~80.

242. 內川芳美(1964) 「續·新聞史散步編」 『新聞硏究』 No.152, 日本新聞協會, 3월호.

243. 鄭晋錫(1983) 『韓國言論史硏究』 一潮閣, p. 250.

244. 內川芳美(1967) 『新聞史話』 社會思想社, p. 218.

245. 李錬(2006) 「朝鮮總督府に機関紙 『京城日報』の創刊背景とその役割について」 『メ ディア史研究』(VOL. 21), ゆまに書房, p. 90.

246. 內川芳美 『新聞史話』 전게서, p. 218.

247. 京城日報社(1920) 『京城日報社誌』 pp. 5~6.

248. 中村健太郎 『朝鮮生活50年』 靑潮社, p. 50.

249. 까치는 연작목燕雀目의 새, 까마귀보다 약간 작고 어깨 털과 배면이 흰색이고, 그 외는 흑색으로 금속의 광택이 있다. 북반구의 중북부에 널리 분포하며 일본에는 북 규슈에 만 서식하기도 했다. 한국에서는 길조라 불리고 있다. 아침 집근처에서 울 면 좋은 소식의 전조라고 알려져 있다. 조선에는 특히 괴목槐木이 많고 그 괴목에 는 까치가 무리를 지어 보금자리를 만든다. 그 보금자리가 뭐라고 할 수 없는 운치 가 있어 도쿠토미德富는 그것을 대단히 사랑했다. 경성의 북문내의 언덕을 배경으 로 한 조선가옥에는 다수의 괴목이 있어 까치의 보금자리를 많이 찾아볼 수 있다. 도쿠토미 소호德富蘇峰는 경성체재 중 자기의 주거 겸 서재를 카사사기 교라 칭하 고 그 풍치를 사랑한 것이다.

250. 中村健太郎 『朝鮮生活50年』 靑潮社, p. 51.

251. 金圭煥, 전게서, p. 126.

252. 1924년 8월 9일 경성일보사장으로 취임한 소에지마 미치마사副島道正가 조선총독의 신임소개연회석상에서 자신은 경성일보를 무엇보다도 조선 제일의 권위 있는 신문으로 생각한다고 호언하며 재 경성기자단으로부터 빈축을 사, 결국에는 기자단의 배척결의까지 행해졌다.

253. 「組織改正に就いて德富覚書」『民友社思想文学叢書』(別卷), 德富蘇峰記念館所藏, 1985年, 345~346頁.

254. 京城日報社(1920) 『京城日報社誌』 pp. 2~4.

255. 副島道正 「朝鮮統治に就て」 友邦文庫所藏(年代未詳) pp. 5~6.

256. 副島道正 「朝鮮統治に就て」 友邦文庫所藏(年代未詳) pp. 21~22.

257. 副島道正 「何故問題になった」 「朝鮮に就て」 友邦文庫所藏, p. 26.

258. 內川芳美(1967) 『新聞史話』 社會思想社, p. 220.

259. 쯧쯧 하면서 혀를 찰 정도로 괴이한 사건을 말한다.

260. 『海南新聞』(현재의 에히메愛媛 신문) 1915年 4월 7일 석간(8일자).

261. 春原昭彦(1987) 『日本新聞通史』 新泉社, pp. 147~148.

262. 이 부분은 內川芳美 전게서, 春原昭彦 전게서 등을 비롯해 많은 일본의 자료를 참고하고 필자가 정리한 것이다.

263. 聞き手 內川芳美, 春原昭彦(1979) 「橫溝光暉」 『新聞研究』 別冊 No.8, pp. 96~97.

264. 橫溝光暉(1975) 『昭和史片鱗』 經濟往來社, pp. 328~329.

265. 橫溝光暉 『昭和史片鱗』 전게서, pp. 331~332.

266. 橫溝光暉, 듣는 측 內川芳美, 春原昭彦(1979) 『新聞研究』 別冊 No.8, p. 96.

267. 橫溝光暉 『昭和史片鱗』 전게서, pp. 332~333.

268. 『The Seoul Press』는 대형면에 지면구성은 「London Times」를 모방하여, 1면은 전면광고, 2면은 논설 및 일본국내 단신, 사회기사, 3면은 국내외 정치뉴스, 4면은 외국기사가 주요 내용이었다.

269. 1895년 『만조보万朝報』의 영문기자로 입사, 1908년 3월 "The Seoul Press" 사장으로 취임. 이 사이에 "The Times"의 서울통신원을 겸임했다.

270. 鄭晋錫(1983) 『韓國言論史研究』 전게서, pp. 250~251.

271. 金圭煥, 전게서, pp. 132~133.

272. 「朝鮮唯一の英字新聞, ソウル·プレス解部」『三千里』 12월號, 三千里社, 1936년, pp. 78~81.

273. 『新聞總攬』 1924년판, p. 520.

274. 『新聞總攬』 1928년판, p. 536. 동29년판 p. 522.

275. 鄭晉錫(1983) 『韓國言論史研究』 전게서, pp. 256~257.

276. "*The Seoul Press*" 'Announcement' 1937년 5월 30일자.

277. "대한"이라는 문자의 의미는 독립을 상징하는 의미가 내포되어 있어 대한을 빼고 『매일신문』으로 제호題號했다고 한다. 『대한매일신보』는 1907년 5월 무렵은 만부는 돌파하지만, 1938년 4월 29일부터는 『매일신보』라 개제했다.

278. 『매일신보』의 구독권유가 (경성일보와 동일) 상하부 행정기관을 통해 반강제적으로 행해져, 특히 지방 말단기관에서 행정예산으로 구독시키는 등의 조치가 취해지고 있었다고 알려져 있다.

279. 京城日報社(1920) 『京城日報社誌』 pp. 23~24.

280. 이 한글 제5호 활자체는 『매일신보』가 특별히 주목한 「모 여사의 유명한 필법」을 채용한 것이 밝혀졌다. 모 여사의 유명한 필법이라는 것은 민우식의 부인이 쓴 궁체로, 자모는 동경에 있는 민유사의 협조를 얻어 만들었다고 한다. 1938년 5월 1일자 『매신每申』 참조.

281. 鄭晉錫(1983) 『韓國言論史研究』 전게서, p. 252.

282. 「我社の回顧20年」 『每日申報』 1926년 6월 1일자.

283. 鄭晉錫(1983) 『韓國言論史研究』 전게서, pp. 289~290.

제 6 장   3·1운동과
          언론통제정책

제 1 절   3·1운동과 국내외의 언론

1. 3·1운동의 역사적 배경

「3·1운동」은 조선민족이 일본제국의 식민지 지배에서 벗어나 자주적으로 통치하고자 했던 독립운동이었다. 이 독립운동은 1919년 3월 1일 서울의 파고다공원에서 처음 일어나 전국적으로 확산된 민족운동이기도 하다.

한편 3·1운동은 일제의 조선식민지통치에 있어서 가장 큰 전환점이 되었으며 한국 언론사에 있어서도 많은 영향을 주게 된 항일민족운동이다. 이 운동은 일본통치하의 조선에 있어서 최대 규모의 독립운동으로 이에 자극받은 일본은 급거 종래의 대 조선무단정치정책을 바꾸어야만 했다.1) 이른바 「무단정치」에서 「문화정치」로 전환하게 되었다. 이 「문화정치」의 일환으로 조선인에 대해서도 민간지의 발간이 허가되어 한글신문이 창간되게 된다.

조선 초대총독 테라우치 마사타케寺內正毅는 한일병합과 함께 조선에 헌병경찰제도를 도입하여 무자비하게 「무단정치」를 자행하게 된다. 이에 조선민족이 크게 반발하면서 저항했던 민족운동이 3·1운동으로, 현재 일본에서는 「만세사건」이라고도 부르고 있다.2) 1910년 한일합병부터 1919년 3·1독립운동까지 약 10년간 조선의 지배형태는 「무단정치」이며, 일제가 조선민족에 대해서 갖은 억압과 형옥刑獄, 유린蹂躪, 수탈 등 갖가지 횡포를 다한 시기이기도 하다. 특히 테라우치는 헌병경찰제를 창설하고 강압적인 조선통치를 실시하면서, 「조선인들은 우리 법규에 복종하든지 죽든지 그 어느 것인가를 택해야 한다.」라고 할 정도로 당시의 상황은 위협과 억압, 무력의 통치시대였다.3) 예를 들어, 1907년 제2차 한일협약이 체결되었을 때 전국의 총 수감자수總囚徒數는 불과 400여 명에 지나지 않았는데, 1911년에는 18,100여 명, 1913년에는 21,400여 명, 1918년에는 82,121명으로 급격히 증가하게 되었다.4) 이것을 보더라도 당시 조선민중의 항일독립투쟁이 얼마나 격심했는가, 또는 일본이 헌병경찰을 동원해 조선민중을 얼마나 혹독하게 탄압했던가를 알 수 있는 대목이다.

이와 같이 테라우치 총독의 「무단정치」는 조선식민지통치 기반의 구축과 함께 조선을 일본의 자본주의 시장화 혹은 원료·식료의 공급지, 상품판매시장, 대륙침략 기지화하는 것에 그 목적이 있었다.5) 특히 테라우치는 이러한 목적을 달성하기 위해서는 힘으로 누르는 「무단정치」가 가장 적합하다고 생각했던 것 같다. 또한 총독부는 조선인에게는 모든 언론, 출판, 집회, 결사의 자유를 박탈하고, 무조건 복종을 강요하였다.

이런 상황 속에서 조선의 많은 민족운동가들은 해외로 망명하게 된다. 그들은 해외에서 조선의 독립을 국제여론화하거나, 국내의 민족운동가들과 함께 제휴하여 항일운동을 전개했다. 일본의 가혹한 식민지통치하에 있어서 사회전체로 널리 퍼진 민족적 투쟁의식은 거의 폭발적으로 전개되었다. 이런 민족운동이 표면화한 것은 미국의 윌슨(Wilson) 대통령이 제창한 민족자결주의6)에 자극받아 일어난 2·8독립선언이나 3·1운동이 도화선이 되었다. 2·8독립선언은 1919년 2월 8일 일본에 유학하고 있던 조선청년들이 최팔용을 중심으로 600여명이 도쿄의 기독교회관(YMCA)에 모여 독립을 요구하는 선언서와 결의문을 발표한 운동이다.7) 이것이 이른바 2·8독립선언으로 3·1운동의 도화선이 된 것이다.8)

3·1운동 발발의 직접적인 계기는 1919년 1월 22일 이태왕(고종)의 서거가 일본인의 독살에 의한 것이라는 소문이 민간에 흘러 퍼지면서 민족적 격분을 일으키게 된 것이다.9) 3·1운동은 조선민족의 거족적인 독립투쟁이지만, 그 기본적인 성격은 무력적 투쟁에 의해 독립을 쟁취하고 싶다고 하는 혁명적인 행

동보다도 전민족의 의지를 나타내 정의, 인도주의적인 입장에서 독립을 요구한 일대 항일 데모였다고도 할 수 있다.

이 의지의 표현은 일본제국주의의 격한 탄압에 부딪쳐 점차 무력적 항쟁의 성격으로 바뀔 수밖에 없었지만 적어도 초기 단계에 있어서는 질서와 평화, 비무력을 표방하는 시위운동이었다.[10]

그것은 다음과 같이 「독립선언서」의 공약, 제1장과 제3장에서 잘 나타나 있다.

「오늘 우리의 이번 거사는 정의, 인도, 생존, 존영을 위한 민족적 요구이기 때문에 오직 자유적 정신을 발휘할 것이고, 결코 배타적 감정으로 일주逸走하지 말라.」(1장)
「일체의 행동은 가장 질서를 존중하고 우리의 주장과 태도로 하여금 어디까지나 공명정대하게 하라.」(2장)[11]

그러면 당시 『경성일보』의 기사를 통해 3·1운동의 보도에 대해서 분석해 보고자 한다.

「선천宣川(평북平北) 재 야소교耶蘇教 부속 신성학교 수백 명(여중학생 20명)은 1일 오후 2시 독립선언서를 배포하고, 구 한국국기를 손에 들고 만세를 연호하며 시중을 행진하여 먼저 경찰서에서 군청으로 밀어닥친 자도 진압되었다. 지금 수모자라고 인정되는 자 32명을 검거하고 조사 중이며, 또한 군중 중 수명의 부상자를 내고 3일 오후 2시반경 국장요배식國葬遙拜式을 명목으로 예수교도는 북교회당에 천도교도는 교구에 집합하여, 그 후 합해 약 1500명의 집단이 되어 각 관아에 밀어닥쳐 「독립만세」를 불렀지만, 오후 3시 반에 이르러 점차 이것을 진무鎭撫하여 30명을 검거하고 당분간(일요일을 제외) 교회당에 있어서 집회를 금지시킨다.」[12]

이와 같이 3·1독립운동은 무저항적 시위였지만, 일본은 헌병경찰에 의해 철저히 탄압조치를 취했다. 그 하나의 예로 「수원 제암리 학살사건」[13]은 가장 잔혹한 진압책으로 그 후 오랫동안 일본 내외 여론에서 가장 격한 비난의 대상이 된 사건이다.14) 3·1독립운동은 결국 일본제국주의의 무력탄압에 의해 실패로 끝났지만, 조선 역사상 큰 의의를 지니게 되었다. 그것은 이 운동이 많은 희생15)을 치렀음에도 불구하고 정치적인 시위행위로서는 충분히 그 위력을 발휘했으므로 일본의 조선통치정책을 전면적으로 반성, 재검토시키고, 정책의 전환을 초래하게 하였다. 더욱이 국제적으로도 일본의 가혹한 탄압정치에 대한 비판적인 여론을 불러일으켜 조선민족에 대한 공감과 동정을 호소하여 큰 관심을 불러일으키게 되었다.

이 독립운동은 일본 통치기구를 일시적이라도 마비시킬 정도로 통치자들에게 큰 위협을 가하기도 했다. 소요가 일어난 3월 1일에는 하세가와 요시미치 長谷川好道 조선총독을 비롯해 야마가타 이사부로山縣伊三郎 정무통감, 우사미 가쓰오宇佐美勝夫 내무부장, 고다마 히데오兒玉秀雄 경무총감 등은 대단히 낭패狼狽하여, 급히 단속방침과 수습책을 치안담당자들과 협의했지만, 좋은 지혜가 나오지 않자 헌병과 경찰관들도 당황해 했다. 평소 조선인들에 대한 단속과 간섭이 강력하게 이루어졌음에도 불구하고, 일단 이와 같은 큰 사건을 접하자 의외로 어떻게 손을 쓸 것인지 그 해법을 찾지 못했다. 평소, 관헌만능을 자랑한 일본 당국도 일이 여기에까지 이르자 권위도 위엄도 다 잃어버리게 되었던 것이다.16)

그래서 하세가와 요시미치 총독은 3월 1일, 3월 7일, 또 7월 1일자 3회에 걸쳐 유고諭告를 발표하고, 「불령不逞한 도배徒輩의 망언상妄言想에 의한 무모한 언동」을 격하게 훈계했다. 그러나 이 협박도 효과가 없어 더욱이 하라 타카시原敬 수상의 신뢰를 얻는 데 실패하여, 마침내 8월 14일 「공구恐懼(두려워 떪)하여 견딜 길이 없다」라고 말하며 사임하게 된다. 후임으로는 사이토 마코토齋藤實 총독, 미즈노 렌타로水野錬太郎가 각각 정무통감으로 임명되기에 이른다.

한편 당시 일본에서도 다이쇼大正 데모크라시 운동의 진전과 노동운동의 급속한 전개 등에 의해서 민중의 반체제활동이 점차 대두되게 되었다. 즉, 1918년 8월에는 쌀을 매점매석하는 이른바 쌀소동米騷動이 일어나 전국적인 규모로 확산되자 경찰력과 군대를 동원해 겨우 이 대 폭동을 진압한 후 테라우치 마사타케寺內 관료내각은 마침내 붕괴하게 된다. 후계수상에는 세유카이 총재 하라 타카시原敬가 취임하여 이제까지의 관료내각을 대신해 정당내각을 조직해 일본에 있어서 정당정치가 새로 등장하게 된다.17) 이것은 야마가타 아리

토모山縣有朋, 혹은 테라우치 마사타케의 무단적 관료정치의 후퇴와 함께 자유
로운 사이온지 킨모치西園寺公望와 하라 타카시 등에 의한 자본주의 정당정치가
시작이 되었다고 할 수 있다.

특히, 하라 타카시는 3·1운동이 시작되기 전부터 조선의 식민지정치에 관
해 유의하여 야마가타 아리토모와 테라우치 마사타케의 무단정치에 비판적인
태도를 취했다.[18] 또, 이즈음『오사카아사히신문』경성특파원 다치바나 나오橘
破翁는 테라우치 마사타케 전 총독과 하세가와 요시미치 총독에 대해 다음과
같이 비판과 반성을 촉구한다.

> 「오늘날에 이르러도 여전히 테라우치 백작이 취한 불철저하고 지극
> 히 비문명적인 언론정책만은 홀로 그 구태를 벗지 못했을 뿐만 아니
> 라, 때로는 강압적이었던 테라우치 백작 시대의 정책에 비해 더욱 신
> 랄함을 더한 감이 있는 것을 왕왕 듣는 것은 내가 정말 이해 할 수 없
> 는 바이다. 내심 통탄을 금할 수 없다.」[19]

즉 정치적 언론의 자유는 국민문화촉진의 하나의 요건이며 관헌이 이 요
건을 향해 비문명적인 압박을 가한 점이 있다면, 실로 이것은 국가 문명의 치
욕이라고 논하고 있다.[20] 더욱이 그는 1919년 6월 하순경 9회에 걸친 경성특
파원橘破翁 보고에서 「문관인가 무관인가」를 통해 신랄하게 군인 총독제 폐지
를 논했다. 또 보고서에서는 조선에서의 언론억압은 세계에서도 예를 볼 수 없
는 것이며 어용신문 이 외에는 신문발간을 허가하지 않는 실정을『오사카아사
히』에 게재하여 하세가와 요시미치 총독의 언론 통치를 격하게 공격했다.

또 하나 주목할 것은 전 도쿄대 교수 요시노 사쿠조吉野作造의 조선관계논
문이다.[21] 그는 1916년『츄오코론中央公論』6월호에서 「만한滿韓을 시찰하고」라
는 제목으로 조선총독정치는 가혹한 위압정치이며 조선인은 일본인에게 심한
차별과 멸시를 받아 정치적 권리를 박탈당하고 경제적 빈곤을 강요당하고 있
어, 실로 문제가 많은 통치제도라고 논했다.[22] 결국 이러한 총독 정치에 대한
공격, 언론계의 조선통치비판 등이 간접적으로 조선인의 독립운동을 초래하는
요인이 되었다.

2. 국내외의 언론보도

한일병합시대에는 일본에서도 『헤이민신문平民新聞』과 같이 병합정책에 반대한 신문도 찾아볼 수 있다. 그런데 「3·1운동」시기에는 거의 대부분의 유력지가 이 사건을 크게 문제 삼고는 있지만, 조선의 독립에 대해서 지지하는 신문은 하나도 없었다. 다만, 일본정부의 대조선 정책에 대해서는 신랄하게 비판한 신문은 몇 개 보인다.

여기에서는 당시 일본의 6개 유력지와 현지신문이면서 총독부기관지인『경성일보』에서 3·1운동을 다룬 사설을 분석하고자 한다. 분석기간은 1919년 3월부터 같은 해 8월까지로 6개월로 한정했다. 이것은 같은 해 9월은 사이토 마코토 신임총독이 부임해 온 달이므로, 수습전의 격했던 상황들에 대한 언론보도의 분석이 필요했기 때문이다.

먼저 3·1운동을 다룬 사설의 빈도수를 보도록 하자.

〈표-12〉 ··· 6대지 월별 3·1운동 관련 사설 건수

신문명＼월별	3	4	5	6	7	8	계
오사카아사히신문	1	4	1	1	1	3	11
오사카마이니치신문	1	–	–	2	1	1	5
도쿄아사히신문	2	2	–	1	1	3	9
도쿄니치니치신문	–	1	–			3	5
지지신보	–	3	–	1	1	3	8
만초보万朝報	2	3	1	1	2	4	13
경성일보	6	6	–	1	2	8	23
월별합계	12	19	2	8	8	25	74

<표-12>에서 볼 수 있듯이 사설의 빈도수가 가장 많은 것은 『경성일보』이고, 다음은 『만초보万朝報』, 『오사카아사히신문』의 순이다. 조선의 신문이 3·1운동에 대해 많이 다루고 있는 것은 당연한 일이지만, 『오사카아사히신문』이 3·1운동에 높은 관심을 보이는 것은 조선과 경제적·지리적으로 가장 가까

운 신문이기 때문일 것이다. 또 3·1운동이 발발했던 3월부터 4월까지 사이는
당연히 사설의 빈도수가 많았지만, 8월에 사설의 수가 급격히 많아진 것은 하
세가와 총독의 사임과 함께 사이토 마코토 후임총독의 이후 조선통치정책에
관한 정책전환을 주문하는 내용의 사설이 많았기 때문이다. 『만초보』는 테라
우치 총독의 「무단정치」시대에는 조선에 대한 보도를 거의 하지 않았지만, 이
단계에서는 많은 사설을 게재하여 높은 관심을 보이고 있는 것이 특기할 만하
다고 할 수 있다.

　　한편. 3·1운동 발발직후 각 신문사는 이에 대한 보도기사가 상당히 늦어졌
다. 그것은 당국의 언론통제 때문에 3일부터 간신히 보도되게 되었기 때문이
다. 3월 1일자 각 신문의 보도기사는 「이태왕국장의李大王國葬儀」가 크게 다루어
지며 3·1독립운동에 관해서는 언급되지 않았다. 그 후 3월 3일자 『도쿄아사
히』, 『오사카아사히』, 『도쿄마이니치』, 『오사카마이니치』, 『도쿄니치니치』, 『지
지신보』가 「불온한 격문의 배부, 국장을 앞둔 경성에서 경무통감의 대 활동」
등의 표제로 3·1운동에 관해 크게 두드러지지 않게 완만하게 보도하고 있다.[23]
특히 이들 유력지에서는 3·1운동에 대해 직접적인 표현은 자제한 채 암시적으
로 표현하고 있다. 다만 동경의 『만초보』만 3일자 「경성에서 소요하다.」라는
제목으로 고종의 장의가 행해졌는데, 운집한 조선인 중에서 군중을 선동한 자
가 있어 시내에서 소동이 발발해 험악한 형세가 되었지만, 조선경찰부가 극력
진무의 결과 심각한 사태로는 이르지 않고 저지되었다고 보도하였다. 이는 이
미 3월 1일자 하세가와 총독이 유고를 내 자제를 당부하였음에도 불구하고 확
실히 소요사태가 일어난 것을 대담하게 보도했다.[24] 또 다음날 『산요신보山陽新
報』도 「조선의 폭동」이라는 큰 표제 아래 「경성의 대소요」, 「진남포에서 시위
운동」, 「평양의 공소」 등의 작은 표제로 소요의 발생에서 확산된 상황까지 상
세히 보도했다.[25] 더욱이 3월 5일자 『미야코신문都新聞』은 「소요선인騷擾鮮人의
대검거」라는 기사에서 평남진平南鎭의 경찰서장이 위험에 빠졌다고 보도하고
있다. 그것은 조선인 예수교도 때문에 신체의 위험을 느껴 헌병경관 등의 응원
을 위해 급히 출동했지만, 그 응원대는 급파후 소식이 없어 당국은 곤혹해 하
고 있으며 일본치안당국이 위험한 상태에 빠졌다고 보도했다.[26]

　　그 외의 각 신문은 7일부터 보도금지 해제에 의해 일제히 기사를 다루고
있다. 그런데 『경성일보』만은 보도기사는 싣지 않고, 그 대신 큰 표제어로 하

세가와 조선총독의 유고인 「경거망동을 경고하다.」라는 제목으로 장문을 게재했다. 이 신문은 3월 6일자 사설 「민족자결주의의 오해」, 3월 7일자 「국장과 총독유고」라는 사설에서 소요사태의 중대성을 간접적으로 보도했다.[27]

당시, 일반적인 보도경향으로는 『도쿄아사히』, 『도쿄니치니치』, 『지지신보』가 사실보도중심 체제로 임하고 있었으며, 『만초보』, 『미야코신문』, 『산요신보』는 오히려 해설, 논설중심의 보도를 취하고 있었다.[28]

각 신문이 사설에서 제시한 3·1운동의 원인에 관한 설명을 보면 「선동자는 천도교라 칭하는 일파」(『도쿄니치니치』 3월 7일자), 「조선의 천도교, 국장을 이용한 음모의 내막」(『지지신보』 3월 7일자) 등의 천도교 음모설, 「배후에 모국의 선교사」(『도쿄니치니치』 3월 8일자), 「악랄한 야심교, 선동자 미 선교사」(『고쿠민신문』 3월 7일자) 등의 기독교 선동설, 「미국인 간호사, 격문을 살포하며 돌아다닌다.」(『도쿄아사히』 3월 7일자) 등 배경에 열강국의 원조가 있었다고 하는 설 등 다양한 견해를 보이고 있었다.[29]

이와 같이 각 신문은 3·1운동의 발발초기에는 봉기의 원인인 일본제국주의의 조선지배와 그 탄압정치의 가혹성은 물론, 투쟁확대의 직접적인 원인이 된 평화적 시위에 대한 무차별총격의 실태에 관해서는 전혀 언급하지 않았다. 다만, 통치권력 측의 「발표」만을 인용해 「일부 불령선인不逞鮮人의 선동」, 「외국인 선교사의 선동」, 「무지한 선인들의 부화뇌동」 등을 보도하여 일본민중에게는 사건발생의 진실을 알리지 않는 보도뿐이었다.[30]

주목할 만한 것은 이러한 논조는 3·1운동은 처음부터 평화적인 시위운동으로 시작된 것이 아닌, 마치 처음부터 「폭동」에서 시작된 것 같은 자극적인 보도를 하고 있다는 점이다. 예를 들면 「예수그리스도교 조선인의 폭동, 대거 경찰서를 습격하여 수비대와 충돌」,[31] 「안주安州의 폭도 헌병대를 습격 천명의 집단」,[32] 「폭민 잇달아 검거 중」,[33] 「불온한 격문배포」[34] 등이 그것이다. 당시, 우익계의 『야마토신문』과 『경성일보』 등이 가장 심해 「일부 불량학생이 이 국제시위운동에 참가하지 않는 자를 살해하라고 협박」한 것이 이 운동의 원인[35]이라고 완전히 허위 보도를 하고 있었다.[36] 다만 『만초보』만이 일본헌병경찰에 의한 가혹한 통치에 원인이 있다고 하면서, 조선에서 한때 총독부 기사직에 있었던 「모씨의 담화」[37]를 인용하여 그 포학한 상황을 폭로하기도 했다. 또 이들 보도기사 중에서 자주 볼 수 있었던 것은 조선인에 대한 멸시한 칭호인 「토민土民(토착인)」, 「선인鮮人」 등의 비속어도 종래보다 빈번하게 사용되고 있었던 것을 알 수 있다. 그 결과 일본민중으로 하여금 조선인 멸시감정을 더욱 선동하고 있었다고 할 수 있다.

다만, 당시의 『경성일보』사설을 보면 「소위 독립운동 자멸의 죄맹罪氓(허물 있는 백성)이라 하지 마라」(3월 7일자), 「선인학생에게 일깨운다.」(3월 9일자), 「조선소요에 관한 질문서를 읽다」(3월 12일자), 「신문의 타락」(3월 12일자), 「조선의 덕육德育」(3월 20일자) 등과 같이 일제의 압정이 투쟁발생의 진짜 이유라는 것을 종종 인정하기도 했지만, 그러나 주요 원인은 어디까지나 조선청년과 일부의 종교인, 외국인 선교사에 의해 행해졌다고 단정하고 있었다.

한편 일본군과 헌병경찰의 탄압에도 불구하고 독립운동은 점점 격심해져 전국적으로 확산되고 있었다. 이것에 놀란 통치권력 측은 야마가타 이사부로山縣伊三郎 정무통감을 도쿄에 파견, 하라 타카시 수상과 협의 후 4월 6일 일본군의 대 증파가 결정되었다.[38] 이 상황하의 당시 신문보도는 다음과 같다.

『도쿄니치니치신문』은 「조선 각지의 폭동 종식되지 않다」,[39] 「경성에서 노동자 동요하다. 수모자 속속 붙잡히다.」,[40] 「조선의 폭동확대, 관헌의 피해 속속」[41] 등의 큰 표제를 내고, 『도쿄아사히』는 「선인노동자의 운동, 수모자 외 23명 검거」[42] 「경상남도 진주에 약 6천 난민 집합, 마산폭민 30여 명 검거」[43] 등 전국적으로 퍼진 투쟁운동에 대해 보도하고 있었다. 여기서 보이는 큰 특징은 『경성일보』에서 조선민족의 독립투쟁관계의 기사를 거의 싣지 않고 오로지 탄압 측의 피해만을 과대하게 선전하고 있다는 점이다.

한편 일본에서 최초로 반응을 보인 것은 여명회黎明會[44]의 결집이다. 즉 1919년 6월 25일 도쿄에서 제6회 「조선 문제 강연회」를 열고, 약 1,700명의 청중이 모인 가운데 헌병정치, 동화정치를 통렬하게 비판했다. 여기서 변사인 도쿄대 법학과 교수 요시노 사쿠조吉野作造는 조선을 인도주의적인 입장에서 통치해야 한다고 주장하고 「조선인이 만족하는 또 일본의 이익도 되는 방책」을 강구해야 한다고 주장했다. 구체적으로 말하자면 「차별대우의 철폐」, 「무인정치의 철폐」, 「동화정책의 철폐」, 「언론자유의 허용」[45] 등이었다. 더욱이 요시노씨는 『츄오코론』 6월호에서 「조선에 있어서 언론의 자유」라는 제목으로 「무엇보다도 언론의 자유를 어느 정도 부여할」 것을 제언했다. 그 「정도」라는 것은「절대로 이것을 허락한다는 것이 아니라 다소의 단속」은 어쩔 수 없지만,「적어도 본국과 같은 정도」의 언론의 자유는 필요하다고 하는 것이었다.46) 요시노는 조선통치가 진정한 궤도에 오르기 위한 방책으로, 또「조선인의 고통이라는 것을 제거해 주기 위해」서도 언론의 자유를「더 널리 허락하는 것을 희망 한다」고 했다. 물론 식민지 통치자체에 반대하는 것이 아니라, 그 통치정책의 변화를 주장하고 있는 것이다.47)

어쨌든 요시노는 민본주의의 제창자이고 다이쇼 데모크라시의 기수이기도 했다. 나중에 그는『도쿄니치니치』의「추부樞府와 내각」이라는 논설48)에서, 추밀원49)의 폐지론을 문제 삼아 큰 파문을 일으킨다.50) 결국 요시노는 사퇴하게 되었지만 그의 비판정신은 누구보다도 민주주의의 선구자로서의 역할을 다했다고 할 수 있다. 또 요시노의 여명회 계몽운동, 테라우치에 대한 필전筆戰, 사상과 언론자유의 옹호, 당시 조선인 유학생의 보살핌 등은 높이 평가할 만하다.51)

이상 조선에서 3·1운동을 둘러싼 일본의 언론보도를 살펴보았지만, 다음은 당시 3·1운동에 대한 해외언론의 논조에 대해서 분석해 보고자 한다.

우선, 미국의 신문잡지 중 가장 널리 각지에서 판매되고 있었던 것은 허스트(William Randolph Hearst, 1863~1951)52)계의 신문잡지이다. 이들 신문잡지53)의 배일논조는 가장 치열하여, 특히 조선 문제에 관한 여론을 빌려 통렬히 조선통치의 비난기사를 연재했다. 허스트계 신문은 발행부수가 많고 각지에 보급되고 있어 여론을 형성하는 것에 큰 영향력을 미쳤다고 할 수 있다. 허스트계 신문은 원래 독일에 호의를 가지고 있어 친독親獨선전과 반영反英선전 및 배일감정을 바탕에 두고 있었던 경향이 있다.54)

미국에서 3·1운동을 최초로 보도한 신문은『New York Times』55)였다. 이 신문은 일본 관헌이 강경한 태도를 취하며 수천 명의 시위 운동자를 체포한 것, 특히 평양에서는 장로파 종교학교의 학생들을 체포하여 그들의 옷을 벗기고 난폭하게도 십자가에 몸을 묶어 학대하고 있다며 조선에 독립을 부여할 것을 일본정부에게 촉구했다.

또 3월 23일자『New York Times』는 이전 3월 20일자에서 종교학교 교수 소하 박사가 일본 총독정치의 공적을 높이 평가하며「조선인민은 여전히 자치정치에 부적당하다」라고 3·1운동에 관해 기고한 것에 대해 조선인의 반박문을 게재했다.[56] 그것은 「그의 진술이 진실이라면 조선 토지는 동양의 낙원으로 조선 인민은 어떤 인민보다도 일본 지배하에 있어 가장 행복한 인민이될 것이다. 그러나 우리 조선인들은 명장名狀(암울한 내면 탐구)하기 어려운 비애의 소리로 이것을 부정할 수밖에 없다」고 말하고 있다.[57]

3·1운동이 일어난 당초 이 운동에 대한 미국의 반응은 그다지 크지 않았으며 조선은 일본의 통치에 의해 행복한 상태가 되었다고 보도하고 있었다. 더욱이 조선민족은 자치능력을 가지지 않았다고 하는 보도가 많았다.

그러나 그 후 일본군경이 독립운동을 외치는 민중들에게 포학한 탄압을 가했다고 하는 기사가 천진, 상해, 북경 등의 UP통신, 혹은 4월 14일부터 17일까지의 『New York Herald』, 6월 13일자의 『New York Times』에 의해 각각 보도되었다. 또 조선에서 귀국한 암스트롱(Armstrong: Secretary of Canada's Presbyterian Mission Board)이 수집한 자료 등이 기독교 교회 동맹회로 보내져, 장로파(프레스비테리안) 교회본부가 보낸 조선인 학살상황에 대한 보고서가 7월 13일 UP통신으로부터 각지의 신문에 게재되었다. 게다가 미국 상원의원들의 조선문제 동정연설 등으로 미국에서의 조선문제 동정여론은 점점 높아지고 있었다.[58]

이처럼 미국에서의 조선에 대한 여론은 찬반양론이 있었지만, 전술한 대로 허스트계 신문, 예를 들면, 『Boston America』, 『Chicago America』, 『New York America』, 『New York Evening Journal』 등은 격하게 배일논조를 전개했다.[59] 이들 보도가 계기가 되어 미국 장로교회의 보고서가 비로소 6월 13일자 『New York Times』에 게재되어 일본관헌의 야수적인 행위와 고문, 비인간적 취급, 종교적 박해, 대학살 등은 결코 용서받아서는 안 된다는 논조로까지 퍼지고 있었던 것이다. 1919년 이후 미국인 선교사들의 폭로에 의해 조선민족 독립운동 실적이 미국 하원에도 보고되어 국회의사록에 64페이지로 상정되었다. 이들 뉴스는 UP통신을 통해 전 세계로 타전되었다.[60] 또 초대대통령 이승만에 의해 1921년 11월 군축회의와 워싱턴의 태평양회의에도 제출되어 대한민국 임시정부의 사실상(de facto)존재를 승인하게 되었다.[61]

당시의 여론상황을 보면 1919년 3월부터 1920년 9월까지 미국에서 발간되고 있는 신문, 잡지 등의 기사 중에서 한국의 독립을 지지하고 있는 기사는 약 9,700건이며, 이것과 비교해 친일적인 기사는 50건에 지나지 않았다.[62]

당시 재미조선인은 독립운동개시이래 두 개의 기관을 조직하게 되었다. 즉 재미조선인 측인 「조선인협회」63)와 미국인 측에 의한 「조선인 동정자회」(League of the Friends of Korea)64)가 그것이다. 재미조선인 독립운동의 중심 인물은 소위 조선공화국 임시정부의 대통령이라 칭하는 이승만(미국 측 조선동인 동정자회 이사이기도 함)을 필두로 미국 귀화인으로 「필립·제이슨」이라 개명한 서재필, 군무총장 노백린, Nothern Western University의 강사 조선인 Dr. Henry Chung 등 이었다.65)

그들은 1919년 1월 16일 뉴욕시내에서 윌슨 대통령의 민족자결주의를 강령으로 조선독립을 기획할 것을 결의하고, 그 결의문과 미국대통령을 비롯해 미국 상하의원에 원조를 애소哀訴하는 청원서를 보냈다. 이것이 조선의 독립운동에 중요한 계기를 제공하게 된다. 더욱이 임시정부 대행기관으로 워싱턴에 최고위원부(High Commission of Korea Republic)를 설치하여, 전 이승만 대통령의 총괄 아래 위원장에 김규식을 추천해 의회방면의 교섭과 이해를 위해 여러 종류의 선전용 소책자를 발간하였다. 또 일반선전기관으로는 영문월간지 『조선평론』(Korea Review)을 발간하고 오로지 외국인에 대해서만 선전용으로 사용했다. 조선인에 대한 선전용으로는 샌프란시스코의 조선인중앙협회 기관지인 『신한민보新韓民報』를 주간지로 이용했다.66) 하와이(Hawaii)에서도 『태평양잡지』, 『태평양주보』, 『태평양시사』가 이승만 등에 의해 창간되어 조선의 독립을 미국사회 및 세계를 향해 강하게 호소했다.67)

한편, 영국에는 조선독립운동에 관한 정보선전은 거의 이루어지지 않았다. 즉 영일동맹에 의해 일본의 동맹국인 영국에는 아직 외면적으로는 어떤 구체적 활동을 보이지 않았다. 그때 마침 1920년 재미워싱턴 조선공화국 선전위원부에서 파견된 맥켄지(F. A. Mckenzie)가 런던을 방문하게 되었다. 그가 런던을 방문한 목적은 미국에서 출판된 자신의 저서 『조선의 독립운동』(Korea's Fight for Freedom)을 다시 영국에서도 출판하기 위해 구독자 모집광고를 영국의 모든 신문에 대대적으로 게재하기 위해서였다. 맥켄지는 자신이 저술가이기도 하기 때문에 이렇게 교묘하게 조선의 독립운동을 영국언론에 선전함과 동시에 자신의 동업자들에게도 동정을 호소해 영국 각지의 모든 신문 및 잡지 등에 대해 일제히 이 책의 신간소개를 보도하게 되었다.68) 그 결과 종래 조선 문제에 대해 거의 무관심에 가까웠던 영국의 일반국민들에게 조선의 독립문제에 대해서 반향을 호소했다고 할 수 있다.

이것이 계기가 되어 영국 언론계에서도 조선관련 평론은 잠시 동안 홍미를 가지고 받아들이는 경향이 생겼다. 이때 맥켄지는 계속해서 글을 써 런던에서 발간된 『The Quarterly Register』 혹은 『The Sunday Pictorial』 등의 모든 잡지에 투고했다. 그 제목은 「조선에서 순난자殉難者」, 「백인은 끝내 아시아를 잃어야 한다.」 등으로 일본의 기독교도 박해, 동아시아 침략의 야망 등을 써 많은 세인들에게 주목을 환기시키기에 부심했다. 그 결과 1920년 10월 26일에는 런던에서 「영국조선동정자회(The League of the Friends of Korea in the United Kingdom)」라는 것이 조직되어 조선독립에 관한 구체적인 선전기관이 성립되기에 이르렀다.[69] 조선동정자회는 영국하원의원 위원실에서 로버트 뉴먼(Sir Robert Newman)이 사회자가 되어 발회식을 거행했다. 그는 사회 중에 「자유와 정의를 위해 분투해 온 조선민족을 구제해야 한다는 중대 문제에 대해 협의하고자 한다.」[70]라고 말했다. 더욱이 뉴먼은 「일본은 전시 중 연합국의 일원이 되어야 한다. 우리 영국국민은 한일병합의 승인자인 까닭에 우리들은 일종의 특이한 지위에 있는 자이다.」[71]라고 말하면서 영국민은 항상 조선의 해방 및 정의를 위해 엄연해야 한다고 주장하고 있다.

다음으로 앞에서 소개한 F. A. 맥켄지는 1904년 러일전쟁 당시 조선에 온 영국 『Daily News』의 종군기자로 조선에 왔다가, 1907년에는 「조선의 비극」 등을 낸 저자이기도 하다. 그는 의장의 지명에 의해 1904년 이후 조선에서의 일본 무도한 폭정을 격하게 비난하기도 했다. 구체적으로는 ①동화정책의 실패 ②일본이민의 무제한 유입 ③아편 판매자 및 추업醜業(매춘부)매개자의 입선入鮮 ④일본시정 당초의 포학 ⑤천연자재의 횡탈 ⑥언론집회자유의 소멸 ⑦심리 없는 태형집행 등 가혹한 일본 통치를 체험적인 예를 들면서 비판했다.[72]

그래서 조선동정자회에서는 의견을 정리하여 4개 항목으로 나누고, 조선독립이라는 목적을 달성하기 위해 다음과 같이 결의하기에 이른다.

(1) 조선에서 정치, 경제, 사회 및 종교상에 관한 상황을 자세하고 확실하게 조사하여 정보선전에 노력할 것.

(2) 조선민족의 정의와 자유를 획득하고자 하는 운동에 대해 동정적 원조를 할 것.

(3) 조선에서 기독교 전도에 대한 신교의 자유를 옹호하는 것에 노력할 것.

(4) 조선에서 박해를 계속 받고 있는 과부, 고아 및 정치상의 희생자에 대한 위안구원을 줄 것.

게다가 윌리엄스(W. Llewellyn Williams)의 발의에 의해 본 회의 활동방침은 ①교회를 통해 ②강연회에 의해 ③신문잡지를 통해서 ④의회를 움직여, 각 방면에 대해 가능한 한 통일되고 조직적인 선전에 노력할 것을 합의할 것 등을 결의했다.[73)

이처럼 일본의 최대동맹국인 영국의회에까지 조선통치문제가 비화되어 매스컴에 의한 배일감정도 서서히 고조되고 있었다. 당시 조선동정자회의 회원은 자유당이 많았지만 노동당에 속한 하원의원도 있었다. 이것과 더불어 맥켄지의 저작활동이 신문잡지를 통해서 영국 전역에 소개됨과 동시에 조선에 대한 일제의 폭정도 세계에 널리 알리는 계기가 되었다. 이러한 영국언론의 비판적인 소식에 대해 「London Times」통신원 「Jop Brand」 한 사람만이 그를 비난했을 뿐, 그 외 영국 각지에서는 많은 독자들이 맥켄지의 저술을 칭찬했다.[74) 이와 같이 영국 각지의 일반여론은 대체로 배일선전, 또는 반일논조와 연결되어 있었다고 할 수 있다.

다음으로 중국, 만주 등의 신문보도에 대해서 간단히 언급해 보기로 한다.

3·1운동에 대한 중국의 반응은 일본과는 대조적으로 상당히 큰 영향을 미치게 되었다. 즉, 중국인민들의 혁명운동에는 직접적인 영향을 미쳤을 뿐만 아니라, 중국과 조선 사이의 전통적인 우호증진과 함께 연대의식을 강화하게 되는 계기가 되었다. 적어도 3·1운동 시기에는 일본의 침략정책에 반대하는 공통의 입장에 선 것이다.

특히 중국의 유식자와 혁명 운동가들은 조선의 독립운동에 열렬한 지지와 원조를 표명했다. 또한 독립운동의 의의를 높이 평가하여 중국인민의 교훈으로 삼았다. 그리고 3·1운동에 호응하여 북경대 학생들을 중심으로 반 군벌, 반일운동인 5·4운동이 전개되었다.[75) 3·1운동에 대한 중국신문의 보도는 『민국일보民國日報』[76)의 「고려선포독립상정高麗宣布獨立詳情」이라는 기사를 비롯, 『이와 같은 상황에 근거해 중국인민은 조선민족의 독립투쟁에 동정을 매주평론每週評論』, 『신조新潮』 등의 신문은 경하의 뜻을 담아 보도했다. 또 중국공산당의 창

립자 중 한 사람인 진독수陳獨秀는 3월 23일자『매주평론每週評論』에「조선독립
운동의 감상」이라는 논문을 게재하고, 조선의 독립운동이 세계 혁명사상 신기
원을 열었다고 높이 평가하면서 다음과 같이 말하고 있다.

> 「이번의 조선독립운동은 위대하고 성실하며 비장하다. 게다가 명료하고
> 정확한 사고를 갖추고 있다. 무력을 사용하지 않고 민의를 바탕으로 하고
> 있어 바야흐로 세계혁명사에 신기원을 열었다. 우리들은 이에 대해 찬미,
> 애상, 흥분, 희망, 참괴 등 여러 가지 감상을 가지고 있다. …… 조선민족
> 의 광영 있는 활동에 의해 한층 더 중국민족은 위축돼 있음에 부끄러움이
> 분명해졌다. …… 우리들은 조선인민과 비교해 진정 참담하지 않을 수 없
> 다.」77)

또, 1919년『신조』4월호에 실린「조선독립운동의 신 교훈」이라는 기사에
서 3·1운동은 무기를 소지하지 않은 비폭력운동이며 성공하지 못할 것을 알고
실행한 독립운동이다. 학생, 시민, 인텔리를 중심으로 봉기한 이 운동은 아직
성공하지는 못했지만, 그 정신은 반드시 계승되어 갈 것이며 중국인민에게도
냉정한 교훈을 주었다고 논했다.78) 북경에서 발간되는『The Peking Daily
News』도 1919년 4월 8일자 사설에서 조선인의 평화적인 시위운동에 대해 일
본군경이 야만적 탄압을 가한 행위에 격분을 표명하고 있었다.

당시 중국에는 많은 조선인들이 상해나 북경, 천진 등지에 망명하여 독립
운동을 전개했다. 그 중에서도 중국의 혁명가인 손문孫文과 박은식朴殷植, 이광
수李光洙, 여운형呂運亨 등 조선의 혁명가들은 이들과 연대하여 반침략적인 계몽
사상의 보급과 함께 일제의 침략행위에 공동으로 투쟁해 나갔다.79) 위와 같이
한중 공동투쟁단체는 각각『신한청년新韓靑年』,『진단震壇』,『광명光明』,『천고天
鼓』,『동아청년東亞靑年』,『사민일보四民日報』등의 기관지를 발간해 양국민의 연
대로 공동투쟁을 실시하게 되었다. 3·1운동 당시 조선인이 가장 많이 거주하던
길림성의『길림신문』4월 13일자 사설에는「이번 소요의 근원은 만주거주 조
선인에 의해 결행되고 있다는 것은 의심의 여지가 없다」고 말하고 있다. 그러
면서도 이를 계기로 한·만 국경선의 현안을 타개해야한다고 하며, 오히려 중
국 측은 자신들의 외교정책에 대한 타개책을 노리고 있는 듯한 논평을 내고

있다.[80)

최근 한국에서 3·1운동에 관해 새로운 학설을 주장하고 있는 학자도 있다. 1989년 3·1독립운동 70주년기념 심포지엄에서 발표된 서울대학교 신용하 교수의 논문이다. 신용하 교수는 상해에서 신한청년당이 김규식을 한국대표로 파리평화회의에 파견했다고 하는 소식과, 도쿄에서 재일 유학생에 의해 2·8독립선언이 행해진 것은 3·1운동에 가장 큰 자극제가 되었다고 주장했다.[81)

게다가 신 교수는 3·1운동에 의해 상해에서 대한민국임시정부가 수립되었다고 주장하며, 그 증거자료로 1919년 3월 3일자 『조선독립신문』(제2호)[82)을 들고 있다. 또 그는 3·1운동은 중국의 5·4운동을 야기하거나, 4월 5일 간디의 인도독립운동(진리수호)에 영향을 주었다고 주장했다. 이와 더불어 신 교수는 3·1운동은 인도차이나반도, 아랍, 베트남 등에까지 영향을 주었다고 주장했다.[83)

신 교수의 논문에는 아쉬운 점이 하나 있다. 그는 「신한청년당」이라고 했지만, 정확하게는 상해에서 조직된 항일단체는 「한국청년 독립단」이다. 다만 전술한 한중 공동투쟁단체가 발행한 『신한청년』이라는 기관지는 존재한다.[84) 이것은 이광수를 중심으로 발행된 기관지의 이름으로 1920년 3월 창간호에는 조선대표 김규식이 파리평화회의에 독립청원서를 제출했다고 기록되어 있지만, 「신한청년당」이라는 것에 대해서는 아무런 언급도 없다. 그러나 1918년 뉴욕에서는 민족자결주의 하에서 신 한인회(New Korea Association)가 조직된 적은 있었다.[85)

3·1독립운동은 조선민족의 해방운동이면서 민족자존운동[86)이기도 하다. 지난날 볼 수 있었던 동구의 민주화 물결은 결국 민족자존운동 내지 민족독립운동일 것이다. 즉 동구의 일련에서 움직임의 동기는 자유와 민족통일, 그리고 독재타도이며, 조선은 약소민족의 해방, 민족생존권의 확립운동인 것이다. 그래서 3·1독립운동에 관한 중요자료를 하나 소개하고자 한다. 미야자키 토텐宮崎稲天이라는 인물에 관한 것이다. 미야자키 토텐은 1919년 8월 3일자『상해일일신문上海日日新聞』에「도쿄에서」라는 기사를 기고하여 3·1운동은 전국적인 큰 시위가 되었지만, 두세 곳의 경관이나 헌병과 충돌한 이외에는 그 운동이 농민들의 폭동이 아니라 질서정연하고 엄숙하게 행해진 것에 주목할 가치가 있다는 것[87)이라고 말하며, 이 운동은 우러러볼 만한 행동이라고 평가하고 있었다. 또

미야자키88)는 6월 27일자『상해일일신문』에서도 다음과 같이 논하고 있다.

> 「그들을 안심시키는 데 있다. 안심시키는 길은 어떤 것인가. 합방당시의
> 약속으로 되돌아가 지극정성으로 그들에게 임하는 것에 있다. 자유와 권리
> 를 존중하고 우리들 본국인과 동일한 대우를 하는 것에 있다. 더욱이 적당
> 한 시기에 완전히 독립을 승인하는 성명을 발표하여 그들의 앞날에 희망
> 이 충만하게 하는 것이다. 이와 같이 하지 않고 영구적으로 노예로 두는
> 것은 단지 인도주의의적일 뿐 아니라 오히려 자신들의 위험을 증폭시키는
> 바이다.」89)

이 신문은 상해라는 일본 국외의 땅에서 발간된 신문이지만, 일본인 스스
로가 어느 시기에 완전한 독립을 승인하는 성명을 신문에 발표한 것은 최초의
일이다. 물론 당시 일본인으로서는 소수의 견해이기는 하지만 상당히 주목해야
할 발언이라고 할 수 있다.

이상 미국, 영국, 중국, 조선, 일본 도쿄에 이르기까지 폭넓게 3·1운동에
관한 논조를 분석해보았지만, 이와 같은 국내외의 여론에 의해 일본 측은 대
조선 정책변화를 시행하지 않으면 안 되는 상황에까지 이르게 되었다. 따라서
「무단정치」에서 「문화정치」로 정책변환의 전환점이 이루어진 것이다.

제 2 절   사이토 마코토齋藤實의 시정방침과 언론정책

1. 사이토 마코토의 언론정책과 민간신문의 창간

이미 앞에서도 언급했지만, 일본의 조선병합은 영국이나 미국의 승인90)과
협조 없이는 불가능한 일이다. 그와 동시에 일본제국의 조선침략 초기단계에는
이토 히로부미伊藤博文의 교묘한 외교정책으로 외국인 선교사에 대해 환심사기
위한 「배도拜倒(엎드려 절함)주의」91) 정책으로 일관했다. 특히 이토 통감은 국
제여론을 유리하게 이끌기 위해『경성일보』영자판인 『The Seoul Press』를
창간하여 선교사들의 회유정책으로 일본의 침략정책을 은폐하는 데 노력하는

한편, 워싱턴에는 총독부 관할인 「Oriental Information Bureau」라는 선교기관을 설치하여 대외선교활동을 담당하게 했다.[92] 또 이토는 친일적 미국인, 예를 들어 「이토 후작과 함께 한국에서」의 저자 조지 라드(George T. Ladd)와 미국의 친일언론인인 캐넌(George Kennan), 미국 북장로교회 선전부총무 브라운(Arthur Judson Brown) 등을 이용하여 함께 대외선전활동을 전개했다.[93] 사이토 총독과는 달리 초대 총독 테라우치의 언론탄압에 이어 제2대 하세가와 요시미치총독은 『The Seoul Press』까지도 폐간시키고, 선교사들과의 교제도 끊는 등 대외선전활동에는 거의 관심을 보이지 않았다.[94] 더욱이 3·1운동 직후 하세가와 총독의 대 선교사정책은 그 이전보다도 한층 더 냉각무드가 가속화되어 비난과 압박의 수위가 높아져 갔다. 이것은 3·1운동 배후에는 외국인 선교사들의 「사주선동使嗾煽動」이 있었다고 하는 자의적 판단에서 온 것으로 보인다. 당시는 한일병합과 함께 외국의 외교사설이 철수한 상태여서 주로 선교사들에 의해 조선의 국내정보가 외국에 유출되고 있었기 때문이다. 그래서 3·1운동 직후는 외국인 대상으로 통신, 우편에 대한 검열을 훨씬 강화하여 「공안公安을 해害한다고 인정되는 것은 만국전신조약 제7조에 의해 전송을 정지하고」,[95] 독립투쟁에 참가한 용의자를 은닉했다는 혐의로 선교사들의 가택수색까지 실시했다. 이처럼 강경 정책 일변의 탄압정책은 외교상의 악영향은 물론 일부 선교사들의 비판[96]적인 여론 등으로 인해, 결국 선교사에 대한 정책을 변화시켜 회유정책으로 전환하게 된다.

한편 하세가와 총독은 하라 다카시原敬 수상의 신임을 잃어 마침내 1919년 8월 12일자로 면직되고, 제3대 총독에 사이토 마코토가 임명되기에 이르렀다. 9월 2일 사이토 마코토는 서울에 부임하여 총독부관제를 축소하고 통치체제도 「무단정치」에서 이른바 「문화정치」로 전환하게 된다. 사이토 마코토의 부임은 독립운동가인 강우규姜宇圭 등의 폭탄세례를 받으면서 행해질 정도로 당시 조선의 정세는 험악하고 일촉즉발의 긴장감이 감돌았다. 그래서 사이토 마코토는 일본정부 관계 당국에 「최근의 조선 정세」[97]라는 정세보고서를 작성하여 조선 내부의 정세를 상세하게 설명하게 된다.

이 내용을 보면 전문前文에는 최근에 조선의 정치정세와 민심동향을 상세하게 분석한 다음 몇 개의 항목으로 나누어 그 대책을 제안하고 있다. 이하는 사이토 마코토가 사카타니 요시로阪谷芳郎(前大藏大臣) 앞으로 보낸 편지 원본을 필자가 요약한 내용이다.

1. 경찰력의 충실
     조선통치의 요결로 경비충실의 견실성을 느끼고 있으며, 관제개정과
   함께 경찰관을 보충하기 위해 종래의 1만 5천 명에서 임시순사 약 5천
   명을 증원하여 치안유지에 노력할 것.
1. 해외에 있는 조선인의 단속
     재외조선인의 단속을 강화하여 소요의 근원을 제거하고, 상해에 있는
   임시정부조직의 소탕이 급선무인 것.
1. 친일조선인의 우대.
1. 관리들이 조선어에 숙달되게 할 것.
1. 선교사의 조종.
1. 시정방침의 구체화
1. 제도개혁의 취지 및 신 시정방침의 보급철저를 도모할 것
1. 지방선전 방법을 강구할 것
1. 일본천황의 대조大詔, 총독의 훈시 및 고유告諭를 조선의 시문時文으로
   번역하여 수백만 매를 인쇄해 이것을 배포할 것.
1. 총독부에 지방 순찰관을 두고 지방을 순시시켜 상의의 하달, 하의의 상
   달 및 민정시찰을 시켜 신정新政의 철저를 도모할 것.98)

   이상의 내용을 분석해 보면 다음과 같이 조선 통치의 정책변화를 알 수
있다.
   첫째, 경찰병력의 증원이다. 기존의 1만 5천 명 경찰관의 3분의 1에 해당
하는 대폭적인 보충이며, 결국 무단정치에서 문화정치로 정책을 변화하는 조치
를 취하고 있는 것이다.
   둘째, 상해에 있는 임시정부의 해체 및 해외조선인의 행동통제이다.
   셋째, 조선인에게 강제적으로 일본어 교육을 하는 대신 관리들이 조선어를
습득한다.
   넷째, 지방행정조직까지 동원하여 총독부의 시정방침을 홍보·강화하는 것
이다.

다섯째, 관리들의 관존사상에서 한발 물러나 대민 커뮤니케이션의 강화로 대민정보의 수집과 상의하달을 노리고 있었다는 것이다.

이때 커다란 변화로는 총독부의 국내정치선전의 중점적인 대상이 지방의 일반 민중으로 좁혀진 점과, 선전방법도 일본 관헌이 직접 하기보다는 친일조선인을 이용하여 실시하거나, 또는 많은 종류의 인쇄물을 제작하여 배포한 것이었다. 특히 주목되는 것은 지방농민이 그 정치선전의 대상이 된 것이다. 이것은 3·1운동에 있어서 발휘된 농민조직과 투쟁정신에 우려를 표한 조치이기도 하다.[99]

이 부분을 구체적인 수치를 통해서 보면, 1919년 1년간 독립운동에 의해 검거된 사람은 19,535명으로, 그 중 농민이 10,864명, 노비나 종, 일용직 774명(59.4%), 상업 1,698명(8.6%), 공업·어업 544명(2.8%), 노동자 254명, 무직 1,028명, 학생 3,714명(19.9%) 그 외 555명(9.3%)이었다. 어쨌든 농민들의 수치가 60%로 높은 수치를 보이고 있는 것은 분명하다. 전 식민지통치 시대를 통해서 보더라도 총독부가 정치선전의 대상을 확실히 구분하여 조직적으로 홍보활동을 행한 것은 역시 3·1운동 이후의 일로, 사이토 마코토 총독과 미즈노 렌타로水野錬太郎 정무총감의 쌍두체제(two−top leader체제)가 처음이다. 이 선전활동의 내용은 총독부 시정방침의 일대변혁과 함께 조선민족에 대한 비전을 제시하고 있다. 이것은 하나의 회유정책이기도 했다고 할 수 있다.

한편 사이토 마코토는 조선의 정세를 분석한 뒤에 종래의 선교사 대책을 근본적으로 수정하는 방침을 세웠다. 즉 외국인선교사들의 「오해를 일소」하기 위해 적극적인 친근 책을 취한 것이다. 먼저 행정상의 조치로는 총독부에 「종교과」라는 하나의 과를 만들어 제반의 종교행정을 조사하고, 선교사와의 연락활동 등을 담당하게 했다.[100] 이어 종래의 번거로운 포교규칙을 개정(1920년 4월)하고 교회당, 설교소, 강의당의 설립을 허가제에서 신고제로 변경해 선교사들에게 환심을 사게 했다.[101] 이와 동시에 일본인 유지(신문기자, 관료, 실업가)들과 외국인 선교사와의 간담회 등도 자주 개최하여 대외선전과 친선을 도모하는 단체를 결성했다. 이와 같이 선교사의 회유와 대외선전을 위해 초대연회는 총독 스스로가 이것을 맡아 총독관저에서는 매일 밤낮으로 선교사와 서울 주재 외국총영사를 주빈으로 하는 만찬회·오찬회·다과회가 개최되었다.[102]

더욱이 사이토 마코토는 구미의 지인, 관료, 실업가, 군인 등의 관광객에 대해서도 자주 초청연회를 개최했다고 하는 것이 사이토 마코토 문서의 「전기傳記관계자료」103)와 일기에도 볼 수 있다.104) 이 일기에 의하면 1919년 9월 16일부터 1920년 말에 이르는 기간에만도 총독이 면회 등 초대한 외국인의 총수는 약 700명에 이른다. 그 중에는 미국인, 영국인이 대부분이고 특히 미국인이 많았다.

한편 미즈노 렌타로 정무통감도 1920년 12월 미국선교사가 몰려있는 평양에서의 초대연에서 선교사들의 용기와 희생정신에 대한 노고와 업적을 찬양한 뒤에 협력을 호소했다. 당시 『The Seoul Press』와 잡지 『조선』(조선총독부기관지) 등도 선교사에 대해 일제히 유례가 없을 정도로 찬사를 늘어놓았다.105)

조선총독부의 이와 같은 회유정책에 의해 어느 정도 선교사들의 반일감정은 해소되고 친일적인 경향이 급속도로 촉진되어, 한 때 민족주의자의 「은신처」, 「총탄 회피」라고 불렸던 교회도 그 피난처로서의 존재의미를 잃고 조선민족의 반일기운도 진정국면에 접어들었다. 오히려 반일운동의 선봉에 선 세브란스(전 연세대부속병원)병원장 에비슨도 성서를 정규과목으로 허가한 사이토 마코토 총독에 대해 감사의 말을 전했을 정도였다.106) 이처럼 사이토 마코토의 대 선교사정책은 성공하여 회유정책의 수완도 어느 정도 평가되게 되었다.

한편 사이토·미즈노 두 명의 쌍두마차 체제하에서는 언론정책에 있어서도 일대개혁이 실시되었다. 그것은 말할 것도 없이 조선에서의 민간지의 허가이며, 또 하나는 각종 언론출판물도 발행을 허가한 것이다. 그렇지만 한편으로는 언론에 대한 단속은 더 엄격하게 취하고 있었다.

사이토 마코토는 1919년 8월 19일 다이쇼천황大正天皇(嘉仁)의 소칙107)과, 그 후 하라 다카시原敬 수상의 성명발표 등을 근거로 조선총독부의 관제개편에 대한 정책전환을 표면화했다. 그 구체적인 정책의 일환으로 9월 3일 총독부 및 소속 관공서에 대한 훈시에서 「언론·출판·집회 등에 대해서는 질서와 공안 유지를 방해하지 않는 범위에서 어느 정도 고려를 베풀어 민의의 창달을 기한다.」108)라고 하여 민간지의 허가방침을 공식적으로 시사했다. 그 이유는 3·1운동 하에서 계속 이어져 온 지하신문이다. 이들 지하신문은 총독부에게는 비합법적인 신문이며 비밀신문이다. 결국 지하신문의 활동은 총독부에게는 큰 두통의 근원이 되었다.

이와 같은 상황에서 지하신문은 국내여론을 환기시키는 한편, 국외의 조선인계 신문과 연결되어 국제여론을 불러일으키는 등 그 파문은 널리 퍼져있었다. 당시 조선어판 국내지는 총독부 기관지인 『매일신보』뿐이었다.109) 이 신문은 한글판 일간지였다. 해외에서는 미주에서 『한미보韓美報』(주간), 『태평양시보太平洋時報』(주간), 『국민보國民報』(주간), 『신한민보新韓民報』(주간) 등의 한국어판이 발간되고 있었다. 그 외 지역에서는 간도, 러시아령, 중국 등 각지에서 발간된 신문이 20여 종에 이르고 있었다.

그래서 사이토 마코토는 민간지의 발행을 허가하고 지하신문을 양성화시켜 유언비어와 선동을 일소하고자 했다. 그 결과 『동아일보』, 『조선일보』, 『시사신문』의 3대 민간지가 1920년 1월 6일자로 허가받게 되었다.

그런데 『동아일보』110)가 허가를 받은 직후 서울 시내에 있는 진고개 주변의 일본상업인 연합회 대표들이 사이토 마코토를 찾아가 처음부터 민족주의를 표방하는 『동아일보』를 왜 허가했는지 항의했다. 이때 사이토 마코토는 「『동아일보』는 조선민족의 배 속에서 끓어오르는 가스를 배출시키는 굴뚝이다. 가스를 배출시키지 않으면 끝내 폭발하고 만다. ……」111)라고 대답했다는 일화가 남아있다. 또 『동아일보사사東亞日報社史』 1권 75페이지에는 『동아일보』의 허가는 상당히 위험시되어 허가에 이르기까지는 상당한 논의가 있었다고 기록되어 있다. 후술할 예정이지만 최초 총독부로서는 민간신문을 허가하더라도 치안에 대한 자신이 있어서 한 것이었다고 할 수 있다.

사이토 마코토가 문화정치를 명분으로 내세운 이래 사회전반에 걸쳐 언론의 자유가 어느 정도 존중받게 되었다. 즉 통치주체와 반체제, 쌍방 모두 언론활동이 활발한 양상을 보이고 있었다. 그 결과 3·1운동 이후 완화된 상황하에서 신문, 잡지, 그 외의 언론출판은 다수 증가하게 되었다.

당시 「조선연감」(1926년도)에 의하면 신문, 잡지, 통신(신문의 일종)의 숫자는 <표-13>과 같다.112)

이 수치를 보면 신문은 1912년에 10개 신문사, 통신은 5개사가 각각 증가했다. 또 신문, 잡지의 구독자수는 일본인이 7만 1,000여 명, 조선인 8만 4,000여 명, 잡지는 일본인 9천 200여 명, 조선인 9천 900여 명이었다.

이 구독자수를 지역별로 분석하면 경기도가 가장 많았으며 이어서 두 번째가 경남이다. 이것은 경기도에는 서울, 인천(항)이 포함되며 경남은 부산항이 있었기 때문이다. 그런데 양국인의 구독자수는 거의 같았지만 이것을 총인구의 비율에서 보면 조선인의 구독인구는 일본인의 10분의 1에 지나지 않는다.[113] 이렇게 말하는 것은 당시의 인구는(1924년말 조사) 일본인 41만1595명, 조선인 1761만9540명으로 일본인은 조선인의 43분의 1에 지나지 않았기 때문이다. 더욱이 일본인은 본국발행의 신문잡지를 구독하고 있어 이것을 합하면 일본인의 구독인구는 16만에 달해 보급률은 2명에 1부 꼴의 구독비율이 된다.[114]

〈표-13〉 ··· 신문 · 잡지 · 통신의 발행숫자(1912년도)

(   ) 안은 수치

언론기관＼경영자	일본인경영	조선인경영	외국인경영	계
신문	30	8	1	39(29)
잡지	11	4	–	15
통신	8	–	–	8(3)
계	49	12	1	62(32)

이 무렵 민족지로서는 『동아일보』, 『조선일보』, 『중외일보』 등이 발간되고 있었다. 이 중 『동아일보』는 1920년 4월 1일자로 창간되어 가장 뛰어난 인재, 설비를 갖추고 있었으며, 게다가 조선민족으로부터 최유력지로 지지를 얻고 있었던 신문이다. 『조선일보』는 민족주의적인 성격이 강한 『동아일보』와 더불어 사회주의적 색채를 견지, 이 두 신문의 빈틈을 뚫고 『중외일보』가 「최저가로 최고의 신문」을 모토로 하여 부동 독자층 획득에 노력했다. 이들 민간지 이외의 신문으로는 『매일신보』 외에 친일파 민원식이 1920년부터 1년 정도 발간한 『시사신문』이 있었다. 또 일본인 경영 신문도 많이 증가하여 『조선상공신문』,[115] 『경성일일신문』,[116] 『조선매일신문』[117]의 중앙지 외에도 『광주일보』, 『서선일보』, 『북선일일신문』, 『평양매일신문』[118] 등의 지방지도 있었다. 그 외 통신지로는 『대륙통신』, 『상업통신』, 『제국통신』, 『조선사상통신』[119]이 발간되었다. 이 4개의 통신은 다음과 같이 특수한 목적을 가지고 창간된 것이었다.

예를 들면 『대륙통신』은 1911년 2월에 『경성일보』의 사내에서 일본과 조선 사이에 정보교환을 중점으로 보도한 일간통신이고, 『조선사상통신』은 당시의 조선민족지, 혹은 조선인 출판물의 기사내용을 번역하여 당국 소식통과 조선의 동향에 관심을 가지는 일본인에게 제공하는 일간지였다.[120] 이상 논한 일본인 경영신문의 대부분이 「엄정중립」을 표방하고 있었지만, 실제로는 총독부 및 지방행정기관과 밀접하게 연결되어 일본의 정책을 변호하고 있었다.[121]

　이렇게 민간지와 함께 일본인 경영 신문도 발간되고 있었지만, 언론통제에는 기본적으로는 같이 적용되어 엄격한 제약을 받게 되었다. 따라서 조선의 모든 언론활동은 검열과 탄압의 직접적인 대상이 되고 있었다. 그 하나의 예가 1919년 9월 사이토 마코토 총독의 암살미수사건에 관한 보도이다. 이 사건을 일본 국내지 및 많은 식민지신문이 크게 다루어 범인조사 업무에 장애를 일으키게 되었다. 이에 대해 『경성일보』(1919년 9월 10일자 석간)[122]는 그와 관련된 보도에 의해서 발매금지처분을 받았다. 게다가 일본발행 신문에 있어서도 『도쿄니치니치신문』 등 10개 신문이 같은 처분을 받았다. 또 언론집회도 각종 출판물과 마찬가지로 「질서와 공안을 해친다.」고 인정될 경우에는 언제라도 행정처분이 가능하게 되었다.

　이상의 것을 분석해 보면 사이토 총독의 초기언론정책은 어느 정도 형식적으로는 온화정책을 취하고 있었지만, 실제 운영 면에서는 그렇지 않았다. 특히 취임전후의 사건에 의해 오히려 언론통제정책을 강화했다고 할 수 있다. 후임 총독인 야마나시 한조山梨半造(1927년 12월 10일~1929년 8월 17일)는 전 총독에 이어 문화진흥과 경제발전이 시정의 2대 목표였지만, 언론통제는 거의 동일했다.[123] 이어 사이토 마코토가 다시 총독이 되고 이번은 고다마 히데오兒玉秀雄 정무통감에 의해 「밝은 정치」를 내세웠다. 다만, 실제로는 가장 엄격한 언론 통제를 가하고 있었다. 결과적으로 사이토 마코토 총독의 이른바 「문화정치」 아래서 조선에는 몇 개의 민간지·잡지가 창간되었지만, 사실상 10여 년간 언론의 자유는 오히려 위축된 느낌이었다. 그 이유로는 사이토 마코토가 경찰 제도를 대폭적으로 확대하면서 언론통제는 나날이 가혹하게 통제되고 있었기 때문이다. 이것은 당시 일본에 있어서도 다이쇼大正 데모크라시가 후퇴하고 있었으며, 새로운 파쇼체제의 대두, 대륙침략계획의 구체화와 함께 치안유지법이 제정되고 있었기 때문이다. 그 결과 조선에 있어서도 언론통제가 점차 가혹하게 되었다.

2. 조선에서의 민간신문 『조선일보』, 『동아일보』의 창간

1) 『조선일보』의 창간과 민낭자閔娘子의 언론통제

『조선일보』는 1920년 3월 5일 창간된 신문으로 3대 민간지 중에는 최초로 창간된 신문이다. 창간 발기인은 민영기閔永綺, 조진태趙鎭泰, 예종석芮宗錫, 최강崔岡, 권병하權丙夏, 서만순徐晩淳 등 36명이었다. 이들은 대개 친일계 실업 단체였던 「대정친목회大正親睦會」[124] 회원의 중견인물들이었다.[125] 즉 대정친목회는 조선인의 정치활동이 금지되어 있던 3·1운동 이전의 유일한 친일단체였다(박용규, 한국언론학보, 2018-p.116). 창간 당시 사장에는 「대정친목회」의 간사인 조진태가 추대되었으며, 부사장 겸 발행인에는 예종석, 편집국장 최강, 인쇄인 서만순, 영업국장 권병하 등으로 대부분이 대정친목회 중견 간부들로 구성되었다. 그 때문에 창간 당시에는 친일단체인 「대정친목회」가 중심이 되었기 때문에 그다지 민중들의 지지를 받지 못했다. 게다가 『조선일보』는 재정적인 토대도 조합주였기 때문에 주식회사인 『동아일보』에는 미치지 못했다. 그러나 그 후 1924년 9월 13일에는 판권이 송병준에서 신석우에게로 매도되면서 13일부터는 민족지도자인 월남 이상재가 사장이 되어 『조선일보』는 『동아일보』와 같이 그 면모를 민족진영으로 일신하게 된다.[126] 또, 『조선일보』는 그 해 4월 송진우 사장과 의견 대립으로 『동아일보』를 퇴사했던 신문제작 전문가인 이상협을 편집고문으로 초빙하는 한편, 편집국장에 민태원閔泰瑗, 논설위원에는 안재홍安在鴻, 김준연金俊淵, 신일용辛日鎔, 이상철李相喆 등 대부분 동아일보에서 데려온 사람들로 구성되었다. 그 결과 『조선일보』는 편집 진영을 일신하는 한편, 지면도 혁신하여 1924년부터는 민족진영으로부터도 상당한 지지를 받게 되었다.

그런데 『조선일보』는 창간 후 한 달이 채 안된 시점인 4월 28일자 신문에서 「혼약하는 민낭자閔娘子」(앞으로의 각오)라는 표제로 조선의 마지막 황태자와 이방자 여사의 혼약기사를 보도하여 일대 수난시대를 맞게 된다. 이 사건의 내막을 구체적으로 소개하면 다음과 같다.

이방자(나시모토노미야 마사코梨本宮 方子) 여사는 일본 황족으로 조선왕조 마지막 영왕 이은李垠 황태자에게 시집온 황태자비였다. 둘 다 각각 약혼자가 있었음에도 불구하고 본인들의 의사에는 반하는 결혼으로 이토 히로부미에 의한 이른바 정략적인 결혼이었다. 이들은 결국 결혼의 파문 속에서 역사의 희생물이 된 불행한 인물이었다. 이 결혼은 마침내 일본군부의 힘에 의해 제압된 3·1독립운동 직후에 강행되게 된다.

이방자 여사는 1901년 11월 4일 아버지 모리마사守正 친왕(명치천황의 사위)과 어머니 이쓰코伊都子(나베시마후작鍋島侯爵 출신)의 첫째 딸로 태어났다. 이 여사는 황후와는 아버지 혈통이, 또 찌찌부노미야히秩父宮妃와는 어머니 혈통의 사촌자매가 되는 관계이다.[127] 이방자 여사의 약혼은 결혼하기 4년 전 학습원 중등과 3학년인 14세 때의 일이었다. 1916년 8월 3일 이 여사 본인은 결혼의 결정 사실을 요미우리신문으로 처음 알게 된다.[128] 이 여사는 생전 「지금도 그 날의 일은 잊을 수 없다.」고 웃었던 일화가 있다.

⟨그림-7⟩ ··· 요미우리신문 부인란

1989년 4월 30일 이방자 여사가 죽었을 때 한일의 매스컴에서는 이 결혼 문제를 둘러싼 여러 가지 일들을 보도했다. 『마이니치신문每日新聞』은 「쇼와천황(당시는 황태자)비의 이야기가 있었던 것을 알고 있던 이방자 씨는」[129] 신문

에서 이은 전하와의 약혼이 성립된 것을 알고 크게 충격을 받았다고 보도하고 있다. 또 『요미우리신문讀賣新聞』은 「아무것도 모르는 이방자 씨는 자기의 약혼을 신문에서 처음 알게 되었다」130)라고 기록하고 있다. 이에 대해 『아사히신문朝日新聞』은 「이왕조 최후의 황태자인 이은 전하와 결혼, <일선융화의 초석>이라는 미명에 내포된 정략결혼」131)이었다고 보도하면서 황태자(쇼와천황)의 비전하 후보라는 소문도 있었지만, 결혼을 핑계로 시대의 흐름에 농락되었다며 꽤 비판적으로 논하고 있다. 그러나 일본 신문에서는 이 여사가 역사적으로 희생된 부분에 관한 논평과 명복을 빈다고 하는 문구는 보이지 않았다.

한편 한국 측도 간단한 사실만을 보도한 신문이 많았다. 『중앙일보』는 5월 4일자 「단상, 선례에 의해 9일장, 원래는 3일장」이라는 표제로 궁중의 장례의식에 대해 보도했다. 『동아일보』도 이여사의 별세에 대해 논평 없이 사실보도만을 한다. 이것에 비해 『조선일보』는 비교적 크게 다루었다. 특히 일본의 보도와 비교해 꽤 상세히 보도했다.

「이 여사는 19세가 되는 해 일본 황실의 「내선일체융합」의 정신에 의해 고종의 셋째아들인 이은 황태자와 전격 결혼했다. 본래는 당시 황태자인 히로히토裕仁의 비妃로 간택되어 있었지만, <불임>이라는 전의殿醫의 보고에 의해 조선 왕족의 절손을 바라던 일본의 권력자(일본의 군부)에 의해 조선 왕족의 태자비가 되었다.」132)

즉 결혼에 이른 경위를 언급하고 있지만, 이 여사는 결혼하고 이듬해 첫 아들인 진晉을 낳았기 때문에 여기서 지적한 <불임>이라는 당시의 진단은 잘못된 셈이다. 실제 이방자 여사가 자신의 혼약사실을 처음 안 것은 1916년 8월 3일자 『요미우리 부인부록』란이었다. 혼다 세쓰코本田節子가 이 여사의 어록을 기록한 것에 의하면 「방자는 여느 때처럼 신문을 펼쳤을 때 2장 8페이지로 된 4페이지 큰 표제에서 <이왕세자의 경사·나시모토노미야 마사코梨本宮方子 여왕과 혼약>133)이라 쓰여 있었다. 이상한 것을 본 듯이 방자의 눈이 순식간에 크게 부릅떠져 움직임이 멈췄다.」고 한다.134)

이방자는 당시의 심경을 그의 자서전에서는 다음과 같이 기록하고 있다.

「나는 15살로 아직 중등과 3학년일 무렵, 일찍이 이왕세자의 비전하 후보에 올랐다는 것을 꽤 믿을 만한 소식통으로부터 들었기에, 어머니는 밤에도 잘 수 없을 정도로 마음을 아파했다. 나라도 다르고 어릴 때부터 일본에서 자랐다고 하더라도 생활양식도 뭔가 다를 것이며, 게다가 언젠가는 조선으로 돌아가야 하는 분이라 일단 왕세자비로서 조선에 가버리면 영구히 이별까지는 가지 않더라도 쉽게 만날 수 없는 것이 당연해 그것이 무엇보다 힘들고 무서운 것이라 생각된 것이다.」135)

이방자 자신은 15세의 소녀로 무서웠던 심경을 솔직하게 말하고 있으며, 어머니도 잘 수 없을 정도로 애태웠다고 말한 것을 보면 어쩔 수 없이 나라를 위해 딸을 시집보내야 하는 어머니로서의 고민을 엿볼 수 있다. 당시 찌찌노미야父宮도 심경은 같았지만 생각은 어머니와는 또 다른 것이었다고도 볼 수 있다. 일선융화 때문이라고 한다면 희생되는 것도 어쩔 수 없다고 각오를 이미 했다고 볼 수 있다.136) 자서전에서는 어머니의 괴로운 심경은 견디기 어려울 정도로 무거웠다고 하더라도 방자는 말도 않고 다만 눈물을 흘릴 뿐이었다고 기록하고 있다.

한편 이은 황태자는 조선의 마지막 국왕인 동시에 대한제국의 황제인 고종의 일곱 번째인 명성황후의 아들로 태어났다. 조선은 1392년 태조 이성계가 건립, 27대의 왕계가 5백여 년간 계속되었지만, 이은세자는 대한제국의 황제인 아버지 고종에 이어, 제2대 순종, 제3대 황제가 될 황태자였다.

고종황제는 명성황후인 민비 외에 4명의 후궁을 두었다. 이 후궁에서 완화군 선, 의화군 강, 덕혜옹주, 영친왕 은 등 각각의 후손을 얻게 되었다.137) 이은 태자는 명성황후가 낳은 순종과는 배다른 형제로 1907년 순종즉위와 함께 황태자로 책봉되었다.138) 한일병합이 없었다면 황제가 될 신분이었다. 실제 1916년 순종이 승하했을 때 왕위에 즉위는 했지만 형식상의 계승으로, 당시 1907년 12월 5일을 기해 이미 인질로 일본에 유학중인 몸이었다.139) 이은태자는 한일병합 후 표면적으로는 일본의 황족과 같은 대우를 받았지만, 실제로는 인질과 같은 입장에 처해 있었던 것이다.140)

당시 이은태자는 10살이었지만, 일본에 간 이래 어머니가 죽기까지 한 번도 조선에 돌아올 수 없었다고 한다. 모친인 엄비는 이토 히로부미에게 자기

생전에 이은태자를 반드시 귀국시킬 것이라는 약속을 받았지만, 결국 그 약속은 지켜지지 않은 채 주검과 대면을 한 셈이다.

이은태자는 일본에 있을 때 일본의 황태자와 같이 황실의 교육을 받으면서 일본정부의 방침에 의해 군인의 길을 걷고 육군 장교로 임관 후 육군중장으로 승진하여 일본이 패전에 이를 때까지 군인의 신분을 이어갔다.

전술한 대로 이은태자에게는 일본에 오기 전 이미 약혼자가 있었다. 1920년 이방자와 혼인하기 13년 전, 즉 일본에 오기 반년전인 1907년 3월 12일 약혼식을 거행했다. 이은의 약혼자는 민갑완閔甲完이라는 영양令孃이 간택141)되어 있었던 것이다.142) 민갑완의 아버지는 민영돈閔泳敦이라는 인물로 전 동래부사였다. 당시 일본의 보호조약 강요에 대해 조선민중들은 전국적인 규모로 의병투쟁을 하고 있었다. 특히 제2차 한일협약 체결에 의해 조선의 외교권이 박탈되었을 때 내무대신을 거쳐 시종무관장직에 있던 민영환이 항의를 위해 자살했다. 민영환은 순국열사로 지금도 국민들에게 존경을 받고 있는데, 그는 약혼자인 민갑완의 숙부이다. 또 갑완의 아버지도 그 사이에 영국공사와 충청도감찰사를 거쳐 청국공사로 청국에 부임해 있었다.143)

한편 1909년 10월 26일에는 안중근의사에 의해 이토 히로부미가 암살되고 이듬해 한일합병이 결행된다. 그리고 이은태자의 생모인 명성황후가 시해되고 정치적 풍파가 어느 정도 가라앉자 이번에는 이은태자와 민갑완과의 혼약이 파기된다. 이것은 1918년 12월 16일경의 일로 고종과 총독부의 지령에 의해 혼약 해소령이 내려졌다. 혼약하고 10년이 지난 때의 일이다. 당시 조선에서는 간택된 여성은 국모가 된 것과 같기 때문에 혼약이 파기되어도 평생 다른 사람과는 결혼할 수 없다는 것이 불문율이었다. 더욱이 형과 언니가 결혼하지 않는 동안은 동생도 결혼할 수 없는 습관이 있었으므로 갑완의 자매까지도 혼인할 수 없는 셈이다. 부친인 민영돈은 갑완의 일생은 물론 형제까지도 희생된다고 반발했다. 모친도 너무 화가나 말도 하지 않았다고 한다.144) 그러나 궁전에 불려간 민영돈은 약혼반지 등을 돌려주고(원래 혼약이 파기된 경우는 결혼할 수 없지만), 「신의 여식을 연내에 다른 집으로 출가시키지 않을 때는 부녀를 중죄로 물어도 좋다.」145)라는 서약서를 써야 했다.

이윽고 이은과 이방자의 결혼에 강력히 반대했던 이태왕(고종)이 죽고 국장준비가 진행되며, 또 3·1독립운동이 발발하여 정국은 상당히 요동치기 시작했다. 그런데 파혼 이후 민영돈의 주량이 늘어났으며 민갑완의 조모도 5월 27일 깊은 비탄에 빠져 마침내 죽게 된다. 또 그해 10월 3일(음력) 저녁 만취해 집에 돌아온 민영돈도 그대로 병상에 누워 죽게 된다. 파혼 이후는 갑완 자신도 병을 얻어 마침내는 「하반신은 영원히 차갑고 상반신은 불같이 뜨거워 앉지도 서지도 못하는」146) 상태가 되었다. 어머니는 집을 팔아 민갑완의 의료비로 충당했지만, 딸을 출가시키기로 서약한 연말이 다가오자 상해로 망명하게 된다.

한편 그 사이 1920년 4월 28일 동경에서 이은 황태자와 이여사의 결혼식이 거행되었다. 조선내의 각신문은 왕세자의 결혼식을 대서특필했다. 『조선일보』는 4월 28일자 「혼약하는 민낭자閔娘子」(앞으로의 각오)라는 표제로 민규수(양가 자녀의 존칭)를 방문한 특집기사를 싣고 일본제국의 강압에 의한 결혼에 대해 민중에게 반일감정을 호소했다. 그 주된 내용은 민비문중의 민영돈의 딸 민갑완은 1907년 왕세비로 간택되어 혼약했지만, 일제의 압력에 의해 이은 태자는 일본 황족 나시모토노미야 마사코와 결혼했기 때문에 파혼당한 비운의 규수이다. 또 민규수가 왕세자비로 간택되었을 때 그의 나이는 10살이었는데 간택과 동시에 명성황후는 약혼반지까지 하사했다. 이은 태자와 민규수와의 결혼은 3년간 연기되었는데, 그 사이 이은 전하가 4월 28일 동경 도리이자카鳥居坂의 왕세자 저택에서 일본 황족과 결혼해 버렸다고 보도했다.147)

『조선일보』는 창경원의 후방 고개 넘어 숙부 댁에 거주하고 있었던 민규수를 방문해 근황과 파혼의 심경을 물어 보도하고 정략결혼에 대한 부당성을 민중을 통해 불을 붙이게 되었다. 이것이 일본 군부를 자극시켜 큰 문제가 되자 조선총독부로부터 압수처분을 받게 되었다. 이 사건은 『조선일보』의 최초 필화사건이며 압수처분 제1호가 되었다.

그 경위를 보면 다음과 같다. 『조선일보』는 1920년 3월 5일 창간호를 발간했지만, 인쇄시설이 정리되지 않은 채 창간호를 냈으므로 격일로 7일에 제2호, 9일에 제3호를 발간하고 장기휴간에 들어간다. 휴간동안인 4월 28일에 『조선일보』는 제4호를 속간하게 된다. 이 제4호를 발간한 것은 이왕세자와 나시모토노미야 마사코와의 결혼식을 보도하기 위한 것이다. 제4호는 서울시 종로 3가에 있는 일본인 소유의 야마토 인쇄소에서 인쇄되었다.148) 이 기사가 일본 황족과 군부를 모독하는 것으로 조선총독부와 일본정부의 기휘忌諱(피하는 것)

에 저촉된 것으로 압수처분을 받게 된 것이다.

앞에서도 약간 언급했지만, 『조선일보』는 『동아일보』와 함께 사이토 마코
토의 문화정치에 의해 창간되었다. 창간 당시 자본금은 『동아일보』의 70만 엔
남짓과 비교해 불과 5만 엔에 지나지 않았다. 그래서 이상재가 사장이 취임하
고부터는 경영적으로도 개혁을 단행하게 된다. 『조선일보』는 청신활발한 지면
정책과 함께 1925년 4, 5월에는 「전국신문기자대회」, 「민중운동자대회」, 「사회
운동자대회」, 「형평사전국대회」 등을 개최하여 일시적으로는 『동아일보』를 압
도하는 신문으로 이미지가 향상된 적도 있다.[149]

그런데 『조선일보』는 당시 사상계를 이끌고 있었던 사회주의적인 색채를
띠고 있었다. 그렇기 때문에 『조선일보』에 대한 언론탄압은 『동아일보』보다
가혹했다고 할 수 있다. 예를 하나들면 1925년 9월 8일자 「조선과 러시아의
정치적 관계」라는 사설로 이 기사가 발행정지처분을 받는 원인이 되어, 이때
사회주의적인 사고방식을 가지고 있었던 기자전원은 면직 처분되었다.[150]

『조선일보』의 발매반포금지 및 압수의 법적근거는 「신문지법」(구 광무11년
법률 제5호)에 두고 있었다. 이 법을 분석해 보면 제11조, 제13조, 제14조, 제15
조, 제26조에는 신문에 게재금지사항을 규정하고 있다. 이들의 내용을 크게 나
누면 ①황실의 존엄을 모독하는 사항 ②국헌을 문란시키는 사항, ③사회의 질
서, 또 풍속을 교란시키는 사항 등이었다. 이 내용에 위반된 기사는 행정처분을
받았다. 이때 행정처분 내용은 5가지의 종류가 있다.[151]

당시 일본인경영의 신문에 관한 규제 및 행정처분은 도지사(현지사)의 재
량에 의해 행해지고, 조선인경영의 신문은 조선총독의 전결사항으로 경무국 도
서과에서 그 업무를 행하고 있었다. 신문의 발매반포금지의 권한은 일선 경찰
서장에게까지 위임되기 때문에 그 횡포가 매우 심했다고 한다.[152]

또 주목할 만한 것은 이 신문지법이 규정한 규제조항 이외에도 총독부는
「경고」, 「주의」, 「간담懇談」이라는 규정을 습관적으로 적용했다. 「경고」는 게재
할 경우 발매반포를 금지하는 취지를 예고하고 있으며, 「주의」는 당국의 기사
단속의 방침을 명시하는 것이다. 그리고 「간담」은 기사취급에 대해 사전에 당
국자가 간담형식으로 통고 규제하는 것이었다.[153]

이상과 같은 법률상의 규제에 근거해 『조선일보』에 대한 여러 가지 언론

통제가 이루어졌다. 먼저 정간처분을 보면 창간부터 1940년 8월 10일 강제폐
간에 이르기까지 『동아일보』와 같은 4회에 걸친 발행정지처분을 받게 된다.
정간처분을 중심으로 간단하게 언급해 보기로 한다.

① 제1차 정간처분

1920년 8월 27일자의 사설 「자연의 화化」라는 제목으로 당시 미국의회
시찰단일행이 조선을 방문한 것을 계기로 평양과 서울의 두 곳에서 만세소요
가 일어나 인심이 격앙되어 경찰과 충돌한 사건을 다루는 내용이다. 또한 당시
는 조선총독 사이토 마코토에게 폭탄을 투척한 강우규姜宇奎 의사의 사형에 관
한 기사를 대대적으로 보도하고 있었다. 때마침 이 해는 3·1운동이 발발한 이
듬해였기 때문에 총독부로서는 다시 독립운동이 확대될 것을 우려하여 사설에
대해 발매반포의 금지 및 압수처분을 내리는 동시에 신문지법 제21조를 적용,
8월 27일부터 9월 2일까지 1주일의 유기한 발행정지처분을 내린 것이다.[154]
이것은 민간지 등장 이후의 최초의 강제 정간처분이다.

② 제2차 정간처분

일주일의 정간이 해제되고 3일째인 9월 5일자에 게재된 「어리석은 조선총
독부 당국자는 왜 우리 일보에 정간을 시켰는가.」라는 제목의 논설을 실어 총
독부를 비난하였다. 이로써 조선일보는 재차 파문을 일으켜 2차 무기정간처분
을 받게 된다.

이 사설은 『조선일보』에 대한 조선총독부의 정간처분이야말로 일본이 이
른바 문화정치라는 겉만 번지르르한 간판을 세우고 신문에 대해 무자비한 탄
압을 가한 것에 의해 그 허위성을 스스로가 폭로하고 있다고 공격한 내용이다.
이 기사는 더욱이 「우리 조선일보는 창간 이래 거의 백여 일 동안 총 113호를
내었고, 그 동안 총독부당국자는 지면을 압수하기 전후 23회, 발행자를 계책하
기 10여 회에 달하여 압박에 압박을 가하는 것이 나날이 심해 8월 27일에 이
르러 당국자는 돌연 일주간의 발행정지 명령장을 발포하였다.」[155]고 총독부의
언론탄압정책에 정면으로 반발하고 있다. 이에 대해 총독부는 다시 1920년 9
월 5일부터 11월 5일(62일간)까지 무기정간처분을 내렸다.

그러나 조선총독부의 겹치는 탄압에 조선일보는 마침내 재정난, 운영난에

빠져 12월 14일까지 111일간 신문을 발행하지 못해 정간하게 된다.[156]

③ 제3차 정간처분

이번의 문제 기사는 1925년 9월 8일자 사설「조선과 노국과의 정치적 관계」라는 제목이었다. 즉 극단적으로 조선통치에 대한 불평불만을 부추길 뿐만 아니라 일본의 국체 및 사유재산제도를 부인하고 그 목적을 달성하기 위한 실행수단으로 적색러시아의 혁명운동방법에 의해 현상을 타파할 것을 강조한 기사를 게재한 것이 원인이 되어 총독부는 바로 정간처분을 내렸다.[157]

그런데 총독부가 『조선일보』에 대해 정간처분을 명한 것은 이 기사만이 문제였던 것이 아니라, 러일전쟁 때부터 일본은 러시아에 대해 상당한 저항감을 가지고 있었기 때문에, 그것과 동시에 『조선일보』 사내의 사회주의적 경향을 띠는 기자의 숙정을 노린 것이라고 생각할 수 있다. 일종의 공산주의자 추방인 레드 퍼즈(Red Purge)[158]로 일본이 전후 미 점령당국(SCAP)이 공산주의자들을 척결한 사건과 같이 사회주의자를 척결하는 추방사건이라고도 말할 수 있다.

그 증거는 이상재 사장취임이래 제3차 정간처분을 받기까지 총독부에게 압수된 사설기사 중 사회주의 색채가 짙은 것이라는 이유로 압수된 것이 13건으로, 총 압수건수 88건 중 약 14%를 점하는 것을 들 수 있다. 그래서 이런 상태가 이어지면 바람직하지 않다고 판단한 총독부가 9월 8일부터 10월 15일까지(38일간) 정간처분을 내리게 되었다.

이번은 신문의 발행을 정지하는 정간처분만이 아니라 1만 4,000원의 대금을 지불하고 구입한 새로운 윤전기까지 압수하는 사법권까지 발동하여, 발행겸 편집인 김동성金東成, 인쇄인 김형원金炯元, 논설부장 안재홍安在鴻, 기자 김준연金俊淵, 정리부장 최영목崔榮穆, 고문 이상협李相協을 소환질문하고 논설집필자 신일용辛日鎔을 검거하기에 이른다. 이 사건과 관련해 편집인 김동성은 징역 4개월에 집행유예 2년, 인쇄인 김형원(사회부장)은 금고 3개월의 선고를 받았다. 또 신일용 논설집필자는 검거의 구류기간만료인 9월 28일에 석방되었지만 상해로 망명하게 된다.[159]

④ 제4차 정간처분

제4차 정간문제의 논설은 1928년 5월 9일자 「제남濟南사건의 벽상관壁上觀·다나카田中 내각의 대모험」이라는 사설기사이다. 이 기사는 일본이 1928년 5월 9일에 중국침략의 일환으로 일본군을 산동에 출병시킨 것을 외국의 실례를 들면서 비난한 내용이며, 또한 이것을 계획한 다나카 수상의 침략경력을 지적 폭로한 논설이다.160) 그래서 5월 9일부터 다음해인 1929년 9월 19일까지 1년 4개월이나 무기정간처분을 받아 우리나라 신문사 사상 최장의 무기정간 처분이었다. 이와 동시에 이 기사도 모두 압수되게 된다. 물론 이번도 논설만의 문제가 아니라 조선민족진영연합체의 「신간회新幹會」라는 독립운동주의단체와 『조선일보』와의 관계를 끊으려 한 의도가 배후에는 있었던 것이라고도 생각할 수 있다. 이상재 사장은 신간회의 회장으로 부사장 이하 간부사원 다수가 신간회의 간부였기 때문이다. 게다가 『조선일보』는 신간회의 뉴스 란까지 만들어 신간회의 민족운동을 대변하고 있었던 것이다.161) 여기에서 분석해 보면 조선총독부는 무엇보다도 독립운동에 대한 우려 때문에 이 신간회와 『조선일보』와의 관계를 끊으려 한 것이라고 생각된다. 아무튼 조선일보는 1929년 9월에 정간이 해제되지만, 그동안 극심한 경영난에서 그보다 이미 3개월 전에 공무직 사원들을 해산하지 않으면 안 될 형편에까지 이르게 된다. 그럼에도 불구하고 1929년 7월에는 여름 방학을 맞아 「아는 것이 힘, 배워야 산다」라는 표어 아래 문명퇴치 등 농촌계몽운동을 벌이기도 했다.

이상과 같이 『조선일보』의 창간에서 강제폐간에 이르기까지 4회에 걸쳐 발행 및 무기정간처분을 중심으로 언론통제 상황을 살펴보았다. 『조선일보』는 창간초기부터 1989년 이방자 여사가 죽기까지 이 여사에 관해서는 다른 신문과 비교해서 가장 상세하게 보도한 신문이다.

한편, 『요미우리신문』도 이여사의 결혼에 대해서는 가장 신속하게 보도했다. 그것은 다른 신문과 달리 결혼 전부터이다. 즉 1920년 4월 11일자 「방자왕어혼의方子王御婚儀」라는 제목으로 「두 분에게는 불행하게도 계속 연기되었지만 마침내 이달 29일 경사스럽게 이왕세자 전하와 결혼식을 거행하다.」라고 밝히고 있다. 또 이 신문은 4월 28일자 「청엽약엽靑葉若葉에 부는 바람도 축하하는 왕세자 결혼식은 오늘」이라는 표제로 크게 다루고 있다. 여기서 주목되는 것은 「은사령恩赦令」이라는 것으로 「특히 조선인에 대해 은사를 실시하는 건」
이었다.[162] 시모죠下條 내각서기관이 은사령을 발표해 그 칙령에 의해 각종 범
죄로 붙잡힌 다수의 조선인은 감형 또는 사면되게 되었다. 더욱이 29일자에서
도 「일선화합의 조짐 오랫동안 맺어짐」이라고 크게 쓰며, 결국 일선융화의 설
자楔子(연결고리)로 다이쇼大正 역사에 기념될 만한 이왕세자 은垠 전하殿下와 나
시모토노미야 마사코 여사 전하의 결혼의식이라고 논하고 있다.[163]

『도쿄니치니치신문』은 4월 28일자 「이왕세자 전하의 악수 힘에 감탄」이라
는 제목으로, 전하는 경쟁심이 강해 열심히 공부했다고 칭찬하고 있다. 『도쿄
니치니치신문』은 4월 28일자 「오가사와라류小笠原流와 현대식으로 오늘 왕세자
의 결혼식」이라는 표제로 결혼을 다루고, 다음날은 「일선융화의 기초, 술잔의
다짐 영구히」라는 톱뉴스로 「이날 결혼식이야말로 일선평화가 견고한 설자가
된 것, 집집마다 국기를 달고 만만세를 바치며 좋아했다고 할 만하다.」[164]라고
보도했다. 이들 3가지 신문 중에서는 『요미우리신문』이 황실의 결혼에 대해서
가장 열심히 보도했다고 할 수 있다.

이처럼 각 신문의 주목을 끌었던 이 여사의 결혼생활이지만 평탄하지 못
했다. 결혼한 2년째인 1922년 장남이 태어나자 이윽고 그 장남을 데리고 처음
으로 조선의 땅을 밟았지만, 그 장남은 곧 돌연사하고 말았다. 이 여사 자신은
결혼에 반대했던 사람들에 의한 독살이라고 믿고 있었다. 한편으로는 일본에
의해 독살된 고종의 복수는 아닐까라는 추측도 있었지만, 진상은 지금도 명확
하지 않다.[165]

그 후 이은 왕세자는 일본군의 육군중장, 군사 참의관까지 승진했지만, 일
본의 패전, 조선의 해방과 동시에 일본에 있었던 이왕세자는 말하자면 두 국가
의 틈에 놓이게 되어 두 부부는 점점 가혹한 운명에 직면하게 된다.

1947(쇼와22)년 신헌법시행에 의해 왕족의 신분을 잃은 부부는 한국
의 이승만 정권으로부터 받아들여지지 않아 무국적 신분이 되었다. 부부는
1947년 미군정하에서 「재일한국인」이라는 평민의 신분으로 격하되어 「커튼을
잘라 블라우스를 만들 정도」의 가난함이었다고 『조선일보』는 보도하고 있
다.[166] 박정희 대통령 정권이 되고 겨우 한국적이 인정되어 1963년 부부는 비
원의 귀국을 이루었지만 그때 이은은 뇌혈전으로 거의 의식이 없는 상태로 귀
국 후 7년이 되는 1970년에 죽게 된다.[167]

이방자 여사는 이은 왕세자와의 이별 후 정신박약시설인 자행회慈行會, 농아·소아마비의 「명휘원明暉園」을 개설, 자력으로 자금을 모으면서 이 분야에서 선구적인 역할을 다했다.

1989년 4월 30일 이방자 여사가 죽고 이것으로 조선왕실의 관작을 받은 사람은 모두 죽었다. 조선시대의 최후의 황태자비인 이 여사의 서거는 조선왕조 오백년의 실질적인 종언을 의미한다.

앞에서도 논했지만 이 여사의 결혼당시 일본의 신문은 이른바 「정략적인 결혼」임에도 불구하고 「일선융화」를 다루고 있었다. 이여사가 죽었을 때에도 마찬가지로 정략결혼이라고 하면서, 이 여사에 대해서는 「명복을 빈다」라는 의미의 말은 한마디도 찾아볼 수 없고 단지 사실보도에 그치고 있었다.

이것과 비교해 한국의 보도태도는 이여사의 죽음에 대해 애석함을 표현하고 있다. 예를 들어 1989년 5월 1일자 일본의 아사히·마이니치·요미우리(3대 신문)는 황실용어가 아닌 「사거(死去)」라는 말을 사용하며 각각 보도했지만, 한국의 보도는 「별세」라는 말을 사용하여 「비운의 황태자비」라고 하면서 애도의 뜻을 표현했다. 특히 5월 8일에 행해진 장례식에는 일본 측은 소화천황의 동생 (미카사노미야三笠宮)과 이 여사의 동생(梨本德顔)만이 참석했지만, 한국 측은 노태우 대통령이 화환을 보내 이 여사의 죽음을 애도했고, 강영훈姜英勳 국무총리, 최규하崔圭夏 전대통령, 박준규朴浚圭 민정당대표위원, 김영삼金泳三 민주당총재, 김대중金大中 평민당총재, 김종필金鍾泌 공화당총재, 김수환 추기경 등 정재계 거물 5만여 명이 조문하여 고인의 명복을 빌었다. 특히 1963년 왕세자 부부의 귀국이후 왕가의 본적인 전주이씨(이씨조선 역대왕계)는 죽기까지 이 여사를 「비전하妃殿下」라 호칭하고 경모의 뜻을 표현했다고 한다.

이상에서 이방자 여사를 둘러싼 각 신문의 보도와 논조를 살펴보았지만, 일본 신문의 보도만은 상당히 냉담했다는 점이 특기할 만한 사실이라고 할 수 있다. 왕세자 부부는 어떤 의미에서 역사의 희생이 된 인물이지만, 일본의 매스컴은 간단한 사실만의 보도로 자기비판적인 요소는 전혀 볼 수 없다. 물론 일본에서는 황실에 대한 보도는 제한되어 있다고 하지만, 하나의 큰 역사적인 사실에 대해 거의 무관심에 가까운 보도만을 했다고 할 수 있다. 이 여사 서거 사실도 「사거(死去)」(「아사히」, 「마이니치」, 「요미우리」 1989년 5월 1일자)라는 단어를 사용한다. 이 여사는 일본의 황족이었음에도 불구하고 한 때 무국적 상태

로 도쿄에서 거주했으며, 게다가 극빈한 생활을 했던 사실은 이 냉담한 보도와
도 무관하지 않을 것으로 보인다.

한국에서도 이승만 대통령(전주 이씨)이 1945년부터 1963년까지 이 여사
의 귀국을 인정하지 않은 것은 물론 돌보아주지도 않았다. 그 때는 한일 국교
가 단절된 시기이기는 했지만, 왕세자 부부는 한국 측으로부터도 버려졌다고도
할 수 있다. 어쨌든 이 여사는 조선 최후의 세자빈이었음에도 불구하고 장례식
에서도 국장의 형태가 아닌 정부가 자금을 대는 전주 이씨의 「가족장」 형식을
취한 것은 역사의 변천을 말하고 있는 것이다. 이 여사가 결혼할 당시 식민지
시대의 일본신문은 대대적으로 보도했던 것과는 달리 서거했을 때의 신문보도
는 간단한 사망기사에 불과했다. 아무튼 한일 양국간의 불행한 시대 그 자체를
반영한 것으로 보인다.

2) 『동아일보』의 창간과 일장기말소사건

1920년 3·1운동이후 『동아일보』, 『조선일보』, 『시사신문』 3개의 민간신문
이 창간되게 되었다. 신문지법에 의해 허가된 민간 신문으로는 이 3대지가 처
음이었다. 다만, 친일지인 『시사신문』은 사장 민원식이 1921년 2월 일본에서
피살되어 신문 발간을 중단한 후 다음해 1922년에는 월간지 『시사평론』(1920.
4. 1 창간)으로 개제하게 된다.

『동아일보』의 창간은 당시 중앙학교 교장으로 와세다대학稻田大學에 유학했
던 김성수金性洙를 중심으로 추진되었다. 창간당시 사장에는 개화파였던 박영효
朴泳孝를 추대하였고, 편집과 감독에는 유근柳瑾, 양기탁梁起鐸, 주간에 장덕수張
德秀, 편집국장에 이상협李相協으로 구성되었다.

한편 『동아일보』는 이제까지의 세 신문 중에서 가장 활약한 민간신문으
로, 당시 조선민족으로부터도 상당한 지지를 받고 있었던 신문이었다.

『동아일보』는 1920년 4월 1일 창간되어 1940년 8월 10일 강제폐간에 이르
기까지 20년 4개월 동안에 4회에 걸친 무기정간처분을 받았다. 또 63회의 발매
금지처분, 압수 489회, 삭제 2,423회 등 다수의 탄압처분을 받은 신문이다.[168]

여기에서는 이러한 『동아일보』의 창간배경에서 4회에 걸친 무기정간처분,
그리고 강제폐간에 이르기까지의 과정을 간추려 보기로 한다.

『동아일보』는 조선총독부의 신문허가 방침 속에서 김성수[169]를 중심으로

두 그룹이 신문발간을 모색하게 된다. 하나는 장덕준을 중심으로 한 그룹이고, 또 다른 하나는 이상협을 중심으로 한 그룹이다. 장덕준은 1914년 『평양매일신문』의 조선어 주간이었지만, 그 후 일본으로 건너가 동경한국인 기독교회관 부간사로 활약하면서 동경에서 포교용 신문발행을 모색했다. 또 이상협은 총독부기관지 『매일신보』의 편집장으로 신문의 편집, 영업, 인쇄 등에 대해서도 정통한 사람이기도 했다. 그는 3·1운동 직후 『매일신보』를 그만두고 민간지 발행에 뜻을 두었다. 두 사람이 신문발행에 관해 구체적으로 논의한 것은 1919년 7월 이후이라고 추정된다. 당면한 문제는 조선총독부에서 신문발행의 허가를 얻는 것과 자본금의 조달이었다.170)

먼저 장덕준은 총독비서관인 모리야 에이후守屋榮夫에게 요시노 사쿠조吉野作造의 소개장을 가지고 가면 신문발행허가의 문제는 해결될 것이라고 생각하고 요시노 사쿠조의 소개장을 가지고 조선으로 귀국했다. 자본금 문제는 당시 재계에도 잘 알려진 김성수에게 제의했다. 그래서 신문발간의 의견이 모아져 김성수는 초대사장에 박영효를 추천하게 된다. 당시 박영효는 조선말기 수신사로 일본에 파견돼 후쿠자와 유키치福澤諭吉와 교류하면서 신문발행의 필요성을 충분히 인식하고 있었을 뿐만 아니라, 『한성순보』171)발간에도 조산부 역할을 한 인물이다. 박영효가 사장이 된 것은 신문발행의 허가를 용이하게 한 것으로 보인다. 결국 박영효가 아니면 신문발행의 허가는 어려운 상황이었을 것이다. 즉 박영효는 조선총독부 및 일본 정계에도 잘 알려진 인물이었다.

1919년 10월 9일 신문발행 허가신청서가 조선총독부 경무국에 정식으로 제출되었다. 이때 경무국의 고등경찰과(나중에 도서과)가 「신문잡지출판물 및 저작물에 관한 사항」을 관장하고 있었다. 당시 경무국장에는 시즈오카현靜岡県 지사였던 아카이케 아쓰시赤池濃를 고등경찰과장에는 토야마현富山県 경무국장 시라카미 유키치白上佑吉를, 그리고 서울민간지의 직접적인 관리를 담당하는 경기도 제3부 경찰부장에는 아키타현秋田県의 경찰부장 치바 료千葉了를 각각 임명하게 되었다. 물론 민간지의 허가방침은 세우고는 있었지만, 신문발행의 허가는 상당히 중요한 결정이므로 경무국이 단독처리는 할 수 없어, 각 국장 이상의 의견을 종합하여 최종적으로는 총독이 결정하게 되었다.172)

이때 시라카미 유키치는 『동아일보』의 발행허가 경위를 다음과 같이 술회하고 있다.

「조선의 청년층이 모여서 조선에서 신문을 발행하겠다는 움직임이 있었
는데, 이 청년층이라는 것이 독립만세의 중심인물이 많았어요. 그래서 이
런 선동적인 인물에게 신문발행을 내주면 어떤 사태가 벌어질 것인가 해
서 총독부 국장급인물들은 이 청년들의 신문발행에 절대로 반대하였지요.
그러나 나는 그것은 있을 수 없는 일이라고 생각했어요.「일시동인一視同仁」,
「내지연장內地延長」이라는 표어는 어떻게 된다는 것입니까? 신문을 허용한
다는 것은 큰 문제이기는 하지만, 큰 문제이기 때문에 더욱 간판에 거짓이
없다는 것을 내외에 과시하는 좋은 기회라고 생각하여 총독각하에게 설명
했습니다.」173)

더욱이 시라카미는『동아일보』를 허가하는 구체적 이유로 경찰정보망만으
로는 조선청년층의 움직임을 완전하게 장악할 수 없지만, 신문을 허가하면 그
들(조선청년층)의 동정을 완전히 장악할 수 있을 것은 물론 그들을 모아두고
단숨에 일망타진하는 경찰행동을 취할 수 있기 때문이었다고 하고 있다. 만약
신문기사가 문제가 되면 언제라도 정간이나 발행 중지가 가능하기 때문에 우
려할 것은 조금도 없다고 했다. 이와 같은 내용을 시라카미 유키치는 사이토
마코토 총독에게 진언했다고 한다.
　여기서 상당히 주목할 만한 사실을 볼 수 있다. 종래 1920년 창간된『동
아일보』,『조선일보』등은 사이토 마코토 총독의 문화정책의 일환으로 창간되
었다고 해석하고 있었다. 물론 표면적인 이유로는「문화정책의 일환」,「어느
정도 언론의 자유 허용」,「가스를 배출하는 굴뚝」,「조선민족의 불평을 완화」
등의 이유를 표방하고 있지만, 상술한 시라카미의 진언에 의하면 이 신문의 창
간이유는 실제로 지하신문을 양성화시켜, 수면하의 비밀활동을 수면위로 부상
시켜 단속을 쉽게 하기 위한 것이었다. 즉 신문발간에 의해 조선청년층의 독립
운동의 활동상황과 또 그들의 의식과 사고를 장악하고, 경찰의 적절한 대응과
함께 독립운동조직의 일망타진을 노리고 있었던 것이 분명해 보인다.
　마침내『동아일보』는 1920년 1월 14일 발기인 총회에서 사장에 박영효,
편집국장에 이상협, 설립자에 김성수 등의 진용을 결정했다.
　『동아일보』는 그 창간호에 3대「주지主旨」(강령)를 발표하고, 그 성격과 지

향하는 목표를 다음과 같이 밝히고 있다.[174]

(1) 조선민중의 표현기관이라 자임한다.

　　조선민중의 특권계급 기관이 아닌, 2천만 민중의 표현기관으로 자임하고 그 의사와 사상을 여실히 보도할 것을 기한다.

(2) 민주주의를 지지한다.

　　이것은 국체國體나 정체政體의 형식이 아닌, 인본주의의 원칙인 개인의 권리와 의무를 주장하는 것이다. 즉 국내에서는 자유주의, 국외에서는 연맹주의, 사회생활은 평등주의, 경제조직은 노동본위이다.

(3) 문화주의를 제창한다.

　　개인과 사회의 생활내용에 충실하며 풍부하게 한다는 전반적인 사회진보를 의미하고 「부의 증진」, 「정치의 완성」 등을 포함하고 있다.

　　(이 주지는 현재까지도 남아 있다)

이렇게 『동아일보』는 1920년 4월 1일자로 3월 31일 저녁에 창간되었다. 전 지면은 4페이지의 소형신문으로, 한일합병 후 10년간 이어온 언론암흑기에 희망을 가져온 조선민족의 등불이었다. 당시 이 신문의 발간에 의한 조선민족의 기쁨은 다음 두 가지의 기술에서 엿볼 수 있다. 먼저 최준저 『한국신문사』에는 「석양에 들려오는 배달의 요령소리는 장기간 악몽 속에서 신음하고 있었던 민족에게 하나의 기쁨을 주고……」라고 말하고 있으며, 또 하나 이희승 『회고록』에는 「동아일보의 창간호를 받아 든 서울시민들은 거리로 뛰어나와 <동아일보만세>를 외치는 사람도 있었다.」고 동아일보 창간당시의 시민들의 상황을 회고하고 있다.

이처럼 『동아일보』 창간은 국내뿐만 아니라, 아시아 각국에서도 주목의 대상이 되고 있었다. 일본의 영자지 『Japan Advertiser』는 4월 1일자로 북경발 외신을 전재했다. 그리고 「조선인은 조선역사상 최초로 시험적으로 신문을 발간했다. 그 신문은 조선민족의 경영에 의한 조선민중을 위해 자국어로 쓰인 일간지였다. 그리고 그 이름을 『동아일보』라 했다. 이 신문의 전 주주가 조선인이다.」라고 소개했다.

『동아일보』의 창간호를 보면 제1페이지에 「주지를 선명宣明하다.」라는 제목으로 창간의 변이 기록되어 있다. 그 주요한 내용은 다음과 같다.

> 「창천에 태양이 빛나고 대지에 청풍이 불고 있다. 산정수류하고 초목창
> 무하며 백화난발하고 연비어약하니 만물 사이에 생명과 광영이 충만하다.
> 동방 아시아 무궁화동산 속에 2천만 조선민중은 일대광명을 보았도다. 공
> 기를 호흡하도다. 아! 실로 살았도다. 부활하도다. 장차 혼신용력을 분발
> 하여 멀고 큰 도정을 건행하고자 하니 그 이름이 무엇이요. 자유의 발달이
> 로다. ……(이하 줄임)」175)

이 창간의 글 전체에 감도는 강렬한 이미지와 논조는 민족지라는 것을 자
부하고 있다. 또 신문의 전도가 매우 험난하다는 것을 예견하면서도 민중의 친
구로서 오로지 민족과 함께 환란을 극복해 나갈 것을 다짐하고 있다.

『동아일보』는 창간일부터 7일자까지 창간을 축하하는 국내외 명사들의 원
고를 창간특집으로 게재했다. 외국인으로서는 중국 광동정권의 지도자인 손문
孫文의 「천하위공天下爲公」이라는 휘호뿐만이 아니라, 5·4운동의 아버지라고 불
리는 북경대학총장 채원배蔡元培, 북경정권의 국무총리 근운붕靳雲鵬, 또 일본으
로 망명했을 때부터 후쿠자와 유키치와 만나 일본의 근대 신문을 연구해 중국
의 근대언론의 대부 역할을 완수한 양계초梁啓超 등의 휘호가 게재되었다.176)

한편 일본에 관해서는 3·1운동에 대해 한국인의 입장을 비교적 지지한 명
사들의 축사축전을 게재했다. 기독교 사회주의자인 와세다대 교수 아베 이소오
安部磯雄, 일본학사회 이사장 겸 귀족원의원 사카타니 요시로阪谷芳郎, 일본헌정
회총재 가토 다카아키加藤高明, 오사카아사히신문 사장 무라야마 료헤이村山龍平,
와세다대학 학장 히라누마 요시로平沼淑郎, 게이오기주쿠대학 학장 가마타 에이
키치鎌田榮吉 등이었다.177)

『동아일보』의 사설과 보도논조를 보면 일본식민지 통치의 악정을 공격하
면서 조선독립을 상당히 노골적으로 주장하는 격문에 가까울 정도의 필봉이었
다. 그것은 한일합병 이후 10년, 오랜 기간 통제됐던 언론의 제방이 뚫려 분출
되고 있는 듯했다. 창간 직후 1개월에 걸친 『동아일보』의 사설 제목을 분석해
보면 민족문제를 다루고 있는 것이 가장 많았던 것을 알 수 있다.178)

이와 같은 『동아일보』의 민족적 논조로 인하여 필화사건과 행정처분이 연

이어 일어났다. 자본금 70여만 원으로 출발한 『동아일보』는 수회에 걸쳐서 정간, 발매금지, 삭제, 압수 등의 행정처분 등에 의해 경영적으로도 어려움을 겪게 되었다. 그럼에도 불구하고 결코 논조를 굽히지 않고 항일필봉을 계속 고수하고 있었다. 여기서 분명히 하고 싶은 것은 당시의 편집진용은 30대 내외로 패기에 가득찬 젊은이들이었다. 그들은 의욕적인 동시에 매일 민족문제에 대해서는 투쟁적인 보도태도를 보이고 있었다는 점이다. 이러한 투쟁적인 보도태도는 이후도 계속되어 필화사건으로 이어지게 되었다.

『동아일보』가 처음 행정처분을 받은 것은 창간 후 2주째인 4월 15일자 사회면 기사가 문제가 되었다. 그 기사는 「평양에서 만세소요」라는 것으로 조선총독부로부터 발매반포금지 처분을 받았다. 이것이 『동아일보』의 최초 필화사건으로 『동아일보』측은 「사고社告」를 통해 처음 발매금지를 받았다는 사실을 알렸다. 이 처분을 시작으로 발매반포금지, 삭제, 압수 등의 필화사건이 연이어 일어나게 된다.

〈그림-8〉 ··· 검열제도

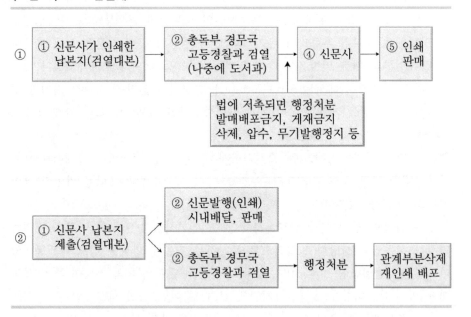

특히 당시 총독부의 행정처분을 보면 <그림-8>의 ①과 같이 먼저 신

문사측이 인쇄한 납본지(검열대본)를 총독부 경무국 고등경찰과로 제출하여 검열을 받는다. 이 검열에서 법률에 저촉되면 담당관의 재량에 의해 삭제, 압수, 게재중지의 행정적인 명령을 내린다.[179]

원래는 발행 전에 이러한 사전검열을 통해서 신문을 순차적으로 발간하는 것이 순서이지만, 신문사라는 것은 신속성을 생명으로 하는 것이기 때문에 <그림-8>의 ②와 같이 납본지를 제출해서 검열이 이루어지는 같은 시간대에 신문사에서는 미리 인쇄하여 시내배달과 판매를 실시하게 된다. 만약 일반 시민에게 배포하는 도중에 행정처분을 받게 되는 경우에는 기사의 관련부분을 삭제하고 다시 인쇄배포해야 한다. 이것은 표면적으로는 신문의 신속성이라고 표방은 하지만, 실제로는 검열에 의해 게재불가가 될 것 같은 기사들은 가능한 한 한시라도 빨리 게재불가 판정이 나오기 이전에 미리 독자들이 읽어볼 수 있도록 신문사 측의 교묘한 신문 배포작전이었다.[180]

이 납본지의 검열에 의해 행해진 행정처분의 경우, 만약 기사 한 줄에 관해서도 그것이 행정처분명령이 나오면 다시 인쇄해야만 한다. 예를 들면 인쇄가 끝난 신문이 「차압 또는 압수된 경우」[181] 신문사로서는 그 날의 신문을 발행하지 않을 수 없으므로, 그 경우 발행되는 것은 호수에 넣지 않는 이른바 「호외」가 되는 것이다. 바꾸어 말하면 「삭제」만을 받은 날은 문제가 되는 기사만을 빼고 신문을 발행할 수 있으므로 호수가 없는 「호외」로 다시 인쇄할 수밖에 없는 것이다.[182]

정진석(1974)교수의 자료에 의하면, 1920년부터 1939년 사이 일제강점기 조선에서 『동아일보』, 『조선일보』, 『중외일보』, 『매일신보』의 「신문기사압수처분건수」및 「신문압수처분부수」는 다음 표와 같다.[183]

<표-14>에 의하면 기사압수처분은 1924년과 1925년 사이에 건수가 가장 많았던 것을 알 수 있다. 또 『동아일보』와 『조선일보』의 19년간 압수기사의 수를 보면 연간 평균 20건 이상 압수처분을 받았던 것으로 나타났다.

⟨표-14⟩ ··· 일제 강점기의 신문기사 압수처분건수 일람표(1920~1939)

연대\지명	동아	조선	중외	매일	계	
△1920	16	24			40	「동아」「조선」창간
△1921	15	23			38	
△1922	15	12			27	
△1923	14	12			34	
△1924	56	48	49		153	「시대」(창간)(『중외일보』)의 전신.
△1925	57	56	38		151	매일은 1925년까지의 자료 없음.
▲1926	33(31)	53	26	3	115(113)	「중외」는 「시대」24 「중외」2의 계
▲1927	44	54(55)	38(37)	3	139(139)	
▲1928	26	21	26(25)	3	76(75)	
▲1929	28	21	25(24)	4	78(77)	
▲1930	21	16	23(21)	1	61(59)	
△1931	17	9	6	6	38	
△1932	7	8	5	4	24	
▲1933	6	9(10)	6(7)	1	22(24)	
▲1934	12(9)	4	4	1	21(18)	
▲1935	2	3	3	5	13	
▲1936	9	13	8	6	36	(1월 「조선중앙」(중외)폐간)
◇1937	2	8		8	18	
◇1938	5	7		5	17	
◇1939	8	5		3	16	
1940						자료 없음. 8월에 「동아」, 「조선」
계	393 (388)	414 (416)	257 (253)	53	1,117 (1,110)	폐간

자료: ① △표는 「언문신문차압기사집록」에서 ◇표는 「조선출판경찰개요」에서, ▲표는 ◇표와 △표
의 자료 또는 「조선에서의 출판물개요」에 실려 있는 것. 이 두 자료에 차이가 인정되는 것은
◇표 자료의 숫자를 ( )에 넣었다.

② ◇표의 자료가 연도에 따라 상이할 경우는 옛날자료에 의했다.

③ 『중외』는 시대·중외·중앙·조선중앙을 하나로 보고 계산한 것.

④ 鄭晋錫(1974) 『アジア公論』 10月 特大号, アジア公論社

• 시대일보는 후에 중외일보·중앙일보·조선중앙일보라고 개제.

〈표-15〉 ··· 일제 강점기의 신문압수처분부수일람표(1929~1939)

연도＼지명	동아	조선	중외	매일	합계
1927					1,729,478
1928					877,959
1929	333,448	319,056	92,491	16,652	761,647
1933	58,631	109,920	73,080	347	241,978
1934	137,433	34,202	81,651	77	253,363
1935	5,830	58,624	15,850	29,028	109,332
1936	248,779	197,065	60,268	93,573	599,685
1937	24,813	149,198		61,828	235,839
1939	78,024	88,063		14,838	180,925
계	886,958	956,128	323,340	216,343	4,990,206

자료 : 조선총독부 경무국 도서과

주 : ① 1927년, 1928년도는 각 사별로 분류되어 있지 않다.

② 그 외의 연도 자료 없음.

③ 鄭晋錫(1974)『アジア公論』10月　特大号，　アジア公論社

　　<표-15>에 의하면 부수적으로는 1927년이 가장 많은 부수로 172만부에 달하고 있다. <표-14>, <표-15>의 수치를 분석해 보면 양쪽 모두 1927년을 마지막으로 급격히 숫자가 감소되고 있는 것을 볼 수 있다. 이것은 사이토 총독시대 말기부터 우가키 가즈시케宇垣一成 총독에 걸쳐 가장 엄격한 언론통제정책을 취하고 있었다는 것을 알 수 있다. 또 이 해는 한반도에서는 일단 주춤했던 독립운동이 다시 일어나 「6·10만세운동」[184]이라는 제2의 독립운동이 발발하고, 더욱이 같은 해 12월 28일에는 「동양척식회사 폭탄사건」[185] 등이 연이어 일어났다. 또한『동아일보』도 제2차 무기정간처분 등에 의해 논조가 점점 격하게 된 것에도 원인이 있을지도 모른다. 한편 일본국내에서도 다음해인 1928년에는 긴급칙령으로 치안유지법이 개정되어 언론출판물에 의해 단속을 강화했다. 그리고 1933년 이후는 수치적으로 한층 감소 추세를 보였는데 이것은 아마도 만주사변의 영향일 것으로 보인다.[186] 즉 만주사변 이후는 언론통제가 한층 강화되어 사전검열에 의해 압수당하는 건수는 점점 감소되었기 때문으로 보인다.

이와 같이 언론통제에 의해 인물, 물적 손실이 막대했던 것은 물론, 신문사의 경영에도 큰 영향을 미치게 되었다. 그럼에도 불구하고 『동아일보』는 항상 행정처분을 예상하면서도 검열용 납본지를 가능한 한 늦춰 시내만이라도 행정처분 전에 미리 배달해 알리기 위한 묘책을 짜기도 했다. 그리고 행정처분을 받을 경우에는 반드시 다음날 지면에 사고社告로 「○○일자 발행한 본지 제 ○○호는 당국의 기휘忌諱에 저촉된 부분을 말소하고 이것을 호외로 발행했다. 다소 지연된 것을 독자 각위에게 근사謹謝(정중히 사과)한다.」[187] 등의 문맥으로 독자에게 알렸다. 이는 신문지연의 이유를 독자들에게 사과하는 것보다도 총독부로부터 언론탄압을 받았다는 사실을 간접적으로 독자들에게 알리고자 하는 데 목적이 있었다.

전술한 대로 『동아일보』는 다수의 행정처분과 4회에 걸친 무기정간처분을 받게 되었다. 이것은 일제가 당시 조선의 언론에 대해서 어떤 통제와 탄압을 가했는가를 명백하게 증언해 주고 있는 대목이다. 따라서 여기에서는 4회에 걸쳐 무기정간처분을 받은 언론탄압에 대해서 분석해 보기로 한다.

① 제1차 무기정간처분

『동아일보』는 창간 후 6개월이 지난 1920년 9월 25일부터 1921년 1월 10일까지 108일간의 무기정간처분을 받았다. 정간의 직접적인 원인은 9월 25일자 사설 「제사문제를 재차 논한다.」라는 기사였다. 이 사설은 일본 황실의 상징인 거울鏡, 주옥珠玉, 검劍의 이른바 「삼종의 신기神器」를 모독했다는 이유로 큰 문제를 야기하였기 때문이다. 즉 다음과 같은 부분이 총독부의 기휘에 저촉되어 정간처분을 받게 된 것이다.

「(전략) …우상숭배의 제일 현저한 자는 목조이소木彫泥塑하고 분면전신粉面全身하여 신이 여기에 있으며, 또 영靈이 여기에 있다고 하여 이것을 숭배할 뿐만 아니라, 때로는 이것에 대해 강상강복降祥降福을 비는 것이다. 이것은 확실히 우상숭배라고 할 수 있다. 설혹 인신人身을 모작模作시키는 우상이 없다고 할지라도 혹은 거울로 혹은 주옥으로, 혹은 검으로, 그 외 어떤 모양으로든지 물형物形을 만들어 모처에 봉치하고 신이 이것에 있으며 혹은 이것에 영이 있다고 하여 이에 대하여 숭배하며 혹은 기도함은 일체

우상의 숭배라고 할 것이니 ……(후략)」188)

즉 신문지법 제21조 「내부대신은 신문으로 안녕질서를 방해하고 혹은 풍속을 괴란한다고 인정될 때는 그 발매반포를 금지하고, 이것을 압수 또는 발행정지 혹은 금지할 수 있다.」189)에 의해 9월 25일자(176호) 『동아일보』는 발매금지 및 발행정지라는 처분을 받게 되었다.

이 발행금지의 주된 이유로 총독부 측은 다음과 같이 밝히고 있다.

「(전략) …… 근본적으로 총독정치를 부정하고 악의적인 추단推斷에 의해 총독정치에 대한 일반의 오해를 불러일으켰다. 또 오늘의 신문에서 우상숭배를 논해 일부러 우리 제국신민의 신념의 중추인 검, 거울, 주옥에 대해 무이해한 망설 …… (후략)」190)

즉 문제의 기사는 일본 국체의 근본에 저촉되는 비판이므로 도저히 용서할 수 없다고 하는 것이었다. 정간처분을 낸 것은 이 이유와 함께 그 배경으로는 이제까지 누적되어온 총독부의 불만으로 판단된다. 『동아일보』의 논조는 총독부로서는 참기 힘들 정도로 항일적이었다고 보기 때문이다.

② 제2차 무기정간처분과 국제농민본부

1926년 3월 1일 3·1운동 제7주년을 기념하기 위해서 소련 국제농민회 본부로부터 조선농민에게 보내온 축전을 『동아일보』 3월 5일자 제2면에 그 전보문과 함께 번역문을 첨가해 게재했다. 그 전문은 다음과 같다.

「금일 귀 국민의 제7회 슬픈 기념일에 즈음하여 국제농민본부는 세계 44개국으로 조직된 농민단체를 대표하여 가장 깊은 동지로서의 동정을 농업국가인 조선동포에게 드리노라. 이 위대한 날의 기념을 영원히 조선의 농민들에게 역사적, 국민적 의무를 일깨울 것을 믿으며, 자유를 위해 죽은 이에게 영원한 영광이 있을지어다. 현재 수감 중인 여러 동지들과 분투하는 여러 동지에게 형제적인 사랑의 위문을 드리노라.」191)

이 기사가 총독부를 자극해 3월 6일자로 역시 신문지법 제21조에 저촉되어 다음 날부터 4월 19일까지 44일간 제2차 무기정간처분을 받게 된다.

그런데 이번은 강제처분만이 아니라 사법책임까지 묻게 되었다. 결국 3월 6일의 발행정지령에 의해 종로경찰서 고등계형사 5, 6명이 편집국을 방문하여 국제농민본부에서 온 전보문을 압수했다. 더욱이 주필 송진우, 발행인 겸 편집인인 김철중, 고영한 기자 등을 수회에 걸쳐 소환질문한 후 두 사람은 각각 기소되고 송진우 주필은 보안법위반 용의자로 징역 6개월, 김철중 발행인 겸 편집인은 신문지법 위반 용의로 금고 4개월의 언도를 받고 11월 8일 상고 기각과 함께 형이 확정되었다. 그 후 송진우 주필과 김철중 편집인의 재판이 진행되고 있던 8월 23일자 「횡설수설」란의 기사가 또 문제가 되어 논설기자는 징역 8개월, 김철중 편집인은 또 금고 4개월의 언도를 받게 되어 합이 8개월이 된 것이다. 그것은 당시 총독부의 지극히도 혹독한 언론탄압정책을 말해주고 있다.

③ 제3차 무기정간처분과 창간 10주년 기념사업

『동아일보』는 신문 창간 10주년 기념사업의 하나로 1930년 4월 1일부터 국내외 저명인사들의 기념축사를 연재했다. 그 중에서 4월 16일자에 미국의 「네이션」지誌 주필인 「빌라즈」씨의 축사를 게재하게 된다. 그런데 이 축사에서 「조선의 현상 하에서 귀보의 사명은 중대」라는 부분이 문제가 됐다. 그 주요 내용은 다음과 같다.

「(전략) …… 조선의 현상 밑에 귀 동아일보의 사명이 비상히 중대한 것은 우리는 알고 있습니다. 귀보가 곤란한 경우에 처해 있다고 하는 사실 그것이 곧 귀보로 하여금 꿋꿋하고 비이기적이며, 공정하고 결백하여 사명을 위하여서는 모든 것을 희생하리라는 결심이 있게 하는 까닭입니다.」192)

이것이 불온한 것이라고 인정되어 삭제, 정간처분을 받게 된다. 그 결과 『동아일보』는 4월 16일 정간처분을 받아 1930년 4월 17일부터 같은 해 9월 1일까지의 138일간 무기정간 처분을 받았고, 9월 1일에야 해제되어 9월 2일부터 속간되었다.

④ 제4차 무기정간 처분과 일장기 말소사건

1936년 8월에 제2차 세계대전 전 마지막 올림픽이 베를린에서 열려 손기정孫基禎 선수가 마라톤에서 우승을 차지했다. 이것을 게재한『동아일보』기사가 문제가 되었다. 그것이 그 유명한「일장기 말소사건」이다.193)「일장기 말소사건」은 일반적으로 히노마루(日の丸) 말소사건이라고 알려져 있으며, 직접적인 원인은 8월 25일자의「영예의 우리 손군」이라는 제목하의 사진이었다. 즉 베를린에서 우승한 손기정 선수가 입은 운동복·셔츠 가슴에 일장기 마크를 지우고 태극문양을 게재한 것이 문제가 되었다.194)

이 문제의 사진은 8월 23일자『오사카아사히』의 스포츠 란에 게재된 것으로, 그 사진이『동아일보』에 전재될 때에는 손기정 선수의 가슴부분의 일장기 사진전체는 검은 그림자와 같이 기술적으로 삭제되고 태극 문양이 가필 수정됐다. 그 결과 8월 25일자『동아일보』에는 일장기는 거의 보이지 않고, 상기의 제목하에 태극문양이 게재되게 되었다. 이것이 문제가 되어 신문지규칙 제12조195)에 의해 1936년 8월 27일부터 1937년 6월 2일(3일부터 발행)까지 279일간 제4차 무기정간처분을 받아 식민지통치하에서는 가장 긴 무기정간처분을 받게 되었다.

『동아일보사사』1권 363, 365, 367페이지를 보면 무기정간처분이 내려진 날짜는 8월 29일자로 기록되어 있지만, 이것은 잘못 기록된 것으로 8월 27일이다. 그 근거로 당시『동아일보』의 기사와『한국신문사』(p. 320),『한국신문종합사설선집』2권(p. 511), 하루하라 아키히코春原昭彦『일본신문통사』(p. 202), 우치카와 요시미內川芳美『신문사화新聞史話』(p. 156), 또는 신동아『조선현대사연표』(p. 156)에 의하면 8월 27일로 일치한다. 다만 총독부 경찰국에서 정간처분명령을 받은 것은 27일 오후 5시였으므로 배포된 신문이 남아 있었을 가능성은 있다. 따라서 이 신문을 보고 사사社史를 쓴 경우에 잘못이 생길 수 있다.

여기서 주목할 만한 것은 이번 일장기 말소사건 때에는 제2차 무기정간처분 때에 적용됐던「신문지법」이 아니라,「신문지규칙」이 적용되어 무기정간처분을 내렸다는 점이다.

당시 조선인에 대해서는「신문지법」(1907년 광무신문지법)이 일본인에 대해서는 「신문지규칙」(1908년 통감부령)이 각각 적용되었고, 또 출판활동에 있어서도 조선인에 대해서는 「출판법」(1909년)이 일본인에 대해서는 「출판규칙」(1910)이 각각 차별적으로 적용되고 있었다. 각각의 법규 모두에는 「명령으로 조선인에게 적용한다.」「조선에 있는 일본인에 적용한다.」 등과 같이 명기되어 있다(* 본고의 부록[1] 참조). 실제 종래의 『조선일보』, 『동아일보』 등의 조선민간지에 대한 정간처분은 「신문지법」에 근거해 행해지고 있었다.

따라서 『동아일보』의 일장기 말소사건의 경우도 조선인에게는 「신문지법」이 적용되어야 하지만, 실제는 이례적으로 일본인용의 「신문지규칙」이 적용되었다. 그 이유에 대해서는 아직 확실하지 않지만 다음과 같이 추측할 수 있다.

첫째, 이 사건은 일본의 국체에 관한 큰 문제였기 때문에 엄격하게 단속하기 위한 것.

둘째, 1936년 무렵은 「내선일체」정책이 강력히 실시되어 조선인에 대한 차별정책을 철폐하려고 했기 때문이다.

셋째, 일장기 말소사건의 문제 사진은 『동아일보』 측이 촬영한 것이 아니라 일본신문인 『오사카아사히』가 게재한 것을 전재한 것이기 때문이다.

이 중에서도 첫 번째와 같이 이 사건은 국체에 관한 큰 문제였다는 것이 가장 큰 원인이 되었던 것으로 보인다. 그런데 문제의 사진을 수정한 사람은 체육부기자 이길용李吉用과 조사부소속 이상범李象範 전속화가였다. 이길용 기자는 사진수정의 발안자이고 이상범 기자는 직접 가필한 화백이었다. 이 신문의 정간처분에 의해 사진부 2명, 사회부 2명, 사진과장, 조사부 1명, 체육부 1명, 사회부장 등 10명이 구속되고 다수의 간부가 사임하기에 이른다. 이와 같이 일장기 말소사건은 다음과 같이 전례가 있었던 사건이다. 이 사건 이전에도 두 건의 사례를 확인할 수 있다.

첫째, 1932년 미국 로스앤젤레스에서 제10회 올림픽대회가 열렸다. 이 대회의 마라톤에서 김은배 선수가 제6위에 입상한 바 있다. 그 당시 8월 9일자 『동아일보』에는 김은배 선수의 가슴에 일장기를 살짝 기술적으로 교묘하게 말소하여 [Y]자를 그려 넣었다. 이것이 이번에 밝혀졌다. 이 [Y]자는 도대체 어떤 의미인가는 알 수 없지만, 보통은 일장기나 [Victory]가 있을 수 있지만,

[Y] 라는 글자를 쓴 것은 김은배 선수에게 있어서 특별한 의미를 가진 것이라고 생각된다.

둘째, 또 하나의 전례는 8월 13일 『조선중앙일보』가 「두상에 빛나는 월계관, 손에 단단히 쥐고 있는 떡갈나무 묘목, 올림픽 최고 영예의 표창을 받는 우리 손 선수」라는 캡션을 넣어 사진을 게재했다. 하지만 이 사진은 그다지 선명하지 않았기 때문에 일본 검역관도 그만 주의를 게을리 한 탓으로 무사히 검열을 통과하고 만다.[196]

이때 총독부에서 이 신문기사에 대해 어떤 문제도 제기하지 않았기 때문에 『동아일보』도 10일이나 지난 8월 25일자 석간에 이를 준용해 게재한 것이 아닌가 한다. 여기서 보다 구체적인 이해를 돕기 위해 당시의 신문검열 상황을 상세하게 기술한 것을 보기로 하자.

「다음 날 다시 석간이 나올 즈음 경무국 도서과를 들여다 보도록 해라. 그 무렵 검열계의 책상 위에는 백 촉의 전구가 빛나고 있다. 소사가 언문신문사에서 신문을 가지고 달려와 검열자에게 건네준다. 한 글자 한 구도 소홀함이 없는 검열자의 눈이 빛나고 있다. 빨간 선을 그은 신문이 되돌려진다. "전화에 달려들어 경기도 경찰부에 ○○신문 제○○호 제2면 ○○라는 제목의 기사는 치안방해로 차압되었기 때문에 수배하세요." 계속해서 각 도지사, 그 외 관청에 통보하여 각각 수배한다.」[197]

이 글에서 당시의 신문검열상황을 보더라도 당시의 신문검열은 대단히 치밀했던 것으로 추측이 되지만, 신문사 측은 또 그 검열에 대해서 더욱 치밀하게 필사적으로 대처하고 있었다. 『동아일보』의 일장기 말소사건은 이른바 「제3의 독립운동」[198]이며, 언론을 통해 호소한, 소위 언론의 힘에 의한 독립운동이었다고 말할 수 있다. 나라를 잃은 조선민족은 민족문자조차도 사용할 수 없게 되었고, 또 오랫동안 일본의 가혹한 식민지 탄압정책하에서 굴종을 강요당하는 속에서 손기정 선수의 우승은 조선민족의 가슴에는 상당한 카타르시스가 되었을 것이다. 특히 손기정 선수 등의 쾌거에 대해서 『동아일보』를 통해 항변한 것에 대해 전 도쿄대 우치카와 요시미内川芳美 교수는 「조선민족들은 그들의 민족의식을 아플 정도로 자각하고, 그 민족이 처한 굴욕적 현실에 대해 나타낸 저항의 상징적 표현이었다.」199)라고 논하고 있다.

이때는 신문의 정간처분만이 아니라 제호題號가 가지고 있는 상징적인 의미까지 말살되게 되었다. 즉『동아일보』는 1938년 2월에는 조선총독부의 압력에 의해 「조선춘추회」라는 어용단체에 가입까지 하게 된다. 이 단체의 규칙에 근거해서 2월 10일자부터 『동아일보』 제호의 뒤 배경인 한반도와 무궁화가 그려진 문양을 강제적으로 삭제령까지 내려 삭제하게 된다. 무궁화는 조선의 국화로 인식되어 당시 독립운동의 상징적인 의미를 지니고 있었다.200)

그런데 1937년 7월 7일 북경의 서남방에 위치한 노구교蘆溝橋에서 중일전쟁이 발발하여 조선은 대륙전쟁의 전초기지가 되었다. 뿐만 아니라, 1939년 9월 유럽에서 제2차 세계대전이 발발하자 조선총독부는 「황민화정책」에 가장 장애가 되었던 『동아일보』의 자주적 폐간을 종용하기에 이른다. 마침내 전운이 감도는 가운데 1940년 1월 15일 경무국장 미하시 코이치로三橋孝一郞는 『동아일보』의 백관수 사장, 송진우 고문, 『조선일보』 방응모 사장을 불러 다음과 같이 말했다.

「…… 정세로 보면 언론통제는 불가피해졌으며 용지 사정도 어렵게 되었다. 앞으로 전시보국체제를 일원화할 필요가 있어 언론보국 기관도 하나로 하는 통합방침을 세웠다.」201)

이처럼 조선총독부는 일본의 개천절인 2월 11일 기원절을 기해 양 신문사에 폐간할 것을 요구해 왔다.

이에 양 신문사 관계자는 폐간을 거부하고 반대투쟁을 위해 결속하기로 했다. 그러나 두 신문을 강제적으로 폐간시키겠다는 총독부의 방침은 견고 했다. 사태가 긴박하게 돌아가자 송진우 고문은 정월 하순 총독부의 폐간처리의 부당성을 호소하기 위하여 최후수단으로 극비리에 동경을 방문했다. 동경에 도착한 송 고문은 당시 귀족원의원 우사미 가쓰오宇佐美勝夫(총독부 초대 내무국장), 마루야마 쓰루키치丸山鶴吉(전 총독부 경무국장), 세키야 데이자부로關屋貞三郞(전 학무국장), 미쓰나가 호시로光永星郞(전통사장) 등의 의원이나 유력자, 그리고 당시 일본 우익의 거두인 도야마 미쓰루頭山滿를 찾아갔다.202) 더욱이 일본 정재계의 고급관료들도 찾아가 『동아일보』의 강제폐간의 부당성을 일본정계에 호

소하여 일대파문을 일으켰다. 특히 마루야마 쓰루키치, 미쓰나가 호시로 등은
귀족원에서 정식으로 발언하여 일본 의회에까지 문제가 비화되게 되었다. 이
문제가 일본의 정재계에도 확대되었기 때문에 총독부로서도 어쩔 수 없이 폐
간방침을 일단 후퇴하지 않을 수 없었다.

그렇지만 폐간방침은 철회되지 않아 이번에는 신문사의 「경리부정」 문제
를 끄집어내 문제를 삼았다. 그 주된 이유는 이 신문사가 저금한 수익을 상해
에 있는 대한민국임시정부의 독립운동자금으로 보냈다는 의심이었다. 이것으로
인해 백관수 사장과 김승문 전 동경지국장이 구속되었다.

이때 고재욱 편집국장도 와병중이고 임정화 상무조차도 중병으로 투병 중
이었다. 그래서 서울 종로경찰서 조사과장실에서 중역회의가 열렸지만 백 사장
스스로는 폐간 신고서에 서명 날인하는 것을 거부했다. 경찰당국은 발행 겸 편
집인의 명의를 중병 중인 임정화 상무로 변경시키고 임정화의 명의로 자진폐
간의 형태를 취해 폐간시켰다. 그 결과 1940년 8월 10일자로 『동아일보』는
『조선일보』와 함께 폐간하게 되었다.203) 경찰당국은 어디까지나 강제폐간의
인상을 남기지 않도록 하기 위하여 기자와 사원의 언동을 엄중 감시하는 한편
8월 10일까지 폐간보도도 통제했다.

이상 내용을 정리해보면 『동아일보』는 「3·1운동」이후 유언비어일소를 위
해 지하신문의 양성화와 총독부의 문화정책 등으로 조선에서도 일본과 동등하
게 언론의 자유를 인정하도록 하자는 여론의 움직임을 배경으로 창간되었다.
그러나 이 신문은 독립운동의 선두에 서게 되었기에 총독부로써는 치안유지의
최대 장애기관이 되어 강제폐간에 이르게 된다. 또한 이 신문은 창간부터 강제
폐간까지 4차에 걸쳐 무기정간처분과 다수의 탄압을 받으면서도 그 논조는 굽
히지 않고, 어떤 희생의 대가를 치르더라도 언론기관의 사명인 신문발간을 계
속할 것이라고 결의하고 있었다.204)

제3절 관동대지진과 조선의 언론통제

1. 관동대지진과 조선인대학살사건

관동대진재關東大震災(관동대지진으로 인한 피해)는 도쿄를 중심으로 한 관동지방에 매그니튜드 7.9의 대 지진이 발생해 190만여 명의 피해자가 발생했고, 그 중 10만 5천여 명이 사망 또는 행방불명이 되는 대 재해를 입게 되었다. 특히 다이쇼 데모크라시가 성숙한 시기에 지진이 발생해 그것을 계기로 일본 사회에는 다시 파시즘사상이 대두하게 된다. 진재의 발생과 함께 계엄령이 선포되자 군부가 선두에 서게 되어 자연히 파시즘이 대두되게 된 것이다. 또 재난과 더불어 언론사나 경시청 등이 뿌린 전단지에 의해「불령선인不逞鮮人」이라는 조선인을 비하하는 유언비가 급속도로 유포되면서 조선인들을 무차별적으로 학살하게 이른다.

〈그림-9〉 ··· 불령선인 등 유언비어 유포한 일본경시청의 告示 비라

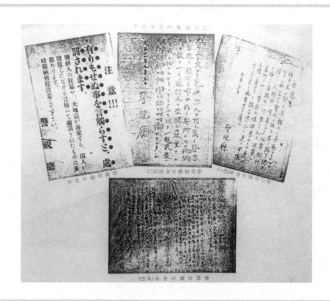

당시 일본에서는 제1차 세계대전 이후로 물가가 폭등하고 실질임금이 저하되는 등 민중의 생활이 날로 어려워져 갔다. 그 예로 1918년 도야마현富山県에서 일어난 「쌀 소동」은 급격히 전국으로 확대되어 그 참가자 수가 일시적으로는 수백만에 달하기도 했다. 그래서 서 일본을 중심으로 전국 120개소, 9만 명에 이르는 군대가 출동해 진압하기에 이른다. 그 결과 테라우치 마사타케寺內正毅 일본총리(조선초대총독)는 사임하게 되었고, 그 후에도 대중운동으로 널리 진전되었다.[205] 1919년에는 각지에서 노동자가 조직적으로 1일 8시간 노동제와 임금인상, 노동조합의 승인을 요구했으며, 1921년에는 친목단체인 「우애회友愛會」가 전국적인 조직으로 노동조합의 성격을 지닌 「일본노동총동맹」을 결성하게 된다. 이듬해는 「쌀 소동」에 이어 소작쟁의가 전국적으로 확대되고, 1922년 4월에는 일본 최초의 농민조직인 「일본농민조합(일농)」이 창립되었다. 이런 사회상황 속에서 1922년 7월에는 「일본공산당」이 결성되고 이듬해인 1923년 4월에는 일본공산당청년동맹이 결성되었다. 다만 나중에 「치안경찰법」에 근거해 최초의 탄압이 가해져 백여 명이 검거되었다.[206]

〈그림-10〉 ··· 관동대지진 당시 자경단에 의한 조선인학살 장면

이러한 일본의 사회 환경 속에서 1923(大正12)년 9월 1일 낮 11시 58분 「관동대진재」207)가 일어났다. 대진재가 일어나기 일주일 전인 8월 24일 가토 토모사부로加藤友三郎 수상이 죽고 우치다內田 외무대신이 임시수상대리가 되었다. 그 후 28일 야마모토 곤노효에山本權兵衛가 수상으로 추대되었지만, 대지진이 일어났을 때에는 신임수상이 내각을 조각하고 있던 중이었다. 따라서 진재 직후 긴급대책조치를 취한 것은 미즈노 렌타로(전 조선총독부 정무총감) 내무대신이었다. 지진발생 이틀째인 9월 2일에는 치안유지를 위해 계엄령이 선포되고, 조선인은 일본군관헌에 의해 학살되는 사건이 일어나게 된다. 이 계엄령 선포에 즈음해 유언비어의 진원지를 조사해 보면 여러 가지 설이 있지만, 나카지마 요이치로(中島陽一郎) 등에 의하면 ①계획적으로 헛소문을 유포했다는 설(전내각설)208) ②군과 경찰이 주역이었다는 설(군벌설, 경시청설)209) ③우익·국수주의 단체설210) ④요코하마지방 유언비어설211) 등이 있다.212)

관동 대학살이 일어 난지 100여년 가까이 되었지만 아직도 당시의 유언비어의 진원지는 분명하게 밝혀지지 않았으며 또 당시 학살된 조선인 수도 명확하게 밝혀지지 않았다. 다만 당시 지진에 의한 사회불안이 큰 원인이었던 것은 틀림없는 사실이다. 진재의 피해가 컸기 때문에 민심의 동요도 컸다. 물과 식량부족 등의 문제로 생존의 위기에 직면해 있던 중에 조선인이 도둑질을 한다는 유언비어가 난무했다. 그들의 정보가 여러 가지 형태로 군과 경찰 측에 전달되어 치안당국자는 정보 분석을 제대로 취하지 않은 상태에서 확대해석해 치안유지를 위해 계엄령까지 내리게 된다.

당시 치안유지를 담당한 것은 미즈노 렌타로 내무대신과 아카이케 아쓰시赤池濃 경시총감이었다.213) 그들은 조선의 3·1독립운동 직후 사이토 마코토 총독과 함께 경성의 치안책임자로 근무했지만, 그때 견디기 힘들 정도의 치안부재상태를 경험한 것이다. 그래서 두 사람에게 있어 조선인에 대한 경계심 혹은 공포는 누구보다도 강했기 때문에 계엄령을 선포하기에까지 이르렀다.

지금까지 진재 때 학살된 조선인의 수는 확실하게 밝혀지지 않았지만, 사법성의 조사보고서에 의하면 조선인은 233명, 오살된 일본인 사망자는 58명, 중국인은 3명으로 되어 있다. 이것에 대해 강덕상 교수(전 히토쓰바시대학─橋大學)는 1975년 조사에서, 학살된 조선인은 6,433명에 달한다고 주장하고 있다. 그 근거로는 당시 관동지방에서 조선인 거주자수가 약 2만 명이라고 추측하며 그 중 약 9천 명이 행방불명이 된 것을 들고 있다. 또한, 전승학全承學과 요시노 사쿠조吉野作造에 의한 조사도 이 수치에 거의 가깝다.

도쿄의 에도도쿄박물관의 오기 신조小木新造 박사(전문이사)를 중심으로 한 연구그룹과 도쿄대사회정보연구소의 히로이 오사무廣井脩 교수를 중심으로 한 연구그룹이 1990년 3월 15일 도쿄대학사회정보연구소에서 제1회 관동대진재와 조선인학살사건에 대한 연구회214)를 개최했다. 그곳에서 오기 신조 박사는 당시 학살된 조선인의 수는 약 7천 명 정도가 통설이라고 말했다.

필자도 이 연구회의 멤버로 조선인 학살사건과 언론통제에 대해 분석한 적이 있지만, 학살된 조선인 수는 오기 박사가 주장한 7천 명보다는 3천 명이 많은 1만 명은 될 것이라고 추측하고 있다. 그것은 다음과 같이 몇 가지 근거를 통해 추측이 가능하다.

첫째, 1919년 2월 8일 도쿄 기독교회관에서 행해진 2·8독립선언, 조선의 3·1운동 직후 관동지역의 재일조선인들은 가능한 한 도쿄를 중심으로 모아 요감시인, 요감찰인을 두고 관리하고 있었다. 또 현재 이 사건에 대한 연구가 일본인에 의해 활발해져 피해자 수는 지금까지 알려진 것보다 훨씬 많았다는 것이 계속 판명되고 있다.

둘째, 『숨겨진 역사』215)에는 가와사키川崎에서 9월 1일 오후 3시경부터 조선인 폭동의 소문이 퍼져 요코하마에서도 오후 7시경 「조선인 약 2백 명이 습격해 방화, 강간, 우물에 독을 넣을 우려가 있다」라는 유언비어가 퍼졌다고 기록되어 있다. 이와 같이 조선인의 폭행, 폭동, 방화, 강간 등의 유언비어가 급속히 퍼진 것은 군·경찰의 개입이 원인이 되기도 했다. 그들은 유언비어를 적절하게 처리한 것이 아니라, 역으로 확대해석하여 전국지방관청에 「도쿄부근의 진재를 이용해 조선인이 각지에서 방화하고 불령한 목적을 수행하고자 하여 현재 도쿄시내에서 폭탄을 소지하고 석유를 부어 방화하는 자가 있다.」216)라고 전했다. 또 경관이 오토바이와 자전거를 타고 각지에서 큰소리로 「우물에 독을 넣는 자가 있으므로 주의하라」217)라는 헛소문까지 퍼뜨렸다.

더욱이 조선인의 학살은 계엄령 하에서 군·경찰의 주도에 의해 23,715명에 이르는 조선인을 무차별적으로 보호·검속하여 경찰서와 강제수용소로 보내는 일도 벌어졌다. 이때 자경단218)도 조직되어 민간인과 군경이 함께 조선인을 연행해 폭행하거나 학살하는 사태에까지 이르렀다.

사이타마현埼玉県의 재판보도에 의하면 자경단에 참가해 조선인을 학살한 일본인 계층은 「차부직공車夫職工, 일용직, 소상인, 농부, 목수」 등으로, 생활은 중류 이하로 만족하며 부모형제가 모여 생활한다고 답한 사람은 적었다고 한다.219) 마찬가지로 학살된 조선인은 상당수가 문맹자였다. 당시 조선인은 노동자, 직공, 목수, 특히 일용부 등이 많았던 것이다. 그들은 일본말도 제대로 통하지 않은 채 식량도 부족한 생활을 하는 사람들이었다. 일용부의 생활에 있어서도 진재는 견디기 힘든 일이었으며, 검찰과 수용소 생활이나 폭행 등으로 신변의 위험을 느낀 그들은 집단행동을 취하고 있었던 것으로 보인다.

이와 같은 상황 속에서 정보가 부족했던 것은 물론, 대부분의 신문사가 불타버려 남아있더라도 바로 신문을 발행할 수 없는 상태였다. 당시 임시각의가 열려 도내에 유일하게 남아 있었던 요쓰야四ッ谷의 만월당満月堂이라는 인쇄소와 계약해 9월 2일부터 『진재휘보震災彙報』라는 신문을 발행하고 시민에게 무료로 배포했다.220) 그러나 부수도 적고 학살사건에 관련된 조선인과 일본인 중에서는 문맹자가 많았기에, 이 신문의 발행은 헛소문 일소에는 그다지 도움이 되지 않았던 것으로 추측된다. 일본정부는 9월 2일 오후 6시 정식절차인 추밀원 자문을 거치지 않고 긴급칙령 제398호로 계엄령을 선포했다. 당시 미즈노 렌타로 내무대신의 담화에 의하면 조선인폭동에 대해서 「유언비어가 어디서부터라고 할 것도 없이 행해지고 있었던 것이었다. …… 경우가 경우인 만큼 결국 계엄령을 시행하는 것 외에는 별다른 방법이 없을 것이라고 결정했다.」221)라고 진술하고 있다. 결국 계엄령 선포는 조선인에 관한 유언비어 때문이라고 말하고 있다.

더욱이 3일째 되는 날 경시청 경무국에서 각 신문사에 대해 다음과 같은 경고서를 내고 언론통제에 착수했다.

「조선인의 망동에 관한 소문은 허위로 전해진 것이 극히 많고, 비상 재해에 의한 인심을 앙분할 즈음 이와 같은 헛소문의 전파는 도움이 되지 않아 사회불안을 증대하는 것으로 조선인에 관한 기사는 특히 신중하게 고려한 후에 모두 게재할 것을 배려하며, 또한 명령 이후에 위와 같은 기사에 있을 때는 발매 반포가 금지되는 것을 주의하시오.」222)

이 경고에 의해 조선인 폭동에 관한 기사는 전면게재금지가 되어 이것을 계기로 언론에 대한 통제가 시작되었다. 이 언론통제정책에 근거해 관헌에 의한 신문기사 납본검열을 1일 2회 실시하고 지방지의 도쿄유입에 대해서도 엄중한 단속을 실시해 불온한 인쇄물의 산포를 금지했다.

그런데 지진피해가 있기 전에 도쿄의 신문들은 영자지를 포함해 20종 있었지만, 그 중 화재를 면한 것은 『도쿄니치니치신문東京日日新聞』, 『호치報知신문』, 『미야코都신문』 3가지 신문뿐이었다. 소실을 면한 세 신문도 활자케이스가 전복되고 동력은 끊겨 공장은 전혀 사용할 수 없었지만, 『도쿄니치니치신문』은 활자를 주워 모아 족답기계로 수 백매의 제1호외를 인쇄해 오후 2시에 발행했다.223) 2일자 조간은 마에바시前橋에서 소형신문을 발행했으며, 6일부터는 도쿄 본사로 옮겨 인쇄를 했다. 『호치신문』은 오후 4시에 호외를 인쇄, 관동지역 및 동북각지에도 배포하고 5일부터 도쿄의 공장에서 인쇄했다. 『미야코신문』도 2일자 호외를 등사판으로 발행하는 등 9월 8일부터 8페이지의 신문을 인쇄하게 되었다.

이처럼 도쿄의 신문은 대부분이 치명적인 타격을 입은 것에 비해, 도쿄에 지사를 둔 오사카의 『아사히』, 『마이니치』의 활약은 눈부신 것이었다. 『오사카아사히』는 격동의 시간이 지난 직후 이미 기자의 한 무리는 동해도 본선으로, 다른 한 무리는 호쿠리쿠센北陸線으로 향하게 했다. 그 결과 9월 1일은 오후에 네 번, 2일에도 네 번의 호외를 발행하여 미증유의 대진재 속보를 어렴풋이나마 전달했다. 다행이 『도쿄니치니치』와 『오사카마이니치』는 연락을 취할 수 있었다. 진재 정보는 2일 한밤중에 오사카 본사에 도착해 곧바로 3일 조간에 게재할 수 있었다.224)

관동대진재가 신문계에 초래한 영향은 상당히 크다고 하겠다. 먼저 도쿄의 신문은 앞선 3지를 제외하고는 전부 불에 탔으며, 전통 있는 『지지신보』, 『고쿠민신보』, 『만초보』, 『도쿄마이니치』, 『야마토신문』 등의 신문도 치명상을 입고 쇠퇴의 길을 밟게 되었다. 이에 비해 오사카에 본거지를 두고 있었던 『오사카아사히』, 『오사타마이니치』의 두 신문은 부수를 늘려, 이를 기회로 도쿄의 신문계를 제압하고 전국제패로 발걸음을 옮기게 되었다.225)

진제와 함께 이들 각 언론사에 대한 언론통제도 강화된다. 마침내 경시청 특고과特高課는 9월 16일자로 관내 각 경찰서장과 각 신문사 앞으로 「신문잡지

게재기사에 관한 건」이라는 통고를 보내게 된다. 이 통고는 진재에 의해 죽은 사체의 사진게재를 일체 금지함과 동시에 원고 또는 교정쇄를 관방검열계로 제출토록 해 내부 검열을 거쳐 발행하도록 의무화 했다. 그런데 10월 20일 오후 2시 조선인에 대한 폭행의 일부가 경시청 형사부에서 발표되었다. 따라서 20일 이후 대부분의 신문에 「조선인에 대한 폭행」 등이 각각 게재되게 되었다. 그래서 또 사법성은 21일자로 각 신문사에 「치안유지령」의 적용을 슬쩍 내비치며 신문사의 독자적인 보도에 통제를 가했다.

진재가 발생하고 일주일 후인 9월 7일자 『도쿄니치니치신문』의 「놀라지마라, 당황하지마라, 조선인을 박해하지 마라」라는 기사에서 야마모토 수상은 「일부 불령선인의 망동이 있다고 하여 조선인에 대해 상당히 불쾌한 감정을 가진 자가 있다고 듣고 있다. 조선인의 행위가 만약 불온하다면 속히 단속하는 군대 또는 경찰관에 통고하여 그 처치를 기다려야만 하는데, 민중 스스로가 함부로 조선인에게 박해를 가할 때는 일선동화의 근본주의를 후퇴시킬 뿐 아니라, 또 모든 외국에 보도되어 결코 바람직한 일이 아니다.」라고 말하고 있었다.[226]

필자의 조사에 의하면 조선인의 학살보도를 전국에서 처음으로 보도한 것은 9월 7일자 『홋카이도신문北海道新聞』이었다. 이 신문 기사는 「불령선인들을 도네가와利根川에서 총살했는데, 그 시체들은 지금도 여전히 강가에 쓰러져 있다.」라는 제목으로 보도했다. 조선인들에 대한 경계는 한층 더 엄중해져서 4일은 8명의 조선인들이 재향군인청년단소방조직의 추격을 받고 공병대에 의해 곧바로 총살되었다고 했다. 이곳에서 약 백 명이 총살되어 5일 오후 2시 사체는 여전히 강가에 있었다고[227] 보도했다. 이 보도는 아마도 홋카이도였기 때문에 가능했던 것은 아닐까라고 생각해 본다. 또 이 신문은 「조선인의 음모는 전국에 미친다.」라는 보도까지 전하며 타사보다 상세하게 조선인에 대한 기사를 게재하고 있었다.

10월 20일자 『요미우리신문』의 기사에 의하면 요시노 사쿠조吉野作造 박사를 중심으로 민간인이 처음으로 진재구원활동을 실시했던 것이 알려졌다.[228] 이날 경시청 형사부가 조선인에 대해 폭행의 일부를 발표하고, 이와 함께 보도도 일부 해제했기 때문에 신문에 보도된 것이라고 할 수 있다.

더욱이 『요미우리신문』은 10월 21일자 1페이지 전면을 사용해 반성을 요구하는 기사를 크게 다루고 있다.

「진재의 혼란에 편승해 조선인이 행한 흉포(약탈, 방화, 흉기사용, 폭탄투척, 독극물휴대, 부인능욕도 있다)」

하지만 이와 같은 조선인 학살의 정당성을 주장하는 사법당국자의 이야기도 싣고 있다. 이 기사는 대학살의 원인이 「오해에 의한 유언비어」라고 하면서도 그것이 고의로 발표된 것인지 혹은 거짓을 낳아 요원燎原의 불같은 기세를 띤 것인가에 대해서는 이 신문은 평론을 피하고 있다. 그러나 이 표제가 사실인 듯이 논하면서 「국민이 냉정을 잃은 것」, 「판단의 혼란」이 실제 원인이었다고 얼버무리고 있다.229)

이와 비교해 『오사카아사히』는 10월 27일자 사설 「불령자경단의 검거」라는 제목에서, 조선인 학살사건의 진상규명에 대해서는 언급하지 않고, 학살의 진상과 일본인 자경단의 행위만을 폭로하여 「정부에 선인살상사건 전말」의 발표와 사죄까지 요구했다.

이 신문은 조선인폭동이 모두 유언비어라고 했다. 실제는 「강도약탈 등의 죄를 범한 것은 불령한 일본인이며 조선인이 아니었던 것이 밝혀졌다.」고 논하면서, 당시 전해진 조선인의 폭동이라는 것은 전혀 자취도 없는 풍설이었다고 폭로했다. 그리고 그 원인은 우리들 일본인이 가진 본성의 일부라고 하며 「제국의 전도를 위해서 심우를 금할 수 없는 것」이라고 개탄했다. 또 이 신문은 조선인 학살은 「아무리 변호하더라도 일본국민에게 침착냉정의 훈련이 부족했으며, 비상시에 상식을 잃지 않을 준비가 부족했던 증거」라고 말하며,230) 학살의 진상과 정부가 취해야 하는 태도에 대해 다음과 같이 논하고 있다.

「…… 피를 보고 미친 그들은 만약 조선인이라도 보이면 일단 어떤 용서도 없이 살상한 것이다. 심하게는 경찰관이 계속 보호하고 있는 자 조차 한꺼번에 살해되었다고 한다. …… 일본국민은 비상시에 있어서 침착 냉정한 판단을 잃었을 뿐만 아니라, 또 한 번 유혈참사를 보고는 공포하며 전율할 만한 살인광으로 변성하는 나쁜 습관을 가진 것은 아닌가를 의심할 정도였다. 마지막으로 정부당국에 한마디 한다. 정부는 속히 선인살상사건의 전말을 내외에 발표하고 유감의 뜻을 표시해야만 한다.」231)

이와 같이 논하며 조선인의 반감과 불안을 일소할 필요가 있다고 하며, 살상된 유족에 대해서는 상당의 조의금을 보내 그 영혼을 위로해야 할 것이라고 덧붙이고 있다.232)

또 10월 29일자 『오사카아사히신문』은 「재경동포도 참렬하여 조난 선인추도회」라는 표제로, 불교 조선교회 주최 동포조난자 추도대법요가 28일 오전 10시부터 도쿄 시바芝에 있는 죠조우지增上寺 본당에서 집행되었다고 보도하고 있다. 내무대신을 비롯한 정재계인, 일선단체 등이 참배 조사하고 특히 초대된 도쿄거주 조선인동포 3백여 명은 환희로써 참례했다고 전하고 있다.233)

여기서 일본신문 중에 조선인학살에 대해 가장 많은 관심을 가지며 결과에 대한 진상규명과 책임, 더욱이 정부가 취해야 하는 구체적인 방침까지 요구하고 있는 신문은 『오사카아사히신문』이었다.

2. 관동대지진과 조선의 언론통제

일본의 신문보도에 이어 조선의 신문인 『조선일보』, 『동아일보』의 사설 논조를 분석해 보고자 한다. 다만 조선총독부의 기관지인 『경성일보』의 경우는 일본의 신문논조와 대동소이하므로 분석의 대상에서 제외한다.

먼저 『조선일보』는 9월 3일자 「조선총독에게도 경계」, 「요코하마橫浜에도 ○○사건발발」이라는 제목의 호외를 발간했지만 압류당하고 만다.234)

9월 5일자 「3곳에 불온사건발생」이라는 기사에서는 일본 관동지방 재난 이후 하찌오지八王子, 요코하마橫浜, 도쿄에 불온한 사건이 발생해 형세가 매우 험악하기 때문에 육군대신은 마침내 13, 14사단에 긴급동원령을 내려 현재 출동 중이지만 「이후의 형세는 어떻게 될지 일본전국의 민심은 평온하지 않다.」라고 보도하고 있다.235) 9월 8일자에는 「중도에서 귀환한 유학생」이라는 기사에서 하계휴가를 이용해 귀성한 북청군 청해면 토성리의 이계천이라는 유학생의 이야기를 게재했다. 중앙선 가와구치川口역에서 되돌아가 차내에서 들은 조선동포의 생사불명 소문을 듣고, 일행 12명은 동포의 소식을 듣기 위해 위험을 무릅쓰고 도쿄에 들어가려했지만 계엄령이 선포되었기 때문에 도쿄에 들어가

는 것은 불가능했다. 그리고 피난민의 이야기를 들으니 조선동포들은 모처에
수용해 의식衣食을 제공하고 있다는 이야기도 있고, 신문 호외에는 시나가와品
川에서 조선동포 3백 명을 ○○했다는 기사를 보았지만 사실은 어떤지 모른
다236)고 말했다고 한다. 또 9월 10일자 사설에는 조선인 학살에 대해서 위로의
말을 보내고 있다. 즉「돌아올까, 돌아올 것이다. 동포, 동포여 살았는가 죽었
는가」라는 제목에서 도쿄에서 우리 동포 1만 5천 명을 나라시노習志野 병영소
에 수용해 동포 백 명당 한 명의 경리警吏를 배치해 감시하고 있다고 했다. 이
와 같은 시기에 조선인을 보호하기는커녕 오히려 감시하는 상황 속에서 생명
이라도 유지할 수 있다면 다행한 일이었다. 감시의 대상에 포함되지 않은 동포
가 만약 살아 있다면 빨리 돌아올 것을 바란다고 보도하고 있다.237)

　『조선일보』의 압류기사(9월 23일자)를 보면「사령탑란辭令塔欄」이라는 제목
에서, 일본 도쿄헌병대 아마카스甘粕 대위는 어떤 이유에선지 지난 17일 밤 10
시경 모리森 조장에게 명령하여 사회주의자 오스기 사카에大杉榮와 그의 처, 아
이 2명 등 전부 4명의 가족을 잡아 모질게 구타하고 그 다음날 새벽 2시에 먼
저 오스기 사카에를 ○○하고, 이어 그 처와 아이를 ○○하여 사체를 신문지
에 싸서 우물에 던진 것이 20일 발각되어, 그 대위는 붙잡히고 사체는 부검되
었다고 보도했다. 오스기 사카에가 국가에 대한 중대한 죄가 있더라도 그 처자
에게 무슨 죄가 있어 이같이 비인간적인 일을 한 것인가. 새로운 문명국이라
자칭하고 세계열강으로부터 상당히 대우를 받고 있는 나라로서 이와 같은 부
끄러운 일은 진실로 유감스러운 일이라고　말하고 있다.238)239)

　더욱이 9월 24일자「조선인 폭행은 절무絶無」라는 제목에서 지난 20일 오
후 1시에 개회한 동경부회 '진재구제실행위원협의회'에서 바바馬場 형사부장,
오가타緖方 소방부장, 쇼리키正力 관방주사는 이번 진재에 조선인 사회주의자의
폭행이나 방화 등의 사실은 결코 없었다고 했지만, 이에 대해 위원회 측이 진
재당시 경시청에서「조선인 폭행방화 사실은 엄중하게 단속한다.」고 명령한
것과는 상호 모순된 점이 있다. 이 날 사설에서「일본인들 자중하라」라는 기사
의 내용을 보면「진재가 발생하고 유언비어에 의해 질서가 문란해서 비극이
발생했다. 우리 조선인은 비열무능으로 현 지위에 이르렀지만, 본래 도덕을 숭
상하고 자선과 낙위를 존중하며 자부하고 있음에도, 감히 무리한 추측으로 우
리들에게 평지풍파를 일으킨 것은 무슨 망동인가. 〈우리 조선인이 일본인을

배척하고 싶다고 한다면 방법과 기회가 있을 텐데 어떻게 진재를 이용해 당신들을 습격할 필요가 있었는가.〉 도의를 아는 조선인은 남의 불행을 행복으로 하는 인간은 없으므로 일본인들은 자중하라」 등의 논지로 보도했다.[240]

마지막으로 10월 4일자 『조선일보』의 「교일僑日 동포에게」라는 사설은 당시 조선인의 불신감 혹은 비통한 심경을 잘 대변하고 있다.

「…… 재류동포在留同胞는 평소 이역異域의 풍상에 모든 가난과 굴욕, 경멸, 학살에 대해서 인간으로서 모든 감정을 초월한 마음가짐으로 여러 고초를 참고 견딘 것은 사실이다. 고독히 조국을 멀리 떠나 그들은 친밀한 사람을 구했는데 그러나 주위는 모두 적대시하는 자이다. 위안을 받기보다도 악감을 주는 자가 많았고 그럼에도 불구하고 모든 모험을 하고 뜨거운 땀을 흘리며 근근자자勤勤孜孜(부지런함) 소망을 달성하였는데 마지막에 이 같은 참변을 당하게 된 것이다. 여기에 이르러서는 그들의 뜻도 희망도 모두가 허사가 되었다. 그들은 사랑하는 조국 산천, 정든 부모형제를 다시 만날 수 없는 수만리 이역에서 고독의 원혼이 되었다. 그들의 유시遺屍는 어찌 눈을 감을 수 있을까. 그들의 혼령은 어찌 천추의 비분을 갖지 않을 수 있을까. 부모처자 등은 그 소망이 수포로 돌아가지 않을 것을 간절히 바라고 있으며, 하루아침에 공포 전율할 만한 대참상을 듣고 오늘날까지 어떤 생사의 소식이 없음을 알 때에 그 절치통한은 과연 어떤 것일까. 아 우리들은 이것을 생각할 때에 피눈물이 나오는 것을 느끼는 것과 동시에 다른 구사일생을 얻은 동포의 운명이 바야흐로 어떻게 될까를 우려하지 않을 수 없다. 우리가 이런 전말을 생각할 때에 특히 절감하는 바는 그들이 마주한 이번의 불행한 참변이 우리의 민족적 불행을 축소한 좋은 표본이라는 것이다.」[241]

다음으로 『동아일보』의 논조이다.
『동아일보』는 9월 2일 관동대진재에 의해 학살된 조선인의 피해상황을 조사하고 또 동포들을 위문하기 위해 이상협 편집국장을 동경에 급파했다. 9일 동경에 도착한 이상협 국장은 계엄사령부, 내무성, 경시청, 총독부 동경출장소 등을 방문하고 학살의 진상을 확인하는 한편 조선인 집단수용소도 방문했다. 이상협 국장은 준비한 위문품을 전달하고 생존자의 명부를 작성하여 본사에 보냈다. 그러나 당시 총독부에서는 보도를 통제하여 그 진상은 게재할 수 없었고, 다만 생존자의 명부를 공개할 수밖에 없었다.

그런데 이 명부발표에 자극받은 총독부도 도쿄출장소를 통해 입수한 생존자 명부를 각 신문사로 건네 발표시킨다. 총독부는 조선인학살사건의 진상보도에 관해서는 강력하게 통제했다. 그러나 도쿄에서 귀환한 동포에 의해 국내에도 점차 알려지고 독자로부터 항의하는 서신이 송진우 사장 앞으로 쇄도해 사장은 직접 총독부 고관과 면담, 특파원이 보낸 송고기사를 게재할 수 있도록 보도해제를 요구했다. 그러나 일본어 신문과 일본 국내신문도 학살관계기사는 압수 처분당하고 있는 상황에 사장의 요청은 받아들여지지 않았다. 그래서 동아일보는 동포들의 유지를 모아 9월 8일 「도쿄지방 이재 조선인 구제회」를 조직하고 구제금 모집에 들어갔지만, 결국 총독부의 제지로 중지되고 말았다.[242]

『동아일보』가 학살상황을 정식으로 보도한 것은 10월 중순 이후이지만, 그 이전에도 직간접적으로는 여러 가지 기사형태로 전달하도록 노력했다. 당시의 주요 내용을 보면 다음과 같다.

먼저 9월 3일자 「횡설수설」(현재 아사히신문의 「천성인어」와 같은 것) 난에서는 사실은 물론 미상이지만, 새로운 총리인 야마모토 곤노효에山本權兵衛의 암살설이 전해졌다. 동시에 전 도쿄도에 걸쳐 계엄령이 선포되는 등의 보도를 종합해 보면 민심의 방향을 추측하기란 그다지 어렵지 않다.[243] 또 9월 5일자 「횡설수설」 난에서도 적어도 몇 천 년 동안 도의적으로 민족성을 수련해온 조선인으로서 정말로 불가항력의 천재지변을 당하고 기갈이 출몰해 신음하는 무수의 생령生靈의 참상을 보고 그 불행을 자기의 행복이라고 할 이유가 없다. 오히려 진염鎭炎, 부활의 시기를 기다려 정면에서 논하는 방책을 강구한다고 말한다면 모를까라고 논했다.[244]

그 다음날 9월 6일자 「조난동포를 그리워한다. 동포여 구제로 일어나자」라는 사설에서 다음과 같이 논하고 있다.

「자연의 이변이 있고 부터 이미 5, 6일은 지났지만, 내가 불쌍히 여기는 동포에 관한 한 글자의 소식도 들어오지 않는다. 누구라도 곤란

중인 그들의 죽음의 안부를 주의하자. 우리들은 일찍이 조난동포의 안부를 알고 슬퍼하고 있다. 그들의 안부를 노부모 및 일반 동포에게 전하려 2일 밤 특파원을 파견했다. 그들(이상협 등)은 물불가리지 않고 동포의 안부를 수색하고 있기에 얼마 지나지 않아 상세한 보도를 할 수 있을 것이라 믿는다.」245)

특히 이 기사에서는 도쿄에 체류하는 남녀 유학생 2천여 명에 대해서는246) 한 사람의 죽은 자도 없이 돌아와 조선의 주인이 된다. 사랑하는 나의 형제자매가 건전하게 재해를 면할 것을 바란다고 논하며 특별한 애정을 나타내고 있었다.

9월 8일자 「도쿄재변東京災變과 인심, 반성하는 기회」라는 사설에서도 도쿄에서 행해지는 조선인 학살에 대해서는 알려지지 않은 보도였지만 「오사카전보에 의하면 일본정부에서는 일본 각 시도 및 조선총독부에 대해서 어떤 종류의 운동을 엄중하게 경계하라는 훈령을 내렸고, 또 도쿄시내의 인심은 악화되어 있다고 했다. 이런 상황에서 조선의 경무당국警務當局이 조선인을 우려해 경성京城을 준계엄령이라고 해도 좋을 상태에 둔 것도 지극히 당연한 일이다. 다만 통신두절로 나는 어떤 일이 일어났는지 알 수 없는 사건이 바로 일본국가의 치명상이 된다고는 생각하지 않는다.」고 주장했다.247)

9월 9일자 사설 「화원火原을 탈출해 무사귀국까지」라는 기사에 의하면 강원도 준양准陽의 김근식은 다음과 같이 말하고 있다.

「…… 우에노上野 공원에 3일 밤 도착해 닛포리日暮里에서 중앙선으로 돌아갔지만, 기차를 타고 오는 도중에 기차가 교차할 때마다 일본인 등은 동경으로 가는 열차를 향해 「동경에 가면 조선인을 ○○해라」라고 소리치는 것을 듣고 몸의 털이 곤두섰다고 말하고 있다.」248)

이 기사에 의해 도쿄의 조선인 학살사태가 처음 간접적으로 전해졌다고 한다. 이날 아리요시 츄이치有吉忠─ 정무통감의 「과대선전, 절대불가」라는 담화에 의하면 「9월 8일 오전 재난구제災禍救濟에 대한 긴급한 국부장회의가 끝난

후, 정무통감은 일본 본국에서 이번의 대재난으로 피해를 입은 다수의 조선인
은 기차가 다니게 되면 차츰 귀경할 것으로 보인다. 일본 본국에서도 여비는
무료이며, 돈을 가지지 않은 자에 대해서도 물론이다. 부산으로 돌아간 자는
자기 고향까지의 보조를 필요로 하므로 각종 구제에 해당하며 총독부에서는
임시사무소를 설치하고 있다. 또 이번 조선인에게 일본 본국의 여행을 절대로
허락하지 않은 사정은, 결국 조선인 보호의 목적에서 이 같은 강경한 제한을
가한 것이다. 이것을 비밀리에 일본 본국으로 도항을 중지하는 편이 상책이라고
생각한다.」고 하며 조선인이 일본으로 여행하는 것을 중지하도록 경고했다」.249)

　　다음날 사설에 의하면 「동경지방 이재동포 구제회 발기, 구급 의연모집」250)
이라는 기사에서 이번에 동경재류 조선인동포 구제회가 발기되어 널리 의연
모집에 착수하게 되었다고 논하고 있다. 다음으로 경제면에 관해서 우려한 기
사가 나와 압수처분을 받게 되었다.

　　이것은 9월 12일자 「일본 경제계의 대 파란」이라는 사설이었다. 주요
한 내용은 다음과 같다.

　　「이번 진재로 일본 경제계의 악영향은 필시 조선 경제계에도 파급되어,
조선내의 각 은행은 대출정지와 자금회수를 극력으로 단행해 금리인상을
계획하기에 이르렀다. 그 결과 조선자금의 대부분은 일본으로 유출되었다.
따라서 조선 경제계에도 공황시기가 도래할 것이다. 이것을 인화봉액隣火逢
厄이 아니라 무엇이라고 할 것인가. 그리고 내년도 보급금補給金 문제를 비
롯해 많은 사업공채 모집계획은 거의 수포로 돌아갈 것이라고 보는 것은
이미 당국자가 성명을 발표한 바이다.」251)

　　또 다음날 9월 13일에는 총독부 당국자에 의해 이미 관동지방에 반포된 3
대 긴급칙령 중에서 폭리단속과 유언비어 단속령은 조선에도 당연히 적용대상
이 되어 실시되어야 한다는 것을 성명으로 발표하고 있었다.252)

　　그 후 9월 27일자 「도쿄이재東京罹災 조선인 처치에 대해 신속한 개방을 바
란다.」라는 사설을 내고 있다. 그 주요 내용은 다음과 같다.

「이번 진재는 불가항력적인 것임에도 불구하고 지진에 의한 직접적인 피해는 적었지만 자경단에 의한 이재민의 피해는 심대하다. 현재 재류동포의 대부분은 여러 곳에 수용되어 동경시와 일본 문부성의 식량배급을 받고 있는 중이다. 단 이재동포의 귀환을 극력 제한하거나 또는 각지의 수용소에서 아직 구속이 풀리지 않고 있는 것은 우리들이 그 진의여하를 해석하기 어렵다. 일본정부는 그 지시와 같이 이재인구의 귀산歸散을 종용하고 동경의 혼란을 완화시킬 목적이므로 시국정리의 필요상에도 조선인 이재자의 귀국희망자를 조속히 해방시키는 것이 상책이라고 생각한다. 또 당국자의 여러 차례 성명에 의하면 조선인에 대한 제반의 오해와 박해가 이미 일소되었다고 하는데도 여전히 수용해야 하는 특별한 이유는 무엇인가.」라고 강한 불신감을 나타내고 있다.253)

또 9월 21일자의 「일본에 있는 조선인의 송환, 함구할 수 없는 문제」라는 기사에서 다음과 같이 보도하고 있다.

「이번 동경진재 때 조선인 문제에 관한 소문이 있은 이래, 일본에 있던 조선인 노동자는 매일 300～400명이나 조선으로 귀국한다. 그 노동자 귀국자 수는 이미 4,000～5,000명에 달한다. 이 노동자는 도쿄 요코하마 등의 재해 지방에 있던 자가 아니라 재변과는 어떤 관계도 없이 오사카 서쪽 이른바 관서지방에 있었던 자라고 보도했다. 무엇 때문에 그들은 다년간의 직업을 버리고 어떤 사업을 할 것도 없이 돌아와도 먹고 잘 곳이 없음에도 불구하고 조선으로 창황蒼皇(허둥지둥)히 되돌아온 것인가. 그들이 돌아온 상세한 이유에 관해서는 말할 필요는 없지만, 결코 자의로 직업을 버리고 돌아온 자는 없을 것이라고 의심치 않는다. 만일 이와 같은 모양으로 일본전국에 산재해 있는 수십만의 조선인이 발둘 곳을 잃고 조선에 돌아오게 된다면 이것은 간과할 수 없는 중대한 사건이라고 해야 한다. 예를 들어 30만 이상의 일본인을 받아들인 조선인은 자유로이 일본각지에 거주하고 경영하며 노동할 자유와 권리를 향유하는 것이야말로 올바른 것인데도, 지금 대규모의 방환放還에 조우하는 것이 자유와 권리가 유린된 것이

라면 이것은 결코 수십만 재일조선인만의 문제는 아닐 것이다. 실로 전 조
선인이 함구할 수 없는 문제이다. 일본의 관민 중에 이 부당한 사건에 대
해 어떤 조치도 없는 것은 진정으로 비난받아야 할 만하다」.254)

이와 같이 말하며 조선인 노동자의 귀국에 대해 부당한 조치를 비난하고
재일조선인 노동자는 수십만인 것과 비교해 조선은 일본인을 30만 이상 받아
들이고 있다고 지적했다.
더욱이 10월 6일자 「사이토 총독에게 진상발표를 바란다.」라는 사설에서
는 진상규명과 총독의 책임을 다음과 같이 요구하고 있다.

「관동진재가 돌발했을 때 급거 도쿄로 간 사이토 총독은 지난 3일 밤
귀임했다. 시국중대한 이때에 조선통치의 전 책임을 지고 있는 사이토로서
는 약 1개월간이라는 장시일에 걸쳐 조선을 떠났던 것은 사이토를 위해서
은근히 우려한 바이다. 이에 사이토 씨가 속히 귀임할 것을 기대했지만,
우리들은 다른 의미에서 사이토 씨의 귀국을 학수고대했던 것이다. 그런데
특별한 의미를 말하는 것은 다름이 아니라, 즉 관동진재의 화중에 빠진 일
만에 가까운 이재조선인의 피해에 관한 진상을 지칭하는 것은 물론, 여기
에서 말하는 피해의 진상이라는 것은 지진의 불가항력에 의해 직접적인
피해뿐만이 아닌, 즉 간접적인 피해 다시 말해서 인재人災 중中 이른바 뜻
하지 않는 오해로 인해 다수의 생명이 협성脅成을 받은 전후의 진상을 지
칭하는 것은 재차 우리가 이곳에 주석을 더할 필요도 없다. 즉 이와 같은
간접피해에 대해 실제로 귀로 듣고 눈으로 본 사이토 씨가 수집한 전후의
자료를 발표해 1천 7백만 민중의 의문을 일소해 줄 것을 절실히 바라고
있었던 것이다.
이와 같은 일대 불상사건에 대해 공명솔직하게 적나라한 진상을 발표하
는 것은 조선통치의 전 책임을 짊어진 사이토 씨의 지위에서 보아 반드시
이행해야 하는 엄숙한 도덕적인 책임이기 때문이다. 관동진재는 천고千古
의 대참사이다. 우리들은 만강滿腔의 열성을 기울여 일본민족의 일대 불운
을 조문한다. 또 전 동양의 장래를 위해 남몰래 동우同憂의 정을 참을 수
없는 것이다. …… 사이토 씨여 당신은 조선통치의 모든 책임을 지고 있는

것을 잠시도 망각해서는 안 되는 것을 알아야 한다. 우리들은 사이토 씨가 과반過般 도쿄에 있던 때 이재 조선인을 위해 간독懇篤한 알선이 많았던 것에 감명하며, 또 수차례의 성명에 의해 조선인의 무고함을 역설한 것은 내외에 주지한 사실이다. 즉 사이토 씨의 공명한 해명에 의해 일본조야의 여론이 일변했던 적이 있었던 것을 우리들은 특히 기억하지 않을 수 없다. 이처럼 절실한 기대하에 금번 사이토 씨의 귀임을 맞이한 것이다. ……」255)

이 사설 내용에 의해 사이토 마코토 조선총독은 관동대진재가 발생하고 도쿄에 가 10월 3일 경성으로 돌아올 때까지 1개월간 도쿄에 머물었던 것으로 밝혀졌다. 이때 무엇 하러 간 것인지 추측하기는 어렵지만, 조선인 학살문제에 깊이 관여하고 있었던 것은 틀림없을 것이라고 생각된다. 그래서 이 신문은 사이토 마코토 총독에 대해 이번 학살사건의 진상발표와 함께 책임문제도 크게 다루고 있다는 점이다. 뿐만 아니라, 천재지변에 대한 부분은 어찌할 수 없다고 하더라도 인재라는 부분에 대해서는 해명할 것을 사이토 총독에게 강력하게 요구하고 있다.

이와 같은 각 신문의 보도에 의해 조선에 있어서 여론도 움직이고 있었다. 즉 진재의 발생부터 10일에 이르기까지는 이 사건에 관한 소문을 반신반의로 듣고 있었다고 할 수 있지만, 10일부터 20일에 이르기까지 진재발생 이후 진재지에서 돌아 온 유학생들과 노동자에 의해서 조선인들에 대한 학살행위를 자행한 만행이 확인되게 되었다. 따라서 조선 내에 있는 일본인들에 대한 여론도 점점 악화되고 있었다.

그 예를 하나 들면 9월 13일 경상북도 대구에서 이번 진재활동사진이 상영되었는데, 관람자는 수 만 명에 달했으며 조선인은 일본인에 대해 다음과 같은 행동을 하는 등 혼란이 심했기 때문에 40분 만에 상영을 중지된 사건이 일어났다.

① 성냥을 그어 내지인에게 던진다.
② 내지인 경찰관에게 모래자갈을 던진다.
③ 내지인을 권골拳骨로 등 뒤에서 찌른다.
④ 내지인 부인의 어깨, 또는 둔부에 손을 댄다.256)

이번에는 재선在鮮 일본인內地人의 심리적 불안에 관한 문제가 일어났다. 즉 조선인 학살의 진상이 점차 조선 내에 전해지게 되자 반동적으로 재선 일본인에 대해 복수적 폭동행위는 나오지 않을까 하는 우려와 몇몇 지방에 있어서는 자경단을 조직하려고 하는 일도 있었다. 또한 외출시는 호신용으로 스틱이나 그 외 흉기를 소지하는 등 조선 내의 일본인은 긴장과 우려의 경향을 보였다.

9월 21일부터 10월 19일에 이르는 기간의 여론은 진재지에서 조선인 학살사건의 진상을 조사하고 여론을 환기하려는 운동의 경향이 있었고, 이에 따라서 오해에 근거한 반감, 허망 등의 유언비어에 의한 불안 등은 점차 완화되고 있었다.

10월 20일 이후는 종래 신문게재금지 중 진재에 의한 일본 내 조선인의 폭행 등의 사건이 해금되는 것과 동시에 조선에서도 민심에 영향이 있으므로 관청의 발표 및 총독부의 공표가 있었던 것에 한해서 해금되었다. 사건 내용이 각 신문에 게재되더라도 그 후 하등의 특기할 만한 것이 없어 내면적으로도 사건에 대한 반감과 불평이 수그러드는 경향이 현저해지자, 일반을 통해 예상외로 평정한 경과를 보이게 되었다.257)

이와 같은 여론 속에서 조선에서 이른바 민족지인 『조선일보』와 『동아일보』는 당국의 해금에 의해 학살사건에 대해서 심각한 논조를 전개했다. 그런데 당국은 관공청 발표 이외는 여전히 금지사항으로 다루며, 양 민간신문에 대해 집중적으로 단속을 가했다. 그 결과 9월 1일부터 11월 11일까지 18회의 걸쳐 압수처분이 내려졌다. 더욱이 이 기간에 조선 내에서 발행한 일본어신문 31종에 대해 26회, 일본에서 발행해서 조선 내 이입된 각 신문에 대해 일본본국 관헌의 이첩에 의한 처분 403건, 조선내 자주적 규제에 의해 602건의 압수되는 사건이 있었다.

또한 1923년 9월부터 10월까지 조선에서 진재에 관한 불온언동 및 유언비어단속의 상황을 보면 다음과 같다.

① 칙령위반 건수 24, 인원 31명
② 경찰범처벌규제 위반 건수 79, 인원 83명
③ 보안법 위반건수 1, 인원 1명

④ 가유加諭(유고諭告: 타이름) 건수 1,042, 인원 1,209명
(※ 수치는 필자가 관련 참고문헌에 의해 정리한 것이다.)

이들 내용은 불온언동에 대해서는 가유 혹은 상당법규의 집행 등 단속을 강력히 실시했기에 깊이 언동을 삼가기에 이르렀던 것을 나타내며, 스스로 반성자각을 촉구한 것을 말하고 있다.

한편 동경 요코하마 지방에서 진재 시 거류 조선인을 참살한 자경단에 대한 재판은 11월 26일 우라와浦和 지방재판소에서 열려 피고 121명에 대해 각각 판결의 언도가 있었지만, 피고인 중에서 구마가야熊谷에서 범죄를 저지른 피고 2명, 진보하라神保原에서 범죄를 저지른 피고 2명, 혼죠本壓에서 범죄를 저지른 14명 합계 18명만을 징역에 처하고, 그 외는 1년 혹은 3년간의 집행유예로 출옥했으며 2명은 증거불충분으로 무죄를 언도했다.258)

이상 관동대진재와 언론통제에 대해 분석해 보았지만, 추가로 대진재가 초래한 몇 가지 점에 대해서도 지적해 두고자 한다. 이번 진재로 치안이 혼란해져 일본의 민중은 불안에 빠졌다. 즉, 조선인의 대량학살이나 관헌에 의한 사회주의자와 노동조합간부의 살해 등의 일련의 사건들은, 당시 지배계급들에게는 혁명에 대한 공포와 함께 치안불안 현상을 느끼게 되었다. 또한 계엄령의 선포로 다이쇼 데모크라시에 대항해서 군부가 다시 등장하게 된다.259)

당시 칙령 403호로 「유언비어단속령」이 내려졌는데, 이 칙령을 검토해 보면 일본정부가 입법화를 노리고 있었던 「과격사회운동 방지법안」을 변형한 것이었다. 그것은 언론과 사상의 자유에 중대한 위협이 된 것으로 나중에 「치안유지법」의 전신이 되기도 했다. 어떤 의미에서는 이 칙령이 성안되어 다이쇼 데모크라시를 압살하는 계기가 되었다고도 할 수 있다.

앞서 언급했듯이 신문계에 있어서도 도쿄의 신문사가 큰 피해를 입어 지방지가 도쿄로 역류해 중앙지를 지배하는 이변이 일어났다. 특히 『오사카마이니치신문』의 활동이 눈부셔 『오사카아사히신문』보다 훨씬 활발했다고 하겠다. 또한 대용 신문으로 도쿄에 가장 빨리 오사카 신문을 보낸 것도 『오사카지지大阪時事』였으며, 그것은 6일자 신문이었다.260)

진재 후 일시적으로 오사카의 신문이 대부분 관동지역을 장악했다. 그것은 도쿄 신문의 부흥과 함께 퇴각하지만, 하코네箱根 서쪽에서는 여전히 오사카의

신문이 남아있었다.[261] 진재를 계기로 신문 그 자체만이 아니라 편집체제까지
일대변혁이 일어났다. 종래 도쿄 신문의 편집체재는 관동, 동북 신문의 편집체
제의 규범이 되고, 마찬가지로 오사카신문은 관서, 쥬고쿠中國, 규슈신문의 편
집체재를 이끌었다. 그러나 진재와 동시에 도쿄, 오사카 나름대로 각각의 편집
기본형식에 대변혁이 가해져 이윽고 지금까지 행했던 편집형식을 근본적으로
혁신하게 되었다.[262]

　　마지막으로 지적하고 싶은 것은 대진재에 의해 조선인 학살사건이 발생하
여 조선인은 일본에 대해 극도로 불신감을 가지게 되었다. 결과적으로는 이것
이 일본이 대 조선 식민지정책에서 실패하는 중요한 하나의 원인이었다고도
생각한다. 그 이유로는 1910년 한일합병 이래 조선민족에 대한 회유 내지는
설득 프로퍼갠더로 「동조 동선론」, 「내선일체」, 「일시동인」, 「황국신민」 등을
외쳐왔으나, 이번 학살사건으로 종래의 주장은 모두 거짓이고 허구에 불과했음
이 드러났다. 따라서 이에 격분한 조선인들은 다시 반일운동을 일으키게 되어
여론은 극도로 악화되었다. 그 동안 테라우치 총독의 무단정치에 의해 3·1독립
운동이 일어났으며 사이토 마코토의 문화정치에 의해 어느 정도 반일운동은
진정되어 갔다. 하지만, 다시 조선인 학살사건이 일어나 일본사람들에 대한 조
선인들의 불신감은 극도로 증대하게 되었다. 결국 이 사건은 일본인 혹은 일본
의 총독정치에 대한 불신감에서 민심은 이탈해 반일운동으로 자극하게 되었다.

　　앞에서도 이미 언급했지만, 조선인 학살이 진행되었을 때에 사이토 마코토
는 도쿄에 머물렀다. 1923년 10월 6일자 『동아일보』사설과 『조선일보』 등의
신문논조는 사이토 마코토가 동경에 머무르며 조선인 학살사건에 관여하고 악
정을 행한 것은 아닌가라는 견해를 가지고 있다. 당시 상황을 상세하게 알 수
는 없지만, 사이토 마코토는 적어도 학살사건에는 동조는 하지 않았을 것으로
보인다. 그는 조선사정을 누구보다도 잘 알고 있었고, 조선통치의 최고 책임자
이기 때문에 피해를 최소화하기 위해 일본정부에 호소하기 위한 것은 아닐까
생각된다.

　　그 이유로는 두 가지 생각할 수 있다. 하나는 사이토 마코토가 처음 도쿄
에 도착한 것은 9월 9일경이다. 당시는 학살사건이 일단 진정된 상태이고 사이
토 마코토가 도착한 직후 일본정부는 「선량한 조선인」이라는 식으로 일본관헌
에 대해서 냉정하게 대응해야 한다고 지시하게 된다. 또 하나는 당시 모든 조

선인은 일본 여행이 금지되었고, 일본 본국의 철도는 경찰의 증명 없이는 나고
야 동쪽의 표는 살 수가 없었다. 다만, 피치 못할 사정이 있는 자는 예외로 증
명서를 교부했다. 그런데 9월 8일 도항한 2백 명의 조선인이 야마구치현山口縣
에서 상륙금지를 받았지만, 그 때 사이토 총독이 동선했기 때문에 교섭한 결과
히로시마 서쪽으로 가는 75명은 겨우 상륙이 허가된 점이다.263)

제4절 경성방송국의 설립과 언론통제

1. 경성방송국의 설립배경

일본에서 최초로 라디오방송이 실시된 것은 1923년 관동대지진 이후 2년
만인 1925년(大正14) 3월 22일 오전 9시 30분 콜사인 「JOAK」 도쿄방송국의 시
험방송 송출이었다. 이것이 현재 NHK(일본방송협회)의 전신이고 모태다. 이날
사단법인 도쿄방송국의 개국과 함께 초대 총재로는 고토 신페이後藤新平264)가
취임하게 된다.265) 그 후 본 방송은 7월 2일에 개시되게 되는데, 당시 청취자
수는 약 3,500명에 지나지 않았다. 그러나 석 달 후인 10월에 접어들자 그 숫
자는 무려 10만 명을 돌파하게 된다. 이 방송은 당시 일본인들이 처음 접하게
되는 것이기에, 신기하게 여겨 여러 신문에서도 라디오 프로그램을 소상하게
소개했다.266)

일본에서 최초로 라디오 프로그램을 소개한 신문은 『요미우리신문讀賣新聞』
으로 1925년 11월 이었다. 『요미우리신문』의 경우는 부록으로 2페이지에 걸쳐
서 「요미우리 라디오판」을 신설하고 방송프로그램을 소개하기 시작했다. 그
외 『미야코신문都新聞』, 『니로쿠신문二六新聞』, 『고쿠민신문國民新聞』 등도 연이어
라디오프로그램 란을 신설하여 소개하게 된다.267)

마침내 조선에서도 1927년 경성京城에 라디오방송국이 설립되게 된다. 조
선에는 1926년(大正15) 11월 31일에 조선방송협회의 전신인 사단법인 경성중
앙방송국京城中央放送局이 설립되고, 다음해인 1927년(昭和2) 2월 16일에 첫 라디
오 방송을 실시하게 된다. 당시는 아직 공중선 전력도 영국의 마르코니
(Marconi)식 1kW 방송기기를 사용하여 라디오방송을 실시하게 된다.268) 이는

도쿄방송국을 개국한지 2년 만의 일이었다. 경성중앙방송국은 일본에서 4번째 개국되는 방송국으로 콜사인 「JODK」269)가 할당되었다. 당초 조선총독부 체신국은 일본 체신성에 대해 일본의 4번째 방송국으로 「JODK」의 콜사인 할당을 요청했지만, 일본 체신성은 난색을 표명하게 되었다. 원래, 「JODK」는 일본 국내 지국에 할당하는 콜사인이라며 강경하게 반대하는 입장을 보였다고 한다. 경성중앙방송국의 경우는 일본의 외지로 「JB*K(이후에 부산방송국은 JBAK 할당)」를 할당할 예정이었기 때문이었다. 이에 조선총독부 관계자가 「내선일체內鮮一体」, 「일시동인一視同仁」 등의 선전구호로 일제의 국책사업을 집행하면서 어떻게 차별하려 하느냐고 강력하게 항의를 해 「JODK」라는 콜사인을 받아냈다고 하는 일화가 있다.270)

조선총독부는 1919년 3·1운동 이후 조선식민지 통치에 대해서 '문화정치'를 표방하면서 출발하게 된다. 그동안 초대총독인 테라우치 마사타케寺內正毅는 현역 육군대장으로 국방상과 조선초대총독을 겸무한 무인이다. 그는 특히 헌병에게 경찰권을 주는 헌병경찰제도를 도입해 조선에 무단통치를 시행한 인물이다. 이러한 무단통치는 10여 년 가까이 진행되다가 마침내 이에 항거한 조선인들은 1919년 3·1운동을 일으키게 된다. 당시 일제는 하세가와 요시미치長谷川好道 조선총독을 해임하고, 8월 12일 사이토 마코토斎藤実를 조선총독에 새로 임명하면서 무단정치에서 문화정치로 식민지 지배정책을 전환하게 된다. 사이토 마코토는 현역이 아닌 예비역 해군대장으로 조선총독에 임명돼 문화정치로 악화된 조선의 민심을 순화하려고 한다.

이러한 식민지 전략에 따라 1920년은 『조선일보』와 『동아일보』가 창간되게 된다. 방송국도 도쿄방송국에 이어 조선에도 경성방송국이 설립되게 된 것이다. 이로써 일본 제국이 지금까지 무력으로 통치하던 무인총독에서 문인총독으로 문화정치를 표방하게 이른다. 하지만, 문화정치란 하나의 구호에만 그칠 뿐 실제에는 식민지통치의 기반을 더 일층 강화하게 된다. 실제로 사이토 총독은 경찰관의 숫자도 훨씬 더 많이 늘려 경찰 제도를 강화하였기 때문에 문화정치라고 보기에는 무리가 따른다고 할 수 있다.271)

경성방송국은 원래 조선민중의 문화개발·복리증진이라는 중대한 사명으로 설립되게 되었다. 그러나 실제로는 문화개발·복리증진보다도 조선에서의 식민통치나 대륙침략 등을 위한 프로퍼갠더의 역할을 하게 된다. 경성방송국은 사단법인이고 정관에도 출자사원에 관한 일들이 규정되어 있다. 여기에서 말하는 사원은 백 엔을 출자하면 누구나가 출자사원이 될 수 있었다. 특전은 라디오청취료의 영구 무료, 총회에서의 의결권 행사 책임자 선임 등이지만, 전 조선에 걸쳐 모집된 사원의 수는 1,200~1,300명이고 이 금액으로는 시설비를 마련할 수 없어서 스폰서 격인 조선식산은행에서 운영 자금을 차입해서 방송국을 운영하게 된다. 따라서 초대 이사장에는 식산은행이사가 취임하게 된다. 직제는 4부 주임제로 ①총무부 ②가입부 ③방송부 ④기술부의 4부와 직원 50명 정도로 발족하게 되었다.

도쿄방송국은 개국직후 예상 외로 청취 가입자 수가 많았던 반면에 경성방송국의 경우는 경성부를 중심으로 청취자 수가 2,000여 명에 불과했다. 초기 경성방송국은 한국어와 일본어의 두 언어로 방송해, 일본인과 조선인 양쪽으로부터 모두 반발을 사기도 했다. 따라서 청취자 확보도 어려워 처음 수년간은 경영상태가 상당히 어려운 형편이었다. 일본 도쿄방송국의 초대 총재의 경우, 타이완(臺灣)의 민정장관을 지낸 고토 신페이後藤新平가 취임하게 된다. 고토 신페이는 만주철도 사장, 내무부장관 등을 거치면서 당시 조선의 문화정책과는 불과분의 관계에 있었던 인물이다. 경성방송국의 경우도 도쿄방송국의 영향력을 많이 받게 된다. 실제로, 방송사 설립 당시 경성방송국의 초기 방송프로그램은 도쿄방송국의 프로그램을 그대로 중계하는 경우가 많았다. 게다가 1931년 만주전쟁, 1937년 중일전쟁, 이어서 태평양전쟁 등을 겪으면서는 경성방송국은 전쟁 기운을 고취시키는 일종의 전쟁미디어로서의 역할도 수행하게 된다. 뿐만 아니라, 일제는 방송프로그램을 통해서 일본어의 전파와 함께 일본정신이나 일본문화, 일본의 식민지 이데올로기 등을 선전하게 된다. 본고에서는 경성방송국의 문화정책을 다음과 같이 제3기로 구분해서 고찰해 보기로 한다.

2. 방송미디어를 통한 언론통제

1) 초기 방송문화정책과 언론통제

초기 방송문화정책은 1927년 개국에서 1932년 조선방송협회 설립까지이다. 1927년 2월 16일부터 1932년 4월 6일까지 개국 초기 5년간으로 초기 경성방송국을 평가하기에는 다소 이른 감이 없지 않다. 개국 당시 방송 대상 구

역은 조선 일대 파장 345m(주파수 870kc), 출력 1kW로 방송 편성은 일본어와
조선어의 비율을 5대 5로 방송했다. 그런데 그나마도 출력이 약하고 수신 상태
가 나빴으며, 청취료도 2엔으로 도쿄방송보다 비싸 계약자수가 생각보다 크게
늘어나지 않았다. 특히, 밤에는 도쿄방송국의 강력한 송출 전력에 압도당해 경
성부 외곽 약 50리 정도 떨어진 지역은 거의 분리청취가 불가능해 경성방송국
의 청취자 수의 증가를 바라기는 매우 어려운 형편이었다. 그 결과 이에 대한
묘책으로 도쿄방송국의 방송종료 직후, 오후 9시 30분부터 약 40분간 조선어
로 방송을 하게 되었다. 이것 또한 근본적인 해결책은 못되지만, 문제 해결을
위해서는 이중 방송 실시 방법밖에는 없었던 것이다.

2) 중기 방송문화정책과 언론통제

1932년 4월 7일에는 경성방송국 사원총회를 열고, 사단법인 조선방송협회
라고 개칭함과 동시에 각 방면의 권위자와 유력자를 총망라하여 담당 진용을
새로 구성하는 한편, 업무조직을 대폭 강화하게 이른다. 방송국 분위기도 일신
하여 송출전력도 10kW로 높여 조선어에 의한 제2방송을 적극적으로 추진하게
된다. 사단법인 경성방송국으로서는 경영부진을 타개하기 어렵다고 판단, 1931
년 2월에는 조선어전용 제2방송을 실시하기 위해 조선총독부와 일본방송협회
로부터 적극적인 경제적·기술적 지원을 얻어내게 된다. 이어서 1932년 4월에
는 경영모체도 ‘사단법인 조선방송협회’로 개조하고 경성방송국도 ‘경성중앙방
송국’으로 개칭하게 된다. 제1방송인 일본어도 송출 전력을 증력하고 제2방송
도 신설하게 된다. 제2방송의 개시는 1933년 4월로, 일본어와 조선어를 분리하
게 되는데 방송은 일본인이나 조선인 양측으로부터 호평을 받았다. 1933년 말
청취자 수는 3만 2천 가구에 달했고, 주로 일본인 세대의 계약자 수가 증가하
게 되었다. 당시 라디오방송을 청취하기 위해서는 월 1엔이라고 하는 조금은
고액의 청취료가 필요(1938년 4월 75전으로 인하)해 빈곤층이 많은 조선인 세대
에게 보급하기란 어려움이 있었다. 또, 방송국의 송신출력도 그다지 크지 않았
기 때문에 경성중앙방송국 하나의 방송국에서 조선 전 국토에 도달하게 하는
데는 지형적으로도 곤란한 문제점이 많았다. 그 후 1937년 4월, 제2방송이 출
력 50kW로 증강되면서 전 국토 청취가 가능해졌다. 당시 라디오는 개인 가정
이외에도 식당, 다방, 농촌의 집회장소 등 사람들이 많이 모이는 장소에 설치

되었기 때문에 청취자 수가 결코 적지는 않았다고 하겠다. 1930년대는 조선어 신문과 함께 라디오방송도 근대 조선어 보급에 미친 영향은 적지 않다고 하겠다. 그런데 조선어에 의한 방송은 조선에서의 일본어의 보급이나 '황민화 정책'에는 방해가 된다고 하는 주장이 끊이지 않아 조선어 방송 폐지론이 자주 대두되게 되었다. 1937년 중일전쟁이 장기화되고, 이어서 태평양 전쟁이 발발하게 되자 일본의 본토 방송과 같이 조선의 방송도 전시 색체가 농후하게 되었다. 제2방송에서 가장 인기가 있던 가요 프로그램도 서서히 전의를 고취하는 노래들로 바뀌기도 했다.

그 결과 조선방송협회는 중흥기를 맞게 된다. 조선방송협회가 10㎾로 이중 방송을 실시하게 된 것은 방송의 발전사적 측면에서는 획기적인 계기가 된 것이다. 이 계획은 조선총독부의 지도와 일본방송협회의 융자금 원조로 급속하게 착수되어 구 방송사 건물이 개축되고, 1932년 8월에는 높이 11미터의 공중선용 철탑과 함께 도쿄전기주식회사의 제품으로 10㎾ 방송장치 2쌍도 완성되게 된다. 이후 한반도에는 1935년 9월 21일 부산방송국이 개설되고, 1938년 10월에는 호남평야의 중심지인 이리읍에 500W 단일방송과 함께 한반도의 북방인 함흥부에 250W 이중방송국이 동시에 개국되면서 한반도 전체에 방송망이 연결되게 되었다. 이와 같은 방송설비의 대폭적인 확충은 조선방송협회의 비약적인 발전과 함께, 방송프로그램의 내용면에 있어서도 시대의 물결을 타고 신취향의 프로퍼갠더를 더 많이 양산하게 된다. 이와 동시에, 조선총독부도 시정(施政)에 호응하는 정책개발과 일본의 신문화 보급에도 주력하게 된다. 1942년 4월에 방송전파 관제를 위해 경성중앙방송국으로부터 제2방송은 일시적으로 중단되었지만, 지역방송국에는 제2방송설비가 신설되어 1943년 11월10일에는 방송이 재개되게 된다. 지역방송국의 경우는 1943년에 대전, 마산, 원산, 해주, 의주방송국이 개국되고 1944년에는 춘천방송국이 개국된다. 1945년 6월 16일에는 마지막으로 청주방송국이 개국되어 '소위' 경성중앙방송국의 전국 네트워크가 이루어지게 된다.

3) 말기 방송문화정책과 언론통제

1945년 8월 15일 일본의 패전과 함께 일본 천황은 이날 정오 라디오방송을 통해 일본뿐만 아니라, 조선, 타이완, 만주 등의 중계방송으로 연합군에게 항복 선언을 하게 된다. 또, 일본의 패전과 함께 38도선 이남은 미군이 진주하고, 이북은 소련군이 진주하여 일본군의 무장해제와 함께 점령하게 된다. 그러나 일본의 패전에도 불구하고 남측의 경성중앙방송국은 여전히 일본군에 의해서 경비되었고, 조선방송협회에 의해서 일본어방송(제1방송)도 계속되었다. 8월 23일에는 전파관제가 종료되고 조선방송협회 산하 각 지역 방송국에는 개별적으로 주파수가 할당되게 된다. 나아가서 9월 9일에는 경성에 미군이 진주하여 일본어 방송을 폐지하고 조선어에 의한 제2방송을 제1방송으로 변경하게 된다. 9월 15일에는 조선방송협회 직원총회를 개최하고 조선인 간부들을 선출하고, 10월 2일에는 일본인 직원들을 모두 해고하게 된다.

4) 당시 경성의 풍속도와 생활환경

경성방송국의 설립 목적은 조선민중의 문화개발과 복리증진이라는 중대한 사명을 띠고 설립되었다. 그러나 구체적으로는 문화개발이나 복리증진보다는 조선에서의 식민통치의 프로퍼갠더의 역할을 충실히 수행한 것으로 평가되고 있다. 특히, 태평양전쟁을 둘러싸고 군사적으로 이용된 면이 많은 동시에 국내외의 선전활동을 통해서 새로운 언론활동을 창조했다는 주장도 있다.[272] 앞에서도 언급했지만, 본고는 당시 식민통치나 전쟁 이데올로기의 틀에서 벗어나 새로운 신 문화나 풍속, 방송문화 등에 대해서 분석해 보고자 한다. 나아가서 1927년 경성방송국 설립 이후 한반도에는 라디오에 의한 새로운 방송문화가 형성되고, 그를 통해서 유행이나 풍속, 생활상 등도 많이 달라졌으리라고 생각된다. 따라서 당시 방송문화나 사회상, 경성의 신풍속 등을 이해하기 위해서는 당시 경성 주민들의 시대상이나 생활상을 살펴보는 것이 대단히 중요하리라고 본다.

(1) 전기

1900년에 사상 최초로 경성에 민간인 전등[273]이 점화되면서 새로운 신문명 시대가 열리게 되었다고 하겠다. 그때까지는 거의 석유 등잔이나 남포등을 사용했다. 남포등은 영어의 '램프(lamp)'를 의미한다. 남포등도 당시에는 석유가 많이 소모되기 때문에 부유층이나 '소위' 개화된 집안에서만 사용되었고, 가난한 서민들은 등잔에다 사기로 만든 호롱불을 켜서 심지를 돋우어 가며 사용했다. 남포등의 경우는 밝기는 하지만, 석유가 많이 들 뿐 아니라, 그을음이 많아서 귀찮을 정도로 자주 손질을 해 주지 않으면 안 되었다. 하루정도만 늦게까지 사용해도 남포등 갓에는 시커먼 그을음이 끼여 닦아내야 했다. 전기가 들어오기는 했지만 전기 값이 너무 비싸 6촉짜리 전등 하나에 한 달 전기요금이 60전(오늘날 6만 원 정도)이었다고 한다. 당시『동아일보사』의 경우도 1920년대 후반 쯤 사내에서 기자들이 남포등 심지를 돋우어 가며 기사를 썼다는 기록이 있을 정도이니 서민들이나 조선인들에게 전기불이란 그림의 떡에 불과했다고 하겠다. 하지만 꼬마나 아낙네들은 조그마한 유리 공 속에서 불이 켜지는 것을 보고 신기해하고 놀라기도 했다.

(2) 수도

수도의 경우는 1908년 9월 1일부터 경성시내에 처음 공급되게 된다. 처음으로 수돗물이 공급되어 수도꼭지에서 물이 펑펑 쏟아져 나왔을 때는 시민들이 흥분해서 몰려들기도 했다고 한다.[274] 당시 시민들은 공동수도에서 물을 길어가기 위해 양동이를 짊어지고 길게 줄을 서서 기다리기가 일쑤였다고 한다. 그렇지 않은 가정은 이웃집 우물이나 샘물을 두레박으로 길어다가 밥을 지을 정도였다. 또한, 경성부에는 2,000여 명 거의가 함경도 북청 출신의 물장수가 물 공급을 좌지우지 했다고 한다. 그러한 상황 속에서 처음 수돗물이 펑펑 쏟아지는 상수도 꼭지를 본 구경꾼이나 아낙네들은 왜놈들이 조그마한 쇠통에 요술을 부렸다고 수군대기도 했다.[275]

(3) 교통

전차의 경우도 1899년 5월 17일에 개통식이 열려 많은 사람들이 신기한 듯 전차의 등장에 환호하기도 했다고 한다.[276] 경성에 있어서 첫 전차의 운행은 1899년 5월 17일에 서대문에서 청량리까지였다. 차량은 40명이 탈 수 있는 개방식 차량 8대와 황실전용 고급차량 1대가 도입되었다. 전차의 운전사들은 일본 교토(京都) 전차회사에서 경험 있는 일본인을 초청하였고 차장은 한국인이 맡았다. 1894년 동양에서 처음으로 전차를 운행한 일본은 1899년 5월 17일 경성에도 전차를 개통하게 되어 많은 시민들이 신기한 전차의 등장에 환호하기도 했다. 개통 직전 1월에는 약 12m의 송전선 절도사건이 일어나 범인으로 지목된 두 사람의 용의자는 재판도 없이 참형을 받았고, 개통 1주일 뒤에는 탑골공원 앞에서 5살짜리 어린이가 전차에 치여 죽자 성난 군중이 전차 2대를 불태우기도 했다. 이러한 과정을 거치면서도 전차이용승객수는 급속히 늘어나 전차 노선은 같은 해에도 종로에서 남대문으로 연장되었고, 1900년 1월에는 구 용산(지금의 원효로 4가)까지 다시 연장되었다.

한편, 1905년 통감부설치와 함께 조선에 들어와 사업을 벌이던 일한日韓가스회사는 1909년 콜브란(Collbran)으로부터 한미 전기회사를 174만 원에 인수하고 1915년에는 다시 경성전기주식회사로 개칭된다. 1920년 당시 경성의 교통수단 상황은 자전거가 2455대, 자가용인력거 205대, 영업용인력거 1298대, 자동차 57대, 여객마차 5대 정도에 불과했다. 1903년에 고종의 전용차가 도입되고, 1921년 12월 1일에 좌측통행이 도입되었다고 한다.[277]

(4) 기타 교육이나 주거환경 등의 풍습[278]

당시 경성에 살던 일본인과 조선인들의 삶을 조명하기 이전에, 과연 이들이 정말 같은 삶을 살았을까 하는 꽤 흥미로운 질문을 해볼 수 있다. 그 물음 자체에 대한 논쟁이 있을 수 있다. 대다수의 사람들은 일본인과 조선인이 서로 다른 삶을 살았을 수도 있다고 생각하기 때문이다. 실제로 언어나 풍습, 생활 습관 등 문화가 서로 다르기 때문에 차이가 나타날 수밖에는 없어 보인다. 더욱이, 평등이 아니라 한쪽에 의해 제도가 강요되기 때문이다.

5) 교육이나 지위환경

1910년 한일병탄 이후 행정상으로 경성이 소속된 경기도의 도지사와 경성부윤(서울시장)에는 항상 일본인만 임명되었다. 뿐만 아니라, 일본은 전국 13개 도 중 주로 전남, 전북, 충남, 충북, 강원도, 황해도 같은 비교적 뒤떨어지고 낙후된 지역 5개 지역에 한해서 조선인 도지사를 임명했을 정도다. 경기도나 경성은 식민지 통치기관이나 일본인들이 가장 많이 거주하고 있기 때문에 이들 지역 행정 총수는 항상 일본인들의 몫이었다. 그리고 경기도의회나 경성부회(서울시의회)의 의원이 되려거나 선거에 투표권을 취득하기 위해서는 연간 세금을 5원(오늘날 50만 원)이상 납부해야 하는데 이 또한 경제력이 월등한 일본인들이 대부분 차지했다. 조선인은 소수의 인텔리 계층이나 총독부 관리, 작위를 가진 조선귀족, 조선인 지주들에 한했다. 1931년 경성부의회 선거의 경우 40만 경성부민 중 유권자수는 23,000명이었다. 그 중 조선인유권자는 8,000명으로 약 35%를 차지했다. 또한, 경성부의회의원 정원 48명 중 조선인은 18명(38%), 일본인은 30명(62%)으로 일본인이 압도적으로 많았다.[279]

공무원의 경우도 '보통문관시험'이나 '고등문관시험' 기타 총독부 '순사채용 시험' 등에 합격해야 한다. 당시 공무원은 칙임관, 주임관, 판임관, 고원, 용인으로 나뉘는데 정식 공무원은 칙임관과 주임관 판임관 정도밖에는 없었다. 상위직급인 주임관과 칙임관이 되기 위해서는 반드시 판임관을 거쳐야 하는데 판임관은 보통문관시험을 거쳐야 한다. 보통문관시험 과목에는 일본어, 작문, 산술, 일본지리, 일본사 등 8개의 필수과목과 경제학, 영어, 민사법, 형사법 등의 선택과목이 있었는데 모두 중학교 이상의 난이도로 조선인 응시자들에겐 매우 불리한 형편이었다. 당시 경제적인 여건 등으로 조선인들의 보통학교 취학률도 매우 저조했고, 중학교나 고등보통학교 등의 조선인 취학은 손꼽을 정도로 저조했다. 게다가 조선인들은 일본 본국에서 상당한 학력을 가지고 건너온 일본인 응시자들과 함께 경쟁해야 했다. 따라서 조건 자체도 한국인과 일본인의 삶은 달랐고 차별적이었다. 1920년대 후반에는 매년 보통시험이 시행되었으나 일본인과 조선인의 합격 비율이 4대 1 정도였다. 게다가 각부서 최고직급인 주임관과 칙임관이 되려면 고등문관시험에 합격해야 하는데, 고등문관시험도 도쿄에서만 이루어져 조선인들은 응시하기조차도 힘든 상황이었다. 공무원들의 급료면에서도 일본인과 조선인은 봉급체계가 달랐다. 일본 공무원들은 조선인 공무원들이 받던 기본급에 약 60%~100%의 봉급을 더 받았다. 이것을 가봉이라 부르는데 일종의 특별지역근무수당이었다. 일본의 입장에서 당시 조선은 본국에 비해 크게 수준이 낙후된 곳이었다. 또한, 일본 본국과 언어나 풍토, 습관이 달라 생활이 힘들었기에, 이러한 요인을 명목으로 조선인에 비해 급료를 더 많이 받은 것이다.

6) 거주와 생활공간

그 밖에 거주 공간을 살펴보아도 경성의 남쪽 지역은 일본인들이 주로 거주하는 지역(강남)으로 이 지역은 모두 정(町: 오늘날 동에 해당)이라고 이름 지었다. 반면, 조선인들은 종로와 동대문을 중심으로 경성 북쪽(강북)에 거주했는데 이들 지역은 동洞으로 명명하였다. 뿐만 아니라, 일본인들의 거주 지역은 경성부에서 각 도로마다 아스팔트를 깔고 가로등을 밝게 설치했으나, 조선인들이 거주하는 종로지역은 기본적인 도로 포장이나 가로등, 하수도조차 설치되지 않았다. 단지, 중심거리인 태평통(오늘날 세종로)에만 체면치레로 가로등과 포장이 되었을 정도였다. 또, 총독부가 남산에서 북쪽인 경복궁으로 옮겨가면서 북쪽 조선인 거주지역도 차츰 정비되기는 했으나 남쪽 일본인들의 거주지에 비하면 여전히 초라한 수준이었다. 상업 면에 있어서도 일본인들은 압도적으로 많은 자본을 가지고 있었다. 각종 은행과 상점, 백화점, 보험회사, 금융회사 등은 모두 명치정과 황금정 같은 일본인 거주 지역에 자리 잡고 있었다. 당시 조선은행이 자리 잡고 있었던 명치정과 황금정뿐 아니라, 미쓰코시백화점, 조지야백화점(미도파), 히라다백화점 등 일본인 백화점도 남쪽에 줄지어 있었다.

교통의 경우도 경성은 일본계 자본인 경성전기주식회사가 독점적으로 경성에 전기를 공급하고 전차를 운영했는데 주요 전차노선은 모두 일본인들이 많이 거주하는 남쪽지역 도로를 통과하게 되었다. 또, 당시 시내 전차의 요금은 5전으로, 시내와 일본인들이 많이 거주하는 용산구간은 시내구간 요금인 데 반해 조선인들 대다수가 거주하는 동대문이나 성북, 왕십리 등은 용산보다 훨씬 가까웠음에도 불구하고 시외구간 요금을 적용해 2배로 더 받았다.

특히 당시 상하수도의 보급이나 공공시설의 요금문제만 보더라도 경성의 조선인들은 일본인들에 비해 상당히 열악한 상태였다. 그러나 경성의 수도요금은 일본의 다른 도시보다도 상당히 고가였고(1931년 당시 도쿄는 파운드당 7전, 교토는 5전, 반면 경성은 11전), 상하수도 사업에 관한 경성부의 투자도 매우 인색했다. 또한, 설비투자에 있어서도 경성에 거주하는 일본인들 2만 1천호 중 98%가 전용수도로 물을 공급받는 반면, 조선인들은 겨우 32%만이 수도를 공급받았고, 그 중에서도 2천호만 전용수도이고 나머지 1만 7천호는 공동수도로만 공급받았다는 것이 밝혀졌다.

7) 경성방송국과 신풍속도

1927년에 경성방송국이 개국되면서 신 풍속도 생겨나고 새로운 방송문화도 도입되게 된다. 개국 당시 경성방송국은 1kW 방송으로서, 일본 도쿄방송국의 강력한 전파송출에 압도당해 경성부로부터 약 50리 정도 떨어진 외곽 지역은 전파혼선으로 거의 도쿄방송과 분리청취가 곤란한 상태였다. 이러한 전파수신 상황에서 조선인의 청취자 수를 늘리기란 매우 어려운 상태였다. 그 결과 경성방송국에서는 묘책으로 조선어방송은 일본 본국의 도쿄방송이 종료된 직후 오후 9시 30분에서 약 40분간 요약해서 방송하는 식으로 수신 혼란 상태를

완화하고자 노력했다. 하지만, 이것은 근본적인 해결책이 못되었고, 도쿄방송
국과 경성방송국의 주파수 혼란에 의한 수신 장애는 계속되었다. 결과적으로는
양쪽 어느 청취자에게도 만족스럽지 못하였기 때문에, 이중방송을 실시하는 수
밖에는 없었다.280)

  또한, 경성방송국은 청취자 수를 늘리기 위해 개국 당시의 일본어와 조선
어의 방송편성 비율 5대 5를 1927년 7월에는 6대 4의 비율로 일본어의 편성비
율을 조금 높였다. 나아가서 1929년 3월에는 일본 본토의 프로그램 중계를 증
가시켜 방송프로그램의 편성비율은 무려 7대 3으로 일본어 편성 비율을 높였
다. 뿐만 아니라, 경성방송국은 청취자 수를 높이기 위해 1927년에는 개국 당
시 월 청취료 2엔에서 10월에는 1엔으로 인하하는 한편, 1928년 쇼와천황 즉
위식 때는 일본 본토의 방송을 무선으로 중계하기까지 했다. 마침내 1929년
11월에는 청취자 수가 개국 당시의 2,000여 명보다 무려 5배가 많은 약 10,000
명 정도로 증가하게 된다.281) 그 후 경성방송국은 당국의 원조하에 일본어와
조선어 이중방송계획을 수립하고 1933년 4월에는 도쿄방송국에 이어 경성방송
국도 제2방송을 실시하게 된다. 그 결과 청취자는 급격하게 증가하여 실시 전
1932년 말에는 불과 20,000여 세대에 지나지 않았던 청취자 수가 2년 후에는
빠르게 배가하는 약진을 보이게 된다.282)

  1927년 2월16일에 역사적인 경성방송국이 개국될 당시, "쩨, 오, 띄, 케
이", "여기는 경성방송국 올시다", "지금 울리는 종소리는 열두시를 가리키는
종소리올시다. 떵 땡 떵 땡."283)이라는 소리가 라디오에서 흘러나왔다. 이는
경성방송국의 이옥경李玉景284) 아나운서가 처음 개국을 알리는 감격적인 첫 방
송 내용이다. 벽에 걸린 조그마한 나무상자 속에서 사람의 목소리와 노래가 흘
러나오다니 신기하기 이를 데 없었다.285) 우리나라 최초 아나운서 이옥경은 인
천에서 태어나 만주 안동현安東縣 고등여학교를 나온 신여성이다. 그는 미모의
여성으로 목소리도 또록또록하고 명랑하여 초등학교 시절부터 담임선생이나
부모님 앞에서 노래를 자주 부르곤 했다고 한다. 이옥경 다음 여자 아나운서는
마현경馬賢慶이다. 마현경은 함북 성진 출신으로 서울에 와서 경성여자고등보통
학교를 나온 미모의 여성이다. 그녀 또한 학창시절에는 성적이 우수할 뿐만 아
니라, 목소리가 곱고 재주가 많았으며 친구들에게는 꾀꼬리 같은 목소리로 노
래를 자주 들려주었다고 한다.286) 이와 같이 당시에는 신여성이 아니고서는 대

중 앞에 나서기가 어려웠을 뿐만 아니라, 우리말도 잘 구사할 수 있는 국어능
력도 갖추어야 하기 때문에 상당히 힘든 직업이었다. 또, 아나운서의 인기 여
하에 따라 방송국의 청취율도 달라졌다. 실제로 당시 여성 아나운서들의 인기
는 대단했으며 이들이 각종 프로그램 등에 출연하면서 조선의 신여성 문화를
이끌었다고 해도 과언이 아니다.

방송초기에는 외부강연자 중에 재담을 잘하는 사람이 인기가 있었다. 특
히, 문사들 가운데는 소파 방정환이 인기가 있었는데 방정환은 원래 재담이 좋
을 뿐 아니라, 청중을 끄는 말재주가 있어서 전파를 통해서 듣는 청취자들이
"반했다"고 하는 증언도 있다. 그 밖에도 야담野談의 윤백남尹白南, 주요한, 박팔
남朴八南, 정인섭, 함대훈, 김광섭, 안석주, 염상섭, 심훈 등이 자주 연사로 나와
청중들의 인기를 모으기도 했다.287)

한번은 역사가인 권덕규權德奎가 정월초순경에 강연을 하는데 도소주(屠蘇
酒: 설날에 먹는 술)를 너무 마셨던지 얼큰히 취해서 마이크 앞에 섰다. 그는 갓
을 쓰고 취안몽주에 이야기하는 모양이 심상치 않았다. 옆에서 눈치 챈 아나운
서가 재빨리 마이크 스위치를 돌려놓아서 실수하는 위기를 모면하기도 했다고
한다. 이와 같이 방송초기에는 웃지 못할 해프닝도 자주 있었다.

이 밖에 여성들의 경우도 몇몇은 인기가 있었다. 남자들은 덜렁덜렁하고
여성들은 차근차근하니까 치마폭을 호듯 누에가 실을 푸듯 귀가 솔깃하게 말
을 잘 했는데, 그 중에서도 박인덕朴仁德, 송금정宋今琔, 김활난, 황신덕, 모윤숙
등의 경우는 방송하는 날 저녁 주부들이 라디오 앞으로 모이게 했다고 한다.
'경제 강연'엔 서춘, '경성변천 야화'는 문일평, '법률 강좌'는 변호사 신태악 등
신진 학도들의 새로운 지식강연도 흥미를 끌었다.

당시 음률(音律)은 라디오 청취자들이 가장 기다리는 프로그램이었다. 청
취자들이 하루건너 한 번씩 가장 즐겨 듣는 프로그램으로 장고, 가야금, 당소,
피리 소리가 작고 가늘게 쓰러져 가는 조선음률은 청취자들의 기쁨이었다. 더
구나 당대 명창 이동백李東白, 송만갑宋万甲, 김창룡金昌龍, 김창환金昌煥 등 명창
들이 마이크 앞에서 '고고헌변도'를 부르고 '새가 새가 날아 든다'를 부를 때면
13도의 숨은 가객은 무릎을 쳤다고 할 정도로 인기가 있었다고 한다. 1928년
11월에는 '이왕직의 아악의 밤'이라고 해서 우리나라의 아악이 일본 전국에 중
계된 일도 있다. 일본 사람들에게는 처음 듣는 우리나라의 궁중음악이었던 것

이다. 그 장중하고 신비로운 선율은 그들에게 큰 감동을 주어 일본의 신문이나 잡지 등에서 놀라움을 표시하는 글이 실리기도 했다. 이와 같이 아악이나 태평 악도 악기의 운반문제 등의 어려움 때문에 자주는 아니더라도 한 달에 한번 정도는 라디오로 중계하여 전통음악을 들려주기도 했다.[288]

한편, 한국인 최초로 경성방송국 기술자로 참여한 사람이 노창성盧昌成이다. 앞에서 언급했지만, 노창성은 이옥경의 남편인데 그는 도쿄도립 하쿠마공업고등학교東京都立覇馬工業高等學校[289] 전기화학과를 졸업하고 1924년 조선총독부 체신국에 취직했다가 경성방송국 창설 멤버로 참여하게 된다. 그는 체신국에서 책임자였던 고등학교 2년 선배인 시노하라 쇼조篠原昌三를 만나 방송국 설립에 참여하게 된다. 경성방송국 개국 당시에는 55명 정도의 직원이 있었는데 한국인은 노창송, 한덕봉, 이옥경, 최승일, 마현경 5명 정도였다.[290]

8) 방송프로그램의 장르

초기 방송프로그램의 편성내용을 보면, 다음과 같이 크게 3가지의 장르로 분류할 수 있다.[291] 첫째가 보도, 둘째는 교양, 셋째가 위안이다.

① 보도의 경우는 그날그날의 뉴스, 기상통보, 경제 동향 및 각종 공지사항이나 실황방송을 실시하게 된다. 당시 지방도시에 신문이 배달되는 데는 2, 3일이 걸리기 때문에 방송 뉴스가 신문보다 훨씬 더 빨랐다.

② 교양은 각종 전문가들의 강연이나 강좌가 주를 이루었다. 이를테면, 위생강연, 취업강연, 가정강연, 수양 강화, 과학해설, 그 외 외국어와 국어 배우는 시간이었다.

③ 위안은 방송국에서 취급하는 분야 중에 가장 광범위한 내용으로 많은 출연자를 요하는 가장 까다로운 방송이었다. 오늘날의 오락 프로그램도 여기에 해당한다.

위안 방송의 내용은 라디오 소설, 야담, 드라마, 가요, 만요 신작 이야기 등이다. 이러한 빈번한 내용을 새로운 재료나 소재를 구해서 여기에 적합한 예능인을 선정하여 몇 번 연습을 거친 후에 마이크 앞에 서게 한다. 서도 소리, 경기 소리, 가사, 음율, 창극조 등 최종적으로 방송 여부는 이 편성위원회에서 결정한다. 편성위원회는 매달 2번씩 회의를 열고 프로그램 편성표를 작성하여 제일 먼저 신문사로 보낸다. 신문사는 방송국의 추천을 받아 방송프로그램의 내용을 소개함과 동시에 출연자의 사진까지도 게재하여 청취자들의 관심을 사전에 끌어모으기도 한다. 이와 같이 방송국에서도 방송 내용을 사전에 널리 알리기 위해서 신문사에 적극 홍보하는 것도 당시에는 중요한 업무의 하나였다.

당시 방송사 방송프로그램 업무의 진행과정을 살펴보면 다음과 같이 크게 3가지로 나눌 수 있다.

① 첫째가 편성이고 → ② 둘째가 현장 → ③ 셋째가 기술이다.

아무리 훌륭한 프로그램을 짜서 편성하더라도 현장에서 방송을 충실히 해주지 않으면 안 된다. 라디오방송이기 때문에 현장에서는 아나운서의 역할이 매우 중요할 뿐만 아니라, 아나운서는 방송국의 입 역할을 하기 때문에 청취자들에게 이는 절대적인 영향을 미친다고 하겠다. 따라서 아나운서는 교양있고 책임감 있는 신사숙녀여야 하고 목소리가 곱고 맛깔스러워야 만점이라고 할 정도로 조건이 까다로웠다. 또한, 아무리 충실히 방송을 한다고 해도 기술부에서 스위치를 넣어 잘 작동시켜 주지 않으면 안 된다. 예를 들면, TV와는 달리 라디오방송이기 때문에 출연자의 음성이나 마이크 조절, 배경 음악이나 음향효과 등 라디오방송의 특성을 잘 살려주지 않으면 방송내용이 생생하게 전달되지 못해서 그 효과는 반감되게 된다.[292]

특히 현장 중계의 경우는 더욱 어렵다. 경성 시내 한강변의 행사 중계의 경우도 생방송의 경우는 사전에 전선을 깔아 놓아야 하다. 정동 방송국에서 한강변 행사장까지 몇 킬로미터라도 사전에 전선을 깔아 연결시켜 놓아야 한다. 마차나 인적이 심한 도로를 비켜 나무 위나 건축물 옆 등으로 전선을 깔아놓고 저녁에는 전선을 훔쳐가는 도둑을 위해 밤새도록 지켜야 하는 등 어려움도 많았다고 한다.

경성방송국은 1932년 4월 7일부터 사단법인 조선방송협회로 개편함과 동시에 경영모체도 '경성중앙방송국'으로 개칭하게 된다. 1933년 4월부터 제1방송인 일본어에 이어 제2방송을 신설하여 조선어를 분리 방송하게 된다. 1937년 4월에는 제2방송의 출력을 50kW로 증강하여 전 국토에서 청취가 가능해졌다. 라디오 수신기는 가정 이외에도 식당이나 동회관 등 사람들이 많이 모이는 곳에 설치되기 때문에 청취자 수가 적지는 않았다. 그 후 1943년에 대전, 마산, 원산 등의 방송국이 개국되고, 1944년에는 춘천방송국, 1945년 6월 16일에 마지막으로 청주방송국이 개국되게 된다. 이로써 경성중앙방송국 이외에 전

국 주요도시 19개소에 방송국이 설치되어 전국 네트워크 중계망을 완성하게
된다.293)

　이와 같이 경성중앙방송국은 전국 방송망과 설비 확충에 이어 방송시간도
점차 늘려가게 된다. 또한 1932년 8월 6일에는 경기도 고양군 연희면 1만
7600여 평 부지에 송신소를 착공하여 12월 준공함으로써 연주소演奏所와 송신
소도 분리하게 된다.

　1932년 조선에서의 청취감도의 경우, 야간은 본국의 강력한 송출 전력에
압도되어 청취 가능 지역은 경성부와 근교 50리 전후가 되었지만, 주간은 일
본 본국의 강 전력의 침식이 적어서 비교적 원거리의 지역에서도 수신이 가능
해 졌다. 또, 당시의 방송프로그램은 도쿄방송국의 중계프로그램이 많았다. 평
일 방송시간은 오전 10시 기상개황에서 시작해 오후 10시까지 12시간을 방송
하고 이 중 뉴스는 5회이며, 관청의 공지사항을 알리는 프로그램도 3번이나
있다.294)

　일요일과 경축일은 오후 2시 30분부터 저녁 9시 30분까지 8시간 방송한
다. 특히, 1932년 4월 1일부터 1933년 3월 31일까지 1년간의 방송시간은
2,943시간 50분으로 전년도 2,474시간 25분보다 469시간이 증가했다. 또한,
본국의 중계방송 종목도 점점 증가하게 된다. 이와 같은 방송설비의 확충과 방
송시간의 증가는 조선방송협회의 비약적인 발전을 초래하였다. 또한, 프로그램
내용 면에 있어서도 시대의 물결을 타고 신취향에 맞는 프로그램이 개발되어
총독부의 시정보급에도 기여하고 라디오의 기능도 발휘하게 된다.295)

　1930년대 초에는 라디오 청취자 수가 많아지면서도, 다른 한편으로는 불
법으로 안테나를 세워 라디오를 도청하는 자가 많아 「라디오 도청자철퇴령」296)
을 내리는 등 골머리를 앓기도 했다. 한반도 문화의 심벌인 정동 경성방송국에
서 1930년 8월 22일 오후 9시부터 약 1시간동안 '조선극장'에서 개최하는 "조
선 팔도 명창 대회"는 이동마이크를 통해서 중계방송을 실시했는데 이것이 우
리나라 최초의 중계방송이었다.297) 또한, 이때에 대중가요 유행도 본격화 되었
는데 1930년 전수린이 작곡하고 왕평이 작사한 "황성옛터"가 라디오를 통해
울려 퍼지면서 청취자들의 심금을 울리기도 했다.

　1932년 7월 15일 경성방송국은 당시 농촌진흥의 실황을 전국에 처음으로
알리기 위해 중계방송을 위해 연구를 거듭하게 되었다. 조선의 남쪽 4도를 릴

레이식으로 하여 농촌진흥상황을 전국에 소개하기 위해, 15일에 마이크를 청
주 읍으로 이동시켜 충청북도 농촌진흥운동의 전모를 전국에 소개하고, 대전,
대구, 부산 등으로 내려가 소개하기도 했다.[298]

또한, 경성방송은 1933년에는 "권투중계"를 방송해 시민들에게 권투의 룰
이나 응원문화 등을 전달하였을 뿐만 아니라, "보통학교교과서"로 한글강좌를
열어 새로운 문명보급과 함께 문맹퇴치하는 데에도 공헌하게 되었다.[299] 그러
나 그해 초에는 방송국 실습생을 중심으로 20여 명이 스트라이크로 동맹파업
을 해 대우개선을 요구하기도 했다. 실제로, 총독정치하에서 실무 담당자들이
집단으로 대우개선을 요구했다는 사실은 대단한 용기가 필요한 일이었다.[300]
앞서 조선인들의 생활상에서도 보았듯이, 당시 조선인들은 일본인들보다 상대
적으로 사회적 지위나 문화적 환경이 열악하며 먹고살기도 힘든 형편이었다.
그렇다고 의식주 문제같이 당장 먹고사는 데 시급한 문제가 아닌 라디오방송
청취 가입문제는 뒷전일 수밖에 없었다. 따라서 무단으로 안테나를 설치하고
도청하는 건수가 늘어나 방송국 측에서도 전문 단속원을 배치하는 등 골머리
를 앓기도 했다.[301]

한편, 경성방송국이 설립된 이후 기술적인 기반이 어느 정도 자리를 잡아
가자 실황을 중계하는 방송프로그램이 많아지게 된다. 특히, 1935년 7월 28일,
29일 양일간에는 "종로의 명물 야시장"[302]의 상황을 실황으로 전파중계하게
된다. 이는 '조선의 수도 종로동 상가 일대는 날이 거듭할수록 흥왕하여 가는
중이고, 네온의 밤거리는 더욱 아름답고 상가는 번창하고 있다'는 의욕을 북돋
우는 방송이었다. 엿장수, 참외장수, 샤스장수, 십전균일상(십전숍), 빙수장수,
수건장수, 고무신장수, 복숭아장수 등이 싸구려 싸구려하고 외치는 상황과 손
들어 왕래하며 흥정하는 광경을 눈으로 보듯이 방송을 할 예정이었다. 이런 광
경은 조선에서는 처음 보는 광경으로 상당히 인기를 끌 모양이어서, 26일 오후
5시 반 경에 방송국관계자가 종로서에 와서 고사카(小坂) 보안주임과 실황방송
에 관해서 여러 가지로 협의하였다는 보도가 있다.[303]

또, 1937년 6월22일에도 "경회루(조선총독부 뒤뜰)의 맹꽁이"라는 조선특유
의 맹꽁이 소리 음악을 생중계하기도 했다.[304] 조용한 자연 속에서 울고 있는
조선 특유의 맹꽁이 소리를 전파를 통해서 전국적으로 중계하는 방송이었다.
경성방송국은 같은 달 22일에도 오후 8시 45분에서 9시까지 15분간 마이크를

통해서 총독부 뒤뜰 경회루 연못가에 음성 중계 장치를 설치하여 아름다운 소
리를 전달하고자 했다. 비가 오면 잘 울고 가물면 잘 울지 않는 맹꽁이 소리를
생중계하기란 여간 어려운 일이 아니었다. 따라서 방송국 관계자는 이러한 소
리의 생중계가 매우 불안하여 그 전달 10일 총독부 회계과에 양해를 구하고
그때부터 방송준비에 들어갔었다. 우선 경회루 연못 현지에 가서 맹꽁이 우는
소리를 기다리고 있다가 때를 맞추어서 방송해야 했기 때문에 매우 흥미로웠
다는 보도가 있다.

　이와 같은 생중계를 위해서는 치밀한 사전준비와 장비의 투입이 요구되며,
중계 프로그램 제작에 따르는 인적 물적 경비도 상당히 지출된다. 불과 3~4년
전만 하더라도 청취자 숫자가 적어서 경영에 어려움을 겪던 방송국이 이처럼
중계방송이나 생방송을 많이 편성하게 된 배경에는 당국의 전폭적인 지원과
함께, 방송국 자체에도 기술적인 노하우나 방송문화가 어느 정도 정착되었던
것으로 보인다.

9) 방송프로그램의 내용과 방송문화

　1935년도의 1년간 방송프로그램의 개략적인 내용을 살펴보면 다음과 같
다.305) 그동안의 방송으로, 도시에서 농·산·어촌에 이르기까지 라디오방송의
문화적 가치와 중요성이 새롭게 인식되게 되었을 뿐만 아니라, 조선방송협회의
외형적인 발전도 실로 괄목할 만큼 성장을 이루었다. 방송프로그램의 내용면에
있어서도 시대 조류에 맞게 새로운 신문화의 도입이 이루어졌으나, 총독부의 시
정정책에 적극 호응하기 위해 강제적인 전쟁 관련 프로그램도 도입하게 된다.
한편, 방송국의 전시체제 확립을 위해서 다음과 같은 방송정책을 실시하였다.306)

　(1) 청취자의 기호조사

　1935년 2월에 기호조사를 실시했는데, 기호가 가장 많았던 것이 강연강좌
로 시사해설과 비슷하게 인기가 가장 많은 편이었다. 또, 어린이 시간의 동요,
오사카민요, 만담, 코미디, 가요, 라디오드라마 등이 높았고. 실황 중계는 야구
가 당연 1위였다.

　(2) 심전개발心田開發에 관한 조선인 전시계몽 방송

　당시 우가키 가즈시게宇垣一成 총독의 제창에 의해 시행된 일종의 계몽운동
으로 1935년부터 일본 고유의 신앙인 신도神道 보급과 함께 불교 부흥에 힘쓰

는 한편, 농민교육을 실시하는 등 종교와 교육을 통한 일종의 '조선인 정신계
몽'이다. 조선 전국토의 개발촉진은 물질적 방면뿐만 아니라, 정신적인 방면에
도 개발을 부르짖는 등 신앙심의 배양에 역점을 두는 이른바 전시개발운동 이
었다. 2월 9일 조선총독부 학무국장(제1방송), 총독부사회과장(제2방송)의 심전
개발에 관한 강연방송을 시작으로 정기적으로 이 방면의 권위자를 위촉하고
계속적으로 방송을 통해서 교육하게 된다.

   (3) 방송편성회의 설치와 방송통제

   1930년대 후반부터는 전시기운이 감돌자 방송프로그램을 통제하기 위해 4
월부터 매월 2회(제2 및 제4 금요일)에 걸쳐서 방송편성회의를 열게 된다. 이
회의는 감독관의 출석한 가운데 방송국의 해당책임자가 제안하는 프로그램 내
용을 기초로 15일분의 프로그램을 결정하는 회의이다.

   (4) 뉴스의 재방송과 연장 및 레코드 방송

   종래에 실시해 온 뉴스의 재방송은 각 방면에서 호평을 독차지하였으므로
방송시각을 오전 10시 이후까지 연장하고 더욱이 여름밤의 지루함을 위로하기
위해 6월 1일부터 8월 말까지 레코드음악 연주를 시도했다. 이는 시기적으로
시의적절한 것으로 시·도 각 방면으로부터 찬사를 받기도 했다.

   (5) 생산장려를 위한 농촌릴레이 방송

   총독부는 생산을 장려하기 위해 농·산·어촌 진흥을 호소하기 위해 6, 7월
의 모내기 때 조선 남도 4도에 걸쳐 농촌릴레이방송을 실시하고, 각 도 당국의
열성적인 응원 아래서 각지 독농가의 귀중한 체험담, 농민가, 그 외를 방송할
당시 효과적인 생산 활동 등을 장려했다.

   (6) 최신 토픽 중계

   최신 토픽은 종래 조선의 특수 사정에 의해 장애가 있었던 방송에 대해서
는 7월 15일부터 중계를 개시하게 되었다.

   (7) 동래 수신소 완성

   동래 수신소가 착착 완성되어 7월 22일부터 정식 수신이 가능해 오전 중
의 강좌가 증설되는 한편, 수신에도 잡음이 적어 주야 공히 중계가 가능해졌다.

   (8) 부산방송국의 개국

   조선 남부의 대망 사항이었던 부산방송국이 드디어 9월 21일 화려하게 제
1방송을 실시하게 되었다. 이것이 경성방송국의 지방 진출의 첫 시도이다. 프

로그램상에 있어서도 부산에서부터의 강연, 연예 등 부산인들의 목소리가 소개되게 되었다.

한편, 당시 경성중앙방송국의 제2방송인 조선어방송에 대해서 반대하는 일본인들도 없진 않았다. 하지만, 당시 우가키 가즈시게宇垣一成 총독은 제2방송 개국시 경축사에서 "이중방송이 실현되어 조선의 문화 향상에 획기적인 일보를 내딛게 된 것을 경하한다."고 말했다.307) 또, 경성방송국 회장 하지 모리사다土師盛貞도 조선어방송의 불가피성에 대해 다음과 같이 언급하고 있다.308)

① 조선인 전체 인구에서 약 1할밖에 일본어를 이해 할 수 없기 때문에 조선어방송이 없다고 한다면 많은 사람들이 라디오의 혜택을 받을 수 없게 된다. 따라서 조선어방송은 불가피한 일이다.

② 라디오는 원래 훌륭한 사회교육기관이고 대중적인 성인교육기관으로 일본어를 모르는 조선민중을 위해 라디오의 조선어방송은 그 존재 가치가 사회교육상으로도 매우 크다.

③ 일본어를 모르고 조선어만으로 생활하는 사람들은 문화적 자극을 받을 수 없고, 또 사회적 교육도 받지 못한 채 홀로 국어인 일본어에 친숙해지는 것은 도저히 생각할 수 없다. 일본어의 보급을 위해서도 조선어방송은 필요하다. 조선어방송의 존재는 국어보급에 적지 않게 기여를 하게 될 것이고, 결코 국어 보급에 모순되는 것이 아니다.

④ 조선어방송은 문화 향상 위해 많은 일을 할 것이라고 기대되고 있다. 보통 말하는 보도나 교양, 위안 외에 더욱 중대한 의의가 있다. 그것은 조선 밖에서 전파를 가지고 조선을 습격하는 것을 방지함과 동시에 반도에 있어서 국민 의식을 배양하고 이것을 통제하는 데에 큰 효과가 있다는 점이다.

이상과 같이 경성방송국은 본래의 목적인 조선민중의 문화 개발이나 복리 증진보다는 조선총독부의 시정방침을 조선민중에 선전하는 데 더 많이 이용되었던 것으로 보인다. 앞에서 언급한 "종로의 명물 야시장"이나 "경회루의 맹꽁이" 생중계 방송의 경우도 방송설비의 확충과 함께 시정홍보나 정책선전과 무관하다고는 말할 수 없다. 특히, 중계방송의 경우 관계당국과 사전 협의를 하거나 양해를 구해 사전 협조 요청을 하는 한편, 방송프로그램 편성회의 때도 감독관을 참석시켜 해당 방송 책임자가 방송 내용을 제안하는 것 등에서도 이를 볼 수 있다. 이 밖에, 시국 관련 특강에는 총독부 관계자나 외부 전문가를 통해 일본문화 내지는 일본정신 등 당시 시대 상황을 훈시하는 프로그램들이 많았다는 점에서도 이를 알 수 있다.

(9) 조선민중에 대한 전시개발의 보급

① 1932년에 제2방송인 조선어방송이 시작되었지만, 제1방송인 일본어방송의 경우에도 본국의 방송프로그램을 그대로 중계하는 경우가 많았다. 본국 방송은 일본 중심의 프로그램으로 식민지인 조선을 위해서 제작되었다기보다 일본 국내 시대적 상황에 따라 제작된 프로그램이다. 당시는 1931년 만주전쟁 직후이기 때문에 전시에 관련된 내용들이 많았다. 또한, 제1방송의 내용은 조선에 와 있는 일본인들에게는 중요한 생활정보가 될 뿐 아니라, 조선인들이 일본어를 익히고 일본문화에 동화되게 하는 유용한 매체가 되었다.

② 조선어의 방송내용은 교양과, 교화, 시국상황에 대한 주지사항 및 선전, 그리고 그 지방의 행정이나 문화 등 조선 특유의 내용도 많았다고 볼 수 있다. 또한,「일선융화」,「내선일체」등 당시 식민지 사상교육도 제2방송을 통해서 이루어졌다.

③ 1933년 조선에서 제2방송이 실시된 이래 10년째인 1943년 조선공론사가 엽서를 통해「조선방송의 가부」에 대해 여론조사를 행한 적이 있다. 총 엽서 수는 100통이었는데, 84통 회답 중에 제2 조선어 방송 폐지를 주장하는 것이 49통, 일부 폐지론을 지지하는 주장이 18통, 아직 시기상조라 하는 것이 17통으로 폐지론이 우세했다. 물론 회답자들은 일본인들이다. 예를 들면, 조선은 행 서무과장, 조선자동차회사 이사, 경성부의 의사, 경성부의회 의원, 도시 상인 등 각계각층의 인물이었다. 이 여론조사는 10년 전과는 꽤 다르다는 것을 볼 수 있고, 하지 모리사다(土師盛貞) 경성방송국 초대 회장의 의견과는 정반대의 경향을 보이고 있다고 하겠다.[309]

다음은 1936년 라디오 연감에서 창립 초기부터 10년간 조선의 라디오 청취가입자 수의 증가 상황을 보기로 한다.

다음 표에서 보면, 1926년부터 1935년까지 조선의 라디오 가입자 추세를 알 수 있다. 그런데, 1933년 4월 26일 제2방송 실시 이후는 전년도와 비교해

상당한 증가 추세를 보이고 있다. 특히, 1935년은 청취자가 5만 명을 돌파하게
되지만, 일본인과 조선인과의 사이에는 청취자 수의 격차가 더 커지고 있다.
즉, 1934년에 일본인의 청취자 수는 30,886명이었던 것에 비해 조선인은
9,785명으로 조선인 청취자수는 일본인에 비해 약 3분의 1 수준이다. 1935년
에도 일본인의 청취자는 38,140명이고 조선인은 14,959명이었다. 일본인과 조
선인의 청취자 비율을 보면 전년도보다도 일본인 수가 훨씬 증가했다. 각 도별
로도 라디오 청취 가입자 수를 보면, 1936년 3월말 현재 경기도가 24,120명으
로 가장 많았고(서울포함), 2위가 경상남도(부산포함)로 6,455명으로 나타났다.
여기에서 알 수 있는 것은 조선인들의 청취자 숫자 증가가 저조했다는 것으로,
수신기나 수신료에 대한 부담에 어려움을 겪고 있었다는 것으로 보인다. 당시
경성이나 부산에 거주한 일본인들은 대개 공무원이나 무역 등에 종사해 비교
적 경제적 여건은 그렇게 어렵지 않았다. 그에 비해 조선인들은 관리가 되기도
힘들 뿐 아니라, 차별대우와 규제 등으로 경제활동이 매우 어려워 청취료가 부
담이 되었던 것으로 보인다.[311]

〈표-16〉 ··· 각 연도 말 청취자 가입자 수[310]

연 도	일본인	조선인	총 수
1926년	1,481	345	1,826
1927년	4,161	1,037	5,198
1928년	7,160	1,390	8,550
1929년	8,610	1,616	10,226
1930년	9,480	1,491	10,971
1931년	12,522	1,815	14,327
1932년	17,702	2,860	20,562
1933년	25,564	6,494	32,058
1934년	30,886	9,785	40,671
1935년	38,140	14,959	53,099

• 1926년 12월 9일부터 시험방송실시

10) 전쟁 발발과 전시방송프로그램 보급

1937년 12월에는 중일전쟁이 일어나고 서서히 제2차 세계대전의 기운이 가까워지자 방송프로그램도 종전과는 달리 전쟁목적을 수행하기 위한 도구로 활용되게 된다. 즉, 연예오락이나 어린이 방송 프로그램들도 점차 위축되고 가수나 배우들도 전쟁 목적에 자주 동원되게 되었다. 1938년에 '국민정신총동원령'을 공포하고 나서는 인력과 물자 등 모든 것에 통제를 가하는 조선육로지원명령을 공포하고 그 취지를 방송에 적극 반영토록 했다.

조선어 전담 방송인 제2방송에도 일본어를 섞어서 방송하도록 강요하는가 하면, 그렇게 할 수 없다고 반대하던 심우섭 제2방송과장도 물러나게 했다. 그 나마도 활기를 띠던 연예오락프로그램도 일본어 상용과 황국신민화를 내세워 일본의 나니와부시(浪花節: 오사카 민요, 굴곡진 인생 등)를 흉내낸 신 가요나 야담 등을 방송하도록 했다. 뿐만 아니라, 당시 대중들에게 인기가 높았던 우리의 고전음악인 창과 민요, 유행가도 규제하게 되었다. 가수나 배우들의 경우 전쟁목적에 동원되면서 그만 둔 가수도 있고, 마지못해 노래를 불렀던 가수도 이후에는 친일논란에 휩싸이기도 했다.312)

1940년 8월부터는 조선, 동아일보는 폐간되고 한글 전용 신문은 매일신보만 존재하게 된다. 외국선교사들도 추방당하고 외국방송도 들을 수 없도록 단파 수신기를 몰수하기도 했다. 따라서 당시 방송프로그램도 국민정신 진작운동에 맞추어 특별강좌를 수시로 하도록 하는 한편 이른바 후방 미담을 주간정보 시간에도 방송토록 했다. 그 밖에 성인프로그램이나 어린이 프로그램 등에 대해서도 이러한 내용에 초점을 맞추어 프로그램을 제작하도록 했다.

마침내 1941년 12월 세계대전을 일으킨 일본은 일본군이 미치는 모든 지역안의 방송국을 대본영(大本營: 육군분부에 해당) 산하에 예속시켰다.313) 따라서 도쿄방송국의 경우도 1942년 4월 27일 전파 관제에 들어가면서 종전 출력 50kW에서 5kW로 낮춤과 동시에 모든 방송국들도 주파수를 낮추게 했다. 이에 따라 우리말 방송인 제2방송도 더부살이를 하게 되었으며 대부분의 지역은 방송을 들을 수가 없는 사각지대가 되게 되었다. 1943년 11월 10일에는 중단 되었던 제2방송을 다시 부활했지만, 1080㎑ 단일 주파수로 방송하게 했다. 그리고 1944년 3월 30일부터는 전국을 주야 동일 주파수로 방송하도록 관제를 강

화하게 된다. 그 후 1945년 2월 11일에는 제2방송마저 전파발송을 중단하게
된다.

11) 패전과 함께 전시방송의 중단

일본은 패전과 함께 1945년 8월 15일 천황의 정오 라디오방송을 통해 연
합군에게 항복하게 된다. 이날, 조선인들은 경성방송국에 들어가서 방송국 접
수를 요구하게 된다. 하지만, 경성방송국은 일본군에 의해서 계속 경비되게 되
었고, 조선방송협회에 의해서 일본어방송은 계속되게 된다. 그 후 1945년 9월
9일, 경성에 미군이 진주하여 일본군의 무장을 해제함과 동시에 일본어방송도
폐지하고 제2방송인 조선어를 제1방송으로 변경하게 된다. 9월 15일에는 조선
방송협회가 직원총회를 개최하여 조선인 간부들을 선출하고, 10월 2일에는 일
본인 직원들을 모두 해고함에 따라 일제의 경성방송국은 막을 내리게 된다.

한편, 경성방송국은 1925년 도쿄방송국에 이어 1927년에는 경성에도
JODK가 개국되면서 조선에는 새로운 방송문화가 생겨나게 되었다. 개국 당시
에는 전파수신의 어려움 때문에 경성부 외곽 지역에는 난청지역이 많았다. 이
러한 난청지역을 해소하기 위해 1932년에는 주파수를 10kW로 높이기도 했다.
뿐만 아니라, 청취자 수를 늘리기 위해 청취료도 월 2엔에서 1엔으로 인하하는
정책을 실시하고, 일본인 청취자들을 위해서는 1928년 쇼와천황 즉위식도 일
본 도쿄방송을 무선으로 연결해 중계방송하기도 했다. 또한, 경성방송국은 방
송국 설립이후 인적·기술적 노하우가 어느 정도 제자리를 잡아가자 실황을 생
중계하는 중계방송 프로그램도 대폭 확대해 나가기도 했다.

앞에서 이미 언급했지만, 1933년 초에 경성방송국 실습생들 20여 명이 동
맹파업을 하면서 처우개선을 요구한 사실이나 조선인들이 무단으로 안테나를
설치해 라디오를 도청하여 전문 감시원을 파견했다는 기사에서도 당시 조선인
들에 대한 차별대우나 이들의 어려운 살림살이를 엿볼 수 있다. 당시 조선인들
은 일본인들에 비해 변변한 직업조차도 구하기가 어려워 먹고살기가 힘들었을
뿐 아니라, 문화적 환경도 열악한 형편이었다. 당장 먹고사는 데 시급한 문제
가 아닌 라디오방송 청취 문제는 뒷전으로 밀릴 수밖에 없었다.

1930년대 초반만 하더라도 청취자 숫자가 적어서 경영적으로 어려움을 겪
던 경성방송국이 1935년경에는 중계방송이나 생방송을 자주 편성하게 된 동기

나 배경은 크게 두 가지로 요약된다. 첫째는 도시에서 농·산·어촌에 이르기까지 라디오방송의 문화적 가치나 중요성을 인식하게 되었다는 점이며, 둘째는 당시 시대 조류에 맞는 새로운 신문화의 도입과 함께 조선총독부의 시정施政에 적극 호응하는 정책을 계속 방송하려 했다는 점이다. 실로 중계방송과 생방송을 편성한 것은 우선 청취자 수를 높이기 위해서 라디오의 기능을 충분히 활용하겠다는 의미로 해석된다.

1937년 12월 중일전쟁 발발 이후 제2차 세계대전의 기운이 감돌자 방송프로그램도 종전과는 달리 전쟁목적을 수행하기 위한 도구로 활용되게 된다. 연예프로그램이나 오락, 어린이방송프로그램도 전쟁 목적에 자주 동원되게 된다. 또, 1938년 '국민정신총동원령' 선포 이후에는 인력과 물자 등 모든 것에 통제를 가하는 한편, 방송프로그램에도 그 취지를 적극 반영하도록 했다. 이에 불응하면 곧장 처벌받았을 뿐 아니라, 심지어는 조선어 전담방송인 제2방송에도 일본어를 섞어서 방송하도록 강요하게까지 이른다. 그 결과, 마지못해 노래를 불렀던 가수나 협조했던 배우들도 나중에 친일논란에 휩싸이기도 했다.

이상과 같이 경성방송국은 본래의 설립목적인 조선민중의 문화개발이나 복리증진보다는 청취자 수를 높여서 조선총독부의 시정방침을 조선 민중에 선전하는 데 많이 이용되어 왔다. 앞에서 언급한 종로의 명물 야시장이나 경회루의 맹꽁이 소리 중계방송의 경우도 방송설비의 확충이 이루어짐을 의미하며, 이러한 설비 확충은 라디오가 총독 정치의 시정홍보 수단이 되는 계기가 되기도 했다. 특히, 중계방송의 경우 관계당국과 사전 협의를 하거나 양해를 구해야 된다는 점이나, 방송프로그램 편성회의 때 감독관을 참석시켜 해당방송 책임자가 방송 내용을 제안해야 한다는 것 등에서도 이를 알 수 있다. 그 밖에 시국관련 특강에는 총독부 관계자나 외부 전문가를 통해 일본문화 내지는 일본정신 등 당시 시국상황을 전달하는 프로그램이 많았다는 것 등에서도 이를 알 수 있다.

한편, 1931년 7월 31일에는 '방송심의회'란 것을 만들게 되는데 이는 청취자의 증가와 함께 방송의 획기적인 발전 등으로 방송 프로그램 편성에 대해 한층 신중을 기하기 위한 것으로 보인다. 위원에는 당시 조선의 각 방면의 권위자들이 주로 임명되었으며, 회장이 위촉하여 구성하고 월 1회 정기위원회를 개최해 방송내용의 향상과 충실을 도모하였다. 방송심의회는 회장의 자문에 응해 방송프로그램의 대강에 관한 사항을 심의하는 기관으로 오늘날 방송사의 방송심의회와도 비슷한 조직이다. 앞에서 이미 소개했지만, 1935년에 설치된 방송 편성회와 함께 이 두 조직에 의해서 방송문화는 조직적으로 제도권하에 들어갔으며, 방송프로그램은 이 두 조직에 의해 한층 더 통제되었다.

제5절   선전영화 및 그 밖의 미디어를 통한 언론통제

1. 선전영화와 축음기(레코드)에 의한 여론통제

영화의 기원은 1895년 12월 프랑스 루이·뤼미에르 형제의 시네마토그래프가 원조라고 한다. 그래서 현재도 영화를 시네마토그래프 혹은 키네마토스코프라고 칭하는 것이다.[314]

일본에서 키네마토스코프가 수입 공개된 것은 1896년 11월의 일로 고베神戸에서 5일간 공개되었다. 이 키네마토스코프를 『고베신문神戸新聞』은 「활동사진」이라고 소개했다. 지금도 영화를 활동사진이라 부르는 사람이 있는 것은 이 때문으로, 일본에서는 프랑스의 시네마토그래프도 미국의 바이터스코프도 활동사진이라는 이름으로 메이지시대부터 다이쇼시대까지 통용되었던 것이다.[315]

전술한 대로 고베에서 공개한 것은 교토출신의 이나다 쇼타로稲田勝太郎라는 사람으로 프랑스에서 돌아올 때에 가지고 왔지만, 같은 해 오사카의 서양잡화상인 아라키 와이치荒木和一도 처음으로 에디슨이 발명한 바이터스코프를 사왔다. 그때 상영된 것은 불과 2분 정도였지만 「러시아황제의 즉위식」과 「나이아가라 폭포」가 그 내용이었다.

일본에서 활동사진이 실용화된 것은 1904년으로 극장과 연계한 연쇄극을 이이 요호伊井蓉峰가 혼고本郷에 있었던 마사고자眞砂座라는 곳에서 처음으로 시도했다. 당시의 것으로 러일전쟁 때에 노기乃木 대장과 스테셀 장군의 회견을 찍은 영화가 아직까지 남아있다.[316]

영화는 평화적으로 이용하면 보도, 교육, 오락 등 항상 효과 있는 교육재료가 되지만 전쟁이나 사상교육에 이용하면 또 큰 악영향을 미치는 미디어이기도 하다.[317] 일본에서 영화가 전쟁에 이용된 것은 1931년 만주사변 때의 일

이다. 물론 그 이전부터 중국과 조선의 침략도구로 이용해 왔지만, 본격적으로 행해진 것은 1934년 아오치 츄조靑地忠三 해설 감독의 「북진일본」이라는 영화였다. 그것에 이어 1936년 아쿠타가와 미쓰조芥川光藏의 작품 「비경의 열하」가 출현했다. 아쿠타가와는 남만주철도의 선전영화라는 본연의 자세로 본다면 당연히 일본의 대륙침략에 선봉을 짊어진 작품의 제작자였다. 당시 남만주철도는 말할 것도 없이 일본의 만주침략 거점이 된 국책회사로 그것만으로도 자금이나 인재도 상당히 풍부했기 때문이다.318) 만주사변이 발발하자 일본정부는 이른바 「항전영화」를 제작하고 이것을 민중선동 및 대외선전용으로 제공했다. 또 뉴스사진의 촬영 및 배급에 의해 항전의식을 앙양시키고 있었다. 일본에서는 러일전쟁 때부터 불린 유행가가 애국적인 프로퍼갠더로 충분한 역할을 달성했다. 예를 들면 「사노사부시さのさ節」, 「러시아코이부시ㅁシアコイ節」, 「엔카이부시ゑんかい節」, 「무카후니미유루向かふに見ゆる」, 「쵸이토부시ちょいと節」 등이 있다.

여기서 「사노사부시」의 일부분을 소개해 보자.319)

우리나라가 러시아를 친 것은 정의의 군
포로를 되돌려 주는 것도 정의
그런데 러시아는 북해를 어지럽히고
상전商戰을 평정하고 득의양양하구나. 얼씨구
　　　　　＊
조선이나 요동반도 하나 둘 정도
줄까, 노시慰斗를 붙여서
라고 말하면 좋겠지, 아니야 말도 안 돼
그렇다면 야마토大和 정신이 용서를 못해. 얼씨구
…… (이하생략)

한편 조선에서 「활동사진」이 처음 등장한 것은 1907년의 일로 일반 오락 미디어로서 상영되었다. 다음해에는 경성에 상설관 하나가 만들어졌다고 한다. 이것이 이른바 일본 정치선전활동의 뉴미디어로 필름이 등장하는 계기가 되었다. 조선총독부가 필름을 프로퍼갠더의 미디어로 본격적으로 사용하기 시작한 것은 3·1운동 이후로 1920년 4월 총독부 관방실 문서과에 활동사진반이 설치

되고부터였다. 당시 조선의 사정을 신속히 일본에 선전해야만 했기에 불과 3주
동안 부산에서 신의주까지의 일반풍경과 사물을 촬영해서 「조선사정」이라는
제목의 5권을 가지고 4월 중순부터 오사카, 나고야, 도쿄, 후쿠이福井 등 조선
과 깊은 관계가 있는 지방에서 공개 상영하게 되었다. 이것이 조선영화의 처녀
작품이며 또 일본에서 공개상영의 최초의 작품이다.

    이 영화는 1919(大正8)년 때마침 일어난 쌀 소동 소요사건의 영향으로 일
본본국에서는 큰 흥미를 가지게 되어 각지에서 초만원 대성황이었다. 도쿄에서
도 귀족원, 중의원, 양원의원들이 관람을 하고 조선에 대한 인식을 높인 것은
무엇보다도 큰 수확이었다. 또 역으로 일본 각지에서 순회 상영하는 한편 일본
의 풍경문물을 5권으로 촬영해서 그 해 5월에는 이것을 「내지사정」이라는 제
목으로 조선의 각 도 소재지를 순회하며 상영한 것이다. 이것이 조선 내에서의
문화영화상영의 효시라고도 할 수 있다.[320]

    당시 조선에서는 일본인에 대한 불신감이 팽배했지만, 이 영화의 소개로
인해 조선민중에게는 일말의 청량제를 주었으며 일본에 대해서도 친숙감을 가
질 수 있도록 한 것은 예상 외의 일이었다. 이 「내지사정」은 7세트를 만들어 2
도에 1세트가 배급되었으며 각 도내를 순회상영하기 위해 각 도에 영사반이 신
설된 것도 또 이때였다. 그 후 영화이용은 점점 확대되어 단순한 내외사정의
상호소개에 그치지 않고 1924년부터는 사회교화 분야에도 이용되었다. 1930년
부터는 조선총독부영화를 상영하는 상설관이 시도되고, 혹은 농산어촌의 진흥
운동과 납세, 위생사상의 보급 등에도 이용되어 모든 분야로 진출하게 되었
다.[321] 그 후 1925년에는 문서과 사진반이 내무국 사회과로 옮겨졌다. 당시 이
과에 소장된 필름의 내용은 조선 산업, 교통, 교육 선전, 사회사정 소개, 농촌
지도, 노동자 수급관계 조절 등으로 제작 지도는 각각 소관국, 과단위로 분담했
다. 또 일본을 조선에 소개하는 것도 제작되어 상호교환이 이루어졌지만 1925
년 대출필름 총 권수는 645권(상영, 연회延回 수는 2,000회 이상), 대외용 선전영
화에는 영문자막을 넣어 상대국주재 일본 대사관, 그 외 국체에 대해 공개상영
을 의뢰했다. 어쨌든 무료로 대여하여 조선총독부가 프로퍼갠더·미디어로서의
필름을 대량제작, 동시에 계획적으로 이용한 사실을 분명하게 볼 수 있었다.[322]

    총독부 영화반도 조선에 오는 각종의 시찰단에 「약진 25년」, 「뛰는 조선」,
「진흥 조선」 등의 조선소개 영화를 관람시키지 않는 사람이 없을 정도로 철저

했다. 상영장소로는 총독부청사의 영사실을 사용하는 경우도 있으며 총독관저
와 호텔 등을 사용하는 경우도 있었다. 특히 군함입항 등에 즈음해서는 갑판영
사를 시행하고 또 정기적으로 행하는 것에는 매년 꽃이 필 때 창경원에서 야
간상영, 5월 아동애호주간이나 하기위생주간의 상영, 10월 시정기념일 전야에
서 시정선전영화회, 추계신원에서 열리는 은막의 교화영화 등이 있었다.

또 일본에서 개최되는 박람회에는 조선소개 상영회를 여는 것을 상례로
하고 있었지만, 1937년에 상영한 횟수는 392회, 683,000여명의 관람자를 모았
다. 덧붙여 1920(大正9)년 이래 상영횟수는 4,733회, 한 해 평균 263회에 이르
고 있다.323) 그런데 만주사변이 발발하자 문서과 영화반은 상례적인 영화제작
을 중지하고 오로지 시국인식과 후방 조선으로써의 마음가짐을 지도하는 영화
제작에 몰두한다. 예를 들면 군대의 전송, 천인침千人針, 금채회金釵會, 위문금품
의 발송 및 보호단결성 등의 장면을 촬영 모집했다. 조선에 있어서의 시국관계
영화뉴스인 2권짜리 「후방의 조선」은 13세트를 제작해 일찍이 각 도 및 외국
外局 등에 배급하여 시국인식에 노력했다. 또 계속되는 장기전에 대처하는 국
민의 지도영화로 사변의 발단에서 출병의 필요, 이것에 대한 국민의 각오를 가
르치는 영화 「총후에 바친다.」 전 3권을 전국 13도의 분량만큼 제작하고 또
「황국신민의 서사誓詞 그 하나」는 30만 개, 「그 둘」은 115만 개를 프린트해서
전 조선 115개 상설관에서 상영시켰다.324)

또 문부성 제작인 「국민정신 총동원 대연설회」 유성판 전 2권을 3세트 구
입해서 조선 전 국토에 대출해 순회영사를 실시하게 하였다. 이같이 조선총독
부는 1920년 3·1운동 이후는 문화영화를 통해서 프로퍼갠더의 활동을 실시했
다. 1931년 만주사변이 발발하자 시국에 대한 영화의 이용은 시국인식을 홍보
하기위해 영화국책과 더불어 후방 영화의 보국운동으로 바야흐로 획기적 시대
를 맞이하게 된다.

한편 1920년부터 문서과 영화반이 행한 18년간의 영화 촬영권수, 영화회
수 및 대부한 권수 등의 총계수를 보기로 하자.325)

<표-17>을 보면 영화의 제작, 상영활동은 계속적으로 지속하고 있으며
18년간 촬영한 권수도 679권에 달한다. 총 대출 연장일수도 402,511일분의 양
으로 연간 22,361일분의 대여를 실행했다고 하는 수치적인 결과가 나온다. 특
히 만주사변 전후의 몇 년간은 활발하게 대민 홍보에 노력했다고 할 수 있다.

〈표-17〉 ··· 선전영화제작과 상영활동 실적

연별	신 촬영권수(권)	신 촬영미터수(미터)	영화회수(회)	대출권수	대부연일수
1920년	18	7,240	49	—	—
1921년	20	8,600	66	8	2,048
1922년	39	17,800	93	66	10,015
1923년	44	29,100	132	168	7,339
1924년	36	18,180	123	345	7,524
1925년	38	11,900	192	645	24,704
1926년	43	20,400	192	755	36,029
1927년	36	10,900	203	653	67,427
1928년	32	8,787	505	1,032	25,135
1929년	60	26,540	465	856	34,793
1930년	31	14,000	510	679	30,650
1931년	26	14,000	360	725	18,478
1932년	36	12,420	710	699	20,430
1933년	36	12,424	214	710	23,393
1934년	43	17,500	310	708	21,477
1935년	56	17,900	330	836	21,296
1936년	52	16,900	336	653	22,071
1937년	33	12,700	392	822	29,702
계	679	277,471	4,33	9,760	402,511

이 정도로 조선민중에 대해서 홍보 혹은 선전활동을 행한 것은 기술적으로도 경제적으로도 상당히 어려운 일이었을 것이다. 그것은 당시 영사기는 아바레라고 불린 가장 원시적인 수회기手廻機로 오늘날 젊은 영사기술자들은 이름조차도 잘 모를 지난세기의 유물이다. 그 후 영사기도 점차 자동식으로 향상되어 해설에는 확성기를 사용한 것도 있고 축음기를 병용해서 레코드 반주도 가능하게 되었다. 게다가 운반의 편의성과 유지비의 염가 등을 고려해서 16밀리미터영사기도 혼용하면서 토키의 영사반을 만들기까지 이른다. 어쨌든 영사반의

활동에 든 비용은 상당한 금액에 달했던 것은 틀림없는 사실이었다.

한편 총독부 이외에서도 광고, 문화영화 등이 만들어진다. 예를 들면 철도국 영사반이 관광영화를 이용해 여객 유치를 계획했다. 체신국 영화반은 1922년 우편저금선전 영화를 제작해 상영했다. 전매국은 1933년부터 연초경작위반 단속을 위해 영화를 제작홍보하고, 금융조합 영화반은 매년 1회 조합단위로 하는 순회상영을 실시해 조합원의 위문을 실시했다.

『오사카마이니치』 및 『오사카아사히』 경성지국과 『경성일보』 사에서는 토키의 영사반을 설치해 독자들의 위안을 목적으로 특히 시국뉴스를 상영했다. 또 초·중학교에도 각 종류의 문화영화가 상영되는 시대가 되었다.326)

반면 이와 같은 영화의 범람은 총독정치 혹은 풍속상에 종종 악영향을 주는 것이 많아 어떤 방법을 사용해서라도 규제해야만 했다. 당시는 활동사진 검열에 대한 특별한 규정이 없었으므로 흥행단속의 수단으로 각 도에서 각각 검열을 실시하는 것에 지나지 않았다. 이것을 통일하기 위해 먼저 1924년 9월 경기도, 경상남도, 평안북도의 3도가 검열을 실시하고 그 효력이 전국으로 미치게 되었지만 실제로는 3도의 검열에서 왕왕 다른 의견이 제시되었다.

그래서 1926년 7월 총독부령 제59호 활동사진「필름」검열규정을 발포하여「필름」검열은 모두 총독부에서 시행하기로 결정했다. 즉 조선 내에서 대중관람에 제공되는 것은 흥행용, 비흥행용을 불문하고 보통「필름」(35밀리) 소형「필름」(9미리반에서 16미리까지)의 구별 없이 모두 검열을 요한다고 하고, 단속제도를 조선 내에 통일을 확립하여 8월부터 검열사무를 개시한 것이다.327) 활동사진의 검열신청도 해마다 증가하여 1939년에는 3,640건에 이르고 검열건수 12,226권, 2,734,482미터의 길이에 달했다.

또 종래 조선에서는 외국영화만을 관람하는 경향이 있었지만, 이것은 일본인 영화제작회사가 일본인 중심으로 제작한 것과 조선대중의 민족적인 미묘한 편견에도 원인이 있었다고 생각된다. 그래서 1920년 9월 총독부령으로 활동사진영화규제를 공포해 흥행장에서 외국영화를 사용할 경우 국산영화에 대해 일정비율로 상영하도록 사용제한을 만들고 동시에 영화의 수출 및 이출입단속, 교화영화의 보호 등에 이바지한 것이다.328) 이 규제에 의해 외국영화는 점차 감소하고 이것을 대신해 일본에서 제작한 영화를 다수 상영하게 되었다. 또한 영화가 단순한 오락기관으로만이 아니라, 사회 개몽, 선전, 보도 등 그 사명의 중대성을 고려해 일본의 「영화법」329)이 「조선영화령」330)으로 그대로 시행되었다.

「조선영화령」의 실시 후 1941년 1월부터 12월까지의 1년간 총독부도서과에 영화검열을 신청한 「필름」건수는 3,051건이며, 그 중에서 검열로 거부된 것은 미국의 극영화 2권(453미터)이고 일부 삭제된 것은 201개(4,591미터)였다.

활동사진의 검열을 행할 때 설명대본과 「필름」을 제출하게 하여 「필름」면의 검인 및 번호를 대조하는 것은 단속상 지극히 중요한 사항이었다. 지방에서의 상영단속은 주로 흥행장 감독경찰관에게 일임했다. 설명업자 중에는 종종 설명대본에서 벗어나 풍자적 언사를 삽입하거나 또는 부연적으로 불온언사를 삽입하는 경우가 있었기 때문이다.331)

여기서 하나 지적할 것은 축음기 「레코드」의 단속이다.

축음기 「레코드」는 종래 경찰시찰의 권외로 단속은 그다지 중시되지 않았다. 다만 「레코드」이용자가 급증하고 그 중에는 주로 사상선전을 위해 이용하거나 또는 치안풍속을 방해하는 것도 발견되어 단속을 강화하게 된다. 그래서 1933년 5월 23일 총독부령 제47호로 축음기 「레코드」단속을 공포하여 처음으로 유효적절한 단속을 할 수 있기에 이른다. 1939년이 되자 이 규제를 적용하여 제조, 판매, 수여를 엄중히 단속하고 그 분제芬除에 노력함과 동시에 유통업자들에게도 적절한 지도를 해 「레코드」를 통한 문화의 계몽과 사상의 선도를 다하는 방침을 취하고 있었던 것이다.332)

조선에 있어서 「레코드」단속규제는 일본에서 이미 1923년 5월 4일 문부성령 제12호로 공포된 것이다. 그것은 활동사진, 「필름」, 환등영화 및 「레코드」인정규정에 근거하여 1925년 5월 26일 공포한 「필름」검열규제내무성령 제10호333)를 발전시킨 법률이었다.

당시 조선에서는 일본의 축음기 「레코드」를 대량으로 수입한 후에 조선어판도 만들어 식민지문화의 저속화에 박차를 가했다. 이 「레코드」중에는 「풍속·악사상 선전에 사용되며 치안을 해하는 것도 많았기」334) 때문에 출판물, 필름과 함께 검열단속의 대상이 되었다. 이 축음기 「레코드」단속규제 제4조에 의하면 「축음기<레코드>로 치안을 해하고 또는 풍속을 문란할 우려가 인정될 때는 도지사는 그 제조, 판매, 수여 또는 연주를 제한하고 혹은 금지할 수 있다.」(주 325)라고 적혀있어 이것을 위반했을 때의 벌칙도 규정하고 있다.

이처럼 만주사변에 의해 신문잡지의 통제와 함께 영화·축음기 「레코드」

까지 통제정책을 취하고 있었다. 그 결과 언론출판물 및 축음기 「레코드」 등은 전시사상보급에 이용되어 일본국책에 순응하고 있었다고 할 수 있다. 당시 저 널리즘의 대부분은 총독정치의 대변자로서의 역할을 완수하고 있었다. 이렇게 다양한 법률, 각종 규제에 의해 조선의 언론은 입이 있어도 아무런 이야기도 할 수 없는 상태가 되어 완전한 언론통제시대에 들어가게 되었다고 할 수 있다.

2. 활동사진을 통한 여론통제

(1) 활동사진 제작
　　후방의 조선　 권수2권　 무성판(각 도로 배부)
　　경일京日뉴스를 작성·제공할 것
　　　　　①금채회金釵會 상황
　　　　　②기생의 위문대작성
　　　　　③전사자 귀대상황
(2) 대여영화　 경일京日
　　　　　아사히朝日　 뉴스영화 수시로
(3) 구입영화
　　　　①경일사변京日事變 뉴스 제1보부터 매회 1권 구입·수시 영사 중
　　　　②국민정신총동원 강조주간에 있어서 고노에近衛 수상, 바바馬場 내상,
　　　야스이安井 전 문상의 강연 토키 3개 구입 후 각 도에 순회·영사할 것

　활동사진은 선전적인 효과가 상당히 크다. 당시 일반에 보급되지 않았던 활동사진을 보여주고 호기심을 불러일으켜 전투승리 뉴스 등을 통해 국민의 각오를 새로이 하여 전시교육의 효과를 올리고 있었던 것이다. 특히 초·중·고 등학교에서도 시간을 내 영화를 상영하고 동심에서 애국심을 불러일으키는 등 국민정신교육을 강화하고 있었다. 이처럼 학교에서의 시국에 대한 사상교육은 보다 효과적이었던 것으로 생각된다. 그것은 학생들이 집으로 돌아가 가족과 친족에게까지 이야기하는 것으로 그 파급효과를 올릴 수 있었기 때문이다.335)
　다음은 그 외에 있어서 23항목에 걸친 선전활동이 행해지고 있었는데 여 기서는 간략하게 정리해 두고자 한다.336)

(4) 그 외

① 뉴스사진

지방에 있어서 시국인식의 자료로 뉴스사진을 배부 중에 있어서 1937년 8월 3일부 전 조선 2,370의 읍면에 일제 배부했고, 그 후 10분의 1의 읍면에 매일 1장 송부했다. 이어서 전 조선의 도·부·군·도·읍·면 2,621개소에 대해서는 5일마다 일순하도록 매일 5백여 장 송부하는 것 외, 초등·중등 및 전 학교에 대해서는 10일마다 1장의 비율로 도착하도록 매일 약 5백매 송부 중.

② 8월 18일 총독부출입 신문기자와 정보위원회 간사회 사이에 시국선전방책에 관한 간담회를 개최. 보도업무의 원활한 운행에 노력하는 한편, 9월 30일 문서과 내에 보도계를 신설하여 신문, 라디오 등의 관계자와 제휴해 시국인식상 필요한 자료를 다수 공급하는 사무를 개시·활동 중이었다.

③ 만주사변 관계 경비예산

④ 활동사진 「후방의 조선」 배부의 건

⑤ 시국인식 지방순회강연

시국에 관한 올바른 인식을 홍보하기 위해 전 도지사, 중추원 참의, 종교가 그 외 학식경험이 있는 조선인 유력자를 전 조선 각 지방으로 파견해 시국에 관한 강연을 실시했다. 그 결과 연 일수는 500일에 이른다.

⑥ 전 조선중견 청년회

9월 25일 경성부 민관에서 전 조선의 지방중견청년에 대해서 시국강연회를 개최하여 시국인식을 깊이 하기 위해 국민의 각오를 철저하게 주지시켰다.

⑦ 전 조선 농산어촌 진흥관계관 회동

지방의 지도책임자에 대해 보다 철저한 시국인식과 지도정신의 강화를 실시하고 비상시에 대처할 만한 농산어촌 진흥운동의 사명수행에 한층 더 노력을 촉구했다. 그래서 9월 23일 전 조선 부윤·군수 및 각 도 지방과장, 농무과장 등이 회동하여 조선농민회, 조선금융조합회, 조선어업조합중앙회, 조선산림회 주최 하에 국위선양 기원제 및 농산어민보국선언식을 조선신궁에서 거행했다.

⑧ 애국일 설정의 건

9월 6일을 조선 내 각 학교 애국일로 정하고 학교직원·생도·아동 및 관계자에 대해 올바른 인식을 주어 국체명징 및 내선일체 시간時艱극복의 정신을 더욱 확립시킬 수 있도록 모든 행사를 실시했다.

⑨ 그림연극 실시방법의 건

일반 민중에 대한 시국선전을 위해 전조선 도·군·섬 전부에 1세트씩 그림연극을 송부하고, 이것을 실연시켰는데, 제1회는 「중국사변과 후방의 반도」라는 제목으로 사변의 원인, 전황, 후방의 후원미담, 국민의 각오 등을 28장면으로 나타낸 것이었다. 더욱이 이어서 「김소좌의 분전」, 「생업보국」 등을 제작 중으로 완성되면 차례로 각 도·군·섬에 송부할 예정이었다.

⑩ 경찰관 주재소를 중심으로 하는 시국좌담회

⑪ 관리 출장의 경우에 있어서 시국인식대책에 관한 건

⑫ 군가 민요 등 작성의 건

총독부 학무국 지도에 관계되는 조선 문예회에 있어서는 시국에 관한 군가 및 민요 등의 내선문內鮮文을 작성하여, 이 발표회를 성대하게 개최하고 또 학교에 있어서 이것을 가르치는 등 시국인식에 도움이 되었다.

⑬ 애국부인회와 국방부인회의 협조에 관한 건

⑭ 시국인식조사 및 선전방법 재검토

지방에 있어서 시국인식의 정도 및 시국선전시설을 조사함과 동시에 총독부가 실시해 온 시국선전사무에 대해 지방의 실정을 조사하고 지방의 의견·희망 등의 청취를 위해 총독, 정무통감을 비롯한 각 국장, 문서과장 등이 10월 초중순에 지방시찰한 결과, 간단한 시국인식은 거의 널리 퍼져있는 것을 인정했지만, 한층 더 연구의 여지가 있다는 결론을 냈다.

⑮ 황국신민의 서사誓詞 제정의 건

황국신민다운 자각을 촉구하고 국민정신의 앙양을 도모하기 위해 수제서사首題誓詞를 제정하여 학교생도를 비롯한 관공리와 각종 단체원, 회사, 은행 등 전 조선에 걸쳐 각종 집회예식이 있는 경우 이것을 낭송시키고 소년용 백만 부, 청년용 20만부를 인쇄·배포하는 외에, 신문잡지보 등에 등재시키고 영화로 제작·영사시키며, 그 외 라디오에 의해 방송하는 등의 방법으로 급속히 보급을 도모하고, 총독부에 있어서는 지난 10월 13일 무신조서환발戊申詔書渙發 기념일에 행정통감의 선송에 따라 전 직원이 이것을 낭송하였고, 10월 17일 국민정신강조기간 중 신사참배일에 조선신궁대전에 참집한 재경성관공직원 그 외 약 2만 명이 내무국장의 선송에 따라 일제히 송화誦和해 깊은 인상을 주었다.

⑯ 국방헌금 등의 통제에 관한 건

⑰ 전승보국기 행렬거행의 건

⑱ 명치절明治節 당일 오전 9시를 기해 전 조선 일제히 황거요배皇居遙拜를 행하는 건

⑲ 영화추천의 건

⑳ 황군위문담배 「승리의 함성」을 연하를 겸해 위문품으로 전지장병에게 증정하는 건

㉑ 오하라大原 함락봉축과 독일·이탈리아·일본 3국 방공협정축하에 관한 건

㉒ 동계 출근시각 변경의 건

㉓ 비상시 재정경제에 대한 국민 협력에 관한 건

이상 23항목으로 정리해 보았지만, 모든 것이 「시국에 대한 황국신민의 선전교육 내지는 애국관」을 강요하는 것이라는 하나의 목적으로 집약될 수 있다.

그 외 정보위원회의 선전활동은 여러 가지 방면에서 행해지고 있었다.

먼저 ①과 같이 뉴스사진을 전 조선지역에 배부·제공함에 따라 학생부터 전 조선민중에 이르기까지 시국인식교육을 행했다. ②에 의해 동 정보위원회는 총독부에 출입하는 기자들에게조차 시국선전정책의 협력을 요구했다. 게다가 총독부문서과에 보도계를 신설해 신문, 라디오에 대한 언론 통제를 강화했다. 그 외 ⑤~⑧의 활동을 보면 각종 강연회와 정신교육을 통해 시국에 대한 이해를 선전하고, ⑩~⑫부터 시국인식 정신교육 방법의 하나로 경찰관 주재소를 중심으로 시국좌담회 등을 개최하고 있었던 것 같다. 또 각급관리를 통해 훈화 혹은 시국에 대해 협력을 요구하고 있었다. 더욱이 군가와 민요의 창작운동을 전개해 그 정책과정의 파급효과도 노리고 있었다.

특히 ⑭는 시국인식에 대한 조선인 인식의 침투과정을 측정조사해서 다시 연구를 진행시킨다고 하는 효과측정법까지 동원하고 있었던 것이 분명해졌다. ⑮에 의하면 총독부 간부 스스로를 비롯해 학생에 이르기까지 황국신민의 서 사낭독을 철저히 하는 교육방법에 의해 동화정책을 실시하고 있었다. 그 외는 모두 비상시 애국신민으로써의 각오 등을 선전하는 선전내용이 중심이었다.

이상 (1)문화영화 (2)활동사진 (3)그 외로 나누어 분석해 보았지만, 한마디로 말하자면 모두가 병참기지로서의 사상전 체제교육 내지는 임전교육뿐이

었다고 할 수 있다. 이것은 지금까지 행한 프로퍼갠더보다도 상당히 조직적이며 계통적이고 체계적인 사상 선전이었다. 결국 1910년 한일합병이후 총독부가 행한 활동보다는 조선중앙정보위원회가 설치된 것에 의해 보다 강력해진 활동이 되었다. 조선 식민지통치 후반기에 있어서 조선중앙정보위원회는 이른바 「종합정보통제소」의 역할을 완수했다고 해도 과언이 아니다.

미주

1. 朴慶植(1973)『일본제국주의의 조선지배』상권, 靑木書店, p. 168.

2. 『근대일본종합연표』(1977), 波書店)에는「3·1운동·만세사건」과 양명병기, 검정교과서의 대 부분은「3·1(만세)사건」이라 표기한다.

3. 姜東鎭(1979)『日本の朝鮮支配政策史硏究』東京大學出版會, p. 140.

4. 『現代史資料』25(1963)「朝鮮1」「資料解說」みすず書房, p. 12.

5. 姜東鎭(1984)『日本言論界と朝鮮』法政大學出版局, p. 82.

6. 李基白(1979)『韓國史新論』學生社, pp. 338~339.

7. 「제71주년 2·8독립선언기념식」『유학통신』재일본 한국유학생 연합회, 1990년 4월 30일자.

8. 3·1독립운동은 일명 3·1운동이라고도 불리고 있지만, 천도교의 손병희, 기독교의 이승동, 불교의 한용운 등 민족대표로서 독립선언서에 서명한 33인이 중심이 된다. 그들은 고종(조선최후의 왕)의 장례일인 3월 3일을 앞두고 군중이 전국 각지에서 서울로 모인 기회를 이용한다. 그리고 고종의 장례 2일 전인 3월 1일에 단행했다. 민족대표들은 이 날 태화관에 모여 독립선언을 발표하고 한국이 독립국인 것을 선언했다. 탑골공원에 수천의 청년이 모여 독립선언서를 낭독한 후 독립만세를 부르고 시위행진을 했다. 이것이 한국의 역사상 최대의 민족운동인 3·1운동의 시작이다(李基白, 前揭書, p. 390).

9. 고종의 사인은 경성대학 의과대학병원장 시가 키요시志賀潔, 내과부장 모리야스 렌키치森安連吉 박사 등에 의해 뇌일혈이라고 진단받았다. 그러나 민중 사이에 시종장인 이덕영(친일파, 후에 중추원의원이 된다)이 궁내의인 안상호에게 살해를 명하고 한 궁녀가 비산제를 홍차에 넣어 마시게 했다는 소문이 퍼진다. 더욱 이것에 대해 1919년 3월 16일자「경성일보」는「무망誣妄도 심하고 기괴한 유언비어」라는 장문의 기사를 싣는다.

10. 金圭煥(1982)『日帝と對韓言論·宣傳政策』二友出版社, pp. 161~162.

11. 坪江汕三(1979)『朝鮮民族獨立運動秘史』巖南堂書店, pp. 704~705.

12. 『경성일보』1919년 3월 7일자.

13. 수원사건은 1919년 4월 15일 경기도 수원군 제암리에서 일본헌병이 조선인 남녀노
    소 수천 명을 기독교회 내에 감금하고 밖에서 방화해 전원을 태워죽이고 이웃의 주
    민까지 체포해 학살한 사건이다. 이것은 일본헌병의 잔학성을 나타내는 노골적인 예
    로 선교사인 스코필드박사에 의해 외국에 보도되고 심한 비난의 표적이 되어 일본
    에서도 요시노 사쿠조吉野作造에 의해 강하게 비판받게 된다.

14. 金圭煥, 전게서, pp.162－163.

15. 『한국독립혈사』(1930)에 의하면 3·1독립운동은 다음과 같이 큰 규모였던 것을 알 수
    있다.
    　조선인 총 동원수 2,023,098명, 사망자 7,909명, 피상자 15,961명, 피소가옥 760
    동, 이것에 대한 일본 측 사망자는 8명, 부상158명, 파괴관청 159개소이다.

16. 金圭煥, 전게서, p. 165.

17. 金圭煥, 전게서, p. 160.

18. 하라 다카시原敬는 소장관리시대(이토伊藤 내각의 대만사무국장)부터 식민지통치에
    대해 관심과 견식을 가졌다. 특히 테라우치가 총독이었을 때 얼마나 불유쾌한 시대
    를 참고 견디어 온 것인가라고 무인전단통치정책에 반발을 표명했다.

19. 橘破翁(1918) 「朝鮮の言論政策に就いて長谷川總督に呈す」『朝鮮公論』(The chosen
    Review) 제7월호, 조선공론사, p. 35.

20. 橘破翁 『朝鮮公論』 전게서, p. 35.

21. 요시노 사쿠조吉野作造는 전동경대학교수로 1910년대 중기부터 1920년대 후반기에
    걸쳐 정부의 내외정책에 관한 비판적 논문을 많이 쓰고 일약 「大正민주주의」의 기
    수가 된 인물이다. 그의 진가가 발휘된 것은 오히려 1919년의 「3·1운동」 이후로
    「민족자결의 용인후 조일 양국민의 제휴가 가능하다고 명언」하고 조선통치에 대해
    정부의 탄압정책일변도와 언론계의 침묵에 대해 공격을 시작했다.

22. 姜東鎭(1984)『日本言論界と朝鮮』전게서, p. 122.

23. 山中速人(1981) 「3·1獨立運動と日本の新聞」『新聞學評論』第30號 日本新聞學會. p. 258.

24. 『万朝報』 1919년 3월 3일자.

25. 『山陽新聞』 1919년 3월 4일자.

26. 『都新聞』 1919년 3월 5일자.

27. 『경성일보』 1919년 3월 6일~7일자.

28. 山中速人(1981)『新聞學評論』전게서, p. 258.

29. 山中速人(1981)『新聞學評論』전게서, p. 258.

30. 姜東鎭, 전게서, p. 165.

31. 『大阪朝日新聞』1919년 3월 3일자.

32. 『東京日日新聞』1919년 3월 7일자.

33. 『万朝報』1919년 3월 13일자.

34. 『東京朝日新聞』1919년 3월 3일자.

35. 『やまと新聞』1919년 3월 8일자.

36. 姜東鎭, 전게서, p. 165.

37. 『万朝報』1919년 3월 8일자.

38. 姜東鎭, 전게서, p. 174.

39. 『東京日日新聞』1919년 3월 22일자.

40. 『東京日日新聞』1919년 3월 22일자.

41. 『東京日日新聞』1919년 4월 6일자.

42. 『東京日日新聞』1919년 3월 21일자.
　　오사카시 부근 마을에 사는 3,000명의 조선노동자는 사업계의 위축과 함께 큰 타격을 입고 실업자가 속출하여 유민증가와 함께 우려할 만한 경향을 보인다고 보도하고 있다.

43. 『万朝報』1919년 3월 22일자.

44. 여명회는 당시 군벌의 대두에 반대하고 일본의 민주화를 주장한 민주주의적 사상계 몽단체로 멤버는 요시노 사쿠조吉野作造, 후쿠다 도쿠조福田德三 등 대학교수가 중심이었다.

45. 拙稿(1990)「日本新聞學會春季研究表資料」松阪大學, 1990년 6월 2일, p. 1.

46. 吉野作造(1919)「朝鮮における言論の自由」『中央公論』5월호, 中央公論社.

47. 姜東鎭, 전게서, p. 208.

48. 『東京朝日』1924년 4월 1일자 논설참조. 이 해 3월 기요우라淸浦내각이 긴급칙령으로 관동대지진에 의한 화재에 대해 화재보험의 일부 지불을 행하고자 한 것을 추밀

원의 이의에 의해 그 칙령 안이 철회된 것을 다루며, 추밀원과 내각의 관계 즉 추밀
원의 정치관여에 비판의 메스를 가한 것이다. 그래서 정부감독의 기관으로써의 추밀
원을 둔 것은 오늘날 더 이상 필요 없다고 단정하고 있다.

49. 추밀원은 명치헌법56조 「추밀원고문은 추밀원관제가 정하는 바에 의해 천황의 자문
    에 진정으로 응해 중요한 국무를 심의하는 것」에 의해 천황의 최고 고문부로 설치
    된 헌법기관이다.

50. 吉野作造 「樞府と內閣」 『吉野作造博士民主主義論集』 第3卷 『日本政治の民主的改革』 所收.

51. 井出武三郎(1988) 『吉野作造とその時代』 日本評論社, p. 144.

52. William Randolph Hearst는 영국의 노스클리프와 함께 세계 2대신문 경영왕이며,
    캘리포니아 상원의원 George Hearst의 아들로 1863년 샌프란시스코에서 태어나 민
    주당에 소속되어 National league of Democrat's Club의 회장이었다. 1907년에는
    뉴욕의 하원의원이 된 신문인이다.

53. 당시 허스트계의 주요 신문은 다음과 같다(본 표는 1918년 5월 뉴욕일본총령사관의
    조사에 의한 것).

신문명	발행지	창간연도	발행부수
The Atlanta: Georgian	Atlanta Georgia	1906년	50,000부
Hearst's Sunday American	"	1913년	80,000부
Boston American	Boston	1904년	40,000부(석간) 32,000부(일요일간)
Chicago American	Chicago	1900년	400,000부
Los Angeles Examiner	Los Angeles	1903년	80,000부(조간) 140,000부(일요일간)
New York American	New York	1882년	33,000부(조간) 700,000부(일요일간)
New York Evening Journal	New York	1896년	820,000부
San Francisco Examiner	San Francisco	1865년	110,000부(조간) 230,000부(일요일간)

54. (秘)朝鮮總督府警務局(1921) 「美國ニ於ケル獨立運動ニ關スル調査報告書」.

55. 『New York Times』 1919년 3월 13일자.

56. 同上.

57. 朴慶植(1986) 『朝鮮3·1獨立運動』 平凡社, p. 287.

58. 友邦協會(1970) 『齋藤總督の文化統治』 pp. 311~322.

59. (秘)朝鮮總督府警務局(1921) 「未國ニ獨立運動ニ關スル調査報告書」.

60. (秘)朝鮮總督府警務局(1921) 「米國及ハワイ地方ニ不逞朝鮮人の狀況」.

61. 同上.

62. 李炫熙(1989) 『韓民族光復鬪爭史』 正音文化社, p. 496.

63. 조선인협의회는 동부에 있어서는 뉴욕시를 비롯한 일리노이주의 시카고 오하이오주의 아크론, 디트로이트, 서부 등의 13곳에 지방회를 설치하고 독립운동의 연락을 하는 조직기관이 되어 기관지로 『조선평론』을 발간했다.

64. 미국인 측에 관한 기관으로 오하이오, 미시건, 일리노이, 오레곤, 뉴욕 등 18곳에 이 협회를 설치해, 조선을 완전히 정의와 자유가 행해지는 국가라고 하고, 일본의 압박 배제에 대해 직간접의 원조를 주는 것을 그 목적으로 하는 것이다. 그래서 『조선평론』이라 칭하는 월간 영문잡지의 구독을 희망하는 회원에게는 회비를 징수하고 있었다. 총회원은 15,000명 정도였다.

65. (秘)朝鮮情報委員會(1921) 「英美に於ける朝鮮人の不穩運動」 情報彙纂 第5號, pp. 6~7.

66. 同上.

67. 李海暢(1977) 『韓國新聞史研究』 成文閣, pp. 170~181.

68. (秘)朝鮮情報委員會(1921) 「英米に於ける朝鮮人の不穩運動」 전게서, pp. 1, 5~16.

69. 同上, p. 16.

70. 同上, p. 17.

71. (秘)朝鮮情報委員會(1921) 「朝鮮評論(Korea Review) ハワイ米國新聞刊行物及通信 記事摘要」 情報彙纂 第4號, pp. 7~8.

72. 同上, pp. 8~9.

73. (秘)朝鮮情報委員會(1921) 「英米に於ける朝鮮人の不穩運動」 전게서, pp. 17~18.

74. (秘)朝鮮情報委員會(1921) 「朝鮮評論(Korea Review) ハワイ米國新聞刊行物及通信 記事摘要」 전게서, pp. 42~43.

75. 朴慶植, 전게서, pp. 276~277.

76. 『民國日報』는 3월 12일부터 13일자 「고려선포 독립상정」이라는 기사를 게재했다.

또 「조선도모 독립상정」(3월 14일자), 「조선도모 독립정형」(3월 15일), 「조선독립
운동의 진상」(3월 29일), 「한인복국운동의 계기」(3월 23일), 「일본 대한對韓의 살육
정책」(4월 16일) 등의 기사를 게재하고 조선의 독립운동을 지원한다.

77. 『每日評論』 1919년 3월 23일자를 번역한 것으로, 朴慶植 전게서 pp. 277~278.

78. 朴慶植, 전게서, p. 278.

79. 同上, p. 283 참조.
　　1919년 5월 7일, 9일 상해에서의 항일규탄대회와 항일데모에는 「한국청년독립단」
의 이름으로 30명의 조선청년이 참가했다. 더욱이 상해 그 외에서는 「중한국민호조
사中韓國民互助社」, 「중한협회中韓協會」, 「중한청년협회中韓靑年協會」 등의 공동투쟁
단체가 결성되었다.

80. 李龍範(1969) 「3·1운동에 대한 중국의 반향」 『3·1운동 50주년기념논집』 동아일보사,
pp. 533~534.

81. 愼鏞廈 「민족자존의 길」 『중앙일보』 1989년 2월 21일자.

82. 『조선독립신문』은 3·1독립운동의 주체세력에 의해 발간된 신문으로, 1919년 3월 3
일자 기사에 의하면 임시정부조직설이 있어 곧바로 국민대회를 열고 임시정부(가정
부)를 조직해 임시대통령을 선거한다고 하는 기사가 있다.

83. 愼鏞廈 「세계를 울리게 하는 약소민족개방의 봉화」 『동아일보』 1989년 2월 20일자.

84. 朴慶植, 전게서, p. 383.

85. 友邦協會 『朝鮮總督府資料選集, 齋藤總督の文化政治』 pp. 302~303.

86. 「민족자존民族自存」은 「민족자존民族自尊」(민족스스로 자부심을 가질 것)과는 의미
가 달라, 「황민화정책」, 「일시동인」, 「동화정책」, 「언어말살정책」 등의 사회상황아
래서 조선민족의 주체성 보존 혹은 생존권의 보호라는 의미로의 자존이다.

87. 宮崎龍介編(1971) 『宮崎稻天全集』 第2卷, 平凡社, p. 94.

88. 미야자키(1870~1922)는 중국혁명운동의 협력자로 구마모토현熊本縣 출신이며 본명
은 토라조虎藏였다. 형은 자유민권론을 부르짖는 하치로八郞, 토지 평균론을 말하는
나미조民藏가 있고, 도쿠토미 소호德富蘇峰의 오에기주쿠大江義塾에서 배운 후, 1887
년에는 대륙웅비의 뜻을 품었다. 이누카이 쓰요시犬養毅의 지원으로 재차 화남으로
건너가 중국혁명당과 필리핀 독립운동의 무장봉기를 획책했다. 후에 손문과의 제휴
에 전력하여 중국혁명동맹회를 성립시켰다.

89. 본 자료에 관해서는 원문입수가 불가능해 『宮崎稻天全集』(주 87과 동일, pp. 170~171)에서 재인용.

90. 영일동맹조약에 의해 영국으로부터 승인을 받고, 1907년 9월 조선의 최종적인 처리에 합의한 「사이온지西園寺·태프트 비밀회담」과 1908년 11월 30일에 교환된 「루트·다카히라高平 각서」의 협정 등이다.

91. 저자세로 상대방에게 호감을 주는 것으로 주로 조선에 주재하는 외국인 선교사에 대한 정책이다.

92. 金圭煥, 전게서, pp. 193~194.

93. 친일파 랏트는 In Korea With Marquis Ito, 캐넌은 The Outlook November 11, 1905. 브라운은 The Japanese in Korea 등의 저서가 있어, 이것을 통해 일본의 대외선전을 행했다.

94. 姜東鎭(1979) 『日本の朝鮮支配政策史硏究』 東京大學出版會, p. 69.

95. 『現代史資料』 25(1863) 「朝鮮1」 みすず書房, p. 270.

96. 당국은 선교사에 대한 강경방침에서 전환해 반일투쟁의 신도들과 선교사를 불러 접촉하고 그들의 대일협력을 요청한다. 그러나 선교사측의 반응은 ①우리들은 정치에 관계없다. ②진압하면 전도가 불가능하다. ③우리들은 제지할 수 없다는 등의 이유를 들며 또 비판하는 자세를 취하고 있었다.

97. 外務省外交史料館所藏 「齋藤總督, 最近二於ケル朝鮮の政勢」 『韓國二於ケル統監政治及同國併合後ノ統治策二對スル評論關係雜纂』 1919년 9월 10일, pp. 41~406.

98. 가쿠슈인대학교學習院大學 동양문화연구소에 소장되어 있는 것으로 사이토 마코토齋藤實 총독이 직접 사카타니 요시로坂谷芳郞에게 보낸 편지를 분석한 것이다.

99. 姜東鎭 『日本の朝鮮支配政策史硏究』 東京大學出版會, p. 12.

100. 友邦協會編總督府資料選集(1970) 「總督府制度改正と基督敎」 『齋藤總督府の文化統治』 pp. 134~150.

101. 同上, pp. 130~140.

102. 특히 이러한 조치는 사이토 자신보다도, 하라 다카시原敬 수상이 외국인 선교사의 총독정치에 대한 오해의 해소책을 지시하고 있으며, 사카타니 요시로坂谷芳郞는 부임하는 사이토 마코토에게 보내는 편지에서 총독과 통감은 특히 외국인선교사 등과 접촉해 의견을 잘 들을 것을 지적한 일도 있다.

103. 國會圖書館所藏齋藤實文書 「齋藤實傳記關係資料」 2025 「齋藤實總督就任直後ノ內外人招待關係書類」 1919년 9월.

104. 姜東鎭, 전게서, p. 79.

105. 『조선』은 1921년 6월호 「사회사업특집호」로 선교사와의 협력 필요성을 주장하고 있으며, 대외 선전담당자 중 한 명인 야마가타 이소오山縣五十雄(Seoul Press사장) 는 외국인 선교사가 일신의 안락을 희생하며 헌신적으로 평생 조선인의 교화에 노력하고 있다는 찬사를 말하고 있었다.

106. 齋藤子爵記念會(1942) 『子爵齋藤實傳』 第2卷, p. 564.

107. 金相万(1975) 『東亞日報社史』 卷1, 동아일보사, p. 63.
　 짐은 일찍이 조선의 강령을 위념爲念하고 그 민중을 애무하는 것도 일시동인, 짐의 신민으로 추호도 차이가 없다. ……」

108. 1919년 9월 3일 「齋藤實總督が同府及び所屬官署に對する訓示」 第3項, 전게서, p. 65, 『朝鮮施政25年』 등.

109. 李錬, 「日本新聞學春季硏究發表會報告資料」 松阪大學, 1990년 6월 20일.

110. 『동아일보』라는 제호의 발안자는 당시 신문계의 원로로 동아일보 창간 때 편집감독이었던 유근柳瑾이다. 그는 우리나라가 발전하기 위해서는 시야를 크게 넓혀 동아시아 전국을 무대로 활동해야 한다는 의미로 이름을 지었다고 한다.

국별\도별	신문			잡지		
	일본인	조선인	외국인	일본인	조선인	외국인
경기	21,615	14,286	126	2,990	2,079	152
충북	1,133	2,781	3	128	182	4
충남	2,998	4,693	4	240	169	–
전북	4,713	5,403	–	805	513	7
전남	3,538	6,736	2	438	447	3
경북	6,322	10,733	3	169	819	3
경남	12,489	9,538	7	1,001	429	–
황해	2,678	5,600	1	425	738	–
평남	5,071	6,004	6	394	1,595	20
평북	3,078	5,414	8	448	1,143	7
강원	1,057	3,739	2	455	548	4
함남	4,637	7,543	13	1,173	1,121	4
함북	3,049	1,973	–	101	184	1
계	71,980	84,440	175	9,217	9,967	205

111. 金相万(1975)『東亞日報社史』전게서, p. 74.

112. 『朝鮮年鑑』(1926년도판)에 의한 것이다.

113. 金圭煥「植民地下朝鮮における言論及び言論政策史」東京大學大學院博士學位論文, 國立國會圖書館所藏, p. 225.

114. 『경성일보』 1921년 5월 20일자에 의하면 1921년 현재 조선 내에서 구독되고 있는 본국발행의 신문, 잡지, 또는 조선발행의 신문잡지의 종류는 약 600종에 달하며 구독자는 일본인 16만, 조선인 7만으로 일본인은 1부당 2명, 조선인은 약200명의 비율이다.

115. 1920년 11월 일본어·조선어 병용의 주간지로 인가받아 1923년 7월에 일간경제지로 발족했다.

116. 『京城日日新聞』은 1920년 7월 1일 창간되어 1921년 7월에 아리마 준키치有馬純吉가 사장이 되며 식민지에서 유력한 민간지였다. 1927년 6월 1일부터 7월 15일까지 경성에서 조선산업박람회를 개시한 일도 있다.

117. 『朝鮮每日新聞』은 1921년 8월『인천신보仁川新報』로 창간된 것을 1922년 4월『朝鮮每日新聞』으로 개제, 석간 4페이지로 발간했다.

118. 『光州日報』는 1919년 광주에서 창간된 4페이지의 신문으로,『서선일보西鮮日報』는 1923년 10월 31일에 창간된 신문이다. 또『북선일일신문北鮮日日新聞』은 1919년 12월 13일 창간된 신문이며,『평양매일신문平壤每日新聞』은 1910년 4월 진남포에서 발간되었다. 후에『평양매일』은『서선일보』를 병합하고 평양유일의 언론기관이 된다.

119. 대륙통신은 1910년 기쿠치 겐조菊池謙讓에 의해 경성에서 창간된 일간지이며, 상업통신은 1912년 이치카와 하지메市川一가 창간한 시황市況통신이었다. 제국통신은 1923년 오카키 시치로岡喜七郎에 의해 창간된 통신이며, 조선사상통신은 1926년 이토 우사부로伊藤卯三郎에 의해 창간되었다.

120. 金圭煥 전게서, 學位論文 p. 180, p. 226.

121. 金圭煥 전게서, 學位論文 p. 181.

122. 『경성일보』는「최초 당국은 남대문역전 사건(사이토총독 암살미수사건)과 관련된 보도에 대해서 어떤 구속도 하지 않았지만, 최근 본국신문에 의해 오보억설이 전해져 범인수사 사무상 장해를 초래하는 것이 적지 않아, 일시 범인 검거의 일에 관해서는 모든 신문 통신잡지로 하여금 이것의 게재를 금지했다.」라고 적고 있다. 그런

데 이 사건을 보도한 『九州日日新聞』, 『福岡日日』, 『東京日日』 등 10사의 신문이 발행금지처분을 받게 되었다.

123. 水田直昌(1974) 『總督府時代の財政』 友邦協會, p. 63.

124. 「대정친목회大正親睦會」는 1916년에 결성된 친일단체로 민영기, 조진춘, 예종석 등이 만든 「조일동화주의단체朝日同化主義團體」이다. 종석은 『조선일보』의 발행허가를 얻고 조선총독부를 적극적으로 지지하고 있었다. 나중인 1924년 3월 그들은 한민족의 독립사상말살과 총독정치 지지를 목적으로 하는 이른바 각 파벌의 합동을 기획하여 「각파유지연합발기各派有志連合發起」에도 참가했다.

125. 조선일보사(1980) 『朝鮮日報60年史』 信一印刷社, p. 126.

126. 崔埈(1975) 『韓國新聞史論攷』 一潮閣, pp. 333~334.

127. 本田節子(1988) 『朝鮮王朝最後の皇太子妃』 文藝春秋, p. 9.

128. 「日韓流れるままの生涯」 『讀賣新聞』 1989년 5월 1일자.

129. 「新聞で知った約婚」 『毎日新聞』 1989년 5월 1일자.

130. 『讀賣新聞』 1989년 5월 1일자.

131. 「李朝に嫁いだ 悲劇の王妃」 『朝日新聞』 1989년 5월 1일자.

132. 「5百年朝鮮風霜最後の姿がきえる」 『朝鮮日報』 1989년 5월 2일자.

133. 「よみうり婦人附錄」 『讀賣新聞』 1916년 8월 8일자.

134. 本田節子(1988) 『朝鮮王朝最後の皇太子妃』 전게서, pp. 19~29.

135. 이방자(1973) 『지난세월』 p. 31. 이 책은 출판사와 발행소 발행연도가 적혀있지 않다. 다만 마지막 248페이지에는 1973년 1월 이방자라고 적혀있어 1973년경 발간되었다고 할 수 있다. 단 책은 이방자 자신이 쓴 자서전이다.

136. 당시 일본에서는 일반적으로 양가 부모가 결혼을 결정하는 것이 보통이다. 자신의 결혼식 날에 처음 남편의 얼굴을 보았다고 하는 사람도 결코 드물지 않다고 한다.

137. 『朝鮮日報』 1989년 5월 2일자.

138. 角田房子(1989) 『閔妃暗殺』 新潮社, pp. 47~50.

139. 『朝日新聞』 1989년 5월 1일자.

140. 『讀賣新聞』 1989년 5월 1일자.

141. 조선에서는 황태자비를 고르는 제도를 간택이라 하며 보통 초간택은 서류심사만으로 30명에서 40명이 뽑히지만, 이때는 9세에서 17세까지의 양가의 자녀 150여명이 먼저 선택된다. 이어 재간택하여 5명에서 30명 정도를 남기고 더욱이 삼간택을 해서 3명을 선출한다. 이 3명은 궁중예식을 3개월간 수업을 받아 그 성적에 의해 최후의 1명이 황태자비로 결정된다. 민갑완의 경우는 초간택날부터 궁중에서 모여 3간택까지 행해졌다고 한다.

142. 本田節子(1988)『朝鮮王朝最後の皇太子妃』전게서, pp. 74~75.

143. 同上, p. 72.

144. 同上, p. 82.

145. 同上, p. 85.

146. 同上, p. 102.

147. 朝鮮日報社(1980)『朝鮮日報60年史』p. 370.

148. 同上, pp. 223~224.

149. 金圭煥, 전게서, pp. 233~234.

150. 당국의 엄중한 경고에 의해 1925년 9월『조선일보』에서 추방된 사람은 다음과 같다. 김송은, 유광렬, 서범석, 백남진, 김단치, 손영극, 박헌영, 임원근, 최국현 등이었다. 이 면직처분에 격분한 사원들은 10월 27일 성명서를 발표하고 신석우사장이하 타락한 간부의 태도를 규탄했다.

151. 게재금지를 위반한 기사에 대한 행정처분은 ①발매반포금지(신문지법 제34조 신문지규칙 제12조) ②압수(신문지법 제21조, 제34조 신문지규칙 제12조, 제13조) ③발행금지(신문지법 제21조 신문지법규칙 제12조) ④발행금지(신문지법 제21조) ⑤게재금지(신문지법 제12조 신문지규칙 제11조) 등으로 규제되고 있다.

152. 朝鮮日報社(1980)『朝鮮日報60年史』p. 372.

153. 同上, p. 373.

154. 李錬『朝鮮言論統制史』(2002), 信山社(東京), p. 280.

155. 朝鮮總督府警務局(1932)『諺文新聞差押記事輯錄(朝鮮日報)」p. 30.

156. 朝鮮日報社(1980)『朝鮮日報60年史』p. 129.

157. 朝鮮總督府警務局(1930)「朝鮮における出版物概要」p. 74.

米 주 377

158. 1950년 6월 28일 맥아더 원수가 서한에서 일본 공산당 기관지 <적기>의 편집위원의 추방을 명했고, 이것이 나중에 공직자나 언론인 등 일본사회 전반적으로 확대되어 공산주의자를 추방한 사건이다.

159. 鄭晋錫(1974)『아시아공론』 12월호, 전게서, pp. 297~298.

160. 『朝鮮日報60年史』 朝鮮日報社 1980년 p. 429.

161. 鄭晋錫(1974)『아시아공론』 12월호, 전게서, pp. 300~301.

162. 『讀賣新聞』 1920년 4월 28일자.

163. 『讀賣新聞』 1920년 4월 28일자.

164. 『東京日日新聞』 1920년 4월 29일자.

165. 『每日新聞』 1989년 5월 1일자.

166. 『조선일보』 1989년 5월 1일자.

167. 『讀賣新聞』 1989년 5월 2일자.

168. 李鍊, 「日本新聞學會春季硏究發表會發表資料」 전게서.

169. 김성수는 1908년 일본유학을 결심하지만, 보수적인 부친에게 허락을 받지 못해 군산에서 밀항을 감행했다. 그 후 동경에서 세이소쿠正則 영어학교, 긴조錦城 중학교를 졸업, 1910년 와세다대학 예과로 진학, 1911년 동대학 정치경제학부에 입학했다. 나중에『동아일보』를 창간, 또 고려대학교까지 설립한 사람이다.

170. 金相万(1975)『東亞日報社史』 전게서, pp. 68~69.

171. 졸고(1988)『신문학평론』 37호, 일본신문학회, pp. 143~152.

172. 金相万(1975)『東亞日報社史』 卷1, 전게서, pp. 73~74.

173. 金相万(1975)『東亞日報社史』 卷1, 전게서, pp. 74~75.

174. 『동아일보』창간호, 1920년 4월 1일자.

175. 同上.

176. 졸고 「日本新聞學會春季硏究發表會發表資料」 전게서, p. 3.

177. 金相万(1975)『東亞日報社史』 卷1, 전게서, p. 104.

178. 「창간사」(4월 1일), 「세계개조의 벽두를 바라고, 조선의 민중운동을 논한다.」(4월 2일), 「조선총독부 예산을 논한다.」(4월 8일), 「조선인의 교육용어에 일본어를 강

제하는 것을 폐지하라.」(4월 11일), 「재계의 공황과 구제책」(4월 14일), 「통치권의 근본 뜻은 어디에 있나」(4월 18일), 「원고검열을 폐지하라, 언론자유의 일단을 논한다.」(4월 19일), 「조선교육에 대해」(4월 20일), 「경무국장의 지시사항을 읽다.」(4월 25일), 「과학의 조선」(4월 29일) 등이 그 논조이다.

179. 金相万(1975) 『東亞日報社史』 卷1, 전게서, pp. 125~126.

180. 李鍊, 「日本新聞學會春季硏究發表會發表資料」 전게서, pp. 3~4.

181. 「차압」과 「압수」는 엄밀한 법률상의 의미에서는 큰 차가 있다. 「차압」은 형사소송법에서 압수의 일종으로 강제력을 가진다. 「압수」에서는 강제력을 사용하지 않아 임의로 제출되는 것은 반환한다.

　　당시의 언론통제에서 「압수」는 조선인에 적용되는 것으로 신문지법과 출판법 등에서 나온 용어이다. 문제가 된 기사가 실린 신문을 몰수(형법상의 소유권박탈)해버리는 것으로 「압수」처분을 받은 신문의 소유권은 바로 국유로 옮겨진다.

　　이것에 대해 「차압」은 일본인 또는 다른 외국인이 발행하는 신문에 적용되는 법률이었다. 이것도 신문지규칙과 출판규칙에 근거해 치안방해와 풍속괴란의 우려가 있는 경우에 단순히 발매와 반포를 금할 뿐으로 「차압」처분을 받은 신문 소유권도 그대로 신문사에 속하는 것이다. 당시 조선에서는 6개월이 지나더라도 문제가 된 기사가 해제되지 않으면 그 소유권이 국유로 옮겨지지만, 일본에서는 2년간 신문사가 그것을 소유하고 그 때에도 해제되지 않은 경우에 비로소 관청에서 압수하는 관례였다고 한다. 다만 『조선일보 50년사』에는 「신문지의 압수란 차압을 의미해 몰수와는 다르며, 그 점유를 문제 삼는 것이 아니고 봉인을 해 처분할 수 없게 하는 의미이다.」(pp. 372~373)라고 기록되어 있어, 압수와 차압이 동의어라고 기록하고 있다.

182. 鄭晋錫(1974) 『アジア公論』 10月 特大号, アジア公論(東京), p. 278.

183. 同上, p. 280.

184. 「6·10만세운동」은 1926년 4월 대한제국의 마지막 황제인 순종이 죽고 민족의 비탄과 일본 통치에 대한 반항으로 광주의 학생을 중심으로 장의날인 6월 10일에 가두시위가 널리 전개된 것이다. 참가한 학생은 54,000명에 달해 3·1운동이후 최대의 민족운동이 되었다.

185. 당시 이른바 조선민족착취기관으로 알려진 「동양척식주식회사」에 나석주가 폭탄투척을 도모한 사건이었다. 실패로 끝나 나석주는 체포되어 자살했다.

186. 李基百(1919) 『韓國史新論』 學生社, p. 416.

187. 金相万(1975) 『東亞日報社史』 卷1, 전게서, p. 126.

188. 朝鮮總督府警務局(1932) 「祭祀問題を再び論ず」『諺文新聞差押記事集錄』 동아일보사 편, pp. 29~30.

189. 朝鮮總督官房審議室檢閱, 帝國地方行政會朝鮮本部(1935)『現行朝鮮法規類纂』第8卷, 110의 p. 1.

190. 金相万(1975)『東亞日報社史』전게서, p. 152.

191. 朝鮮總督府官房審議室校閱 「國際農民本部から朝鮮農民へ」 전게서, pp. 346~347.

192. 朝鮮總督府官房審議室校閱 「國際農民本部から朝鮮農民へ」 전게서, pp. 566~567 및 同紙 4월 16일자.

193. 春原昭彦(1987)『日本新聞通史』新泉社, p. 202.

194. 內川芳美(1967)『新聞史話』社會思想社, p. 11.

195. 「신문지규칙 제12조는 신문지가 제10조의 규정 또는 제11조에 의한 명령에 위반할 경우에는 이사관은 발매반포를 금지하고 이것을 차압 동시에 발행 또는 인가를 취소할 수 있다.

제10조, 하기의 사항은 신문지에 게재할 수 없다 ①한일 양황실의 존엄을 모독시키는 사항 ②치안을 방해하거나 또는 풍속을 괴란하는 사항 ③공공연히 하는 관청의 문서 및 의사에 관한 사항 ④공판에 붙이기 전에 중죄 경죄의 예심에 관한 사항 및 방청을 금하는 재판에 관하는 사항 ⑤형사 피고인 또는 범죄인을 구호하고 혹은 상휼 또는 범죄를 전비典庇하는 사항

제11조, 이사관이 필요하다고 인정할 경우 외교 군사 및 비밀을 요하는 사항의 게재를 금지시킬 수 있다.

196. 鄭晉錫(1974)『アジア公論』12月号, pp. 302~303.

197. 鄭晉錫(1974)『アジア公論』10月 特大号, p. 278.

198. 이것은 필자 나름대로의 해석이지만, 1919년 3월 1일은 이른바 「3·1독립운동」이며 1927년 「6·10만세운동」(광주학생사건)은 「제2의 독립운동」이라 부르고, 일장기 말소사건은 「제3의 독립운동」이라는 식으로 이름 붙여진다.

199. 內川芳美(1967)『新聞史話』社會思想社, p. 111.

200. 李錬,「日本新聞學會春季研究發表會發表資料」 전게서, p. 6.

201. 金相万(1975)『東亞日報社史』전게서, p. 383.

202. 金相万(1975)『東亞日報社史』전게서, pp. 383~384.

203. 金相万(1975)『東亞日報社史』전게서, pp. 388~389.

204. 「言論のあり方の論議」『伊勢新聞』1990년 6월 3일자.

205. 關東大地震60周年朝鮮人犧牲者調查追悼事業實行委員會(1987)『かくされていた歷史』pp. 10~11.

206. 同上, pp. 11~13.

207. 관동대지진은 9월 1일 오전 11시 58분 사가미만相模灣 북서부 주변의 해저를 진원지로 하는 진도 7.9~8.2의 큰 지진이었다. 피해는 도쿄, 가나가와神奈川, 치바千葉, 사이타마埼玉, 시즈오카静岡, 야마나시山梨, 이바라키茨城와 관동지역 전역에 걸쳐 큰 피해를 초래했다. 도쿄, 가나가와에 있어서는 피해가 거대했다. 일본의 지진예방조사회에 의하면 전체 피해는 약 백억 엔이라고 하며, 사망자는 99,331명, 부상자 103,733명, 행방불명 43,476명 소실호수 447,128호, 전파호수 128,266호, 반파호수 126,233호, 쓰나미에 의한 유출호수 868호 등에 달한다.

208. 조선인 대학살로 국민을 내몰았던 「조선인 내습」헛소문 선전의 책임자는 미즈노 렌타로水野鍊太郎 내무대신, 고토 후미오後藤文夫 경보국장, 아카이케 아쓰시赤池濃 경시총감이었다. 미즈노와 아카이케는 1919(대정8)년 조선총독부에서 3·1독립운동 사건 직후의 정무통감과 경무국장을 역임했다. 그들은 조선총독부 근무당시 조선의 3·1독립운동을 무자비하게 탄압한 치안책임의 총수 들이다. 따라서 조선인들의 대한 적개심은 대단히 클 것으로 본다. 하지만 지진이라는 재난상황 속에서 조선인들에게 쌀이나 물 등 인도적인 지원은 커녕, 조선인들이 폭동 일으킬까봐 두려워 그것도 「조선인 내습」이라는 허위정보나 유언비어를 이용해 대량으로 조선인들을 학살했다는 사실은 있을 수 없는 만행이었다.

209. 최초의 유언비어는 새로운 내각의 조직과 섭정의 실행을 앞두고 비상경계에 들어갔던 연도의 각 경찰들이 기능의 회복과 함께 행했던 조선인과 요시찰인의 보호, 예방검색을 실시한 것이 계기가 되었다. 다만, 「조선인 소동」의 원인이 된 제2의 조직적인 유언비어는 군과 경찰에 의해 퍼지게 되었다는 설이 있다.

210. 大畑裕嗣(1986)『東京大學新聞硏究所紀要』第35號, p. 42.
　　국수주의혁명가들은 평소부터 청년단, 마을회, 재향군인단을 단위로 전국의 단체와 연합을 도모하여, 만일의 경우에는 전국에 정보를 보내 혁명을 수행하고자 도모했다. 진재시에도 정체모르는 인물이 여기저기 돌아다니며 군부를 움직이고 또 전국적으로 폭도를 모아 자경단의 발생원이 되었다는 설.

211. 유언비어의 발생은 요코하마로, 요코하마현하에서는 요코하마시가 그 중심을 이루

고 현 아래 일반에게 파급된 것이다.

212. 中島陽一郎(1982) 『關東大地震』 雄山閣出版, pp. 72~75.

213. 미즈노 렌타로와 아카이케 아쓰시는 쌀소동의 체험에서 민중의 소요를 두려워하고 있었다. 노동운동과 사회주의운동이 급진화의 일변도를 걷고 있었던 것에도 심한 불안감을 느끼고 있었다. 게다가 미즈노는 쌀소동 당시 내무상에서 3·1운동 후 사이토 총독의 아래 조선총독부 정부통감이 되고 아카이케를 경무국장에 기용했다. 그리고 부임 때 미즈노는 폭탄세례를 받은 일도 있어 그들이 민중의 움직임을 경계했던 것은 상상하기 어렵지 않다.

214. 관동대지진연구회는 필자도 당시 멤버였지만, 도쿄대학신문연구소 히로이 오사무廣井脩교수를 중심으로 한 대학원생과 에도도쿄박물관의 관동대지진 전시회와 조선인 학살구명 연구원 멤버 등으로 만들어진 연구회이기도 하다. 이 연구회는 가능한 한 당시의 진상을 구명하여 에도도쿄박물관 전시관에 전시하고 싶다는 생각을 가지고 있던 연구회이다.

215. 關東大地震60周年朝鮮人犧牲者調查追悼事業實行委員會(1987) 『かくされていた歷史』 pp. 8~9.

216. 染川藍泉(1981) 『震災日誌』 日本評論社, p. 14.

217. 同上, p. 14.

218. 자경단은 경찰의 지시에 의해 재향군인회, 청년단 등 반관제 단체의 사람들이 중심이 되었지만, 다수의 일반시민도 참가하고 있다. 그들은 이른바 목도, 곤봉, 도검, 죽창 혹은 쇠갈고리, 낫 등으로 무장하고 마을마다 요소에 망을 서고 비상선을 그어서 망보며 통행인에게 엄중한 검열을 실시했다. 그리고 조선인 같은 사람을 발견하면 심문하여 「기미가요」를 부르게 하고 「15엔 50전」을 발음시켜 조선인이라는 것을 알게 되거나 혹은 의심스러우면 모두 덤벼들어 때리고 잔학한 방법으로 살해했다고 한다. 자경단의 수는 도쿄 1,593명, 가나가와 603명, 치바 366명, 사이타마 300명, 군마 469명, 도치기 19명, 합계 3,689명에 달한다.

219. 『東京日日新聞』 1923년 10월 24일자.

220. 姜德相(1963) 『現代史資料(6)』 みすず書房, 資料解說(ⅷ).

221. 「水野錬太郎談話」 帝都復興秘錄所收.

222. 「警視廳の公式報告書」 1924년, p. 513; 大畑裕嗣(1986) 『東京大學新聞研究所紀要』 전게서, p. 53.

223. 小野秀雄(1963)『新聞の歷史』東京堂, p. 96.

224. 伊藤正德(1947)『新聞50年史』鱒書房, pp. 138~139.

225. 春原昭彦(1987)『日本新聞通史』新泉社, pp. 168~169.

226. 『東京日日新聞』1923년 9월 7일자.

227. 『北海道新聞』1923년 9월 7일자.

228. 『讀賣新聞』1923년 10월 20일자.

229. 『讀賣新聞』1923년 10월 21일자.

230. 『大阪朝日新聞』1923년 10월 27일자.

231. 『大阪朝日新聞』1923년 10월 27일자.

232. 姜東鎭(1984)『日本言論界と朝鮮』전게서, pp. 256~257.

233. 『大阪朝日新聞』1923년 10월 20일자.

234. 朝鮮總督府警務局(1932)『諺文新聞差押記事輯錄(朝鮮日報)』p. 88.

235. 『조선일보』1923년 9월 5일자.

236. 『조선일보』1923년 9월 8일자.

237. 『조선일보』1923년 9월 10일자.

238. 『조선일보』1923년 9월 24일자.

239. 『조선일보』1923년 9월 23일자.

240. 『조선일보』1923년 9월 24일자; 4·7언론인회편(1984)『韓國新聞綜合社說選集』卷1, 東亞日報社, pp. 71~72.

241. 朝鮮總督府警務局(1932)『諺文新聞差押記事輯錄(朝鮮日報)』pp. 91~92.

242. 金相万(1975)『東亞日報社史』卷1, 전게서 pp. 177~179.

243. 「횡설수설」『동아일보』1923년 9월 3일자.

244. 「횡설수설」『동아일보』1923년 9월 5일자.

245. 『동아일보』사설, 1923년 9월 6일자.

246. 당시 도쿄에 재류중인 유학생은 남녀 2천여 명으로 여름방학 휴가로 귀국해 있고, 다행히 아직 조선에 남아 있는 사람도 있지만, 그것은 9월 10일 이후에 개학하는

전문학교 이상의 학생들뿐으로, 그 이외는 9월 1일 이전에 이미 도쿄로 돌아갔기 때문에 이번 재변을 도쿄에서 만난 우리 유학생만이라도 1천 5, 6백 명 이상이 된다. 그 중에는 중등정도 이하의 소년들도 있으며, 보호자도 없는 여학생도 있었을 것이다.

247. 『동아일보』 사설, 1923년 9월 8일자.

248. 朝鮮總督府警務局(1937) 「諺文新聞差押記事輯錄」(東亞日報) p. 110.

249. 『동아일보』 1923년 9월 9일자.

250. 『동아일보』 1923년 9월 10일자.

251. 『동아일보』 사설, 1923년 9월 12일자.

252. 『동아일보』 사설, 1923년 9월 13일자.

253. 『동아일보』 사설, 1923년 9월 27일자.

254. 『동아일보』 사설, 1923년 9월 21일자.

255. 『동아일보』 사설, 1923년 9월 6일자; 姜德相 『現代史資料(6)』 전게서, pp. 540~541.

256. 姜德相 『現代史資料(6)』 전게서, pp. 493~494.

257. 同上, pp. 496~497.

258. 同上, pp. 548~549.

259. 中島陽一郎(1982) 『關東大地震』 雄山閣出版, p. 22.

260. 姜德相(1962) 「關東大地震における朝鮮人虐殺の實態」 『歷史學研究』 278號, 歷史學研究會, p. 15.

261. 新聞研究所出版部(1923) 「關東大地震と大阪3新聞成績批判」 『新聞及新聞記者』 11號 (通卷 第33號) pp. 19~20.

262. 同上, pp. 48~49.

263. 『동아일보』 1923년 9월 9일자.

264. 고토 신페이(後藤新平: 1857~1929)는 타이완 총독부 민정장관, 만주철도 초대총재, 체신대신, 내무대신, 외무대신, 도쿄도 제7대 시장, 도쿄방송국 초대총재 등을 거친 관료 정치가로 일본의 제국주의 시대의 대륙진출을 지지한 식민지 정치의 경영자인 동시에 도시계획전문가이다.

265. 日本放送協會(1977) 『放送50年史』, 日本放送出版協會, pp. 1, 33.

266. 日本放送協會(1977) 『放送50年史』, 日本放送出版協會, p. 37.

267. 日本放送協會(1977) 『放送50年史』, 日本放送出版協會, p. 39.

268. 日本放送協會(1935) 『昭和10年 ラヂオ年鑑』, 日本放送出版協會, p. 297.

269. 첫번째는 東京放送局은 「JOAK」, 大阪放送局은 「JOBK」, 名古屋放送局은 「JOCK」, 京城放送局은 「JODK」로 네 번째 콜사인이다.

270. 篠原昌三 『JODK. 朝鮮放送協會回想記』, 朝鮮放送會本部, 1971년, p. 15.

271. 李鍊(2002) 『朝鮮言論統制史』, 信山社, pp. 253～255.

272. Ken Ward,(1989), "Propaganda in war and peace", *Mass Communication and the Modern World*, Macmillan Education Ltd., pp. 134~135.

273. 우리나라 전력사업의 기원은 1898년 1월18일 미국인 콜브란(Collbran, H.)과 보스트윅(Bostwick, H. R.)이 설립한 한성전기회사가 최초다. 한성전기는 설립 다음해인 1899년에 서대문~홍릉 간의 전차 개통식을 가졌고, 1900년에는 종로에서 우리나라 최초의 전등을 점화하게 된다. 이 회사는 무리하게 사업을 확장하다가 결국 도산하여 한미주식회사로 경영권이 넘어가게 된다, 그러나 1905년에는 일본의 강요로 경성전기주식회사의 전신인 한일와사주식회사에 매수됨으로써 일본의 수중에 들어가게 된다.

274. 수도도 특성상 전기 펌프를 사용해 물을 공급해야 하기 때문에 미국인 콜브란(Collbran, H.)과 보스트윅(Bostwick, H. R.)이 1905년에 설립한 대한수도회사가 최초이다. 대한수도회사는 1909년 8월에 12만 명이 먹을 수 있는 정수장(뚝섬)을 건설하여 9월 1일부터 물을 공급했다, 처음에는 경성의 12만 명이 먹을 수 있는 상수도로 물을 공급할 당시 하루 상수도급수량은 1,250㎥였다. 그 후 일제가 강제매수해 1923년에는 하루 36,000㎥ 공급하게 되었다. 당시 경성에는 1만여 개의 우물물이 있었으나 먹을 수 있는 우물물은 500여 개였으며, 이도 대부분이 함경도 북청출신 2천 여 명의 물장수가 판권을 쥐고 있었다고 한다.

275. 조용만(1992) 『京城野話』, 도서출판: 窓, p. 22.

276. 경성에 있어서 첫 전차의 운행은 1899년 5월 17일에 서대문에서 청량리까지 개통이었다. 차량은 40명이 탈 수 있는 개방식차량 8대와 황실전용 고급차량 1대가 도입되었다. 전차의 운전사들은 일본 교토京都전차회사에서 경험 있는 일본인을 초청하였고 차장은 한국인이 맡았다. 1894년 동양에서 최초로 운행한 일본에 이어

1899년 5월 17일에 전차가 운행되었다. 많은 사람들이 신기한 전차의 등장에 환호하기도 했다. 그 후 이용 승객은 급속히 늘어나 전차 노선은 같은 해에 종로에서 남대문으로 이어졌고, 1900년 1월에는 구 용산(지금의 원효로 4가)까지 다시 연장되었다. 그러나 1909년에는 일본의 강압에 의해 일한日韓 가스회사가 콜브란으로부터 한미전기회사를 174만 원에 인수하고, 1915년에는 경성전기주식회사로 개칭하게 된다.

277. 『朝鮮日報』, 1920년 6월 18일자.

278. 박이택 『조선총독부의 인사관리제도』, 2006년, 장신 『1919~1943년 조선총독부의 관리임용과 보통문관시험』, 김병문 『일제침략기 지방행정구역 변천과정』, 2010년 등 참조.

279. 국사편찬위원회 한국사데이터베이스, 한긍희 「조선총독부의 조선인 도지사 임용정책과 양상」, 2009년, <식민지의 일상 엿 보기> — 도지사들은 어떤 사람?, 스페이드 등 참조.

280. 日本放送協會(1941) 『昭和 17年, ラヂオ年鑑』, 日本放送協會, p. 333.

281. 日本放送協會(1932) 『昭和 7年 ラヂオ年鑑』, 日本放送協會, pp. 556~557.

282. 日本放送協會(1977) 『放送50年史』, 日本放送出版協會, p. 89.

283. 이서구(1934) 「1930년대의 방송야화(2)」 『삼천리』(제6권 제11호), 국사편찬위원회 한국사데이터베이스 참조.

284. 당시 이옥경의 부친은 인천세관장이었으나 만주 안동현安東縣 세관장으로 전보되면서 부친을 따라 안동현 고등여학교를 나온다. 이옥경은 학업도 우수할 뿐 아니라, 얼굴도 예쁘고 목소리도 명랑하여 초등학교 시절부터 담임선생이나 부모님 앞에서 노래를 자주 부르곤 했다고 한다. 그 후 경성방송국의 최초 조선인 방송기술자인 노창성盧昌成의 아내가 되어 여성아나운서 제1호라는 영예까지 얻게 된다.

285. 조용만(1992) 『京城野話』, 도서출판: 窓, p. 172.

286. 「아릿따운 '아나운사', — 京城放送局의 女性 아나운사들 —」 『삼천리』(제7권 제7호), 1935년, 국사편찬위원회 한국근현대잡지자료 참조.

287. 이서구(1934) 「1930년대의 방송야화(2)」 『삼천리』(제6권 제11호), 국사편찬위원회 한국사데이터베이스 참조.

288. 조용만(1992) 『京城野話』, 도서출판: 窓, p. 172.

289. 노창성의 출신학교에 대해서는 하쿠마공업고등학교(覇馬工業高等學校) 졸업, 또는 구라마에 공업고등학교(東京都立蔵前工業高等学校) 졸업, 도쿄공업고등학교 졸업 설 등이 있으나 하쿠마공업고등학교 졸업이 맞는 것으로 보인다.

290. 『동아일보』, 1924년 12월5일자.

291. 이서구「방송야화, 어떻게 해야 여러분의 귀에까지 가는가」『삼천리』(제10권 제10호), 1938년, 국사편찬위원회 한국근현대잡지자료 참조.

292. 이서구「방송야화, 어떻게 해야 여러분의 귀에까지 가는가」『삼천리』(제10권 제10호), 1938년, 국사편찬위원회 한국근현대잡지자료 참조.

293. 篠原昌三(1971)『JODK. 朝鮮放送協會回想基』, 朝鮮放送會本部, pp. 36~38.

294. 日本放送協會(1932)『昭和 7年 ラヂオ年鑑』, 日本放送出版協會, pp. 559~560.

295. 日本放送協會(1936)『昭和11年 ラヂオ年鑑』, 日本放送出版協會, pp. 244~277.

296. 『중외일보』, 1930년 4월 25일자.

297. 『중외일보』, 1930년 9월 21일자.

298. 『중외일보』, 1932년 2월 7일자.

299. 『조선중앙일보』, 1933년 11월 8일자.

300. 『동아일보』, 1933년 1월 30일자.

301. 『조선중앙일보』, 1934년 12월 16일자.

302. 『동아일보』, 1935년 7월 27일자.

303. 『매일신보』, 1935년 7월 27일자.

304. 『매일신보』, 1937년 6월 12일자.

305. 日本放送協會(1936)『昭和11年 ラヂオ年鑑』, 日本放送出版協會, pp. 224~226.

306. 李鍊(2002)『朝鮮言論統制史』, 信山社, pp. 306~308.

307. 朝鮮總督府總督官房文書課長(1933)『朝鮮』, 朝鮮總督府, p. 178.

308. 경성방송국 초대회장 하지 모리사다(土師盛貞)가 1938년 6월 4일 JODK에서 방송한 것이다.「朝鮮의 放送事業」,「라디오와 朝鮮」朝鮮放送協會, 1938년, pp. 10~15.

309. 木戸九郎(1943)「ラヂオの 朝鮮語放送을 全廢せよ」『朝鮮公論』(7月號), 朝鮮公論, pp. 112~127.

310. 日本放送協會(1936)『昭和11年 ラヂオ年鑑』, 日本放送出版協會, pp. 228~230.

311. 李鍊(2002)『朝鮮言論統制史』, 信山社, pp. 255~256.

312. 『한국방송사』, 1977년도 판, p. 77.

313. 한국방송협회(1997)『한국방송70년사』.

314. 뤼미에르의 시네마토그래프는 현재로 말하자면 다큐멘터리 필름(기록영화)의 종류 이다.

315. 淸水千代太(1956)『映畵の歷史』同文社, pp. 5~6.

316. 尾崎宏次(1958)『演劇ラヂオテレビ映畵』偕成社, pp. 196~197.

317. 阿部愼一(1956)『映畵の敎育』同文館, p. 9.

318. 佐藤忠男(1977)『日本記錄映像史』評論社, pp. 64~65.

319. 小松孝彰(1939)『戰爭と思想宣傳戰』春秋社, pp. 34~31.

320. 津村勇(1938)「文化映畵の展望」『朝鮮』2월호, 조선총독부, p. 144.

321. 同上, p. 145.

322. 金圭煥 전게서, p. 203.

323. 津村勇(1938)「文化映畵の展望」전게서, p. 146.

324. 同上, pp. 147~148.

325. 同上, pp. 148~149.

326. 同上, pp. 151~155.

327. (秘)朝鮮總督府警務局(1938)『朝鮮警察槪要』조선총독부, p. 91.

328. 同上, pp. 91~93.

329. (秘)朝鮮總督官房審議室(1935)『現行朝鮮法規類纂』第8卷, 法 pp. 28~36.
    일본의 「영화법」은 1939년 4월 5일 법률 제66호로 공포되지만, 1941년 2월 제35 호로 개정되었다. 이 법률의 전문은 26조로 구성되어 있다.

330. 同上, 法 p. 36.
    「조선영화회」
    「영화의 제작, 배급 및 상영 그 외 영화에 관해서는 영화법 제19조의 규정을 제외 하고는 이 법에 의한다. 다만 이 법 중 칙령은 조선총독부령, 주무대신은 조선총독부로 한다.」이것에 근거해 1940년 7월 25일에는 조선영화령 실시규칙을 정하게 되었다.

331. (秘)全北警察部(1928) 「활동사진의 단속에 관한 건」 『高等保安衛生槪況』 p. 3.

332. (秘)朝鮮總督府警務局(1938) 『朝鮮警察槪要』 전게서, p. 94.

333. 內川芳美(1982) 「活動寫眞(フイルム)檢閱規則」 『マスメデイア法制』 ミスズ書房, pp. 6~8.
      이 규칙 제1조를 보면 「활동사진의 『필름』은 본령에 의한 검열을 거친 것이 아니라면 다중의 관람에 제공하여 이것을 영사할 수 없다.」라고 정해져 있으며, 대중에게 상영하고 싶은 경우는 검열을 받을 것을 규정하고 있다. 이와 함께 축음기 「레코드」도 검열을 받게 되어 있었다.

334. (秘)朝鮮總督官房審議室(1935) 『現行朝鮮法規類纂』 전게서, 法 p. 39, p. 32.

335. 아동교육 발달단계에 의하면 대개 10~15세 미만의 학생은 호기심이 상당히 강하므로 새로운 것이나 진기한 것을 보면 반드시 부모에게 말하게 된다. 그 때문에 학교에서 본 활동사진의 내용은 귀가 후에 가족에게 말하게 되어 파급교육효과가 큰 것이다.

336. (極秘)朝鮮總督官房文書課(1937) 『朝鮮時局宣傳事務槪要』 전게서, pp. 4~9.

제 7 장 **대륙 군수기지화정책과 강제적인 언론통제**

제 1 절 조선의 병참기지화와 언론통제

1. 조선의 병참기지론兵站基地論의 근거

　　1931년 9월 18일에 발발한 만주사변은 일본이 아시아대륙에 대해서 침략을 시도한 일련의 군사행동이다. 그 규모에 있어서는 결코 특필할 만한 정도는 아니지만, 만주사변을 계기로 일본이 아시아대륙에 대한 침략주의적인 군사행동을 취했다는 것은 상당히 중요한 의미를 지닌다.[1]

　　청일전쟁과 러일전쟁에 이어 만주사변에 이르기까지 조선은 또다시 일본에 의해 전쟁터로 변하게 되었다. 즉, 조선반도는 전략적 요충지로 일본이 대륙과 맞서 싸울 때마다 이른바 일본의 병참기지 역할을 하였기 때문이다.

　　주지하는 바와 같이 '전략요충지'는 특수한 지역으로 준 전쟁지로 전략상 상당히 중요한 기지가 된다. 그런 의미에서 당시 조선은 일본의 전략물자를 비축하는 병참기지로 불리게 된 것이다. 당연히 병참기지인 조선에서는 군수물자 조달 및 보급과 함께 경제적인 물자통제, 나아가서 사상과 언론의 통제가 엄격하게 취해지게 된다. 여기서는 만주사변 당시 군수기지가 된 조선에 있어서의 경제적 통제 및 언론통제에 대해 분석하고자 한다.

　　당시 일본에서는「병참기지兵站基地」라는 말은 자주 사용되고 있었는데, 「병참(Military Logistics)」이라는 것은 군사용어로 본국 이외의 지역에서 작전하는 군대가 군수물자의 비축이나 보급을 위해 본국과 긴밀하게 연락하면서, 성공적인 작전수행과 군의 생존을 유지하기 위해 공급받는 만반의 시설 및 그 군수물자 운용의 총칭을 말한다. 병참근무의 연락선인「병참선兵站線」은 당연히 본국 주둔부대에서 출발해 야전군 소재지에 도착하게 되지만, 이때 본국 주둔부대 병참근무의 중심이 되는 것이「병참기지」이다. 병참기지 중에서도 외국 작전부대가 있는 병참기지에 보낼 군수품의 축적, 정리, 전송, 후송, 분배 등의 근무에 임하는 것이「병참주지兵站主地(maintenance area)」이다.2)

　　또 전 경성대학교 교수 스즈키 다케오鈴木武雄는「병참기지」라는 말은 준군사적인 전략상 협의의 국방적인 의의만이 아니라, 장기항전 및 신동아건설의 과정에 있어서 조선이 완수해야만 하는 정치, 사상, 산업경제상의 역할이 강조되는 광의의 국방적인 의의도 포함된다고 덧붙이고 있다.3)

　　그리고 전 오사카마이니치신문사 경성지국장 스즈키 마사후미鈴木正文는 '대륙병참기지'라는 말의 개념을 다음과 같이 4가지의 항목으로 설명하고 있다.4)

① 조선해협 혹은 중국해를 건너 군수품을 전선에 전송하는 것은 장래 전투규모의 크기로 상상해 방대한 선복船腹을 요하며 기술적으로 보더라도 곤란을 동반한다. 만주사변에 있어서도 어느 정도 그것을 입증하고 있다.

② 만일 선복으로 부족하지 않다는 것도 잠수함, 비행기의 장래를 고려한다면 상당한 위험을 각오해야한다.

③ 위와 같은 점으로 보아 장래 전투에 있어서 병참적 역할을 본국에만 기대하는 것은 합당하다고 할 수 없다.

④ 병참기지는 전쟁에 가까울수록 유리하며 동시에 만주국은 신생국가로 독자적인 공업을 가져야만 하는 특별한 의미도 필요 없어, 북중국도 만주사변의 전후정책으로 군수적 개발은 충분히 고려되어야만 할 것이다.

　　즉 병참기지라는 말은 외연과 내포 모두 상당히 큰 것으로, 만주사변 이전의 총독부 및 민간의 지도적 지위에 있는 사람들에 의해 사용되었던「일만경

제日滿經濟 블록의 유대」라는 슬로건이 보다 명확하고 실제적인 의의를 갖고 있
다고 스즈키는 말하고 있다.

스즈키는 또 「유대경제紐帶經濟」에서 「병참기지」로 슬로건을 새로이 바꾼
것은 이런 의미에서 확실히 조선의 경제지도에 있어서 원리의 진보였다고 주
장하고 있다. 조선, 만주국, 북중국을 비교해 병참기지로써의 우열을 고려할
경우 조선의 기초적 조건이 가장 잘 갖추어져 있다. 예를 들면 만주국에는 중
공업의 기초인 하청공업이 오늘날도 그다지 발달하지 않았지만, 조선에는 이미
그것이 있다. 노동자공급이라는 점에 있어서도 조선은 만주국보다 수십 년 교
육이 진보되어 있었으므로 상당히 조건이 좋은 편이다. 만주국에 근대공업을
부흥시키는 것이 불가능하다는 것은 아니다. 하지만, 같은 노력을 조선에서 할
경우와 비교해 시간적으로도 나타나는 효과가 늦을 뿐 아니라, 투자하는 희생
조건도 조선보다는 훨씬 더 어려울 것이다. 북중국의 경우도 한층 시간적으로
성공이 늦어질 것으로 보여, 결국 극동정세에 대응하기 위해서 신속하게 군수
공업의 수립이라는 관점에서 본다면 만주국과 북중국보다는 조선이 훨씬 더
우수하다고 주장하고 있다.5) 이와 같은 여러 가지 입지 조건을 살펴 볼 때 조
선은 일본의 어느 지역보다도 군수공업지로서 위치나 여건이 좋았다. 또한, 단
기적인 효과를 발휘할 수 있는 조건 아래서는 일본의 자본이 투자될 수 있는
지역이라는 결론도 내리고 있다.

한편, 일본제국의 가혹한 지배에서 벗어나 만주로 이주한 조선인 농민은
1930년에 60만 이상에 달하지만, 그 대부분이 간도지방에 살며 항일 독립운동
의 근거지가 되었다.

특히 1930년 봄 이후 5·30간도폭동을 시작으로 격렬한 항일무장투쟁이 전
개되어 일본제국에 심각한 충격을 주었다.6) 당시 일본은 만주의 치안부재가
곧바로 조선의 치안을 어지럽히고 조선의 치안이 어지러워지면 일본제국의 치
안도 또 절실한 영향을 받는다고 하는 도미노이론에 사로잡힐 수밖에 없었다.
따라서 위기에 빠진 일본은 조선통치를 지키기 위해서도 「만몽滿蒙의 정화」를
서둘러 시작해야 했다. 이에 대해 국민당 지도하의 중국 동북정권은 이주 조선
인을 일본의 만주지배의 선병先兵으로 보고 압박을 가해 만주거주 조선인에 대
한 배척운동이 일어났다. 일본제국은 중국과 조선인 사이를 대립시켜 갈라놓기
위해서 「만보산万寶山사건」7)을 이용하게 된다.8) 만보산사건은 일본 관동군 특

보 기관이 만주에 있는 한국 농민을 이용하여 대륙 침략의 구실을 찾기 위해 일으킨 사건이다. 발단은 일제가 비밀리에 중국인 학영덕郝永德을 자금으로 매수하여 장농도전공사長農稻田公司를 설립하고 그를 지배인으로 영입하면서 시작됐다. 학영덕은 이어서 1931년 4월 16일 소한림蕭翰林 일대 황지 약 15만 평을 조지 계약租地契約하게 된다. 그런데 "조지 계약시에는 장촌현 정부로부터 사전 허가를 받아야만 하도록 명시되어 있었다. 그러나 학영덕은 장촌현 정부의 허가를 받기도 전에 한국인 이승훈李昇薰 등에게 전조계약轉租契約을 했다. 또한 이승훈은 만주 지역에 흩어져 있던 재만 한국 농민을 180여 명이나 만보산 농장으로 불러들이게 된다. 그때 학영덕은 순수한 한인농민들에게 이통하伊通河를 절단하여 수로를 개척하게 하였다. 그런데 우기가 닥치자 이통하의 범람을 우려하던 중국인 400여 명이 7월 2일 수로로 달려와 개척한 수로를 매몰하면서 중일 간에 무력충돌사건이 발생하게 된다. 마침내 현장에 있던 한인 농민, 일본 영사관 경찰과 중국인 지주, 주민 사이에 일대 충돌이 일어났다. 그 후 점차 중일양국 경찰이 서로 증원되고 총격전도 벌어지면서 분쟁도 격화됐다. 그러나 다행히 큰 피해자가 발생하지 않은 채 중국인 지주와 주민들이 일단 철수하면서 진정되었다.

이와 같이 일본은 조선인들의 독립투쟁운동을 반 중국 감정으로 돌려, 조·중 양 국민의 연대를 방해하고 조선인을 만주침략에 가담시키기 위해 이 사건을 최대한 이용하려 했다.9) 일본정부가 바라는 것은 또 하나 있을 수 있다. 그것은 만주지역에 있는 조선독립 운동가들의 단속일 것이다. 결국 조·중관계가 대립하면 중국이 국경을 넘어 왕래하는 조선인 독립 운동자를 엄중하게 통제하게 되어, 자연히 일본은 만주지역의 치안회복과 함께 조선에서의 반일운동을 통제할 수 있었다고 생각했다.

또한 중일 충돌에 의해 일본 관헌에 의한 과대한 충돌보도와 경비들의 의도적인 태만 등으로 조선 각지에서 중국인을 배척하는 보복폭동이 일어났다.10) 또 이에 항의하는 일화日貨 배척운동이 상하이에서 시작되어 중국 각지로 전개되었다. 게다가 그것이 일본의 강경론에 힘을 싣는 반작용이 널리 퍼지고 있었다.11) 이것이 계기가 되어 9월 18일 오후 10시를 지나서 봉천奉天 주재 독립수비대의 가와모토 스에모리河本末守 중위에 의해 유조호柳條湖 부근의 만철노선이 폭발되었다. 관동군은 18일 밤부터 19일에 걸쳐 만철선연선滿鐵線沿線에서 일제히 중국군에게 공격을 가했다. 이것이 이른바 만주사변의 발발이다. 9월 21일이 되자 중국이 일본의 만주침략사건을 국제연맹에 호소해 다음날 미국의 스팀슨 국제장관은 데부치 가쓰지出淵勝次 주미대사에게 사건의 책임은 일본이 져야 한다고 통고했고, 23일 국제연맹의장은 양국에 대해 즉시 철퇴해야한다는 취지의 권고를 내렸다. 이에 대해 일본정부는 「만주사변에 관한 정부 제1차 성명」[12]을 발표하고 이를 거부했다. 더욱이 1931년 10월 24일 국제연맹이사회에서 11월 11일을 기한으로 일본에 철병을 권고하는 결의안이 13대 1로 가결되었다. 일본은 이에 대해서도 26일 「만주사변에 관한 정부 제2차 성명」[13]을 발표하고 전투를 계속했다. 1932년 5월 5일 정전협정조인에는 이르렀지만, 5·15 사건五·一五事件은 1932년 5월 15일에 일어난 일본의 해군급진파 청년 장교들이 중심이 된 반란 사건이다. 무장한 일본 해군의 청년 장교들이 수상 관저에 난입해, 당시 호헌 운동의 중심이 된 이누카이 쓰요시犬養毅 수상을 암살하게 된다. 이 사건으로 인해 일본의 정당 정치는 쇠퇴하고, 사이토 마코토齋藤實, 오카다 게이스케岡田啓介를 주축으로 하는 군사 내각이 성립하게 된다.

그 후 일본은 「리튼 보고서」[14]를 부인하고 강경정책을 취해 1933년 3월 27일에는 국제연맹을 탈퇴하게 이른다.

한편 이와 같은 만주침략에 대해 원칙적으로 반대를 분명히 한 것은 『동양경제신문』을 이끌던 이시바시 탄잔石橋堪山으로, 그는 유조호사건 직후에 쓴 사설(1931년 9월 20일자, 10월 10일자) 「만주문제해결의 근본방침여하(一)(二)」[15]에서 「우리국민으로 하여금 종래대로 만몽에 있어서 중국의 주권을 제한하고 일본의 이른바 특수권익을 보호 유지하는 방침을 취하는 한, 어떻게 우리나라에서 만주문제의 근본적인 해결을 바랄 수 있으며 그 목적도 도저히 달성할 수 없는 것은 명백하다.」라고 말하고 있다. 그 이유로는 일본이 만주문제를 근본적으로 해결하기 위해서는 중국의 통일국가건설 요구를 인식해야하며, 또 일본은 만주의 정치적인 권력을 포기하여 독립을 보존하는 것이라고 지적하고 있다.

그런데 1932년 3월 2일자 『오사카마이니치신문』은 봉천발 특전으로 「만몽을 생명선으로 하는 우리나라에게 있어서 진정으로 비약의 때가 온 것이다.」[16]라고 논하며, 만몽을 일본의 생명선으로 하여 그 지역개발의 중요성을 지적하고 있었다. 즉 당시는 1929년부터 시작된 세계적인 공황과 불경기가 계속되어 일본도 어떠한 형태로든 돌파구를 열어야 하는 시기였다. 따라서 일본에게 있어서 만몽의 국가건설과 경제 진출은 일본의 경제건설에 획기적인 통로가 될 것으로 보았다.

당시 이러한 새로운 정세를 간파한 미쓰이三井·스미토모住友·미쓰비시三菱 등17) 대재벌의 대표자들은 재빨리 자사의 중견인 5, 6명씩을 파견해 새로운 경제개발에 힘을 쏟게 된다.

이와 같은 상황하에 놓인 조선반도는 일본에게 있어서는 중요한 군수기지가 되었으며, 또 준전시장으로 특수한 임무를 수행해야 했다. 따라서 여러 가지 전시통제가 실시되어 조선민중을 규제하게 되었다.

2. 만주사변 이후 조선에서의 사회통제와 언론

만주사변 이후 전시경제체제가 비약적으로 강화되어 조선이 완수해야 하는 새로운 역할은 더욱 더 많아졌다. 조선의 군수공업지로의 지위는 본국이나 만주국과 비교해 낮은 것은 아니었기 때문이다. 또 조선에 있어서 군수지하자원의 양도 사변전보다 총독부의 조사 진행에 의해 급격하게 증가된 것이 분명해졌다. 자금 면에 있어서도 동아시아 전체의 새로운 정세에 대해 전일본의 자금정책의 힘을 만주국과 북중국에 쏟은 것은 당분간 어쩔 수 없는 조치였지만, 다행히 조선의 군수공업은 당시로써는 그 역할을 충분히 완수하고 있어, 본국 자금의 외지 및 만주·중국으로의 분배에 있어서, 조선이 그 정당한 할당을 요구할 수 있었던 것이다.18)

만주사변 이후 일본국내에는 좌익세력의 쇠퇴와 함께 조선에서도 도시와 농촌 인심의 안정, 치안의 확립은 일단 이루어지게 되었다. 1936년 미나미 지로南次郎 조선총독은 부임과 동시에 유고를 발표해 「내선일체」, 만주국과의 공존공영을 통치의 방침으로 하고, 1937년 4월 도지사회의에서는 국체명징國體明徵, 선만일여鮮滿一如, 교학진작敎學振作, 농공병진農工倂進, 서정전개庶政展開의 그 구체적인 정책을 분명히 했다.19)

미나미 총독은 관동군사령관에서 전임했기 때문에, 특히 대륙에 대한 조선반도의 전략상 중요성을 충분히 인식하고 있었던 것이다. 그는 역대총독 중에서 처음 조선반도를 「대륙전진병참기지」라는 말을 사용하면서 그 중요성을 이

야기했다. 미나미 총독은 1937년 9월 제1회 각 도 산업부장회의에서 다음과
같이 훈시하고 있다.

「우선은 제국의 대륙전진 병참기지로 조선의 사명을 명확히 파악하는
것입니다. 현 사변에 있어서 우리 조선은 대중국 작전군에 대해 식량, 잡
화 등 상당량의 군수물품을 공출하여 어느 정도 효과를 나타낼 수 있었던
것입니다. 그렇지만 이 정도로는 여전히 불안해, 장래 더욱이 중대한 사태
에 직면했을 때는 만일 일정 기간 대륙 작전군에 대해 본국으로부터의 해
상운송로가 차단된 경우라고 하더라도 조선의 능력만으로도 이것을 보충
할 수 있을 정도까지 조선의 산업분야를 다각화하고, 특히 군수공업의 육
성에 역점을 두고 만전을 기할 필요가 있는 것입니다. 즉 지금부터 장래에
걸쳐 동아시아의 움직이는 정세를 예견할 때 모든 종합된 조건은 이 국책
의 필연과 가능을 가리키는 것입니다. 농공병진農工倂進은 저의 5대 정강政
綱의 하나이지만, 이것의 의미는 막연한 개념이 아니라 시국에 적응해서
조선의 의미를 최대한 달성하는 의도 외에 다른 의미는 없다는 것을 양해
해 주었으면 합니다.」20)

미나미 총독은 이 훈시에서 조선반도는 대륙전진 병참기지인 것을 확실히
말하고 있으며, 또한 그 역할로 식량과 잡화 등의 군수품 공출지로 중요성을
지적하고 있다.

더욱이 미나미 총독이 지적한 병참기지로서의 조선의 역할을 몇 가지 소
개해 두고자 한다.21)22)

① 본국산업의 대륙진출 발판이 될 것
② 국방기초산업인 중화학공업의 발달에 집중할 것
③ 농공병진 통제경제를 강화할 것

이상 미나미 총독의 시정방침을 정리해 보면, 「대륙병참기지」론은 「내선
일체」론과 같다. 또한 「내선일체」론은 특히 정신적 측면을 강조하고 있는 것
이라고 한다면 「대륙병참기지」론은 물질적·경제적 측면을 강조한 것이라고 할

수 있다. 따라서 「대륙병참기지」가 대외적인 슬로건이라고 한다면 「농공병진」
은 대내적인 방침이다. 즉 「대륙병참기지」는 총론이며, 「농공병진」은 그 실천
적인 구체적 각론이라고 할 수 있다.

이렇게 일본은 1930년대는 식민지정책을 '척식정책拓植政策'으로 정책전환
을 시도하고 있다. 즉 1932년부터 「심전개발心田開發」, 「자력갱생自力更生」의 슬
로건하에 '농산어촌 진흥운동'이 전개되어, 세계적 경제 불황, 농촌빈궁, 사회
불안의 타개책으로 일본국내에서 행해진 농촌진흥운동에 발맞춘 것이다. 이 운
동의 구체적인 목표는 조선인의 경우 정신적 소극성, 퇴영, 태만의 폐습을 교정
하고 근면, 저축, 절약하는 습관을 기르는 것으로, 정치적으로는 정신적·물질
적인 내선융화, 공산주의사상과 민족독립운동의 근절에 있었다고 할 수 있다.

김규환 교수는 조선의 농촌진흥운동은 민중의 생활수준을 향상시키기 위
한 경제적 복지정책이 아니라, 전 인구의 8할을 점하는 농민 사이의 반통치체
제 움직임을 봉쇄해 비상사태를 준비하는 것이었다고 지적하고 있다. 김규환
교수는 이 농촌진흥운동의 진행과정에 있어서 1923(대정12)년 11월 10일 관동
대진재 후의 부흥 때에 내놓은 「국민정신 작흥作興에 관한 조서」와 국제연맹탈
퇴에 즈음해 제시한 「긴축정신」이 특히 강조되는 것은 정신운동으로서의 자력
갱생운동 성질을 제시한 것이라고 지적하고 있다.

또, 「심전개발」이라는 슬로건도 「정신작흥精神作興」과 동일의 내용을 가지
는 것으로, 「자력갱생」을 목표로 하는 농촌진흥정신을 의미하는 것이다. 일본
본국에서는 1934년경 자력갱생의 구체적 조치로 「관료통제」[23]라는 유통조직
을 통제하게 되었다. 이른바 「자력갱생」이라는 것은 농민의 「자력」이 아니라,
관료통제에 의해 행해지는 「갱생」을 의미하고 있었다.

조선에서는 관료 외에 경관이 「지도」의 실권을 쥐고 산업조합의 역할은
금융조합에 의해 대체되고 있었다. 만주사변 이후 일본에서는 전시경제체제가
진행됨에 따라 「농공병진」정책에 공업화가 진행되었다. 따라서 종래의 농산물
외에 석탄·금·철 등의 지하자원, 또 전기화학 공업용동력이 중요시됨과 동시
에 조선은 일본의 거대한 군수공장지대를 형성하기에 이르렀다. 어쨌든 이들은
조선의 병참기지화를 위한 준비공작이었다고밖에 할 수 없다.[24]

1937년 중일전쟁 발발 이후 「국체명징國體明徵」이라는 슬로건하에서 ① '신
사참배' ② '황거요배皇居遙拜' ③ '국기게양' ④ '일본어 상용'을 강요받고 있었

다. 특히 미나미 총독의 황민화정책 일환으로 나타난 것에 ① 교육령개정(1938년 4월) ② 육군지원병제도(1938년 4월) ③ 창씨개명제도(1939년 11월) ④ 국민총동원 조선연맹의 결성(1938년 7월) ⑤ 부여 신궁건립(1939년 6월) 등을 들 수 있다. 이들 내용에 대해서는 후술하겠지만, 그 중 가장 저항이 강했던 것이 「창씨개명」과 「국어상용」(조선어철폐) 정책이었다. 창씨개명은 1937년 4월 「사법법규개정조사위원회」를 만들고 거기에 대해서 입법화에 착수했다.

이에 관해서는 미즈타 나오마사水田直昌의 『총독부시대의 재정』(1974)에 의하면 다음과 같은 내용이 기록되어 있다.

> 「조선에는 양자제도가 없었기 때문에 이전부터 조선인에게는 양자제도에 대한 요망이 강했으며, 또 일본식 이름을 짓고자 하는 요망이 속출하기에 이르렀기에 신중하게 심의한 결과, 민사령民事令 개정을 실시해 1930(昭和15)년 2월 이것을 실시하기에 이르렀다. 창씨개명제도의 시행은 반도 통치상 한 시대를 긋는 중대한 제도로 조선인의 요망에 부응함과 동시에 내선일체의 구현화에 이바지하고자 한 것이다. 이 제도는 총독부의 방침으로는 어디까지나 자발적으로 창씨개명이 이루어지기를 기대했지만, 정치적 말단에 있어서 형식적 황민화운동에 치우쳐 무리가 발생해 창씨호수創氏戶數 7할 이상이라는 성적을 달성했지만, 그 반면 대부분 반감을 산 것도 부정할 수 없다.」[25)

여기서 양자제도가 없었다고 적혀 있지만 이는 미즈타가 진실을 왜곡 조작한 내용이다. 당시 조선 후기에서는 양자를 들이는 것은 흔히 있는 제도로 빈번한 일이었다. 조선에는 17세기 초에 벌써 양반가의 가족원이 되는 근친자인 양자제도가 이루어지고 있었다. 조선은 역사적으로 유교사회로 예전부터 조상의 제사와 대대손손 가계를 세우는 것, 대를 잇는 것이 양반사회의 규범(윤리)이었다. 그 점에 있어서도 민족말살정책인 창씨개명에 대해서 맹렬히 반대했다. 그래서 조선총독부는 「내선일체」의 명분으로 강제적인 창씨개명정책을 실시하게 되었다. 또 더욱이 고유의 민족문자인 한글 사용도 금지시키는 이른바 외형적인 「황국신민화」를 강요하게 되었다. 요컨대 조선인이라도 더 이상 조선인이 아닌 조선에 사는 조선계 동포로서의 일본인으로 만드는 파쇼적 강제정책을 실시하고 있었던 것이 당시의 「국체명징」(천황중심의 국체관념을 확실히 하는 증거를 세운다는 의미)이라는 황민화정책이었던 것이다.

이와 같은 사회통제상황 속에서 조선에 있어서는 여러 가지 법규에 의해 언론통제가 진행되게 되었다. 예를 들면 「불온문서 단속령」(1936년), 「조선중앙정보위원회」(1937년), 「국가총동원법」(1938년) 등과, 종래의 신문지법, 신문지조례, 출판법, 활동사진필름 검열규칙 등의 각종 법규, 혹은 제도에 의해 언론이 통제되었다. 만주사변 이후부터 태평양전쟁 때까지 신문, 잡지, 출판물에 의한 언론통제는 전시하에 있어서 언론활동의 전쟁동원 체제 확립과 함께 일찍부터 실시되었던 것이다.26) 이른바 조선반도의 특수성과 시국성을 문제 삼아 국책에 따르는 언론활동을 요구하며, 이 정책에 적극적으로 응하도록 통제를 행했다고 할 수 있다. 물론 이것에 반하는 언론미디어에 대해서는 과격사상의 선동언론으로 엄하게 탄압처분을 가하고 있었다.

한편 일본인경영의 언론에 대해서도 엄하게 언론 통제를 가하고 있었지만, 그들의 언론은 조선인경영의 언론출판사보다 처벌받는 경우가 훨씬 적었다. 그것은 전쟁색이 짙어짐에 따라 민간지도 총독부의 시정방침을 충실히 지키고 있었기 때문에 검열에 의해 처벌을 받는 경우는 그다지 많지 않았다. 특히 일본인 경영의 신문은 만주사변 전까지는 조선총독부 혹은 조선식민지 통치정책에 대해서 상당히 비판도 했지만, 만주사변 이후는 전혀 그와 같은 경향은 거의 볼 수 없게 되었다.27)

그러나 중일전쟁 이후 조선군 사령부는 신문·잡지 등 언론출판물에 대해 사전검열을 강화하고 엄격하게 단속을 강화하게 되었다. 즉 군사동향, 치안관계에 관한 기사는 군사령부가 직접 검열하고 그곳에서 곧바로 발행정지, 삭제, 경고, 설론說論 등의 행정처분을 할 수 있는 체제로 변화한 것이다. 당시는 총독부 기관지인 『경성일보』의 경우도 조선군 보도부, 문서과 등의 행정명령에 의해 윤전기를 멈추고 다시 인쇄해야만 했다고 한다.

제 2 절 「정보위원회」의 설치와 제도적인 언론통제

1. 정보위원회의 설치와 여론통제

조선에 설치된 「정보위원회」는 조선총독부와 군부, 그리고 경찰과의 긴밀한 정보수집과 교환으로 국내외 정치선전을 보다 효율적으로 관리통제하기 위하여 설치되었다. 조선에 정보위원회가 설치되는 것은 1920년 11월이었다. 이것은 3·1운동 직후 조선에서 치안유지와 정보수집 및 정치선전을 추진하기 위해 종래의 정보과를 확대 개편한 것이다.[28] 3·1운동은 어떤 의미에서는 일본이 조선통치에 있어서 하나의 큰 전환점이 된 것이다. 그것은 테라우치 총독 이후 그들이 경험했듯이 무력 내지는 힘에 의한 조선지배는 한계점에 도달했다는 것을 깨닫고, 보다 효과적인 통치방법을 모색하게 되었다. 그 결과 이제부터는 정치선전(Propaganda)을 강화하여 조선민족에게는 설득을, 국제사회에서는 이해를 구하여 식민지 지배체제를 확립하고자 했던 것이다.[29] 그에 대해 구체적으로 나타난 것이 '정보위원회' 설치에 관한 것으로, 그 구상은 1920년 초에 사이토 마코토 총독이 고안하게 되었는데 조선민족의 독립운동에 대한 억압의 한 방책으로 "비밀선전 기관을 설립하여 유식자를 이용해서 문서나 구두로 선전활동을 실시하여 조선인들에게 경각심을 일깨우기 위한 방법"[30]으로 계획되었다고 한다. 특히 3·1운동 직후에 조선총독부가 국내외의 여론이나 정보파악, 해외 동포들의 민족운동 감시와 지도 및 정치선전 등을 조직적으로 추진하기 위하여 총독부 정보과를 확충한 비공식적인 조직이었다.

당시 초대 정보위원회 위원장에는 조선총독부의 정무총감이었던 미즈노 렌타로水野錬太郎를 위원장으로 하고, 경무국장, 내무국장 등 관계고급관료 12명과 민간 유식자 약간 명을 포함하여 16~20명의 위원으로 구성되었다. 민간인으로는 기쿠치 겐조菊池謙讓[31]·오가키 다케오大垣丈夫[32]·아유카이 후사노신鮎貝房之進[33] 등 합방전후부터 일본의 조선침략에 활발하게 활동한 사람들이 참가하게 되었다.[34] 사이토 마코토가 민간인 정보위원을 기용한 것은 그들이 조선 내정에 밝은 인물일 뿐 아니라, 조선인 사회에 깊숙한 파이프를 갖고 있었기 때문이다. 예를 들면 기쿠치 겐조는 『한성신보』와 『대동신보』의 사장을 지낸

인물이기도 하다. 그것은 어떤 의미에서 선전활동에 탁월한 수완을 가지고 있
는 인물로 사이토 마코토에게는 조선내의 민간인에 대한 첩보활동 수행에 중
요한 가교역을 할 수 있는 인물이었다. 다시 말해서 테라우치 마사타케寺內正毅
총독이 러시아혁명 때 첩보활동을 한 아카시 모토지로明石元二郎를 경무통감으
로 임명하여 정보정치로 한일합병작업을 진행한 것처럼, 사이토 마코토도 '정
보위원회'를 설치하여 각종 정보활동을 통해 정보를 수집, 분석하여 3·1운동
이후 조선민족에 대한 회유 내지는 설득공작의 일환으로 본 기구를 조직하였
다고도 할 수 있다.

조선 정보위원회의 역할에 대해서는 위원장이었던 미즈노 렌타로 정무총
감이 제1차 정보위원회의 회의(1920년 12월 2일)에서 다음과 같이 말하고 있다.

「…… 종래 조선총독부는 잡지 『조선』, 그 외의 인쇄물, 활동사진 등을
가지고 시정의 진상을 내외에 소개하려고 노력했지만, 이번에 더욱더 조직
을 일신하고 정보위원회를 설치해 오로지 이 방면의 전담사무를 담당하게 한
다. 정보위원회는 본국과 조선상호의 사정을 소개하여 이로써 내선융화의
일단으로 삼고, 나아가 최근의 조선사정이 잘못 전달된 것이 많은 것을 감
안하여 시정의 진상을 내외에 천명함과 동시에 시정방침의 철저와 각종시
설의 취지를 주지시키고자 하는 것에 대해서 중요한 심의를 하게 하려고 한
다. 또한, 근래 각국에서 선전의 사무는 점차 중요한 의의를 갖게 됨으로,
제군은 충분하고 신중한 협의를 완수할 것을 바라마지 않는다. ……」35)

또 조선총독부는 정보위원회의 실행기관으로 서무부문서과에 「정보계」를
신설하고, 사무관 1명, 통역관 1명, 촉탁 4명, 속 5명을 두었다.

정보위원회의 구체적인 활동으로는 다음의 점을 들 수 있다.

① 선전용 활동사진의 상영 ② 조선어 및 일본어에 의한 각종 선전책자의
출판 ③ 대외선전용의 영문소책자의 출판 ④ 각종 조사 자료의 발간 ⑤ 전국
적인 지방강연회의 개최 등36) 총독부가 활동사진을 프로퍼갠더로 이용한 것은
이때가 처음이다. 정보위원회는 또 해외의 조선인독립운동과 여론에 대해서도
적극적으로 대처했다. 이것은 다음과 같은 출판물에서도 잘 알려져 있지만 주
로 미국, 영국을 중심으로 한 것이다.

〈그림-11〉 ••• 정보휘찬 제4호(1921년 3월호)

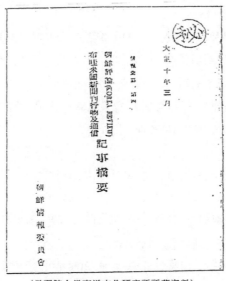

(学習院大学東洋文化研究所所蔵資料)

이 문헌자료는 조선총독부의 대외비밀문서로, 조선정보위원회가 조사한 외국의 여론 및 조선인의 독립운동 상황을 상세하게 조사 보고한 기록이다. 월간으로 보고된 『정보휘찬 제4호(1921년 3월호)』에서는 『조선평론』(Korea Review)의 기사, 하와이신문, 워싱턴헤럴드, 뉴욕 타임즈, 미국간행물, 영미통신, 재미조선인의 독립활동 등을 상세하게 분석하고 있다. 또 이 보고서 「영미에서 조선인의 불온운동」(정보휘찬 제5호)에는 미국에서의 조선인 독립운동의 발단과 그 운동에 대한 반응 등이 보고되고 있고, 영국에서의 조선인 독립운동에 관한 선전사정도 상세하게 보고되어 있다. 특히 조선동정자회의 움직임에 대해서도 상세히 보고하고 있다. 더욱이 2년 후 「하와이 재류조선인의 제반활동」 등도 분석하고 있어, 이른바 독립운동의 실황을 상세하게 체크하고 있었다. 특히 사이토 마코토는 조선총독부 경무국 사무관 도끼나가 우라로時永浦郎를 구미에 파견하여 미국에서의 '민족자결주의'의 활동과, 영국에서의 아일랜드 독립문제와 관련해서 영국정부의 대응방침과 여론 등에 관해서도 심도 있게 조사하여 그 내용을 수집하고 있다.

한편, 국내적으로는 1920년경부터 정치선전의 일환으로 각도 단위의 지방 강연회의도 개최하였다.

예를 들면 경상북도에서는 1921년 4월 16일부터 23일까지 도내 22개 군에 걸친 선전강연을 실시하게 되었는데, 강연자는 군수, 경찰서장, 도의원 등이 초대 되었다. 정보위원회는 이들 연사에 대해서 18개 항목에 걸쳐서 강연내용과 선전요령에 대해서 구체적으로 항목별로 요목을 주문하고 있다.[37]

그 내용을 요약해 보면 다음과 같다.

① 지방자치 제도는 조선인의 이익을 위함이다.
② 학교시설의 확충과 부형의 분담금을 경감한다.
③ 치안유지의 확립과 함께 반일 독립주의자는 철저히 탄압 응징한다.
④ 조선인 관리의 대우를 개선한다.
⑤ 조선인은 반드시 일본인과 공존에 의해서만 행복할 수 있다.
⑥ 일본은 대국이고 세계는 일본을 지지할 뿐, 조선을 지원해 주지 않기 때문에 조선의 독립은 영원히 불가능하다.

위의 내용을 구체적으로 분석해 보면 조선 내 각종 제도의 개선과 개혁으로 금후는 조선인들을 위해서 선정을 베풀 터이니 반일운동 내지는 독립운동은 포기해야 한다는 내용이다. 일본은 대국이며 세계는 일본을 지지하지 조선을 절대 지지하지 않는다는 등 회유 내지는 협박을 하는 아주 황당한 내용들로 구성돼 있다. 조선인은 일본인과 공조해야 행복 할 수 있다는 대목과, 조선의 독립은 영원히 불가능하다고 하는 극단적인 언사言辭도 서슴지 않고 있는 것은 무력통치보다도 더한 마치 폭력집단과도 같은 수법이다.

김규환 교수는 1920년에 설치된 정보위원회는 주로 조선사정을 외국에 소개, 선전할 목적으로 만들어진 중앙기관의 자문위원회적인 성격이 강한 선전기관[38]이라고 규정했다. 그러나 실제로는 조선사정의 소개만이 아니라 국내조선인에 대한 설득작업과 함께 국외에서 일어나고 있는 독립운동에 대해서도 적극적으로 대처하고 있었다.

2. 일본의 「정보국」 설치

일본의 내각정보국은 제2차 세계대전 하에서 일본의 정보선전 및 통제를 위해 만든 정부기관이다. 내각 정보국이 발족한 것은 1940년 12월이었다. 이 정보국은 1937년 9월에 설치된 내각정보부가 전신이며, 더욱더 거슬러 올라가면 1936년 7월 1일 설립된 정보위원회가 그것이다.[39] 그러나 최초에 정보위원회에 대한 구상은 1920년 초에 사이토 마코토 조선총독이 고안한 것으로 조선민족의 독립운동에 대한 억압의 한 방책으로 조직된 비밀선전기관이 그 원형이다.

아무튼 정보위원회의 설치 필요성을 절실히 느낀 것은 만주사변 때이다. 즉 만주사변이 발발하자 군부의 정치관여가 현저해졌다. 군부의 정치 관여는 군인칙유에 의해서 강하게 금지되어 있었음에도 불구하고 그 간섭의 범위를 넘어서게 된 것이다.

만주사변 발발한 이후 세계가 일본을 주시하는 가운데 일본은 국가의 정보정책, 즉 일본의 내부와 외부에 대한 선전정책에 커다란 결함이 있다는 것을 통감하게 되었다. 이것은 내각총리대신이 행정 각 부처 사이에 통일된 선전정책을 취하지 않았기 때문이다. 예를 들면 당시 각 성 중에서도 육군, 해군, 외무성 사이에 정보선전에 대한 밀접한 연락망도 없어서, 육군은 일본전보통신사(전통)를, 외무성은 신문연합사(연합)를 각각 후원할 정도였다. 더욱이 영미처럼 국가를 대표하는 강력한 통신사가 있는 것도 아니었기 때문에, 일본에서는 두 가지의 목소리가 외국으로 전해져 내외인사에게 잘못된 인식을 주며 국론분열을 폭로시켜 국무수행 상 지장이 생기게 되었다.[40] 따라서 관계자 사이에서 정보의 교환과 대내외 계발 선전정책의 통일을 도모하고자 하는 움직임이 생긴 것은 지극히 당연한 일이었다.

그러면 이와 같은 배경에서 성립된 정보위원회의 구체적인 성립과정을 3가지로 나누어서 분석하기로 하자.

(1) 「정보위원회」

1932(소화7)년 5월경 육군성 및 외무성의 관계관에 의해 시국동지회라는 모임이 만들어져 시국선전의 통일강화를 위해 내각직속의 위원회 설치를 요망하게 되었다. 그래서 외무성의 외무차관을 위원장으로 하고 외무성 정보부장을

간사장으로 외무, 육군, 해군, 문부, 내부, 체신의 각 성에서 위원 및 간사를 선출하여 이해 9월 비공식의 정보위원회가 설치되었다. 이것에 의해 만주사변 이후의 모든 정세에 대처하게 되었다.[41] 이 비공식 정보위원회는 1936(소화11)년 7월 1일 내각에 정보위원회가 설치되기까지 약 4년 동안 이어진다. 이 위원회에서는 1932년(소화7) 9월 국가적 대표통신사를 만들 방침을 정하고 구체적인 공작에 들어갔다. 일본정부는 「전통電通」, 「연합」의 양자에 대해 양자합병을 제안했지만 의견이 모아지지 않아 1935(소화10)년 11월 7일 사단법인 「동맹통신사」의 설립허가가 체신, 외무 양 대신에 의해 내려졌다. 그 결과 다음해인 1936년 1월 1일 신문연합사가 단독으로 동맹통신사의 사업을 개시하게 되었다. 결국 항쟁을 계속한 「전통」의 통신부도 1936년 6월 1일에 이르러 「동맹통신사」로 합병되어 유일하고 강력한 단일국가적 대표통신사의 설립을 보게 된 것이다.[42]

(2) 「정보위원회」의 확대와 「내각정보부」의 성립

내각정보부라는 것은 전술한 내각정보위원회가 확대·개편된 것이다. 이하, 정보위원회의 확대에 따른 내각정보부의 성립 과정을 살펴보기로 하자. 내각정보위원회는 이전의 비공식적인 정보위원회를 확대·개편해서 제도화한 것으로 동위원회는 1936년 7월 1일 관제를 공포해 국가정보기관으로 정식으로 발족하게 된다. 이것은 그 해 2·26사건에 의한 계엄령하의 이상한 정치사회적 긴장 속에서 만들어진 중앙정보기관으로 「각 성 정보에 관한 중요사무의 연락조사」를 수행하기 위해 설립되었다.[43] 이 위원회의 사무규정 제1조를 보면 「① 국책수행의 기초가 되는 정보에 관한 연락조정」, 「② 내외보도에 관한 연락조정」, 「③ 계발선전에 관한 연락조정」[44] 등을 정하고 있다. 이들 규정 중에서 ②의 항목을 보면 그 규정의 배경을 추찰할 수 있다.

「② 국내외 보도에 관한 연락조정」
국내외로 널리 알려지는 「뉴스」는 원래부터 정확·공평해야 하는데, 각 청 각각의 입장에서 이것을 준 결과 혹은 하나의 성이 단편적인 판단을 하여 국가전체로 종합한 결론적 의견의 포착이 어려워, 안으로 여론이 잘못되고 밖으로는 국론을 오해시킬 우려가 없지 않았다. 최근에 있어서 신문통신의 발달은 말할 것도 없지만, 특히 무선과학의 진보와 함께 국내에

있어서는 방송시설에 의해 국민에게 직접 「뉴스」를 전달하고, 국외에 대
해서는 소위 신문방송에 의해 각국의 신문지를 통해서 자국의 「뉴스」를
널리 알려, 국내 및 국제보도계에 일대경지를 전개하기에 이르러, 따라서
오늘날에 있어서는 소극적으로 내무성의 출판경찰권 혹은 체신성의 통신
경찰권에 의한 공안보호유지에 그치지 말고, 적극적으로 「뉴스」를 널리
알리는 것에 대해서 국가적 비판을 가해 국가의 이익에 이바지해야 하며,
게다가 이 내용은 외교내정 제반의 방면에 걸쳐 점점 각 청 정보사무에
관한 연락조정을 도모하여 통일보호유지를 기해야 한다. ……」45)

　어쨌든 「내각정보위원회」의 주요 목표는 「적극적인 프로퍼갠더」에 있었던
것이지만, 한편 매스미디어를 이용한 프로퍼갠더에 의해 국내외의 여론을 조
작·유도하는 것에도 있었다.46)
　「내각정보위원회」는 내각 서기관장을 위원장으로 하고 외무성 정보부장,
내무성 경보국장, 육군성 군무국장(신문반의 직속상부기관), 해군성 군사보 및
부위원장, 체신성 전무국장 외 7명의 직접 관계청 책임자로 이루어지는 상임위
원 및 각 성청 차관급의 위원으로 구성되었다.47)
　이 중에서 위원회 간사장 외에 실무를 담당하는 5명의 상무간사를 포함하
여 10명의 간사를 두었다. 초대 간사장에는 요코미조 미쓰테루橫溝光暉가 임명
되었지만, 요코미조는 엘리트 내무관료로 전장에서 논한 것처럼 『경성일보』의
마지막 사장을 지낸 언론인이기도 하다.48) 그는 동경제대 법학부 출신으로 정
보위원회 설치시에 산파역할을 완수한 인물이다.
　1936년 9월 테라우치 히사이치寺內壽一 육군대신이 히로타廣田 수상에게 제
안한 행정개혁에 관한 군부시안 중에 「내각정보위원회」의 개조강화안이 포함
되어 있어, 다음해 1937(소화12)년 9월 25일에 칙령519호로 관제가 공포되고
이 위원회는 「내각정보부」로 확대 개편되었다. 정보위원회 간사장인 요코미조
는 자연히 초대 내각정보부장으로 임명되었다.49)
　김규환 교수는 1937년 「내각정보위원회」의 각 지방으로의 조직 확대는 중
일전쟁의 발발에 의해 급속히 실현되었다고 지적하고 있다.50) 한편 우치카와
요시미內川芳美 교수는 1936년 정보위원회의 설치는 만주사변 이후 이 위원회
의 필요성을 강하게 느꼈기 때문으로, 1937년 내각정보위원회를 확대·개편한

것은 중일전쟁의 영향이 아니라, 그 해 5월 내각조사국이 기획청으로 개조되는 것과 동시에 실시될 예정이었지만, 예산조치의 형편으로 늦어졌다고 논하고 있다.51) 내각정보위원회는 이미 1936년에 만들어져 있었으며, 중일전쟁의 발발은 1937년 7월이기 때문에 정보위원회와 중일전쟁과는 그다지 관계가 없는 것이다. 역시 조직의 확대는 예산문제 때문이었으며, 그 점에서 우치카와 교수의 지적이 타당할 것이다.

(3) 정보국

중일전쟁 이후는 종래 소극적인 매스미디어의 통제기구가 복잡해지는 한편, 컨트롤 네트워크의 망도 한층 조밀해져 지방까지 확대되었다. 이와 같은 상황하에서 언론통제의 「소극」, 「적극」의 양면적 기구가 종합적으로 통합되는 것이 1940(昭和15)년 12월 6일이었다. 이것이 제2차 고노에近衛 내각 아래서 발족한 「정보국」이다. 이 계획은 이미 1936년 5월 20일자, 내각자원국 기획부 작성의 「정보선전에 관한 실시계획요령(안)」52)에 있었지만, 실제 정보국의 발족은 종래의 내각정보부 확대개편에 의한 것이었다.

이 정보국설립의 직접적인 계기는 1937(昭和12)년 11월, 대본영설치에 관해 제1차 고노에 내각이 내각제도의 전시체제화 계획과정에서 내각정보부를 확충·강화하여 정보국으로 개편하는 것을 검토했던 것에 있다. 정보국의 확충에 관한 구체적인 안은 고노에 조각 직후, 1940년 7월 23일의 기자회견에서 내각정보부의 확충계획을 언명하고, 그 후 8월 13일 각의에서 외무성 정보부, 육군성 정보부, 해군성 군사보부 및 내무성 경보국 도서과의 사무를 통합해서 정보 및 계발선전의 통일·민활敏活을 기한다는 기본방침이 결정되었다.53)

8월 16일 각의에서 「내각정보부 기구개정협의회」54)를 조직하고, 더욱이 9월 28일에는 「정보국 설치요강」55)이 결정되었다. 그리고 이것에 근거해 통합을 시작했지만, 어디까지나 불완전한 통합으로 각 성에서는 꽤 저항이 있었던 듯하다. 이것은 기존의 각 성 소관사무의 권한이 정보국으로 완전히 이관되지 않은 채 중요한 사무부분을 여전히 확보하며 본래의 부서에 남겼기 때문이다. 하지만 1940(소화15)년 12월 6일 정보국이 설치되고 여론조작이 가능하게 되자 매스미디어통제의 기능 및 기구적 통합을 실현한 국가기관이 된 것이다.56)

이 정보국은 1940년 발족당시 총재 이하 1관방, 5부, 17과에 전임직원 144명에 이르는 거대한 정보기관이었다. 각 과별의 사무내용을 보면 현재의 국가정보기관 예를 들면 한국의 국가정보원(KCIA)과 같은 것이다. 이 정보국은 후에 몇 번의 관제 개편을 거쳐 가면서 조직을 확대하였으며, 일본이 제2차 세계대전에서 패전할 때까지 활동하였다.

이처럼 최초 비공식 정보위원회가 내각정보부, 정보국으로 발전하여 파시즘적 프로퍼갠더의 모든 언론을 통제하게 되었다. 또 전시하에서 각종 정보의 수집, 분석 등에 의한 이른바 「국책수행」의 기반이 된 것은 틀림없는 것이다. 이것은 일본 국내만이 아니라 조선에도 설치되어 큰 영향을 미치게 되었다.

3. 조선중앙정보위원회와 언론정책

1) 조선 중앙정보위원회의 설립

조선의 중앙정보위원회는 1937년 7월 22일 총독부 훈령 제51조에 의해서 공식적으로 설치되었다. 앞에서 이미 언급했지만, 이보다 17년 전에 1920년 조선총독부에 정보위원회가 비공식적으로 설치되었던 바가 있다. 이것이 1932년 일본의 정보위원회 설립에 모델을 제공하게 되었고, 1937년 중·일 전쟁이 발발하자 급격히 그 설치의 필요성을 느끼게 되어 전쟁발발 15일째 되던 날인 7월 22일에 '조중회朝中會'가 정식으로 설치되게 되었다.

일본에서 정치적인 선전활동의 시원은 러일전쟁 당시부터라고 말할 수 있다. 그 예로 『호치신문報知新聞』(1904. 2. 20)에 의하면 '전쟁개시 아군의 제1승', 그 외 신문에도 '정의는 이긴다', '우선 안심' 등의 타이틀 뉴스로 국민감정에 호소하고 있는 것을 볼 수 있다. 그러나 이때까지는 아직 '정보선전'이라고 하는 단어가 존재하지 않았다. 이 표현이 신문잡지에 빈번히 나타나기 시작한 시점은 정보선전의 주무부서인 정보위원회가 내각에 설치된 1936년이다. 그 당시 '정보선전'의 원래의 의미는 정보·보도 및 계발선전을 의미하는 것으로, 특히 중·일전쟁 중에는 '사상전', '보도전', '선전전' 등으로 불리워질 만큼 정보선전 정책은 전쟁의 승패에 중요한 영향을 미치게 되었다고도 하겠다.

일본이 조선에서 정보선전의 필요성을 절실하게 느끼게 된 것은 '3·1운동' 직후였으나, 정국의 안정과 함께 그 필요성이 점점 소멸되게 되었다. 그러나 그 후 중·일전쟁의 발발과 더불어 '사상전', '선전전'이라고 하는 대외선전 활동이 본격적으로 실시됨에 따라서 그 필요성을 다시 절실히 느끼게 되었다. 그 결과 정보선전전의 주무부서가 될 '조중회'를 설립하고, 종전보다 한층 더 조직적이고 체계적인 대외선전 활동을 전개함과 동시에 언론에 대해서도 지도감독이라는 미명 아래 통제정책을 강화하게 되었다. 여기에서는 조선에서의 '정보선전'이라도 일본 내의 정보선전의 의미와 조선내의 의미와는 서로 상이한 점이 있었다고 본다. 즉, 일본 내에서의 정보선전은 국론의 통일과 국내외의 정책홍보, 시국관 등 단순히 전쟁에 임하는 전략적 차원에서 의미하는 것이었지만, 조선에서의 정보선전은 상술한 정보선전의 개념 이외에도 일본제국의 일익으로 일본의 정보를 선전함과 동시에, 또 조선 특유의 지배 이데올로기에 긴요한 '정보선전'이었다고도 생각할 수 있다. 이것을 다시 한마디로 표현한다면 황국신민을 만들기 위한 황민화 선전이라고도 말할 수 있다. 좀 더 구체적으로 분석해 보면 다음 세 가지로 구분할 수 있다.

(1) 조선에서의 황국신민 육성상 필요한 정보선전
(2) 조서에서 사상전 체계를 확고하게 다지기 위한 정보선전
(3) 조선의 현상 및 조선 통치의 진의를 외국에 인식시키기 위한 정보선전
　　① 일본 국내에 대한 선전(대내선전)
　　② 만주나 중국에 대한 선전(대륙선전)
　　③ 구미 각국에 대한 선전(대외선전)

2) 조선 중앙정보위원회의 구성과 운영

조선에서 정보선전의 행정기구는 총독부 훈령 제51<조선 중앙정보위원회 규정規程>57)에 의해서 조중회 및 동 <간사회>58)와 사무국, 그리고 지방의 각도 정보위원회 및 그 사무기관을 두게 되었다. 조중회는 조선에서의 정보계발 선전에 관한 중요사항을 조사 심의하고, 계발선전을 연락 조정하는 최고의 심의기관이었다. 여기에서 주의할 것은 조중회는 어디까지나 일본의 내각정보부의 하부기관이며 내각 정보부와 긴밀한 연락을 해가면서도 또한 조선 내의 특수적인 임무(조선통치 전반에 관한 조사심의)를 수행하게 되었다는 점이다.

(1) 조선 중앙정보위원회

위원회의 구성은 위원장에 조선총독부 정무총감 오노 로쿠이치로大野綠一郎,

위원에는 조선총독부 각부국장, 관방과장, 경기도지사로 하고, 군부는 조선군 참모장, 진해요항부鎭海要港部 사령관, 조선헌병 사령관 등 군관계관을 임시위원으로 구성했다. 또 간사로는 총독부 내 과장, 사무관, 육·해군 양 어용계御用係를 임명 또는 위촉하고 서기에는 문서과 그 외 속관屬官을 임명하게 되었다.59)

(2) 조선 중앙정보위원회 간사회

조중회는 정보 및 계발선전에 관한 중요한 사항을 실무적으로 조사 심의하기 위하여 설치되었는데, 1937년 7월 22일 조중회가 설립된 이래 총회는 매년 1회 개최하고 중요사항은 협의에 의해서 실시하게 되었다. 그런데 그 주된 사무의 처리는 '간사회'에 위임하게 되었다. 간사회는 <조중회 규정> 제6조에 의해서 구성되었는데 총독부 문서과장을 간사장으로 하고 관계과장 및 관계사무관이 간사로 위촉되었다. 간사회는 제1회 조중회 총회의 결의에 의해서 그 직무를 위임받고 시국에 민첩하게 적응할 수 있게 정보선전에 관한 사항을 활발히 심의 처리하게 되었다.

간사회는 매주 월요일(설립 후 1년 이상, 월·목 양일 간 개최) 정례적으로 개최하였는데 1939년 10월 시점에서 개최 횟수가 200회를 넘었다. 위원회와 간사회와의 연락은 간사회에서 심의된 사항을 문서로 각 위원에 통보함과 동시에 간사장(문서과장)은 그 중요성에 따라서 위원에 해당하는 국장 전원을 포함해서 국장회의를 열고, 협의 또는 보고하기로 되어 있었다. 간사회는 내각정보부 정보, 대만총독부 임시정보부 정보, 조선체신 정보朝鮮遞信 情報, 총독부 외무부 정보, 또는 경무국 재외 파견원의 보고 등을 청취한 뒤 시국에 대처하기 위한 계발선전 사항을 협의하여 방안을 모색하게 되었다.60)

간사회는 또한 시국추이에 대처하기 위해서 육·해 양군 어용계로부터 수시로 전황의 설명을 듣거나, 혹은 현지를 시찰하고 온 자의 보고를 듣는 등 시국인식의 증진에 최대한의 노력을 하게 되었다. 간사회에서 협의·타합·연구된 사항들은 각각 주무국의 담당자를 통해서 상관에 보고되어 결재를 얻어서 조선 전역에 실시되었다. 간사회는 이들 업무를 원만히 수행하기 위하여 각종 언론기관과 단체들 간에 밀접한 협력관계를 유지하고, 신문통신사, 교화단체, 종교단체, 재향군인회, 관공서, 학교, 은행, 회사, 상공회의소 등 각 방면의 대표자들도 수시로 회의를 소집하여 주간행사 및 계발선전에 협조를 구하기도 했다.61)

또한, 「정보위원회 간사회 협의 주요사항」62)에 대해서 한 가지 지적하고자 한다. 정보위원회 간사회 협의 주요사항은 106개 항목에 걸쳐 기록되어 있는데, 그 내용을 보면 조선총독정치 전반에 걸친 문제에 몰두하고 있다는 것을 볼 수 있다. 즉, 어디까지나 조선 식민통치의 중앙정보통제기관으로써의 역할을 보여주고 있다.

전술한 대로 각 도에도 정보위원회가 만들어져 중앙위원회의 협력 또는 위임사항을 집행하는 기관으로써의 역할을 완수했다. 각 도 정보위원회 중에서도 경기도가 가장 활발하게 움직여 집행한 업무량도 가장 많았다. 그 외 충청북도는 8월 23일 「도에 있어서 관공서 민간유력자, 신문지국장 간담회」63)를 개최하고 시국에 대해 협력을 구하고 있다. 전라북도는 『시보時報』를 발간하거나 「라디오」 청취자 증모增募 및 시국 「뉴스」도 게시했다. 평안북도의 경우 「시국애국독본」이라는 선전물을 일본어 1만부, 조선어판 5백만 부를 발간해 배부했다. 이와 같이 지방에서도 인쇄물을 발행하고 있어 전술한 중앙조선위원회가 발행한 것과 합하면 부수는 더욱 많아지는 계산이다.

일본 정보국은 각 부서의 역할에 의해 업무집행에 「적극」과 「소극」이라는 대립한 견해가 있었지만, 조선중앙위원회의 활동은 일본 본국과 달라 업무집행이 비교적 「일사불란」하게 행해졌다고 할 수 있다.

한편 이 정보위원회가 정보를 수집한 종류는 중일전쟁정보, 경찰정보, 외사정보 및 체신정보 등이다. 중일전쟁정보는 전쟁참가자와 전지에서 귀국한 사람, 혹은 종군기자 등에 의해 입수한 정보를 총독부관방문서과에서 정리해 일본정부에 타전한 정보이며, 경찰정보는 총독부경무국 관하 경찰기관을 통해 모은 것이다. 외사정보는 주로 만주, 중국, 몽강蒙疆, 미국, 영국 등에 주재하는 총독부 파견원의 보고를 주로 하여 외국신문, 잡지 등의 번역에 의한 것이었다. 체신정보는 체신국에서 전신, 전화, 외국무선전신, 방송, 무선전화 등의 통신기관에 의해 수집되고 있으며, 이 중에서는 비밀로 청취한 것이 많이 포함되어 있었다.64)

여기서 지적해두고 싶은 것은 만철(남만주철도주식회사)과 군사산업회사의 정보수집능력이다. 만철은 상당히 정보탐지능력이 높아 만주전쟁, 중일전쟁에도 큰 관여가 있었던 것으로 추측된다. 또 러일전쟁 이전부터 군수산업을 지탱해온 미쓰비시三菱·스미토모住友 등의 정보수집능력도 뛰어났다. 어떤 의미에서는 이들 출장소와 영업소가 얻은 정보는 조선정보위원회가 수집한 것보다 빠른 것은 아니었을까 생각할 수 있다.

이렇게 해서 수집한 정보는 주무국에서 각각 관계기관에 연락되고 또 매주 정보간사회에 연락하여 바로 본국 내각정보부에도 보고되었다. 정보위원회는 그 외 내각정보부, 대만총독부 정보위원회와의 사이에도 정기적으로 정보교환이 이루어지고 있었다.

이처럼 수집된 정보는 재분석, 검토해서 본국 내각정보위원회의 심의답신에 근거해 「황국신민화」, 「내선일체」의 통치원칙에 따라서 종합적으로 편성해 선전방침을 세웠다. 선전방법으로는 대내선전과 대외선전으로 구분할 수 있다. 국내에서는 지금까지 서술한 이외의 미디어로『경성일보』와 경성방송, 각 시도의 관보, 포스터, 팸플릿이 사용되어 조선민중에 대해 설득 커뮤니케이션을 실시했다. 또 대외적인 선전활동의 일반방침으로는 다음과 같이 명시하고 있었다.

> 「제국이 기구冀求하는 바는 동아시아의 영원한 안정을 확보해야 하는 신질서의 건설에 있고, 이 신질서의 건설은 일본, 만주, 중국 3국이 서로 제휴해 정치, 경제, 문화 등 전반에 걸쳐 상조연환의 관계를 수립하는 것이 근간이 되어, 동아시아에 있어서 국제정의의 확립, 공동방공의 달성, 신문화의 창조, 경제결합의 실현을 기하는 것으로 이것이 실로 동아시아를 안정시켜 세계의 신운에 기여하는 방법이 되는 것을 내외에 천명한다. (하략)」[65]

(3) 정보선전의 사무구조

정보위원회와 간사회의 사무국으로서 정보선전의 사무를 관장하고 있는 곳은 총독부의 관방문서과로 '정보연락·시국인식 선전·보도·정보위원회' 등의 사무를 맡고 있었다. 그런데 문서과는 이들의 사무를 처리하기 위하여 '정보계'와 '보도계'를 신설하고, 정보계는 정보 및 계발선전에 관한 사항, 인쇄물의 정리배포, 홍보비 예산경리에 관한 사항을 분장하게 되었다. 보도계는 신문·통신·방송에 대한 시정보도에 관한 사항, 잡지『조선』,『통보』의 편집편찬에 관한 사항을 분장했다. 또한, 정보계·보도계의 분장 사무를 처리하기 위하여 사무관을 위촉 배치했다.

정보선전의 주무과는 문서과이지만, 이것은 문서과만으로는 정보선전을 할 수 없어서 문서과로서는 정보위원회와 간사회에서 결정한 사항을 실시하기 위하여 연락 조정을 하는 역할을 하게 되었다. 즉, 계발선전 사항의 실시에 즈음하여 문서뿐만 아니라 학부, 내무, 농림, 경무, 재무, 식산 등 주무국에 의한 실시 또는 관계국의 협력에 의해서 실시되었다. 정보선전 사무에 관해서는 문서과 이외에도 각국이 관련되어 있고, 외무부 및 경무국·체신국은 정보의 수집·전달의 일을 담당하게 되었으며, 경무국은 정보수집·전달 외에 보도검열기관으로서 계발 선전상 중대한 관계에 있었다. 학무국은 계발선전의 실시상 학교교육 및 사회교육의 조직을 통해서 막대한 역할을 하게 되었다. 그 외 내무국에는 군사원호, 농림국에는 농촌 진흥·생산보국, 식산국殖産局에서는 생산력확충, 재무국에서는 저축장려 등의 시국적 사항은 정보위원회 및 간사회의 조정과 관계부서의 협조에 의해서 계발선전을 실시하게 되었다. 또한 총무부 정보계발 선전에 관한 경비는 경상비로서 '홍보비'라 칭하고 인쇄비·영화비 및 정보위원회비 등을 포함해서 '국민정신총동원제비'의 명목하에 필요한 경비가 인정되었다.

각 도에도 도정보위원회 및 간사회를 설치하고 총독부의 중앙정보위원회 및 동간사회와 같은 방법으로 정보선전 활동을 전개했는데, 각 도의 정보위원회는 1937년 7월 27일에서 8월 20일에 이르기까지, 각 도의 정보위원회의 사무는 '지방과' 또는 '사회과'가 관장했는데 계발선전, 시국인식, 국민정신 총동원에 관한 사항은 대체로 '사회과'에서 주관하고 있었다.

3) 조선에서의 정보

(1) 정보의 수집

정보선전의 제일 중요한 일은 정보의 수집과 연락조정이다. 조선에서 정보의 수집과 전달에 관한 일은 경찰·체신 그 외의 이른바 정보망을 갖춘 정보기관에 의해서 수집되고 전달되었다. 그러나, 정보위원회, 간사회 및 이 사무의 주무국인 문서과에서는 정보망을 갖고 있지 않았기 때문에 직접 정보수집은 하지 않고 정보망이 있는 정보기관으로부터 보고받은 정보를 연락 조정하는 역할을 했다. 당시, 조선에서 정보의 종류 및 수집기관을 살펴보면 다음과 같다.

① 중·일 전쟁 정보

시국에 중요한 사항으로 정보계발 선전의 견지에서 중앙부에 보고할 가치가 있는 것은 총독관방 문서과에서 정리하여 중앙부에 타전했다.

② 경찰 정보

총독부 경무국에서 경찰기관을 통해서 수집한 정보이다. 또 일본 국내와 만주, 중국 등 조선 외에 경무국 파견원을 포함해서 얻은 정보인데, 이들의 경찰정보는 그 본래의 성질상 경찰목적의 정보이지만 계발 선전상 이용가능한 정보가 상당히 포함되어 있다.

③ 외사 정보

만주·중국·몽골에서 조선총독부 외사부 파견원의 보고중에 포함되어 있는 정보를 말한다. 또한 외사부에서 외국 신문잡지를 번역한 정보도 여기에 포함된다.

④ 체신 정보

체신국에서 전신·전화, 외국 무선전신·전화, 방송무선전화 등 이른바 통신기관을 통해서 수집한 정보이다. 정보선전 정책상의 그의 정보량은 상당수에 달하게 되었다.

⑤ 조선 주차군 사령부의 정보, 헌병대 정보, 해군 정보 등 각 군부대에서 수집된 정보도 종합하였다.

(2) 정보의 연락조정

위에서 언급한 바와 같이 정보 중에서 연락조정이 필요한 것은 주무국에서 각각 중앙부서와 관계기관에 연락하게 되었다. 또, 매주 정보 간사회의 기록은 내각정보부, 기획원企劃院, 그 외 관계 각청에 통보되었다. 조선 외로부터 접수되는 정보에는 내각정보부 정보 및 대만총독부의 수집정보 등이 있었는데, 이러한 수집된 정보 중에서 정보적 가치가 큰 것은 매주 간사회에 보고되어 논의되었다.

4) 조선에서의 보도

(1) 관청 보도

보도는 정보선전의 수단으로서 정보 중에 발표할 만한 가치가 있다고 생각되는 것을 발표하는 것이 당시의 '보도'였다.

조선에서의 관청보도의 사례는 우선 총독부 문서과에 있는 '보도계'의 보도를 들 수 있다. 이것은 1937년 10월 1일에 신설된 것인데, 그때까지는 총독부에 통일된 보도기관이 없었던 관계로 각 신문사의 잡다한 취재경쟁으로 사무적인 지장을 받았을 뿐만 아니라, 간혹 오보에 의해서 웃지못할 영향을 끼친적이 있었기 때문에 이들의 폐해를 제거하고, 중·일 전쟁하의 시국인식·총독부 시정의 인식을 증진시키기 위하여 설치되었던 것이다. 보도계는 총독부 내각국 각 과로부터 자료를 취재하고 그것을 신문·통신·라디오 등에 보도했다. 또 매주 1회 총독부 정례국장 회의 내용 중 발표할 필요가 있는 것은 발표하도록 하였다. 보도계가 발표하는 보도건수는 매월 200건 이하는 없고, 또 신문에 게재하는 양도 상당히 많았다고 한다.

(2) 보도 기관

보도에는 크게 두 개의 기관이 있다고 할 수 있다.

첫째는, 정보를 발표하는 기관으로 이것을 '보도기관'이라고 하고, 둘째는 정보의 발표를 제한하는 통제기관으로서 이것을 '검열기관'이라고 하는데, 아무튼 당시의 보도기관에 속하는 주된 기관은 '통신사', '신문사', '방송국'이었다고 할 수 있다.

① 통신사

통신사는 신문사를 위시해서 희망자에게 보도자료에 해당하는 정보를 수집, 공급하는 보도기관으로 보도 국책상國策上 매우 중요한 기관이었다. 통신사는 국내외 보도의 통일과 국위선양에 필요한 국책적 통신사(National News Agency)라고도 할 수 있었는데, 당시 일본의 국책통신사는 '도메이통신사同盟通信社'였고, 조선에는 동맹지국이 도메이보도망同盟報道網의 일환으로 활약하고 있었다. 한편, 조선의 지방통신으로는 '동아전보신東亞電報信', '제국통신帝國通信', '상업통신商業通信', '조선통신朝鮮通信' 등이 있었다.

② 신문사

신문사는 당시의 보도기관의 대종을 이루었는데, 가장 광범위하고 대중적인 보도기관이었다. 조선의 신문사는 『경성일보京城日報』, 『조선신문朝鮮新聞』, 『조선일일신문朝鮮日日新聞』 등 재경성在京城 신문과 『부산일보』, 『대구일보』, 『조선일보』, 『평양매일』, 『압강일보』 등 지방지를 합해서 일본어 신문 35개지, 『每

日新報』, 『朝鮮日報』, 『東亞日報』 등 한글 신문이 3개 있었다. 그 외에도 『오사카아사히신문大阪朝日新聞』, 『오사카마이니치신문大阪每日新聞』 등 일본 신문이 각각 조선판을 발행하고 있었다.

이 신문들은 전시하의 보도기관으로서 논조를 통일하여 총독부의 통치방침에 협력하고 신문보국新聞報國에 매진하게 되었다. 즉 각 신문들은 모두가 당국의 시국인식 내지는 계발선전에 협력하고, 내선일체內鮮一體·국민정신 총동원 등 후방지원 운동에 크게 공헌했고, 일본의 신문은 물론, 한글신문의 논조 및 보도태도도 일본의 애국열(애국심) 지도앙양에 상당히 기여하게 되었다고 할 수 있다.

③ 방송국

라디오는 신문과 함께 2대 보도기관의 하나로 방송국은 신문사와는 달리 공익사단 법인인 방송협회에 의해서 경영되고 있었으므로 공공적인 성격이 매우 강했다고 할 수 있다.

조선에서의 방송국은 사단법인 조선방송협회에서 경영했으며 당시에는 경성·부산·평양·청진·함흥과 이리로 여섯 개의 방송국이 있었다. 그때의 청취자 수는 약 13만 여 명이었으나 방송국은 보도기관으로서뿐만 아니라 계발선전 기관으로서도 매우 중요한 역할을 하게 되었다. 조선에서의 방송국의 역할은 다음과 같이 세 가지로 나눌 수 있다.

가) 조선민중의 교화기관으로서의 기능(황국신민의 교화 기능)
나) 외지에 대한 신속한 뉴스보도 기관으로서의 기능(뉴스보도 기능)
다) 지리적 관계상 중국이나 소련의 역선전 방송에 대항하는 사상전쟁 수행기관으로서의 기능(전쟁시의 미디어 기능)

조선방송국은 이들의 사명을 완수하기 위하여 총독부의 정보선전 당국과 밀접한 관계를 유지하면서 전시하의 조선의 방송국으로서 사명을 다하게 되었다.

(3) 검열기관

검열기관은 보도의 적부를 사열査閱하고 보도태도에 일정한 제한을 가해서 복종시키는 국가전력 기관이었다. 보도는 공표성(공시성)이 있기 때문에 반드시 검열상의 책임을 수반한다. 만약 보도에 검열이 없다면, 보도 그 자체가 지나치거나 이탈한다든지, 혹은 국가사회의 안녕질서를 해치지 않는다고는 말할 수 없을 것이다. 국가가 필요 적절한 보도는 보호조장하지만, 국가안녕 질서를 해치는 부적절한 보도에 대해서는 제한을 가하는 것이 일제의 검열이었다. 물론 오늘날 언론의 자유의 개념과는 상충하는 것이지만, 당시의 일본제국은 식민지 지배의 체제유지와 전시 상황 하에서 대응하는 검열기관이었다.

또한, 당시에는 은밀하게 유포하는 유언비어가 난무하여 철저한 언론검열을 실시하였다. 검열기관으로는 '경찰검열기관'과 '통신검열기관'이 있었는데, 조선에서 경찰검열기관은 '경무국 도서과'이고, 통신 검열기관은 '체신국 감리과'였다. 전자는 <신문지 규칙>(일본어 신문에 대한 단속), <신문지법>(광무 11년, 법률 제1호, 조선어 신문에 대한 단속), <출판법, 활동사진 필름검열 규칙> 등에 의해서 실시하였다. 후자는 전신법, 무선전신법 등에 기초를 둔 통신단속을 실시했다.

보도검열에 관해서는 일본 내 검열당국과 보조를 맞추지만 조선의 통치를 고려하여 별개의 측면에서 제한단속을 가하는 경우가 있어서 반드시 일치하지는 않는다. 그러나 조선에서의 보도검열은 본국보다 훨씬 혹독했고, 그 기준이 애매모호하여 이현령비현령으로 많이 악용되었던 기준이었다고 할 수 있다. 또한 이들 외에도 검열당국에 의해서 행정적 조치가 내려져 간담(懇談)·주의(注意)·경고(警告) 등으로 언론에 대하여 이중으로 통제를 가하게 되었다.

(4) 보도상의 연락

보도에 관한 '검열' 및 '선전' 양 당국과 보도기관과의 연락은 다음과 같다.

우선, 신문·통신사와의 연락은 조선 내 일간지의 특파원 모임인 '춘추회'와의 연락과, 조선 내의 통신·신문·잡지·편집 책임자와의 협의회, 총독부 출입기자단과의 간담회 등의 방법으로 긴밀한 연락을 유지하였다. 또 방송국과의 연락은 정보간사회 당사자와 '방송심의회' 및 '방송프로그램 편성회'와의 연락 등의 방법이었다.

여기에서 말하는 당시의 '방송심의회'는 1934년 7월 31일에 설립되었는데 청취자의 증가와 함께 프로그램 내용의 충실과 편성에 가일층 신중을 기하기 위하여 조직되었으나, 실제로는 내용의 전반적인 심의와 함께 외부권력의 간섭을 받을 수 있는 구실을 제공해 주었다고 할 수 있다. 또한 '방송프로그램 편성회'는 방송심의회와 같이 만들어져 프로그램 내용에 대하여 평가를 내리고 심의하는 것이 아니라, 그 이전의 단계로서 좋은 프로그램을 만들기 위한 방향 설정의 틀에 관해서도 논의하는 기관이었다. 특히, 중·일 전쟁 이후는 이 편성회에 정보위원회 간부나 군 당국의 보도관계자를 위원에 포함시켜 사실상 방송프로그램은 군과 정보위원회의 의도대로 편성되었다고 할 수 있다. 아무튼 이상과 같은 양자 간에 원만한 연락방법으로 신문·라디오의 2대 보도기관은 시국에 순응하는 선전 기관으로 전락하게 되었다.

필자가 입수한 극비자료 중 일본통치하에 있어서 조선의 언론통제 연구에 중요한 시사를 주는 것이 있어 여기서 분석하고자 한다. 종래 조선정보위원회가 행한 정보의 계발 혹은 프로퍼갠더적인 활동에 대해서 구체적으로 분석한 예는 없으며, 게다가 일본통치하에 있어서 어떤 시기(예를 들어 연간 선전을 행한 홍보자료부수)조차도 알 수 없고, 그 중에서도 총독부발행 선전정책물의 수량적 분석은 비밀로 되어 있었다. 그러나 이번에 입수한 자료는 1937년 조선중앙정보위원회가 설립되고부터 이해 11월 이후까지의 약 반 년 동안의 선전활동을 거의 모으고 있어 그 자료로서의 중요성은 상당히 높다고 할 수 있다. 또 정보위원회의 자료이기 때문에 더욱 신뢰성도 높다고 생각된다.

이하, 당시 정보위원회가 발간하고 중요 관공서에 배포한 선전물의 내용을 분석하기로 한다.[66)]

5) 인쇄물

(1) 『통보(通報)』

조중회는 국민정신(황국신민정신)의 앙양과 시국에 대한 인식을 높이며, 국민의 총 결속을 다지기 위해서는 정치와 행정을 통해서 완전한 관민일치가 선결문제라고 인식하고, 이의 상호이해와 협조를 이루기 위하여 조선총독부 관보의 부록으로서 매월 1일과 15일에 통보를 발행한다. 1호에서 9호까지의 주된 내용과 발행부수는 다음 <표-18>과 같다.

〈표-18〉 ··· **통보(通報)**

발간호	「통보」지의 내용	발행부수
제1호	북중국사변 총후미담(1)	20,000부
제2호	시국해설	20,000부
제3호	관민일치의 총후활동	25,000부
제4호	국가총동원의 구조에 관해서 정보선전에 관해서 군기기밀의 보호와 외부의 첩보방지에 관해서 조선북중국 특별세령에 관해서 폭리단속에 관한 조선총독부령에 관해서	25,000부
제5호	조선반도 외에서의 조선인 후방활동	30,000부
제6호	농산어민의 보국선서식에 관한 미나미 총독의 훈시요지 시국관계 전 농산어촌 진흥관계관 회동에 오노 로쿠이치로 정무총감 훈시요지	15,000부
제7호	시국과 정보선전에 관해서	20,000부
제8호	국민정신진작주간에 관해서 총독성명 국민정신총동원강조주간에 즈음해 본국의 제군에게 고한다. 국민정신진작주간의 본지本旨	20,000부
제9호	중국사변 총후미담(2)	20,000부

• 총후銃後 · 필자주: 전쟁의 후방, 직접전투에는 참가하지 않는 일반시민(주로 조선민
족을 의미)

(2) 해외논평

좋은 각국 논평을 수집해서 지도자 계급의 시국인식에 대한 참고자료를
제공함과 동시에 사상의 안전을 도모하도록 한다.

제1호 1,000부   제2호 1,000부

제3호 1,800부   제4호 1,500부

제5호 1,500부   제6호 1,500부

(3) 소련과 중국의 불가침조약에 관해서 5,000부(조선군사연맹)

(4) 농산어촌민의 후방에서 할 일   일문   47,000부(농촌진흥과)

한국어   39,000부

(5) 만주국사변과 조선   20,000부(사회교육과)

(6) 만주사변시사해설   10,000부(사회교육과)

　　만주사변에 대한 국민의 각오

(7) 최근의 중국을 보고

　　만주사변과 조선인   10,000부(사회교육과)

(8) 조선청년시국특집   20,000부(사회교육과)

(9) (한글)만주사변과 조선인의 각오   500,000부(문서과)

　　본 인쇄물은 전 조선에 9호당 1권으로 배부하여 윤독을 시키고, 대만,

　　홋카이도, 사할린, 만주, 중국 등에 배부하여 조선인 필독서로 준비를

　　할 것.

(10) 중국사변에서 나타난 조선동포의 적성赤誠: 10,000부(조선 교화단체 연합회)

(11) 성전   10,000부(조선 교화단체 연합회)

(12) 황국신민의 서사誓詞(1)   1,100,000부(학무국)

　　황국신민의 서사   (2)   100,000부

(13) 주보 제40호 사변특집호 5,000부 구입배부, 주보 제43호 사변 제2특집

　　호 2,000부 기증을 받아, 따로 도에 대해 직접 21,000부의 기증을 받

　　아 각각 배부한다.

　　주보 제56호(조선동포의 적성등재의 분) 15,000부 구입, 내선 각 방면에

　　배부

(14) 내선정보부감수

　　중국군의 바른 인식   2,000부

　　중국에 있어서 코민테른의 활동   2,000부

　　중국에 있어서 재정적 경제적통일 상황에 대해   2,000부

　　중국에 있어서 국민주의운동과 항일운동의 전모   2,000부

　　금차사변今次事變의 의의   2,000부

　　열강은 어떻게 군비를 계속 준비하는가   2,000부

　　내각정보부발행 시국자료를 제1회분으로 하여 이상의 통 각 2,000부

　　구입·배부하지만, 이후도 발행될 때마다 구입·배부할 예정

　이상 인쇄물에 관해 분석해 보았는데, 『통보』는 조선총독부의 관보부록으
로 매월 2회 발간되어 국민정신의 앙양과 시국에 대한 인식을 강하게 하여 국

민의 총 결속을 호소했다. 『통보』 제1호부터 제9호까지의 내용을 보면, 만주사변의 중점적인 선전과 시국인식에 대해 이해를 구하고 있다. 요컨대 국가총동원에 대한 국민정신교육이었다. 이 『통보』의 발행부수는 2만부 정도로 꽤 많은 부수였다. 또 『해외평론海外評論』도 발간해 지도자계급에 대해 시국인식과 사상의 안정지도에 노력했다.

(3)에서 (8)까지의 인쇄물은 대개 농산어촌민의 진흥에 관한 사상교육으로 이것은 사회교육과가 담당했다. 특히 (4)는 농산어촌민에 관한 것으로 한글판까지 발간해서 선전에 임하고 있었다.

또 여기에서는 2가지 점에서 주목할 만하다.

하나는 상기의 항목 (9)에 관한 것으로 「만주사변과 조선인의 각오」라는 것을 한글로 인쇄하고 50만 부를 제작해 조선인이 필독하도록 준비한 것이다. 이것은 당시 조선인 5명당 1권의 분량으로, 필독하도록 의무를 부여해 그 결과도 꽤 높았던 것으로 보인다.

또 하나는 (12)의 항목으로 110만 부를 발간해 전 조선민족의 2명당 1권을 준비한 셈이며, 내선일체와 함께 황국신민의 서사를 강요하는 것으로 인해, 이른바 후방의 정신교육에 한층 힘을 쏟고 있었던 것을 알 수 있다. 이 주무부서는 학무국으로 아마도 서사의 명기와 함께 신사참배, 정오묵도 등에 의해 당시 조선의 학교교육에 있어서 황민화교육을 행하고 있었던 것을 알 수 있다. 따라서 백십만 부 중에는 초·중등학교 교재용이 상당히 포함되어 있었을 것이다.[67]

제3절 법률을 통해서 본 조선의 언론통제

1. 조선에 있어서 사상통제와 법규

일본이 조선 통치에 있어서 가장 두려워한 것은 「독립운동」과 「공산주의 사상」의 전파였다. 1919년 「3·1독립운동」 이후 이 두 가지 모두가 활발하게 전개되어 일본의 조선통치에 있어서 큰 충격을 던져 주었기 때문이다. 이것은 제1차 세계대전이후 윌슨 대통령의 민족자결주의 선언 이후 급속히 보급되어 일본의 조선통치에서 큰 장벽이 되었다.

조선에 있어서 사상운동의 추이를 더듬어보면 1919년부터 시작된 민족자결주의사상이 1923년까지 주창되고 이어서 공산주의 사상이 도입되게 된다.[68] 1922년에는 레닌으로부터 40만 루블의 돈이 조선으로 보내져 조선공산당 결성에 이 자금이 사용되어 사회적으로 큰 문제가 되기도 했다.

조선에서의 공산주의사상은 이러한 배경하에서 힘을 모으기 시작한다. 상해에서는 1920년 일찍부터 러시아인의 협력을 얻어 고려공산당이 결성되면서 조선에도 손을 뻗히게 되었다. 즉, 민족주의 운동사상이 쉽게 공산주의사상과 결부되었던 것이다. 이미 1922(대정11)년 당시 공산주의자는 종래의 민족주의자 등이 결성한 전 조선청년운동에 파고들어, 그 간부를 배척하고 민족주의자에게 대항하여 새로운 공산주의 전국조선인청년조직을 결성하였다. 이즈음 일본사상계에도 공산주의는 세력을 떨치기 시작했다.[69]

일본에서 일본공산당이 결성된 것은 1922년으로 세계대전 후의 자본주의의 모순타개를 위해 공산주의에 의한 투쟁을 부르짖고 있었다. 한편 제1차 세계대전 후 일본에서는 경제공항의 물결로 상품가의 대폭락과 함께 내외판로가 현저히 축소되어 경제 불황에 휘말리고 있었다. 이런 정세하에서 일본의 노동조합은 타격을 받아 실업자가 30만 명이나 나왔다.

그래서 노동조합은 점차 방위전防衛戰을 생각해 1919년 8월 오스기 사카에大杉榮는 이토 노에伊藤野枝, 와다 큐타로和田久太郞, 곤도 겐지近藤憲二, 히사이타 우노스케久板卯之助, 무라키 겐지로村木源次郞, 나카무라 간이치中村環一 등과 함께 「노동운동사勞働運動社」를 결성, 10월에는 월간지 『노동운동』을 발간하기에 이른다.[70]

또 이즈음 사회주의자들도 노동운동 관계자와의 접촉이 빈번해져 각 파 사회주의단체와 노동단체의 관계자를 어떤 형태로든 하나로 모으려는 계획이 세워졌다. 그 움직임은 1921년 6월 노동연합연구회의 하시우라 도키오橋浦時雄 등과 평민대학의 야마자키 게사야山崎今朝彌 등과의 사이에 계획이 진행되어 12월 10일 사회주의동맹이 결성되었지만 후에 해산하게 된다.[71]

그런데 1921(大正10)년 4월경 조선인 이증림李增林이 상해의 코민테른 극동 뷰-로의 밀사로 일본으로 가 오스기 사카에大杉榮 등과 연락을 취하고, 새로운 공산주의자의 조직을 급히 만들어 일본의 운동도 국제적 연락을 가져야 한다고 그 필요성을 강조했다. 그 후 곤도 에이조近藤榮藏가 일본대표로 상해에 파견되어 결국 코민테른 일본중국준비회 결성에 이른다.

1922년 1월 21일 모스크바의 코민테른 본부에서 극동근로자대회가 개최되었다. 그것은 일본의 노동자계급과 사회주의자가 처음 코민테른과 접촉한 회의로 이것이 계기가 되어 일본에서도 공산당 결성기운이 생겨나, 마침내 1922년 7월 15일 시부야 다테마치渋谷伊達町의 다카세 키요시高瀬清의 셋방에서 일본공산당 창립회의가 열리게 되었다.[72]

한편 도쿄에 있던 공산주의자 청년들은 경성으로 와서 새롭게 운동을 시작해 그때까지는 러시아에서 공급된 선전비를 손에 넣으려고 경성 청년공산주의자와 함께 끊임없는 투쟁해 왔지만, 이제는 점차 의견이 통일되어 마침내 1924(大正13)년에는 224청년단체가 가맹하는 조선청년총동맹이 결성되었다. 이듬해는 조선공산당이 비밀리에 만들어져 러시아의 코민테른도 이것을 정식으로 승인하게 된다.

조선공산당은 그 후 일본 관헌의 탄압에 의해 검거자가 다수 발생하고 일시 쇠퇴하기 시작했지만, 일본의 무산정당진출에 자극받아 부분적인 경제투쟁보다도 전 민족적 정치운동으로 방향을 전환해 1927(昭和2)년 2월 공산주의, 민족주의를 합동한 신간회新幹會를 조직하게 되었다.[73]

한편 일본국내는 급진적 사회주의운동과 공산당의 결성에 의해 커다란 치안유지문제에 직면하게 되었다. 특히 1922년에는 사회주의운동의 결성부터 해산을 거쳐, 또 공산주의자에 의해 혁명적 정치활동이 결행된 후 관동대진재를 사이에 두고 사회적 위기의식이 고조되어 새로운 치안유지법 등을 만들기 시작했다.

그 결과 종래의 치안경찰법(1900년 제정), 출판법(1893년), 신문지법(1909년) 등의 치안법제만으로는 사회 안정을 유지할 수 없게 되어, 이제는 의식화에 파고들어 행동을 촉구하는 사상 그 자체를 통제, 탄압하는 단계에까지 이르게 되었다.[74] 그래서 1925(大正14)년에는 새로운 「치안유지법」이 일본국 법률 제46호로 제정되게 된다.

이 치안유지법은 전문7조로 제1조는 「국체 또는 정체政體를 변혁하고 또는 사유재산제도를 부인하는 것을 목적으로 하여 결사를 조직하고, 또는 사정을 알고 이것에 가입하는 자는 10년 이하의 징역 또는 금고에 처한다.」로 시작해, 더욱이 이 목적에 관한 「협의」(제2조), 「선동」(제3조), 「금품공여」(제5조)를 각

각 처벌하도록 했다.[75]

이 법은 일본국 칙령에 의해 1925년 5월 12일 일본과 동시에 조선에서도 실행되어 민족주의사상의 단속과 함께 과격한 사상을 규제하게 되었다.[76] 이 법률은 조선에 있어서 최초의 사상 통제법이 되어, 이 사상단속법의 실효를 올리기 위한 후속적 법률로써 1926년 7월 1일 「치안경찰법」과 1936년 12월 12일에는 「조선사상범보호관찰령」이 각각 제정·시행되었다.

여기서 하나 지적해 두고 싶은 것은 단어 사용방법의 문제이다. 서울민사지방법원 박용상 판사는 『신문연구』[77]에서 「사상보호관찰법」이라는 법률용어를 사용하고 있다. 『현행 조선법규 유찬 제8권』(제국지방행정학회 조선본부편·법39)에 의하면, 일본은 「사상범 보호관찰법」 법률 제29호(1936년 5월 29일)로서 전문 14조 항목을 정하고 있다. 그런데 조선은 법률이 아니라 총독부령으로서 실시되고 있었다. 즉 「조선사상범 보호관찰령」(1936년 12월 12일 제령 제16호)으로 실시된 것이다. 이 제령을 보면 박용상의 논문과는 달리 「조선」이라는 지역이 명시되어 있으며, 국회가 심의한 법률이 아니라 조선에 한정해 총독부가 집행한 제령制令이다. 이것은 단순한 표현상의 문제라 보기 쉽지만, 실제법의 집행상에 상하위 개념의 문제나, 법해석상에 있어서 큰 문제가 생길 가능성이 있는 것이다. 특히 당시 조선인 정보원을 통제하는 문제로 생각하면 상당히 중요한 표현이 되는 것은 틀림없다. 또 내용에 있어서도 일본의 관찰법과 같은 것이 아니라 다음과 같이 개정되어 있는 것을 분명히 알 수 있다.

「조선사상범 보호관찰령」
사상범의 보호관찰에 관해서는 사상범보호관찰법 제11조 제2항, 제12조 및 제14조의 규정을 제외하는 것 외에 이 법에 의함. 다만 법률 중 보호관찰소라는 것은 조선총독부 보호관찰소, 보호관찰 심사회라는 것은 조선총독부 보호관찰 심사회, 보호사保護司라는 것은 조선총독부 보호관찰소 보호사, 비송사건절차법非訟事件手續法이라는 것은 조선민사령에 의하는 것을 정한 비송사건절차법으로 한다. 보호관찰의 실행에 관해 필요한 사항은 조선총독이 이것을 정한다.」

또 이것을 실제로 실행하기 위해 이해 12월 18일 「조선사상범보호관찰령 시행규제規制」를 조선총독부령 제128호로 발포하여 26개조의 시행규칙을 제정했다.

1941년이 되자 이 규칙이 사상예방구금규칙思想豫防拘禁規則이라는 형태로 개정되어 조선인에 대해 사상통제는 점점 엄격해졌다고 할 수 있다. 또 치안경찰법은 노동운동, 사회운동의 철저한 단속을 목적으로 했을 뿐 아니라, 집회 및 결사에 대한 단속법규로 언론통제에도 근간을 이룬 법률이다.

다음으로 나타난 것이 「조선불온문서단속령朝鮮不穩文書臨時取締令」[78]이다. 본국의 불온문서 임시단속령은 1936년 6월 15일 법률 제15호로 발포되었다. 이 법률은 일본의 군국주의 파시즘화가 2·26사건에 의해 한층 가속화되는 상황 하에서 정해졌다.

이 불온문서 임시단속법의 일본정부 원안에는 「불온문서단속법」안이라고 되어 있지만, 중의원 심의과정에서 수정 및 삭제되어 「불온문서임시단속법」으로 정해졌다. 이것은 출판물납부법안에 구체화되어 있었던 납본제도納本制度의 확충강화정책의 하나이다. 결국 납본제도의 중형에 의한 위협효과와 함께 비합법 혹은 비밀출판의 형식을 취하는 모든 반체제문서를 통제하기 위한 것이었다.[79]

이 법률은 1936년 8월 8일 제령 제13호 「조선불온문서임시단속령」으로 조선에도 실시되었다. 그 내용은 다음과 같다.[80]

> 「불온문서의 단속에 관해서는 불온문서임시단속법에 의함. 단 동법 중 출판법 또는 신문지법에 의한 납본을 하지 않은 것으로 된 것은 출판규칙, 신문지규칙 또는 광무光武11년 법률 제1호의 신문지법에 의한 납본을 하지 않은 것. 혹은 융희隆熙3년 법률 제6호 출판법에 의한 허가를 받지 않은 것으로 함. 융희3년 법률 제6호 출판법 또는 광무11년 법률 제1호 신문지법에 정조正條있는 행위로서 그 벌이 전항의 규정에 의한 것을 정한 불온문서임시단속법의 벌보다 중한 것에는 전항의 규정에 관계없이 이 법을 적용함.」

이처럼 조선에서는 일본의 법보다 넓게 적용되며 벌칙도 강화되어 있었다. 또 조선에서의 주요 목적으로는 당시 민족주의운동과 치안유지법에 의해 불법화된 과격사상이 지하화 했기 때문에, 이 법에 의해 지하신문 내지는 익명의 출판물을 단속하고자 하는 데 있었다. 특히 조선은 일본의 사정과는 달리 1936년경은 중일전쟁의 전년도였기 때문에 전쟁분위기가 고조되어 병참기지로서의 조선민중에 대한 정신무장 혹은 사상통제는 불가피했다고 할 수 있다. 이런 사정 속에서 사상교육과 언론 통제를 동시에 노리고 있었던 것이다.

이상과 같이 점차 조선에 있어서 사상교육과 언론통제에 대한 법령이 개정되고 강화되어 조선총독부도 언론에 대한 통제를 점점 더 조직화하고 있었던 것이다.

2. 조선의 언론통제와 법규

근대적인 의미의 법률적인 법규가 없었던 조선에서의 언론통제는 사실상 일본제국에 의해서 행해졌다고 할 수 있다. 예를 들면 1904년 러일전쟁에 의해 조선반도에서는 처음으로 신문검열제도가 일본군에 의해 행해진 것은 제4장에서 이미 논한 대로이다. 후에 1907(광무11)년 7월 27일 반포한 일명 「광무신문지법」이라고도 불리는 「신문지법」도 일본의 「신문지조례」를 모방한 것으로 일본정부의 압력에 의해 정해진 법률이다. 당시는 이미 통감부가 개설되어 동법은 형식상은 대한제국의 법률로써 공포되었지만, 이미 입법권은 일본통감에 예속된 후이다.

신문지법은 한일합병반대와 민족의 자주독립을 부르짖는 조선의 언론 및 결사운동을 탄압하기 위해 제정된 것이다. 특히 통감부의 영향에 의해 만들어진 것으로 이 때문에 일본통치 전 기간을 통해 강력한 힘을 발휘하게 되었다.

동법은 한국인에게 있어서 아직까지도 악법으로 알려져 있으며 1952년 3월 19일 대한민국 법률 제237호로 폐지되기까지 유효했다. 또 조항에 대해서는 제4장에서 논했으므로 여기서는 이 법률의 특징과 규제에 대해 논하고자 한다.

먼저 신문지법은 신문에 대한 행정적 규제 및 형사적 재판을 포함한 법률로 일반에 관한 법적규율을 정한 한국역사상 최초의 법률이다. 그러나 전술한 대로 이 법은 일본의 침략적 의도에 의해 만들어진 법률이므로 본래의 목적인 신문의 보호 혹은 언론의 자유는 전혀 고려되지 않고, 국가언론에 대한 규제 및 단속의 필요성만이 강조된 법이다.[81]

그 내용을 검토해 보면 다음과 같은 3가지의 특징을 볼 수 있다.

첫째, 신문법제에 있어서는 신문에 관한 법적문제를 총괄해서 특별법으로 규정한 대륙계의 입법주의형식을 취하고 있다.

둘째, 신문사업의 허가제 및 보증금제도 또 신문의 발행금지와 정지, 발매 반포금지 등 사전억제주의를 그 내용으로 하고 있다.

셋째, 조선인경영신문과 일본인경영신문과의 사이를 차별하는 차별법령적인 성격을 가지고 있었다.

예를 들면 1907년 동법의 공포당시 법률은 외국인이 한국에서 발간하는 신문과 한국인이 외국에서 발간하는 신문에 대해서는 규제조항이 없었다. 이것을 해결하기 위해 1908년 4월 20일 대한제국법률 제8호로 개정, 41개조로 정하고 있다. 이 개정 법률의 제34조에는 다음과 같이 명시되어 있다.[82]

「외국에서 발행하는 국문 혹은 국한문 또는 한문의 신문지 또는 외국인이 본국에서 발행하는 국문 혹은 국한문 또는 한문의 신문지로 치안을 방해하고 또 풍속을 괴란한다고 인정될 때는 「내부대신」은 해당 신문지를 「내국」에서 발매 반포하는 것을 금지하고 해당신문지를 압수할 수 있다.」

이같이 개정하여 조선에서 발행하는 외국인경영의 신문과 외국에서 발행해서 조선에 수입하는 신문에 대해서도 단속이 가능하게 되었다.

더욱이 1908년 4월 30일 통감부령 제12호에서 「신문지규칙」(부록 참조)을 정해 조선에 있어서 언론통제는 완벽에 가까울 정도로 갖추어졌다고 할 수 있다. 이 규칙 제1조에도 일본인경영의 신문과 조선인경영의 신문에 대해 차별하기 쉬운 규칙이 포함되어 있다. 즉 신문지법에는 정해져 있지 않지만, 동 규칙에는 신문을 발행하려는 자는 신문의 제호 혹은 발행소 및 인쇄소, 또는 발행인, 편집인 및 인쇄인을 변경하고자 할 때는 「이사청理事聽」에 신고할 것, 발행인과 편집인 및 인쇄인의 주소이름이 변경되었을 때는 5일 이내로 발행지의 관할 「이사청」으로 신고해야 하는 것 등이 정해져 있다.[83] 이것은 1909(明治 42)년 8월 30일 개정으로 이사청의 허가를 받게 되었다.

이것과 더불어 신문지법(부록 참조)은 발행인·편집인·인쇄인의 취임 및 해임 시에는 통감부의 허가를 받도록 규정해(신문지법 제2조 5항·제6조), 당국으로써는 정치적 사상을 보고 선별하는 것이 가능해졌다. 이것은 어떤 의미에서 조선인에 대한 신문사업의 종사자를 제한하는 취업제한이기도 했다.

또 신문지법은 사전사후에 걸쳐 이중의 통제정책을 취하고 있었다. 사전억제조치로써는 사전검열제도를 도입하여 매회 발행에 앞서 납본지 2부를 내무성 및 관할관청에 납부(동법 10조)하도록 하고, 황실의 존엄과 국헌문란 등의 게재금지조항(제11조, 제15조)을 두는 등 특수한 사항에 대해서 게재금지를 규정(제12조 2항)하고 있었다.[84] 사후조치로서는 발매된 신문지가 「안녕질서를 방해」또는 「풍속을 괴란」한다고 인정되면 내무대신이 행정처분으로 발매, 반포를 금지하고, 이것을 압수, 게다가 발행정지 내지는 발행 금지할 수가 있었다(동법 제21조).

그런데 신문지법은 행정처분만이 아니라 사법처분까지 규정하고 있다. 즉 신문지법에는 실제적인 형벌규정이 다수 포함되어 있어 전술한 게재금지사항의 위반에 관한 벌칙조항 외에 「사회질서 또는 풍속을 괴란하는 사항」에 관한 처벌은 별도로 규정하고 있으며(동법 제26조), 신문 수뢰죄收賄罪도 규정되어 있다(동법 제16조). 특히 황실의 존엄모독, 국제교의를 저해하는 사항을 게재한 경우, 발행인, 편집인, 인쇄인을 3년 이하의 징역에 처하고 그 범죄에 이용된 기구(인쇄시설 등)를 몰수하는 처벌규정을 두었다.[85]

이처럼 신문지법은 조선총독의 영향에 의해 식민지통치의 정지작업의 일환으로 만들어진 법률이며, 이 법률을 기본으로 해 각종 관련규칙을 정해 조선통치전반기를 통해 언론을 통제할 수 있었다. 특히 1905년 조선통감부가 설치되고 1910년 합병에 이르기까지의 언론통제는 완벽에 가까울 정도로 통감부의 의도대로 행해졌다고 할 수 있다.

1910년 한일합병에 의해 조선은 일본천황의 직할로 예속直隷되어 조선총독의 통치를 받게 되었다. 조선총독은 입법·사법·행정의 3권과 군통솔권을 갖게 되어 강력한 지배자로써 군림했다. 따라서 1910년 8월 26일 천황의 긴급칙령 제324호로 조선에서 필요로 하는 일본국법은 그 전부 또는 일부를 칙령으로 적용할 수 있는 동시에, 법률로 정할 필요가 있는 입법사항에 대해서는 조선총독의 명령制令으로 정할 수 있게 되었다.

조선총독부는 이 칙령에 근거해 제령 제1호 「조선에 있어서 법령의 효력에 관한 건」86)은 합병에 의해 그 효력을 상실하는 제국법령 및 조선의 모든 법령은 당분간 조선총독이 발포한 명령으로 그 효력이 발생한다고 선언했다. 그 결과 대한제국법률에 의한 신문지법·보안법·출판법등은 조선인에게, 통감 부령으로 제정되는 신문지규칙, 보안규칙·출판규칙 등은 일본인에게 적용되는 법령으로 존속하게 되었다.87)

1920년대가 되자 3·1운동과 국제공산주의운동에 의해 조선사상계는 큰 영향을 받게 되어, 전술한 대로 치안유지법과 조선사상범보호관찰령, 불온문서임 시단속법이 적용되게 되었다.

또 1929년 총독부 경무국이 발행한 「조선에 있어서 출판물 개요」에 의하면 행정처분의 대상은 다음과 같이 19개 항목으로 기록하고 있다.88)

① 황실의 존엄을 모독하는 기사

천황, 황족, 신궁, 황릉, 왕족, 공족公族에 대한 불경한 기사는 물론 기타 황실의 존엄을 모독하는 기사는 전부 포함한다.

② 국헌을 문란 하는 기사

ⓐ 국체의 변혁과 헌법상 조직의 골자를 변혁하고자 하는 기사

ⓑ 외국에서 혁명운동을 선동하거나 또 찬양하고 게다가 제국의 국헌 문란을 풍자하는 기사

③ 국제교의를 저해하는 기사

④ 공개되지 않는 관청문서 또는 공개되지 않는 회의기록에 관한 기사

⑤ 공개 전 예심에 관한 사항 및 방청을 금지하는 재판에 관한 기사

⑥ 형사피고인 범죄지인 또는 사형자를 구호 상휼賞恤하고, 또 범죄를 선 동하거나 곡비曲庇하는 기사

⑦ 제국을 모욕하거나 또 저주하는 기사

⑧ 국가에 대한 의무를 부정하는 기사

⑨ 조선통치를 부인하는 기사

ⓐ 본국을 외국취급하고 또 조선을 독립국가와 같이 취급하는 기사는 물론 독립기원 또는 단군기원 등을 사용하는 기사

ⓑ 조선민족의 독립사상 또는 독립운동을 선전고취하거나 선동 또 찬 양하는 기사

    ⓒ 배일사상 또는 배일운동을 선전고취하거나 또 선동하는 기사

    ⓓ 타민족의 독립사상 및 운동을 선전고취하거나, 선동 또 찬양으로 암암리에 조선의 독립사상 또 운동에 이용하려는 기사

    ⓔ 타민족의 배일사상 또 운동을 선전고취하거나, 선동 또 찬양하여 암암리에 조선에서 배일로 이용하려는 기사

    ⓕ 해외에서 조선독립운동에 관한 허위 또 과대한 보도, 또 해당 운동을 선동하거나 혹은 찬양하는 기사

⑩ 조선통치를 방해하는 기사

    ⓐ 조선통치의 모든 정책에 관해 아주 악선전하는 기사

    ⓑ 조선민족의 경우를 극도로 비관하고 인심의 불안을 유도하는 수상한 기사

    ⓒ 내선 양 민족을 극도로 모욕하고 비방하며 내선융화를 저해할 우려가 있는 기사

    ⓓ 총독정치의 수뇌자 또는 관리전체를 극도로 매도하는 기사

⑪ 사유재산제도를 부인하는 기사

    ⓐ 사회주의 또는 공산주의사상을 선전고취하거나 또 찬양하는 기사

    ⓑ 사회주의 또는 공산주의에 의한 혁명운동을 고취하거나 또 찬양하는 기사

    ⓢ 타민족의 사회주의 또는 공산주의에 의해 혁명운동을 선동하거나 찬양하고 암암리에 이용하려하는 기사

⑫ 계급투쟁 기타 쟁의를 선동하는 기사

    ⓐ 소작쟁의, 노동운동, 형평운동, 동맹파업, 동맹휴업을 조성하거나 선동하고 또 찬양하는 기사

    ⓑ 계급투쟁을 조성하거나 선동하고 또 찬양하는 기사

⑬ 시사에 관한 터무니없는 소문을 유포하고 인심을 어지럽혀 동요시키는 기사

⑭ 경제의 혼란을 야기하고 인심의 불안을 초래할 우려가 있는 기사

⑮ 타인을 훼비毁誹할 목적으로 허위의 사항을 기재하는 기사

⑯ 외설, 난륜亂倫, 잔인, 기타 풍속을 해하는 기사

⑰ 군사, 외교 및 비밀을 요하는 사항에 관해 게재를 금지하는 기사

⑱ 복자伏字, ○자, ×자를 사용하더라도 본 표준의 각항에 해당한다고 인
정되는 기사

⑲ 그림이나 글圖書이 전기 각 항의 어디에든지 해당되는 것89)

이처럼 조선총독부 경무국은 그 행정처분의 대상으로 19개 항목을 정하고
있으며, 추상적인 개념을 논한 광무신문지법보다 이 예규는 상당히 구체적으로
되어 있다. 예를 들면 「황실의 존엄을 모독하는 기사」에 대해서는 천황, 황족,
왕족, 공족이라는 식으로 대상을 명시하고 있다.

⑨, ⑩, ⑪, ⑫항목도 주목할 만하다.

먼저 제⑨항목은 「조선통치를 부인하는 기사」이지만, 내용은 조선 내외를
불문하고(미국, 만주 등) 모든 조선민족에 대해 독립운동을 선동 혹은 찬양하는
기사에 대해서는 행정처분의 대상으로 했다. 구체적으로는 독립사상, 독립운
동, 배일사상 등을 언급한 기사가 그 대상이 된 것이다.

제⑩항목에서는 조선통치정책의 악선전, 인심의 불안유도, 내선융화의 저
해, 총독관리의 비판 등의 기사를 지적하고 있다. ⑪항목에서는 사회주의 내지
는 공산주의 사상을 경계하고 있으며, ⑫의 항목은 각종 쟁의, 파업, 동맹휴교
등을 선동, 찬양하는 기사에 대해서는 행정처분의 대상으로 삼고 있다.

특히 ⑫의 각 종 쟁의에 대해 주목할 만한 점이 있다. 1919년 3·1운동 이
후는 노동쟁의가 급격하게 증가했다. 그 동안 조선에서는 1917년경까지도 노
동쟁의라는 사건이 거의 없었다. 다만 제1차 대전 이후 독립운동을 거쳐 경제
계의 불황과 사회주의운동 등에 의해 노동쟁의가 발생한 경우는 있었다. 따라
서 선동에 의해 파괴적 행동으로 변질돼 조선통치의 치안문제에 악영향을 미
쳤기 때문에 금지하게 된 것이라고 할 수 있다.

또 소작쟁의小作爭議90)도 일어나기 시작해 치안상태가 악화됨에 따라서 언
론에 대해 규제할 필요가 생겼다고 할 수 있다. 예를 들면 1922년까지 조선
전 지역에서의 소작쟁의 발생건수는 매년 30여 건이었지만, 1923년에는 176건
에 이른다.91) 따라서 각종 쟁의운동을 선동 내지 찬양하는 기사는 금지하게 되
었다. 어쨌든 이들 19항목에 걸친 행정처분 조항은 결국 조선총독부로서는 식
민지정치에 저항하는 독립운동과 선동, 배일사상 등을 절대 허용하지 않겠다고
하는 방침에서 제정한 법규라고도 할 수 있다.

마침내 1936년이 되자 조선총독부는 「조선출판 경찰개요」[92]라고 하는 검열기준방침을 정하지만, 이것은 전술한 19개 항목을 보충 정리한 검열지침이었다. 이들 내용은 일반검열기준과 특수검열기준으로 나뉘어 있다. 일반검열기준의 목적은 사상의 통제와 성적음란행위의 규제에 있고 특수검열기준의 목적은 출판물에 대한 규제에 있었다.

이번에는 단순히 언론에 대한 발행전후의 규제만이 아니라 조선어신문에 대해서 편집내용 및 논조까지도 통제를 가했다. 예를 들면 1936년 6월에 발간한 「경무휘보警務彙報」 제362호에는 조선어 신문용 용지면 개선사항朝鮮語新聞用用紙面改善事項에 의해 조선어 신문에 대해 6개 항목의 규제를 다음과 같이 지시하고 있다.[93]

① 존왕경신尊王敬神은 국민정신의 기조로 황실기사를 비롯해 축제일, 신사 등에 관한 기사는 성의를 가지고 이것을 게재하고 일반 민중을 지도하는 것을 명심할 것.

② 총독부를 비롯해 각 관청의 시정방침계획 등을 게재하여 이것의 주지에 철저히 협력할 것.

③ 국외 기사의 취급에 관해 그 내용, 분량, 위치형식 등에 유의하고 제국의 신문지라고 하는 사명을 완수하기 위해 특별히 고려 할 것.

④ 사상범, 국외불령운동자 등의 행위를 과대하게 보도하는 등 암암리에 공산주의 또는 민족주의를 선동하지 않도록 주의할 것.

⑤ 천재, 기지사회基地社會의 비참사를 비관적으로 보도해 민심을 위미萎靡시키지 않도록 주의할 것.

⑥ 민간에서 기도한 사항을 대서특필하거나 관 주변의 계획시설에 대해서 경시 간과하고, 일단 착오, 결함이 있을 경우에는 무문곡필舞文曲筆(농락하는 글 등)해서 보도하는 감이 있어, 사리의 성질영향을 고려하여 민족적 편견 없이 신중공정하게 보도할 것.

이들 내용은 총독부 측의 방침을 나타내며 민족적 편견 없이 신중하게 보도해야할 것을 말하고 있지만, 어쨌든 조선어 신문에 대해 구체적인 편집내용에 관한 방침을 제시하면서 민족주의적인 논조를 통제하고 있다고 말할 수 있다.

1930년대는 황민화정책이 한층 강화됨과 동시에 1931년의 만주사변, 1937년의 중일전쟁 등에 의해 언론은 점점 통제되고 있었다. 그 결과 일본은 군국주의적 경향을 취하고 있어 언론통제도 군국주의화되어 그 엄격함이 한층 증가하고 있었다. 1938년 국가 총동원 법 공포에 의해 일본에서는 신문사에 신문용지의 배급이 제한되었으며 조선에서도 국가총동원법이 공포되었다.

마침내 1940년 8월 10일 『동아일보』, 『조선일보』의 2대 민간지가 강제적으로 폐간되어 총독부기관지 이외는 모든 신문이 폐간되었다. 1941년 태평양전쟁이 발발하고부터는 국가총동원법에 근거해 신문사업령(1941년 12월 13일 칙령 제1107호)이 발포되어 총리대신 및 내무대신에 의해 언론기관의 통합·폐지 등을 명할 수 있게 되었다. 이렇게 조선에 있어서 일본의 언론통제는 법적·제도적으로 행해지게 되어 태평양전쟁까지 이르게 되었다고 할 수 있다.

제4절 교육정책에서 본 언론과 사상통제

1. 황국신민교육과 언론통제

한 나라가 다른 국가를 지배할 때는 단순히 무력만으로는 불가능해 피지배국에 대한 정치, 경제, 사회, 문화 등의 지배체제를 정비해야 하는 것은 주지의 사실이다. 게다가 일시적 지배가 아닌 영구히 지배하려고 하는 식민지체제 하에서는 모든 분야의 체제를 정비해야한다. 인권이나 도덕적인 문제에 있어서 어떤가는 별도의 문제로, 지배라는 것은 정신적, 물질적, 외면적, 내면적 영역과 공간 등 모든 분야에 있어서 지배가 가능하지 않으면 언제든지 실패로 끝나 버리기 때문이다.

일본은 한반도의 통치지배에 있어 동화정책과 내선일체를 부르짖고 황국신민으로의 교육정책을 취하고 있었다. 이것은 조선민중에 대한 외면적, 무력적인 지배가 아닌 정신적, 사상적 지배까지 노리고 있었던 정책인 것이다. 또 교육에 의해 완전한 일본의 황국신민으로의 정신적, 사상적인 이데올로기까지 교육을 강요한 것이다.

이런 것을 생각하면 황국신민에 대한 교육정책 분석은 식민지통치 이론

연구에 상당히 중요한 분야라고 할 수 있을 것이며, 더욱이 이 시기에 취하고 있었던 언론통제 문제를 분석해 내는데 중요한 하나의 열쇠가 된다고 할 수 있다. 먼저 교육제도, 방침부터 분석을 시작하기로 한다.

일본의 조선 통치는 35년간 행해졌지만, 교육의 통치정책상에서 보면 4기로 나누어서 설명할 수가 있다.[94]

제1기는 1910년 합병시대부터 1921년까지의 기간이다. 초대총독인 테라우치 마사타케寺內正毅는 1910년 10월 지방장관회의에서 교육방침을 다음과 같이 명시하고 있다.

「조선의 발달을 도모하고자 한다면 공론을 피하고 실제로 응용할 수 있는 학술을 익히고 인민 각자의 생활상태 및 그 지위를 높이는 기초를 튼튼히 하지 않으면 안 된다. 이 목적하에 보통학교 등에 있어서도 학리의 연구와 동시에 수공농업手工農業 등 생활에 도움이 되는 초보 수업을 겸해야 한다.」[95]

결국 테라우치는 실제 생활교육에 중점을 둘 것을 훈시하고 있었다.

다음해 1011년 8월 23일 칙령에 의해 공포된 「조선교육령」에 의한 교육정책 골자는 다음과 같은 특징을 가지고 있다.

① 조선인을 조선인으로서 교육시키지 않고 일본제국신민의 자격과 품성을 구비하게 하는 것을 주안점으로 한다.
② 조선의 교육을 보통교육, 실업교육, 전문교육의 3가지로 하고 특히 사범교육을 인정하지 않는다.
③ 시대의 추세(時勢)를 민도民度에 맞게 실제로 쉬운 것을 주된 내용으로 한다.
④ 실업, 특히 농업에 중점을 둔다.

이들 내용을 분석해 보면 조선인은 조선인으로서가 아니라 일본인이 되도록 교육해야 한다고 하고 있다. 당시 학교의 교장은 일본인으로 한정되어 있어 조선인 교육은 가능한 한 일본인에게 맡기는 방침이었다. 마지막은 실업교육에 중점을 두고 특히 농업기술의 향상을 기하여 농업생산물장려에 주력하고 있었다.

제2기는 1922년부터 1937년까지의 기간이다. 1922년 2월 「개정조선교육령」을 공포하고, 조선교육령의 근본적인 개정을 도모했다. 이 개정령의 주요 특색은 다음과 같다.

① 종래의 교육령은 조선인 만이었지만, 개정된 교육령은 조선인교육과 일본인교육을 병행해서 규정했다.

② 종래는 조선인을 위한 교육령이지만, 이번은 일본본국과 똑같은 교육제도를 채용했다.

③ 종래는 전문교육까지 규정하고 있었지만, 이번에는 대학교육까지 연장하고 사범교육도 인정했다.

④ 실업교육 이상은 일본어 상용이었다.

결국 종래의 교육정책을 일보 전진시키면서 비난받고 있었던 점을 조금 개정한 편이다.[96]

1919년 독립운동이 실패로 끝난 후, 조선의 민족주의자는 종래 실력이 없었던 행동을 반성하고 실력양성운동으로 전환하여 「산업의 발달, 교육의 진흥」을 부르짖었는데, 그 결과 급격한 향학열이 일어나게 되었다. 당시 자본금 천만 원의 '민립대학설립'안이 제시되고 기부금모집에 착수하여 한 때 상당한 찬성을 얻어 찬조 자는 2천여 명에 이르렀다. 그러나 이와 같은 조선인의 향학정신과 비교해 조선의 학교 수는 너무나도 적었다. 그 중에서 1924년 5월 조선에서 처음으로 '경성제국대학설치'의 칙령이 공포되어 그 개설에 큰 기대를 가질 수 있게 되었다.[97]

하지만 창립위원은 일본인뿐으로 조선 문화의 연구 강좌가 개설되어도 교수는 일본인 학자들이 독점하게 되었다. 학생은 조선인이 3분의 1이며 일본인이 우선적이었던 것도 큰 불만이었다. 대학 예과생의 모집광고도 도쿄, 오사카의 신문에 실렸을 뿐이었기 때문에 조선인 측의 언론은 교육식민지로 하는 것인가라고 반대했다.

한편 다이쇼大正 말부터 쇼와昭和 초에 걸쳐 조선에서는 공산주의와 민족주의자들이 합류하여 각 학교마다 조직을 만들어 투쟁을 시작하게 되었다.

그곳에서는 「의무교육을 실행하라」, 「학교수준을 높여라」라고 하는 주장보다도, 일본적 교육 그 자체에 반대하는 움직임이 되었다. 또한 「식민지노예 교육제도를 철폐하라」, 「조선인 본위의 교원제도를 확립하라」 등의 동맹휴업도 요구하게 되었다.[98]

만주사변이 발발했을 때에는 경성제국대학 학생 중에 공산주의를 신봉하는 일본과 조선 학생들이 일체가 되어 출병반대를 주장하며 혁신운동을 일으켜, 경찰관이 탄압을 가하면 가할수록 그 움직임은 더욱 격해졌다. 총독부로서는 아이러니하게도 학교를 세워 학생을 교육시키는 것이 역으로 민족운동을 가속화시키는 계기가 되었다고도 할 수 있다.

이렇게 일본적 교육에 반대하는 사상의 움직임은 학생사이에 팽배하게 퍼져나가 일본인 교육자는 자신을 잃게 되거나 혹은 계속 자조하면서도 끊임없이 교육은 이어나갔던 시기이다.

제3기는 1938년부터 1940년경까지이다. 만주사변에서 만주국 건설로 일본의 국책이 지향점을 찾았을 때 조선인 중에서도 민족의 생존과 행복을 위해 일본 언론에 동조하는 경향이 보이기 시작했다. 당시 일본에서는 공산주의자와 민주주의 등을 호소한 사람들이 국가주의로 「전향」해, 조선에서도 공산주의자와 민족주의자의 전향이 보이기 시작한 것이다.[99]

그즈음 1936년 8월 미나미 총독은 교육의 3대 강령으로 「국체명징國體明徵(천황숭배, 황국신민 정신)」, 「내선일체」, 「인고단련忍苦鍛練(황민화정책, 충성 등)」[100]을 발표했다. 이 3대강령을 바꾸어 말하면 「군신일체君臣一體」, 「충효일본忠孝一本」, 「관용과 신수信受(믿고 받음)」, 「일사군국一死君國」, 「헌신보국獻身報國」 등으로 요약할 수 있다. 이것은 이른바 고대 신라시대 화랑도의 「세속오계」[101]를 모방한 듯도 하다. 화랑도란 신라시대 청소년의 수양단체로 명산대천을 순례하면서 심신의 단련을 도모하는 단체였다. 그들은 일단 유사시는 나라와 왕을 위해 몸과 생명을 바칠 각오가 아주 단단하게 되어 있었다. 이 화랑도는 신라24대 진흥왕시대에 국가적으로 확충되어 화랑제도가 생기게 되었다. 화랑도의 주요한 정신은 충, 효, 신, 예 등이었다. 그러나 일본은 유구한 이조 오백년의 역사를 지닌 우리민족에게 일방적으로 강요하는 황국신민정신과 화랑도 정신과는 근본적인 차이가 있다.

미나미 총독은 3대강령에 이어 다음 해 8월 황국신민체조를 제정하고, 같은 해 10월 「황국신민의 서사誓詞」를 발표해 기회가 있을 때마다 제창하게 했다. 더욱이 그는 조선인 고등보통학교에 육군특별지원병 령을 공포해 그들의 침략야욕을 위해 군대교련훈련도 실시하게 되었다.

1938년 3월 4일 「내선일체」를 목표로 「개정교육령」이 공포되어 이때부터 「황국신민교육」이라는 새로운 단어가 생겨나 「황민화」라는 단어가 모든 정책에 사용되었다. 그 후 1940년 8월이 되자 전시체제로 전환, 모든 조선인은 일본인으로서 국어 상용, 황민생활의 철저를 요구받았다.[102] 이 무렵부터 언론통제는 전시인 것을 이유로 강화되어 관이 행하는 일의 비판은 일절 허용되지 않고, 조선인 신문은 『매일신보』만으로 한정하였으며 잡지도 어용적인 것만으로 통제되어 조선인의 언론활동은 일절 사라져버린 결과가 되었다.

제4기는 1941년부터 패전에 이르기까지이지만, 이 무렵 조선에도 국민학교 제도가 실시되어 황민화교육은 한층 강화되었다. 여전히 학교교육은 「내선일체」, 「국어사용」을 강조하면서 학도전시 동원 체제를 확립했다. 당시 일본의 교육자들은 하나라도 많이 일본어를 이해시켜 한 사람이라도 많이 황국신민이 태어난다면 일본의 전력은 증가해 승리로 나아갈 수 있다고 하는 확신하에 열심히 조선인교육에 부심하고 있었다.[103]

이상 교육제도와 방침을 살펴보았지만, 바꾸어 말하면 제1기는 독자적인 교육정책으로 황민교육의 근본방침을 확립하고, 제2기는 조선과 일본 간의 교육상 차별을 적게 하려고 노력했으며, 제3기는 황민화교육이 가장 고조된 때였다. 그리고 제4기는 본국의 국민학교 제도 및 이에 따른 학제개혁도 완전히 같게 했다고 할 수 있다.

한편 이러한 교육방침과 더불어 일본어 사용이 강요되어 1942년 5월이 되자 국민총력조선연맹의 주창으로 국어보급 및 상용을 국민운동으로 전개했다.

「국어로 나아가는 대동아」, 「1억 국민 언어는 하나」, 「내선일체 먼저 국어」, 「반드시 국어 상용」 등의 슬로건을 부르짖으면서 조선어 사용은 절대 금지시켰다.[104]

이처럼 일본어 사용이 활발해져 각종 관공서와 회사, 공장, 교회 등에서도 일본어 사용이 의무화되었다. 또 각종 강연회의 개설, 일본어 교본의 배부, 라디오, 잡지에 의한 강습을 권장하고 한국어로 된 신문, 잡지에도 일본어 교육 코너가 만들어졌다. 『매일신문』에는 매주 2회 「국어교실」란이 만들어져 일본어를 가르쳤으며, 『황민일보』라는 평이한 일본어 신문도 발간되었다.

전술한 대로 일본어보급 및 운동이 상용운동으로 동반됨에 따라 조선어는 사용엄금의 방향으로 나아가, 어떤 군(현)에서는 조선어사용 징계위원회가 만들어졌으며 또 어떤 학교에는 학생이 조선어를 이야기한 것만으로 처벌을 받거나, 전화는 일본어가 아니면 상대하지 않고 진정서도 일본어가 아니면 아예 접수조차 받지 않는다고 하는 도청도 볼 수 있었다고 한다.[105]

이처럼 일본은 교육의 힘에 의해 황국신민화를 도모하고자 했다고 할 수 있다. 당초는 학교의 보급과 함께 민의의 창달을 위해 어느 정도의 성과를 올렸지만, 어디까지나 「동화정책」, 「내선일체」, 「내지연장」, 「황국신민」 등 시대별 단계적인 교육정책으로 이른바 조선인의 일본인화에로의 길을 걷고 있었다고 할 수 있다.

결과적으로 황민화교육의 목적은 대동아전쟁을 수행하기 위한 인간군수품 양성에 있었다고 할 수 있다. 또 조선어 사용금지에 의해 조선 측으로부터 격한 반발을 받게 되어 그것을 막기 위해 『동아일보』, 『조선일보』까지 폐간해 민족문자를 말살까지 하기도 했다고 하겠다. 조선어 사용금지(출판을 포함)는 조선에서의 언론통제 측면에서 말하자면 최악의 상태에 빠졌다고 할 수 있는 것으로, 언론 그 자체를 말살하는 정책이었다. 어떤 의미에서 일본어만을 사용하게 하는 언론정책은 식민지언론정책의 마지막 목표지점에까지 도달했다고 해도 과언이 아니다. 조선에 있어서 언론통제의 마지막 목적지는 「내선일체」였기 때문이다.

2. 신문용어 사용문제와 창씨개명

조선은 미나미 총독이 부임한 이후 종래보다도 「내선일체」를 강조하는 정책이 진행되고 있었다. 중일전쟁이 발발하고 조선은 전략상 상당히 중요한 위치에 있었기 때문에 조선민족에 대해서는 황국신민의 서사誓詞를 통해 물심융합, 국가총동원 등의 전시체제제하의 「내선일체」가 요구되고 있었다.

그 무렵 오사카에서 조선인에 관한 차별적인 용어를 가능한 한 신문에서 다루지 않도록 하는 좌담회가 열렸다. 이 좌담회에 대해서는 지금까지 한일양국 언론학회에도 보고되지 않은 것이지만, 언론사 사상 그에 대한 분석은 중요한 의미를 지니고 있다. 당시 총독부가 「내선일체」, 「일시동인」을 부르짖어도 언론계에서는 그다지 행동적으로 협력한 것은 아니었기 때문에, 조선도 아닌 오사카에서 그것도 주로 언론인 멤버에 의해 이와 같은 좌담회가 열렸다고 하는 것은 특기할 만한 사실이다. 이 좌담회의 발기인은 신문계 경제계 사장 이마에다 시로今枝四郎와 간사이신문 통신사장 가게이 야스오影井康夫이고, 찬조인은 오사카마이니치신문 상무이사 히라카와 세이후平川淸風였다.

좌담회에는 발기인, 찬조인 이 외에 오사카마이니치 사회부장 혼다 치카오本田親男, 오사카아사히 사회부장 오구라 케이지小倉敬二, 조선총독부 오사카특파원 가미시마 신키치神島新吉, 오사카시 사회과장 오타니 시게지로大谷繁次郎, 오사카마이니치 교정과장 야나기사와 시게루柳澤茂, 도메이통신 오사카통신부장 곤도 코이치近藤公一가 참가해 토론을 했다.

이 좌담회의 토론 내용을 결론부터 소개하면 4가지의 항목에 대해 의견이 다음과 같이 일치하게 되었다.[106]

1. 신문, 잡지기사 중 본국인, 조선인의 호칭을 철폐한다.
1. 출신지를 나타낼 경우 부府, 현縣, 도道, 정町, 촌村, 면面으로 표시한다.
1. 신문, 잡지기사 중 내선인의 차별적 취급을 근절한다.
1. 신문, 잡지기사 중 중국인의 모욕적 취급의 근절을 기한다.

이 좌담회에서는 상기와 같은 4가지의 결론을 도출한 이유는 무엇인가에 대해서 「신문용어 연구회 취의서趣意書」에 다음과 같이 기록되어 있다.[107]

「신문의 사명이 민심의 지도문화 진운進運에 기여하는 바 심대한 것은 말할 필요도 없는 것이다. 그렇지만 한번 이 지도원리, 호칭, 용어가 잘못되면 사회를 해하는 것, 또 이것보다 큰 것은 없다. 우리들은 각 신문, 잡지사의 호칭용어의 불통일, 동시에 왕왕 그 자구字句의 부주의한 남용에 의해 민심의 귀추를 그릇되게 한 예가 많은 것을 유감스럽게 생각하는 것이다. 그래서 우리들은 신문용어의 통일에 의해 민심지도에 일조하기 위해 연구회를 조직하고 이것의 실현을 향해 매진하는 것이다.」

여기서는 호칭의 문제에 대해서 상세히 기록하고 있지 않지만, 1938년 10월 26일 오사카 도사보리후나마치土佐堀船町의 다이신로大新樓에서 열린 이 연구회의 자료에는 신문·잡지에 조선동포의 호칭이 많이 있고, 동시에 기사 중에 때때로 모욕적 혹은 차별적인 취급이 다수 보이는 것을 유감으로 생각한다고 기록되어 있다.[108]

이 좌담회에서 토론된 내용을 보면 먼저 가게이 간사이신문 통신사장이 문제를 제기하고 있다. 그는 1938년 10월 18일자 『오사카아사히신문』의 한신판阪神版(석간)이 「반 조선인半 朝鮮人이라고 알고 도망간 그녀, 여자의 처사가 원망스럽다고 쥐약자살」이라는 3단 표제어를 단 것을, 이 기사는 여성이 던진 사건에 불과하다고 지적하고 있다. 더욱이 가게이는 우가키宇垣 전 총독은 오히려 조선인과의 결혼문제를 장려했다고 기억하고 있지만, 특히 그것이 우연히 조선인 사이에 일어났기 때문이라고 해서 대대적으로 신문이 다루고 있는 것이 사상에 미치는 영향을 생각할 경우에 우리 신문인으로서는 상당히 한탄스러운 일이 아닐 수 없다.[109]

이어 가게이는 이 해 10월 19일자 『오사카아사히』와 『오사카마이니치』 한신판이 같은 기사를 다루고 있지만, 『아사히』는 「경관에게 폭행을 가하다, 가짜형사라고 곡해한 발칙한 반도인 5인조, 어디에서나 역시 심성이 발칙한 반도인」[110]이라는 말을 사용하고 있으며, 『마이니치』는 같은 기사를 다루고 있지만, 그와 같은 표현은 조금도 없이 「5명을 상대로 대격투 나가이長井 형사 중상, 일당 5명 체포하다」[111]라고 하여 차별적 대우를 하지 않는 『오사카마이니치』의 보도에 감사하고 싶다고 지적했다.

가게이는 마지막으로 『오사카마이니치』 8월 30일자 투서란 「신레이振鈴」의 기사를 문제 삼고 있다.

그것은 「조선의 한 애국소년」이라는 표제어였지만, 「나는 어느 일본인이 너는 일본인이냐 조선인이냐 라고 물어와, 나는 곧바로 일본인인 조선인이라고 대답을 했다.」라는 기사 내용이었다.

그래서 가게이는 「이 소년의 대답은 절대로 틀리지 않았다. 왜냐하면 조선

인도 일본인도 일본인이기 때문이다. 일본인인가 조선인인가라는 말은 마치 조
선인은 일본인과 완전히 다른 이국인인 것 같은 말투이다. 이런 잘못된 말투를
철저히 고치고 싶다.」고 했다. 조선인도 일본인이라, 즉 일본인 중의 조선인이
라고 주장했다. 지금은 「내선일체」가 되어 본국인 조선인의 차별도 없으며 이
난시국에 있는 우리들에게 그와 같은 차별이 있는 것은 유감이다. 이 한 애국
소년의 순정을 토로한 그 정신을 고려하여, 본국의 신문인으로서 우리들은 상
당히 부끄러운 마음이 드는 것이다. 어떻게 하면 신문지면에서 이러한 모욕적
인 차별대우를 없앨 수 있을까 또 이런 것을 개선하지 않으면 안 된다고 하며
강하게 문제의식을 제기하고 있었다.112)

이에 대해 『경성일보』오사카지사장인 다케타쓰竹津는 우리들도 여러 가
지로 생각하고 있어 「선인」, 「조선인」이라는 말보다도 「반도동포」, 「조선동포」
라는 말이 오히려 좋게 생각된다고 말하고 있다.113)

이어서 간사이대학關西大學 다케다竹田 교수는 다음과 같이 말하고 있다.

> 나는 간사이대학에서 10년 가까이 가르치고 있지만, 대학에는 조선 학
> 생이 많고 또 모두 상당히 성적이 좋아 우등생도 나왔으며, 특히 내가 친
> 하게 가르친 학생도 있어 우리 집에도 와 가족과도 이야기하고 했지만, 그
> 학생이 우리 집을 방문한 학생 중에서 가장 품행이 좋고 예의가 바른 학
> 생이었다. 어디사람이냐고 물었더니 실은 동래온천(부산) 부근 사람이라고
> 대답한 적이 있다. 나는 그 학생이 오더라도 조선인이나 반도인이라고 해
> 서는 안 된다. 이름만을 말하며 「씨」를 붙여라. 만약 다른 사람과 이야기
> 를 하더라도 동래부근 출신으로 소개하라고 했다. 조선이라든지 반도라든
> 지 말하지 말고, 오늘날 우리들이 도쿠시마德島 사람, 오카야마岡山 사람이
> 라고 하는 것처럼 경상북도 사람이나 출생지를 붙이는 것이 좋지 않을까.
> 조선, 본국이라는 구별을 없애는 것이 가장 좋은 것은 아닐까라고 조선인
> 호칭에 대해 대안을 제시했다.114)

가미시마 신키치는 자신의 조선총독부 내부근무시의 경험담을 말했다. 즉
총독부 출입기자들에게 가능한 한 내선인의 구별을 하지 말고 다루어 주었으
면 한다고 부탁했다. 표제어와 본문에도 특히 조선인이나 반도 출신인이라고

쓰지 말고, 성명에 의해 혹은 본적지에 의해 알 정도로 해 주었으면 한다. 미담선행에 관한 것이라면 지장이 없는 경우가 있지만, 범죄 기타 나쁜 보도에 관련해 반도출신자인 것을 특기한다면 뭔가 본국인이 반도 출신인에 대해 경멸감을 가지고 다루고 있는 것 같은 느낌이 있어 이것은 절대로 삼가도록 간절히 부탁했다. 반도 출신인들이 기뻐할 만한 기사의 경우에 특별히 사용한다고 하더라도 조선이라든지 반도인과 같은 호칭은 호감을 줄 수 없다. 결국 어떻게 부르더라도 차별적인 표현이 되는 것이기에 내선인을 구별하기위한 호칭을 없애는 것이 이상적인 일이라고 했다. 그러나 굳이 사용한다면 예를 들어 「반도동포의 적성」이나 「반도인들이 사용했던 것 운운」과 같이 다루면 좋지 않을까 생각한다고 했다.115) 또 오타니 시게지로大谷繁次郎로부터 「조선동포 호칭문제에 관한 오사카부 협화회 의견」116)이 문서로 제출되었다. 이 의견의 내용은 상기 주와 같지만, 조선이라는 말은 사용하지 말고 「반도동포」나 본적지를 표기하는 쪽이 좋으며, 「선인」이라는 문자는 절대로 사용하지 않도록 기록하고 있다.117)

한편 도메이통신사 쓰카모토 요시타카塚本義隆 지사장은 다음과 같이 말하고 있다.118)

「대체로 조선에서 사회도덕이 향상되어 가는 것처럼 일본도 교육상 생각하겠지만, 전체로부터 공평하게 보아 조선정책이라는 것은 나는 다른 구미제국의 식민지에 대한 정책과 비교해 가장 공정하고 가장 진보한 훌륭한 것이라고 생각한다. 그것은 이론보다 증거. 러일전쟁 당시의 조선의 인구는 천 사백만 명이었지만, 현재는 2천 이백만 명에 달한다. 30년간에 이 정도 인구의 증대를 초래했다고 하는 것은 다른 구미의 식민지에는 절대로 없으며, 구미에서는 식민지로부터 착취하기 때문에 반드시 빈곤해 진다. 인구도 늘지 않는다. 교육의 정도에서 말하더라도 음독서도 불가능했던 조선이 오늘날은 어떤가. 상당한 진보이다. 이런 정의에 따른 식민지 통치는 세계에 예가 없다.」

쓰카모토는 일본의 조선식민지 통치는 전체적으로 공평하며, 구미제국의 식민지에 대한 정책과 비교해 훌륭한 것이라고 말하고 있다. 그 증거로 인구의 증가를 들고 있으며, 이와 같은 식민지 통치는 세계에서도 그 유례를 찾기 어렵다고 말하고 있다. 또 영국의 인도통치와 같이 예전에는 문화국이었던 인도가 현재는 백 명 중 5~6명밖에 문자를 읽을 수가 없다는 식으로 3~4백년 혹은 그 이상의 옛날로 되돌리고 있는 것과 비교해 조선 사람들에게는 일본에 대해 감사해야 한다는 것을 가르쳐야만 한다. 결국 인도의 부는 영국이 가로채 그 재력으로 오늘날의 대영제국을 만든 것이라고 덧붙이고 있다.

이상이 좌담회의 주요 토론 내용이었는데, 참가자 11명의 의견은 모두에서 기술한 4가지 결론에 도달하게 되었다. 좌담회의 시기는 중일전쟁발발 직후로 아마도 한반도의 전시적 중요성 때문에 일본정부 혹은 조선총독부의 어떠한 움직임에 의해 개최된 것은 아니었을까 라고 생각할 수 있다. 특히 이 좌담회가 도쿄가 아니라 오사카에서 열린 것은 오사카가 조선과 경제적으로 깊은 관계가 있고 조선인이 많이 살고 있기 때문일 것이다.

어쨌든 결과적으로 일본정부의 조선통치정책인 「내선일체」정책에 협력한 좌담회였다고 할 수 있다. 다만 주요 멤버가 언론인이며 언론인이 선두에 서서 조선인 차별정책을 없애는 것을 신문표현부터 시작하려고 한 점은 평가받을 만하다. 토론회가 열린 것 자체가 발전적이며 문제점을 충분히 인식하고 해소하려고 노력했던 것을 의미하기 때문이다.

토론회 내용에 있어서 쓰카모토 지사장 등으로부터는 조선 식민지에 대한 정책은 구미제국보다 공정하며 훌륭한 것이었다고 하는 조선민족에 대해 자극적인 발언을 한 데 대해서는 동의할 수 없다. 조선인은 당시 민족문자 말살이나 창씨개명까지 굴욕을 당하면서까지 겨우 끼니나 잇고 있는 형편이었다. 더욱이 러일전쟁이나 만주사변, 중일전쟁, 태평양전쟁 등 전쟁 때마다 동원된 조선인들의 부역, 그리고 관동대지진 당시 조선인 학살사건, 전장에 끌려간 종군위안부 문제 등 수없이 많은 일제의 학정이 자행된 사실은 망각한 채 단순히 인구증가 수치만 거론한 것은, 마치 몇 그루 살아남은 나뭇가지만 봤지 숲이 불타버린 것은 간과하고 있다고 하겠다. 아무튼 이번 좌담회에서 전술한 4가지의 차별용어철폐에 대한 결론은 종전보다는 전향적인 것이라고 하겠다.

다음으로 황민화정책의 일환으로 실시된 창씨개명도 역시 언론통제의 문제와 불가분의 관계에 있다고 할 수 있다. 창씨개명이란 조선인의 이름을 철폐하고 일본인과 똑같이 이름을 바꾸는 것이다. 처음에는 자발적으로 행해졌지만 점차 강제적이 되어 개명하지 않으면 비국민이 되고 반동분자로 처벌받게 되었다.119) 현재 한국의 학자들은 일본의 식민지통치정책 중에서 가장 나빴던 정책의 하나가 창씨개명이라고 지적하고 있다. 일본 측은 황국신민이 되었기 때문에 호적법을 개정해서 개명해야 한다고 주장한 것에 대해서, 한국 측은 자신들의 민족문화 파괴 내지 말살이라고 지적하고 있었다. 더욱이 영국이 인도를 통치함에 있어서도 민족문화는 말살하지 않았다.

조선총독부가 1937년 4월 친족 및 상속관계법을 개정하기 위해 사법개정조사위원회를 설치하고 조선인의 창씨개명을 협의하기 시작한 것은 앞서 논한 대로이다. 이어 1939년 11월 제령 제19호로 「조선민사령」을 개정했다. 이 민사령에 의해 조선민족의 성명제를 폐지하고 일본식 이름제도를 설정하게 되었다. 이 민사령의 주요 내용은 「성은 호주가 정하고 조선인 호주는 본령시행 후 6개월 이내에 새로운 성을 정해 부윤府尹 혹은 읍면장에게 제출할 것」이라고 정했다. 이 민사령은 1940년 2월에 시행되어 8월 10일까지 일본식 성을 만들어 「창씨개명」을 결정해 제출하게 되어 있었다.

일본 지배자는 창씨개명을 「일시동인」의 대 이상을 구현한 야마도 사랑大和大愛의 발로라고 호소하면서 창씨개명은 강제가 아닌 조선민중의 열렬한 요망에 의한 것이었다고 선언했다.120) 조선총독부는 관헌을 동원하여 협박과 강요에 의해 창씨개명 신고를 접수했지만, 이 기간 중에 항의를 위해 자살로 저항한 사람도 있어 전체적으로는 약 322만 호(약 80%)가 제출되었다.

우선 조선총독부는 조선인 중에서 저명한 인물들을 불러 「창씨」를 강요하는 한편, 다음 사례와 같이 사회적인 제재 및 탄압을 가했다.121)

① 창씨하지 않은 자에 대해서는 각종 학교의 입학·진학을 거부한다.
② 창씨하지 않은 아동에 대해서 일본인 교사는 이유 없이 질책 구타하여 아동으로부터 부모에게 호소해 창씨시킨다.
③ 창씨하지 않은 자는 공사를 불문하고 총독부 관계기관에 일절 채용을 금지하고 또 현직인 자도 파면 조치한다.
④ 미창씨자는 행정기관에서 처리하는 모든 사무는 취급하지 않는다.
⑤ 미창씨자는 비국민으로 단정, 사찰, 미행 등을 철저히 하는 동시에 또 우선적으로 의무징용의 대상으로 하고, 식량 기타 물자의 배급대상에

서 제외한다.

⑥ 조선어학회의 탄압시 검속자에 대해 미창씨는 조선독립을 기획한 불령 조선인이라는 명목으로 고문을 가하고 억지로 창씨개명을 하도록 했다.

⑦ 미창씨자의 화물은 철도국과 운송점에서 취급하지 않는다.

⑧ 학교에서는 교사, 면에서는 동장·이장에게 창씨책임을 지우고 그 성적에 의해 지도, 행정능력을 평가하고 출세·승진에 반영했다.

한편 창씨개명에 관한 어용단체인 「녹기일본문화연구소綠旗日本文化硏究所」에서는 창씨개명을 조선사회의 새로운 출발이라고 하며 사회적 전진이라고 그 의의를 논하고 있다. 그것은 ① 황국신민적 가정의 확립 ② 여성의 지위향상 ③ 조선 문화상 중국모방정신의 탈각 ④ 내선일체의 완성이라고 논하고 있다.[122]

이 녹기연맹이 행한 4가지 프로퍼갠더는 우선 논리성이 결여되어 있다. 한마디로 말하면 설득력이 없다고 할 수 있다. 당시 조선은 500년간 이어진 씨족사회로 조선민족이 가장 중요시하는 성의 문화유산을 바꾸는 것은 매우 어려운 일이기 때문에 당연히 큰 반발을 초래하게 되었다. 이로 인해 일본에 대한 조선민족의 불만은 점점 높아져서 오히려 식민지통치의 실패원인 중에 하나였다고 생각할 수 있다.

창씨개명에 관해 박경식朴慶植은 그의 저서 『일본제국주의의 조선지배』에서 창씨개명은 조선민족의 가계를 빼앗고 일본의 천황제도적 가족제도를 강요하는 민족말살정책이며, 조선민중의 노동력 동원과 징병 등의 군사적 목적에 이용되었다고 격렬히 비판하고 있다.[123]

그런데 1930년의 국세조사國勢調査에 의하면 326성(김씨성 약 85만 세대, 이씨성 57만 세대, 박씨성 30만 세대 등)이었던 성을 일제히 개명하는 것은 도저히 무리였다고 생각한다.[124] 예를 들면 수표, 어음 등은 틀리기 쉽고 기타 제반의 생활상에서 실로 많은 혼란이 야기되었을 것이다.

이 같은 창씨개명은 황민화정책의 일환으로 프로퍼갠더를 통해 행해졌지만, 주요한 것은 신문 및 언론출판물을 통해 호소하게 된 것이다.

제 5 절 중일전쟁과 언론통제

1. 국가총동원법과 언론

1937년 7월 노구교蘆溝橋사건에 의해 중일전쟁이 발발했다. 이 사건의 실상을 이전부터 알고 있던 일본 군부, 특히 육군은 앞으로 다가올 전쟁에 대비해 국가의 경제력 전부를 전시체제로 전환하고 있었다.

1931년 만주사변 이후 준전시체제 하에서 경제통제가 진행되는 도중 각성의 정책통합조정을 도모하기 위해 1935년 5월 오카다 게이스케岡田啓介 내각 아래 내각조사국이 만들어졌다. 이 내각조사국은 중일전쟁 직후인 1937년 5월 하야시 센지로林銑十郎 내각 때에 기획청으로 확대 개편되어 국책의 통합기관이 되었다. 특히 전쟁이 전면화되어 총력전 체제의 정비가 필요해져 육군은 총력전에 관계하는 2가지 기관인 자원국과 기획청의 통합을 강하게 주장했다. 그래서 1937년 10월 25일 양 기관이 통합되어 내각에 직접 예속되는 기획원125)이 창설되었다.

기획원은 국가총력전 계획을 입안 수행하는 전시통제경제의 실행기관이었다. 이 기획원이 국가총동원법의 요강을 작성한 것이다.

국가총동원법은 1938년 4월 1일에 공포되었는데, 주요목적은 국가총동원을 위해 필요한 모든 물자의 통제운용, 국민의 징용, 노동조건의 규칙, 신문의 발행, 기타 모든 부문에 대해서 국가가 통제를 가하고 징용을 행하는 것이었다. 게다가 그것을 법률에 의하지 않고 정부가 칙령으로 행할 수 있도록 하는 내용이었다. 즉 전시에 필요한 인적, 물적 자원의 통제와 운용을 명령 하나로 행할 수 있는 권한을 정부에게 부여한다고 하는 비상위임입법이었다.126)

이 국가총동원법에 근거해 내무성 경무국은 「시국에 관한 출판물 단속에 관한 건」127)을 통고하고 언론통제에 착수했다. 이 같은 언론의 통제는 전시체제라는 명목으로 언론의 자유를 억압해 매스미디어가 군국주의화에 저항하는 것이 아니라 오히려 과잉 동조하도록 만든 것이다.

한편 동법 제21조는 칙령에 의한 신문, 출판물의 게재제한 또는 금지권을 규정하고 있는 등 신문 혹은 매스미디어가 「국가총동원상 필요」하다고 정부가 인정한 경우에는 항상 협력, 동원하도록 했다. 국민생활의 전부에 걸쳐 또 신문과 매스미디어에 관한 모든 활동에 걸쳐 제재조치를 취하는 권한을 정부에 양도한 것이 이 법률의 근본적인 내용이었다.[128)

신문은 이들 파쇼입법에 대해 한 마디의 이론이나 비판도 하지 않았다. 신문은 오히려 군부의 국가체제를 향해 국민을 동원하는 운동에 찬성하며, 스스로를 억압하는 체제 성립에 스스로의 힘을 빌려준 것이 된다.

이에 관해 다카사키 류지高崎隆治는 다음과 같이 논하고 있다. 저널리즘이 군부의 이런 방식을 경박한 영합적 태도로 묵인한 것은 이윽고 저널리즘 자신에게 있어 되돌릴 수 없는 강압적인 통제를 스스로 초래한 결과가 되었다. 권력이 저널리즘의 표현의 자유를 강압에 의해 빼앗은 것은 전후 누구나가 말하고 있지만, 중요한 것은 싸워서 그것을 빼앗긴 것이 아니라 싸우지도 않고 빼앗겼다는 점에 있다. 혹은 싸우지 않았기 때문에 빼앗겼을지도 모른다는 식으로 비판하고 있다.[129)

일본의 국가총동원법 제16조 3항의 규정에 의해 공포된 「신문사업령」(1941년 12월 13일 칙령 제1107호)은 내각총리대신 및 내무대신에게 언론기관의 통합, 신문 사업에 관한 국책의 입안 및 수행에 협력하는 것을 목적으로 하는 단체의 설립을 명하는 것에 규정했다(동령 제6조). 이 규정에 의해 일본신문회(조선에는 조선신문회)가 조직되어 신문 사업에 관한 광범위한 지도통제권을 가지게 되었다.

그런데 조선은 동령이 실시된 1942년 2월 11일 이미 2대 일간지(동아·조선)가 강제 폐간된 후였다.[130) 또 조선내의 일본인 경영 일간지도 하나의 도에 하나의 신문만을 발간하게 되어 있었다.

한편 일본의 신문계는 언론활동에 대해 막대한 통제권을 공유하고 있어, 일본신문회 회원은 회원사의 경영 개선에 대해 필요한 사항을 지시할 수 있고(동령 제9조), 회원사의 자본관계·이익관계·공동판매·회계관계·보조금지급 등 신문영업에 관한 광범위한 통제권을 규정하고 있었다. 또한 신문회는 신문지의 편집에 관한 종합기획과 통제지도를 행하는 권한이 인정되어, 신문회의 부속기관으로 설립된 일본신문회 편집위원회는 전 회원사의 편집에 대해 획일적·전체적 간섭을 행했다.[131)

이처럼 일본정부는 국가총동원법에 근거해 신문사업령을 공포하여 언론에

대해 간접적인 통제를 구체화하고 있었다.[132] 더욱이 「조선총독부 시국대책조
사회」(1938년 8월 27일 칙령601호)가 조직되어 「내선일체」의 정책을 한층 강화
한다. 이 조사회는 조선총독부의 자문기관으로 조선에서 시국대책에 관한 중요
사항을 조사 심의하는 기관이다. 회장은 정무통감(오노 로쿠이치로大野綠一郎)이
며 위원 약간 명으로 조직되어, 특별한 사항을 조사심의하기 위해 필요한 때는
임시위원회를 두게 되었다.[133]

동 조사회 자문사항의 자료 제7항목에는 「통신기관(라디오포함)의 정비에
관한 건」[134]이라는 자문항목이 있어 언론통제의 하나의 수단으로 라디오에 의
한 통제방법을 확충할 수 있게 되었다.

조선에서 국민정신총동원활동을 보면 그것은 조선에 있는 모든 언론기관
을 동원 내지 강제적인 선전도구로 사용하는 것이었다. 일본의 경우 일본신문
회 등에 의해 간접적인 통제방법을 취하고 있었지만, 조선은 국민총동원 활동
의 선전에 직접 언론기관의 참가를 의무화 하고 있었다.

예를 들면 1938년 4월 26일부터 5월 2일까지 국민정신총동원 총후보국
강조주간을 설정하고 조선중앙정보위원회를 중심으로 대조선 선전활동을 다음
과 같이 행하고 있었다.[135]

① 신문 및 통신
　　「강조주간 개시 전부터 강조주간에 걸쳐 전 조선일간지 35사의 적극
　　적 찬성에 의해 신문통신기관의 총동원으로 주간취지, 목적 그 외에
　　관한 기사 및 시국인식에 필요한 표어 등을 매일 게재했다. 결과 일반
　　에게 크게 주지철저를 보았다.」
② 잡지
　　「전 조선 5백 잡지의 자발적 협력에 의해 본 주간에 최근 발행한 4월
　　호 또는 5월호에 본건 주간에 관한 기사 및 본부에 있어서 편찬 배부
　　하는 후방강조자료를 등재했다.」
③ 라디오
　　「본 주간 중 시국 재인식 및 절약저축 등 후방보국의 진정한 의의를
　　철저히 하기 위해, 이사카井坂 문서과장 외에 22명의 강연을 전 조선에
　　방송했다.」

④ 영화

「본 주간 중 관공서를 비롯한 각종 단체기관에서 보유하고 있는 영
사기를 총동원하여 시국인식에 관한 영화를 영사하고, 더욱이 본부제작
의 시국영화 「후방의 조선」유성판을 복제하여 각 도에 배부 영사했다.
　한편 업자에 있어서도 흥업구락부와의 합의에 의해 상설관에 있어서
본 주간 중은 상당한 양의 시국물을 상영하는 것으로 결정 실행했다.」

이 내용에 의하면 조선의 모든 일간지 35사가 적극적으로 찬성해 신문통
신기관이 그 국민정신총동원의 취지 및 시국인식에 필요한 표어를 매일 게재
해야만 한다고 되어 있다. 또 전 조선 500잡지사의 자발적 협력에 의해 이 해
4, 5월호에 신문과 같은 취지를 게재하며 라디오에서도 22명의 연사가 전 조
선을 대상으로 방송에서 강연했다. 더욱이 영화도 동 기간에 상영해 이해를 구
하고 있었던 것이 분명해졌다.

그 외에도 시국인식자료로 팸플릿 「후방보국 강조자료」및 「시국은 왜 길
어지는가.」를 각각 3,000부 인쇄하고 관공서 협력기관에 배부해 선전 자료로
활용했다. 또 포스터(6만 천여 장), 전단(20만장), 셀로판 표어(만 2천장, 자동차
앞 유리에 붙이게 함), 장식(각종 기관의 입간판), 모임(각종 전시회) 등을 이용해
조선국민에게 호소했다.[136]

이상과 같이 1938년 국민총동원법의 공포 이후는 내선일체의 정책에 의해
대부분의 법률에 일본의 법을 그대로 적용하였으며, 특히 국민총동원법이 실제
로 실시되게 되자 조선에서 모든 분야·계층에 대해 정책의 선전 내지 언론통
제가 행해졌다. 이 시기는 일본의 조선통치 기간에서 제5단계에 해당하는 제5
차 언론통제기간이다. 따라서 언론의 통제내용, 방법에서도 가장 엄격하였으며
내용에 있어서도 모든 분야를 그 통제의 대상으로 삼고 있었다고 말할 수 있다.

2. 조선에 있어서 물자통제와 언론

만주사변 이후 일본은 중국에 대해 전쟁준비를 착착 진행해 왔다. 조선반
도를 소위 병참기지로 하여 군수산업공장을 유치하면서 통제경제체제를 취해
온 것이다. 그 일례로 예산안을 들 수 있다. 예를 들면 1937년도(昭和12)의 세

출총액은 30억 4천만 엔이지만, 이것을 일반 행정비와 군사비(육해군성비)로 나누면 전자는 16억 4천만 엔(1936년도 대비 3억 9천만 원 증가), 후자는 14억 엔(1936년도 대비 3억 4천만 원)이다. 다만 일반 행정비 중에는 세제정리와 동반해 변경을 본 지방재정조정 교부금 2억 2천만 엔이 포함되어 있어서 이것을 제외하면 14억 2천만 엔. 따라서 1936년도 대비 증가액도 1억 2천만 엔이 된다. 이것에 의하면 군사비 비중이 1936년도와 비교해 더욱 상회한 것은 명백하다.[137]

한편 국민생활안정의 제반 시설을 담당하는 부분은 약 5천 3백만 엔에 불과해 국방비 신규증액 6억 9천만 엔과 비교하면 1할에도 미치지 않는다. 이처럼 국방비 이외의 모든 국책이 현저하게 압축되어 있는 것은 이른바 준전시체제예산이라 이름 붙여진 이상 피할 수 없는 것이다.

또 이와 같은 군사비팽창에 의한 수입증가, 국제수지균형의 파괴, 환율하락, 악성 인플레이션의 위험성을 저지하기 위한 강력한 통제가 필요해졌다.[138] 예를 들어 어떤 원료의 수입을 제한했다고 한다면 그 원료가 한 두 기업에 편재되는 것을 막을 수 없어 수급조정의 의도는 거의 완수할 수 없게 된다. 그리고 이것을 해결하기 위해 물자의 배급제, 가격통제 등의 여러 가지 통제를 필히 가해야만 하는 상황이 전개되는 것이다.[139]

그래서 법률을 제정해 물자를 통제하는 것을 꾀한 「군수공업동원법」[140]의 발동에 의해 전시동원으로 일반방향이 정해지고, 또 1938년 9월 10일에는 「임시자금조정법」[141]이 공포되어 국내사업자금의 조정을 행하는 것과 동시에 그 사업자금의 공급자원을 증대시킬 수 있었다.

그 때문에 일본정부는 소비절약을 강행하기 위해서는 물가를 상승시켜 자연히 소비절약을 하게 하든지, 혹은 물가상승이 바람직하지 않으면 배급제도로 나아가는 것 외에 방법이 없다고 했다. 일본에서 최초로 배급표를 이용해 배급통제를 실시한 것은 1937년의 생고무에 이어 「면사 배급표제」, 「가솔린 배급표제」, 「동銅 배급표제」 등이 실시되었다.[142] 그 후 일만日滿 전시경제의 일체화를 서두르는 등 조선에도 일본의 물자통제정책이 적용되고 전시물자인 종이와 석유가 통제되어 언론출판물에도 큰 영향을 주게 되었다.

이와 같이 조선에 있어서의 물자통제하에서는 언론사에 대한 통제는 한층 강화되었다. 앞서 지적한 대로 인쇄물과 관계가 있는 석유와 용지가 배급제로 되면서 통제받게 되자 인쇄 작업과 발행부수에 영향을 끼치게 되었다. 당시 조선의 민간지에 대한 종이보급은 일본의 오지王子 제지회사와 거래하거나, 박흥식朴興植계의 선일지물포鮮一紙物鋪라는 중간상인을 경유하고 있었기 때문에 일본시장과 비교해 꽤 고액으로 구입해야 하는 상태였다. 게다가 전쟁 때문에 자금의 갹출, 강제적인 저축 등에 의해 협력이 요구되고 있었다.

게다가 각종 법률 제정에 의해 언론에 대한 규제가 실시되게 되었다. 예를 들면 1941년 2월 제령 제8호 「조선사상범예방구금령朝鮮思想犯豫防拘禁令」이 공포되었다. 이것은 1936년 「조선사상범 보호관찰령」을 강화한 것에 불과하지만, 주요 목적은 조선인의 독립운동사상을 없애 일본정신 혹은 「도의道義」를 체득시켜 전향하게 하는 황민운동의 실천이었다.[143] 또 이미 2년 전인 1939년 10월에는 「국민징용령」이 실시되어 조선인 청년이 강제연행[144]되기 시작했다.

이러한 규칙 등에 의해서도 언론보도는 꽤 위축되었다. 게다가 조선총독부 경무국 도서과가 1939년 6월 30일 「편집에 관한 희망 및 주의사항」을 발표하여 조선의 각 민간신문사에 지시했다. 이 주요 내용은 다음과 같다.[145]

1. 황실의 존엄을 모독할 우려가 있는 기사와 사진은 일절 다루지 말 것. 기사와 사진을 다룰 때는 지극히 정중하게 다루고 더욱이 문자에 오식誤植이 없도록 주의할 것.
1. 왕족, 공족에 관한 기사, 한일합병 후 기술한 문장에는 다음과 같이 모든 점에 주의할 것.
   ① 조선역대 왕의 호에 성상聖上, 금상今上의 자구字句를 사용하지 말 것. 다만 태조, 정조, 순조, 철종, 동비, 민비(명성왕후)에 대한 추존追尊은 사용해도 좋다.
   ② 고종, 순종, 동비에 대해서는 황제·황후를 사용하지 말 것.
   ③ 왕실기사에는 순종 이후(한일합병 이후)의 기사까지 이것을 기입할 것.
1. 조선통치정신에 반하는 기사
   ① 역사에 관해 (1) 한일합병 및 현재까지의 사실史實도 기입할 것, (2) 한일합병 후 기술한 문장에는 아조我朝·본조本朝·대명大明·황명皇明·황조皇朝·천조天朝·천사天使·천병天兵 등의 자구 (3) 숭명배일사상을 고취하여 배일자료를 제공하고자 하는 기사, 한일합병전후의 내

선관계 사실에 대해 비분강개하는 문장문자, 한일합병에 반대한 인물을 칭찬하는 자구 (4) 한일조약·조선합병에 반대하는 인물의 이름 (5) 배외사상을 고취하고 외구를 토벌한 인물을 칭찬하는 기사 (6) 고려말기의 충신전사를 칭찬하는 문장으로 합병이후제작, 기술하여 합병연호의 상황에 비유하고자 하는 기사 (7) 다만 임진왜란에 관한 기사로 일본군의 능묘장굴陵墓藏掘·방화간음·학살 등 잔인한 행위를 나타내는 것과 적적賊·왜구倭寇·오랑캐夷·도추島酋·적추賊酋·왜노倭奴·소노小奴·서적흉추鼠賊凶酋, 영獰의 자구, 단 적敵·장將·왜倭 등 적당한 자구는 상관없다. 그리고 임진왜란과 관계없는「왜」의 글자는 사용해도 좋다 (8) 한일합병의 당사자·공로자의 기사는 말살하지 말 것.

② 연호에 관해 (1) 한일합병 후 기술한 문장에는 원칙적으로 황기皇紀 또는 메이지·다이쇼·쇼와의 연호를 사용하지 말고 서력 및 중국력을 보충적으로 사용할 것 (2) 다만 단기·불기·공기포덕孔紀布德 등의 연호는 정치적 의미가 없는 것에 한해 각 종교파별에 의해 이것을 사용하는 것을 인정한다. (3) 서력은 정치 역사적 의미가 없는 것 및 세계적 기사에 한해 사용할 것

1. 총독진퇴에 관한 기사는 조선통치에 영향을 줄 때가 많기 때문에 함부로 이것을 다루지 말 것.
1. 내선일체 및 내선융화에 관한 기사는 그 예가 극히 적은 것은 유감이다. 이후는 단순히 형식만이 아니라 성의를 가지고 이 종류의 선량한 기사를 보도할 것.
1. 내선관계문자의 사용에 있어서 일본 내지·일본내지인·동경유학생 등 본국을 외국과 똑같이 취급하는 경향이 있지만, 이것은 온당하지 않기 때문에 주의할 것.
1. 조선총독부의 국어장려에 순응하고 이후 가능한 한 국어(일본어)기사를 다수 보도할 것.
1. 사회주의 또 민주주의자로서 운동 중의 소작所作행위는 전향 후에 출판하지 말 것.

이 내용을 분석해 보면 조선총독부가 지금까지 취해온 편집에 관한 방침보다도 더욱 강화되어 있으며, 이번은 특히 조선의 전통문화 혹은 한민족의 정신문화도 철두철미하게 제거해 말살한다고 하는 목적이 강했다고 할 수 있다. 고려말기의 충신전사를 칭찬하는 문장의 금지라든지, 조선연호의 단기, 불기 등의 금지는 지금까지 볼 수 없었던 언론통제였다.

신문사로서는 이러한 편집에 관한 주의사항을 넣어서 신문을 발행해야 하는 상태가 되어 있었다. 요컨대 신문의 유지와 경영이라는 면에서 당국의 검열방침을 지키지 않을 수 없었던 것이다. 따라서 신문자체는 모르는 사이에 논조에서 민족의식이 사라지게 되었다. 그것이 결과적으로 현재 한국의 비판논자들로부터 조선총독정치에 협력하고 어용지로서 노력했다고 비방을 받고 있는 원인이 되기도 한 것이다.

조선의 신문사는 경영면에서도 상당히 곤란한 상태에 빠졌다. 1930년 당시 통계를 보면 일본어신문이 23종, 영문지가 1종, 조선어신문이 7종이었다. 결국 조선어신문은 총독부기관지인 『매일신보每日申報』를 비롯하여 『시사신문』, 『대동大東』, 『동광東光』 등의 친일지가 있으며, 순연한 민간지는 『동아』, 『조선』, 『시대일보』(후에 『중앙』으로 개제) 의 3종에 불과했다. 일본어신문의 23종은 무난히 경영하고 있었지만, 민간 3종은 상당히 힘든 상태였다.

당시의 발행부수는 『조선일보』가 6만 3천 부, 『동아일보』는 5만 5천 부 (1940년 강제폐간직전), 『시대일보』는 그것보다 적었을 것으로 추측되지만[146] 확실한 수치는 불분명하다. 다만 3종을 합해 13만 부 정도로 추정해도 좋을 것이다.

특히 주의해야 할 점은 이들 민간지의 광고주는 대부분이 일본회사라고 하는 점이다. 그것은 식민지통치의 경제침략정책과 함께 조선인의 독립적인 산업은 극도로 배제되었기 때문이다. 그 결과 소위 생산은 하지 않고 소비만을 조장하게 된다고 하는 야나이하라 타다오矢內原忠雄가 말한 식민지적 특수성을 간접적으로 알 수 있을 것이다.

이렇게 조선인 광고주가 없었으므로 각 신문사는 일본의 생산광고주와 직접 연결될 수밖에 없던 것이다. 이것은 이상협(동아일보편집국장)의 활약으로 길을 개척한 것이며 그 후 각 민간 신문사는 동경, 오사카 등에 광고모집을 위해 지국을 설치하고 광고주 탐방에 착수했다. 이 어려운 교섭을 통해 얻은 광고 주주는 대개 레이트크림, 클럽 등의 화장품과 위장약 아이프, 중장탕, 인단 등의 약품이 거대한 지형광고였다.

그러나 이것은 도쿄의 광고료와 비교하면 상당히 싼 가격으로 게재할 수 밖에 없어 그것만으로는 경영난을 타개할 수 없었다.[147] 그것은 최준 교수가 『한국신문사』에서 조사한 당시의 광고요금과 신문광고수의 관계를 보아도 추측해 볼 수도 있다.[148] 이와 같은 상황은 앞서 기술한 민간지만이 아니라 조선에서 발간되는 모든 일본어신문도 같은 상태로 조선내의 광고주 7할이 도쿄, 오사카 등의 광고에 의존하게 되었다.

이러한 광고 상황을 보더라도 민간지의 경영난에 대해서는 조금이나마 추정할 수 있다.

한편 이것과 비교해 총독부기관지인 『경성일보』의 경영은 순조로웠다. 그러나 그 자매지인 『매일신보』가 문제였다. 『매일신보』는 조선어신문이면서도 총독부 기관지였기 때문에 조선인으로부터도 냉대를 받았으며 또 『경성일보』 사원으로부터도 차별받고 있었다.

그 하나의 예로 같은 사옥을 사용하면서도 양 신문사 편집국 사이는 두터운 블록 벽으로 차단되어 있었으며 『매일신보』의 사원은 『경성일보』 사원에 의해 무시당하고 있었다고 할 수 있다. 같은 기관지 사원이면서 일본인이 조선인을 멸시하고 있었다는 것을 의미하지만, 그것은 『매일신보』가 적자만을 내고 있었기 때문에 불만을 품고 있었기 때문이기도 하다. 결국 『경성일보』 사원들은 자기들이 일해서 얻은 이익으로 『매일신보』 사원을 부양하고 있는 것이라고 생각했을 것이다. 실제로 당시 『매일신보』 구독자는 적었으며, 각 관공서가 의무적으로 구독하고 있을 뿐으로 1930년대 동 신문의 서울 시내의 구독자는 수천에 지나지 않았다.[149]

그러나 초기의 『경성일보』 감독 도쿠토미 소호德富蘇峰가 같은 언론인이 같은 건물 속에서 이 같은 블록장벽을 쌓아놓고 어떻게 민중을 지도하려고 하는 것인가라고 말했기 때문에 블록 벽을 부수고 먼저 외형적인 의사소통의 원활은 도모했지만, 심리적 분위기의 타파까지는 이르지 못다.[150] 후에 1938년 4월 29일 『매일신보每日申報』는 자본금 백만 엔의 주식회사로 재발족해 『경성일보』에서 분리 독립하여 『매일신보每日新報』로 개제하기까지 발전했다.[151] 사장은 최린, 부사장은 이상협이었지만, 여전히 경리부장은 경무국 추천의 나가시

마 히사유키長島龜志로 그에 의해 재정의 실권이 장악되고 있었다. 그러나 1938
년 1월과 1939년 2회에 걸쳐 필화사건을 일으켜 책임자가 면직처분을 받는 사
건이 일어났다. 이 두 가지의 사건의 내용을 간단히 기술하기로 한다.[152]

중일전쟁 이후 일본군은 중국대륙을 석권했지만, 이때 일본의 고노에 후미
마로近衛文麿 내각은 중국 전 인민의 지지를 얻고 있었던 장개석蔣介石정부를 부
정하고 왕정위汪精衛와 제휴해 일본군의 원호하에서 이른바 남경정부를 수립했
다. 이때 『매일신보』는 축하비행사절로 유광렬 편집국장을 남경에 파견했다.
그런데 유광렬은 왕정위와의 회견 중 「조선청년은 손문孫文 선생의 대동주의大
同主義에 공명共鳴하는 사람이 있으므로 조선과 중국 청년의 연결을 바라고 있
다.」라는 발언을 했다. 이것이 남경의 일본군 당국과 총독부 경무국 파견원에
게 알려지고 그들에 의해 일본의 「국적國賊」이라고 보고되어 유광렬은 돌아오
자마자 면직처분을 받게 되었다.

또 하나는 이 사건의 1년 전인 1938년 1월의 동 신문 학예면 기사가 문제
가 되었다. 이것은 김진변의 「전쟁과 문화」라는 제목의 수필로 일본헌병대본
부의 가바蒲 대좌(정훈鄭勳)의 적발에 의해 문제가 되자 결국 집필자 김진변은
집필정지처분을 받았고, 학예부장 조용만은 강제 면직되었다.

한편 최린[153]이 『매일신보』의 사장이 된 것은 이례적인 일이었다. 그는 원
래 독립 운동가로 독립선언서에 서명한 민족대표 33인 중의 한 사람이다. 나중
에 손병희의 권유로 천도교에도 입교했다. 그가 언제까지 독립운동을 계속했는
지, 또 어떻게 해서 친일파로 변절했는지에 대해서는 아직 학계에서 논의 중이
다. 다만 필자가 수집한 경기도경찰 비밀서류(경고비京高秘 제1042호의 1) 「최린
등의 행동에 관한 건」에 의하면 경무부장은 다음과 같이 적어서 각 도경찰국
에 보냈다.

「…… 최린은 수일 전 동대문 밖에서 구파舊派 간부 권동진과 회견하고
천도교 신구 양파의 합동을 종용하며 신파新派가 자치운동을 표명하는 것
은 당국의 제주制肘를 받지 않는 수단으로 진정한 목적이 독립운동에 있다
는 것은 다언多言을 요하지 않는다고 한 것에 대해, 권동진도 마음을 움직
였지만 실제 문제로 자치운동을 표명하고, 교도敎徒들에게 절대 독립을 표
시하며 운동을 진행시키는 것의 곤란함을 말하며, 더욱이 일보 양보해서

자치운동을 거쳐 독립으로 향한다고 해도 종래 많은 희생을 감수해온 다
수교도의 통일이 곤란한 것 등 도저히 합동 불가능하다고 하며 재고를 약
속하고 헤어졌다고 ……」154)

  이것을 보더라도 그는 1930년 3월까지는 독립운동을 계속하며 또 전국경
찰에 의해 요감시인물로 낙인찍혀 있었던 것은 분명하다.
  다만 그는 나중에 『매일신보』의 사장이 되며, 또 1940년 10월 1일을 기해
일본전국에서 행해진 「황국 2천 6백년 제」에는 조선 언론계를 대표해 일본을
방문했다. 최린은 친일파로 변심해 『매일신보』의 사장이 된 셈이지만, 사장이
된 것에 의해 실제로는 일본 측의 감시하에 놓이며 더욱이 사장 이하 신문사
전체사원까지도 감시의 대상이 된 셈이다.
  이처럼 조선총독부 기관지인 『매일신보』에까지 언론통제는 심해지며, 마
침내 1940년 8월 10일 『동아』, 『조선』 양 신문도 강제적인 폐간에 이른다. 그
중에서 『동아일보』의 폐간사의 일부를 보기로 하자. 이 폐간사는 김한주가 집
필한 것이다.

  「무릇 보도기관으로서 신문의 사명이 결코 새로운 뉴스의 제공에만 그
  치지 않고 일보 나아가서 변전變轉하는 시류에 처하여 능히 엄연한 비판적
  태도와 부동의 지도적 입장을 견지함에 있음은 주지의 사실이다. 그러나
  이 같은 의의는 특히 과거조선에 있어서 더욱 광범하였음을 볼 수 있으니,
  그것은 극도로 뒤진 이 땅의 문화적 수준에서 귀결되는 필연적 사실이었
  다. 이에 오인吾人은 다시금 본사 주최 내지 후원의 방계적 제반사업과 행
  사에까지 상도想到치 않을 수 없으니, 그 중에는 이미 적으나마 결실된 것
  도 있고 또 개화성육중인 것도 있다. 그러나 한번 뿌려진 씨인지라 오늘
  이후에도 싹 밑에는 또 새싹이 트고 꽃 위에는 또 새 꽃이 필 것을 믿어
  의심치 않는 바이다.」155)

  이 폐간사에도 일본에 대한 저항을 계속하고 있는 것이 엿보인다. 신문은
보도기관으로서 뉴스의 제공뿐만 아니라 변전하는 시대적 조류에 의해 엄연한
비판적 태도와 부동의 지도적 입장을 견지하고 있었던 것은 당연하다. 그래서

조선민족에 대한 계몽적 지도와 독립사상의 고취는 동 신문의 사명인 것을 언명하고 있다. 마지막에는 민족독립의 씨가 뿌려졌기에 언젠가 반드시 열매가 열릴 것을 확신하고 있다고 상징적으로 말하고 있다.

한편 동 폐간지의 3페이지 상단에는 식욕이 당길 정도의 훌륭한 포도가 달려있는 사진을 게재하고 있다. 이것은 상당히 상징적인 것으로 전 사원, 전 민족이 재회하여 하나로 뭉쳐질 것을 시사하고 있다고 할 수 있다.156)

이상 논한 대로 1940년이 되면 조선인 경영의 신문은 모두 폐간되고 일본어 신문조차도 1도 1지(1현 1지)로 통합되었다. 또 총독부 기관지인 『경성일보』, 『매일신보』에도 언론 통제를 가해 조선반도에서 언론은 완전한 전시체제에 돌입했다고 해도 과언이 아닌 상태가 되었다.

미주

1. 緒方貞子(1966)『滿洲事變と政策の形成過程』原書房, p. 7.

2. 鈴木武雄(1939)『大陸兵站基地論解說』綠旗聯盟, p. 7.

3. 同上, p. 16.

4. 鈴木正文(1938)「朝鮮兵站基地論の根據」『朝鮮行政』7月號, 帝國地方行政學會, pp. 24~25.

5. 同上, pp. 24~25.

6. 梶村秀樹(1971) 「朝鮮の社會狀況と民族解放鬪爭」『岩波講座世界歷史(27) 現代4』 참조.

7. 만보산 사건은 1931년 4월 간도지방을 쫓겨나 장춘으로 이주한 조선인 농민이 장춘 근교 만보산 부근의 토지를 중국인 지주로부터 빌려 수전으로 개간하면서 무단으로 용수로를 개삭開削하고 동시에 범람의 위험이 생겼기 때문에 중국인 농민이 중지를 요구하여 5월 31일 중국보안대가 출동해 조선인 9명을 체포했다. 일본 측은 영사관 경찰을 파견해 조선인의 보호와 공사를 강행하였으나, 이에 대해 7월 1일 부근의 중국인 농민 약 500명이 용수로를 파괴하고 2일에는 중일쌍방이 발포하는 사건이 생겼다. 이 충돌로 사망자는 없었지만, 사건이 과대하게 전해진 조선 각지에서 3~9일 보복폭동이 발생, 중국인 109명이 살해된 사건이다. 이것은 일본군이 의도적으로 정보를 조선 전국으로 흘려 조선민중의 독립운동의식을 밖으로 향하도록 한 것이라는 것이 한국사학자의 설이다.

8. 江口圭一(1975)『日本帝國主義史論, 滿洲事變前後』靑木書店, pp. 68~69.

9. 同上, p. 69.

10. 綠川勝子(1969) 「万寶山事件及び朝鮮內排華事件について一考察」『朝鮮史硏究會論文集(6)』 참조.

11. 菊池貴晴(1966)『中國民族運動の基本構造』pp. 380~384.

12. 1차 성명서의 주요 내용은 만주에서의 일본군 행동은 「자국 및 자국신민의 정통正統에 향유하는 권리이익을 옹호하기」위한 조치이며, 부속지 외 봉천, 길림성 등의 출병을 「군사점령이 아니다.」고 주장, 조선군의 파병을 「대외관계에 있어서 사태를 확대시키는 것이라 할 수 없다.」고 하며, 관동군의 만주침략을 「자위」때문이었다고 하

면서 더할 나위 없는 면죄부를 주었다.

13. 2차 성명은 중국의 국권회복운동·배일운동이 「제국의 국민적 생존에 관한 이익조차
착착 파괴하려하는 경향이 확실한 것이다.」라고 말하고, 일본군의 철퇴는 사태를 더
욱 악화시키는 것이라고 발표했다.

14. 영국의 리튼(V.A.G.R. Bulwer-Lytton:1876~1947)이 작성한 「리튼보고서」의 정식
명칭은 「국제연맹일화분쟁조사위원회보고」(The Report of the Commission of
Enquiry into the Sino-Japanese Dispute)이다. 이것은 1931년 11월에 일본 측의
제안에 의해 <국제관계에 영향을 미치는 중일양국간의 평화, 또는 평화가 기초되
는 양호한 이해를 교란할 우려가 있는 일체 사정에 관해 실제로 조사를 수행하여
이사회에 보고하기 위해 5명으로 이루어진 위원회>의 파견을 결정한다. 이 위원회
는 영국의 리튼 경 2세 Earl of Lytton(1876~1947)을 위원장으로 구성되었다. 국제
연맹조사단이 중국의 제소에 의해 일본의 만주침략 진상을 조사하여 보고한 것으
로, 이 조사단은 최종보고서에서 일본의 침략을 인정하는 한편 만주에 지방자치기
관을 설치할 것을 제안한다. 또 리튼 보고서를 가장 일찍 특종한 일본인은 『每日新
聞』(1990년 1월 9일자 참조)의 구스야마 요시타로楠山義太郎 기자였다.

15. 『東洋經濟新聞』 1931년 9월 26일자. 사설; 『東洋經濟新聞』 1931년 10월 10일자. 사설

16. 『大阪朝日新聞』1932년 3월 2일자. 봉천발 특전.

17. 미쓰이三井·미쓰비시三菱·스미토모住友 등의 회사는 1900년대부터 만주·조선에 진
출해 중공업부분에서 활약했지만, 어쨌든 군수산업으로 전쟁을 지원했다는 것으로
한국에서는 현재도 비판받고 있는 기업이다.

18. 鈴木正文, 전게서, pp. 2~27.

19. 水田直昌(1974) 『總督府時代の財政』 友邦シリーズ 第19號, 友邦協會, p. 80.

20. 鈴木武雄(1939) 『大陸兵站基地論解』綠旗 聯盟, pp. 30~31.

21. 金圭煥(1959) 『植民地造船における言論および言論政策史』 博士論文, 國會圖書館所
藏, pp. 247~248.

22. 同上, pp. 16~37.

23. 일본에서는 1934년경부터 농민에게 강요해 온 것으로, 조선에 있어서의 농촌진흥운
동 본질과도 합치하는 것이다. 「자력갱생」의 구체적 조치로 확충을 계획한 산업조합
은 시도지사의 지도하에 읍면의 행정구역별로 설치되어 관료가 농산물의 매각, 농업
자료와 생활필수품의 구입 등 유통조직을 통제했다. 이것은 중간상인을 배제하고 독

점자본에 유리한 시장을 제공해 지주 부농층에 산업조합 하부의 실권을 장악하게 하는 것에 의해 관료와의 연결을 강하게 하여 지주층을 보충 하는 것을 목적으로 한 것이다. 「자력갱생」이란 농민의 자력이 아니라 관료통제에 의한 「갱생」이었다.

24. 金圭煥, 전게서, pp. 249~250.

25. 水田直昌, 전게서, pp. 82~83.

26. 同上, pp. 80~83.

27. 金圭煥, 전게서, p. 274.

28. 金圭煥(1982)『日帝の對韓言論・宣傳政策』二友出版社, p. 190.

29. 이연(1993)『日帝下의 朝鮮中央情報委員會의 役割』西江大言論文化研究所(나남출판), pp. 24~26.

30. 日本國會圖書館憲政資料室所所藏, 齋藤實文書, 742, 「朝鮮農民運動に対する対策」.

31. 기쿠치는 1900년『한성신보漢城新報』사장이었으며, 나중인 1904년에는『대동신보大東新報』를 창간한 사람이다. 그는 합방직후부터 1920년대 중기까지 일본의 조선지배정책에 협력한 인물이다. 특히 사이토의 신임이 두터워 정보수집, 친일단체(보부상단)의 조직, 민족주의단체의 분열공작 등에 참여했다.

32. 오가키 다케오도 합방 전부터 조선침략정책에 활약한 인물로, 특히 가쓰라 타로와 함께 서울에서 친일단체인 「대한협회」를 만드는 일에 참여하는 일도 있다.

33. 鮎貝도 조선에서 기쿠치나 오가키와 거의 같은 활약을 하고 있었으나 종교단체를 조종하고 있었다.

34. 姜東鎭, 전게서, pp. 18~19.

35. 朝鮮總督府(1921)『朝鮮』(1월호).

36. 姜東鎭, 國會圖書館所藏 齋藤實文書 742 「朝鮮民族運動ニ對スル對策」 전게서, pp. 18~19.

37. 정보위원회가 강연회 조직자에게 대개 다음과 같은 요령을 제안한다.
① 합병의 정신과 신 총독의 행정방침, ② 신 시정에 대한 취지설득요령, ③ 문화시설, ④ 치안 관리官吏의 대우개선, ⑤ 지방민에 대한 희망, ⑥ 내선융화.

38. 金圭煥 전게서, p. 261.

39. 內川芳美(1972)「情報部の生みの親育ての親」『新聞研究』別冊 No.8, 新聞協會, p. 96.

40. 橫溝光暉(1975) 『昭和史片鱗』 經濟往來社, pp. 222~223.

41. 同上, pp. 222~223.

여기서 비공식이라는 것은 본래 2성 이상에서 위원간사를 선출하는 위원회를 설치할 경우에는 내각결의를 요하는 내규에 관계없이 어떤 절차도 밟지 않았다는 것을 가리키는 것으로, 이것은 단순히 각 성간의 합의에 근거한 연락회의적인 것이라고 볼 수밖에 없다고 할 수 있다.

42. 橫溝光暉, 전게서, p. 224.

43. 內川芳美(1989) 『マス・メデイア法政策史研究』 有斐閣, p. 194.

44. 內川芳美(1982) 『現代史資料40, マス・メデイア統制1』 みすず書房, p. 645.

45. 同上 p. 644.

46. 內川芳美(1989) 『マス・メデイア法政策史研究』 전게서, p. 194.

우치카와 요시미 교수는 프로퍼갠더에 의해 내외여론의 조작유도를 행한 사례를 들고 있다. 예를 들면 제1차 세계대전 직후 외무성 정보부(1920년)와 육군성 신문반(동년) 및 해군성 군사보급부(1924)의 창설 등을 지적했다.

47. 內川芳美(1989) 전게서, p. 194.

48. 橫溝光暉, 전게서, p. 236.

49. 同上, p. 242.

50. 金圭煥(1982) 『日帝の對韓言論・宣傳政策』, 전게서, p. 261.

51. 內川芳美(1989), 전게서, p. 197.

52. 內川芳美(1982) 『現代史資料40, マス・メデイア統制1』 전게서, pp. 627~641.

이 안의 주요한 내용은 「주로 개전 전 및 전쟁초기에 있어서 총동원에 필요한 정보선전에 관해」서 작성된 것이 되지만, 이 중에서는 중앙정보선전기관으로써 정보국의 임무(정보선전과 검열・단속) 및 조직을 규정하고 있다. 어쨌든 정보선전에 중점을 두고 있었다고 할 수 있다.

53. 內川芳美(1989) 전게서, pp. 230~231.

54. 이 협의회의 멤버는 내각법통제국장관, 내각관방회계과장, 내각정보부장, 법제국제1부장 기획원제1부장 외무성정보부부장, 내무성경보국장, 대장성주계국장육군성정보부장, 해군성군사보급 및 부위원장, 체신성전무국장의 11명으로 구성되었다.

55. 內川芳美(1982) 『現代史資料40, マス・メデイア統制1』 전게서, pp. 273~274.

이 요강내용을 보면 특히 각 성에서 정보국으로 권한을 옮기고 이관 통합한 사무 부분은 다른 항목으로 규정하고 있다. 예를 들면 제2부 규정에 ① 외무성 정보부 사무, ② 내무성 경보국 사무, ③ 육군성 정보부 사무, ④ 해군성 군사보급부 사무, ⑤ 체신성이라고 되어 있는 것을 보면, 우치카와 교수가 지적한 대로 기존의 기관으로부터 통합에 대한 저항이 있었다는 것이 여실히 증명되었다. 그래서 기존기관이 일부 또는 주요한 사무부분을 여전히 확보하며 원래 부서에 남겨놓았기 때문에 통합은 지극히 불완전한 것으로 끝났다고 할 수 있다.

56. 內川芳美(1989) 전게서, pp. 230~233.

57. 「조선중앙정보위원회규정」

제1조 정보 및 계발선전에 관한 중요사항을 조사 심의하기 위해 조선총독부에 조선중앙정보위원회를 둔다.

제2조 위원회는 위원장 1명과 위원 약간 명으로 이것을 조직한다.

제3조 위원장은 조선총독부내 고등관 및 학식경험 있는 자 중에서 조선총독이 이를 명하고 또는 촉탁한다.

제4조 위원장은 공무를 총괄한다. 위원장 사고가 있을 때는 위원장이 지정한 위원, 그 사무를 대리한다.

제5조 위원장 심리로 인정할 때는 조선총독부내, 고등관, 그 외 적당하다고 인정된 자가 회의에 출석해 의견을 진술할 수 있다.

제6조 위원회에 간사 및 서기를 둔다 간사장은 조선총독부 문서과장으로 이것을 임명한다. 간사는 조선총독부 부내 직원 중에서 조선총독이 이를 명하고 또는 촉탁한다. 간사장에는 간사는 위원장의 명을 받아 모든 업무를 정리한다. 서기는 조선총독부내 판임관 중에서 조선총독이 이를 명한다.

58. 조선중앙위원회는 1937년 7월 22일 설치 이후 총회는 매년 1회 개최했지만, 주요 기사를 처리하기 위한 간사회는 매주 월·목요일에 개최, 동년 11월 18일까지 35회 개최했다. 간사회에서 협의 연구된 사항은 정보 및 계몽선전, 국민정신총동원운동에 관한 사항 혹은 각 국과의 주무와 관련 있는 사항으로 각 주무국과에서는 이것의 협의연구 결과에 근거해 주무로 필요한 조치를 강구하고 있었다.

59. 朝鮮總督府(1938)『朝鮮總督府施政年報』pp. 663~664.

60. 朝鮮總督府(1938)『朝鮮總督府施政年報』전게서, p. 664.

61. 同上, p. 665, 이연(1993) 전게서, pp. 44~55.

62. 同上, pp. 10~16.

「정보위원회 간사회 협의 주요사항」은 동 정보위원회가 설립되고 11월 말까지 행한 조선중앙정보위원회의 선전실적이다. 이들 내용은 조선통합 전반에 걸쳐 있어 동 위원회가 총독정치의 중핵적인 기관이었던 것이 밝혀졌다. 다음은 이들 항목 중에서 특히 언론관계에 관한 주목할 만한 사항만을 소개해 두고자 한다.

1. 군사후원연맹의 결성에 관한 건
1. 각종 정보위원회의 설치
1. 통보 매호 등재사항의 협의
1. 시국사진 뉴스를 각 읍면에 배부하는 건
1. 전차 버스 기타 많은 사람이 집합하는 장소에 시국표어 등 게양의 건
1. 시국선전에 우편 스탬프 이용의 건
1. 본부출입 신문기자와의 간담회 개최의 건
1. 출장자는 지방에서 시국선전방책에 대해 연구 토의 회보의 건
1. 그림연극과 환등에 의해 선전방책 연구방법의 건
1. 전 조선 몇 집마다 1권의 비율로 배부해야할 인쇄물 「중국사변과 조선인의 각오」를 언문으로 발간하는 가부
1. 금융조합연합회 발간인쇄물 언문 「금융조합」 8월 26, 7만 발간에 대해 선전이 있을 때 시국기사 제공 의뢰의 건
1. 제1, 2방송 모두 후방미담 방송하는 건
1. 중국어 방송의 건
1. 조선에 있어서 헌금이 전부 본국으로 송부되어 일반국방비로 충당되는 것과 같은 오류시정의 건(신문투서에 관한 것)
1. 본부활동 사진반 활동을 개시한다.
1. 백보환의 시국선전포스터 제작의 건(5, 6천원을 투입)
1. 영화 「후방의 조선」관람비판
1. 조선문예회작 시국가사의 건
1. 본부에 신문관계 설치의 건
1. 외국 및 국내선전에 대한 단속완화 방안의 건
1. 외국인 선교사의 언동에 관한 건

등 106항목으로 적혀 있다.

63. 「朝鮮時局宣傳事務槪要」 전게서, pp. 15~16.

64. 堂本敏雄(朝鮮總督府事務官)(1940) 「朝鮮における情報宣傳」 『朝鮮』 11月號, 朝鮮總督府.

65. (極秘)內閣情報部(計甲23號) 「東亞新秩序建設ニ關スル宣傳方策大綱」 1939년 2월 17일자.

66. (極秘)朝鮮總督官房文書課(1937) 『朝鮮時局宣傳事務槪要』(朝鮮中央情報委員會活動狀況及同會附議事項) pp. 1~3.

67. 同上, pp. 3~4.

68. 綠旗日本文化硏究所(1939) 『朝鮮思想槪觀』 綠旗聯盟, p. 16.

69. 同上, p. 16.

70. 絲屋壽雄(1982) 『社會主義運動思想史1』 法政大學出版部, pp. 262~263.

71. 同上, pp. 269~270. 이 동맹은 창립대회 이후 수십 명의 검거자가 나왔으며, 그 중 13명이 건물파기의 이유로 징역형이 되고, 1921년 5월 9일 2차대회를 간다神田 청년회관에서 개최하기로 했지만, 실행위원의 다수가 개회 전에 검거되어, 다카쓰 마사미치高津正道가 개회를 선언하지만 바로 중지해산을 명받고, 5월 28일에는 「일본사회주의동맹」의 결사가 내무대신에 의해 금지되었다.

72. 絲屋壽雄, 전게서, pp. 305~306.

73. 綠旗日本文化硏究所, 전게서, pp. 16~17.

74. 井出武三郎(1988) 『吉野作造とその時代』 日本評論社, pp. 113~115.

75. 同上, p. 117.

76. 과격사상의 단속은 일본만이 아니라 프랑스가 이미 1894년 7월 18일 「무정부주의적 음모의 금지를 위한 법률」에 의해 무정부주의선전을 목적으로 한 교사·곡비·권유 등을 하는 경우 또 군인에 대해 이와 같은 행위를 선전할 목적으로 그 복종의무위반을 교사한 경우에 처벌했다. 미국에서는 1917년 제1차 방첩법(Espionage Act)으로 군부내무의 불복종을 선동하거나 징병사무를 방해하는 행위를 벌하고 1918년 제2차 방첩법(Sedition Act)은 합중국의 정부형태·헌법·국기 등을 모욕하거나 정부에 대해 반항을 조장하는 이적행위의 언동을 처벌했다.

77. 박용상(1980) 「한국의 언론법사(상) 『신문연구』(겨울호), p. 35.

78. 內務省警務局編纂(1936) 『出版及著作關係法令集』 日本新聞協會, p. 31.
　　제1조 군 질서를 문란하고 재계를 교란하여 타인의 마음을 어지럽힐 목적으로 치안을 방해할만한 사항을 게재한 문서도화로 발행하고, 책임자의 이름 및 주소의 기재를 하지 않고 허위로 기재를 하거나 출판법 혹은 신문지법에 의해 납본을 하지 않은 것을 출판하는 자 또는 이것을 반포하는 자는 3년 이하의 징역 또는 금고에 처한다.
　　제2조 전조의 사항을 게재한 문서도화에 발행하는 책임자의 이름 주소의 기재를 하지 않고 혹은 허위로 기재거나 출판법 혹은 신문지법에 의한 납본을 하지 않은 것을 출판하는 자 또는 반포한 자는 2년 이하 징역 또는 금고에 처한다.

제3조 전 2조의 미수범은 이것을 벌한다. 다만 인쇄자 인본 인도 전에 자수했을 때는 그 형을 면제한다.

제4조 제1조 또는 제2조에 해당하는 것으로 인정되는 문서도화에 대해 진실을 기재하고 또는 성규成規의 납본을 하기까지 지방장관(도쿄부에 있어서는 경시통감)이 그 반포를 저지할 필요가 있다고 인정할 때는 그 인본각판을 차압할 수 있음. 전항의 규정에 의해 반포를 저지당한 문서도화를 반포하는 자는 3백 이하의 벌금에 처한다.

79. 內川芳美(1989)『マス・メデイア法政策史硏究』有斐閣, pp. 189~191.

80. 帝國地方行政學會朝鮮本部編(1935)『現行朝鮮法規編纂 第8卷』法7, 110의 p. 2.

81. 朴容相(1980)「韓國의 言論法史(上)」『新聞硏究』겨울호, 한국언론연구원, pp. 24~26.

82. 高等法院書記課編(1923)『朝鮮司法提要』嚴松堂京城店, p. 890(부칙).

83. 同上, p. 886.

84. 朴容相(1980)『韓國의 言論法史(上)』전게서, pp. 26~27.

85. 帝國地方行政學會朝鮮本部編(1935)『現行朝鮮法規編纂 第8卷』전게서, 法7, 110~110의 3.

86. 1911년 3월 24일 일본국 법률 제20호로 긴급칙령을 발포하고 「조선에 실행하는 법령에 관한 법률」이 제정 공포되어 조선에서 법률을 요하는 사항은 조선총독의 명령에 규정하고 이것을 일본국 내각총리대신을 거쳐 천황의 칙재를 받도록 했다.

87. 朴容相(1980)『韓國의 言論法史(上)』전게서, pp. 30~31.

88. 朝鮮總督府警務局(1929)『朝鮮における出版物槪要』.

89. 桂勳模(1979)『韓國言論史年表』付錄, p. 111; 朴容相(1980)『韓國의 言論法史(上)』전게서, pp. 36~37.

90. 봉건시대의 농지경작제도로 지주가 토지를 소작하는(경작인) 농민에게 대여하고 농민은 이 토지를 빌려 경작해 그 농산물의 일부를 지주에게 공납하는 제도이다.

91. 朝鮮總督府警務局編・金範宇譯『日帝下の朝鮮における狀況, 日帝植民統治秘史』チンア出版社, pp. 81~90.

92. 이 개요에는 일반검열표준으로 주요한 것은 치안질서방해에 관한 사항 28항목과 특수검열표준 5항목에 대해 규정되어 있다. 여기서 특히 소개하고 싶은 것은 일반검열표준의 제2페이지, 풍속괴란의 사항이라는 항목이다. 먼저 ① 춘화음본의 종류, ② 성, 성욕 또는 성애 등에 관한 기술로 음외수치의 정을 일으켜 사회의 풍속과 교화

를 해하는 사항, ③ 음부를 노출하고 있지는 않지만, 추악도발적으로 표현한 나체사진, 회화, 그림엽서의 종류, ④ 선정적 혹은 음외수치의 정을 유발할 우려가 있는 남녀포옹접문(아동은 제외) 사진, 회화의 종류 ⑤ 윤란의 사항, ⑥ 낙태의 방법 등을 소개하는 사항, ⑦ 잔인한 사항 등의 11항목이다.

93. 朝鮮總督府警務局(1936) 「諺文新聞用紙面改善項」 『警務彙報』; 朴容相(1980) 「韓國의 言論法史(上)」 전게서, pp. 39~40.

94. 大藏省管理局(1946) 「敎育文化政策とその實績」 『日本人の海外活動に關する歷史的調査』 通卷第4冊, 朝鮮編 第3分冊, p. 9.

95. 大藏省管理局(1946) 『日本人の海外活動に關する歷史的調査』 전게서, pp. 10~26.

96. 1919년에 세워진 초등학교의 3면 1교 계획은 8개년이지만, 그것을 4년간으로 단축하고 1922년에 완성하는 것으로 변경했다. 1928년 5월에는 관립1, 공립1123, 사립80, 계1500으로 그 수는 2면 1교를 넘어 1929년부터 8개년 계획으로 1면 1교 계획으로 바뀌었다.

97. 朝鮮總督府(1932) 「京城帝大開學式」 『朝鮮』 11月號, p. 175.

98. 大藏省管理局(1946) 『日本人の海外活動に關する歷史的調査』 전게서, pp. 18~19.

99. 綠旗日本文化硏究所(1939) 『朝鮮思想界槪觀』 綠旗聯盟, pp. 21~22.

100. 八木信雄(朝鮮總督府學務課長)(1938) 「學制改革과と義務敎育の問題」 『今日の朝鮮問題講座(3)』 綠旗聯盟, pp. 12~22.
   ① 국체명징교육은 만세일계万世日系의 황통을 절대부동으로 하는 국체관념을 전국민에 대해 확호불발로 북돋아주어야 한다는 것이다. 우리 천황은 국가 조조肇造 신들의 신예神裔로 현인신으로 계시며, 황조皇祖의 신칙神勅을 받들어 신성불가침의 통치권을 총람總攬해 계시어, 신민 종본가의 가장으로 황송하게도 우리들 동포를 아들과 같이 애무해 주시는 것이다. 즉 「군신일체」, 「충효일체」의 우리 국체는 실로 만방무비 만고불이의 대이상으로, 이것을 더욱 명징하고 공고히 하는 것이야말로 황국신민교육의 근본목적이다.
   ② 내선일체에서 가장 중요한 것은 신애협력信愛協力이다. 내선상호 서로 공경하고 서로 신뢰하여 비로소 여기에 원만한 내선일체의 세계가 완전해지는 것이다. 서로 관대한 마음으로 접하며 「관용」과 「신애」를 잃어서는 안 된다.
   ③ 인고단련이라는 것은 진지한 태도로 스스로의 혼을 넣어 난행과 고행을 쌓아서 새로운 천지개척에 노력하는 것이다. 스스로의 땀에 의해 이마에 방울지는 땀에 의해 스스로의 운명을 개척하려 진격하는 태도이다. 항상 일사군국에 신봉할 각

오로 헌신보고의 정신을 불태우는 것이다.

101. ① 임금을 섬기는 것은 충으로 한다(사군이충).

② 부모를 섬기는 것은 효로 한다(사친이효).

③ 친구와 사귀는 것은 믿음으로 한다(교우이신).

④ 전쟁에 임해서는 물러서지 않는다(임전무퇴).

⑤ 살생은 신중하게 골라서 한다(살생유택).

등으로 유교·불교·선 3교의 정신을 기본으로 하고 있다.

102. 大藏省管理局(1946)『日本人の海外活動に關する歷史的調査』전게서, pp. 21~22.

103. 大藏省管理局(1946)『日本人の海外活動に關する歷史的調査』전게서, p. 27.

104. 당시 조선학교, 관공서의 대부분이 일본어를 사용했다. 국철의 경우 일본어로 이야기하지 않으면 표를 주지 않았으며, 학생이 친구들과 조선어로 이야기하면 처벌을 받았다. 또 군대에서도 일본어만 사용하고 조선어는 방첩상의 이유로 절대 금지되어 학부형으로부터의 통신도 일본어로 한정되어 있었다.

105. 大藏省管理局(1946)『日本人の海外活動に關する歷史的調査』전게서, p. 55.

106. 新聞用語研究會(1939)「朝鮮同胞呼稱竝新聞雜誌記事取扱座談會」p. 26.

107. 新聞用語研究會(1939) 전게서, p. 1.

108. 新聞用語研究會(1939) 전게서, p. 1.

109. 新聞用語研究會(1939) 전게서, p. 6.

110. 『大阪朝日新聞』1939년 10월 19일자.

111. 『大阪朝日新聞』1939년 10월 19일자.

112. 新聞用語研究會(1939) 전게서, p. 7.

113. 新聞用語研究會(1939) 전게서, p. 12.

114. 新聞用語研究會(1939) 전게서, p. 13.

115. 新聞用語研究會(1939) 전게서, p. 15.

116. 「조선동포 호칭문제에 관한 오사카부 협화회 의견」

1. 종래 각 신문에 있어서 조선인에 관한 기사게재를 할 때에 반도동포, 조선동포, 조선출신자 등의 문자와 어구를 많이 사용하며 드물게 선인鮮人이라는 호칭도 사용하지만, 조선은 이미 합병 이후 30여 년이 경과해 제국의 판도로 제국영역의 한 지

방으로 간주해도 지장이 없고, 또 근래 특히 내선일체론이 고창되어 민족적 의식의 배제와 내지동화정책의 철저가 고려되고 있는 실정에 있다. 따라서 신문기사에 있어서 표제어 문자에 특히 「반도동포」 등의 말을 사용하면서 조선인이기 때문에 특히 보도가치를 인정하고자 하기 위한 이와 같은 태도는 이미 포기되어야만 하는 것으로 이것을 포기하면 조선인의 호칭에 대해 특히 연구할 필요가 없다.

예를 들면 종래 신문기사에 있어서 특히 규슈인九州人 동북인東北人이기 때문에 보도가치를 인정해 기사의 표제어로 「규슈동포 헌금하다」라든지 「범인은 동북인」 등을 사용한 예도 또 심요心要없는 것이라 사료되는 것처럼, 장래는 조선인에 관한 이런 호칭을 전부 폐지해야 하는 것으로 하등의 특수한 호칭을 연구할 필요가 없으며, 또 조선인이기 때문에 이것을 표제어를 붙여서까지 이것에 관한 기사의 가치를 인정할 필요가 없다.

만약 기사의 사정상 어쩔 수 없이 호칭을 필요로 하는 경우는 「조선출생, 조선인」 등의 통상의 단어를 사용하거나, 혹은 본국인과 마찬가지로 조선, 군, 면처럼 본적지를 기재할 것. 특히 반도동포 등의 말을 사용할 필요 없다. 또한 덧붙여 「선인鮮人」 문자는 절대 불가이다.

117. 新聞用語硏究會(1939) 전게서, pp. 20~21.

118. 新聞用語硏究會(1939) 전게서, pp. 22~23.

119. 朴晟義(1982) 『日帝의 文化侵奪史』 玄音社, p. 309.

120. 朴慶植(1986) 『일본제국주의의 조선지배』 도서출판사, p. 387.

121. 文定昌(1986) 『軍國日本朝鮮强占36年史』 下卷, 柏文堂, p. 354.

122. 綠旗日本文化硏究所(1940) 『氏創設の眞精神とその節次』 綠旗聯盟, pp. 16~20.

123. 朴慶植(1986) 『일본제국주의의 조선지배』 전게서, p. 388.

124. 綠旗日本文化硏究所(1940) 『氏創設の眞精神とその節次』 綠旗聯盟, pp. 14~15.

125. 기획원은 국가총력전 계획의 책정, 수행에 관한 각 성청의 조정을 행하고, 총합국력의 확충운용에 관한 계획의 입안을 행하는 기관으로 전시통제경제의 실행기관이 되는 것이었다. 여기는 각 성에서 통제경제의 담당자인 혁신관료가 모여 전시체제 수립의 중심이 되었다.

126. 藤原彰(1982) 『日中全面戰爭, 昭和の歷史第5卷』 小學館, pp. 133~134.

127. 高崎隆治(1987) 『戰時下のジャーナリズム』 新日本出版社, pp. 33~34.
   1. 반전 또는 반군사적 언설을 하고 혹은 군민 이간을 초래하는 것과 같은 사항

1. 우리 국민이 호전적 국민이라는 인상을 주는 것 같은 사항, 혹은 우리나라의 대 외국책을 침략주의적인 것 같이 의혹시킬 우려가 있는 사항

1. 외국신문 특히 중국신문 등의 논조를 소개할 때 특히 우리나라를 비방하고 우리 나라에 불리한 기사를 전재하며 혹은 이들을 용인하고 긍정하는 듯한 연설을 하 고, 따라서 일반국민의 사변에 대해 판단을 잘못할 우려가 있는 사항

1. 전 각 항목이 시국에 관해 공연히 인심을 자극하고 따라서 국내치안을 교란시키 는 사항

128. 塚本三夫(1986) 『實錄, 侵略戰爭と新聞』 新日本出版社, pp. 211~213.

129. 高崎隆治(1987) 『戰時下のジャーナリズム』 新日本出版社, p. 33.

130. 朴容相(1980) 「韓國의 言論法史(上)」 전게서, pp. 41~42.

131. 朴容相(1980) 「韓國의 言論法史(上)」 전게서, p. 43.

132. 日本新聞協會(1956) 『日本新聞協會10年史』 p. 16.

133. (秘)朝鮮總督府(1938) 「朝鮮總督府時局對策調査委員會諮問答申書」 9월號, p. 173.

134. 同上, p. 173.

135. 內閣情報部(長浜功編)(1988) 『國民精神總動員運動, 民衆强化動員史料集成』 明石書 店, pp. 327~328.

136. 同上, 328~329.

137. 東洋經濟新報社編(1936) 「準戰時體制下の政治社會政勢」 『日本經濟年譜』 第26集, pp. 267~268.

138. 同上, 268.

139. 東洋經濟新報社編(1937) 「各經濟部面の分析と透明性」 『日本經濟年譜』第30集, pp. 99~100.

140. 군수공업 동원법은 크게 4가지로 나눌 수 있다.

① 정부는 군수공업 및 그것에 공급하는 원료연료제조공장, 전력동력발생공장의 전 부를 관리사용 수용할 수 있다.

② 정부는 또 군수품의 생산수리저장을 위해 토지가옥 그 외 공작물을 관리할 수 있다.

③ 정부는 선박, 해군연락수송설비, 철도궤도 그 외 수송용 물건을 관리할 수 있다.

④ 이상의 ①②③의 경우 그곳에서 일해야 하는 종업자를 공용시킬 수 있다.

⑤ 이상에 대한 배상에 관해서 사용 또는 수용 시에는 징발령 규정이 준용되어 보 상금액은 별도 칙령으로 정해진다.

141. 「임시자금조정법」은 국내자금의 사용을 조정하는 것이 목적이며, 본 법에 의한 자금조정과 수입환의 허가와는 개별 문제였다. 한편 동법은 불급 불요한 방면에 대한 사업자금의 조정과 공급자원의 확대가 본 취지였다. 사업자금의 조정에 대해 금융기관의 사채 인수, 자금의 대부 및 회사의 신설, 증자, 자기자금에 의한 공장 등의 신설, 확장, 개량 등을 정부의 허가 또는 인가사항으로 하는 것이다. 다만 실제로는 이들 당업자가 정부가 제시하는 표준에 따라 자치적으로 조정하는 것으로 그 경우에는 정부의 허가 또는 인가를 필요로 하지 않는 것으로 했다.

142. 東洋經濟新報社編(1938)「戰時體制に向ふ産業界」『日本經濟年譜』第31號 pp. 44~44.

143. 鈴木敬夫(1989)『法を通じて見た朝鮮植民地支配に關する硏究』成東文化社, pp. 317~318.

144. 조선인 강제연행진상조사단편(1976)『조선인 강제연행·강제노동의 기록, 홋카이도北海道·치시마千島·사할린樺太편』현대출판회; 依田憙家(1972)「第2次大戰下朝鮮人强制連行と勞動對策」『社會科學討究』早稻田大學 第17卷 第3號, p. 69 이하.

145. 崔埈(1992)『(新補版)韓國新聞史』一潮社, pp. 281~283.

146. 同上, pp. 285~286.

147. 同上, pp. 287~288.

148. 同上, pp. 288~289.

광고료단가	1926년	1936년
① 동아일보	5호1행 보통 1원	5호1행 1원
	5호1행 특별 2원	지정료 50전
② 조선일보	5호1행 보통 1원	보통 1원50전
	5호1행 특별 2원	
③ 중외일보	5호1행 보통 1원 20전	보통 1원 20전
	5호1행 특별 1원 20전	특별 2원
④ 매일신보	5호1행 1면 30전	보통 1원
	5호1행 2면 35전	특별 2원

각 신문광고행수와 광고주의 지역

① 동아일보	1925년도	국내	302,672
		동경	300,265
		오사카	149,028
	1931년도	국내	319,646
		동경	318,752
		오사카	243,270

② 조선일보	1931년도	국내	416,084
		동경	364,737
		오사카	209,235
③ 매일신보	1925년도	국내	219,617
		동경	262,750
		오사카	138,560
	1931년도	국내	535,333
		동경	540,831
		오사카	194,157

149. 崔埈, 전게서, p. 295~296.

150. 崔埈, 전게서, p. 295~296.

151. 『매일신보』 사장 마쓰오카 마사오松岡正男는 『경성일보』로부터의 분리경영에 반대한 사람이다. 그러나 사이토 마코토齋藤實 총독시대의 아사리淺利 경무국장은 최초부터 맹렬한 분리론자였다.

152. 崔埈, 전게서, pp. 296~297.

153. 최린(1878~)은 독립운동당시 민족대표 33인 중의 한사람이다. 1902년 일본육군사관학교졸업, 1904년 한국 황실 특파유학생으로 동경부립 제일중학입학, 일본유학생회를 조직하고 회장, 1909년 명치대 법학과 졸업 후 귀국, 보성고등학교장 등을 역임하며 항일구국운동에 투신, 1918년 천도교간부들과 독립운동을 논의, 3·1독립운동 때 민족대표로 활약 중 체포되어 3년간 투옥, 1934년경 친일파로 변절하여 중추원참의, 『매일신보』 사장이 되지만, 조선전쟁 이후 월북했다.

154. 경기도경찰부(경고비 제1042호의 1) 「최린 등의 행동에 관한 건」 1930년 3월 12일.

155. 『동아일보』 1940년 8월 10일자, 폐간사.

156. 『동아일보』 卷1, 1975년 p. 390.

제 8 장　　태평양전쟁과
언론통제의 강화

제 1 절　전시하의 조선의 언론통제

일본은 1930년대가 되자 국내적으로는 파시즘의 정정政情하에 놓이게 되고, 대외적으로는 1931년 만주사변, 1932년 국제연맹탈퇴, 1934년 워싱턴해군군축조약파기, 1936년 제2차 런던군축회의탈퇴 등에 의해 국제적 고립화의 길을 걷기 시작했다. 동시에 독일도 1933년의 히틀러정권성립과 국제연맹탈퇴, 1935년의 베르사유조약 군축조항파기, 1936년 라인랜드진주 등에 의해 역시 고립화되며 일본과 독일은 침략국가로 국제적으로도 격한 비난을 받게 되었다.[1)]

일본은 양대 전쟁(러일·중일)을 수행하면서 이른바 「대동아공영권건설」이라는 정책을 계속 취해 왔다. 대동아공영권정책의 주요 내용은 동아시아의 신질서와 남진정책이었다. 즉 동아시아 신질서라는 것은 「일본, 만주, 중국」의 경제적 블록화이고 남진이란 네덜란드령 동인도의 자원의 확보이다.[2)] 이와 같은 정책이 결국 1941(昭和16)년 12월 8일의 태평양전쟁발발의 계기가 되었다고 할 수 있다. 그것은 종래의 대륙정책인 「북진주의정책」을 버린 것이 아니라 오히려 막다른 길을 타개하기 위한 군사행동이었던 것이다.

태평양전쟁의 공격 방향은 동남아시아로 미국, 영국, 네덜란드, 프랑스를 적으로 한 것이다. 태평양전쟁의 발발은 일본군의 진주만공격으로 시작해 이

뉴스가 일본에 처음 전해진 것은 12월 8일 오전 7시의 NHK라디오시보에 이
은 임시뉴스였다. 이날의 라디오프로그램은 「임시뉴스」와 군가만으로 가득 채
워졌다. 그 후 전쟁의 확대, 장기화와 함께 방송을 포함한 매스미디어는 문자
그대로 전쟁미디어로 사용되었다.3)

   이처럼 태평양전쟁하에서 매스미디어는 일본정부의 강한 통제하에 놓이게
되었다. 매스미디어는 종래와 같은 「시달」, 「통고」 등에 의한 통제가 아닌 국
가총동원법에 근거한 법률에 의해 통제되게 되었던 것이다.

   예를 들면 방송은 개전 다음날부터 「국내방송 비상태세 요강」에 의해 체
신성, 정보국과 방송협의의 연락회의가 프로그램편성의 주도권을 잡게 되고,
더욱이 1942년 2월에는 「방송의 모든 권능을 들어 대동아전쟁 완수의 매진 기
본방침」에 의해, 「육군의 시간」, 「해군의 시간」을 만드는 등 군부의 대본영육
해군의 보도부는 단순한 지도와 통제가 아닌 프로그램 편성까지 직접 장악하
게 되었다.4)

   신문은 전쟁 전인 1941년 1월 11일에 정해진 「신문지 등 게재 제한령」과
「신문사업령」(12월 13일) 그리고 12월 19일에 공포된 「언론·출판·결사 등 임
시단속법」 등에 의해 전시체제의 언론통제하에 놓이게 되었다. 이들 법률의 목
적은 두 가지를 들 수 있는데, 하나는 시국에 대한 「조언비어助言飛語를 하는
자」, 「인심을 어지럽힐 만한 사항을 유포하는 자」를 처벌하는 것이며, 또 하나
는 정치에 관한 결사와 집회를 신고제에서 허가제로 하는 것이다. 이들은 말할
필요도 없이 악선전의 일소를 도모한 것이다.5) 1942년 2월 24일에는 전시형사
특별법과 전시범죄의 규정을 확충하기까지에 이르렀다. 이와 함께 조선에서는
1941년 「조선임시보안령」(제령 제34호)을 공포하고 「언론, 출판, 집회, 결사 등
임시단속법」을 강화하게 된다.6)

   한편 전쟁이 발발한 당시 일본방송협회의 라디오방송국은 도쿄중앙방송국
외 43국의 지방네트워크를 가지고 있었으며, 이 중 도쿄, 오사카, 나고야방송
국의 3국은 제1, 제2의 두 개의 이중방송을 실시하고 있었기 때문에, 실제로는
46종의 국내라디오전파가 흐르고 있었다고 할 수 있다.7) 물론 조선의 경성방
송국도 이중방송으로, 부산중계소가 일본의 방송을 수신해 경성, 평양, 만주에
까지 전파하고 있었다. 당시 일본의 국내방송도 전시선전에 착수했지만, 특히
조선에서의 선전방송은 중국·소련 등에 주는 전시선전효과가 높았기 때문에

중요한 역할을 완수했다고 할 수 있다. 방송은 그 보도내용이 강화되어 큰 전과를 전하는 뉴스의 전후에 레코드를 연주해, 육군은 「분열행진곡」, 해군은 「군함행진곡」, 육해공동의 경우에는 「적은 몇 만」이 방송되었다.8)

이와 같은 것은 일본방송협회가 「전시방송업무처리요령」9)(정식결정은 동년 12월 11일)에 의해 국민의 전쟁에 대한 의식을 앙양시키기 위해 전시체제 방송을 실시했기 때문이다. 전시체제의 방송은 4가지 점에 주안점을 두고 있었다.

① 전파관제에 의해 도시방송을 중지하고 전국방송프로그램을 하나로 했다.
② 뉴스를 우선적으로 편성해 전황, 국책 등의 뉴스를 중심으로 오전 6시부터 오후 11시까지 매시간의 시작에 방송했다.
③ 국민의 사기를 고무하기 위해 음악을 빈 시간에 편성해 용장한 행진곡이나 군가 가요를 방송했다.
④ 야간 9시부터 10시까지의 1시간은 특히 장대한 음악이나 명랑한 연예를 편성해, 국민의 전쟁추진 정신력을 함양하는 시간으로 했다.

상기의 「전시방송업무처리요령」에 의해 모든 방송업무처리는 방송사령부에 귀속되어, 그것에 의해 어떠한 방송업무에 관한 것이라도 통제가 가능하게 되었다. 따라서 당시는 전국방송의 네트워크를 일원화해서 내보냈다. 또 방송은 뉴스를 중심으로 군가, 행진곡 등의 전쟁하에 있어서 정신력강화에 중점을 두는 프로그램을 편성했다. 방송은 신문보다 자극적인 청각효과가 크다는 것을 이용하여 전쟁의식고취를 도모했다.

한편 정보국은 비상사태에 있어서 방송 본연의 자세에 대해 「전시방송업무처리요령」보다도 구체적이며 보다 상세한 「국내방송비상태세요강」을 정했다. 즉 개전을 결정한 정부가 동년 12월 5일자로 다음과 같은 동 요강을 관계기관에 전달하고 정보의 지도 감독을 한 것이다.10)

1. 방송의 일원적 통제를 강화하기위해 지방 각 국에서의 전국중계를 중지하고 원칙적으로 도쿄발 전국중계 또는 지방방송으로 한다.
1. 도시방송(제2방송)을 중지하고 전국 일중一重 방송으로 한다.
1. 방위총사령부, 각지 군사령부 및 각지 진수부鎭守府 및 경비부에 원칙으

로 중계용 마이크의 설치, 아나운서, 중계담당, 기술담당의 근무를 하게
한다.

1. 방공하령防空下令 그 외 작전용병에 관한 사항은 방위총사령 또는 각지
   군사령부에서 직접 방송을 하는 것으로 한다.
1. 수상관저 방송실을 정보국 방송실로 겸용하고 아나운서 중계담당, 기술
   담당을 상근시키다.
1. 대본영 및 체신성의 연락상 필요한 시기에 있어서 전파관제를 시행한다.
1. 경계관제중警戒管制中은 방송프로그램은 관청공시사항, 뉴스, 레코드음악
   에 중점을 두고 강연, 연예, 음악 등 일반방송은 인심의 안정과 국민사
   기앙양을 중심으로 하여 적극적인 활용을 도모한다.
1. 중요시에는 방송아나운서로부터 청취자로 하여금 항상 수신기에 스위
   치를 넣어 두는 것과 같이 고시한다.
1. 적 공습과 동시에 원칙으로 전파의 발사를 휴지한다.
1. 공습경보해제 또는 필요한 경우는 적기퇴각과 함께 다시 전파를 발사한다.

이 내용은 상당히 구체적이며 실제 각 방송국이 실시해야하는 것으로 규
정되어 일본방송협회가 준수해야 할 항목으로 통달되었다. 이들 요강에 의해
일본방송협회는 방위총사령부의 지시 및 통제하에서 방송을 하게 되어 실질적
인 국가관리체제하에 놓이게 된 것이다.

일단 신문에 대한 통제에 대해서 일본정부는 법률에 의한 직접적 통제보
다도 간접적인 통제를 시도하고자 했다. 즉 종래의 자발적 통제조직인 「신문연
맹」은 1942(昭和17)년 2월 5일 「일본신문회」로 조직이 변경되었다. 즉 1941년
12월 13일 신문사업령과 20일 동 시행규칙에 근거해 「일본신문회」가 설립된
것이다. 이 신문회는 신문연맹을 강화한 통제기관으로 관청 권한을 이것에 위
양시켜 신문의 통제, 정리를 조성하게 되었다. 만약 이에 위반하는 것이 있으
면 법령에 의한 폐간·정간의 극형까지 부과하는 강제적인 성격을 가지는 신문
통제기관이었다.[11]

이와 같이 해서 신문통제기관은 정비되고 다음은 신문사업령에 근거해 신
문사의 통폐합을 추진했다. 이것은 신문회 회원 104사에 적용한 것으로 1942
년 7월 24일 내각정보국은 전국 신문사의 통합방침(1현縣 1지紙 주의)을 다음과

같이 발표했다.12)

도쿄도東京:　　　전국지 3, 블록지 1, 업계지 1
오사카시大阪:　　전국지 2, 블록지 1, 업계지 1
나고야시名古屋:　중부 블록지 2지紙로 하지만 가능한 한 1지紙로 통합한다
　　　　　　　　　(아사히, 마이니치는 나고야 발행을 철폐한다).
후쿠오카시福岡:　규슈 블록지 1(아사히, 마이니치의 북규슈 발행은 조선, 대만
　　　　　　　　　을 고려하여 존속을 가능하게 한다).
기타 각 부현府縣은 1지紙로 한다.

이와 같은 결정에 의해 신문계는 자발적으로 통합에 착수했다. 그 결과 일본신문회회원은 당초의 104사에서 불과 55사로 축소되었다.

신문회는 그 외에도 기자등록제, 기자회개조改組, 신문경영조사, 통제자재統制資材의 확보 등 신문연맹으로부터 이어받은 모든 사업의 통제업무에 착수했다. 또 신문회는 설립 이후 강력한 통제력을 발휘하여 신문의 편집에서 영업에 이르기까지 신문에 대한 지도 혹은 통제를 실시했다. 다만 신문회는 창설 3년으로 그 사명을 다하고 업무면의 사항만을 남기고 1945년 3월 1일 해산한다.

여기서 주목하고 싶은 것은 신문통합의 문제이다. 즉 100사 이상의 기존의 신문사를 전시하「물자통제」와「국론통일」이라는 미명하에 신문사를 통폐합한 것이다. 이때 1현縣 1지紙를 원칙으로 55종으로 통합되었다. 이 1현 1지와 같은 신문통폐합은 국민에 대해서는 우민화정책이며 신문사에 대해서는 무력화정책이었다.

반면 신문통합에 의해 창설된 새로운 현지縣紙는 모두가 급격하게 부수증가를 이뤄 동시에 경영면에서 현저히 향상되었다. 또 지분합동 이후는 중앙지의 지방 진출이 허가되지 않았기 때문에 지방지의 경영면은 상당히 좋은 상태가 되었다. 통합에 의해 신문통제를 실시한 당국으로서는 단속이 매우 용이해졌으며, 그 대신 신문사측의 경제면은 어느 정도 보장되게 되었다. 이처럼 신문사는 경영적으로는 좋은 상태가 되었지만, 언론기관이라고 하는 스스로의 사명은 완수할 수 없게 되었다.13)

이 같은 일이 1980년 전두환 정권당시 한국에서도 행해져 1도 1지라는 통

폐합 조치에 의해 지방지는 신장하게 되었고 중앙지도 경영적으로 안정되었다. 그런데 일본의 경우와 같이 결과적으로는 국민에 대한 정부 홍보지의 역할을 하며 언론사라는 본래의 사명은 이룰 수 없게 되었다고 할 수 있다. 즉 태평양전쟁 중 신문사의 통폐합에 의해 신문사측은 스스로의 역할을 잃고 전쟁의 도구미디어로 변한 것이다.

이와 같은 상황 하에서 신문기자도 전시하의 보도통제에 의해 양 질적으로 변해야만 했다.

구체적으로는 페이지 수 감소에 의한 기사량의 격감, 또 전시뉴스의 증가에 의한 일반기사의 압축 등을 지적할 수 있다.14) 또 하나 중요한 것은 전시하에서 신문의 보도내용이다. 즉 신문이 언론기관으로 독자에 대해서 오피니언 리더로서 어떠한 지도성을 발휘하고 여론을 형성했는가라는 점이다.

현재의 신문보도 중에서 특히 뉴스보도는 모든 보도 중에서도 중핵을 이루는 것으로 사회생활의 정보원으로 정확성을 기본으로 하는 것이다. 그럼에도 불구하고 태평양전쟁하의 뉴스보도는 상당히 정확성이 결여되었던 것이라고 할 수 있다. 그것은 중립국 등을 경유한 것이 많았고 정보원 그 자체가 부족해 전황뉴스는 대본영발표에 한정되어 있었기 때문이다. 전황보도는 권력에 의한 관제보도로 군부의 통제하에서 표현의 자유는 봉쇄되어 진실을 추구한다고 하는 언론기관의 대원칙은 포기한 상태였다. 당시의 신문은 대본영 발표에만 의존해 진실의 보도, 엄정한 비판의 중책을 충분히 완수할 수 없었지만, 이 통제에 대해서 저항한 흔적도 찾아볼 수 없었다.15) 물론 전쟁 전에는 군부와 언론통제를 비판했던 기류 유유桐生悠悠나 마사키 히로시正木ひろし 등이 있었지만, 1941년 이후는 완전히 라고 해도 좋을 정도로 비판언론인이 사라져 버렸다.

그러면 이에 대해 조선에서의 언론통제는 어떻게 이루어지고 있었는가에 대해 분석하고자 한다.

태평양전쟁은 「대동아공영권건설」의 확립이라는 슬로건에 의해 발발한 것이다. 당시 도조 히데키東條英機 내각은 태평양전쟁의 주요 목적으로 ① 신질서의 확립 ② 식민지해방 ③ 대동아공영권의 확립 등을 들며 목적을 달성하기 위한 전쟁의 불가피성을 반복해 강조했다.

그래서 조선민족에 대해서는 태평양전쟁은 식민지해방을 위한 것으로 일본군에 대해 협력할 것을 호소한 것이다. 이것은 어디까지나 태평양전쟁에 조

선국민을 끌어들이려 한 슬로건으로 조선민족에 대한 해방과 독립이라는 것은
명분에 지나지 않았다. 1942년 7월 4일자『도쿄니치니치신문』에 게재된 「일본
없이는 대동아공영권 없다」라는 사설을 보아도 알 수 있다. 이 사설은 황국신
민중심의 사상하에서 쓰인 것이다. 당시 그 외의 신문사설을 보더라도 식민지
민족이나 해방을 바라는 모든 민족에 대해서 배려한 논조는 조금도 보이지 않
고 황국신민만이 강조되어, 국민일치에 의한 전쟁완수에 매진해야 한다고 하는
취지의 내용만이 적혀 있다.16) 조선에 대해서 태평양전쟁의 대륙전진기지로서
의 역할을 최대한으로 발휘하게 하여 전쟁의 목적수행에 공헌할 것만 강조하
고 있다. 태평양전쟁의 임무를 완수하기 위해 조선인에 대해 3가지 역할을 요
구하고 있다. ① 첫째는 식량의 공급 ② 둘째는 지하자원 및 중공업의 개발
③ 셋째는 역무 및 징병의 동원이었다.17)

　　조선에서 식량증산계획은 만주사변 이후 중일전쟁을 계기로 식량증산운동
이 다시 부활되었다. 특히 태평양전쟁의 발발과 함께 식량은 제2의 병기가 되
어 증산계획이 추진되었다. 1939년은 대가뭄으로 미작이 미증유의 흉작인데도
불구하고 일본에 반출할 미곡과 국내의 부족한 군량미를 우선확보하기 위해
조선으로부터 쌀을 매년 약 9백만 석 수입하고 있었으며, 대만으로부터도 5백
만 석의 쌀을 수입하고 있었다. 이 수치는 말이 수입이지 실제는 조선의 연평
균 쌀 수확고 1천 7백만 석의 2분의 1 이상에 해당하는 양으로 가히 수탈에
가까운 수치다.18) 당시 양곡공출제는 일본이 식량부족을 해결하기 위해 농민
들에게 강제로 양곡을 내놓도록 강요하여 매입하는 제도이다. 공출은 총독부로
부터 공출명령이 도에 하달되면 '농회'나 '국민정신총동원부락연맹'을 단위로
'출필행회(必行會)' 조직하고 총협화(總協和)의 정신에 따라 자발적으로 공출하
는 방법이다. 그러나 1940년대 초에는 극심한 한해와 수해 등으로 공출이 제
대로 이루어지지 않자 경찰 및 관련기관의 공출 독려원 등에 의한 공출 독촉
이 심해지고 심지어 공출하지 않은 농민의 검거, 가택 수사까지도 이루어졌다.
　　「한 톨이라도 많은 쌀」이라는 슬로건하에서 일본은 군수미를 조달하기 위
해 조선에 공출시켰다. 또 1941년 태평양전쟁이 발발한 2, 3년간은 한해寒害와
수해에 의한 흉작으로 생산이 감소했기 때문에 일본은 조선에 대해서 이른바
양곡의 「소비규제」를 발표해 조선민중은 감자, 고구마, 야채, 산야초 등을 상
식常食으로 하도록 강요했다.

〈그림-12〉 ··· 內閣情報部 極秘資料

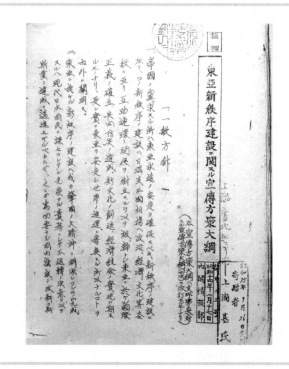

　　전 『경성일보』 논설위원 곤도 켄이치近藤釰一는 태평양전쟁하에서 조선은 확실한 전력원이며 일본의 병참기지로 그 역할을 훌륭히 완수해 주었다고 솔직하게 말하고 있다.

　　그 구체적인 이유에 대해서는 다음과 같이 논하고 있다.19) 그것은 앞서 언급한 일본 측이 조선인에 대해 요구한 3가지의 항목과도 관계가 있는 것이다.

　　먼저 곤도 위원은 조선은 어쩔 수 없이 군수자급軍需自給을 하게 된 일본에게 있어 그 물적 전력원戰力源으로서의 공헌은 컸다고 지적하고 있다. 그것은 전쟁필수자원 확보를 위해 이른바 물자계획이 세워져 있었으며, 97개 지정품 중에서 조선에서 자급할 수 있는 것은 57개 품목으로, 결국 물자계획품목의 58%가 조선에서 보급되었기 때문이다. 그 중에서도 의존이 컸던 것은 철광석, 텅스텐, 몰리브덴, 코발트, 형석, 운모, 인상흑연 등 그 외 알루미늄, 마그네슘, 메탄올, 류안 등의 지하자원이며, 그 생산과 확충을 위해 동원된 광산노동자의 수는 1943(昭和18)년 11월 말 현재 28만 명에 이르며 또 동원징병을 받은 광산은 56개소에 이른다. 그리고 각종 공장의 징용은 73개소(1944년 8월), 그 공장노동자 총수는 39만 명(1943년 8월)이 되었다고 말하고 있다.

곤도 씨에 의하면 특별지원병제가 시행되어 많은 젊은이가 자진해서 지원하고 있었다고 한다. 경성일보사 편집국에는 그들의 혈서지원서가 몇 통이나 도착해 직원들을 감격시켰다고 했다. 그 지원자 수는 1943년에 303,294명을 헤아리며 채용자 수는 6,300명이었다. 또 1944년도 국민총동원 계획수는 1,340,000명이었지만, 그 중에서 남방, 사할린 기타 북방, 본토 등을 비롯해 각 전역으로 보내진 강제노동자는 515,000만 명에 이르렀다고 하며, 조선은 훌륭한 병참기지의 역할을 다했기 때문에 결코 조선의 식민지통치는 이 점을 고려하더라도 실패는 아니었다고 주장했다(1989년 당시 증언).[20]

그런데 곤도 씨의 주장에는 몇 가지의 의문이 남는다.

첫째 일본은 연간 5백만 석에서 8백만 석 사이의 군수미를 조선에서 화북방면으로 보냈다고 하지만, 1939년 조선의 일본공출미는 앞에서 논한 대로 약 9백만 석으로 1944년까지는 매년 대폭으로 증가하고 있었기 때문에 곤도 씨의 주장에는 수치상의 차이가 있다.

둘째 지원병제도의 문제이지만, 곤도 씨는 1943년 지원병은 303,294명이며 채용자는 6,300명이었다고 말하고 있다. 그런데 『경성일보』 동년 11월 10일자에 의하면 「학도병별 지원병」을 응모했지만, 조선학생들의 지원자는 거의 없어 학생들의 저항에 의해 성과를 올릴 수 없었다고 했다. 그래서 총독부는 재일유학생 2,000명과 조선내의 1,000명을 강제적으로 지원시켰지만, 지원기한의 10일전까지 대만인 학생은 전원 응모했음에도 불구하고 조선인 학생은 불과 4할에도 미치지 못했다고 기록하고 있다.

셋째 강제 연행된 노동자의 숫자이다. 즉 1939년 국민총동원 이래 1945년 패전에 이르기까지 강제 연행된 군인, 군속, 또는 노동자 수의 문제이다. 이것은 최근에도 논란이 되고 있는 상당히 중요한 문제이기도하다. 『조선일보』(1990년 8월 7일자)의 기사에 의하면 일본 연구자들은 조선인 연행자의 수를 70만 정도라고 하고 있다. 이에 대해 동 신문에서 강덕상姜德相(전 히토쓰바시대학一橋大學) 교수는 약 150만 명에 이른다고 주장하고 있으며, 김기철金基喆 조선총련사회국장朝鮮總連社會局長도 150만 명이라고 각각 말하고 있다.[21] 그러나 전

술한 곤도 씨에 의하면 1944년도 조선인 동원계획은 134만 명으로 그 중에서
노무요원이 515,000명이었다고 했다.

한편 『동아일보』의 1990년 9월 11일자 기사에는 일본의 특별고등경찰이
작성한 1945년 9월 25일자 자료에 의하면 1944년말 현재 일본에 거주하고 있
는 조선인은 1,911,307명(오키나와 제외)이라고 발표하고 있다. 이 사람들은 대
부분(유학생 제외)이 강제연행 된 사람들이다. 그리고 곤도 씨에 의하면 1944년
도 1년 동안의 노동자의 연행계획이 1,340,000만인 것에서 추정한다면 1939년
부터 1945년까지 7년간 동원된 인원수는 134만 명을 훨씬 상회하고 있다.

그런데 1941년 태평양전쟁 발발 이후 조선은 다시 병참기지가 되며 사회
적 통제는 더욱 더 엄격해졌다. 이와 같은 상황 아래서 조선의 언론은 전시 통
제에 의해 거의 질식 상태가 되었다고 해도 과언이 아니다. 따라서 태평양전쟁
발발 이후 조선의 라디오방송은 전시 통제에 의해서 전시국민정신 고양에 주
의를 기울이는 한편, 청취자 수의 개척에도 박차를 가하고 있었다. 그러나 물
자통제에 따른 수신기자재의 입수곤란과 가격의 폭등, 배전선의 부족, 그리고
조선 반도에서 미증유의 대 가뭄이 계속되어 청취자의 보급개척 문제가 한층
심각화 되었다. 또 프로그램편성에서도 일일평균 경성방송국 자체 편성제작은
33%이며 일본본국의 중계가 67%나 되었다. 이 프로그램 대부분의 내용도 황
국신민으로서의 자각과 책임을 촉구한 것이었다.22)

특히 이들 방송내용을 분석해 보면 국민에 대한 「위안」이라는 방면에 주
안을 두고 있었다. 예를 들면 「상병장사傷病將士 위문의 오후」, 「근로청년의 저
녁」 등의 프로그램은 내선일체의 이념을 강조하면서 일본의 승전 보도를 방송
하고 있었다.23) 1942년이 되면 조선총독부(정보과, 경찰국 및 체신국), 조선군사
령부, 국민총력연맹 및 방송협회와의 사이에 정기적으로 회합을 하고 정보를
교환함과 동시에 국론통일을 위해 전시선전의 시책방침 등도 협의했다.24) 이
렇게 조선방송은 자사프로그램 제작(전체의 33%)도 총독부와 정보부에 의해 제
작통제를 받게 되었다.

1943년 조선총독부 어용잡지사인 조선공론사朝鮮公論社가 경성방송국의 조
선어방송에 관해서 엽서를 이용해 「조선방송의 가부」라는 여론조사를 실시했
다. 물론 모든 회답자는 일본인이었다. 회답의 결과를 분석해 보면 폐지를 주
장한 것이 49통, 일부 존속을 바라는 것이 17통이었다. 즉 폐지를 주장한 것이

반 정도였던 것이다. 폐지를 주장하는 이유로는 조선민족은 이미 황국신민으로 일본어상용이 권장되는 중에 징병실시, 시국선전 등도 일본어로 행하고 있는 것을 들며 조선어방송은 당연히 금지되어야 한다는 것이었다.[25]

그러나 전 일본방송협회의 직원이었던 모리 카쓰지森勝治에 의하면 전쟁발발 직후는 일본의 해외방송이 보다 진전되어 미국의 해외 선전 전략을 압도했다고 논하고 있다. 일본은 개전 직후 16개국의 국어로 해외방송을 했지만, 필리핀 작전 중에는 필리핀의 국어인 타갈로그어와 스페인어로 방송했다. 또한 싱가포르 작전 중에는 싱가포르, 말레이어에 의한 방송을 실시하여 전쟁 피해를 가능한 한 최소화하여 전승으로 이끌고자 했다. 그래서 라디오도쿄의 해외방송은 정확한 뉴스보도에 의해 제3국과 중립국은 물론, 적국인 미국에 이르기까지 주목을 모으게 되었다고 한다.[26] 이에 비해 일본은 조선, 대만, 일본 전국에 걸쳐 외국의 단파방송의 청취를 금지하고 있었다.

그러나 태평양전쟁이 발발하고부터 경성방송국의 조선인 직원은 미국의 단파방송을 듣고 있었다. 특히 샌프란시스코방송국의 조선어방송을 비밀리에 청취하며 이것이 1942년 경찰에 적발되어 일대 검거사건이 일어났다. 이것에 의해 방송과 직원 송진근宋珍根을 비롯한 박용신朴龍信, 손정복孫貞福, 양제현楊濟賢 그 외 염준모廉準模, 이인덕李仁德, 성기석成基錫 등 기술과 직원이 구속되고 나중에 몇 명은 체형體刑까지 받았다. 이것이 이른바 방송국단파사건이다.

이것을 계기로 경찰은 전국적으로 단파수신기 소유를 엄금하고 그 소유자는 처벌함과 동시에 단파방송청취를 금지하는 방향으로 움직인다.[27] 그 결과 조선반도에 있어서 방송통제는 완벽해졌다고도 할 수 있다.

당시 이미 신문에 있어서는 모든 조선어신문이 폐간되고 다만 총독부기관지인 『매일신문』만이 조선어로 남아있었다. 그래서 다음으로 일본어 신문에 대해서도 통폐합작업을 실시하는 것에 착수했다. 조선총독부는 1941년 12월 일본의 신문사업령에 의한 1현 1지의 정책을 도입하여 조선에서도 1도 1지 주의정책으로 하고 신문통제를 한층 강화했다. 이 1도道 1지紙 주의에 의해 경기도의 경우 유력지인 『조선일보』, 『조선일일신문』, 『조선매일신문』이 각각 이듬해 2월말에 폐간되어 『경성일보』에 흡수된 것이다.

또 신문지규칙에 의해 종합잡지 『경성잡지』, 『실업의 조선』, 『조선공론』의 3개가 합병되어 새롭게 『조선공론』으로 발간되었다.[28] 이렇게 해서 1942년 말까지 일간지가 24종[29]으로 통합되었는데, 이것은 1939년 4월 현재 42종과 비교해 18종이 감소한 것이다. 여기서 『경성일보』와 그 자매지인 『경일소국민 신문京日少國民新聞』, 『황민일보』, 『매일신보』의 4가지 총독부기관지 및 『조선미 비일보朝鮮米肥日報』, 『조선증권일보』, 『조선상공신문』의 3가지 전문지를 제외하 면 순수한 민간일간지의 수는 불과 10종에 지나지 않았다. 1도 1지 주의에 의 해 신문통폐합이 실시되었다고 하지만 조선은 13도인데도 10종밖에 되지 않는 것은 충청북도와 강원도 등은 신문을 발행하고 있지 않았기 때문이다.

여기서 주목하고 싶은 것은 총독부기관지의 부수확장정책이 강력하게 추 진되고 있었다는 점이다. 종래에도 조선의 민족지에 대한 언론탄압으로 『동아 일보』와 『조선일보』가 무기정간처분을 받았을 때는 반드시 『경성일보』와 『매 일신보』의 부수가 늘어났다. 이번 통폐합조치와 함께 총독부기관지의 시설확 충과 함께 부수확장을 위해 독자 획득에 강한 힘을 쏟고 있었다. 그 결과 1943년 『경성일보』는 20만부까지 부수를 늘일 수 있었다.

이상 전시하에 있어서 조선의 언론 통제를 분석해 보았지만, 당시는 정치 적 통제, 물자적 통제 등을 비롯해 사회전반에 걸쳐 모든 분야에서 통제가 가 해지고 있었다. 그런 상황 속에서 언론은 한층 위축되어 본래의 사명완수는 도 저히 생각할 수 없는 상태가 되었다. 당시 조선의 언론은 오히려 일본정부의 정책협력도구로서의 기능을 완수하고 있었다고 할 수 있다. 예를 들면 조선인 대상의 전시뉴스를 일방적으로 내보내며 국책선전에 노력하고 있었으며, 또 황 국신민의 미명아래서 국민총동원 등을 호소하며 조선민중을 전쟁으로 끌어들 이고 있었던 것이다.

이처럼 태평양전쟁 하의 언론은 전쟁의 두 번째 무기로 사용되며 이른바 병참기지라는 특수 상황에서 선전미디어로서의 역할을 다했다고 할 수 있다. 더욱이 조선의 언론은 일본본국보다도 한층 더 엄한 통제하에서 조선민족 혹 은 중국, 소련 등의 사람들에 대해 일본의 국책을 선전하는 대변기관으로 이용 되었다고 말할 수 있다.

제 2 절 조선에 있어서 출판물의 통제

1. 출판통제협의회

일본에서는 1940년 10월 태평양전쟁 하에서 군부를 지지하고 추인하는 국민조직으로 대정익찬회大政翼贊會가 조직되었다. 한편 조선에서도 국민정신총동원연맹이 개편되어 국민총력조선연맹이 재발족하게 된다. 이 연맹은 대정익찬회와 같이 「고도국방국가高度國防國家」와 「신체제로 확립」이라는 것을 목적으로 하고 있었다.

조선에서의 국민총력운동의 실천요강은 미나미 지로 총독하에서 설정되어 태평양전쟁의 임무완수를 위해 생활요강으로 추진되었다. 그 후 1942년 5월 29일 제8대 고이소 구니아키小磯國昭 총독이 취임, 「국체본위의 투철」, 「도의조선道義朝鮮」30)의 건설을 호소했다. 즉 징병제도의 실시와 함께 전쟁수행의 능률화를 도모하고 있었다고 할 수 있다.

고이소 총독은 전쟁이 불리한 상태가 되자 조선민중에 대한 전력증강정책과 언론통제에 대한 정책을 점점 강화하고 있었다. 고이소 총독은 1943년 9월 총독부하에 「총독부출판통제협의회」를 설치하고 출판에 대한 강력한 통제방침을 취하게 되었다. 이것은 종래 일본에서는 볼 수 없었던 조직으로 조선특유의 출판통제기구였다. 이 조직에 관련된 자료는 한일양국 어디에서도 아직 그다지 알려져 있지 않다. 따라서 이들 자료를 통해 조선의 식민지통치 후반기의 언론통제, 즉 태평양전쟁시대에 있어서 조선의 언론 통제를 분석하고자 한다.

출판물통제협의회라는 것은 조선 특유의 출판물 통제조직으로 그 기능은 특히 전시 하에서 조선의 언론통제정책에 중점을 두고 있었다. 한편 이것을 분석하기 전에 먼저 일본의 전시하의 출판물통제의 경우를 살펴보기로 하자.

일본에서 전시하의 출판물 통제기구는 1942년의 「일본출판회」, 1940년 내각에 설치된 「신문잡지용지 통제위원회」, 1939년 8월의 기획원내의 「신문잡지용지 협의회」 등으로 출판통제 및 용지통제를 감행하고 있었다.31) 또 당시 일본에서 전쟁전의 출판회 상황은 영미에도 뒤떨어지지 않는 수준이었기 때문에 전시에 있어서는 우량출판물의 지도조성이 평상시와 비교해 한층 긴요해진 것이다.

　　한편 조선총독부에서도 이미 적정한 조절을 도모하기 위해 출판물용 양지사용 규정에 관한 사무를 식산국 상공과가 주관하여 상당한 효과를 올리고 있었다. 전쟁 중에는 통제가 점점 엄격해져 처창가열悽愴苛烈해지는 것에 따라 한층 더 양지규정을 강화하고 낭비를 배제하여 출판물에 의한 계발선전 및 전력증강 등을 이유로 <그림-13>과 같이 조선총독부 출판통제협의회를 설치했다.[32]

〈그림-13〉 ⋯ 조선총독부 출판통제협의회 조직도

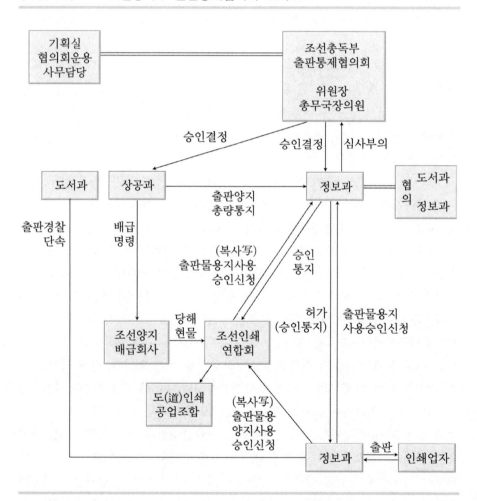

이 그림에서 나타나고 있듯이 종래 식산국 상공과가 주관이었던 출판물용 양지 사용승인에 관한 사무는 총무국 정보과로 이양되었다. 즉 종래 물자배합의 방면에서 상공과가 주가 되어, 출판경찰당국에 해당하는 경무국 도서과 및 1, 2 관계 국과와 협의해 출판통제를 담당하고 있었던 것을 정보과가 주무과가 되어 도서과와 협의한 후 기획실, 상공과, 문서과, 학무과 더욱이 육해군 측과 연락협의해 적정한 출판통제의 운영이 행해지게 된 것이다.

당시 조선에 있어서 출판통제는 공정한 입장에서 결전태세즉응決戰態勢卽應의 통제가 행해졌다고 알려져 있지만, 양지배급량은 신청양의 5분의 1 정도밖에 되지 않았기 때문에 양지부족은 심각한 상태였으며 그것과 더불어 언론통제도 점점 강화되었다.

그럼에도 불구하고 당국은 출판통제에 대해서 다음과 같이 말하고 있다.

「…… 여하튼 양지배급량에 대해 최근 약 5배라는 신청량이어서 이에 대해서는 상당히 과감한 조치를 내려야 했다. 게다가 이처럼 하는 것이 결코 문화의 저하를 초래한 것이 아니라 오히려 종래의 문란에 가까운 출판계를 정화하여 반도문화의 향상에 이바지하는 바가 적지 않기에 단지 전시에 있어서의 조치에 그치지 말고, 이 제도는 영구한 방침으로 유지하지 않으면 안 된다고 생각되는 것이다.」33)

이 내용을 보면 양지배급량에 대해서는 어쩔 수 없는 일이며 이 조치는 결코 문화의 저하가 아닌 오히려 출판회를 정화하고 조선의 문화향상에 이바지하는 것이라고 하고 있다. 또 이 조치는 전시만이 아니라 영구한 방침으로 이어져야한다는 사고방식을 나타내고 있다.

다음은 출판물의 승인심사에 관해서이다. 출판물승인의 실시방침으로는 다양한 각도에서 심사하기로 되어 있었지만, 다음과 같이 「출판물승인 및 추천실시요강」이라는 것을 정해 구체적인 항목으로 제시하고 있다.34)

2. 출판물승인 및 추천실시요강

출판물통제협의회 운영에 관한 사항 중 출판물승인 및 우량출판물 추천실

시는 별도로 정한다. 모든 규정에 근거하는 외에 더욱이 본 요령에 의해
이것이 시행상 유감遺憾없기를 기하는 것으로 한다.

1) 출판물승인의 선결방침으로 하기와 같이 심의를 행할 것

(1) 저자, 편자의 인물경력
   1. 저자, 편자의 경력 및 현재에 있어서 일반 신용정도
   2. 저자, 편자의 사상적 경력 및 상벌의 유무
   3. 기존 저작의 유무, 저작 있는 경우는 그 종류 및 실적
(2) 조선의 특수사항에 의해 보는 적부適否
   1. 국채본의國體本義의 투철상透徹上 효과의 유무
   2. 문단의 국어화 촉진으로의 기여 후부寄與厚薄
   3. 문화수준의 향상을 기도企圖하는 견지에서 하는 적부
   4. 언문만을 이해하는 대중에 대해 공여해야하는 언문출판물로 보
      는 내용의 적부
   5. 조선민중의 민족의식, 미영숭배관념 그 외 반도특수사상 동향에
      대한 영향
   6. 기타 조선인의 황민자질 연성상鍊成上 패익稗益의 유무
(3) 출판기업전반에 의해 보는 요부要否
   1. 신규출판기획이 출판회의 현황에 가져오는 의의 및 수요성의 정도
   2. 영리출판물에 있어서는 기획채산의 적부
(4) 동종 기간旣刊 출판물의 유무
   1. 선내 및 본국에서 동종 출판물 기간의 유무
   2. 동종 기간 출판물이 있는 경우 더욱이 신청출판물간행의 요부

2) 출판물승인에 있어 그 구체적인 내용의 심의는 하기와 같이 행할 것

(1) 출판물의 실질적 가치의 유무
   1. 저자, 편자의 저작사항에 관한 학식경험의 정도
   2. 내용, 국어구성 그 외 저작기술상의 교졸巧拙 및 반포대상으로의
      적합성
   3. 개찬改竄(자구를 고침), 표물剽物의 유무

  (2) 전시출판물로서의 적합성 유무

     1. 전시출판물 적격요소의 구비상태

     2. 전시출판물로서의 간행 긴급도

     3. 전시우량출판물로 할 만한 지도조정

3) 출판물 추천 및 우량출판물의 지도조성은 하기와 같이 행할 것

  (1) 추천 출판물로서의 적부

     1. 이상 심의조사의 결과 우량출판물로 인정되는 것 중에서 본부명 추천의 가치 있는 출판물의 선정

     2. 본부명 추천신청에 관한 출판물에 대한 승인가부

     3. 본부명 각 국과에 있어서 행하고자 하는 간행물 추천에 관한 지도방침

     4. 출판물 추천에 관해 군 혹은 국민총력조선연맹과의 연락

     5. 우량출판물간행에 관한 기본적 기획 및 이것의 지도조성방침

  (2) 반포대상 및 간행부수의 적부

     1. 예정반포대상의 적부

     2. 반포대상에 대한 간행부수의 적부

     3. 추천, 간행물 보급방침 결정에 의거한 특별간행부수의 조사

  (3) 배급용지량의 사정

이상 전부 27항목이 정해져 있지만, 「출판물승인」에 관한 항목이 19개, 「우량출판물 추천실시요령」에 관한 것이 9개 항목으로 나뉘어 있다. 먼저 출판물승인의 규정부터 분석 하고자 한다.

출판물통제협의회는 심의대상 출판물이 전시출판물로써 적당한지를 심의하는 것을 명분으로 했다. 즉 결전시에 반드시 필요한 출판물이라고 하는 견해에 의해 매우 국한적으로 직접 전력에 이바지하는 것을 선택한다고 하는 것이었다. 그렇다면 어떤 부문, 어느 정도의 것이 그것인가 판단하기 어려운 것이었다. 앞으로 양지공급이 궁핍해지면 몰라도 지금까지는 그 정도로 어렵지 않기 때문에, 다만 평상시와 같이 통제하지 않으면서 그다지 도움이 되지 않는 것이 출판되지 않도록, 게다가 우량한 것은 오히려 적극적으로 그 출판을 조성

한다는 것을 통제의 취지로 했다.

　따라서 출판물의 내용도 반드시 이론으로 단단히 무장된 것이라든지 용장가열勇壯苛烈한 전쟁의 것만이 요구된 것이 아니라, 소설과 같이 문학적인 가치가 있으면서 건전한 것, 국민의 사기를 고양하기에 족한 것이나 전시생활에 적절한 윤택함을 주는 것이라면 많이 추천할 수 있었다.

　한편 출판물 승인의 선결방침으로 다음과 같은 심의가 행해지고 있었다.

　첫째로 저자, 편자의 인물경력을 심사했다. 이것은 심의에 있어 상당히 중요시 되고 있었지만, 반드시 신인을 거부한 것이 아니라 대개의 경우 원고에 의하지 않고 개요에 의해 심사했기 때문에, 출판에 대해 기존의 실적이 없는 자는 아무래도 불리했다. 이런 사람의 편저물은 가능한 한 원고의 전부를 제공해 심의를 받든지 권위 있는 사람의 서문 등을 붙여 내든지 하는 방법이 무난했다.[35]

　둘째로 조선의 특수사정에서 보아 적부가 결정되는 경우가 상당히 있었다. 이 규정은 6가지의 항목으로 나누어 정해져 있었지만, 이 방침 중에서 가장 항목이 많고 게다가 구체적으로 한정되어 있다. 그 내용을 보면 고이소 총독의 조선통치사상이 그대로 반영되어 있다고 할 수 있다. 국체주의의 투철상 효과나 황민자질 연성상鍊成上 패익稗益(역할) 등이 그것이다. 즉 일반적인 견지에서 대단히 우수한 것이라고 하더라도 조선의 특수사정상 동향에 좋지 않는 영향을 준다고 보이는 것은 배제되고, 황민자질 연성상 특히 조선에서 도움이 된다고 인정되는 것은 승인, 또는 추천될 가능성이 있다고 할 수 있다. 또 문단의 국어화 촉진과 문화수준의 향상, 한글출판물이 주는 영향 등을 고려해서 조선 사정에 적응한 것이 대체로 우선적이었다.

　셋째로 신규출판회가 출판회의 현황에 초래하는 의의와 필요성의 정도, 영리출판물에 있어서는 기획채산의 적부까지 조사했다. 더욱이 무상배부 하는 비영리적인 것은 심사 시에 완전히 동일한 입장에 놓여 있었다.

　넷째로 출판물 승인에 있어 구체적인 심의대상이다. 즉 저자, 편자의 저작사항에 관한 학식과 경험의 정도, 또 일본어구성과 반포대상의 적합성, 더욱이 개찬, 표찰의 유무까지 심사를 행했다.

　다섯째로 전시 출판물로써의 적합성 심사였다.

　이처럼 출판물통제협의회는 출판물승인에 관한 심의를 행하고 있었지만,

여기서 주목할 점이 몇 가지 있다.

첫째는 종래 일반적으로 출판물의 통제는 각종 법률에 의해 행해지고 그 법률은 대체로 출판물의 내용을 대상으로 한 것이었다. 즉 출판물의 내용이 법률에 저촉되는지 여부 혹은 사회에 주는 영향은 어떤가 하는 것이 문제였다.

그러나 출판물승인의 심의대상이 보다 구체화되어 저자, 편자의 경력과 신용도, 더욱이 사상력과 상벌까지도 심의의 대상으로 한 것이다.

둘째는 저자, 편자의 학식과 경험, 또는 출판업자의 기획 채산성 등의 조사이지만, 이것은 본래 목적인 전시 하에 있어서 물자의 통제와 국론통일이라는 명목과는 어긋나 있다. 오히려 출판통제라는 미명하에 사상통제 내지는 출판업자의 경영통제까지 행하고 있었던 것이다.

셋째는 우량출판물의 추천과 지도조성이지만, 이것은 앞서 논한 항목처럼 심의조사의 결과 우량출판물로 인정되면 총독부명으로 추천 승인되고 군관계 부서와 국민총력조선연맹에 연락하여 구독하게 하였다. 또 발행부수까지 적부를 심사하게 되었다. 이것은 우량출판물의 선정과 지도조성이라는 것보다도 오히려 이들 출판물을 통해 전시하의 국책 선전에 노력했다고 할 수 있다.

이상은 주로 단행본 또는 이와 비슷한 종류의 책자에 대해 논했지만, 이 출판통제협의회는 신문, 잡지, 그 외 연속출판물에 대해서도 같은 언론 통제를 행하게 된다.

다음은 양지사용 규정이지만, 그 내용은 이하와 같다.[36]

3. 출판물용 양지사용 규정요강出版物用洋紙使用規正要綱

1) 조선 내에서 양지를 사용하는 출판물(신문, 잡지, 단행본 기타 것)을 간행하고자 하는 자는 아래의 절차를 요한다.

   (1) 신문, 잡지, 기타 연속출판물의 경우 출판물용 양지사용 승인신청서 (단 종래의 출판기획 내용을 변경하는 경우는 그때마다 출판기획신고서 정부 2통을 첨부할 것)

   (2) 단행본 또는 이와 비슷한 종류의 출판물의 경우 출판물용 양지사용 승인신청서 및 출판기획신고서 각각 정부 2통에 해당 단행본의 목차 및 내용을 상세히 설명하는 4백자 원고용지 3장 혹은 그 이상의

개요를 2부 첨부.

(또한 필요한 경우는 이 원고 제출을 명할 수 있다.)

이것을 인쇄하기 두 달 전 10일까지 총무국(정보과)에 제출함과 동시에 출판물용 양지승인 신청서 사본 1통을 조선 인쇄연합회에 송부할 것

(1), (2) 어떤 경우라도 용지로 신문파지를 사용하고자 하는 자는 그 취지를 해당 신청서에 부기할 것

2) 식산국(상공과)은 매월분 출판물용 양지할당 총량을 두 달 전 10일까지 총무국(정보과)에 통보할 것

3) 조선 인쇄연합회는 제1항에 의해 간행자로부터 송부 받은 신청서 사본에 대해 사용지질, 규격 등의 견지에서 검토, 적절한 시정 후 모아서 이것을 인쇄하고자 하는 두 달 전 20일까지 총무국(정보과)에 제출할 것

4) 총무국(정보과)은 제1항에 의해 수리한 해당신청서, 기획신고서 및 원고 또는 개요를 경무국(도서과)과 협의한 후 정리하고 이것을 전달 10일까지 출판물통제협의회에 회부할 것

5) 출판물통제협의회는 총무국에서 회부를 받은 해당 신청서 및 기획신고서에 대해 소정방침에 근거해 심의결정을 하고 그 결과를 전달 15일까지 총무국(정보과) 및 식산국(상공과)으로 통지할 것

6) 총무국(정보과)은 전항 출판물통제협의회로부터 받은 결정통지에 근거해 승인하는 신청자 및 조선인쇄 연합회에 대해 이것을 통지할 것

7) 출판자는 출판물의 인쇄를 인쇄업자에게 발주할 때 반드시 총무국(정보과)에서 교부받은 출판물용 용지사용 승인통지를 첨부할 것

8) 출판자는 전항의 인쇄가 완료되었을 때 이것을 2부 첨부한 후 출판물발행신고서를 지체 없이 총무국(정보과 출판예능계 앞)에 제출할 것

또한 간행물 판권에는 반드시 출판승인번호 및 간행부수를 인쇄할 것

9) 총무국장의 승인 없이 신문, 잡지, 단행본, 기타의 것을 조선 내에서 출판할 경우는 총무국장은 용지배급상의 제재를 가할 수 있다.

10) 신문권취지新聞捲取紙(파지제외)를 사용하는 신문에 대해서는 본 규정을 적용하지 않는다.

이처럼 출판업자는 「출판승인 및 추천실시요령」이라는 절차와 「출판물 양

지사용 규정요강」도 신청해 허가를 얻어야만 했다. 이것은 예를 들어 잡지류와 기타 정기간행물이 양지사용 승인을 받지 않고 임의로 발행하는 경우, 즉 양지 사용승인의 절차 없이 직접 인쇄출판을 할 경우 용지배급상 제재조치가 가해 졌다. 즉 양지의 사용승인과 현물배급을 합치시켜 행하기 위한 명분으로 한 것 이다.37)

이같이 조선의 출판통제협의회는 2가지의 규정을 정하고 그것에 근거하여 출판통제를 실시했다. 이것은 단순히 잡지, 단행본의 정기간행물에 한해서 통 제를 행한 것처럼 보이지만 결코 그렇지 않았다. 신문을 포함하여 조선에서 모 든 분야의 언론출판물이 2가지의 규칙에 의해 통제되었기 때문이다. 예를 들면 신문의 경우 출판물승인을 받더라도 양지사용 허가를 받지 못하면 양지가 배 급되지 않아 결국 신문발행은 불가능하기 때문이다. 어쨌든 양쪽의 허가가 필 요했던 것이다.

이러한 출판통제에 의해 조선에서 모든 조선어신문은 사라지고 남은 잡지 도 1942년에는 『조광朝光』 외에 『춘추』(발행자 양재리), 『대동아』(「삼천리」에서 개제, 발행자 김동환), 『신시대』(발행자, 서원성), 『야담』(발행자, 임상호)의 잡지 뿐이었다. 조선어에 대한 통제정책은 문예활동으로까지 퍼져 양지의 배급중지와 함께 1944년경까지는 신문, 잡지와 함께 그 활동을 볼 수 없게 되었다.38)

한편 1943년 9월 조선총독부출판협의회의 설치 약 3개월 전인 5월 29일 부터 6월 2일까지의 7일간, 조선군 보도부에서는 경성주재신문, 잡지, 영화, 연 극, 미술, 방송관계자 55명으로 군보도반을 조직하고 합숙보도연습이 실시되었 다.39) 이것은 이후에 조직된 출판물통제협의회와 어떤 관련이 있는 것이라고 생각할 수 있다. 태평양전쟁 하에서 언론 통제라는 측면에서 보면 그 관련성을 추찰할 수 있다. 여기서 몇 가지 단서를 찾아보기로 하자.

우선 조선군 보도연습은 평양근교의 대동창사大同廠社에서 이루어지고 있었 지만, 그곳에서 구라시게倉茂 군보도부장은 다음과 같이 훈시하고 있다.

「전쟁은 총력전이다. 제군 중에는 명문장가도 있으면 명화가, 명촬영자 도 있다. 그러나 아무리 명문장이라고 하더라도 단순히 이것만으로는 독자 에게 주는 박력과 감흥이 부족해 명문에 더불어 명화, 명사진을 더한다면 한층 더 땅에서 벗어나는 광채를 발할 것이다. 제군은 각자의 직역에 일국

일성적면채―國一城的免彩를 가져서는 안 된다. 서로 협력하고 서로 도와 앞으로도 여론의 지도계발에 보도반원으로서 사명을 완수해야 한다. 그것에는 제군 동지는 마음으로 서로 친화하고 서로 너그럽지 않으면 안 된다. 물건을 한 그릇에 넣고 섞는다면 모서리가 둥글게 되는 것처럼 보도연습은 이것과 같다. 제군들을 한 그릇에 넣고 뒤섞는 것이다. 바라건대 군이 기대하는 바를 잘 생각하고 그 목적이 달성되기를 바란다.」40)

즉 각 사의 보도반을 모아 앞으로 여론의 지도계발과 국가의 사명을 완수하기위해 협력해야 하며, 또 국론통일과 같이 각 사의 보도가 하나의 밥그릇으로 군의 기대에 부응해야한다고 훈시하고 있었다. 마지막으로 동 연습의 송별사에서 오타多田 참모는 다음과 같이 이야기하고 있다.

「……군대와 후방의 두 생활은 결코 개별의 것이 아니다. 특히 대동아전쟁 하에서 일억 총진군의 오늘날, 우리들은 일주일간의 연습의 긴장을 후방보도생활로 연장하고 또 군대정신을 후방보도진에 도입하여 시국의 진전에 따라 점점 중차대함을 더하는 보도의 책무를 완수하기 위해 전장에 서는 보도전사다운 마음가짐을 굳건히 한 것이다. 따라서 반도 보도의 앞으로의 질적 비약은 이후 괄목할 만한 가치가 있을 것을 믿어 의심치 않는다. 이점 강호 각 위江湖各位와 기쁨을 나누고 마지막으로 감명이 한층 더 깊은 군대의 전우 유애를 묶어 이 원고를 끝낸다.」41)

이 송별사의 주요 내용은 보도의 중요성을 논하면서도 후방의 보도생활은 점점 중대하여 보도전사로서 완수해야 할 역할은 매우 크다는 것이다.

이상 보도반 연습에 즈음해 두 사람의 훈시 내용을 분석해 보면, 먼저 전시 하에 있어서 보도의 중요성을 말하고 있으며 보국보도전사로서 여론의 지도계발과 국론통일에 노력할 것을 호소하고 있다. 즉 군사훈련도 받으면서 전선의 괴로움을 체득할 것, 실질적으로는 보도통제교육 내지 전시체제하의 언론인에 대해 정신교육을 실시하고 있었다고 할 수 있다.

종래의 역대 총독통치하에 있어서는 이와 같은 것은 볼 수 없었다. 테라우치寺內 총독의 무단 정치하에서도 기자단에 대해 협력을 요구할 정도에 그치고 있었다. 또 지금까지는 일반적으로 언론 통제를 행할 경우 법률을 만들어 그것에 따르게 하고, 또 군부가 통제를 가하더라도 신문지에 대한 사전검열제도와 발행 이후의 행정·사법적 책임을 물을 뿐이었다. 그러나 이번은 각 사 보도반 기자들을 소집해 합숙을 시키면서 언론통제에 관한 정신교육까지 교육하고 있다. 이것은 본국신문인 훈련이라고는 하지만 이전과 비교하면 지극히 이례적인 일이라고 하지 않을 수 없다.

1942년 고이소 총독 취임 이후 「지도자 연성교육」[42]을 실시하고는 있었지만, 이것과도 관계가 없지는 않을 것이다. 조선총독부의 지도자 연성교육은 1943년 3월 11일부터 시작해 그 이후 계속되었지만, 경성주재 각 사 보도반의 정신교육도 그러한 정책의 일환으로 실시되었던 것이라고 볼 수 있다.

이처럼 기자단의 언론통제교육을 실행하는 것은 당시 일본에 있어서 모든 언론생활을 획일화 하여 전쟁홍보미디어로서의 역할을 완수시키게 함에 있었다고도 할 수 있다. 아무튼 이런 전시 홍보체제에 의해서 조선의 언론은 신문에 한하지 않고 모든 언론이 언론으로써의 기능과 역할이 무력화되고 있었다.

제3절 정보선전정책과 통신검열실시

현대의 전쟁은 국가총력전이라고 일컬어지고 있듯이 태평양전쟁은 모든 조직이 전쟁체제를 기둥으로 운영되고 있었다. 전쟁체제완성의 전제조건으로 반드시 생각할 수 있는 것은 국민들의 전쟁조직 체제라고 말할 것이다. 즉 국민조직을 토대로 국가총력전 체제가 갖추어지는 것이다.[43] 전장에서 이미 국민총력조선연맹에 대해서는 논했지만, 이 국민총력조선연맹은 여론의 지도와 정보선전으로 조선의 민중에 대해 회유와 설득을 병행하고 있었다.

전시하에 조선의 민중에 대한 정보선전은 어떻게 이루어졌는가를 구명하는 것은 조선통치 후반기 선전정책연구에 상당히 중요한 분야라고 생각할 수 있다. 왜냐하면, 정보선전정책은 식민지통치 종반부분에서는 계발선전의 근간이 되기 때문이다. 여기에서는 그와 같은 정보선전정책에 대해서 구체적으로 분석해 보고자 한다.

먼저 조선의 정보선전정책은 조선총독부 정보과를 주무과로 총독부 관계국과와 협력하고 지방에서는 각 도 국민총력과를 중심으로 각각 시국하에 있어서 계발선전을 실시하고 있다. 정보계발선전의 성질상 조선군 해군무관부 등의 군부는 물론 국민총력조선연맹의 기구와 밀접하게 연계하는 외에, 신문·방송·잡지 등의 보도기관을 비롯해 문자·미술·연극 등의 각종 문화예능방면의 협력도 요구하여 효과적인 계발선전을 실시했다.[44]

　　1942년 조선의 행정기구 개편에 따라 종래의 관방에 있었던 정보과와 사정국에 있었던 국민총력과가 총무국으로 이동하고, 정보과장이 국민총력과장을 겸임하게 되었다. 또 종래의 정보계발선전은 국민운동과 밀접하게 되어 연대의식을 가지고 있었다. 태평양전쟁의 전개에 의해 시국에 대한 계발선전은 중요한 국면을 맞게 되었다. 특히 1942년 고이소 총독 취임 이후 정보선전정책이 급속히 진행되어 조선민족에 대해 전쟁에 협력할 것을 강제적으로 호소하게 되었다.

　　1943년 조선총독부의 정보선전 목표를 보면 다음과 같이 크게 7가지로 나눌 수 있다.[45]

1. 대동아전쟁 하에 있어서 민심지도.
2. 조선통치이념의 철저.
3. 조선사정의 인식선전.
4. 징병제도 및 해군특별지원병제도의 주지선전.
5. 국민총력운동의 진전.
6. 식량사정에 관한 민심계발.
7. 결전하 문화의 조성.

　　위의 선전내용을 간략하게 정리해 보면, 첫째 대동아전쟁 하에서 민심지도와 여론의 계발선전이라는 항목은 당시 최우선시 되는 지극히 중대한 과제였다. 물론 이러한 선전정책은 중앙에서 정보과가 주관이 되어 군의 정보선전과 밀접하게 연락하면서 실시되었던 것은 이미 주지하는 바와 같다. 따라서 정보과는 정보국과 연락한 후 정부의 일정방침에 의해 전시하의 민심에 대한 계발선전을 수행하고 있었던 것이다. 즉 조선내의 민심동향과 전국戰局의 추이를 분석하여 중앙정부의 방침을 받고, 또 조선의 특수사정도 도입하여 민심지도

내지는 여론의 지도방침을 세워 도 및 총력연맹, 각종 보도기관에 통달했다. 그러면 대동아전쟁 하에 있어서 가장 중요한 민심지도에 대한 요점을 도모토 도시오堂本敏雄의 해설에 따라 정리해 보고자 한다.[46)

① 대동아전쟁의 성격을 다시 한 번 되돌아본다고 하는 것.

대동아전쟁의 성격은 단순히 표면의 적인 미국 및 영국 등과 무력에 의한 전쟁을 하고 있다는 것이 아니라, 이른바 영미가 가지는 세계관 및 그들이 과거 수세기에 걸쳐 세계에서 자유자재로 제멋대로 휘두른 영미적 국제질서, 이 것을 단호히 파쇄 격멸하여 일본을 영토주로 하는 황도皇道를 세계로 넓혀 황어전皇御戰을 세계에 전개한다고 하는 웅대한 성격을 가지고 있는 것이다. 따라서 전쟁개념으로 생각해 보면 대동아전쟁은 종래 역사상 몇 번인가 있었던, 혹은 동서고금에 걸쳐 행해졌던 전쟁과는 달리 그러한 전쟁이 가지는 모든 성격 및 근대에 있어서의 전쟁의 모든 성격을 갖추고 있다고 해도 좋을 것이다. 즉 언제나 듣고 있는 바인 국가총력전, 그 모든 의미에서 국가총력전의 전형적인 것이 대동아전쟁이라고 생각하고 있다. 따라서 무력전 외에 외교전도 있고 또 당연히 경제전도 있으며 사상전도 있다. 또 여러 가지 문화의 전쟁도 있고 국민생활을 통해서 하는 모든 생활전도 있을 것이다. 먼저 이같이 대동아전쟁의 성격을 충분히 인식한 다음에 후방에 있어서 여러 가지 국민생활의 협력이 필요하다.

② 안이한 전쟁관을 시정배제할 것.

전쟁은 극히 순조롭게 진행되고 있어 이것으로 전쟁은 8할 정도 이겼다. 혹은 남방에 있어서도 적의 중요거점은 대체로 공략했으므로 무력전은 이미 끝난 것은 아닐까. 앞으로는 경제전이라고 생각하고 있는 자는 대동아전쟁의 성격을 충분히 인식하지 못하는 자로 오히려 잘못된 인식을 하고 있는 자이다. 만약 그런 사람이 있다면 서남태평양에 있어서 혹은 미얀마의 전선에서 상당한 격전분투를 계속하고 있는 황군장병에 대해 또 진두지휘로 전사한 야마모토山本 원수나 애투섬 옥쇄부대의 충혼에 대해 미안한 것이다. 이 같은 전쟁관은 꼭 배격해야만 한다.

③ 필승의 신념을 견지할 것.

전쟁에 이기기 위해서는 여러 가지 요소가 있어, 직접 전력을 구성하는 무력, 다음으로 생산력, 경제력 등이 제일 먼저 필요하지만, 그것과 함께 이것을 움직이는 인간 정신, 더욱이 후방국민의 정신력 이것들이 전쟁에 대해 중대한 요소를 지닌다. 필승 신념의 근저, 또는 그 배경에는 국민자체의 생산전력증강의 악전분투와 전시생활을 철저히 하는 노력이 필요해 이 점 철저한 실천의 문제인 것을 명기해야 한다. 요컨대 일본이 절대로 승리한다고 하는 것은 틀림없는 사실이다. 이 필승의 신념을 견지하기 위해서는 말할 필요가 없이 모든 생활을 통해 조선에서 전 민중이 바닥까지 결심할 것을 특별히 바란다.

④ 영미사상을 배격할 것.

이 영미사상의 배격이라는 것은 단순히 사상의 배격만이 아니라 부지불식간에 옥석이 혼합되어 다년에 걸쳐 수입해 온 영미색의 일소라는 것을 문제삼아 국민운동으로 전개할 필요가 있다는 것이다. 요컨대 여러 기회에 모든 방법을 이용해 영미사상의 잔재를 청산해 영미적 불쾌감을 배격할 것이다.

⑤ 유언비어의 방지와 사상전 모략전에 대한 조치.

육군형법·해군형법 혹은 보통 형법에 혹은 전시특별법령 혹은 국방보안법이라는 각종 법령이 있어 전시에 있어서 유언비어 등을 엄중하게 처단하게 되었다.

⑥ 공산주의·민족주의에 대한 경계.

특히 조선에 있어서 특수한 경향인 민족독립주의, 혹은 주의까지 가지 않더라도 이것이 대동아전쟁 하에서 국민의 결속을 파괴하는 장해가 될 것 같은 일종의 민족적 악감정, 그런 것을 양성하여 교묘히 선동하고자 하는 무리가 없는 것도 아닌 정세이므로 이점 또 유의를 요하는 것이다.

⑦ 민족전, 인종전의 선전에 대한 경계.

일본과 동맹인 독일·이탈리아와의 이간책을 강구하는 선전에 대한 경계이다. 그와 같은 선전은 대동아전쟁은 결국 인종전이라고 하며, 특히 독일, 이탈리아와 일본과의 사이를 분열시키려는 속셈을 가지고 있는 것에 대해서는 유의해야 한다.

이러한 7가지의 항목들을 정리해 보면 다음과 같은 결론에 도달하게 된다.

첫째로 영미중심 세계질서의 파괴 및 영미사상의 탈피, 더욱이 시국의 재인식과 민족주의의 경계이다. 그 때문에 전시하의 생산력 증강과 필승의 신념

등을 호소하고 있다. 이처럼 전시하에 있어서 영미 양국으로부터의 탈피를 호소하고 있었지만, 전후 일본의 반미감정에 어떠한 연관이 있었을지도 모른다. 이때는 사상만이 아니라 일상생활의 영미적 습관까지 배격운동을 실행했다. 이것에 의해 43년 전인 1902년 영일동맹이 체결된 이래 전 국민적인 열렬한 지지를 받았던 영국주의와 장기간 침투해 온 미국 문화와 습관 등이 철폐되게 되었다.

둘째로 조선통치이념의 철저는 고이소 총독의 조선통치의 통치이념에 근거한 것이다. 국체의 본의 투철과 도의조선의 확립을 도지사회의 혹은 신문·잡지 등의 미디어를 통해 강구하고 있었다. 더욱이 고이소 총독의 3대통치 방침인 수양연성의 철저한 실천, 생산전력의 결승적 증강, 서무집무의 획기적 쇄신을 요컨대 조선통치이념의 구체적인 실천방침으로 홍보하고 있다. 이것을 국민총력연맹과 기타 국민운동기관을 통해 실시함과 동시에 정보과에서도 신문잡지를 통해 선전활동을 실시했다.47)

셋째로 조선사정의 인식선전을 위해 총독부에 정보과가 설치되었다. 종래는 일본본국에 있어서 일반사람들에게 조선의 인식을 촉구해야 하는 점이 상당히 있었던 것이다. 즉 일본에서 조선의 실상을 올바로 인식하게 하여 조선에 대해 충분한 협력을 요구할 필요가 있었던 것이다. 구체적으로는 팸플릿 혹은 조선소개의 강연회, 좌담회 등을 통해 행해졌다.48) 그 다음은 만주, 중국, 몽강蒙疆(중국에 일본이 만든 일종의 만주 간은 지역) 등의 외지에 대해 조선통치의 실상을 소개하는 것이다.

넷째로 징병제도의 취지 선전이지만, 이것은 조선총독부에게는 지극히 중요한 것이었다. 조선에서는 1943년부터 징병제가 실시되어 조선으로부터 매년 다수의 군대가 파견되기 시작했지만, 일본에게 있어서도 조선의 젊은이가 충실용무勇武한 황군장병의 일원으로 어떤 것에도 지지 않는 정신을 가지고 황군에 참가하는 것은 국가적으로 중대한 일이었다. 따라서 정보과는 이 취지의 선전을 충분히 수행해야했다. 하지만, 그것은 징병자는 물론 징병 보낸 가족과 부인에게도 황군의 본질, 징병의 진의라는 것을 이해시켜 군대로 보내는 것을 목적으로 하고 있었다.49)

다섯째로 국민총력운동의 추진이지만, 2,500만 신민의 총력을 결집연마해서 대동아전쟁의 목적 완수에 매진시켜 다가올 징병제 실시준비에 유감없이

기해야 한다고 하는 운동방침에서 계발선전을 촉구하고 있었다.

여섯째로 식량사정에 관한 민심지도는 식량의 증산, 공출, 배급 및 소비규정 등의 전 부문에 걸쳐 정보과가 방침을 정하고 민심의 계발선전을 도모하는 것을 그 목적으로 했다. 당시의 식량은 제2의 병기로 조선민족은 공출해야한다고 하며 조선은 군량미조달의 군수지가 되었다고 할 수 있다.50)

일곱째로 결전하의 문화 지도조성이었다. 전시하에 있어서 국민생활의 사기고양과 결속강화를 도모하여 황어전皇御戰을 진행하기 위해 도움이 되는 황국문화를 만드는 것이 그 목적이었다.51)

이상 7가지 항목으로 나누어 실시한 1943년도 정보선전의 목표를 구체적으로 분석해 보았지만, 모든 분야에서의 정보선전이 전쟁중심으로 기획되어 있었으며, 또 고이소 총독의 조선통치이념중심으로 정보선전이 이루어졌다고 할 수 있다.

한편 모두에서도 논했지만, 일본의 입장에서는 전쟁에 이기기 위해 국가총력전을 실시하고 그 때문에 후방의 생활 모두를 전력증강으로 돌려 엄청난 전쟁 물자를 끊임없이 보급해 가는 것이 필요불가결한 것이었다. 이러한 모든 것들을 국민이 올바르게 인식해야만 가능한 것이었다. 전의를 강화하기 위해서는 시국에 대한 조선민중들의 인식이 무엇보다도 절실한 것이었다. 그래서 총독부는 전력증강의 효과를 높이기 위해 계몽영화를 상영하기로 했다. 우선 영화에 의해 전쟁에 대한 관심을 높이고, 시국에 대한 인식을 올바르게 하여 후방인의 전시체제를 정비해 가는 것을 노리고 있었다. 당시 영화는 새로운 미디어로서 선전효과가 높아 시국인식의 선전도구로는 지름길이 되었기 때문이다. 신문이나 잡지는 상세히 전쟁의 양상을 전하고는 있었지만, 신문과 언론출판물을 읽는 자는 한정된 일부 지식층의 사람들뿐이었다. 그리고 강연이나 기타 형태로 입으로 전해지는 것도 가까운 곳에서 동시에 관심을 가지고 있는 사람들만으로 한정되어 있어 그 보편성이 결코 크지 않았다. 이와는 반대로 영화는 사람들이 앞 다투어 운집하여 영화가 가지는 「흥미」에 이끌려 거의 모든 사람들이 관심을 가지며, 자진해서 실제로 영화를 보려고 했던 것이다.52)

특히 영화는 당시 어느 미디어보다도 대중에 가까운 친밀감을 가지고 있었으며 실질적으로 움직이고 있는 화면을 통해 호소하기 때문에 큰 영향력을 가졌다. 그러나 1943년 9월경 조선에서 영화상설관의 수는 불과 백 개 전후에

불과했으며, 게다가 그것도 도시에만 집중되어 있어서 영화를 이용해 대중의
지도와 계발을 도모하는 것은 지극히 충분하지 못한 상태였다.

그래서 이러한 결함을 보충해 영화의 이용효과를 적극적으로 높이고자 대
중의 계몽교화에 노력하기 위해 「조선영사계발협회」가 설립되었다. 이 협회는
「전 조선적 선전교화지도기관의 사명을 완수하기 위하여 조선반도 2천 5백만
황민에 대해 건전한 선전교화」[53]를 실시하는 것을 취지로 만들어졌다고 한다.
실제로 지방 각 도까지 총동원하여 1941년 이후 3년간은 상당한 실적을 올리
게 되었다. 그 구체적인 예로는 1942년도에 각 도에 영화의 출장영사와 영사
설비가 있는 것에 대한 필름의 대출이다. 그 활동내용은 <표-19>와 같
다.[54] 이 자료는 극비자료로 식민지 후반기의 선전정책연구에 있어서 중요한
자료이다.

〈표-19〉 ··· 1942년도 조선영사계발협회 사업실적

(1) 지방각도

회원 \ 내용	대부권수	영사회수	관람자개수
경기도	315	247	444,435
충청북도	223	99	139.300
충청남도	164	77	114,350
전라북도	169	142	253,500
전라남도	210	148	321,700
경상북도	216	165	226,980
경상남도	188	87	130,770
강원도	185	68	102,800
황해도	189	112	151,120
평안북도	185	93	132.400
평안남도	196	226	323,380
함경북도	191	101	115,800
함경남도	189	86	123,570
금융조합	210	256	363,500
계	2,930	1,909	2,943,530
합계			2,943,530

(2) 일반관계(단체별)

회원 / 내용	대부권수	영사회수	관람자개수
본부	159	121	221,200
전매국	83	51	75,000
철도국	153	180	187,000
체신국	13	13	5,700
경성지방체신국	70	72	182,000
체신사업회관	79	74	48,200
체신월요회	72	33	3,300
조선광산연맹	349	165	338,000
조선영화배급사	34	61	39,000
조선수산연맹	97	85	175,000
국민총력연맹	67	32	52,500
경성부	93	35	70,500
일본적십자	37	11	18,500
조선사법보호협회	44	304	254,000
대일본부인회	43	18	4,300
기계화국방협회	7	2	3,500
동대문국민학교	67	21	15,000
녹기연맹	13	3	4,800
경성형무소	63	85	85,000
군부관계은사	358	65	58,000
과학관	82	29	29,000
경성학우회	27	4	8,800
압록강수력전	29	6	1,800
신문사관계	24	67	106,200
진주부국민총력과	100	14	6,800
울릉도	198	159	18,500
기타	532	149	218,000
합계	2,893	1,759	2,229,600

　　　<표－19>에 의하면 1년간 각 도별로 1,909회의 영화가 상영되었는데 1
개월로 계산하면 월평균 150회 이상이 각지에서 영화가 상영된 것이다. 경기
도는 1개월에 20회 이상, 가장 적은 충청남도에서도 6회 이상은 상영되고 있
었다. 그 외 영사기 설비가 갖추어져 있는 곳은 필름만 대출하여 영사했지만

그 회수는 약 300회(대출권수 2,930)에 달한다고 추정되고 있다. 적어도 2,300회 이상 이동영사가 실시되어 전국 지방의 농촌까지 활발한 선전활동 내지는 계몽활동이 실시된 것은 분명하다. 또 단체별로도 선전사업이 활발해져, <표-19> (2)에서 보듯이 조선광산연맹의 대출권수가 349, 군부관계 358권으로 가장 많았다. 이러한 것으로도 추정할 수 있지만, 역시 계발사업과 군수산업과는 밀접한 관계가 있어 관람자수는 조선광산연맹이 338,000명으로 가장 많았던 것으로 밝혀졌다.

당시는 이러한 순회영사활동에 의해 큰 성과를 올릴 수 있었지만, 이것은 업무적으로 통제되어 시국적인 계몽과 지도, 전력증강에 역점을 둔 주로 이념적으로 교화적인 영화뿐이었다.

한편 전시하에서는 신문의 검열, 잡지발행의 승인 등의 출판통제뿐만 아니라 통신통제까지 실시하여 통신검열실시가 시작되었다.

즉, 전시하의 정보선전과 함께 통신시설의 확장도 계획되었다. 예를 들면 경성중앙전신국은 정치, 군사, 경제, 교통운수의 중추적인 입장에 있어서, 전시하의 전기통신망이 비약적으로 확충되었다. 경성중앙전신국의 회선을 보면 1915(大正4)년 12월의 수용회선은 48회선이었지만, 1942(昭和17)년 11월 현재는 126회선이 되었다. 또 종업원도 120명에서 805명으로 현저하게 증가했다. 동 전신국에서 1944년 전신전화확장 및 개량비로 3,004,050엔이 사용된 것이 조선총독부 체신국 기밀자료에 의해 처음으로 밝혀졌다.[55]

우편국의 신설 및 전신전화의 가설 등 다수의 통신망을 확충하는 한편 조선군의 요청에 의해 방대한 경비를 들여 방위통신시설도 확장했다.[56] 이와 같은 통신시설의 확장에 의해 다양한 정보가 전달되어, 이번에는 역으로 전시 하에 있어서 군사기밀 누설의 우려가 생겨 우편, 전신, 전화 등의 이른바 통신검열을 실시해야만 하는 상황이 발생하게 되었다.

즉 통신검열사무는 임시우편 단속령 제2조 및 전신법 제5조에 근거해 이것을 실시했지만, 「제국의회설명자료」[57]에 의하면 결전시국의 양상이 점점 가열되자 조선반도에 있어서 사상동향은 점점 복잡 미묘해져, 국방상 신속하게 강화하는 것이 긴요해진 것에 그 원인이 있었다고 했다. 그러나 동 자료에서도 그 구체적인 내용에 대해서는 분명하게 설명하지 않고 있다. 그러나 당시는 1944년 12월경으로 태평양전쟁이 종반에 접어든 상황에서 일본의 패색이 짙어졌으며, 조선에서도 민심이 동요해 일본이 패전하면 독립할 수 있다고 하는 생각이 팽배해졌기 때문이다. 그렇게 되면 전의를 상실할지도 모른다는 우려에 따라 통신에 대해서도 검열을 실시하게 된 것이라고 여겨진다.

통신의 검열국은 이미 설치되어 있었지만, 설치지역이 확대되어 1944년 5월 2일에 전주, 진해의 두 지역에, 또 9월에는 흥남에 우편검열사무를 집행하는 검열국이 각각 설치되었다. 동년 12월 현재의 검열국은 우편검열을 행하는 곳 17개국, 전신 및 전화검열을 행하는 곳이 각 4국으로 되었다. 더욱이 치안단속 상 주요한 지역에 대해서는 임시로 전신 또는 전화의 검열을 행할 수 있도록 조치를 취하는 것과 동시에 군경비 단속기관과 한층 긴밀한 협조를 유지하면서, 예의주시하면서 불온통화의 적발방지에 만전을 기하기 위해 사무관 1명, 서기 73명, 촉탁 26명, 사무원 13명을 검열요원으로 각각 배치하게 되었다.[58]

그러나 앞에서 논한 통신에 관한 검열국은 이미 설치되어 있었던 것이 동의회 설명 자료를 통해서도 밝혀졌지만, 현재까지 어디에 몇 개가 설치되어 있었는지에 대해서는 명확하지 않다. 다만 추측할 수 있는 것은 검열요원은 촉탁을 포함해 113명이며 그들이 전국에서 검열사무에 종사하고 있었기 때문에 적어도 전주·진해, 당시 이 두 지역은 군 기지가 있었기 때문에 통신 검열국이 있었던 것은 확실하다. 이외에도 각 도마다 하나씩 있었을 것으로 추측할 수 있다. 예를 들면 경성, 평양, 대구, 부산 등에는 반드시 검열국이 설치되어 있었던 것으로 보인다.

다음으로 통신검열요령 및 실시상황을 분석해보기로 한다.

「검열요령 및 이것의 실시 상황

첩보단속 내지 치안유지상 가장 경계를 요하는 통신에 검열의 중점을 두는 것으로 하여, 외국 또는 외국인에게 발착하는 모든 통신 혹은 기타 용의가 있다고 인정되는 것에 대해 주력을 집중하여 실시한바, 이것의 지난 1개월간의 실황을 보면 우편에 있어서는 총검사수 1,199,418통 중에서 내용 검열수는 379,082통으로 통신내용 불온이라 인정해 처분한 것이 999통에 이르고, 또 전신전화에 대해서의 검열수는 전신 167,830통, 전화 8,280통으로 통신내용이 불온한 것이라 처분한 것 전신 258통, 전화 140통이다.」[59]

즉 통신검열에 중점을 둔 것은 외국 또는 외국인에게 발착하는 모든 통신으로 기타 용의가 있으면 집중적으로 단속했다. 그런데 지난 1개월간 검열한 총 우편검사 중에서 999통이 통신내용이 불온하다고 인정되어 처분을 받았다. 또 전신 258통, 전화도 140통이 각각 내용불온처분이 되었다. 이 처분을 1년간으로 계산하면 우편이 11,748통, 전신이 3,096통, 전화 1,680통이라는 결과가 나온다.

이것을 보면 상당량의 통신이 통제되고 있었다는 것을 알 수 있다. 한편 전술한대로 통신 검열원 113명으로는 통신량과 비교해 검열요원이 반 정도에도 미치지 않아, 불온한 것을 중점적으로 검열을 행했던 것으로 보인다. 그래서 검열당국은 검사요원의 충실을 도모함과 동시에 암호, 은어 등의 비밀통신에 대한 조사 연구 및 그 제반시설의 완비를 도모했다. 그리고 민간 중요상사 중에서 업무상 국가비닉사항을 전보로 통신하는 것이 적지 않는 실상을 고려해 통신방첩측면에서 만전을 기하기 위해 민간암호통제 지도위원회의 추진에 따라 통신협력회 등의 설립을 도모하는 등 장래 이 방면의 강화 확충을 기하고 있었다.60)

더욱이 무선통신의 감시도 실시되었다. 즉 체신국 통신과 분실을 뚝섬(경성부외), 청진, 부산, 대구 및 신의주에 설치해 무선통신감시를 실시함과 동시에 서수라西水羅, 경흥, 광원, 남양 및 회령의 국경지대에 간이무선 감시국을 설치했다. 그리고 헌병, 경무기관 등과 협력 후 종일동안 전파에 대한 관찰 및 용의전파의 방위측정을 하여 첩자무선의 검거, 적기유도전파의 포착에 노력하는 것에 의해 적의 기습기도의 섬멸을 도모했다. 또 조선은 지리적 관계상 무선첩보자의 잠입이 빈번했기 때문에 이들을 단속하기 위한 감시시설의 확충강화를 계획하기도 했다.61)

이상과 같이 조선에 있어서 언론통제는 신문·잡지 등의 언론출판물만이 아니라 통신기관까지 검열제도를 실시하여 그 통제의 정도도 점점 강화되고 있었다. 먼저 태평양전쟁하에 있어서 각종 정보미디어에 의해 조선민중에 대해서 선전계발이 행해지고 있었다. 또 통신의 통제조치도 조직적으로 이루어지게 되었다. 그것은 전시체제하에 있어서 종래의 통신미디어 즉 전달네트워크로는 불충분했기 때문에 통신시설을 대폭 확충한 것에 의한 역기능으로 군 정보의 누설, 또 사상의 동요 등의 우려가 있었기 때문이다. 본고에서 처음 소개한 통신검열정책에 대한 자료는 통신미디어의 통제가 엄했던 것을 말하는 것으로 언론통제 연구에 있어서 중요한 사료적 가치를 지닌다고 생각한다.

제 4 절　전시하에 있어서 법적인 언론통제

태평양전시 하의 조선에 있어서 언론통제는 조선정보위원회의 지도로 수행되었다. 즉 종래의 행정적, 제도적 통제에서 발전해 전시하에서는 법규에 의해 보다 적극적인 언론통제정책이 취해진 것이다. 이러한 법적인 언론통제는 지금까지의 단속법을 한층 강화시켜서 전시하 조선에 있어서 「기밀보호」라는 것이 그 목적이었다. 그러나 실제로는 군사기밀 등의 기밀보호보다도 조선내의 유언비어 등의 국민여론의 통제에 목적이 있었다.

여기서는 태평양전쟁 하에 있어서 국민여론을 통제한 3가지의 언론통제법령에 대해서 분석하고자 한다.

1)「신문지 등 게재 제한령」

국가총동원법 제20조 제1항의 규정에 의해 제정된 「신문지 등 게재 제한령」(1941년 1월 10일, 칙령 제37호)은 전시체제의 총력전 수행을 위해 군사 및 군수산업과 외교에 관한 정보를 철저히 통제하는 규정을 정하고 있다.[62]

이 제한령 제2조에는 다음의 각 호에 해당하면 신문지 기타 출판물에 게재하는 것을 금하고 있다.[63]

1. 국가총동원법 제44조의 규정에 의해 해당 관청이 지정하는 총동원업무에 관한 관청의 기밀
2. 군기보호법의 규정에 의한 군사상의 비밀
3. 군용자원비밀보호법의 규정에 의한 군용자원비밀

이들은 주로 관방의 기밀과 군사상의 기밀, 더욱이 군용자원의 비밀보호에 관한 것이었다.

제3조에는 내각총리대신은 다음 각 호에 해당하면 신문지와 기타 출판물

에 대한 게재사항을 제한 또는 금지할 수 있다고 되어 있다.[64]

1. 외교에 관한 중대한 지장이 생길 우려가 있는 사항
2. 외국에 대해 비닉하는 것을 요하는 사항
3. 재정경제정책의 수행에 중대한 지장이 생길 우려가 있는 사항
4. 기타 국책의 수행에 중대한 지장이 생길 우려가 있는 사항

즉 외교상 중요한 문제, 재정경제정책과 국책수행상 중대한 지장이 발생할 우려가 있으면 게재사항의 제한 또는 금지할 수 있다고 되어 있다.

제4조는 앞선 2조의 제한 또는 금지에 위반한 신문 기타 출판물의 발매반포의 금지 또는 차압(압류) 및 원판의 차압(압류)은 내각총리대신이 행한다고 하는 규정이다.

제5조는 제4조를 받아 조선에서는 총리대신을 대신하여 조선총독이 본령을 집행한다고 정해져 있다.[65] 동령은 지금까지의 「신문지법」 및 「출판법」에 대한 제한을 강화하여 내각총리대신(조선총독)의 권한 하에서 전시사변을 담당하고 필요한 제한명령을 행할 수 있도록 명시하여 전시하의 정보선전 정책수행의 일원적 강화를 도모한 것이다.[66] 이것에 이어 제2차 세계대전과 함께 보다 엄격한 정치단속이 필요하게 되어 언론, 출판, 집회, 결사 등 임시단속법이 등장하게 되었다.

2) 「언론·출판·집회·결사 등 임시단속법」

태평양전쟁의 발발과 함께 일본은 국민의 정치활동의 자유와 표현의 자유 등 모든 정신적 자유를 엄격하게 제한하게 되었다. 그런 중에 전시 하에 있어서 치안유지의 완벽을 기하기 위해 「언론·출판·집회·결사 등 임시단속법」(1941년 12월 18일 법률 제97호)및 「동법 시행규칙」(1941년 12월 20일 내무성령 제40호)이 정해진 것이다.[67]

일본정부의 동법에 대한 제안 설명은 다음과 같다.

일본은 지금 지극히 중대한 시국에 처해 실제로 국가성쇠의 기로에 서 있다. 이 미증유의 난국을 돌파하기 위해서는 관민일체가 되어 매진해야

한다. 그래서 본 법은 언론의 자유에 대해 단속을 강화한 것이다. 즉 좌익, 그 외 적국의 모략 등 불령의 책동을 하려 하는 자와 또 국가의 안위를 도외시하고 평화사상에 빠져 반전반군의 사상을 유포하는 자가 적지 않다. 이 같은 악질적인 의도를 가지지 않은 자라도 경솔한 행동을 하고 전쟁목적의 수행에 장해를 일으키는 자가 없다고 할 수 없다. 이 같은 정세하에 전시하의 치안유지를 완벽하게 도모하기 위해서는 무엇보다도 언론, 출판, 집회, 결사 등에 관한 적절한 지도단속을 행하여 전쟁수행을 방해하는 자를 배제하고 거국일체의 체제강화에 박차를 가해야한다고 했다.[68] 이에 대해 미야자와 도시요시宮澤俊義는 동법은 언론, 출판, 집회, 결사 등 국민의 자유가 전쟁완수의 목적에 대해 방해적으로 이용되는 것을 방지하기위해 제정된 것으로 계엄령을 대신해 안녕질서의 유지라는 대 사명을 완수하게 되었다고 해석하고 있다.[69]

동법의 시행에 의해 종래의 「치안경찰법」, 「출판법」, 「신문지법」 등의 규정은 사실상 그 효력이 정지되게 되었다.

다음으로 동법의 주요 내용을 보기로 하자.[70]

「언론 · 출판 · 집회 · 결사 등 임시단속법」

제1조 본법은 전시에 즈음해 언론 · 출판 · 집회 · 결사 등의 단속을 적정하게 하여 안녕질서를 보호 유지할 것을 목적으로 한다.

제2조 정사에 관한 결사를 조직하려고 할 때에는 명령이 정하는 바에 의해 발기인이 행정관청의 허가를 받아야한다.

제3조 정사에 관한 집회를 개최하거나 집회를 개최하고자 할 때에는 명령이 정하는 바에 의해 발기인이 행정관청의 허가를 받아야한다. 단 법령으로 조직된 의회의 의원후보자인 자를 전형銓衡하기 위한 집회 및 공중公衆을 합동하지 않는 집회 및 선거운동을 위한 집회는 명령이 정하는 바에 의해 발기인이 행정관청에 신고하는 것으로 족하다.

제4조 공사에 관한 결사 또는 집회로 정사에 관하지 않는 것이라고 하더라도 필요한 경우에 있어서는 명령으로 전 조의 규정에 의할 수 있다.

제5조 옥외에서 공중을 회동하고 또는 다중 운동을 하고자 할 때는 명령이 정하는 바에 의해 발기인이 행정관청의 허가를 받아야 한다. 단 명령으로 정할 경우 이에 한하지 않는다.

제6조 법령으로 조직한 의회의 의원의사준비를 위해 상호 단결하는 자에 대해서는 제2조의 규정을, 의회준비를 위해 상호 회동하는 자에 대해서는 제3조의 규정을 적용하지 않는다.

제7조 신문지법에 의해 출판물을 발행하고자 하는 자는 명령이 정하는 바에 의해 행정관청의 허가를 받아야 한다.

제8조 행정관청이 필요하다고 인정할 때는 제2조 내지 제5조 혹은 전조의 규정에 의해 허가를 취소하고, 또는 제3조 혹은 제4조의 규정에 의해 신고한 집회의 금지를 명할 수 있다.

제9조 출판물의 발매 및 반포의 금지가 있는 경우에 행정관청이 필요하다고 인정할 때는 해당 제호 출판물의 이후 발행을 정지하고, 또는 동일인 혹은 동일사의 발행에 관련되는 다른 출판물의 발행을 정지할 수 있다.

제10조 제7조의 규정 또는 전 조의 규정에 의한 정지명령을 위반하여 발매 또는 반포할 목적으로 인쇄하는 출판물은 행정관청이 이것을 압류할 수 있다.

제11조 제2조의 규정(제4조의 규정의 근거에 의한 경우 포함)에 위반한 자는 1년 이하의 징역 혹은 금고, 또는 천엔 이하의 벌금에 처한다.

제12조 제3조의 규정(제4조의 규정의 근거에 의한 경우 포함) 또는 제5조의 규정에 위반한 자는 6개월 이하의 징역 혹은 금고, 또는 5백엔 이하의 벌금에 처한다.

제13조 제7조의 규정에 위반한 자는 1년 이하의 징역 혹은 금고, 또는 천엔 이하의 벌금에 처한다.

제14조 제9조의 규정에 의한 정지명령이 있는 출판물을 발행한 자는 6개월 이하의 징역 혹은 금고, 또는 5백 엔 이하의 벌금에 처한다.

제15조 제10조의 규정에 의해 압류처분의 집행을 방해한 자는 6개월 이하의 징역 혹은 금고, 또는 5백 엔 이하의 벌금에 처한다.

제16조 전 3조의 죄에는 형법병합죄의 규정을 적용하지 않는다.

제17조 시국에 관한 조언비어造言蜚語를 행한 자는 2년 이하의 징역 혹은

금고, 또는 2천 엔 이하의 벌금에 처한다.

　　제18조 시국에 관한 인심을 문란하게 하는 사항을 유포한 자는 1년 이하의 징역 혹은 금고, 또는 천 엔 이하의 벌금에 처한다.

　　이같이 동 법은 정치활동 및 표현의 자유를 철저히 억압하는 치안법이라고 할 수 있다. 즉 제8조 및 제9조에 「행정관청이 필요하다고 인정할 때」는 각종 허가, 단속, 집회의 금지 또는 출판물의 발행정지를 할 수 있도록 규정하고 있다. 여기서 필요하다고 인정할 때는 실제로 제1조에 정해진 「안녕질서를 유지시키는 것을 목적으로 한다.」고 하는 입법목적의 필요가부를 판단하는 기준이 되었기 때문이다. 행정관청(조선총독)은 그 전단적專斷的인 가부판단으로 정치활동에 의한 결사(제2조), 정사에 관한 집회의 개최(제3조), 다중운동多衆運動(제5조), 신문지의 출판(제7조)을 허가하지 않는 것 및 반포금지(제9조)도 가능하게 되었다.[71]

　　이 법령은 후술하는 「조선임시보안령」과 동시에 입법화 되어 조선민중에 대해 언론의 자유를 철저히 탄압한 언론탄압법이다.

　　동법 제7조에 의하면 신문지법에 의해 모든 출판물을 발행하고자 하는 자는 사전에 조선총독부의 허가를 받아야한다고 정해져 있다. 또 제9조에는 출판물의 발매 및 반포의 금지가 있은 경우는 행정관청(조선총독부)이 필요하다고 인정하면 해당 제호 이후의 출판물의 발행정지뿐만 아니라 동일인, 혹은 동일사의 발행에 관련되는 다른 출판물까지 발행정지를 취할 수 있도록 정해져 있다. 이것은 전례가 없는 것으로 예를 들면 어떤 출판물이 동 법령에 위반하면 해당 출판물의 통제뿐만이 아니라 동일인, 동일사까지 철저하게 연대 처벌하게 되었다. 지금까지의 법령과 비교해 대단히 엄격하고 무거운 처벌이다.

　　제10조부터 제16조까지의 처벌규정도 역시 종래보다는 엄중해졌다.

　　제17조와 제18조는 시국에 대한 유언비어 유포의 단속이다. 여기에 있는 것처럼 시국에 관한 유언비어뿐만이 아니라 시국에 관해 인심을 혼란시키는 조어造語를 유포한 자까지도 처벌을 강화하고 있다. 이것은 말할 필요도 없이 조선민족의 독립운동을 금지하는 것을 목적으로 한 법이다.

　　또 일본에 있어서 동령의 특색의 하나로 모든 정당을 해산시킨 것을 들 수 있다. 당시 일본제국헌법 하에서는 정당정치가 행해지고 있었지만, 동 령에 의해 이들 정당이 해산되는 것에 의해 군사파시즘 독재정권으로 전락하는 계기가 되었다. 제2조의 「정사에 관한 결사」는 정당의 동의어로, 이 법령에 의해 천황제 이데올로기를 중추로 하는 군국주의적 정치단체인 「대정익찬회」이 외의 정당 활동은 배제되고 일당 독재체제를 구축하게 되었다.[72] 이에 대해 당시 내무사무관인 기쓰카와 사토루啬川覺는 본래 일본정부는 본령에 의해 모든 정치결사를 금지하고 대정익찬회에 정치력을 부여할 생각은 없었다고 했다. 다만 안녕질서를 해하거나 전쟁수행을 방해하는 것을 불허하는 것으로 본법의 목적은 달성된다고 하는 정부 측의 생각이었다고 해석하고 있다.[73]

　　그러나 이것은 주지하는바와 같이 변명에 지나지 않았다. 실제는 본령의 제2조, 제3조가 「민정당 해당선언民政黨解黨宣言」(1940년 8월 15일)[74]에 적용되었던 것이다. 이 해당선언에 의해 일본의 모든 정당이 해산되고 그 이후 패전까지 무정당 정치시대가 계속되었다.

　　한편 동령의 시행규칙(1940년 12월 20일)이 내무성령 제40호로 반포되어 신문지발행에 대해 심사를 행하도록 되었다. 즉 동법시행규칙 제6조에는 신문지발행의 허가를 받으려고 할 때는 발행인, 편집인 및 지주가 되려는 자는 연서連署하고 다음의 사항을 기입해 발행소를 관할하는 지방장관(관찰사)을 경유하여 내무대신(경성은 경무사)에 출원해야 한다고 규정하고 있다.[75]

1. 제호
2. 게재사항의 종류
3. 시사에 관한 사항의 게재 유무
4. 발행 시기, 만약 시기를 정하지 않았을 때는 그 취지
5. 발행소 및 인쇄소
6. 지주의 이름, 만약 법인일 때는 그 명칭 및 대표자의 이름
7. 발행인, 편집인의 이름. 다만 편집인이 2명이상 있을 때는 주로 편집사무를 담당하는 자의 이름
전항 제1호 내지 제7호 사항을 변경하고자 할 때는 전항에 준해 허가를 받을 것을 요한다.

이들 시행규칙 제6조는 종래의 「신문지법」(1907년 7월 법률 제1호) 제2조

와, 「신문지규칙」(1908년 4월 30일 통감부령 제12호) 제1조보다 강화되어, 예를 들면 제3항에서는 시사에 관한 사항의 게재유무, 또는 제6항에서는 지주의 이름, 법인일 때는 그 명칭과 대표자의 이름까지 분명히 할 것을 요구하고 있다. 이것은 전시하의 시국의 중요성을 반영하고 있는 것으로 요컨대 신문사의 지주 혹은 법인대표자까지 면밀하게 조사해 허가를 내고자 하는 목적이다. 게다가 전술한 7가지의 항목 중에서 하나의 항목만이라도 변경하고자 한다면 전항에 준하는 허가를 받을 것을 요구하여 발행허가기준을 강화하고 있다.

이상 설명한 것처럼 언론, 출판, 집회, 결사 등 임시단속법 및 동 시행규칙을 분석해 보았지만, 모두가 조선반도에 있어서 시국의 중요성 내지 전시하의 저널리즘의 통제를 보다 효과적으로 하기 위해 정한 법령이었다.

3) 「조선임시보안령」

「조선임시보안령」(1941년 12월 26일 제령 제34호) 및 동시행규칙(1941년 12월 26일 조선총독부령 제339호)은 종래의 「언론·출판·집회·결사 등 임시단속법」의 단속을 한층 강화한 것이다.

이 입법취지에 대해 미야자와 도시요시富澤俊義는 조선에 있어서 언론, 출판, 집회, 결사 등이 전쟁완수의 방해가 되는 것을 막기 위한 것으로, 치안보전에 만전을 기해 거국체제의 강화를 도모하는 것이었다고 논하고 있다.[76]

즉 태평양전쟁의 개전과 함께 병참기지가 된 조선반도에 있어서 국책수행에 반대하는 모든 언론, 출판, 집회, 결사 등 조선민족의 반식민지운동을 배제할 필요가 있었다. 따라서 이 「조선임시보안령」을 통해 조선에 있어서 모든 반식민지언론, 출판 등을 탄압하고자 획책한 것이다. 본법은 이미 1936년에 발포한 '조선불온문서 임시단속령(제령 제13호)'보다 그 구성요건을 확대 강화한 치안법이라고 할 수 있다.

우선 조선임시보안령 중에서 언론, 출판에 관한 항목을 보기로 하자.[77]

제1조 본령은 전시의 언론, 출판, 집회, 결사 등의 단속을 적정하게 하여 안녕질서를 보호 유지하는 것을 목적으로 하고 있다.

제9조 신문지 기타 출판물의 발매 및 반포의 금지가 있는 경우에 행정관청이 필요하다고 인정할 때는 해당 제호의 출판물 이후의 발행을 정지하고

동일인 또는 동일사의 발행에 관한 다른 출판물의 발행을 정지시킬 수 있다.

전항의 규정에 의해 정지와 명령에 위반해 발매 또는 반포할 목적으로 인쇄한 출판물은 행정관청이 이것을 압수할 수 있다.

제10조 조선총독이 필요하다고 인정할 때는 신문지 기타 출판물의 수입 또는 이입을 제한 또는 금지할 수 있다 전항의 규정에 의한 제한 또는 금지 명령에 위반해 수입하거나 이입한 출판물은 행정관청이 이것을 압수할 수 있다.

제11조 행정관청이 필요하다고 인정할 때는 제2조 내지 제4조, 신문지규칙 제1조, 광무11년 법률 제1호 신문지법 제1조, 또는 융희3년 법률 제6호 출판법 제2조의 규정에 의한 허가, 또는 인가를 취소할 수 있다.

전항의 규정에 의해 허가가 취소된 융희3년 법률 제6호 출판법은 행정관청에서 그 발매 또는 반포를 금지하고 이것을 압수 할 수 있다.

제15조 신문지규칙 제1조 또 광무11년 법률 제1호 신문지 제1조의 규정에 위반한 자는 1년 이하의 징역 혹은 금고 또는 1000엔 이하의 벌금에 처한다.

제16조 제9조 제1항의 규정에 의해 정지명령을 위반한 자는 1년 이하의 징역 혹은 금고 또는 천엔 이하의 벌금에 처한다.

제17조 신문지 기타 출판물에 대한 본령, 신문지규칙, 광무11년 법률 제1호 신문지법, 출판규칙 또는 융희3년 법률 제6호 출판법에 의한 차압처분의 집행을 방해하는 자는 6개월 이하의 징역, 금고, 또는 500엔 이하의 벌금에 처한다.

제18조 제10조 제1항의 규정에 의한 제한 또는 금지 명령에 위반하는 자는 1년 이하의 징역 혹은 금고, 또는 천엔 이하의 벌금에 처한다.

제20조 시국에 관한 유언비어를 유포하는 자는 2년 이하의 징역 혹은 금고 또는 이천엔 이하의 벌금에 처한다.

이 보안령은 종래 일본의 「언론, 출판, 집회, 결사 등 임시단속법」과 비교해 다음과 같은 점을 지적할 수 있다.

첫째로 일본에서 정당 활동을 제한하고 또 모든 정당을 해산시킨 「정사에 관한 결사」 조항은 본 「보안령」에는 없고, 다만 「공사公事에 관한 결사」만으로 규정되었다. 즉 「공사에 관한 결사」는 정사에는 관계가 없는 결사이다. 그런데 조선에 있어서 「공사에 관한 결사」는 일본의 「정사에 관한 결사」와 같이 취급되어 총독의 허가 없이 공사를 결사한 경우 이에 대한 벌칙규정을 두었으며, 또한 일본에서는 「1년 이하의 징역 및 금고 또는 천원이하의 벌금」으로 되어 있지만, 조선에서는 「3년 이하의 징역 및 금고 또는 3천원이하의 벌금」으로 되어 있어, 일본보다 벌칙이 3배로 가중되었다. 게다가 총독의 허가를 얻어 「공사에 관한 결사」를 조직하더라도 행정관청이 필요하다고 인정하면 항상 전단적專斷的으로 해산시킬 수 있도록 되어 있다.[78]

둘째로 본령 제7조에 「경찰관이 필요하다고 인정할 때」는 1명의 경찰관이라도 이와 같은 집회와 운동에 대해 제한, 금지, 해산을 시키는 권한이 주어져 있다. 이러한 경찰관에 의한 집회, 운동에 관한 해산권은 조선에만 한정되어 있다.

셋째로 동 보안령 제20조 「시국에 관한 유언비어를 한 자」 및 제21조 「시국에 관한 인심을 어지럽히는 사항을 유포하는 자」에 대한 규정이다. 이것은 일본의 「언론, 출판, 집회, 결사 등 임시단속법」 제17조 및 18조와 비교할 수 있는 규정이다.

그러나 조선에 있어서는 이 조항이 확대 해석되어 그 남용에 의해 조선민족의 독립운동 내지 항일언동의 전부가 처벌대상이 되었다. 이에 대해 박경식朴慶植과 임종국林鍾國은 동 보안령 20조에 의해 「조선전역이 마치 일대 감옥의 양상을 보일」[79] 정도로 공포의 도구가 되었다고 논하고 있다.

넷째로 동20조 「시국에 관한 유언비어를 유포한 자」의 구성요건의 확대해석의 문제이다. 즉 기무라 가메지木村龜二도 지적하고 있듯이 「시국」이라는 의미는 폭넓은 의미로 해석되어, 「정치, 외교, 금융, 경제, 사회교육, 치안 등에 관한 제도, 구성, 운용 등에 있어서 현재의 중요한 정세를 의미한다.」[80]라고 하는 식으로 확대 해석되고 있는 것이다.

대법원(최고재판소)의 판례에 의하면 이른바 「시국에 관한 유언비어라는 것은 시국에 관해 허구의 사실을 날조하는 경우는 물론, 실재의 사실을 과장하거나 혹은 확실한 근거 없이 풍문을 사람들에게 전하는 행위를 지칭하는 것으로, 그 사실의 과장은 침소봉대로 말할 뿐만 아니라 사회 관념에 비추어 과장되어 있는 것처럼 보이는 모든 경우를 포함하고 있다.」[81] 고 해석하고 있다.

따라서 시국에 관한 조선인의 반식민지적 언동의 전부가 제20조에 의해 처벌대상이 되며, 실제로 많은 사람들이 대화중의 언동이 문제가 되어 「시국범죄」혹은 「유언비어죄」로 검거되었다. 그러나 이것에 대해 스즈키 게이후鈴木敬夫는 당시 조선민족의 시국에 관한 언동을 보면 대부분이 「실재 사실을 과장」한 것이 아니라 「실재 사실」을 진실로 주장한 것이 명백했다고 논하고 있다.[82] 말할 필요도 없이 진실은 진실이지만, 조선인의 독립운동에 관한 언동은 일본의 식민지통치 및 전시하의 전력강화에 커다란 장해가 되므로 엄하게 단속한 것에 의한 것이다. 즉 동 법령의 남용에 의해 조선반도는 감옥과 같은 상황이 계속된 것이다.

다섯째로 언론, 출판에 관한 법령이다.

먼저 「조선임시보안령」 제9조를 보면 「언론, 출판, 집회, 결사 등 임시단속법」과 거의 차이가 없다. 다만 동 보안령은 출판물의 발행정지 또는 반포 금지에 그치지 않고 전항의 규정에 의한 정지와 명령에 위반해 발매 또는 수입, 이입하는 출판물은 행정관청이 이것을 압수하는 일까지 가능하게 되어 있다.

또 제10조에는 조선총독부가 필요하다고 인정했을 때는 신문 또는 출판물의 수입 내지 이입을 제한 또는 금지하고 있다. 「언론, 출판, 집회, 결사 등 임시단속법」에는 행정관청이라고 표현되어 있는 것에 비해, 동령은 조선총독이라고 명확하게 명시되어 있다. 게다가 제11조의 내용을 분석해 보면 동 보안령은 조선에 있어서 종래의 「신문지규칙」, 「신문지법」, 「출판법」보다 우선이며 상위법인 것을 알 수 있다.

마지막으로 동 보안령을 전반적으로 분석해 보면 전술한 「언론, 출판, 집회, 결사 등 임시단속법」보다 강화 내지 세분화되고 구체화되어 있는 것을 알 수 있다.

이상 논한 대로 일본은 전시하에 있어서 이 3개의 법령에 의해 조선의 언론통제정책에 대응하고 있었다고 할 수 있다. 바꾸어 말하면 조선의 식민지 통치기 종반에 있어서는 강력한 언론통제법규를 통해 전시하의 언론통제에 임하고 있었던 것이다. 이 법령의 특징으로 나타난 것은 유언비어와 인심문란죄다. 결국 전술한 「언론, 출판, 집회, 결사 등 임시단속법」과 「조선임시보안령」은 이른바 유언비어와 인심문란죄를 통제하는 법규를 새롭게 규정하고 있는 것이다.

제 5 절   『경성일보』의 논조와 일본의 패전

어느 시대에 있어서도 그 시대의 신문 논조를 보면 사회변천의 양상을 살필 수 있다. 신문의 논조는 사회의 움직임을 반영하는 것으로 시대상을 반영하면서도 그 시대 여론의 지도자로서 역할을 완수하는 것이다.

특히 조선총독부 기관지인 『경성일보』가 조선민족에 대해 식민지 선전정책의 오피니언·리더(opinion leader)로서의 역할을 다한 것은 주지한 대로이다. 여기서는 『경성일보』가 태평양전쟁 발발 전후에 어떤 선전정책을 수행했는가를 살펴보고자 한다. 동 신문이 조선식민지통치의 종반에 있어서 조선의 신문논조를 대표하는 것으로 일본의 패전에 이르기까지의 상황을 잘 보여주고 있기 때문이다.

전쟁의 기운이 가까워진 1941년 1월 1일 미나미 지로南次郎 조선총독은 경성방송국(JODK)의 마이크를 통해 경무대 관저에서 전국을 향해 다음과 같이 방송연설을 했다.[83]

「반도 민중의 각오」
「신민인 우리들 1억 동포가 전력을 다해 계속 노력하고 있는 대동아공영권의 건설에 대해서 조선이 어떠한 역할을 완수하고 있는가를 말씀드리자면, 동아시아의 지도에서 볼 수 있듯이 일본열도는 대륙의 전방 태평양을 향해 마치 방파제와 같이 세계의 각지에서 밀려오는 거친 파도를 막고 있는 형을 이루고 있습니다. 같은 의미에서 조선반도는 본국에서 대륙으로 건너가는 잔교의 형을 이루고 있는 것입니다. 이 잔교棧橋는 동양의 힘이 서양에 미치기 위한 발판을 이루고 있는 것입니다. 즉 조선의 지리적 자연의 지위는 제국의 대륙전진 병참기지이며 또 사상적으로는 동아시아에 대한 황도선포의 기지입니다. ……」

이 미나미 총독의 연설내용에 대해 몇 가지 주목하고 싶은 것이 있다. 즉 대동아공영권의 건설에 대해서 조선은 중요한 역할을 완수해야 한다는 것, 또 일본열도에 대해서 대륙의 전방 태평양을 향해 방파제 역할을 하고 있다고 논하고 있는 점, 더욱이 조선반도는 본국에서 대륙으로의 잔교이면서 대륙전진의 「병참기지」라고 분명히 말하고 있는 점 등이다. 이 연설의 마지막 부분에서 「우리 조선 2천3백만 민중의 시국에 대한 견인불발堅忍不拔의 각오는 확고부동」한 것이라고 강조하고 있다. 이들 내용을 정리해보면 역시 조선은 황도선포皇道宣布의 기지로 일전이 불가피하다는 것을 강조하며 그것과 함께 조선 역할의 중요성을 논하고 있는 것이라고 할 수 있다.

동년 2월 3일에는 시국대처 방침의 하나로 미나미 총독이 각계 대표자 간담회를 개최하고 자신의 의견을 피력했다. 참석자는 중추원참의, 재성재계유력자在城財界有力者, 국민총력연맹임원, 언론계대표 등 150명으로, 그 자리에서 총독은 긴박한 현재의 국제정세와 난국을 타개하기 위해 대륙에 접양接壤(접한 구역)하고 있는 조선으로써는 민심의 불화를 노리는 유언비어 등에 충분히 계의하고, 전심직역봉공專心職域奉公함에 있어 관민일체가 되어 후방의 국민단결을 더욱 견고히 하는 것이 중요하다고 말하고 있다.[84]

또 동년 9월 3일자 「관기숙정官紀肅正을 기한다.」라는 기사를 보면 미나미 총독은 국책에 반하는 언동은 엄벌할 것을 각 국장 정례회의 석상에서 훈시하고 있다. 구체적인 내용을 보면 다음과 같다.

「이즈음 조선에서 우리들의 각오로써는 제3국의 교묘하고 집요한 책동에 말려들지 않도록, 특히 그 언동에 주의를 기울이는 것이 중요하다. 그리하여 관공리의 직책에 있는 자는 2,400만 대중의 선두에 서서 멸사봉공滅私奉公해야 하는 임전체제하의 오늘날, 과전불납리瓜田不納履 이하부정관李下不正冠이라는 말에도 있듯이, 적어도 관기진숙官紀振肅의 이러쿵저러쿵 비판을 받지 않도록 유의함과 동시에 통제경제의 운영상 민중을 접할 때는 간절하고 친절한 취지를 모두가 가지고 시국극복돌파에 매진하였으면 한다. 또 왕왕 사변의 장기화와 동반해 유식 지도계급층 사람의 시국에 대한 진정한 인식이 부족한 바가 있어, 국론의 통일, 국책 추진상 장해가 될 우려가 있는 언동을 가볍게 하는 자가 있다고 어렴풋이 듣고 있다. 오늘날까지는 노력하여 그 이해와 협력을 기다리며 처벌하지 않는 방침으로 임해왔지만, 일의 경우와 성질에 의해 앞으로는 종래의 태도를 고쳐 일살다생一殺多生의 수단을 취해 엄벌주의로 임해야 하는 것에 대해, 적어도 유식지

도계급이라고 자인하는 각위에 대해서는 미리 이즈음 심심한 주의를 환기
해 두는 사정이다. ……」라고 말하고 있다.[85]

요컨대 국책에 반하는 언동은 다수를 위해 허락할 수 없는 것으로 앞으로
엄중하게 단속할 것을 경고하고 있는 것이다.

미나미 총독은 1941년 10월 1일에도 경성방송을 통해 조선총독정치 31주
년 기념일에 즈음해 「대륙전진 병참기지다운 사명과 내용충실에 매진」이라는
주제로 연설을 했던 것이 밝혀졌다. 이 내용을 보면 전쟁준비를 서두르고 있는
것을 엿볼 수 있다. 이 연설 중에서 주목할 만한 것은 다음과 같은 점이다.[86]

첫째로 미나미 총독은 조선통치의 종합적 결실은 「고도국방 국가체제 확
립을 위해 조선반도의 특수사명인 대륙전진 병참기지다운 내용을 계속 충실히
하고 있다.」라는 한 마디밖에 없다고 말하고 있다.

둘째, 「시국 정세는 점점 더 긴박을 고하기에 이르러 언제 어떠한 동기에
서 어떠한 적의 도전이 있을지도 모른다. 그 경우에 곧바로 이에 대응하기 위
해 준비해야하며 그 준비를 위해서는 국방산업을 중심으로 하는 관계물질의
철저한 증산과 인적 자원의 총력적 활용이 절대로 필요하다.」고 논하고 조선
은 고도국방 국가체제에 대해 지극히 중요한 역할을 완수해야한다고 지적하고
있다.[87]

셋째, 조선반도의 전진병참기지다운 사명을 수행하기 위해 물적·경제적요
소외에 인적, 정신적 요소의 필요성을 강조했다. 즉 사람 혹은 사변에 즈음해
조선민중의 인심동향에 의구심을 품고 그 치안에 관해 우려할 것이 없다고는
할 수 없지만, 이것은 최근 조선인에 대한 인식의 부족에 근거한 기우에 불과
하다고 지적하면서 조선은 이미 국민총력운동을 전개하고 황국신민도를 실천
하고 있을 따름이라고 말하고 있었다.[88]

넷째로 이 연설을 통해 시국의 중대성에 대응해야하는 임전체제강화의
「국민개로운동國民皆勞運動」을 전개했던 것이 분명해졌다. 그 내용을 보면 노소,
불구, 폐질자를 제외하고 연령 만14세부터 40세 미만의 남자 및 만14세부터
25세 미만의 미혼여자는 특정기간 「근로보국대」를 조직하여 국가공공단체의
사업을 위해 봉사 근로하는 것으로 했다. 여기서 말하고 있는 것은 조선청년에
대한 지원병제도와는 다른 것이며, 또 미혼여자의 근로봉사는 나중에 종군위안

부, 정신대 등에 악용되어 지금까지도 지탄의 대상이 되고 있는 것이다.[89]

이들 4가지의 항목을 정리해 보면, 조선반도의 병참기지로써의 중요성을 강조하고 또 임전체제를 갖추기 위해 조선민족의 인적·물적 보국 자세를 호소하고 있는 것이다. 그것은 어떤 의미에 있어서 전쟁은 피할 수 없는 상황이라는 것을 인식시키려고 했던 것으로 보인다.

다음으로 『경성일보』는 1941년 11월 18일 석간 톱뉴스로 도조 히데키東條英機 수상의 연설을 게재하고 있다. 이 연설 중에서 「우리 북변안정北邊安定」이라는 부분에서는 다음과 같이 말하고 있다.[90]

「…… 정부는 건국 이래 국시인 평화애호의 정사精社에 기초해 제국의 존립과 권위를 옹호하고 동아시아의 신질서를 건설하기 위해 지금 또한 외교에 현명한 노력을 경주하고 있을 따름이다. 이것에 의해 제국이 기하는 바는

1. 제3국이 제국이 기도하는 중국사변의 완수를 방해하지 않을 것
2. 제국을 위요圍繞하는 모든 국가가 제국에 대한 직접 군사적 위협은 행하지 않는 것은 물론, 경제봉쇄와 같은 적성행위敵性行爲를 해제하고 경제적 정상관계를 회복할 것
3. 유럽전쟁이 확대되어 화란禍亂이 동아시아로 파급되는 것을 극력 방지할 것

이상 3항목에 걸친 목적이 외교교섭에 의해 관철될 수 있다면 하나의 제국뿐만이 아니라 세계의 평화를 위해 진짜 행복한 것이라고 믿을 따름이다. 그렇지만, 종래의 경위에 비춰 교섭의 전도는 역도逆賭하기 어려운 바가 있다. 따라서 정부는 전도를 가로막는 모든 장애를 예견하고 이것에 대해 만반의 준비를 하여 단호하게 제국의 기정국책旣定國策을 수행하기에 유감없음을 기대함에 따라 제국의 존립을 완전히 하는 견고한 결의를 가진다. ……」

이 내용에도 나타나 있듯이 도조 수상은 다음의 점을 강조하고 있다. 즉 평화를 바라는 제국으로서는 어려운 것을 참고 극력 외교에 의해 위국을 타개하여 사태를 평화적으로 해결하려 기해왔지만, 지금도 여전히 그 목적을 관철

하기에 이르지 않았고 일본제국의 백년대계를 결정해야 하는 중대한 국면에
서기에 이르렀다고 하면서 대동아의 신질서를 건설하기 위해 외교적 노력을
경주해야한다고 말했다. 역시 전쟁의 불가피성을 간접적으로 피력하고 있다고
할 수 있다.

또 이달 11월 27일「제2회 조선총력연맹이사 전 조선대회」가 열려 미나미
총재는 거기에서「시간時艱돌파에 매진」이라는 훈시를 하고 결전체제의 완료와
함께 불퇴전의 결의를 말하고 있다. 즉 제국의 1억이 한 마음으로 동아시아
공영권 완수에 매진하는 가을, 외지 제일선인 우리 반도에서 더욱 총력체제를
완비해 2,400만 애국반원愛國班員의 총력전을 단행해야한다고 열렬하게 호소한
것이다.91) 게다가 동 신문의「총독관방에 정보과를 신설」이라는 기사를 보면
태평양전쟁 직전에 전 조선반도의 여론을 지도하기 위해 정보과를 신설하고
있다.92)

동 기사에 의하면 총독부는 현안 사항으로 미리부터 신설을 준비 중인 관
방정보과는 먼저 기구대개혁에 이어 26일 정식으로 진용이 발표되었지만, 동
과의 내부구성은 종래 문서과에 속해 있었던 정보 및 계발선전사무를 분리하
고 더욱이 체신국에 소속되어 있었던 방송내용의 지도도 수행하는 것이라고
했다. 구체적으로는 정보, 보도, 영화의 3계를 두고 과장 아래 사무관, 조사관
각1명, 속屬11, 기수技手1, 촉탁囑託7, 고원雇員16 합계 38명으로 구성되어 임전
하에 대응하며 다음의 사무를 담당하게 되었다.93)

1. 여론의 지도계발에 관한 사항
1. 정보수집, 보도 및 선전에 관한 사항
1. 보도 및 계발선전기관의 지도에 관한 사항
1. 내외사정의 조사 및 소개에 관한 사항

이 정보과 신설과 함께 11월 26일 오노 로쿠이치로大野綠一郞 정무총감은
다음과 같은 담화를 발표했다.「현재 비상시국에 처한 대륙전진 병참기지인 우
리 반도의 사명은 더욱더 그 중대성이 더해지지만, 현재 전쟁의 특질을 고려하
여 공고한 사상전 체제를 정비해야만 한다.」그래서 정보를 신설하여 신기구에
의해 국내여론을 통일하고 계발선전에 관한 청내 사정은 한 단계 강화를 보이

는 것이다.

그래서 초대 총독관방 정보과장에 구라시마 이타루倉島至(전 학무과장)가 임명되어 드디어 총력을 기울여 국난돌파에 힘을 쏟게 되었다.94)

이런 동안에 마침내 1941년 12월 8일 태평양전쟁이 발발, 다음날 9일자 『경성일보』는 미나미 지로 총독의 유고를 게재했다. 즉 「미나미 총독은 8일 오후 2시 반부터 경성방송국의 마이크를 통해 영미 양국에 대한 선전은 포고되고 올 것이 왔다는 것이다. 인내심의 끈이 끊어진 것이라고 하며 전쟁에 있어 전 관민의 최선을 바란다고 했다. 일본은 수 년 전부터 오늘과 같은 시기의 도래를 예상하고 준비를 왔으며, 동시에 제국 육해군은 필승불패의 신념을 태우고 있는 것이다. 이때 국민은 태연자약 대국민의 긍지를 가지고 깊이 정부 및 무적육군을 신뢰하고 더욱더 후방의 결속을 견고히 해서 일억 성전의 완수에 매진해야한다. 조선내의 전 관민이 대조大詔의 성지를 준수하고 미리 수련한 불요불굴의 정신력을 발휘해 성역봉공聖域奉公과 신도실천臣道實踐에 최선을 다할 것을 국가의 이름으로 요구하는 것이다.」라고 말했다.95)

미나미 총독은 이달 10일 「임시 각 도지사회의」를 소집하고 훈시의 벽두부터 엄숙한 표정으로 일어나 「영미와의 국교를 단절하고 선전포고의 대조大詔는 환발渙發되어, 본직本職은 각위와 함께 성지를 준봉遵奉하고 전력을 다해 반도후방의 결속을 확고히 하여 불퇴전의 결의로 임할 것을 맹서한다.」라고 전제하고 시국의 진상을 상세히 말하고 있었다.

이 훈시 중에서 세 번째에 해당하는 적성사상敵性思想을 경계한다고 하는 부분의 내용을 보도록 하자.96)

「(전략)반도의 소승적 민족주의는 이미 많은 과오를 고치고 대다수가 내선일체, 황국신민의 의식을 철저히 하여 일억일심으로 대동아 민족영도의 입장에 섰는데도 불구하고, 아직도 여전히 대세를 파악하지 못하고 구관념에서 벗어나지 못하는 자가 전혀 없는 것이 아니라, 이러한 무리들이 적 공습하의 혼란을 틈타 교묘히 조언造言해서 조선인을 상극으로 도입하고자 도모하는 것이 있을 수 있고, 또 이들 음모에 의한 국부적일소사局部的 一小事가 일반민중의 이성 상실에 기인해서 내선일체의 성숙을 해하는 중대한 일을 야기하는 것이 없다고는 가볍게 단정하기 어려운 것이다. 물론 악의

의 유언비어는 극력이 단속해야 하지만, 사전에 선량한 민중들이 공습 등
의 혼란에 있어 방치되어 선동적 조언에 혹하는 일이 없도록 일단 상식을
갖추게 하는 것이 중요하다. ……」

즉 조선민족이 소승적 민족주의를 탈각하고 대동아민족 영도주의의 입장
에 서서 대국적인 견지에서 시국을 인식해야 한다고 했다. 그렇지만, 악의의
유언비어에 대해서는 엄중히 단속할 것을 말하고 있다. 더욱이 미나미 총독은
말미에 전쟁에 대한 자신감을 강화해 필승의 신념을 견지하고 전쟁목적 달성
에 대해 거국적 결의를 공고히 하여 공영권 건설에 매진할 것을 호소하며, 특
히 영미 정전중征戰中에 있는 조선민족에 대해 사상전 체제의 강화를 강조하고
있었다. 전술한대로 역대 총독 중에서 사상전쟁에 대해 가장 강조한 것이 미나
미 지로 총독이 아니었을까 생각한다.
태평양전쟁이 발발하고 4일째인 12월 11일, 조선신궁대전朝鮮神宮大前에서
전의를 고양하는 「국위선양 국민대회」가 열렸다. 이달 12일자 남산을 누르는
국위선양대회」라는 제하의 기사를 보면 「인류의 적 영미를 궤멸하고 성지에
부응해 받들고자 2천4백만의 반석부동盤石不動을 확고히 하는 "국위선양 국민대
회"는 국민총력 조선, 경기, 경성부 3연맹 주최로 11일 오전 11시부터 조선신
궁 대석단상大石段上 광장에 미나미 총재를 비롯한 오노大野 부총재, 총독부 각
국장, 총력연맹 각 임원 등 백만부민百萬府民 대표자 약 2만 명이 모여 성대히
거행되었다.」[97]고 보도했다.
또 동 신문은 다음과 같은 대회선언서를 게재하고 있다.[98]

선언
「우조優詔 강하降下해서 제국은 지금이야말로 단호한 인류의 적 영미 타
도를 위해 무기를 들고 일어나 벌써 혁혁한 전과를 올려 황위皇威를 입광
入纊으로 선양宣揚한다. 그래서 우리들 2천 4백만의 결속은 반석부동, 기다
림에 의지한 체제는 이미 완비되어 있어 맹서로 소기의 목적을 완수해 성
지에 대해 받들 것을 기한다.
위와 같이 선언하다.

1941년 12월 11일

국민총력조선연맹

동   경기도연맹

동   경성부연맹

동 신문은 이 선언문을 게재한 후 다음과 같이 대회장의 분위기를 전했다.

이 대회장에는 "기미가요"가 불리는 가운데 천황시대의 무궁함을 상징하는 히노마루 국기가 높이 게양되었다. 창성唱聲은 한 소리를 낼 때마다 감격에 겨워 고창되고 양광陽光은 빛나 태평양의 필승을 비추었다. 궁성요배宮城遙拜에 이어 미나미 총독은 선전포고의 증서를 공손히 봉지하고 봉독한 다음 후방철석의 훈화로 이어가 다시 일동 기립한 상태에서 "반석부동"의 선언결의문이 야노矢野 경성부 연맹장에 의해 낭독되었다. 그리고 육군대신 해군대신 앞으로 보내는 감사전문을 결의했다.

이어 미나미 총독은 이달 13일 담화를 발표하고 「영미를 쓰러뜨리지 않으면 세계에 신질서 없다.」라고 말하고 있었다. 이들 주요 내용을 보기로 한다.[99]

「우리 제국의 대영미선전對英美宣傳에 따라 맹방 독일·이탈리아 양국은 지난 11일 공동으로 대미선전을 포고함과 동시에 베를린에서 대영미전 공동수행, 단독 부강화不講和, 세계 신질서 건설협력에 관한 3주간의 신협정이 조인된 것은 진실로 흔쾌히 마지않는다. 이것은 작년 9월에 체결한 삼국동맹조약의 정신을 당연히 실현하고 동시에 이것을 강화한 것이지만, 이 신 협정에 의해 유유명료悠悠明瞭하게 된 것은 영미를 쓰러뜨리지 않으면 세계에 신질서가 없어, 세계의 새 시대 정신과 요구를 대표하는 일본·독일·이탈리아 3국민은 서로 협력하여 영미를 쓰러뜨리지 않으면 단호히 무기를 거두지 않을 것이라고 하는 반석의 결의이다.

영미앵글로색슨은 다년에 걸쳐 세계의 이민족을 노예 취급해, 우월 독선감의 유지와 각 민족으로부터 겁략刧略한 것을 잃지 않으려고 하는 사리사욕의 본능에 의해 세계의 현상을 유지하려고 했다. 일본·독일·이탈리아를 추축으로 3국을 지도자로 하는 국가, 민족들과 함께 영미의 공리적 지배를 배제하고 공존공영의 신질서를 건설하고자 하는 것에 이르러, 지금 세계는 확연히 두 개의 진영으로 갈라졌다. 그렇지만 정正은 일본, 독일, 이탈리아에 있고 사邪는 영미에 있다는 것은 일성日星과 함께 분명하다. 사는 정에 이길 수 없어 우리들 일본국민은 새로운 세계사를 창조하는 광영을 자각하고 독일·이탈리아 이하 맹방의 친구와 함께 도의적 세계관을 더욱더 앙양하여 유일한 승리에의 길로 나아갈 뿐이다.」

미나미 총독은 이 담화에서 3국동맹의 중요성을 논하면서 영미의 우월독선주의를 비판하고 특히 이민족을 노예 취급하며 사리사욕의 본능을 유지하고 있다고 공격하고 있었다. 이에 대해 일본국민은 새로운 세계사를 창조하기 위해 동맹국과 함께 승리로의 길에 매진할 것을 호소하고 있었다.

또 1942년 1월 11일자 「대동아전쟁과 반도체육을 듣다.」라는 기사에 의하면, 체육 후생을 통해서 전쟁에 이기기 위해 반드시 단련이 필요하며, 이 계획에 의해 「조선체육진흥회」를 조직하고 심신 모두 건전한 「국민훈련」을 실시하게 되었다고 되어 있다. 조선체육협회를 여기에 통합한다고 하는 형태를 취해 국민전반에 침투시켜, 태평양전쟁의 국가목적에 따른 방침을 향해 지도하고 통제해 가고 싶다고 하는 목적이었다.

이 진흥회의 조직을 크게 나누어 보면 일반체육부와 국방훈련부, 경기훈련부의 3부로 되어 있다. 일반체육부는 국민전반에 체육의 인식을 철저히 하고 관심을 가지게 하여 점차 강한 운동을 할 수 있는 기반을 연성하는 것이 그 목적이었다. 그리고 국방훈련부는 국민전반에 걸쳐 시대에 즉응한 체육을 실시하기 위해서는 지도자를 많이 양성하는 것이 필요해졌기 때문에 설치된 것이었다. 이들 각 부의 연락조달을 잘 취하기 위해 총무부를 설치해 각 부의 사업을 통제하고 각 부간의 연락을 취해 일진월보하는 체육시대에 의거해 지도하도록 했다.100) 이 내용을 보면 일본은 조선민족에 대해 사상적 통제만이 아니라 체력적인 통제까지 요구하게 되었다고 할 수 있다.

또 2월 18일자 신문에 의하면 「빛나는 증미경진회 표창식」이 행해졌다. 조선흥농회 제1회 전 조선증미 경진회 표창식을 거행하고 미나미 총독은 고사告辭를 통해 농민의 땀과 노력을 몸으로 체험하고 기후가 불순함에도 불구하고 관민일치 증미목표달성에 매진한 결과 24,880,000만 석의 실수를 거둔 것은 결전체제 하에서 제국식량정책에 반석盤石의 강도를 더하는 것으로, 반도의 사명달성 상 무한의 영예라고 하여 당사자의 노력, 농민의 정려精勵에 경의를 표함과 동시에 올해의 생산목표 2천7만석을 돌파할 것을 더욱더 강조하였다.101) 미나미 총독은 덧붙여 제국의 주요 식량인 미곡의 중산확보는 대동아전쟁 완수상 중요한 것이라고 말하고, 또 병참기지로서의 조선에서 증미계획을 수립하고 이것의 달성을 위해 노력해야한다고 논하고 있었다.

미나미 총독의 훈시내용은 조선민족에 대해 모든 방면까지 침투시키기 위해 호소한 것이었지만, 특히 4월 20일 정례 도지사회의에서 행한 다음과 같은 훈시가 주목된다.102)

「우리 반도가 병참기지의 이름을 호칭하는 까닭은 바로 그 풍부한 지하자원, 식량자원, 노력자원에 있다. 그리고 우리들에게 주어진 사명은 이 자원의 개발에 전력을 기울여 식량 증산과 노력의 공출에 만전을 기하는 것이다. 기타 부인의 계몽운동, 국어생활 보급의 철저는 내선일체의 현현顯現으로 또 반도의 실력을 배가해야 하기 위해 끊임없는 노력을 계속해야 한다. 조선마사회의 설립을 한 오늘, 우리들은 전시상시戰時常時를 불문하고 생산력을 확대, 교통기관의 중요자원인 우량마의 증산확보에 군관민의 일치협력을 갈망하는 것이다.」

이같이 조선에 있어서 자원개발의 중요성을 이야기하면서 이것을 추진하기위해 다음 3개 항목의 실시가 필요하다고 했다.

1. 관청의 신체제
2. 대동아전쟁하에 있어서 반도의 입장과 사명
3. 기지반도의 산업개발 및 생산 확충

더욱이 대전大戰하 성업완수聖業完遂 민심지도의 입장에 있는 관리는 전장에 있든 가정에 있든지를 불문하고 항상 책임 관념의 고양에 노력하고, 만일에 민중으로부터 이런저런 비판을 받는 일이 없도록 강기숙정剛氣肅正을 기하는 것은 말할 것도 없이 시대의 요청이다. 태평양전쟁하에서 조선의 사명은 북쪽변방을 지키는 중책완수를 향해 내선일체가 되어 대동아공영권의 지도자가 될 수 있

는 것을 명심해야 한다고 덧붙이고 있다.[103]

또 조선주재 일본신문기자회인 「조선춘추회」가 해산되고 「조선신문회」 (1942년 5월 1일)가 결성된 것이 이번 조사에서 밝혀졌다. 조선신문회는 결성에 즈음해 선언문을 발표하고 조선반도에 있어서의 책무완수 및 현재까지의 필전 筆戰을 경계함과 동시에 전 관민의 일대반성을 요구하며 그 발분發奮을 촉구하고, 더욱이 조선반도 인심의 진작振作에 일단의 노력을 다할 것을 선언했다. 다음으로 그 내용의 일부분을 보기로 하자.[104]

「천황의 위엄 아래 황사皇師가 한번 일어나면 교로驕虜의 패주 천리, 대동아 10억의 여민黎民을 위한 생색生色이 있어 세계의 신질서 바야흐로 이루어지려고 하여, 진실로 황국만년의 운명을 정하는 중대시기로 일억 동포가 진정으로 결사하고, 철석같은 단결로 성업익찬聖業翼贊에 용약勇躍해야 하는 가을이다.

한일합병 이후 어언 32년 황풍반도皇風半島에 널리 발랄한 기운이 천지에 가득하고, 대동아전쟁하에 있어 충분히 대륙병참기지로서의 의무를 완료하고 있는 것은 우리들이 흔쾌히 감격해마지 않는바, 그렇다고 하지만 아직도 여전히 시국의 중대가 해결되지 않아 국리國利를 해하고 국책에 반하는 것이 심각함에 이르러서는 국법을 범하고 사리私利를 도모하는 무리들조차……(후략)

1942년 5월 1일
조선신문회

그런데 전시하의 조선반도의 역할은 점점 커지고 있었지만, 7년간 근무했던 미나미 총독은 5월 29일 추밀원 고문관으로 전임되고 대신에 조선총독으로 고이소 구니아키小磯國昭 대장이 임명되었다.[105]

이 중대한 시기에 조선총독으로 고이소 구니아키가 임명된 것은 아마도 그가 군부의 장로이면서 전 척무대신으로 척무행정에도 정통했기 때문일 것이다. 동시에 무인임에도 불구하고 정치수완도 있어 대동아건설심의회 위원이며 또 익찬정치회의 간부이기 때문일 것이다. 특히 중앙정계의 사정에도 정통해 조선군사령관으로서 조선사정도 누구보다 상세히 알고 있었던 것이다.[106]

고이소 신임총독은 부임사에서 조선의 현안해결과 반도에 있는 동포의 심경을 계도하는 것에 매진할 것을 이야기했다. 즉 조선통치의 대 방침으로 조선 및 조선동포에 대해 시국에 대한 올바른 인식과 함께 본국 동포에 있어서도 조선을 이역異域으로 생각하지 말고, 시코쿠四國와 규슈九州와 같이 강력한 황국 일본의 일환으로 포함시켜야 한다고 말했다. 또 불령불신의 무리에 대해서는 내선관민 여하를 불문하고 단호히 탄압을 가해야 하는 것은 말할 필요도 없지만, 그러나 어떠한 경우에 있어서도 연구와 인식의 결여에서 생기는 오해는 해결해야 하는 것이라고 했다.

또 조선에만 있는 조선동포의 수는 2천 6, 7백만에 달하고 황국신민으로서의 지향, 노력도 점차 현저해지는 것이 있다. 오늘날 조선인은 야마토민족과 대칭하는 의미에서의 조선민족이 아니라 진실로 일본인다운 의식하에 결합에 계속 노력하는 과정에 있는 것이다. 특히 일본 황도의 본령인 팔굉일우八紘一宇를 구현해야 한다고 믿는다고 말하고 있다.[107)

이상 1941년 1월 태평양전쟁 발발 이전부터 개전 이후 1942년 5월 29일 고이소 구니아키 총독 부임사까지 분석해 보았다. 주로 총독훈시 내지 총독의 시정방침을 중심으로 분석했지만, 1941년부터는 조선에서 신문이라는 미디어가 본래의 기능을 상실했으며, 특히 『경성일보』의 사설은 통치자의 통치정책을 잘 반영하고 있었기 때문이다. 신문 사설에는 독자적인 의견이라는 것을 거의 볼 수 없는 상황이 되어, 신문 논조라고 하면 총독훈시 내지 시정방침의 해설 혹은 구체적인 시행방침의 제시에 불과했기 때문에 총독의 훈시, 시행방침 등이 신문논조를 대변한 것에 지나지 않았다. 당연히 태평양전쟁 발발 전후는 미나미 총독이 7년간 조선을 통치하고 있었기 때문에 그의 시정통치 내용이 신문에 그대로 반영되고 있었다고 할 수 있다.

그럼 전술한 대로 미나미 총독이 조선에 대해 행한 시정목표 내지 조선민족에 요구하고 있었던 것을 다시 한 번 정리해두고자 한다.

① 미나미 총독은 조선반도를 일본의 대륙전진 병참기지로 최초로 선포한 인물이며 그 중요성을 누구보다도 실감하고 있었다.

② 조선민족에 대한 사상적 통제로 특히 언동에 대한 철저한 단속을 감행했다.

③ 병참기지로서의 조선에 있어서 정신적 통제는 물론 경제적인 통제까지 한층 강화했다. 예를 들면 자원의 개발, 미곡증산 배가운동, 국세증액 징수정책, 저축장려 배가운동 등이다

④ 조선민중의 민족주의를 탄압하기 위해 유언비어의 금지정책을 엄하게 취급했다.

⑤ 영미에 대한 적대사상고취와 태평양전쟁의 불가피성 등을 문제 삼으며 태평양지역의 신질서를 호소했다.

⑥ 전쟁에 이기기 위해 사상만이 아니라 체력연성의 하나의 방법으로 조선체육진흥회를 조직하고 조선민족에 대해서 체력증강까지 요구했다.

⑦ 내선일체정신으로써 관민일체를 호소했다.

⑧ 그 외 황민화운동에 의해 징병제의 실시, 교육제도의 개혁으로써 조선어교육폐지, 창씨개명, 국민총동원 운동전개 등을 캐치프레이즈로 했다.

미나미 총독은 항상 조선에서 태어난 황국신민으로서 대동아 모든 민족의 중핵으로 이것을 지도·계발하고 팔굉일우八紘一宇의 대정신을 중외中外로 발휘하는 것에 의해 황도를 세계에 선양해야만 하는 중대한 시기에 직면하고 있어, 조선인은 이 영예에 감읍感泣해 「반도인이 나아가야 하는 큰 길은 충량忠良한 황국신민 이 외는 없다.」108)라는 신념을 확고히 가져야 한다고 하여 그것을 강요하는 총독정치를 행하고 있었다.

이런 중에서 1945(昭和20)년 8월 15일 정오, 일본의 패전과 함께 일본방송협회의 라디오를 통해 쇼와천황의 항복방송이 행해졌다. 이 방송에 의해 대다수의 일본국민은 처음으로 패전의 사실을 알게 되었다. 또 각 신문 판매점에서는 천황의 포츠담선언 수락에 관한 조칙詔勅방송에 의해 신문배달이 개시되었다. 포츠담선언의 최종적 수락을 일본정부가 연합국 측에 통고한 것은 전날인 14일이었다.109)

8월 15일자 일본의 신문을 보면『도쿄아사히신문』은 사설에서 「1억 상곡相哭의 가을」이라는 제목으로 다음과 같이 보도하고 있다.

「(전략)1억의 신자臣子, 지금 미증유의 의의 깊은 대조大詔를 받들고 느끼는 감회는 갑자기 필설筆舌로 다하기 어려워 남은 것은 단지 자성자책, 자

숙자계의 염려뿐이다. 군국君国이 직면하는 새로운 사태에 대해 동포상곡同胞相哭하고 그리고 대군大君과 천지신명에 대한 죄스러움으로 가득하다. 1억 동포의 새로운 용기도 노력도 모두 이 반성과 회오悔悟를 뛰어넘어 태어나지 않으면 안 된다. ……」110)

또 『오사카아사히신문』은 「잔학 원자폭탄사용」이라는 제목에서 「과학사상 미증유의 잔학한 효력을 가지는 원자폭탄과 이것에 이어 갑자기 일어난 소련의 참전은 대동아전쟁을 결정적인 단계에까지 몰아넣어 ……」111) 등이라고 보도하고 있다.

도쿄의 『마이니치신문』은 「과거를 명심하고 전도를 보자.」라는 표제어를 내고 있으며, 『요미우리신문』은 「대어심大御心으로 귀일할 것이다.」라는 제목의 사설을 각각 게재했다. 이들 기사의 내용을 정리해 보면 일본의 패전이라는 것은 역사적 국면에 있어서 일대전환기가 될 수 있도록 국민 한 사람 한 사람에 대한 마음가짐을 호소하고 있었던 것으로 볼 수 있다.112)

8월 14일까지 최후의 황군의 승리를 목표로 힘내라며 계속해서 국민을 전쟁에 내 몰았던 일본의 신문 혹은 신문기자에게 있어서 이 날의 신문제작은 상당히 힘든 것이었다. 지금까지 객관적인 조사 없이 일방적인 대본영 발표만을 보도한 언론사로서는 객관보도의 책임문제에 관한 것과 천황에 대한 전쟁책임의 문제까지 관련되었기 때문이다. 이런 상황 속에서 『마이니치신문』 서부 본사판 8월 16일자 지면은 1페이지에 조칙과 정부발표, 고시사항만을 싣고 2페이지는 백지 그대로 내었다.113)

이와 같은 패전국 일본에 대해 동년 8월 30일 연합군총사령관 맥아더 원수가 진주해서 9월 2일에 항복문서의 조인식이 행해졌다. 그러나 주의할 만한 것은 8월 15일부터 9월 2일 정식으로 항복문서에 조인하기까지는 정전상태로 아직 종전이라고 할 수 없다. 일본은 정식적인 종전은 9월 2일부터라고 생각하고 있었다.

일본은 조선을 전쟁으로 빼앗은 것이 아니기 때문에 패전과는 관계없이 독립을 생각하지 않았지만, 조선은 8월 15일 천황의 항복방송을 그대로 독립으로 받아들여 『경성일보』사에서도 그 날 바로 조선인 사원들이 봉기하고 먼저 편집실내에서 「일본인 나가」라고 소리치며 외쳤는데 각 국도 같은 상태였다. 게다가 그들은 건국준비위원회의 지령에 근거해 경성일보사를 관리하게 되었으므로 사무를 인수인계 받고 싶다고 말했지만, 당시의 요코미조 미쓰테루橫溝光暉에 의해 거절당했다. 이달 17일 아침부터는 일본군에 의해 경성의 치안은 다시 제자리를 찾은 것이다.[114)

조선 남부에서는 9월 2일경으로 예정되어 있었던 미군의 진주가 조금 늦어져 9월 9일 인천에 상륙, 바로 경성으로 들어가 이날 오후 4시 총독부에서 남한의 항복문서 조인식이 이루어지게 되었다. 이 조인식에 의해 이날 총독부의 일장기는 내려지고 성조기가 게양되었다. 실제적으로 조선이 일본으로부터 독립한 날은 9월 9일이라고 할 수 있다.

『경성일보』는 10월 30일 조선인에 의한 명의변경의 등기완료와 함께 사장 이하 간부 13명은 퇴사하였고 일본인 직원 전부가 이날 10월 30일자로 퇴사하며 지사, 지국도 폐쇄하게 되었다.[115)

그 결과 10월 31일자 신문에 「일본인 직원일동」의 이름으로 「독자에게 고한다」의 결별사와 함께 11월 1일자 최종호를 발행하고 끝을 고했다. 『경성일보』는 조선총독부기관지로 40년간의 역사를 여기서 막을 내리게 된 것이다. 그러나 우리민족에게는 꿈에서도 그리던 감격의 순간이었다. 이 얼마나 천대받고 멸시받으며 죽지 못해 목숨이라도 부지해 왔던가. 노일전쟁, 만주사변, 중일전쟁, 태평양전쟁, 전쟁 때마다 목숨부지하려고 부역당하고 끌려다녔지 않은가. 환희에 찬 경성일보 조선인 사원들은 대한독립을 외치며 신문사를 접수하게 된다.

미주

1. 義井博(1983)「日獨伊三國同盟と軍部」『太平洋戰爭前夜』第一法規出版株式會社, p. 3.

2. 松下芳男編(1978)『田中作戰部長の證言』芙蓉書房, p. 43.

3. 塚本三夫(1986)『實錄, 侵略戰爭と新聞』新日本出版社, p. 223.

4. 同上 p. 229.

5. 春原昭彦(1983)「戰爭とジャーナリズム」新井・稻葉編『日本のジャーナリズム』有斐閣, pp. 72~73.

6. 鈴木敬夫(1989)『法を通じて見た朝鮮植民地支配に關する研究』高麗大民族文化研究所出版部, p. 323.

7. 櫻本富雄(1986)『戰爭はラジオにのって』アルジュ社, pp. 27~29.

8. 日本放送協會(1977)『放送50年史』日本放送出版協會, p. 149.

9. 日本放送協會(1977)『放送50年史』資料編, 日本放送出版協會, p. 183.
「전시방송업무 처리요령」
1. 전시방송업무의 비상조치를 신속적절하게 실시하기위해 본부에 방송사령부를 둔다.
2. 방송사령부는 전시방송업무의 비상조치에 관해 통괄 사령한다.
3. 방송사령부에 사령 1명, 부사령 2명, 사령부원 약간 명을 둔다.
방송사령에는 회장이 이것을 담당한다.
부사령에는 상무이사 이것을 담당하며 사령을 보좌하여 사령 부재 시는 그 임무를 대행한다.
4. 중앙방송국장, 방송국장은 전시방송업무의 비상조치에 관해 방송사령부의 지령을 받는 것 외에 긴급조치에 관해서는 기회를 잃지 않도록 전결조치하고 사후보고를 하는 것으로 한다.
5. 전시방송업무 중 비상조치를 요하지 않는 것에 대해서는 평상의 규정에 의한다고는 하지만 대략의 처리에 대해서는 신속하게 해야 한다.

10. 日本放送協會(1977)『放送50年史』전게서, p. 144.

11. 春原昭彦(1983)「戰爭とジャーナリズム」전게서, pp. 79~80.

12. 日本新聞協會編(1956)『日本新聞協會10年史』日本新聞協會, pp. 17~18.

13. 同上, pp. 20~21.

14. 春原昭彦(1983)「戰爭とジャーナリズム」전게서, pp. 80~81.

15. 春原昭彦(1978)「戰時步道の實態2」『コミューニケーション硏究』第11號, 上智大學 コミューニケーション學會, pp. 80~81.

16. 春原昭彦(1983)「戰爭とジャーナリズム」전게서, pp. 85~86.

17. 金圭煥(1982)『일본의 대한對韓 언론·선전정책』二友出版社, p. 303.

18. 東洋經濟新報社『日本經濟年譜』第39集, pp. 131~133.

19. 近藤鎰一(1962)『太平洋戰爭下の朝鮮(1)』朝鮮總督府豫算關係重要文書修編, 友邦協會, pp. 6~8.

20. 近藤鎰一(1962)『太平洋戰爭下の朝鮮(1)』전게서, pp. 7~8.

21. 『아사히신문』의 「전진이지만 더욱 불충분」이라는 해설, 1990년 8월 7일 석간, p. 2.

22. 日本放送協會(1989)『ラジオ年鑑』1941년판, 大空社, pp. 337~343.

23. 日本放送協會(1989)『ラジオ年鑑』1942년판, 大空社, p. 335.

24. 日本放送協會(1989)『ラジオ年鑑』1943년판, 大空社, p. 258.

25. 朝鮮公論社(1943)「鮮語放送の可否」『朝鮮公論』7월호, pp. 114~127.

26. 森勝治(1943)「放送戰の實際と日本の勝利」『朝鮮公論』7월호, pp. 26~28.

27. 崔埈(1974)「韓國新聞史」一潮閣, pp. 333~334.

28. 金圭煥, 전게서, p. 315.

29. 『조선연감』1943년판에 의한 것, 다만 1942년 4월 현재의 신문명 및 발행대표자명
은 다음과 같다.

신문명	종류	대표자명
京城日報	일간지	高宮太平
朝鮮商工新聞	일간지	齊藤五吉
中鮮日報	일간지	富田　平
全南新報	일간지	福田有造
全北新報	일간지	松波千海
釜山日報	일간지	芥川　浩

大邱日日新聞	일간지	河井戶四雄
平壤每日新聞	일간지	森幸次郞
鴨江新聞	일간지	加藤新一
北鮮每日新聞	일간지	西田京二
黃海日報	일간지	九田　一
京日小國民新聞	일간지	高宮太平
皇民日報	일간지	高宮太平
朝鮮米肥日報	일간지	小笠原儀雄
淸津日報	일간지	廣幡多謙太郞
朝鮮證券日報	일간지	新田義民
朝鮮警察新聞	월2회	庄司淸次郞
朝鮮敎育新聞	월간지	武田和星
朝鮮水産時報	월4회	松野二平(이상은 일본인 발행지)
每日新報	일간지	金川聖(李聖根)
民衆新聞	주간지	金田明
基督新聞	주간지	金禹鉉
每日寫眞旬報	순간지	金川聖
國民新報	주간지	金川聖

* 이성근李聖根은 황해도 김천군 출신으로 일찍이 창씨제가 선포되자 김천성金川聖이라 개명한 인물이다.

30. 고이소 총독의 조선통치이념은 국체본의의 투철과 도의조선의 건설이었다. 즉 일본의 정신을 조선반도 전역에 침투시켜 2천 4백만 조선민중이 마음에서 골수까지 완전하게 일본화하게 만드는 것을 의미한다. 당시는 황국의 당면 대과제였다고 할 수 있다.

31. 畑中繁雄(1986)『日本ファシズムの言論彈壓抄史』高文硏, pp. 70~75.

32. 朝鮮總督府情報課(1943)「朝鮮における出版統制」『通報』第148號, pp. 8~11.

33. 同上, p. 9.

34. 同上, pp. 12~13.

35. 同上, pp. 9~10.

36. 同上, pp. 11~10.

37. 同上, p. 10.

38. 金圭煥, 전게서, p. 317.

39. 蛯川豊文(1943)「戰陣に立つ報道班」『朝鮮公論』7월호, 조선공론사, p. 78.

40. 同上, p. 83.

41. 同上, p. 98.

42. 朝鮮總督府情報課(1943)「修養鍊成する總督府廳員」『通報』제148호, p. 203.

      연성교육은 총독부로서 솔선수범의 필요성도 있으며, 지도자 연성소(용산관저내)는 주로 고등관을 대상하는 연성과 매주 월요일의 전 청원 일제연성으로 하는 연성이 있었다. 용산의 지도자 연성소의 연성은 1943년 3월 11일부터 8일간 재성칙임관 35명에 대해 실시된 것을 제1회로 하여 제2회는 3월 21일부터 14일간 고등관 4등 이상의 본부과장, 각 도 과장 47명, 제3회는 4월 8일부터 2일간 각 도 보안과장 36명 등이었다.

      또 매주 일요일 연성은 오전 7시부터 개시된다고 하여 7시에 발청하는 것은 늦다. 7시 10분전에는 청사동측의 광장, 각 대 소정의 위치에 정렬하고 인원점호를 받아야했다. 경성부내 거주의 본부직원은 오전 6시 45분까지 각 과실에 도착해 출근부에 날인하고 연성장의 대오에 참가할 것을 요한다. 연성교육의 내용은 국기게양, 궁성요배, 대동아전쟁 필승기원, 체조(국민보건체조, 대일본국민체조, 대일본청년체조, 대일본여자청년체조, 건국체조 중에서 선정)를 행하고 국기강납, 마지막으로 연성부장으로부터 훈화 및 당일 실시해야하는 교련종목의 지시가 있었다. 또 연성일 실시 요강에 의하면 「교련 및 무도」 등이 있다.

43. 津田剛(1943)「總力運動の本質とその現段階」『朝鮮』8월호, 朝鮮總督府, p. 23.

44. 堂本敏雄(1943)「朝鮮に於ける情報宣傳の目標」『朝鮮』8월호, 朝鮮總督府, p. 4.

45. 同上, p. 6.

46. 同上, p. 6.

47. 同上, pp. 12~13.

48. 同上, pp. 13~14.

49. 同上, pp. 14~15.

50. 同上, p. 16.

51. 同上, p. 16.

52. 朝鮮總督府情報課(1943)『通報』제146호, pp. 20~21.

53. 同上, p. 22.

54. 同上, pp. 20~21.

55. 朝鮮總督府遞信局文書(1943)「昭和19年度增減內譯, 遞信局, 土木局」pp. 201~203.
    공사조서를 보면 전신회선, 무선시설, 전화가입자 신증설, 긴급통신시설 등의 세
    부항목으로 확장공사를 실시하고 있었다.

56. 朝鮮總督府遞信局文書(1943)「昭和19年度增減內譯, 遞信局, 土木局」p. 217.

57. 朝鮮總督府遞信局文書「第86回(昭和19年12月)鑛工局, 遞信局, 交通局, 帝國議會說明
    資料, 參册の內參」p. 182.

58. 同上, pp. 182~183.

59. 同上, p. 183.

60. 同上.

61. 同上.

62. 朴容相(1980)「韓國의 言論法史(上)」『신문연구』겨울호, 한국언론연구원, p. 43.

63. 內川芳美(1985)『現代史資料41, マス・メデイア統制2』みすず書房, pp. 32~325.

64. 同上, p. 325.

65. 同上.

66. 國監耕一郎(內務事務官)(1941)「新聞紙等揭載制限令解說, 國家總動員法第20條に基
    づく勅令」『警察研究』第12卷 第3號, p. 25, pp. 28~29.

67. 鈴木敬夫(1989)『法を通じて見た朝鮮植民地支配に關する研究』전게서, p. 319.

68. 第78帝國議會(1941)『新法律の解說』法律協會, p. 31.

69. 宮澤俊義(1941)「言論, 出版, 集會, 結社等 臨時取締法」第78帝國議會『新法律の解
    說』法律協會, p. 31.

70. 內川芳美(1985)『現代史資料41, マス・メデイア統制2』전게서, pp. 377~378.

71. 瓜生順良(內務事務官)「出版物に對する臨時取締法規」『警察研究』第13卷 第1號.

72. 鈴木敬夫(1989)『法を通じて見た朝鮮植民地支配に關する研究』전게서, p. 322.

73. 吉川覺(內務事務官)(1942)「言論・出版・集會・結社等臨時取締法に就て」『警察研究』
    第13卷 第2號, pp. 27~28.

74. 『福岡日日新聞』 1940년 8월 15일자; 『東京朝日新聞』 1940년 8월 16일자.

75. 內川芳美(1985) 『現代史資料41, マス·メデイア統制2』 전게서, pp. 444~455.

76. 宮澤俊義(1941) 「言論, 出版, 集會, 結社等 臨時取締法」 第78帝國議會 『新法律の解 說』法律協會, pp. 30~31.

77. 「朝鮮總督府官報」1941년 12월 26일(第4477號); 「朝鮮總督府官報」 1942년 1월 19일 (第4506號) 등을 참고해 현대어로 고친 부분이다.

78. 鈴木敬夫(1989) 『法を通じて見た朝鮮植民地支配に關する硏究』 전게서, pp. 325~326.

79. 朴慶植(1973) 「日本帝國主義の朝鮮支配」 下卷, 靑木書店, p. 22; 林種國(1985) 「日帝 下の思想彈壓」 平和出版社, p. 182.

80. 木村龜二(1944) 「言論統制と刑法, 不穩言論取締を中心に」 『法律時報』 第16卷 第10號, p. 3.

81. 大法院判決, 1942년 11월 20일 刑集, 第21卷, p. 523.

82. 鈴木敬夫(1989) 『法を通じて見た朝鮮植民地支配に關する硏究』 전게서, p. 328.

83. 「반도민중의 각오, 견인불발·확고부동」 『경성일보』 1941년 1월 1일자.

84. 「시국대처 방침, 미나미 총독, 솔직하게 피력」 『경성일보』 1941년 2월 3일자.

85. 「관기숙정官紀肅正을 기하라」 『경성일보』 1941년 9월 3일자.

86. 「대륙전진 병참기지다운 사명과 내용충실에 매진」 『경성일보』 1941년 10월 2일자.

87. 「미나미 총독의 방송요지」 『경성일보』 1941년 10월 2일자.

88. 「황국신민도의 실천」 『경성일보』 1941년 10월 2일자.

89. 「국민개노운동의 전개」 『경성일보』 1941년 10월 2일자.

90. 「도조東條 수상 연설」 『경성일보』 1941년 11월 18일자.

91. 「제2회 조선총력연맹이사 전 조선대회」 『경성일보』 1941년 11월 27일자.

92. 「총독관방에 정보과를 신설」 『경성일보』 1941년 11월 27일자.

93. 同上.

94. 同上.

95. 「대조大詔의 성지를 .봉대奉戴 전 관민 최선을 다해 미나미총독 유고를 발한다.」 『경 성일보』 1941년 12월 9일자.

96. 「임시 각 도지사회의 열리다. 적성사상의 경계」『경성일보』 1941년 12월 11일자.

97. 「지금이야말로 기다릴 것을 부탁하며 전 반도는 반석부동이다」『경성일보』 1941년 12월 12일자.

98. 同上, 1941년 12월 12일자.

99. 「열화熱火의 철정鐵鼎, 삼국협정의 중대사명」『경성일보』 1941년 12월 13일자.

100. 「대동아전쟁과 반도체육을 듣다」『경성일보』 1942년 1월 11일자.

101. 「빛나는 증미增米 경진회 표창식」『경성일보』 1942년 2월 18일자.

102. 「반도의 사명완수로」『경성일보』 1942년 4월 20일자.

103. 同上.

104. 「반도의 책임완수로 일단, 발분반성의 가을」『경성일보』 1942년 5월 3일자.

105. 「후임에 고이소 구니아키小磯國昭 대장」『경성일보』 1942년 5월 30일자.

106. 「조선총독 고이소小磯 대장」『경성일보』 1942년 5월 31일자.

107. 「고이소 총독, 부임사」『경성일보』 1942년 6월 16일자.

108. 「황국신민으로 살자」『경성일보』 1942년 2월 11일자.

109. 內川芳美(1983) 「戰後ジャーナリズムの 出發」 新井·田川編 『日本のジャーナリズム』 有斐閣, p. 92.

110. 「一億相哭の秋」『東京朝日新聞』 사설, 1945년 8월 15일자.

111. 「殘虐原子爆彈使用」『大阪朝日新聞』 1945년 8월 15일자.

112. 內川芳美, 전게서, p. 92.

113. 內川芳美, 전게서, p. 94.

114. 橫溝光暉(1964) 「『京城日報』終刊始末記」『新聞研究』 4월호, 일본신문협회, p. 38.

115. 同上 p. 41.

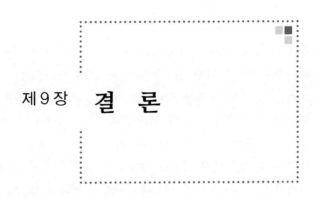

제9장 **결 론**

일제강점기 조선의 언론통제는 무력적인 강압에 의한 일종의 「정치적 통제」였다고 할 수 있다. 당시 조선 언론통제의 목적은 궁극적으로 「내선일체」 내지는 「황국신민화」에 있었다. 일본은 이를 실현하기 위해 무력적인 협박이나 탄압, 회유, 설득 등 수많은 정책들을 반복하면서 그에 저항하는 민족이나 언론에 대해서는 여지없이 탄압과 말살정책을 취하게 된다.

일찍이 테루(Fernand Terrou)와 솔랄(Lucian Solal)이 말했듯이 정치적인 탄압이나 통제로부터 완전히 해방될 수 있는 언론은 존재하기 어렵다.[1]

동서고금을 막론하고 언론의 정치적 통제에는 정치 권력자가 자신의 권력을 향유하기 위한 「정치적인 탄압차원의 통제」와 국가가 당면한 국내외 사정에 의해 행해지는 「상황적 통제」가 있을 수 있다. 후자의 경우 자국 내의 문제로 특히 '상황적인 통제'라는 것은 항상 '국리민복'이라는 수사어가 전제되는 경우가 많다. 일제강점기의 언론통제는 외세에 의한 것으로, 조선의 '국리민복'과는 거리가 먼 일본의 '국리민복'을 위한 전쟁도구로 언론이 이용되었다. 다시 말해서 모든 것은 '일본천황'을 위한 통제였다고 말할 수 있다. 당시의 시대상황을 보면 조선총독이 입법, 사법, 행정의 삼권을 쥐고 있었고, 이 모든 권력을 이용해 언론을 통제하였기 때문에 언론은 정치의 시녀가 되어 총독의 정책이 곧바로 언론정책이 되기도 했다.

일제하 조선의 언론통제는 세계적으로도 유례가 드물 정도로 「정치적 통제」가 「행정적 통제」와 「법적인 통제」로 나뉜 이중통제로 이루어지고 있었다. 「행정적 통제」는 다시 「사전통제」와 「사후통제」로 나뉘었다. 사전통제는 자주 규제를 촉구하거나 발행 전 사전검열에 의해 삭제, 또는 발행 중지 등의 통제를 가하는 것이고, 사후통제는 정간, 압수, 판매금지 등을 이용해 통제를 가하는 것이다. 조선에서 일본의 언론통제는 이 「사전통제」와 「사후통제」의 이중적 통제로 이루어졌고, 언론이 질식될 정도로 통제가 철저히 이루어졌다는 것이 본 연구로 밝혀지게 되었다. 한편 「법적인 통제」라는 것은 행정적인 통제에만 그치지 않고 다시 사법적인 책임까지 추궁하여 언론사, 언론인에 대해 사후 책임까지도 묻는 엄한 탄압정책이다.

지금까지 조선의 언론통제에 관한 여러 가지 문제점들을 분석한 결과 일본은 조선통치 전 기간을 통해서 상기의 「행정적 통제」와 「법적인 통제」 두 가지 방법을 사용하여 조직적 및 단계적으로 통제를 가했다는 것이 밝혀졌다. 본 장에서는 그 단계마다 어떻게 언론 통제를 가했는가를 종합적으로 고찰해 보고자 한다.

먼저, 제1장 서론에 이어 제2장에서는 조선 언론 전사前史를 논하고 있다. 언론전사는 언론의 교류가 없었던 한일양국의 교류관계를 중심으로 고찰하였는데, 제1절은 한일관계사, 제2절은 정한론의 배경, 제3절은 강화도조약의 성립과 개항문제 등에 초점을 맞춰 양국의 교류사를 살펴보았다.

고대 조선과 일본 사이에 선린우호 관계가 지속되다가, 도요토미 히데요시豊臣秀吉에 의한 임진왜란으로 인해 이것이 짓밟히게 된다. 이것을 다시 회복시킨 것은 도쿠가와 이에야스德川家康와 히데타다秀忠였다. 이에야스와 히데타다는 조선왕조의 불신감을 완화시켜 12회에 걸쳐 외교사절인 통신사의 왕래 등으로 에도시대에는 평화적인 양국관계가 이루어졌다. 그런데 선진자본주의 국가의 외압과 함께 도쿠가와 막부의 봉건제도는 붕괴되고 명치유신을 계기로 일본은 자주독립 국가를 확립하게 된다. 이때 사이고 다카모리西鄕隆盛를 중심으로 한 「정한론」이 대두되고 일본은 조선정벌, 즉 서서히 조선침략의 길을 밟게 되었다.

한편 조선은 1392년 창건 이후 쇄국정책을 취해왔으며, 대원군시대에는 전제군주제도 유지에 광분하여 외국에 대해 완고한 쇄국정책을 취하게 된다. 그 결과 외국과 잇달아 충돌했고, 마침내 운양호雲揚號(운요호)사건이 일어나 일본과의 사이에 강화도조약을 체결하기에 이른다. 이 조약에 의해 조선은 타의에 의해 강제적으로 세계를 향해 문호를 개방하게 되고 근대국가로서의 개방정책을 취하게 된다. 한국의 근대적 언론도 여기에서 생성되기 시작했다고 할수 있다.

제3장은 한국에 있어서 최초의 근대 신문 성립기에 관한 고찰이며, 『한성순보』와 『한성주보』를 중심으로 그 창간배경에서 폐간에 이르기까지의 과정을 6절로 나누어 논술했다. 이것은 식민지시대의 언론을 논할 때 전 과정으로 반드시 염두에 두어야 하는 중요한 부분이다.

한국의 최초 근대 신문인 『한성순보』는 조선정부가 일본 언론인들의 조력을 받아 창간하게 된다. 특히 본서에서는 『한성순보』 창간을 전후한 시기를 일본 언론의 침략기와는 구분하여 침투기라 명명하고 있다. 1876년에 한일강화조약에 의해서 양국사이에는 외교사절인 수신사가 왕래하게 되는데, 1882년에는 제3차 수신사로 박영효가 일본을 방문하게 된다. 박영효는 일본에서 후쿠자와 유키치福澤諭吉와 만나 후쿠자와의 권유에 의해 신문을 발간할 것을 결심하고 이노우에 가쿠고로 등 7명을 조선으로 초대해 1883년 한성순보를 창간하게 된다. 이노우에 가쿠고로는 그 후 1886년에는 『한성주보』까지 창간하는 데 참여해 한국의 근대 신문 성립기에 큰 역할을 하게 된다.

이노우에 가쿠고로는 후쿠자와 유키치의 훈도에 의해 신문 창간에 진력하려고 한다. 당시 외무경인 이노우에 가오루井上馨는 그를 정치적으로 이용하려고 했지만, 이노우에 가쿠고로는 이에 응하지 않았다. 그 근거로 4가지를 지적할 수 있었다. 첫째로 본문에서 논한 이노우에 가쿠고로가 이노우에 가오루에게 보낸 편지에서 이노우에 가쿠고로의 신분으로는 걸맞지 않을 정도의 단호한 어조로 요청을 거절했다. 둘째로 이노우에 가쿠고로는 이노우에 가오루에 대해 보통의 경조사 이외의 교류를 끊고 있었다는 점이다. 셋째는 이노우에 가쿠고로가 1885년 3월경 외무성에 가서 이노우에 가오루를 심하게 공격했다는 것이다. 이노우에 가쿠고로로서는 「각하」라고 부를 정도의 지위인 외무경에 대해 그와 같이 비판을 하는 것은 이례적인 일이었다. 넷째는 이노우에 가쿠고로가 조선에서 귀국하자마자 체포되어 「화문서위조죄和文書偽造罪」 및 「관리모욕죄」라는 죄명으로 처벌받은 점이다.

제4장에서는 일본은 조선을 병탄함에 있어서 어떠한 언론 통제를 감행했

는가를 고찰했다. 제1절에서는 먼저 일본은 언제부터 어떻게 식민지에 대한 논의를 시작했는가라는 문제에서부터 시작했다. 그것은 일본이 언제부터 제국주의의 길을 걷기 시작했는가라는 문제와도 관련된다. 일본은 1894년 청일전쟁에 의해 대만을 식민지로 획득한 후 대만을 그들의 식민지정책의 실험지로 활용했다. 그러나 본격적인 식민지정책의 연구는 한일합병 이후부터였다. 일본의 식민지정책연구가 구체적으로 조선통치에 어떻게 적용되었는지는 알 수 없지만, 대만통치의 경험이 밑바탕이 되었던 것은 사실이다. 구체적인 예로는「토지정책」과 고토 신페이後藤新平가 「대만통치구급안」에서 제시한 언론정책이다. 나중에 고토 신페이는 한일합병준비위원이 되어, 대만에 있어서 언론정책의 경험을 살리고 있었던 것은 틀림없는 사실이다.

제2절에서는『한성신보』를 중심으로 일본 언론이 본격적으로 침략해 오는 과정을 상세하게 고찰했다. 먼저 일본 언론이 침략해 오는 과정에서는『한성신보』를 통해서 언론통제가 본격화되었다. 동 신문은 일본공사관의 기관지로 조선의 다른 신문의 논조를 공격하며 조선의 내정도 간섭하게 된다.

1880년 조선에서는 일본의 공사관이 설치되자, 각 항만에 일본인 거류자가 급증하게 된다. 거류민들은 상호 정보교환 및 권익옹호를 위해 1881년 조선반도에서는 최초로 일본인 경영신문인『조선신보』를 부산에서 창간하게 된다. 이 신문을 계기로 잇달아 일본인 경영신문이 창간되어, 1905년에 이르기까지 20여개 신문이 창간되었으며, 그 대표적인 것이 공사관 기관지인『한성신보』이다. 이것은 구마모토국권당熊本國權黨의 중심인물인 아다치 겐조安達謙藏가 일본 외무성 기밀비의 보조금을 받아 1895(明治28)년 2월 17일 경성에서 창간한 것이다. 동 신문은 일본 외무성의 보조금을 받았을 뿐만 아니라 외무성을 대변하는 기관지가 되어 조선의 언론과 논쟁을 전개하는 한편, 외무성의 보조금을 계속 받으면서 일본의 정치선전 및 조선의 내정개혁에까지도 간섭을 하게 된다. 또한,『한성신보』의 간부가 중심이 되어 「명성황후 시해」사건까지 일으켜 정치문제로 비화되는 등 동 신문은 조선침략의 선봉에 서기도 했다.

제2장에서 1880년대는 일본 언론의 침투기라고 했지만, 실제로는 1895년『한성신보』의 창간 때부터는 분명히 일본 언론의 침략기라고 말할 수 있다. 그후『한성신보』는 1906년 8월 31일『경성일보』로 개제되어 통감부의 기관지가 되었다. 제3절에서는 영일동맹에 대한 세계 각국의 언론반응과 조선반도의 관

계를 고찰했다. 영일동맹조약에 의해 영국은 일본의 조선통치를 사실상 인정하
는 결과가 되었고, 일본은 또한 영일조약을 이용해 조선의 식민지화 정책에 결
정적인 계기를 만들게 된다. 즉, 영일동맹은 조선반도에서 발생하는 소요사태
와 제3국의 간섭으로부터 일본의 특수한 이익을 보호하는 권리를 인정함과 동
시에 일본의 조선통치를 승인하는 형태가 된 것이다. 이로써 일본은 러시아의
남하정책을 억지할 수 있을 뿐만 아니라, 조선반도에의 경제적 진출도 용이하
게 되었다.

영일동맹을 둘러싼 각국의 언론보도를 보면 미국정부는 환영하면서도 조
선에 동정적인 태도를 보이고 있었고, 독일의 언론은 냉담한 반응을 나타냈다.
동맹국인 영국은 당연히 환영하면서 극동에 있어서 평화를 더욱 확고히 하는
계기가 된 것이라고 논했다. 조선의 외무대신 서리 박제순朴齊純조차도 영일동
맹을 환영한 것은 이해하기 힘든 일이다. 우리 정부의 외교력 부족이나 정보부
족에서 당시의 조약체결 내용을 제대로 파악하지 못한 것으로 보인다.

일본의 언론은 연일 특집기사로 대대적인 환영의 자세를 보였다. 또, 동
조약은 일본으로서는 최초의 국제동맹조약이며 이 조약에 의해서 제국주의 경
제발전의 초석을 쌓게 된다. 영일동맹은 1902년 1월 30일에 체결되어 2월 13
일 가쓰라桂 수상과 고무라小村 외상에 의해 귀족원과 중의원에서 발표되지만,
『도쿄아사히신문』을 비롯한 모든 신문이 대환영의 논조를 보이고 있었다. 그
중에서도 『지지신보』의 보도는 특기할 만하다. 2월 14일자 『지지신보』의 기사
에서는 게이오기주쿠慶應義塾의 학생 및 교직원들이 이 조약을 축하하기 위해
횃불행렬을 실시했다고 보도하고 있다. 행렬은 게이오기주쿠를 출발, 외무성
앞과 영국공사관 앞에서 천황폐하만세를 삼창하고 동맹을 축하하는 창가唱歌까
지 작사해 불렀다. 당시 일본정부관계자들과 시민들은 온통 축제분위기였다.
이와 같은 보도 내용을 보면, 당시 영일동맹은 일본국민 전체가 열렬히 환영하
고 있었던 것을 알 수 있다.

영일동맹에서 주목할 만한 것은 동맹조약이 체결된 직후 일본의 주식시장
이 활발해지며 주가가 급격하게 오른 점이다. 『지지신보』에 의하면 영일동맹
이 발표된 2월 13일자 주식시장은 하락하는 불경기였지만, 15일이 되자 호경
기로 바뀌어 동 신문 25일자 「오사카전보, 24일」을 보면 계속해서 주식은 전
반적으로 강보합을 유지하고 있다. 이것은 일본이 영국의 외자도입에 의해 조

선반도로 경제적 진출을 꾀하고 있었기 때문이며, 또 조선의 식민지화 정책을 목표로 하고 있었기 때문이다.

제4절에서는 러일전쟁의 발발과 함께 조선에서는 일본군에 의한 사전검열이 실시되어 이른바 언론통제가 본격적으로 시작된 것을 고찰했다. 1904년 러일전쟁이 발발하자, 곧바로 동년 7월 20일 주한일본군사령관 하라구치 겐사이原口兼濟는 「군사경찰훈령」을 발표하고 모든 신문은 「사전검열」을 받게 되었다. 이것이 조선에 있어서 최초의 사전검열제도이며 이를 시작으로 일본은 조선에서 언론통제를 점점 강화하게 되었다.

제5절에서는 조선통감부의 언론통제정책에 관한 고찰이다. 러일전쟁 이후 일본군에 의해 조선국내의 모든 언론은 통제되었다. 이 시기는 조선국내의 신문은 물론, 일본 본국의 신문까지 단속 대상이 되었다. 한편 이토 히로부미伊藤博文는 총독부기관지인 『경성일보』를 창간하고, 『경성일보』의 영자판인 『The Seoul Press』도 출판하여 조선민족 또는 외국인용 선전정책에도 몰두하게 되었다. 조선통감부는 사전·사후통제를 위해 「신문지규칙」, 「보안규칙」, 「신문지법」, 「출판법」 등을 제정하기에 이른다. 영국인 베델이 창간한 『대한매일신보』는 일본통감부를 공격하거나 일본의 조선통치를 심하게 비판했지만, 치외법권적인 특권과 영일동맹의 당사국에 대한 배려 등에 의해 강제적인 단속은 불가능했다. 동 신문은 그 후에도 반일논조를 계속했기 때문에 영일간의 외교문제로까지 비화되어 마침내 『대한매일신보』는 결국 총독부에 매수되고 베델은 추방되게 된다.

이상 제4장에서 논한 것처럼 조선이 을사늑약이라는 형태로 일본의 통치하에 놓이게 된 것은 언론의 역할이 컸다고 할 수 있다. 일본은 대만통치를 통한 경험을 살려 『한성신보』와 같은 언론을 통해 조선정부의 내정개혁에 압력을 가하는 한편, 영일동맹을 계기로 러일전쟁을 일으킨다. 그리고 곧바로 언론탄압을 통해서 을사늑약을 체결한 후, 마침내 한일합병에까지 이르게 된다.

제5장에서는 한일합병시대에 있어서 언론통제 상황을 집중적으로 고찰하여, 일본이 한일합병 당시에 어떠한 방법으로 언론 통제를 가했는가, 또 조선민족에 대해서 어떠한 협박이나 강압적인 방법으로 합병에 이르게 되었는가에 대해서 살펴보았다.

제1절은 조선최후의 통감이었던 테라우치 마사타케寺內正毅는 한일합병이라

는 목표를 달성하기 위해 통치조직을 강화하면서 「무단정치」를 감행하게 된
다. 테라우치 총독은 합병 이전부터 조선에서 발행되고 있는 신문은 말할 것도
없이 일본에서 발행된 신문에도 식민지통치에 악영향을 미친다고 생각되는 것
에는 강력하게 통제조치를 취하고 그 수입도 엄격하게 규제했다. 테라우치 총
독은 합병 이후에도 적극적인 언론통제 정책에 나서서 총독부기관지, 총독부
어용신문을 제외한 모든 일반신문은 매수, 또는 폐간 등의 강경책을 취했다.
또한, 테라우치는 언론에 대해서는 문외한이었지만, 당시 일본의 『고쿠민신문
國民新聞』 사장이었던 도쿠토미 소호德富蘇峰를 『경성일보』 감독으로 초대해 경
영을 맡기는 한편, 조선에서는 언론통폐합의 조치를 단행하게 된다.

　　제2절에서는 한일합병을 둘러싼 일본국내외의 언론보도 분석에 초점을 맞
췄다. 당시 모든 조선어신문은 폐간되어 합병에 관한 조선 측의 논조는 찾아
볼 수 없었기 때문에 본장에서는 일본국내 4개 유력지와 동맹국 영국의 신문
보도를 중심으로 내용을 분석해 보았다.

　　먼저 『오사카아사히신문』은 1910년 8월 20일, 22일에 한일합병에 관한 기
사를 싣고, 29일자에서는 「조선호 제1호」라는 특집기사를 내고 이번 합병조치
로부터 복음이 강림할 것을 기대한다고 하며, 대환영의 자세를 보이면서 조선
의 역사에 있어서 큰 의미를 부여하고 있었다. 『도쿄니치니치신문』은 논평중
심으로 보도하며 8월 23일부터 이누카이 쓰요시犬養毅, 마쓰다 마사히사松田正久,
하야시다 가메타로林田龜太郞 등의 의견을 각각 게재하고 앞으로의 조선의 통치
방향에 대해 논하고 있다. 『도쿄아사히신문』은 「합병과 여론」이라는 기사에서
합병은 동양의 평화를 확보하는 것이라고 보도하고, 또 「김옥균의 석어昔語」라
는 기사에서는 김옥균에게 동정적인 자세를 보이고 있었다. 『지지신보』는 8월
22일 이전부터 합병문제에 대해 연재하며 합병된 사실도 처음으로 보도했다.
또 합병한 다음날부터 후쿠자와 유키치의 수기를 연재하며 간접적으로 합병사
실을 알리고 있었다. 동 신문은 영일동맹 때와 같이 8월 24일자 「한국합병 기
념호」라는 특집호를 내며 다른 신문보다 강한 관심을 보이고 있었다.

　　한편 한일합병을 둘러싼 영국의 보도는 한국의 합병 사실보다도 오히려
한국 황제와 황족들의 이후 지위문제에 강한 관심을 보이고 있었다. 『Times』
는 세계에서 가장 빨리 한일합병 사실을 보도한 신문이었다. 동 신문은 8월
22일 주러 일본대사 모토노 이치로本野―郞가 러시아 당국자를 면회하고 한일조

약의 성립사실을 통고한 것을 특종으로 8월 24일자에 게재하고 있다. 동 신문은 합병사실에 대해서 영일동맹조약 제3조를 들며 영국의 상업상 이익과 치외법권 문제에 관계없으면 상관없다고 하는 취지를 보도하고 있었다. 『Daily · News』와 『Daily · Telegraph』 등도 역시 상업상의 영향, 관세부과 등의 문제가 없으면 인정한다고 논하고 있다. 즉 관세에 관한 자국의 손익 문제에 관심이 더 집중되고 있었다고 할 수 있다. 『Daily · Mail』은 다른 신문보다 상세하게 보도하고 있었다. 관세의 문제를 다루고 있는 것은 다른 신문과 같지만, 특기할만한 것은 일본의 조선 정복설까지 논하며 가장 상세하게 조선의 역사적 부분까지 보도하고 있다. 이들 보도는 어디까지나 영일동맹조약을 의식하며 동맹국의 입장에 근거한 보도논조를 나타내고 있었다는 것을 알 수 있다. 합병 자체는 이미 동맹에 의해 인정한 것이라고 전제한 것이었다.

제3절에서는 「한일합병」에 대해 조선민족의 반발을 어떻게 회유하고 설득했는가를 고찰했다. 일본은 조선민족에 대한 선전정책의 하나로 「일시동인」을 호소하고 「한국합병의 조서」에서도 합병은 동양의 평화를 위해서라고 설득하고 있다. 또한, 「한일합병조약」에도 한국의 황제와 황족, 귀족, 일반국민들에게 까지 상당하는 지위를 부여하고 명예의 보호유지를 약속했다.

더욱이 일본은 합병이전은 합병 실현을 위한 여론 만들기와 설득적 커뮤니케이션을 적극적으로 전개하기 위해 일진회 이외에도 새롭게 많은 친일단체를 만들었다. 뿐만 아니라, 기존의 배일단체를 변질시켜 친일적인 단체로 개조했다. 이것은 합병에 의해 해산된 11개 단체를 보더라도 알 수 있다. 이들 친일단체는 일본의 프로퍼갠더기관으로 합방전후에 통치의 슬로건인 「동화정책」, 「내지연장주의」 등의 여론을 유도하는 역할을 완수하고 있었다. 그 때문에 이들 단체는 각종 선언, 성명서, 유세, 집회연설, 개인지도 등의 활동을 수행하고 있었다.

제4절에는 교통통신정책과 조선의 언론통제와의 관계 문제를 다뤘다. 언론의 발달은 교통통신수단과 밀접한 관계를 가지고 있다. 특히 일본은 식민지 정책을 보다 효율적으로 실시하기 위해 교통통신수단을 확충했다. 합병 이후 조일간의 주요 교통수단은 해상통운으로 최단거리는 시모노세키 · 부산 간이었다. 그러한 해상항로에 의해 다양한 언론출판물이 조선반도에 유입된 것을 수치적으로 분석했다. 1935년 말 당시 일본에서 조선으로 수입된 신문은 엄한

통제를 받으면서도 그 숫자는 신문·잡지를 합해 약 42만부에 달했다. 팸플릿을 합하면 더욱 방대한 양이 된다. 이들 출판물은 주로 조선통치정책에 관한 것으로 조선민족에 대한 프로퍼갠더를 목적으로 발간한 것이었다. 통신정책의 발달은 교통통신수단과 함께 언론의 발달에 결정적인 영향을 미쳤다. 1910년 12월 경성·시모노세키간의 직통전신회선이 개설되고 잇달아 해저선의 통신선이 개설되었다. 1932년 9월에는 무선에 의한 구문신문歐文新聞을 전보로 취급할 정도로 외국과의 뉴스정보교환은 활발하게 이루어졌다. 이와 같은 통신정책은 결국 조선에서의 언론발달 내지 통제에 커다란 영향을 미치게 되었다. 언론정보는 이러한 통신수단에 의해 옮겨지며 전달되기 때문이다. 한편 총독부는 통신수단을 자유로이 통제할 수 있었기 때문에 통신통제는 자유로워진 반면, 조선의 경우 스스로의 표현수단인 기관과 통보전달미디어를 잃어버린 결과가 되었다.

제5절에서는 총독부기관지『경성일보』의 창간배경과 그 역할에 대해 고찰했다.『경성일보』는 총독부기관지로서 조선민족에 대한 프로퍼갠더적인 역할을 한 신문이다. 그런데『경성일보』의 감독인 도쿠토미 소호는 한글신문에까지 손을 뻗쳐 동 신문의 한글판인『매일신보』를 창간하고 조선민족에 대한 선전과 회유를 강행했다. 또 외국인용의『The Seoul Press』까지 창간하여 국제여론을 유도하게 되었다.

『경성일보』의 역대사장은 조선총독과 함께 교체되어 총독정치의 대변자적 역할을 다하고 있었다. 여기서 주목할 만한 것은『경성일보』 사장은 단순히 총독의 신임이 두터웠을 뿐만 아니라 천황과 가까운 사람이었다고 하는 사실이다.

이상 5장을 정리해 보았지만 중요한 사실은 테라우치 총독의「무단정치」하에서 강압적인 언론통제가 이루어졌다는 것이다. 테라우치는 이토 히로부미, 이노우에 가오루, 야마가타 아리토모山縣有朋, 가쓰라 타로桂太郎 등과 함께 한일합병기에 있어서 결정적인 역할을 한 야마구치현山口縣 출신자였다. 한일합병은 이들 야마구치현 출신 사람들에 의해 감행되었다고 하는 사실은 본장의 중요한 발견이었다.

테라우치는 당시의 총리대신인 가쓰라 타로의 신임이 두터웠기 때문에 조선통감으로 임명되며 그것이 병합의 결정적인 계기가 되었다. 그는 육군대장으로「무단정치」를 실시해 마침내 한일합병을 강행시킨 인물이다. 테라우치는 정보통제에는 문외한이었지만, 그의 신임이 두터웠던 아카시 모토지로明石元二郎 경무국장에 의해 언론통제가 가능해졌다. 아카시 모토지로는 러시아혁명 당시 첩보활동을 행한 인물로 이른바 첩보활동의 전문가였다. 또 아카시는 러일전쟁 때 스톡홀름에서 정보수집활동에도 노력한 경험이 있었다. 그가 테라우치 밑에서 일하고 있었던 것은 합병당시의 조선의 여론조작 상황을 간접적으로 이야기하는 것이다. 테라우치 총독은 아카시의 정보활동 협력을 얻어 합병직전에 조선에 있어서 모든 신문을 일시 정간시켰고, 더욱이 일본 신문조차도 조선으로 반입을 금지시켜 무언론 상태에서 합병조약이 강제적으로 체결된 것으로 밝혀졌다.

제6장에서는 「3·1운동」을 둘러싼 언론보도 및 언론통제정책을 중심으로 논했다. 1910년부터 테라우치 총독은 「무단정치」를 실시해 그 결과 「3·1운동」을 야기하기에 이른다. 하지만, 「3·1운동」은 일제의 조선통치에 있어서 큰 전환점이 된다. 이를 계기로 조선인에게도 민간지 발간이 허가되는 등 언론의 회유정책이 행해졌다.

제1절에서는 「3·1독립운동」을 둘러싼 국내외의 언론보도를 고찰했다. 일본 언론계는 하라 타카시原敬 정우회 총재가 야마가타 아리토모와 테라우치 총독의 무단정치를 비판하는 등, 조선 총독정치를 비판하는 움직임을 보이기 시작했으며, 그 중에서도 『오사카아사히』가 가장 격한 논조를 전개했다. 더욱이 도쿄대 교수인 요시노 사쿠조吉野作造는 『추오공론』과 「조선여명회」 등의 강연에서 총독정치의 악정을 격하게 비판하면서 조선에서도 일본과 똑같은 언론의 자유를 인정해야 한다고 주장했다.

미국에서 3·1운동을 최초로 보도한 언론은 『뉴욕 타임즈』(3월 6일)였다. 그 내용은 일본관헌이 강경한 태도를 취해 수천 명의 조선인 시위운동자가 체포되고, 평양에서는 장로파의 종교학교 학생이 체포되어 십자가에 묶이는 등의 학대를 받았다고 보도하면서 조선에 독립이 주어져야 한다고 일본정부에 촉구했다. 『뉴욕헤럴드New York Herald』(4월 14~17일자), 『뉴욕 타임즈』(6월 13일자)도 각각 일본군경이 조선민중에게 포학한 탄압을 가했다고 보도했다.

나중에 영미에 있어서 배일논조가 전개된 것은 암스트롱이 공모한 자료에 의한 것이었다. 그는 조선에서 모은 자료를 미국 기독교 교회 동맹회로 보내 장로파 교회본부에 조선인 학살 상황이 보고되었는데, 그 진상이 7월 13일 「연합통신」으로부터 미국 각지의 신문에 게재되었다. 이것에 의해 「조선인동정협회」가 결성되었다. 1919년 3월부터 1920년 9월까지 미국에서 발간되고 있는 신문, 잡지 등의 기사 중에서 한국독립을 지지하는 기사는 약 9,700건인 것에 비해 친일적 기사는 50건에 불과했다.

영국에서도 동맹국에 대한 정부의 교의交誼로부터 외면적인 비판은 없었지만, 1920년 재미 워싱턴 조선공화국 선전위원부에서 파견된 맥켄지가 런던을 방문해 자서전 「조선의 독립운동」을 영국에서 다시 출판하려고 기획하여 전 영국 언론에 신문광고를 냈다. 이것이 계기가 되어 일본의 최대 동맹국인 영국 의회에서도 배일감정이 점차 높아져 하원의원에 의해 「조선동정자회」가 결성된다.

중국에서도 「3·1독립운동」에 대한 보도는 『국민신보』(3월 12일, 13일)의 「고려선포 독립선언상정」이라는 기사를 비롯해 『매일평론每日評論』, 『신조新潮』 등에서 독립운동에 관한 경하의 뜻을 담아 보도했다. 또 중국공산당의 창립자 중 한 사람인 진독수陳獨秀는 「조선독립운동의 감상」이라는 제목으로 『매일평론』 3월 23일자에 게재하며 조선의 독립운동은 세계혁명사상 신기원을 열었다고 평가했다. 일본의 침략정책에 반대하는 공통의 입장에 서 있었던 중국에서도 이 3·1독립운동에 자극받아 북경대학 학생을 중심으로 반군벌, 반일운동인 5·4운동이 전개되게 되었다.

제2절에서는 사이토 마코토齊藤實의 언론통제정책을 분석했다. 사이토 마코토 총독은 국내외의 여론을 다스리는 교묘한 수완도 가지고 있었다. 그는 전대의 테라우치 총독의 「무단정치」가 초래한 「3·1독립운동」을 수습하기 위해 이른바 「문화정치」를 감행한 것이다. 경찰관의 수를 크게 늘려 경찰통치로 치우친 적도 있지만, 결과적으로는 국내외 비판적 여론을 수습하면서 식민지통치의 기반을 확립했다. 그가 여론을 수습하기 위해 시도한 것 중에서 가장 주목할 만한 것은 두 가지이다. 하나는 국내정보가 해외로 흘러가는 루트가 되고 있는 외국인 선교사에 대한 회유책이고, 또 하나는 조선의 각종 언론 출판물을 허가한 것이다.

먼저 조선 내의 외국인선교사에 대한 회유책은 상당한 효과를 올릴 수 있었다. 그는 외국인 선교사에 대한 적극적인 접근책을 취하며 행정상의 조치로 총독부에 「종교과」를 설치하고 선교사와의 연락기관을 신설하는 한편, 종래에 종교를 통제하고 있었던 규칙을 개정했다. 또 밤낮으로 간담회와 만찬회 등을 열어 외국인 선교사들과 친선을 도모하는 한편, 『The Seoul Press』와 잡지 『조선』 등에도 그들의 희생정신에 찬사를 보냈다. 이와 같은 회유책의 결과 선교사의 반일기운도 진정되게 되었다. 그때까지는 그들에 의해 식민지통치에 대한 격한 비난의 목소리와 악정이 해외로 전해지고 있었지만, 유화정책에 의해 외국의 여론은 점차 수그러들게 되었다.

다음으로 사이토 총독은 조선 내의 각종 언론출판물을 허가하여 지하신문을 양성화하고 총독정치에 불리한 유언비어를 일소하고자 했다. 이 같은 정책 하에서 조선에서는 『동아일보』, 『조선일보』, 『중외일보』 등의 민간지가 창간된다.

민간지 창간 이후에 『조선일보』는 이방자 여사의 혼약보도로 정간처분을 받게 된다. 이방자 여사의 결혼은 정략적인 결혼으로 언론통제하에서 그 전말은 대부분 비밀에 부쳐졌다. 이것은 당시의 언론통제가 여전히 엄격했음을 간접적으로 이야기하는 것이다. 이 여사는 자기의 혼약사실을 『요미우리신문』을 보고 처음 알았으며, 이 사실을 보도한 『조선일보』도 정간처분을 받았다. 황족에 대한 보도규제의 문제에 있어서는 현재에도 한일양국의 보도태도는 현저한 논조의 차를 보인다. 1989년 4월 30일 이 여사가 사망했을 때 양국 3대신문의 보도를 비교해 보면, 한국의 보도는 상세하고 적극적인 것에 비해 일본의 보도는 사실보도만으로 냉담한 보도태도였다.

또 한 가지 주목할 만한 것은 『동아일보』이다. 『동아일보』는 일본의 식민지통치에 대해 가장 격한 저항논조를 내비쳐 1920년 4월 1일 창간 때부터 1940년 8월 강제폐간에 이르기까지 무기정간처분(4회), 발매금지처분(63회), 압수(489회), 삭제(2,423회) 등 다수의 탄압처분을 받았다. 동 신문은 독립운동의 선봉에 서서 심한 언론 통제를 받으면서도 논조를 굽히지 않고 독립정신을 호소했다. 그것이 상징적으로 나타난 것이 제4차 무기정간처분 때의 일장기말소사건이다. 베를린올림픽에서 우승한 손기정 선수의 사진에서 가슴의 일장기를 없애고 건곤감이가 선명하도록 태극기를 수정해 신문에 보도한 것이다. 이것은 『동아일보』 사내의 몇 사람에 의해 행해진 것으로 결국 무기정간처분을 받게 되었지만, 조선민족이 자신들의 소리를 대변하는 언론을 통해 저항하고 있었던 것을 의미한다.

『동아일보』 등의 창간은 사이토 총독의 문화정치의 일환이었지만, 당시

일본에서 조선의 언론을 동등하게 인정하도록 주장하는 요시노 사쿠조를 중심
으로 한 일부 여론의 주장에도 그 원인이 있었다. 그런데 이들 신문도 결국에
는 독립운동의 선봉에 서게 되어, 총독부 치안유지의 최대 장애가 되었기 때문
에 결국에는 강제폐간을 당한다.

　제3절에서는 관동대진재와 조선의 언론통제에 관한 것을 다루었다. 1923
년 발생한 관동대진재는 일본 신문계에 많은 영향을 주었다. 도쿄는 화재에 의
해 신문사가 3곳을 제외하고 모두 전소되는 한편 악선전, 유언비어 등의 난무
에 의해 엄격한 언론통제가 이루어진다.

　도쿄는 신문사가 거의 소실됨에 따라 오사카에 본거지를 둔 지방신문이
부수를 늘려 도쿄에 있는『도쿄아사히』,『도쿄니치니치신문』의 양 신문을 제
압하고 전국제패의 길을 걷게 되었다. 이와 같은 격한 판매경쟁 중에도 언론통
제는 극심하여, 9월 16일 경시청 특별고등과는 관내 각 서장과 각 신문사 앞
으로 「신문잡지게재기사에 관한 건」이라는 통고로 사전검열을 행하고 있었으
며, 법무성은 「치안유지법」에 근거해 각 신문에 보도통제를 가했다.

　이러한 상황하에서 조선의 언론은 일본보다 엄격하게 통제받고 있었다. 조
선에서 관동대진재에 관한 최초의 보도는 9월 3일자『조선일보』「요코하마橫浜
에도 ○○사건발생」이라는 제목의 호외였지만 압류되었다.『동아일보』는 이상
협편집국장 등을 도쿄에 급파하여 학살된 조선인의 피해상황을 조사하는 한편
동포들을 위문했다. 그러나 그에 대한 진상보도는 총독부의 통제에 의해서 통
제되자, 그 동안 도쿄에서 귀환한 동포들에 의해서 사실이 알려지며 독자들로
부터 항의서신이 빗발치게 되었다. 그러자 송사장은 총독부 고관과 면담하여
특파원보고를 게재할 수 있도록 요구했지만 요청은 받아들여지지 않았다. 또
동 신문은 「도쿄지방 이재조선인 구제회」를 조직하고 구제금모집을 했지만 또
다시 총독부에 의해 저지되었다. 게다가『동아일보』가 「사이토 총독에게 진상
발표를 바란다.」(10월 6일자)라는 제목의 기사를 크게 다루는 한편, 10월 20일
이후 보도가 해금되자『조선』,『동아』양지를 비롯해 일본어신문도 조선인 학
살사건을 심각하게 보도했기 때문에 총독부의 주도적인 단속을 받게 되었다.
이때 조선어신문 일본어신문을 불문하고 다수가 압수를 당했으며 일본국내신
문은 반입이 금지되는 등 엄격한 언론통제처분이 행해졌다.

　애초에 조선인 학살사건의 규모가 컸던 것과 그 보도에 대한 통제가 엄했

던 것에는 미즈노 렌타로水野鍊太郎의 존재가 부각된다. 그는 1918년 테라우치 내각당시 내무대신이었지만, 쌀 소동에 의해 사임되어 1919년 8월에 조선총독부의 정무통감에 취임했다. 「3·1독립운동」 직후 연이어 소요사태를 진압한 경험이 있었지만, 1923년 관동대진재 때는 다시 일본의 내무대신이 되어 소요사건에 직면하게 되었다. 그는 조선인 소요사건에 두려움을 느껴 곧바로 계엄령을 선포하고 과잉진압에 착수하게 됐다. 그 때문에 많은 조선인 희생자를 내게 되어 당시 일본 신문으로부터도 비난을 받게 된다. 동 사건을 통해 조선인에게는 일본인을 불신하는 불신감은 극도로 높아졌고 그 결과 조선민족의 반일운동을 더욱더 자극하게 되었다.

4절은 경성방송국에 대한 분석이다. 1925년 일본에는 도쿄방송국(NHK전신)이 설립되었고, 이어 1927년에는 경성에도 콜사인 JODK 경성방송국이 개국되었다. 개국 당시에는 전파수신의 어려움 때문에 경성부 외곽 지역에는 난청 지역이 많았다. 그러나 이 난청 지역을 해소하기 위하여 1932년에는 주파수를 10kW로 높이는 한편 1933년에는 조선어인 제2방송도 실시하게 되었다. 경성방송국은 방송국 설립 이후 인적·기술적 노하우가 어느 정도 제자리를 잡아가자 실황을 생중계하는 중계방송 프로그램을 많이 만들었다. 특히, 1933년 "권투시합중계"나 1935년 7월에 실시한 "종로 명물 야시장 중계", 또 1937년 "경회루의 맹꽁이 소리" 생중계 등은 방송문화의 기술적인 진전이었다.

당시 경성의 중심가인 종로동 상가일대의 밤거리는 네온이 아름답고 상가는 번창하고 있었다. 특히, 엿장수, 참외장수, 샤스장수, 십전숍, 빙수장수, 수건장수, 고무신장수, 복숭아장수 등이 '싸구려 싸구려'라고 외치는 모습은 지금의 동대문 상가를 연상하게 한다. 하지만, 이 중에도 자리 좋고 길목 좋은 건물이나 비단가게 등은 거의 일본사람들이 점령하고 조선인들은 길거리 노점상들이 대부분이었다. 1930년대 초반만 하더라도 청취자 숫자가 적어서 경영적으로 어려움을 겪던 경성방송국이 1935년경에는 중계방송이나 생방송을 자주 편성하게 되었다. 그것은 도시에서 농·산·어촌에 이르기까지 당시 시대 조류에 맞는 새로운 신문화의 도입과 함께 조선총독부의 시정방침에 적극 호응하는 정책을 계속 방송하려 했다는 점이다. 1937년 12월 중일전쟁 발발 이후 제2차 세계대전의 기운이 감돌자 방송프로그램도 종전과는 달리 전쟁목적을 수행하기 위한 도구로 활용되게 된다. 연예프로그램이나 오락, 어린이방송프로그

램도 전쟁 목적에 자주 동원되게 된다. 또, 1938년 '국민정신총동원령' 선포 이
후에는 인력과 물자 등 모든 것에 통제를 가하는 하편, 방송프로그램에도 그
취지를 적극 반영하도록 했다. 이에 불응하면 곧장 처벌받았으며, 심지어는 조
선어 전담방송인 제2방송에도 일본어를 섞어서 방송하도록 강요하기까지 이른
다. 그 결과, 마지못해 노래를 불렀던 가수나 협조했던 배우들이 나중에 친일
논란에 휩싸이기도 했다.

　이상과 같이 경성방송국은 본래의 설립목적인 조선민중의 문화개발이나
복리증진보다는 조선총독부의 시정방침을 조선 민중에 선전하는 데 많이 이용
되었다. 앞에서 언급한 종로의 명물 야시장이나 경회루의 맹꽁이 소리 중계방
송의 경우도 방송설비의 확충이 이루어짐을 의미하며, 이러한 설비 확충은 라
디오가 총독 정치의 시정홍보 수단이 되는 계기가 되었다. 특히, 중계방송의
경우 관계당국과 사전 협의를 하거나 양해를 구해야 된다는 점이나, 방송프로
그램 편성회의 때 감독관을 참석시켜 해당방송 책임자가 방송 내용을 제안해
야 한다는 것 등에서도 이를 알 수 있다. 그 밖에 시국관련 특강에는 총독부
관계자나 외부 전문가를 동원해 일본문화 내지는 일본정신 등 당시 시국상황
을 전달하는 프로그램이 많았다는 것 등에서도 이를 알 수 있다.

　제5절에서는 문화영화 및 그 밖의 미디어를 통한 언론통제에 대해서 고찰
했다. 식민지통치에 사용된 새로운 미디어로 문화영화와 축음기(레코드)도 등
장하게 되었다. 영화는 3·1독립운동 이후 1920년부터 시작되어 1925년이 되자
대량으로 제작되어 조선총독부의 프로퍼갠더로 널리 사용되어 왔다. 특히 만주
사변의 발발과 함께 대부분 시국인식, 후방 병참기지로서의 조선의 마음가짐을
지도하는 영화를 전 조선에서 상영했다.

　광고, 문화영화 등이 제작되어 총독정치와 풍속에 악영향을 미친다고 보였
기 때문에, 총독부는 「활동사진 필름검열규정」을 발표하고 검열을 실시해
1939년에는 검열 건수가 3,640건에 달했다. 또한 영화가 지니는 사회의 교화,
선전, 보도 등의 역할의 중대성을 고려해 일본의 「영화법」, 「조선 영화령」도
그대로 실시되었다. 그리고 축음기 레코드가 대량으로 수입되자 식민지문화가
저속해지고, 치안풍속도 문란해짐에 따라 정책과 사상 선전을 방해한다고 하여
「축음기레코드 단속규칙」이 발표되었다. 이처럼 신문, 잡지뿐만 아니라 방송,
영화, 축음기레코드까지도 프로퍼갠더·미디어로 사용되는 한편 그들 내용이

조선통치에 반하는 경우 엄격한 통제가 가해지게 된다.

제7장은 대륙군수기지로서의 언론통제에 초점을 맞추어 고찰했다. 제1절에서는 조선의 병참기지화와 언론통제의 문제점을 논했다. 만주사변 이후 일본은 조선을 준 전쟁지, 즉 대륙전쟁의 물자공급지로 군수물자의 보급과 함께 경제적인 물자통제를 비롯해 사상통제 및 언론 통제를 취하게 되었다.

1936년 미나미 지로南次郎 조선총독은 역대총독 중에서도 처음으로 조선을 「병참기지」라고 칭하는 등, 그 중요성을 말하며 사회통제를 엄격하게 취하는 중에 여러 가지 법규에 의한 언론 통제를 실시하게 된다. 즉 '불온문서단속령', '국가총동원법', '신문지법', '신문지규칙', '출판법' 등의 각종 법규 내지 제도에 의해 통제를 강화했던 것이다.

제2절에서는 조선에 있어서 언론통제의 최고기관인 조선중앙정보위원회의 설립배경과 그 역할에 대해 고찰했다. 조선에 있어서 「정보위원회」의 설치는 조선총독부와 군부, 그리고 경찰과의 사이에 밀접한 관계를 유지하게 할 뿐만 아니라, 정보의 수집, 교환, 분석에 의해 보다 효과적으로 조선의 정보를 관리 통제함이 그 목적이었다. 정보위원회의 설치는 1920년 11월이었지만, 3·1독립운동 직후 총독부가 내외의 정보파악과 함께 정치선전을 보다 효과적으로 추진하기 위해 종래의 정보과를 확대 개편한 것이다. 이것은 일본본국의 내각정보위원회보다도 앞서 만들어진 것으로 매우 그 의미가 깊다고 하겠다.

일본은 1932년 육군성 및 외무성 등의 관계자에 의해 비공식적인 정보위원회가 설립되었지만 정식으로는 1936년에 정보위원회가 설립되었다. 일본의 정보위원회는 만주사변 발발 이후 국책운영상의 정보정책과 육해군, 외무성 등 각 관계자 간의 정보교환을 통해 대내외 계발선전을 통일하는 것을 목적으로 한 것이었다.

조선에서는 1937년에 「조선중앙정보위원회」가 설립되었지만, 이것은 1920년 비공식비밀기구로 설치되어 있었던 「정보위원회」가 정식적인 정보통제기구로 출발한 것이었다. 조선중앙정보위원회는 당초, 정보 및 계발선전에 관한 중요사항의 조사심의를 목적으로 한 것이지만, 실제 운영에 있어서는 프로퍼갠더도 포함하여 조선 내의 모든 통치정책과 언론 통제를 보다 효과적으로 수행하는 것에 주안점을 두고 있었다. 각 지방에서도 각 도 정보위원회를 만들고 조선 전 국토에 걸쳐 계발선전 및 언론 통제를 행하며 여론을 조작한 것에서도 이를 엿볼 수 있다. 동 위원회는 설치되고 나서 4개월간 221만 부의 방대한 양의 인쇄물을 발간하고, 조선민족에 대해서도 시국인식에 관한 선전에 의해 여론을 통제했다. 이처럼 조선중앙위원회는 식민지통치 후반기에 있어서 이른바「종합정보통제소」의 역할을 수행하고 있었다.

제3절에서는 법률에 의한 언론통제에 관해 고찰했다. 조선에서는 1919년 민족자결주의사상이 퍼지고 1922년에는 조선공산당이 결성되기에 이르러 사상운동이 전개되게 되었다. 일본에서도 동년 7월 일본공산당이 결성되어 한일간에 공산당이 교류를 시작하는 등, 급진적 사회주의와 공산당의 결성 등이 이루어져 치안유지가 큰 문제로 대두되었다. 더욱이 관동대진재에 의해 사회적 위기의식이 고조되는 중에 1925년 새로운「치안유지법」이 제정되어 사상마저도 통제되었다.

일본의「치안유지법」은 곧바로 조선에서도 실시되게 되어 민족주의사상의 단속과 함께 과격한 사상을 규제하게 되었다. 동 법률은 조선에서 사상통제법이 되며 나중에 '치안경찰법'(1926년), '조선사상보호관찰령'(1936년)이 각각 제정되어 사상통제의 후속조치가 취해졌다. 치안경찰법은 노동운동, 사회운동의 단속에만 한정되지 않았으며 집회 및 결사에 관한 단속법규로 언론통제에도 근간을 이룬 법이다. 1936년에는「조선불온문서임시단속령」이 실시되며 일본의 법률보다 널리 적용되고 벌칙도 강화되었다. 이것은 치안유지법에 의해 불법화되고 있었던 민족주의 운동자와 지하신문 등 익명의 출판물을 단속하는 것이 그 목적이었다.

제4절에서는 교육정책과 언론통제에 관해 고찰했다. 일본은 조선통치에 있어서 동화정책과 내선일체를 호소하며 황국신민으로의 교육정책을 취하게 되었다. 외면적 내지 무력적인 지배가 아닌 정신적·사상적 지배까지 노렸던 것이다.「황민화교육」이라는 새로운 단어는 1938년「개정교육령」이 공포될 때 생겨난 말로, 전시체제 하에서 일본어 상용을 철저하게 요구하는 등, 조선인을 조선인으로서가 아닌 일본인으로 교육시키는 것을 목적으로 했다.

이 무렵 전시인 것을 이유로 조선인 신문과 잡지는 모두 폐간되어 조선인의 언론활동은 모두 무력화돼 버렸다. 또 1942년 5월에는 일본어상용이 의무화 되어 일본어교재 배부 등에 의해 민족문자의 말살정책이 행해지는 등 언론활동의 측면에서 보아 최악의 상태에 이르게 되었다. 이것은 어떤 의미에서는 조선에 있어서 일본 언론통제의 마지막 목표지점이기도 했다.

일본어를 강제하는 것에 이어 황민화정책의 일환으로 행해진 것이 조선어 이름을 폐지하고 일본인 이름으로 바꾸는 「창씨개명」이었다. 이미 황국신민이 되었기 때문에 호적법을 개정하고 개명해야 한다고 하는 일본 측의 주장에 대해 조선 측은 민족문화의 말살이라고 격하게 반발했다. 창씨개명은 처음에는 자발적으로 행해졌지만 점차 강제되어 신문 및 언론출판물을 통해 호소하는 등 일본의 식민지정책 중에서 가장 악명이 높은 정책이 되었다.

제5절에서는 중일전쟁과 조선에 있어서 언론통제에 관련된 부분이다. 1937년에 시작된 중일전쟁에 의해 이듬해 국가총동원법이 공포되며 모든 물자의 통제운용과 함께 신문의 발행에도 통제가 가해지게 되었다. 일본은 동 법에 의해 「신문사업령」을 공포하고 이 규정에 근거해 일본신문회가 조직되어 신문에 관한 지도통제권과 함께 언론에 대한 간접적인 통제를 구체화했다.

조선에서도 국가총동원법에 근거해 「조선총독부 시국대책조사회」를 조직하여 통신기관까지도 통제하게 되었다. 조선에 있어서 국민정신 총동원활동을 보면 조선에 있는 모든 언론기관을 동원 내지 강제적인 선전도구로 사용하였다는 것을 알 수 있다. 1938년에는 조선중앙정보위원회를 중심으로 국민총동원 후방보국 강조주간을 설정하고 신문 및 통신, 잡지, 라디오, 영화 등에 대해서도 언론 통제를 실시했다. 일간지와 잡지는 시국인식에 필요한 표어를 의무적으로 게재해야했으며, 라디오를 통해서도 연사에 의해 설득하며 영화도 동 기간에 상영하여 이해를 구하도록 한 것이다.

또 전쟁하의 통제경제체제 운용을 이유로 종이, 석유, 잉크 등이 배급 통제되어 언론출판물은 큰 타격을 받게 되었다. 이렇게 해서 언론보도는 상당히 위축되었을 뿐 아니라, 더욱이 1939년 조선총독부 도서과는 「편집에 관한 희망 및 주의사항」을 각 민간신문사에 통고하고 편집방침까지도 간섭하게 되었다.

1940년이 되자 언론통제는 극에 달해 『동아일보』, 『조선일보』의 양 신문이 강제적으로 폐간된 것을 비롯해 모든 조선인 경영의 신문이 폐간되었다. 일본어신문조차도 1도 1지로 통합되어 언론통제는 전시체제로 돌입하게 되었다.

이상 제7장 정보위원회에 관한 고찰을 종합해 보면, 중일전쟁의 발발과 함께 정보위원회는 전쟁에 관한 정보의 수집, 보도 및 계발선전 등 프로퍼갠더의 역할에 중점을 두고 있었던 것을 알 수 있다. 더욱이 동 위원회는 1941년 태평양전쟁의 발발과 함께 조선의 식민지통치 후반기에 있어서 모든 미디어에 대한 통제기관이 되었을 뿐 아니라 조선통치의 정책계발의 중추적인 기관이 되었다고도 할 수 있다.

제8장에서는 태평양전쟁과 언론통제에 관해서 고찰했다. 여기서 주목할 만한 것은 출판물의 통제에 관한 것으로, 전쟁 때 언론통제가 실제 어떻게 이루어졌는가를 엿볼 수 있는 중요한 자료다. 제1절에서는 태평양전쟁하의 언론통제에 대해 논했다. 일본은 조선민족에 대해서 「대동아공영권건설」이라는 슬로건을 내걸고 전쟁은 동아시아 신질서의 확립과 식민지개방을 위한 것이므로 일본군에 협력할 것을 호소했다. 「대동아공영권건설」은 조선민족을 전쟁에 끌어들이려고 한 슬로건으로, 1942년 7월 4일 『도쿄니치니치신문』의 사설 「일본 없이는 대동아공영권 없다.」 등에도 식민지민족의 독립에 대해 배려한 논조는 조금도 찾아볼 수 없으며, 어디까지나 황국신민을 중심으로 일치단결하여 전쟁완수에 매진해야 한다는 내용뿐이다. 이와 같은 사회 통제 상황하에서 조선의 언론은 거의 질식 상태에 빠져 있었다고 할 수 있다.

조선의 라디오 방송은 방송망이 어느 정도 완비됨과 동시에 후방 국민정신의 고양에 중점을 두고 있었다. 프로그램 편성에 있어서는 경성방송국 자체 편성 제작이 33%로 일본본국의 중계가 67%에 이르렀다. 자국제작 프로그램도 대부분이 황국신민으로서의 자각과 책임을 촉구하는 내용으로 그것도 총독부와 정보위원회에 의해 통제받았다.

신문에 있어서도 전쟁 하에 있어 모든 조선어신문이 강제 폐간되어 조선총독부기관지인 『매일신보』만이 남아있을 정도였다. 1도道 1지紙 주의 정책에 의해 1942년 말 조선의 모든 신문은 24지로 통합되고 그 중에 일간지는 17개지에 불과했다. 이 중에서 『경성일보』와 총독부기관지 및 전문지를 빼면 순수한 민간일간지는 불과 10여 개에 불과했다.

전시하의 언론통제 상황에서 주목할 만한 것은 언론통폐합과 함께 총독부기관지의 확충발전정책이 강력하게 추진되었다는 점이다. 『동아일보』와 『조선일보』가 무기정간처분 등의 탄압을 받을 때 총독부기관지인 『경성일보』, 『매일신보』의 부수는 상당수 늘어났던 것이다. 그리고 통폐합조치와 함께 총독부기관지는 시설을 확충하고 구독률을 올리며 부수를 확장하게 된다.

제2절에서는 출판물 통제부분을 고찰했다. 1942년 5월 29일 고이소 구니

아키小磯國昭 총독의 취임 이래 전쟁은 불리한 상태가 되어 조선민중에 대한 전력증강정책과 언론통제정책은 더욱 더 엄격하게 되었다. 고이소 총독은 1943년 9월 「조선총독부출판통제협의회」를 구성하고 출판물에 대해서 강력한 통제방침을 취한다. 동 협의회는 일본에는 없는 조선특유의 출판물통제기구로 출판물승인의 실시방침으로 「출판물 및 추천실시요강」이라는 것을 27항에 걸쳐 정해 다양한 각도에서 출판물을 심사하게 되었다. 게다가 「출판물용 양지사용 규정요강」을 정하여 출판업자에 대해서도 양지사용 승인을 받을 것을 의무화했다.

이처럼 조선의 출판통제협의회는 이중의 언론통제규칙을 정해 출판물을 통제하고 있었다. 주목할 만한 것은 출판물 승인에 있어 그 구체적인 심의의 대상으로 내용심사만이 아니라 저자에 관한 사상 및 인간성까지도 조사하며 출판물의 승인을 극도로 엄격하게 규제하고 있었다는 사실이다.

또 사상교육의 일환으로 고이소 총독은 1943년 9월 보도관계자를 모아 <합숙보도연습>을 실시했던 것도 밝혀졌다. 즉 조선군보도부에서 기자와 방송관계자 55명을 모아 군보도반을 조직하여 태평양전쟁하에 있어서 언론통제에 관한 구체적인 보도교육을 실시했던 것이다. 이것은 조선의 모든 언론을 획일화하여 전쟁미디어의 역할을 수행토록 할 것을 노렸던 것이다.

제3절에서는 조선에 있어서 정보선전정책과 통신검열에 관해 논했다. 조선에서의 정보선전은 1942년 고이소 총독 이후 급속히 진전되어 조선민족에 대해 강제적인 방법으로 전쟁에 협력할 것을 호소하고 있다. 그 때문에 ① 조선 민심의 동향과 전쟁국면의 추이를 분석하고 민심의 지도 혹은 여론을 계발 선전할 것 ② 종래의 영미중심의 세계질서의 파괴 ③ 시국의 재인식과 민족주의의 경계 등을 기본과제로 하며, 안이한 전쟁관을 시정하여 필승의 신념을 가지고 전쟁물자의 생산력을 증강시킬 것을 호소했다.

그 실천방책으로 생각한 것이 영화에 의한 선전활동이다. 종래 신문과 잡지에 의한 시국선전은 실시되고 있었지만, 그 신문이나 언론출판물을 읽는 자는 한정된 일부의 지식인들뿐이었기 때문에, 영화에 의해 전쟁에 대한 관심을 높여 시국에 대한 인식을 변화시키는 것이 보다 효과적이라고 판단했기 때문이다. 당시 적극적인 계몽교화를 위해 「조선영사계발협회」를 설립하고 전국적인 순회영사활동을 실시하여 큰 성과를 거둘 수 있었다. 1942년도의 전국적인 영화 관람자 수는 290만 명으로, 단체별 관람자수도 200만 명을 넘었던 것이

이번 조사에서 밝혀졌다. 나중에 일반오락영화가 등장하고부터는 사전검열을
실시하여 치안을 방해하는 것은 엄격하게 단속했다.

조선에서는 신문, 잡지, 영화 등의 통제만이 아니라 통신통제에까지 미치
는 통신검열이 실시되었다. 1944년 12월 당시의 검열국은 우편검열을 하는 곳
이 17개국, 전신 및 전화검열을 하는 곳이 각각 4국이 있었다. 더욱이 무선통
신에까지 통제가 행해져 체신국 통신과 분실을 각 도시에 설치하여 무선통신
의 단속도 실시하고 있었던 것이 밝혀졌다.

제4절에서는 태평양전쟁 하에서 법적인 언론통제에 대한 분석이다. 먼저
일본에서 1941년 1월 10일 공포된 「신문지 등 게재 제한령」은 종래의 「신문
지법」 및 「출판법」에 대한 제한내용을 강화한 것으로, 동년 12월 13일의 「언
론·출판·집회·결사 등 임시단속법」은 전시 하의 일본국민의 정치활동의 자
유와 표현의 자유 등 모든 정신적 자유를 엄격하게 제한한 법이었다. 이들 법
률은 조선에서도 곧바로 실시되어 정치활동 및 표현의 자유를 철저히 탄압하
며 일종의 치안유지 법률이 되었다. 동 법은 조선반도에서 시국의 중요성 내지
전시 하의 언론 및 여론을 보다 효과적으로 통제하기 위해서였다. 동 법의 실
시에 의해 종래의 「치안경찰법」, 「출판법」, 「신문지법」 등의 규정은 사실상 그
효력이 무력해지게 되었다.

전시하에서 가장 탄압의 정도가 강했던 것은 동년 12월 26일에 공포된 「조
선임시보안령」이다. 동 보안령 및 동 시행규칙은 종래의 「언론·출판·집회·결
사 등 임시단속령」의 내용을 한층 강화한 것으로 조선에 있어서 모든 반식민
지 언론, 출판 등을 탄압하고자 획책했던 것이다.

이상의 3가지 통제령은 유언비어와 인심문란을 통제하는 규정을 정하고
있는 것이 하나의 특징이며, 전시라는 상황에 있어서 언론을 그 근저부터 철저
하게 통제하는 것을 목적으로 하고 있었다. 제5절에서는 조선총독부의 기관지
인 『경성일보』의 논조에 대해, 즉 『경성일보』는 어떻게 조선 땅에서 발행되었
으며 태평양전쟁발발 전후에 어떻게 논조를 전개하고 있었는가를 분석해 보
았다.

『경성일보』는 총독부기관지로 조선민족에 대한 정책선전 및 여론형성 기
능을 했다. 먼저 1941년 1월 1일부터의 신문논조 내용은 다음과 같이 정리할
수 있다.

① 조선은 황도선포의 기지로 전쟁은 불가피하여 고도 국방국가체제에 대해서 조선은 지극히 중요한 역할을 다해야 한다. ② 조선반도의 병참기지다운 사명을 완수하기 위해 물적·경제적 요소 외에 인적·정신적 요소의 협력이 필요하다. ③ 조선민족은 소승적 민족주의를 탈각하고 대동아민족 영도주의의 입장에 서서 대국적인 견지에서 시국을 인식해야 한다. ④ 삼국동맹의 중요성을 고려하여 영미의 우월독선주의에서 탈피해야 한다. ⑤ 조선에 있어서 자원개발은 중요한 사명으로 특히 증미운동을 행해야 한다. ⑥ 조선은 시코쿠四國나 규슈九州와 같이 강력한 황국일본의 일환으로 포함되어야만 하며 또 불령불신의 무리에 대해서는 내선관민 그 어느 것을 불문하고 단호히 탄압을 가해야 한다.

이처럼 신문논조는 크게 6가지 항목으로 나누어지지만, 보도내용은 총독훈시 내지 총독의 시정방침이 중심이었다. 즉 1941년부터 『경성일보』는 신문으로서의 본래의 기능을 잃고 사설은 통치자의 통치정책을 충실하게 반영하는 해설지에 지나지 않았다고 할 수 있다. 이렇게 하여『경성일보』는 종래의 총독부 대변기관에서 한걸음 더 나아가 전쟁수행의 도구가 되어 조선민족에게는 강력한 프로퍼갠더의 역할을 행한다.

*

이상 각 장에서 고찰한 결과를 각각 논술해 보았는데, 이를 종합적으로 정리해 보고자 한다. 일본통치 전 기간에 있어서 언론통제의 요인인 정치적 통제, 물자적 통제 등을 비롯하여 당시 국내외의 정세를 분석해 보면 조선에서 언론통제는 결론적으로 말하자면 「조직적」·「단계적」 통제였다고 말할 수 있다. 이 같은 조직적·단계적 통제에 의해 조선에서 모든 언론은 완전하게 위축되었고 언론 본래의 사명을 완수하기는 어려운 질식상태가 되어 버렸다. 그러면 조직적·단계적 통제를 서론에서 제시한 시대구분에 맞추어 구체적으로 정리해 보면 <표-20>과 같다.[2]

⟨표-20⟩ ··· 언론의 조직적·단계적 통제

통제단계	통제시기구분	통제내용
① 언론의 침투단계 (1880~1894)	언론 침투기	『한성순보』 창간, 『한성주보』 창간 『조선신보』 창간
② 언론의 침략단계 (1895~1909)	1차 언론통제기	『한성신보』, 『경성일보』 창간, 『대한매일신보』 사장베델의 추방, 「신문지규칙」·「신문지법」· 「출판법」·「보안법」 등의 실시
③ 언론의 탄압단계 (1910~1919)	2차 언론통제기	테라우치 마사타케 언론탄압정책, 언론통폐합, 민간지 폐간
④ 언론의 설득·회유 단계(1920~1930)	3차 언론통제기	사이토 마코토의 언론통제, 민간지(『동아일보』, 『조선일보』) 창간, 경성방송국 설립
⑤ 언론의 선전단계 (1931~1937)	4차 언론통제기	조선중앙정보위원회설립과 계발선전 만주전쟁, 중일전쟁
⑥ 언론의 전쟁 도구화 단계(1938~1945)	5차 언론통제기	태평양전쟁, 계몽영화 동원, 출판물통제, 『경성 일보』, 『경성방송국』의 전쟁 도구화, 통신통제

李錬 『朝鮮言論統制史』 (2002), 信山社(東京), pp. 494~495. 인용.

　　이와 같은 단계에 의해 보다 강하고 엄격한 언론통제정책이 취해졌다. 즉 다음과 같은 단계로 통제의 정도가 강화되었다.

　　「침투」 → 「침략」 → 「탄압」 → 「설득(회유)」 → 「선전」 → 「도구화」

　　요약하면 한국의 근대 신문 성립기에는 일본 언론이 서서히 침투했지만, 『한성신보』 창간을 계기로 언론의 본격적인 침략정책이 시작되었고, 한일합병과 함께 무단정치시대를 맞이하여 언론은 지극히 힘든 수난을 받게 된 것이다. 그런데 3·1독립운동과 함께 조선민족의 격한 반발에 의해 문화정치라는 명목하에서 민간지가 창간되는 등 일본은 어느 정도 회유 내지 설득을 통해 조선민중의 반일의식을 수습하게 되었다. 다만 만주사변에 의해 일본은 국제연맹을 탈퇴, 게다가 중일전쟁에 의해 조선은 군수기지화되어 전략상 중요한 요충지로 바뀌게 되었다. 그래서 일본은 무엇보다도 조선민족의 협력은 전쟁에 필수적이고 결정적인 영향을 준다고 판단, 조선중앙정보위원회를 조직하고 계발선전 혹은 계몽선전을 통해 후방 조선민족의 정신전력 교육을 행하며 전력강화를 노렸다. 마지막 단계로 일본은 태평양전쟁의 발발과 함께 조선에서 경제적 통제, 자원개발 등을 부르짖어 전쟁에 승리하기 위해 언론을 전략적으로 도구화하게 된 것이다.

미주

1. Fernand Terrou and Lucian Solal(1951), *Legislation For Press*, Flim and Radio, New York: Columbia University Press.

2. 李錬 『朝鮮言論統制史』(2002), 信山社(東京), p. 494.

참고문헌

* 참고문헌은 일본어자료, 한국어자료, 영문자료로 분류하고 특히 일본자료는 시대별, 내용별로 분류했다. 그리고 단행본을 먼저 논문은 뒤에 제시한다.

1. 日本資料

(1) 總論

- 靑柳網太郞 「朝鮮統治論」 朝鮮硏究會 1923年
- 細井肇 「鮮滿の經營 — 朝鮮問題の根本解決」 自由討究社 1921年
- 「齋藤總督の文化統治」 友邦協會 1970年
- 巖松堂京城店 「朝鮮司法提要」 高等法院書記課編纂 1923年
- 秘 「朝鮮出版警察槪要」 朝鮮總督府警務局 1946年
- 「朝鮮法規類纂」 第8卷 朝鮮總督府官房審議室校閱帝國地方行政學會朝鮮本部編纂 1935年
- 富田芳郞 「植民地理」 叢文閣版 1937年
- 「朝鮮遞信事業沿革史」 朝鮮總督府遞信局 1938年
- 「植民地號」 現代公論社
- 石森久彌 「朝鮮統治の批判」 朝鮮公論社 1926年
- 伊藤欽二 「現代植民政策論」 雄文閣 1932年
- 岡倉古志郞 「新植民地主義」 岩波書店 1965年
- 入江敏夫 「植民地の獨立」 岩波書店 1963年
- 高橋龜吉 「經濟統制の再編成」 千倉書房 1941年
- 「朝鮮の言論と世相」 朝鮮總督府官房文書課調査係 1927年
- 金正明 「朝鮮駐劄軍歷史」 日韓外交資料集成 巖南堂書店 1967年
- 伊藤卯三郞 「朝鮮及朝鮮民族」 第1集 朝鮮思想通信社 1927年
- 星野辰男 「準戰時統制經濟」 朝日新聞社 1937年
- 阿部薰 「朝鮮統治の解剖」 民衆時論社 1927年

- 佐藤巖「新聞遍路」松山房 1932年
- 秘「治安概況」京畿道警察部 1929年
- 星野辰男「植民地の再分割」朝日新聞社 1937年
- 「治安概況」「選擧取締の狀況」等 京畿道警察部 1931, 1932年
- カールモスコビッチ 殖銀行友會譯「植民地朝鮮における日本の銀行の從業員達」 1986年
- 大和與一「朝鮮交通史」財團法人鮮友會 三信圖書 1986年
- 篠原昌三「JODK ― 朝鮮放送協會回想記」大和實業 1979年
- 臨時台灣舊慣調查會「植民地組織法大全」東洋印刷株式會社 1909年
- 矢內原忠雄「植民及植民政策」有斐閣 1926年
- 金澤庄三郎「日鮮同祖論」汎東洋社 1943年
- 小倉進平「朝鮮語の系統」岩波書店 1940年
- 李起雄「韓日交流20年」悅話堂 1984年
- 旗田巍「日本人の朝鮮觀」勁草書房 1983年
- 大畑篤四郎「日本外交政策の史的研究」成文堂 1984年
- 菊田貞雄「征韓論の眞相と其面影」東京日日新聞社・大阪毎日 1941年
- 長沼態太郎遺稿「征韓論分裂始末」文昌堂屋書店 1906年
- 色川大吉「自由民權」岩波新書 1982年
- 山邊健太郎「日本の韓國併合」太平出版社 1966年
- 「日本外交文書」第9卷 日本外交文書頒布會 1956年
- 高麗大府設新聞放送研究所 「コミュナニケーイション科學」 第6集 圖書出版 1982年 11月號
- 姜在彦「朝鮮近代史研究」日本評論社 1970年
- 日本外務省編「日本外交文書」1963年
- 井上角五郎「福澤先生の朝鮮語經營と現代朝鮮の文化とに就いて」明治印刷株式會社 1934年
- 古庄豊「井上角五郎軍略傳」井上角五郎君功勞表彰會編 1919年
- 近藤吉雄「井上角五郎先生傳」大空社 1988年
- 福澤諭吉「福翁自傳」角川書店 1968年
- 福澤諭吉「福翁自傳」岩波文庫 1973年

- 川合貞一 「福澤諭吉の人と思想」 岩波書店 1940年
- 小泉信三 「福澤諭吉」 岩波新書 1966年
- 慶應義塾大學編 「福澤諭吉全集」 第4卷 岩波書店 1970年
- 慶應義塾大學編 「福澤諭吉全集」 第5卷 岩波書店 1969年
- 朴鍾根 「日淸戰爭と朝鮮」 一潮閣 1989年
- 國立國會圖書館憲政資料室所藏 「井上馨關係文書」
- 伊藤博文編 「朝鮮交涉資料」 上卷・中卷 原書房 1970年
- 井上角五郎 「南無觀音」 南無觀音發行所 1926年
- 井上角五郎 「二宮尊德の人格と思想」 財團法人國民工業學院 1937年
- 中央朝鮮協會 「會員名簿」 1927年
- 伊藤欽二 「現代植民政策論」 雄文閣 序分
- 矢內原忠雄 「植民及植民政策」 有斐閣 1933年
- 富田芳郎 「植民地理」 叢文閣 1945年
- 星野辰男 「植民地の再分割」 朝日時局讀本 第7卷 東京朝日新聞社
- 黑田謙一 「日本植民思想史」 1942年
- 向山寬夫 「日本統治下における台灣民族運動史」 中央經濟研究所 1987年
- 伊藤博文秘書纂 「台灣資料」
- 伊藤新平 「日本植民政策一班」 明治文化叢書 1944年
- 矢內原忠夫 「帝國主義研究」 矢內原忠夫全集 第4卷 岩波書店 1965年
- 李海暢 「韓國新聞史研究」 成分閣 1977年
- 「外交文書」 「新聞操縱關係雜纂・漢城新報ノ部」 外務省外交史料館所藏
- 安達謙藏 「安達謙藏自敍傳」 新樹社 1960年
- 陸奧宗光より井上馨宛電報文 「新聞雜誌操縱關係雜纂漢城新報ノ部」 明治27年 10月 31 外務省外交史料館所藏
- 陸奧宗光より井上馨宛電報文 「新聞雜誌操縱關係雜纂漢城新報ノ部」 明治 27年 12月 7日 外務省外交史料館所藏
- 井上馨より陸奧宗光宛電報文 「新聞雜誌操縱關係雜纂漢城新報ノ部」 明治 27年 11月 8日 外務省外交史料館所藏
- 井上馨より陸奧宗光宛電報文 「新聞雜誌操縱關係雜纂漢城新報ノ部」 明治 27年 12月 4日 外務省外交史料館所藏

- 蛯原八郎 「海外邦字新聞雜誌史」 學而書院
- 李光麟 「韓國史講座(5)近代編」 一潮閣 1982年
- 伊藤博文編 「秘書類纂·朝鮮交涉資料」 明治28年7月28日 井上馨より西園寺宛電報
- 井上馨より西園寺公望宛極秘公信文 「新聞雜誌操縱關係雜纂漢城新報ノ部」 明治 28年7月16日 外務省外交史料館所藏
- 「閔妃弑害事件の眞相」 民友社 1946年
- 駐韓日本公使館記錄 「機密本省往」 1896年
- 朝鮮總督府 「朝鮮の言論と世相」 1927年
- 田保橋潔 「近代日鮮關係の研究」 下卷 文化資料調査會 1964年
- 齊藤鎭男 「日本外交政策史論序說」 新有堂 1981年
- 伊藤正德 「加藤高明」 上卷 1929年
- 大畑篤四郎 「日本外交政策の史的展開」 成文堂, 1983年
- 鹿島守之助 「日本外交政策の史的考察」 嚴松堂書店 1931年
- 朝比奈知泉 「明治功臣地卷」 1915年
- 立作太郎博士論行委員會 「立博士外交文史論集」 日本評論社 1946年
- 鹿島守之助 「日英外交史」 上卷 1958年
- 黑羽茂 「日露戰爭史論·戰爭外交の研究」 杉山書店 1982年
- 日本外務省編 「日本外交文書」 第35編 1957年
- 古屋哲夫 「日露戰爭」 序文 中央公論社 1988年
- 春原昭彦 「日本新聞通史」 新泉社 1985年
- 金正明 「朝鮮駐剳軍歷史」 嚴南堂書店 1967年
- 全國憲友會連合會編纂委員會 「日本憲兵正史」 全國憲友會聯合會本部(研究所院) 1976年
- 李基百 「韓國史新論」 學生社 1979年
- 山邊健太郎 「日韓併合小史」 岩波書店 1988年
- 朝鮮總督府編 「朝鮮の保護及併合」 國史編纂委員會編
- 久保寺山之 「日韓離合之秘史」 全卷 日本乃姿顯彰會 1964年
- 駐韓日本公使館記錄 「明治41~42年 機密本省往」 新聞取締に關する書類
- 日本新聞協會 「出版及著作關稅法法令集」 1936年
- 日本外務省 「大韓每日申報とベセル事件」 「機密本省往來」 1906~1916年

- 「大韓毎日申報ベセル事件」「朝鮮統監府施政年報」(1906年~1907年)統監電信第204號
- 金圭煥 「植民地朝鮮における言論および言論政策史」博士論文　國會圖書館所藏 1959年
- 林子平 「3國統監圖說」「林子平全集」第2卷　生活社　1944年
- 中島司 「金玉均君に就て」中央朝鮮協會　1937年
- 原田環 「正上角五郎と「漢城旬報」」,「三千里」第40號　三千里社　1984年
- 春原昭彦 「福澤諭吉の對韓觀」「東西語路」韓國外國語大學付設國際コミュナケーション研究所　1985年
- 井上角五郎 「協力融合, 福祉の增進を圖れ」「朝鮮統治の回顧と批判」朝鮮新聞社 1936年
- 太田哲男 「反戰・平和の　哲學, 吉野作造と矢內原忠雄を中心に」「大正デモクラシーの思想水脈」同時代社　1987年
- 幼方直吉 「矢內原忠雄と朝鮮」「思想」9月號　岩波書店　1965年
- 佐佐博雄 「熊本國權黨と朝鮮における新聞事業」「人文學會紀要」第9號　國士館大學文學部　1977年
- 內山正態 「小村外交批判」「現代日本外交史編」慶應通信株式會社　1971年
- 大江志乃夫 「大國の舞臺に登場した日本」「朝日ジャーナル」朝日新聞社　1988年
- 李錬『朝鮮言論統制史』(2002),　信山社(東京)
- 李錬「韓國の新聞成立を果たした井上角五郎の役割」「新聞學評論」37號　日本新聞學會　1988年
- 李錬「日本・中國・韓國を對象とする近代新聞の成立期における浸透壓理論(Theory of Osmotic Pressure)による比較的研究」上智大學大學院文學研究科　新聞學專攻修士論文　全2卷　1986年
- 李錬「韓國の新聞成立を果たした井上角五郎の役割」日本新聞學會報告資料　中央大學秋季研究發表大會　1987年　9月　27日

(2) 日韓併合前

- 平野健一郎 「日本の社會文化史」講談社　1973年
- 朝鮮學會 「青木外相の韓國に關聯する對露強硬政策の發展と日英同盟の成立との

關係」「朝鮮學報」第63集 1972年
* 梶村秀樹「朝鮮近代史と金玉均の評價」「朝鮮學報」朝鮮學會 1967年
* 朝鮮總督府中樞院調「朝鮮資料」1919年
* 朝鮮學會 天理大學出版部 1955年
* 山邊健太郎「甲申日錄の研究」「朝鮮學報」第17集 朝鮮學會 1960年
* 靑木功一「朝鮮開化思想と福澤諭吉の著作 ― 朴泳孝「上流」における福澤諭吉 著作の影響」「朝鮮學報」朝鮮學會 天理大學出版部 1967年
* 靑木功一「朴泳孝の民主主義·新民論·民族革命論」「朝鮮學報」朝鮮學會 天理大 學出版部 1967年
* 野瀨和紀「甲申政變の 研究(1)淸佛戰爭と日本外交」「朝鮮學報」朝鮮學會 天理 大學出版部 1977年
* 賀田直治「福澤諭吉先生と澁澤榮一翁」① (「朝鮮實業俱樂部」發行社 1937年 7 月 1日)
* 賀田直治「福澤諭吉先生と澁澤榮一翁」② (「朝鮮實業俱樂部」發行社 1937年 8 月 1日)
* 賀田直治「福澤諭吉先生と澁澤榮一翁」③ (「朝鮮實業俱樂部」發行社 1937年 9 月 1日)
* 賀田直治「福澤諭吉先生と澁澤榮一翁」④ (「朝鮮實業俱樂部」發行社 1937年 10月 1日)
* 賀田直治「福澤諭吉先生と澁澤榮一翁」⑤ (「朝鮮實業俱樂部」發行社 1937年 11月 1日)
* 賀田直治「福澤諭吉先生と澁澤榮一翁」⑥ (「朝鮮實業俱樂部」發行社 1938年 11月 1日)

(3) 日韓倂合期

* 「日本人の海外活動に關する歷史的調査」通卷 第2冊 朝鮮編 第一分冊(大藏省管 理局)
* 「日本人の海外活動に關する歷史的調査」通卷 第3冊 朝鮮編 第二分冊(大藏省管 理局)「歷代總督の 統治方針」
* 「日本人の海外活動に關する歷史的調査」通卷 第7冊 朝鮮編 第六分冊(大藏省管

理局)「歷代總督の 統治方針」

- 「總督府時代の財政」友邦協會 1974年 4月 15日
- 「統監府時代の財政」友邦協會 1974年 1月 1日
- 「朝鮮の保護及び倂合」友邦協會 朝鮮總督府極秘資料 1956年
- 「新日本(我等の國家)」朴春琴事務所 1930年
- 「日韓倂合竝朝鮮王公貴族に關する詔勅の及法令」朝鮮總督府 1912年
- 「朝鮮思想界槪觀」綠旗聯盟 1939年
- 善生永介「朝鮮學報」第21集 第22集 1961年
- 「日本統治時代の朝鮮」外務省條約法規課 1971年
- 「台灣統治終末報告書」台灣總督府殘務整理事務所 1946年
- 梶山季之「さらば京城」「文藝春秋」別冊 116號 1971年
- 「闇船」「文藝春秋」別冊85號 1963年
- 會報「朝鮮統治雜誌」中央朝鮮協會 1929年
- 「我觀」第76號 1930年
- 副島道正「朝鮮統治に就て」京城日報社
- 石森久禰「朝鮮統治の目標」朝鮮公論社 1932年
- 內田良平「朝鮮統治の根本對策」朝鮮公論社 1928年
- 「世界植民地現勢」(調査資料)第4集 朝鮮總督府 1924年
- 「英領印度統治の現狀と英國の異民族統治の批判」朝鮮總督府 調査資料43號
  1936年
- 「印度統合に對する批判」朝鮮總督府 1924年
- 加田哲二「植民政策」ダアヤモンド社 1940年
- 太田哲男「大正デモクラシーの 思想水脈」同時代社 1987年
- 辛基秀編著「映像が語る「日韓倂合」史」勞動經濟社 1987年
- 「歷史的調査關係」朝鮮部會(計劃關係)
- 「朝鮮統治政策論」細井肇 朝鮮總督府 1920年
- 「新朝鮮」第1卷 1號 新朝鮮發行所 1919年
- 「在滿鮮人問題に對する意見」北悟一識 1921年
- 「社會科學硏究」第9卷 第6號 株式會社 有斐閣 1958年
- 「我觀」第75號 我觀社 1930年

- 「東洋」 東洋協會 1931年
- 「朝鮮史研究公論文集」 第7卷 朝鮮史研究會 1970年 6月 30日
- 「調査月報」 第7卷 第1號 朝鮮總督府 1936年 1月 25日
- 「調査月報」 第7卷 第8號 朝鮮總督府 1936年 8月 25日
- 「將來의 朝鮮統治論」 朝鮮總督府 1932年
- 「東方」 第1號 東洋史研究科
- 「朝鮮公論」 6卷 8號 朝鮮公論社 1907年
- 田保橋潔 「朝鮮統治論」 朝鮮研究會 1923年
- 山邊健太郎 「日本の韓國併合」 太平出版社 1966年
- 山邊健太郎 「日韓併合小史」 岩波新書 1988年
- 山邊健太郎 「日本統治下の朝鮮」 岩波書店 1971年
- 山崎丹照 「外地統治機構の研究」 高山書院 1943年
- 外務省條約局法規課 「日本統治時代の朝鮮」 (外地法制誌第4部の2) 1971年
- 姜東鎭 「日本の朝鮮支配政策史研究」 東京大學出版會 1979年
- 「大阪毎日新聞50年」 大阪毎日新聞社 1932年
- 日本外務省 「日本外交文書」 第38卷 日本國際連合協會 1958年
- 笹山晴生 「日本古代史講義」 東京大學出版會 1977年
- 戸澤鐵彦 「宣傳概論」 中央公論社 1942年
- 伊藤迪 「ジャーナリズムの日本的課題」 日本公論社 1941年
- 小山英三 「戰時宣傳論」 三省堂 1942年
- 內閣情報部 「宣傳の心理と技術」 情報宣傳研究資料 第11集 1939年
- 石森久彌 「朝鮮統治の批判」 朝鮮公論社 1926年
- 日本外務省編 「日本外交文書」 第43卷 第1冊 日本國際連合會 1962年
- 宮田節子 「朝鮮民衆と「皇民化」 政策」 未來社 1985年
- 芳賀登 「日韓文化交流史の研究」 雄山閣 1968年
- 朝鮮總督府 「朝鮮總攬」 1933年
- 朝鮮總督府 「施政25年史」 1935年 圖表篇
- 橫溝光暉(聞き手內川芳美春原昭彦) 「別冊新聞研究－聽きとりでつづる新聞史」 別冊No.8 1979年
- 橫溝光暉 「昭和史片鱗」 經濟往來社 1975年

- 領木裕久「說得コミュニケーション研究における受け手の諸問題・效果形成過程・媒介概念・被說得性」「東京大學新聞研究所紀要」 No.17號 東京大學新聞研究所 1968年
- 春原昭彦「日本のジャーナリズムの生成に及ぼした傳統と西歐の影響の影響」韓國言論學會報告資料 1990年 5月 4日 韓國プレスセンター
- 藤田幸男「伊藤博文暗殺事件犯人は安重根ではない」「文藝春秋」 1966年 4月 1日
- 「新年特集・明治天皇」「文藝春秋」 1965年 12月号
- 「新年特集・明治天皇」「文藝春秋」 1966年 1月号
- 內田良平「日韓併合記念塔建設ニ就テ」 1928年
- 「矢內原忠雄と朝鮮」「思想」岩波書店 1965年
- 「新聞及新聞記者」外「警務彙報」第356號 朝鮮總督府 1936年
- 「日獨同盟ㅌ 危險思想」外「朝鮮公論」第6卷 第7號 朝鮮公論社 1918年
- 大村琴花「寺內と宿緣の喧嘩」「村山龍平傳」
- 「寺內訪問記」「朝鮮及滿洲」 104號
- 山口勤「最近の說得コミュニケーションの 研究」「コミュニケーションの社會心理學」東京大學出版會 1984年
- 姜在彦 「朝鮮問題における內田良平の思想と行動」「歷史學研究」 歷史學研究會 307號(內田良平「日韓併合秘史」下卷)

(4) 3·1獨立運動

- 「朝鮮近代資料研究集成」 第3號 友邦協會朝鮮資料研究會 1960年
- 「朝鮮財政・金融發達史參考資料」朝鮮資料第1號 中央日韓協會 1956年
- 「朝鮮近代資料研究集成」 第1號 友邦協會 1959年 3月 25日
- 「朝鮮近代資料研究集成」 第2號 友邦協會 1959年 4月 8日
- 「朝鮮總督府終政の記錄」朝鮮資料第3號 中央日韓協會 友邦協會 1956年
- 中村健太郎「朝鮮生活50年」
- 四州情客「仁川事情」朝鮮新報社
- 丸山鶴吉「朝鮮治安の現狀及將來」朝鮮總督府 1922年
- 「諭告・訓示・演述總攬」第2集 1943年
- 「朝鮮統治の性格と實績」外務省調查局 調三資料第7號 1946年

- 「朝鮮總攬」 朝鮮總督府　1933年
- 「朝鮮統治の回顧と批判」 朝鮮新聞社　1936年
- 中谷忠治 「朝鮮と朝鮮人についての覺書」　1959年
- 「滿洲國協和會の使命竝工作槪要」 滿洲國協和會　康德3年
- 朴春琴 「私の所信」　發行年未詳
- 朴春琴 「朝鮮統治の禍根」 朴春琴事務所　發行年未詳
- 「朝鮮騷擾事件裏面の狀況」 京城朝鮮銀行　1920年
- 島田三郎 「驛屯土拂下問題」　37號
- 閔元植 「朝鮮關係書」　44號　1919年
- 洪ジュン杓 「朝鮮關係綴」　35號　1919年
- 高元勳 「意見書」 第27號 朝鮮有志7氏持參　1919年
- 「騷擾の財政及經濟に及ぼしたる影響槪覽」 朝鮮總督府　1919年
- 「朝鮮內政獨立論願に就て」 同光會本部　1922年
- 鄭薰謨 「朝鮮內政獨立請願に關した要路竝貴衆兩院議員諸公に訴ふ」
- 「半島人の滿洲開拓狀況」 朝鮮總督府
- 「同民」 第1號 同民會發行　1938年
- 「朝鮮民情視察報告」 同光會本部　1923年
- 「朝鮮地方行政」 第13卷 定刻地方行政學會朝鮮本部　1934年
- 「朝鮮行政」 帝國地方行政學會　1937年
- 「朝鮮」 朝鮮總督府　1937年 1月号
- 「朝鮮」 朝鮮總督府　1933年 3月号
- 「朝鮮」 朝鮮總督府　1932年 10月号
- 「朝鮮」 朝鮮總督府　1931年 5月号
- 金一勉 「朝鮮評論」 朝鮮評論研　1961年
- 「民族」 第13集(日本の經濟・文化建設の情報と資料 鎌田澤一郎主宰)
- 「在朝日本人敎師の 鬪爭記」 讀賣新聞社　1930年
- 「齊藤實追想錄」 齊藤實元子爵銅像復元會　1963年
- 「朝鮮文化政治の 檢討」 此經春也　1934年
- 鄭泰成 「人間朴烈」 新朝鮮建設同盟文化部　1946年
- 早稻田大學史學會編 「史觀」 86,87集　1973年

- 善生永介 「朝鮮學報」 第7集 天理大朝鮮學研究會 1955年
- 鎌田澤一郎 「國際政勢下における 朝鮮問題と日本の民族道」 民族經濟文化研究所
- 「協和叢書」 第6集 中央協和會 1941年
- 「協和叢書」 第6集 中央協和會 1942年
- 「最近の半島＝山崎進吉氏 講演速記」 中央朝鮮協會 1943年
- 宇垣總督講演集 「京城帝國大學講堂において」「伸び行く朝鮮」 1934年
- 細井肇 「日本の決意」 大日本雄辯會講談社 1932年
- 韓徹永 「韓國を動かす人達」 鷄林出版社 1953年
- 金學洙 「朝鮮への書簡」 大東晋文社 1925年
- 韓徹永 「韓國を動かす人達」 國際調査社 1956年
- 「極秘 日本の海外活動 關する歷史的調查」 朝鮮編 通卷第6冊 第3分冊 大藏省管理局
- 「極秘 日本の海外活動に關する歷史的調查」 朝鮮編 通卷第6冊 朝鮮編 第5分冊 大藏省管理局
- 「極秘 日本の海外活動に關する歷史的調查」 朝鮮編 通卷第11冊 朝鮮編 第10分冊 大藏省管理局
- 「極秘 日本の海外活動に關する歷史的調查」 朝鮮編 通卷第10冊 朝鮮編 第9分冊 大藏省管理局
- エドワード・Ｗ・ワグナー北東アジア課譯 「日本における朝鮮少數民族」 外務省アジア局 1904~1950年
- 中山久四郎 「歷史上にあらわれたる內鮮の融和」 中央朝鮮協會
- 香山光郎 「內鮮一體隨想錄」 中央協和會 1941年
  本新聞學會 30號 1986年
- 朴慶植 「日本帝國主義の朝鮮支配」 上卷 靑木書店 1973年
- 「近代日本綜合年表」 岩波書店 1977年
- 姜東鎮 「日本の朝鮮支配政策史研究」 東京大學出版會 1979年
- 「現代史資料」 25 「朝鮮1」「資料解說」 みすず書房 1963年
- 坪江汕三 「朝鮮民族獨立運動史」 ?南堂書店 1979年
- 井出武三郎 「吉野作造とその 時代」 日本評論社 1988年
- 朴慶植 「朝鮮3・1獨立運動」 平凡社 1986年

- 宮崎龍介編 「宮崎稻天全集」 第2卷 平凡社
- 「現代史資料」 25 「朝鮮1」 みすず書房
- 「子爵齊藤實傳」 第2卷 齊藤子爵記念會 1942年
- 李基百 「韓國史新論」 學生社 1919年
- 朝鮮總督府官房審議室檢閱 帝國地方行政會朝鮮本部 「現行朝鮮法規類纂」 第8卷
- 春原昭彦 「日本新聞通史」 新泉社 1987年
- 內川芳美 「新聞史話」 社會思想社 1967年
- 本田節子 「朝鮮王朝最後の皇太子妃」 文藝春秋 1988年
- 李方子 「すぎた 歲月」 出版社未詳 1973年
- 角田房子 「閔妃暗殺」 新潮社 1989年
- 「朝鮮日報60年史」 朝鮮日報社 1980年
- 朝鮮總督府警務局 「諺文新聞差押記事輯錄(朝鮮日報)」 1932年
- 關東大震災60周年朝鮮人犧牲者調査追悼事業實行委員會 「かくされていた歷史」
  1987年
- 大畑裕嗣 「東京大學新聞研究所紀要」 第35號
- 中島陽一郎 「關東大震災」 雄山閣出版 1982年
- 染川藍泉 「震災日誌」 日本評論社 1981年
- 姜德相 「現代史資料(6)」 みすず書房 1963年 資料解說(8)
- 小野秀雄 「新聞の歷史」 東京堂 1963年
- 伊藤正德 「新聞50年史」 鱒書房 1947年
- 朝鮮總督府警務局 「諺文新聞差押記事輯錄」 (朝鮮日報) 1932年
- 清水千代太 「映畵の歷史」 同文社 1956年
- 尾崎宏 「演劇ラジオテレビ映畵」 偕成社 1958年
- 阿部愼一 「映畵の敎育」 同文館 1956年
- 佐藤忠男 「日本記錄映像史」 評論社 1977年
- 小松孝彰 「戰爭と 思想宣傳戰」 春秋社 1939年
- 山中速人 「3·1獨立運動と日本新聞」「新聞學評論」 日本新聞學會 30號 1981年
- 大畑裕嗣 「1920年代の 「東亞日報」 社說における 社會運動」「新聞學評論」
- 橘破翁 「朝鮮の言論政策に就いて長谷川總督に呈す」「朝鮮公論」 (The Chosen Review)第7號 朝鮮公論社 1918年

- 山中速人 「3·1獨立運動と日本の新聞」「新聞學評論」 第30號
- 吉野作造 「朝鮮における言論の自由」「中央公論」 5月號 1919年
- 外務省外交資料館所藏 「齋藤總督, 最近ニ於ケル朝鮮ノ政勢」「韓國ニ於ケル統
  監政治及同國倂合後ノ統治策ニ對スル評論關係雜纂」 1919年 9月 10日
- 1919年 9月 3日 「齋藤實總督が同府及び所屬官署に對する訓示」 第3項
- 朝鮮總督府警務局 「祭祀問題を再び論ず」「諺文新聞差押記錄集錄」 東亞日報社
  編 1932年
- 國會圖書館所藏 齋藤實文書 742 「朝鮮民族運動ニ對スル對策」
- 鄭晋錫 「發行停止」「アジア公論」 10月特大號 アジア公論社 1974年
- 鄭晋錫 「新聞遺事」「アジア公論」 12月號 アジア公論社 1974年
- 「新聞で知った婚約」「每日新聞」 1985年 5月 1日付
- 「水野鍊太郎談話」 帝都復興秘錄所收
- 朝鮮總督府警務局 「朝鮮における出版物概要」 1930年
- 秘 「第1號書類」 朝鮮總督府 1930年
- 秘 「在滿朝鮮人避難民對策」 朝鮮總督府 年代未詳
- 「朝鮮騷擾經過槪要」 朝鮮朝鮮關係綴 第36號
- 上田務稿 「朝鮮統治私見」 朝鮮關係綴 第42號
- 鮮交會報 「鮮交」 1980年
- 鮮交會報 「鮮交」 126號 1980年
- 「崔麟等の行動に關する件」 京畿道警察部
- 「滿蒙移民計劃」 拓務書案 1932年
- 「重要騷擾事項槪要」 京畿道 1931年
- 秘 「御大札に關する協議事項」 全北知事官房 1928年
- 極秘 「東亞新私鐵建設に關する宣傳方策大網」 內閣情報部 1939年
- 「朝鮮人民會對策案」 在間島日本總領事館 1931年
- 秘 「全北日報, 郡山日報の內情」 全北警察部
- 「洋村及外人事情の一覽」 平安南道 1924年調査
- 秘 「定平農民組合檢擧槪況」 朝鮮總督府警務局 1931年
- 「學生事件に伴い高麗共産靑年會組織發覺の件」 京畿道警察部長 1929年
- 秘 「鮮人學生生徒の思想的事件」 文部省學生部 1932年

- 「朝鮮實業」朝鮮實業俱樂部 1943年
- 小坂貞雄「外人の觀たる朝鮮外交秘話」朝鮮外交秘話出版會 1934年
- 秘 「騒擾と學校」朝鮮總督府學務局 1920年
- 善生永介「朝鮮の民族性」「朝鮮學報」1959年
- 善生永介「我が國外地移民の成績」「朝鮮學報」1939年
- 姜德相「關東大震災における朝鮮人虐殺の實態」「歷史學研究」178號 歷史學研究會 1962年
- 「關東大震災と大阪三新聞成績批判」「新聞及新聞記者」11號(通卷第33號)新聞研究出版部 1923年
- 津村勇「文化映畫の展望」「朝鮮」2月號 朝鮮總督府 1938年
- 內川芳美「活動寫眞(フイルム)檢閱規則」「マス・メデイア法制」みすず書房 1982年

(5) 新聞關係 · 出版情報委員會

- 「京城日報社誌」京城日報社 1920年
- 「比率實の現勢(總說)」朝鮮情報委員會 1935年
- 「朝鮮總督府時局對策調査會諮問案參考書」「軍需工業の擴張に關する件」朝鮮總督府 1938年
- 「朝鮮總督府時局對策調査會諮問安參考書」「內鮮一體の強化徹底に關する件」朝鮮總督府 1938年
- 極秘 「朝鮮總督府時局對策調査會諮問安參考書」「北鮮の特殊性に對應する方策」朝鮮總督府 1938年
- 「朝鮮總督府時局對策調査會諮問安參考書」「朝, 滿, 北支間の 社會的 連繫促進に關する件」朝鮮總督府 1938年
- 秘 「朝鮮總督府時局對策調査會諮問安參考書」「內鮮一體の強化徹底に關する件など」朝鮮總督府 1938年
- 秘 「朝鮮總督府時局對策調査會諮問安參考書」「朝鮮總督府陸上交通機關の整備に關する件」朝鮮總督府 1938年
- 「朝鮮總督府時局對策調査會諮問安參考書」「在支朝鮮人の保護指導に關する件」朝鮮總督府 1938年
- 秘 「朝鮮總督府時局對策調査會諮問安參考書」「海外貿易の振興に關する件」朝

鮮總督府 1938年
- 「朝鮮總督府時局對策調査會諮問安參考書」 「米の增産に關する件」 朝鮮總督府 1938年
- 「赤色露西亞」 朝鮮情報委員會 年代未詳
- 秘 「朝鮮評論(Korea Review)」 1921年
- 「朝鮮同胞呼稱 並 新聞雜誌記事取扱座談會」 新聞用語研究會發行 1939, 1, 20
- 「Japan, Great Britain and the World」 (日本, 英國及び世界)日英兩文 1916年
- 佐藤嚴 「新聞を志す人のために」 (新聞遍路 附錄)
- 「歸一協會研究資料」 歸一協會 1919年
- 釋尾春 「朝鮮の研究」 朝鮮 及 滿洲社 1930年
- 朝鮮總督府 「朝鮮事情」 1937·1940·1941·1943年度版
- 「非常時下の朝鮮」 中央朝鮮協會版
- 「ひかる光州の輝き」 面協議會 1925年
- 和田一郎 「朝鮮の匂ひ」 ウツボヤ書簿店 1921年
- 「國際聯盟支那調査委員會報告書假譯文拔粹」 總督官房外事課 1932年
- 秘 「國際聯盟支那調査委員一行末鮮人關係書類」 總督官房外事課 1932年
- 「終戰前後の想い出」 朝鮮總督府官房企劃課書記官細見正義 1967年
- 朴重陽 「朴重陽先生文書」 「我の遺言」 (日記抄錄) 1951年
- 上滝基 「穗積さんのこと」 1972年
- 赤池警務局長 「男爵阪谷芳郎殿」 1920年
- 赤池警務局長 「阪谷男爵閣下」 1920年
- 秘 報告書 「公正會朝鮮問題特別委員」 1919年
- 「朝鮮宣教師團の朝鮮總督府に意見」 Japan Advertiser 1919年
- 齋藤朝鮮總督 「男爵阪谷芳郎殿」 1919年
- 秘 鈴木穆改華意見附公課整理意見 1919年
- スコフイード氏 調査委員必要意見竝同氏アドバイザー奇稿意見
- スクフイード氏 調査書 1919, 7, 29
- 第6會 日本宣教歸同盟會議 1919, 8, 6
- 阪谷芳郎 「朝鮮における 治安維持」 1920, 3, 17
- 學秘第149號 「阪谷芳郎殿」 1920, 10, 16

- 「協和事業彙報」 第1卷, 第1號 中央協和會 1939年, p. 28
- 「東洋」 東洋協會 7月, 9月號 1936年
- 「朝鮮行政」 4月, 5月號 帝國地方行政會 1937年
- 極秘 朝鮮總督府 「朝鮮時局宣傳事務概要」 1937年
- 朝鮮總督府 「朝鮮總督府統計年報」 1938年
- 「調查月報」 第6卷 第3號 「雜誌及類似刊行發行件數調」 朝鮮總督府 1935年
- 「日本經濟調查報」 1960, 4, 25
- 「財團法人中央協和會要覽」 1941年
- 高田信一 「躍動する兵站基地半島」 京城新聞社
- 牧山耕藏 「朝鮮新聞と私」 「朝鮮新聞」 1938, 11, 5 − 1938, 11, 12
- 秘 「在布哇在留朝鮮人一班狀態」 朝鮮情報委員會 1923年
- 秘 「在布哇米國新聞刊行物及通信記事摘要」 「朝鮮評論(Korea Review)」 朝鮮情報委員會 1921年
- 秘 「英米における朝鮮人の不穩運動」 朝鮮情報委員會 1921年
- 秘 「朝鮮總督府時局對策調查會報告事項」 朝鮮總督府 1938年
- 「地方制度改正に關する內地新聞の論調」 「朝鮮總攬」 1943年
- 「台灣總督府感性と朝鮮總督府官制」 朝鮮資料研究會 1968年
- 飯田尤內 「男爵阪谷芳郎閣下」(書簡文) 1919年
- 間島討伐の實狀 「グーリック氏宛」 1921, 1, 4
- 朝鮮總督府 「朝鮮における情報宣傳の目標」 「朝鮮」 8月號 1943年
- 朝鮮總督府 「朝鮮における從來の周知宣傳雜考」 「朝鮮」 4月號 1937年
- 「韓國の農林水產業の振興に關する所見」 「韓國時事」 1965年
- 「世界開放主義を提げて」 「東洋經濟新報」 1935年
- 「日韓經濟提携の要諦」 「騷友」 1967, 5, 15

(6) ラジオ, 放送

- 京城朝鮮 及 滿洲社 「朝鮮 及 滿洲」 1928年
- 朝鮮公論社 「朝鮮公論」 1943年
- 帝國地方行政學會朝鮮本部 「朝鮮行政」 1938年
- 朝鮮總督府 「朝鮮」 1月號・5月號・7月號 1933年

- 朝鮮總督府 「朝鮮」 8月號 1936年
- 朝鮮總督府 「朝鮮」 2月號 1938年
- 日本放送協會 「ラジオ年鑑」 1936年
- 櫻本富雄 「戰爭はラジオにのつて 」 マルジュ社 1986年
- 日本放送協會 「放送50年史」 日本放送出版協會 1977年
- 日本放送協會 「放送50年史」 資料編 日本放送出版協會 1977年
- 日本放送協會 「昭和7年 ラジオ年鑑」 日本放送出版協會 1935年
- 日本放送協會 「昭和10年 ラジオ年鑑」 日本放送出版協會 1935年
- 日本放送協會 「昭和11年 ラジオ年鑑」 日本放送出版協會 1936年
- 日本放送協會 「昭和16年ラジオ年鑑」 大空社 1989年
- 日本放送協會 「昭和18年ラジオ年鑑」 大空社 1989年
- 日本放送協會 「昭和17年ラジオ年鑑」 大空社 1989年
- 畑中繁夫 「日本フヲサズムの言論彈壓秒史」 高文研 1986年
- 篠原昌三 「JODK・朝鮮放送協會回想記」 朝鮮放送會本部 1971年
- 「共産國事情」 第51號 1954年 12月 6日
- 朝鮮建築會 「京城放送局」「朝鮮と建築」 第12第1號 1934年
- 「朝鮮放送協會日本人職人名簿」 年代未詳
- 「朝鮮放送協會事業計劃及收支豫算書」 1940年度收支豫算明細書
- (秘)朝鮮放送協會 「事業計劃及收支豫算書」 1940年度
- 朝鮮放送協會 「ラジオと朝鮮」 1938年
- 朝鮮公論社 「朝鮮放送の可否」「朝鮮公論」 7月號 1943年
- 森勝治 「放送戰の實際と日本の勝利」「朝鮮公論」 7月號 1943年
- 木戸九郎 「ラジオの朝鮮語放送を全廢せよ」「朝鮮公論」 7月號 朝鮮公論社 1943年
- 土師盛貞 「非常時とラジオ」「朝鮮の放送事業」「ラジオと朝鮮」 朝鮮放送協會 1938年

(7) 警察・法政

- 內外評論社 「朝鮮之文化」 1921年
- 丸山鶴吉 「やさしい警察論」 新政社 1935年
- 文藝春秋社 「文藝春秋」 7月號 1961年

- 文明協會「文明協會ニュース」1929年
- 磯谷秀次「植民地の獄」郷土書房 1949年
- 石森久彌「秘話佳話朝鮮物語」初稿
- 國際事情研究會「共産國事情」第57號 1954, 12, 20
- 秘 朝鮮總督府警務局「朝鮮警察概要」1940·1941年
- 友邦協會「日本統治下における朝鮮の法制」1969年
- 東洋大學東洋文化研究所「東洋文化」第36號 朝鮮特集 1964年
- 東京歷史科學研究會「歷史評論」11月號 1971年
- 朝鮮文化史「民主朝鮮」1947年
- 歷史學研究會編「歷史學研究」2 青木書店 1965年
- 「評論」河出書房 1949年
- 秘 朝鮮總督府「道警察部長會議意見希望事項」1934年
- 極秘 外務省アジア局「滿洲事變善後措置中朝鮮人施設要項」第2集 1932年
- 平北警察部長「國境討匪狀況」1937年
- 韓國駐?憲兵隊司令部「大韓協會略史」1968年
- 極秘 朝鮮總督府警務局「朝鮮統治上緊急解決を要すべき滿洲事變問題に對する意見」1931年
- 秘 總督府「朝鮮移民會社設立計劃案」1931年
- 新義州保護觀察所「吾人の心境を語る」1939年
- 星野喜代治「朝鮮銀行を語る」昭26, 9
- 朝鮮統監府「朝鮮施政年報」1907~1908年
- 朝鮮學會「朝鮮における我が領事館警察史」「朝鮮學報」第50集 1969年
- 朝鮮學會「東亞日報 1923~1928にみられる 朝鮮衡平運動記事」「朝鮮學報」第62號 1971年
- 中央朝鮮協會「參考文書綴」1939年
- 極秘「共産黨朝鮮國內工作委員會事件檢舉に關する件」京畿道 1931年
- 極秘 朝鮮總督府「朝鮮軍關係書類綴」1939年
- 極秘 關東軍統治部「第2日本人移民案要綱」「日本人移民」1932年
- 極秘 關東司令部「滿洲における朝鮮人指導法案」1933年
- 京畿道高等警察課「指示注意事項」1930年

- 總督府 「各道參與官會同宇垣總督訓辭拔粹」 1933年
- 秘 京畿道高等警察課 「昭和4年における意見希望事項に關する決定」 1929年
- 京畿道警察部 「万寶山事件報復騷擾警戒配置狀況」 1931年
- 全北警察部 「高等保安衛生槪況」 1928年
- 秘 朝鮮軍司會部 「在滿朝鮮人指導の根本方針に關する意見」 1932年
- 朝鮮總督府 「調査月報」 第10卷第7號 1939年
- 朝鮮總督府 「米國議員團の來鮮と鮮人の行動の眞相」 1934年
- 秘 朝鮮總督府 「道警察部長會議意見希望事項」 1934年
- 京畿道警察部 「騎馬警官隊の擴張」 1931年
- 京畿道 「道政參考資料」
- 朝鮮總督府 「第3次施政年報」 1909·1911年
- 朝鮮總督府 「朝鮮總督府施政年報」 1937·1939年
- 朝鮮總督府 「朝鮮總督府施政年報」 1921·1922年

(8) 財政, 金融

- 朝鮮總督府 「氏創設の眞精神とその手續」 1940年
- 井上則之 「朝鮮米と共に30年」 友邦協會 1956年
- 善生永助 「朝鮮における 市場經濟生活」 朝鮮學報 第4集 1952年
- 「日本經濟年報」 第32集 東洋經濟新聞社 1938, 6, 24
- 「經濟聯盟」 「協力工場整備に關する問題」 外 日本經濟聯盟 1943年 10月号
- 「邱友」 邱友會 新聞 1966, 5, 5
- 猪原文書 「實業の日本」 第18卷 12號 No.10 1915年
- 鈴木武雄 「朝鮮産業經濟發展と在鮮日本系事業」 友邦協會 1970年
- 全國經濟調査機關連合會 「朝鮮經濟年報」 1939年 3月号
- 朝鮮總督府 「第2次施政年報」 1910年
- 朝鮮總督府 「朝鮮國勢調査報告」 1939年
- 男爵坂谷芳郎殿 「朝鮮江原道牛頭里の靈蹟につきて」
- 宋秉畯 「所感」 男爵坂谷芳郎殿 1920年
- 滿洲帝國國務院總務廳情勢化 「滿洲帝國の 現勢」
- 國務院總務廳情報處 「滿洲帝國の槪要」 康德3年度版

- 朝鮮總督府 「朝鮮·內地·台灣·(比較統計要覽)」 1936年
- 朝鮮統計協會 「朝鮮統計時報」 第22號 1943年
- 朝鮮實業俱樂部 「朝鮮實業」 8月號 1943年
- 朝鮮總督府 「調査月報」 第6卷10號 1935年
- 朝鮮總督府 「調査月報」 第8卷3號 1937年
- 朝鮮總督府 「調査月報」 第10卷 5號 1939年
- 朝鮮總督府 「調査月報」 第15卷5號 1944年
- 朝鮮總督府 「朝鮮」 1922년 10月号
- 秘 「管內狀況」 高等警察課(全北) 1926年
- 朝鮮總督府 「歲入出增減內譯」 1945年
- 朝鮮總督府 「帝國議會說明資料」 1944年
- 朝鮮總督府 「帝國議會說明資料」 官房, 學務, 法務, 警察, 第86會 1944年
- 極秘 朝鮮總督府 「第86回 帝國議會說明資料」 1945年
- 朝鮮總督府 「朝鮮新聞會補助に要する經濟」 「增減內譯」 1944年
- 秘 高等警察課(全北) 「管內狀況」 1926年
- 朝鮮總督府 「帝國議會說明資料」 1944年
- 「第86回帝國議會說明資料」 1945年
- 「米穀統制調査書類」 農林局長
- 「朝鮮財政發達史槪觀」 「日本人の海外活動に關する歷史的調査」 通卷 第8冊 朝鮮編 第7分冊 大藏省管理局 1987年
- 「金融の發達」 「日本人の海外活動に關する歷史的調査」 通卷第8冊 朝鮮編 第7分冊 大藏省管理局 1987年
- 「滿洲帝國人口統計」 國務院總務廳情報處 康德元年末
- 「經濟警察について」 「朝鮮行政」 10月號 帝國地方行政學會發行 1938年
- 「朝鮮における社會事業の變遷」 「朝鮮行政」 9月號 帝國地方行政學會 1938年
- 「戰時體制下における朝鮮經濟の展望業」 「朝鮮行政」 1月號 帝國地方行政學會 1938年
- 朝鮮總督府 「遞信, 土木」 「增減內譯」 1944年

(9) 電氣・交通・通信

- 打田昇 「古代に活きる」 文化堂 1977年
- 大藏省管理局 「日本人の海外活動に關する歷史的調査」 1944年
- 日本航空輸送株式會社 「定期航空と朝鮮飛行場整備に就て」 1937年
- 朝鮮鐵道協會 「朝鮮の鐵道」 1938年
- 朝鮮總督府 「比較統計要覽」 1938年
- 京城電氣株式會社 「京城電氣槪覽」 1940年
- 朝鮮公論社 「朝鮮公論」 1943年
- 朝鮮總督府 「調査月報」 1934年
- 大東亞電氣通信事務局 「大東亞電氣通信」 1945年
- 朝鮮遞信協會 「朝鮮遞信」 第209號 1935年
- 日本通運株式會社 「日滿連絡貨物直通運賃便覽」 1937年
- 滿鐵總局 「滿洲向貨物運送案內」 1937年
- 秘 朝鮮總督府鐵道部長 「朝鮮國有鐵道の經營及出資の件」 1919年
- 秘 朝鮮總督府鐵道部長 「朝鮮鐵道の經營に關する件」 1919年
- 朝鮮總督府鐵道部 「朝鮮鐵道出資に關する意見」
- 朝鮮總督府 「情報宣傳」 「朝鮮事情」 1942年度版
- 朝鮮總督府 「情報宣傳機關」 「朝鮮事情」 1938年度版
- 本山實 「朝鮮交通に史的考察(鐵道を中心として)」 「拓殖大學論集」 52,53合倂號
- 本山實 「韓國海運の史的展開」 「海運經濟硏究」 第2號
- 朝鮮總督府 「1, 2等道路の修築」 「朝鮮の道路」 1937年
- 朝鮮總督府 「道路の改修」 「朝鮮の道路」 1928年
- 「韓國通信機關の接收」 「岡本桂次郞傳」
- 光村合資會社大阪工場 「仁川港の沿革史」 「仁川開港25年史」 1908年
- 文庵學人 「滿鮮鐵道統一論」 「鮮滿の工場」 拔粹 1917−1920年

(10) 敎育

- 友邦協會 「日本統治下の朝鮮における 朝鮮語敎育」 1966年
- 秘 朝鮮總督府 「朝鮮敎育會改正案」 1920年

- 朝鮮總督府 「敎育普及振興に關する第1次計劃」 1928年
- 朝鮮總督府 「朝鮮敎育制度改正要項」 1920年
- 朝鮮總督府學務局 「朝鮮學制改正案要領」 1920年
- 建國大學敎授森信三先生講述 「古事記の生命と半島の敎育」 大邱德山公立國民學校訓導藤吉敏雄筆錄
- 朝鮮總督府 「外人校長處分に關する顚末書」 1920年
- 「エコノミスト」 大阪毎日新聞社 1927年
- 東洋協會 「東洋」 1928, 7, 20
- 朝鮮總督府 「朝鮮」 1932年 11月号
- 朝鮮總督府 「朝鮮」 (敎育制度改正記念號)1922, 3, 1
- 「學制改革と義務敎育の問題」 「今日の朝鮮問題講座(3)」 綠旗聯盟版
- 秘 朝鮮情報委員會 「比律賓の敎育及其將來」 1922年
- 朝鮮總督府 「國語を解する朝鮮人調」 「調査月報」 第10卷6號 1939年

(11) 兵站基地·太平洋戰爭

- 朝鮮資料研究會 「朝鮮近代資料研究集成」 第4號 友邦協會 1961, 12, 15
- 近藤釼一編 「太平洋戰爭下の朝鮮(1)」 朝鮮總督府豫算關係重要文書 友邦協會 1962, 12, 10
- 朝鮮總督府 「朝鮮總督府施政年報」 1938年度版
- 能美一夫 「經濟聯盟」 日本經濟聯盟會 1944, 4, 1
- 東洋協會 「東洋」 日本出版配給株式會社 1943年
- 帝國地方行政學會 「朝鮮行政」 第2卷 7號 1938年
- 帝國地方行政學會 「朝鮮行政」 第2卷 8號 1938年
- 平南申私郡 「朱泉亭付近の戰爭同平壤包圍攻擊の槪要」
- 「友邦協會報」 第1號 1952, 10, 15
- 寺田憲一 「日本及日本人」 1958年
- 最高裁判解說索引 「法曹」 第186號 法曹會出版圖書 1967年
- 朝鮮文學家同盟機關誌 「文學」 京城出版社 1947, 2, 25
- 朝鮮實業俱樂部 「朝鮮實業」 朝鮮印刷株式會社 1942, 12,1
- 日本經濟聯盟 「經濟聯盟」 第13卷2號 鐵道强濟會 1943, 4, 1

- 日本經濟聯盟 「經濟聯盟」 第14卷1號 鐵道强濟會 1944, 1, 1
- 中央協和會 秘 「壯丁鍊成要綱」 川口印刷株式會社 1943, 5,11
- 「國防の本義と其强化の提昌」 陸軍省新聞社 1934, 10,10
- 田中二郎 「戰後政治裁史錄5」 第一法規出版株式會社 1980, 10, 15
- E·B·コローマ著(First Earl of Cromer,Everlyn Baring 東半球協會譯) 「古今外領統治策批判」 興文社 1943年
- 鈴木武雄 「大陸兵站基地論解說」 「今日の朝鮮問題講座」 2册 綠旗聯盟 1939, 11, 20
- 近藤鎰 「靑筵」 友邦協會朝鮮資料編纂會
- 緒方貞子 「滿洲事變と政策の形成過程」 原書房 1966年
- 江口圭人 「日本帝國主義史論, 滿洲事變前後」 靑木書店 1975年
- 菊池貴晴 「中國民族運動の基本構造」 1966年
- 鈴木武雄 「大陸兵站基地論解」 綠旗聯盟 1939年
- 內川芳美 「情報部の生みの親育ての親」 「新聞研究」 別册 No.8 新聞協會 1972年
- 內川芳美 「マス·メデイア法政策史研究」 有斐閣 1989年
- 內川芳美 「現代史資料40, マス·メデイア統制2」 みすず書房 1982年
- 小松孝彰 「戰爭と思想宣傳戰」 春秋社 1939年
- 朝鮮總督府 「朝鮮總督府施政年報」 1938年度
- 絲屋壽雄 「社會主義運動思想史」 法政大學出版部 1982年
- 朝鮮總督府警務局 「朝鮮に於ける出版物槪要」 1929年
- 藤原彰 「日中全面戰爭, 昭和の歷史第5卷」 小學館 1982年
- 高崎隆治 「戰時下のジャーナリズム」 新日本出版社 1987年
- 塚本三夫 「實錄, 侵略戰爭と新聞」 新日本出版社 1986年
- 朝鮮人强制連行眞相調査團編 「朝鮮人强制連行·强制勞動の記錄, 北海道·千島·樺太編」 現代出版會 1976年
- 松下芳男編 「田中作戰部長の證言」 芙蓉書房 1978年
- 鈴木敬夫 「法と通じて見た朝鮮植民地支配に關する研究」 高麗大民族文化研究所出版部 1989年
- 日本新聞協會編 「日本新聞協會10年史」 日本新聞協會 1956年
- 畑中繁雄 「日本ジャーナリズムの言論彈壓秒史」 高文研 1986年
- 鈴木敬夫 「民族文化研究叢書40, 法を通じて見た朝鮮植民地支配に關する研究」

　　　高大民族文化研究所出版部　1989年

- 第78帝國協會 「新法律の解說」 法律協會　1941年
- 「朝鮮總督府官報」 1941年　12月　26日(第4477號)
- 「朝鮮總督府官報」 1941年　1月　19日(第4506號)
- 「徵兵制實施決定に」 「通報」 第117號 朝鮮總督官房情報課　1942年
- 「國體の本意を顯現せよ」 「通報」 第119號　1942年
- 「道知事會議における總督訓示の要点」 「通報」 第125號　1942年
- 「道義共榮圈の建設」 「通報」 第139號　1943年
- 「道義朝鮮の建設と行刑」 「通報」 第145號　1943年
- 「學徒戰時動員體制」 「通報」 第145號　1943年
- 「戰時資村としての木村の增産」 「通報」 第146號　1943年
- 「重要鑛物非常增産强調運動」 「通報」 第147號　1943年
- 「修養鍊成する總督府廳員」 「通報」 第148號　1943年
- 「大東亞共榮圈建設の拒步」 「通報」 第150號　1943年
- 「大學專門學校校長事務打合會における總督訓示要旨」 「通報」 第151號　1943年
- 「準戰時體制下の政治社會政勢」 「日本經濟年報」 第26集 東洋經濟新聞社　1936年
- 「中國における抗日の世界史的意義」 「日本經濟年報」 第27集　1937年
- 「日中事變と支那抗日運動の展望」 「日本經濟年報」 第29集　1937年
- 「統制は統制を生む」 「日本經濟年報」 第30集　1938年
- 「戰時體制に向ふ産業界」 「日本經濟年報」 第31集　1938年
- 「總動員法と産業界への壓力」 「日本經濟年報」 第34集　1938年
- 「戰時體制に向ふ産業界」 「日本經濟年報」 第36集　1939年
- 「日英會談を綴る東亞情勢」 「日本經濟年報」 第37集　1939年
- 「志願兵制度の現狀と將來の展望」 「今日の朝鮮問題講座」 第3冊 綠旗聯盟　1939年
- 梶村秀樹 「朝鮮の社會狀況と民族解放鬪爭」 「岩波講座世界歷史(27)現代4」 1971年
- 綠川勝子 「万寶山事件及朝鮮內排華事件についての一考察」 「朝鮮史研究會論文集(6)」 1969年
- 新聞用語研究會 「朝鮮同胞呼稱竝新聞雜誌記事取扱座談會」 1939年
- 義井博 「日獨伊3國同盟と軍部」 「太平洋戰爭前夜」 第一法規出版株式會社　1983年
- 春原昭彦 「戰爭とジャーナリズム」 「日本のジャーナリズム」 有斐閣　1983年

- 春原昭彦 「戰時報道の實態2」「コミュニケーション研究」 第11號 上智大學コミュニケーション學會 1978年
- 木村龜二 「言論統制と刑法, 不穩言論取締を中心として」「法律時報」 第16卷第10號 1944年
- 蜷川豊文 「戰陣に立つ報道班」「朝鮮公論」 7月號
- 津田剛 「總力運動の本質とその現段階」「朝鮮」 8月號 朝鮮總督府 1943年
- 朝鮮總督府遞信局文書 「昭和19年度 增減內譯, 遞信局, 土木局」 1943年
- 國監耕一郎(內務事務官) 「新聞誌等 揭載制限令解說, 國家總動員法第20條に基つく勅令」「警察研究」 第12卷 第3號 1941年
- 宮澤俊義 「言論, 出版, 集會, 結社等 臨時取締法」 第78帝國議會 「新法律の解說」 法律協會 1941年
- 瓜生順良(內務事務官) 「出版物に對する臨時取締法規」「警察研究」 第13卷 第1號
- 吉川覺(內務事務官) 「言論, 出版, 集會, 結社等 臨時取締法に對て」「警察研究」 第13卷 第2號 1942年

2. 韓國語文獻

- 車培根 「言論統制理論」 法文社 1989年
- 李光麟 「韓國史講座(Ⅴ)近代編」 一潮閣 1982
- 董德規 「韓國의 開國과 國際關係」 서울大學出版部 1983
- 李基百 「韓國史新論」 學生社 1979
- 拙稿 「新聞과 放送」 1月號 6月號 韓國言論研究院 1989年
- 高麗大付設新聞放送研究所 「커뮤니케이션科學」 第6集 圖書出版
- 서울大學所藏影印版(1883年 10月 31日創刊號)의 旬報(漢文을 飜譯)
- 鄭晉錫 「韓國現代言論史論」 전예원 1989年
- 鄭晉錫 「大韓每日申報와 裴說」 나남出版, 1987年
- 鄭晉錫 「韓國言論史研究」 一潮閣 1983年
- 李海暢 「韓國新聞史研究」 成文閣 1977年]
- 申興範 「帝國主義理論」 創作과 批評社 1982年
- 崔埈 「韓國新聞史」 一潮閣 1974年

- 崔埈 「韓國新聞史論攷」 一潮閣 1976年
- 李瑄根 「韓國史(現代編)」 乙酉文化社 1963年
- 金圭煥 「日帝의 對韓言論·宣傳政策」 二友出版社 1982年
- 김민환, 박용규, 김문종 『일제강점기 언론사 연구』 2008, 나남출판사
- 高麗大學아시아問題硏究所 「舊韓國外交文書」 第17卷 俄案1
- 高麗大學아시아問題硏究所 「舊韓國外交文書」 (舊案4) 「外交文書의交涉中新聞揭載事件의 禁斷要望」
- 高麗大學아시아問題硏究所 「舊韓國外交文書」 (舊案6) 「日本軍事關係記事의 新聞揭載要請」
- 高麗大學아시아問題硏究所 「舊韓國外交文書」 (舊案7) 「韓國新聞의 日本軍事行動揭載의 禁止 및 同檢閱官選任要求」
- 車基壁 「日本帝國主義植民地政策의 形成背景과 그 展開課程」 「日本의植民政策에 關한 硏究」 文敎部學術硏究助成費에 의한 硏究報告書 1980年
- 金雲泰 「統監府時代의 大韓帝國統治體制의 構造와 機能」 「行政論叢」 第9卷第1號
- 金雲泰 「日帝時代政治行政硏究(2)」 「行政論叢」 서울大學行政大學院 1972年
- 李太一 「植民地統治機構의 整備와 運用」 「日帝의 韓國植民統治」 正韻社 1985年
- 姜東鎭 「日本言論界와 朝鮮」 法政大學出版局 1984年
- 「新聞總攬」 1924年版/1928年版/1929年版
- 「第71周年 2·8獨立宣言記念式」 「留學通信」 在日本韓國留學生連合會 1990年 4月 30日付
- 李炫熙 「韓民族光復新鬪爭史」 正音文化史 1989年
- 李龍範 「3·1運動에 대한 中國의 反應」 「3·1運動50周年記念論集」 東亞日報社 1969年
- 金相万 「東亞日報社史」 卷1 東亞日報社 1975年
- 「朝鮮年鑑」 1926年度版 1943年版
- 「朝鮮日報60年史」 朝鮮日報社 1980年
- 朴容相 「韓國의 言論法史(上)」 「新聞硏究」 80年冬號 韓國言論硏究員
- 桂勳模 「韓國言論社年表」 付錄 1979年
- 朝鮮總督府警務局 編 김봉구 譯 「日帝下의 朝鮮에서 狀況 日帝植民統治秘史」 칭아出版社

- 朴晟義 「日帝의 文化侵奪史」 玄音社 1982年
- 朴慶植 「日本帝國主義의 朝鮮支配」 圖書出版社 1986年
- 文定昌 「軍國日本朝鮮強占36年史」 下卷 柏文堂 1986年

3. 英文資料

- Arthur Judson Brown, *The Korea Conspiracy Case* 156 Fifth Avenue New York (November 20, 1912)
- *Annual Report on Reforms and Progress in Chosen* 1918～1921, Government general of chosen KEIJO (December 20, 1921)
- *Annual Report of Administration of Chosen* 1923～1924, Compiled by Government－General of Chosen KEIJO (December, 1925)
- *Annual Report Administration of Chosen* 1927～1928, Government－General of Chosen KEIJO (December, 1929)
- *Annual Report Administration of Chosen* 1929～1930, Government－General of Chosen KEIJO (December, 1931)
- *Annual Report Administration of Chosen* 1930～1932, Government－General of Chosen KEIJO (December, 1932)
- *Annual Report Administration of Chosen* 1933～1934, Government－General of Chosen KEIJO (December, 1934)
- *Annual Report Administration of Chosen* 1934～1935, Government－General of Chosen KEIJO (December, 1935)
- *Annual Report Administration of Chosen* 1935～1936, Government－General of Chosen KEIJO (December, 1936)
- 南万州鐵道株式會社 *Report on Progress in MANCHURIA TO* 1936 (The Herald Press, Ltd) The South Manchuria Railway Company DAIREN, July Tokyo
- Joseph Waddington Graves *The Renaissance of Korea*, B. D., Copyrighted by PHLIP JAISOHN & Co., 1537 Chesnut Street PHILADELPHIA 1920
- Pyun Yung Tai, Korea my Country (Foreign Minister of Republic of Korea) (Seoul: The International Cultural Association of Korea, 1954)

- Excepts from Student by President Sungman Rhee in Crucial 1953, Korea flaming High, (Seoul: office of Republic of Korea, 1954)

- Soon Sung Cho, "An Evaluation of American Responsibility." *Korean in World Polities*, 1940~1950 (berkeley and Los Angeles: University of California Press, 1967)

- Arthur Diosy, the New Far East, 新遠東, 新東方(London: Arthur Diosy Casselland Company, 1904)

- H. B. Drake, *Korea of the Japaness* (London; John Lane The Bodley Head Limited)

- Chlonel. P. T. Etherton and H. Hessell Tiltman, *Manchuria*, Jarrolds Publishers(London) Ltd Paternoster House, Paternoster Row, E. C4(founded in 1770)

- Spencer J. Palmer, *Korean—American Relations* (1887—1885) Volume 2 (Berkely and Los Angeles: University of California Press, 1963)

- *A Glimpse of Twenty Years'*, Administration in Chosen Government—General of Chosen 1932

- Toshi Go, *Contemporary Japan* (August, 1943), Foreign Affairs Association of Japan Tokyo

- *Contemporary Japan*(Oct—Dec, 1950), Vol XIX, No 10~12, Foreign Affairs Association of Japan Tokyo

- S. J. Wilhelm Schiffer, *MONUMENTA NIPPONICA*(chiyodaku Tokyo: Sophia University, 1956)

- *Thriving Chosen*(発展する朝鮮), Government—General of Chosen (October 1935)

- Jerry J. Waxwan, "local Broadcast Gatekeeping during Natural Disasters." *Journalism Quarterly*, 50(winter 1973)

- Herold D. Lasswell, "The Structure and function of Communication in Society," *The Communication of Ideas*(New York: Institute for Religious and Social Studies)

- F. A. Mckezie, *The Tragedy of Korea* (Holdder and Stoughton, London, 1908: 延世大出版 部, 1969)

- White. J. A., *The Diplomacy of the Russo−Japanese War* (Princeton University Press, 1964, and British Foreign Office: Confidential Print−China, 1848−1922)
- Microfilm F. O. 405, No. 88, *Affairs of Corea*, Pt. XII, p. 107, Jordan to Salisbury(October 11, 1900)
- G. P. Gooch and Harold Temerley, eds., *British Documents on the Origins of the War* 1898∼1894 (London; her Majesty's Sationery office, 1926−1938) Vol. vi. appenix v
- Lillian M. Person, *The New Course in British Foreign Policy*, 1892∼1902 Transactions of the Royal Historical Society, Series iv, Vol. xxv, 1943
- Zara steiner, *Great Britain and the Creation of the Anglo−Japanese Alliance,* Journal of Modern History, Vol. xxxi, No. I. (March 1959)
- George Monger, *The End of Isolation: British Foreign Policy* 1900∼1907 (London: T, Nelson and Sons, 1963)
- L. K. Young. *British Policy in China*, 1895∼1902 (Oxford University Press, 1970)
- Andrew Malozemoff, *Russian Far Eastern Policy* 1881∼1904 (Berkelev, 1958)
- Goerge Monger, *The End of Isolation; Britain Germany and Japan*, 1900∼1902, Transactions the Royal Historical Society. Series IV, vol. 13, 1963
- A. M. Pooley, *The Secret Memories of Count Tadasu Hayashi*, New York, 1915
- Richard Story, *A History of Modern Japan* (Great Britain: Set in Monotype Baskerville, 1987)
- P. M. Gillig and A. G. Greem Wald, "Is it time to lay the sleeper effect to rest?" *Journal of Personality and Social Psychology*, 1974
- G. R. Hass, "Effects of source Characteristics on cognitive responses and persuasion," *Cognitive responses in persuasion*, Lawrence Erlbaum Associates 1981
- C. F. Lumley, *The Propaganda Menace*, new York, 1933
- K. Young, "An Analysis of social Behavior." *Social Psychology*, New York, 1930
- Ken Ward, "propaganda in war and peace." *Mass Communication and the*

Modern World (Macmillan Education Ltd, 1989)

- Fernand Terrou and Lucian Solal, *Legislation For Press, Film and Radio* (New York: Columbia University Press, 1951)

- Tremoult. A, *A monieurle Preside Du Couseil, Messieurs Ministeres De La Pepublique Francaise*, Messieure Les Senateurs ET' De La Nation Seoul書簡

- Newell Martin, *Japan Attempt to Exterminate Korean Christians* (Milford Connecticut, 1919)

- Robert T. Pollaed, "Dynamics of Japanese Imperial," *Pacific historical Review VIII*(March 1939)

- C. I. Hovland and W. Weiss, "The Influence of Source Credibility on Communication Effectiveness," *Public Opinion Quarterly*, W 1951, p. 15

- Henry Drucker, Partrick Dunleavy, *developments in British Politics* (London:Macmillan Education Ltd, 1988)

- Jeremy Tunstall, *The Media in Britain* (London: Constable and Company Ltd, 1986)

- James Curran, Jean Seaton, *Third Edition Power without Responsibility* : the Press and Broadcasting in Britain (London: Biddles Ltd, 1988)

- Edward Weeks, *Conversations with Walter Lippmann* (Boston: An Atlantic Monthly Press Book, 1965)

- Robert G. Picard, *The Press and the Decline of Democracy* (London: Green Wood Press, 1985)

- T. F. Lindsay, *Parliament from the Press Gallery* (Toronto: Macmillan, 1967)

- Denis Mcquail, *Mass Communication Theory* (London: SAGE Publication Lrd 1987.)

- Ruth Finnegan, Grame Salaman, Kenneth Thompson, *Information Technology: Socal Issue* (A Leader) (London: Hodder and Stoughton, 1987)

- P. J. Madgwick, *Introduction to British Politics* (London: Hutchinson, 1987)

- David Barrat, *Media Sociology* (New York: Tavistock Publications, 1986)

- Annabelle May and Kathryn Rowan, *Inside Information : British Government and the Media* (London: St Edmundsbury Press, 1982)

• James Curran, Michael Gurevitch, Jannet Woollacott, *Mass Communication and Society* (London: Edward Arnold, 1977)

4. 新聞資料

• 「讀賣新聞」1916年 8月 8日
• 「讀賣新聞」1920年 4月 28日
• 「讀賣新聞」1923年 9月 1日~1923年 10月 31日
• 「讀賣新聞」1989年 5月 1日~5月 2日
• 「每日新聞」1940年 1月 1日~1940年 12月 31日
• 「每日新聞」1989年 5月 1日~5月 10日
• 「東京朝日新聞」1902年 2月 1日~3月 30日
• 「東京朝日新聞」1910年 7月 1日~8月 30日
• 「東京朝日新聞」1918年 10月 9日
• 「東京朝日新聞」1919年 3月 3日
• 「東京朝日新聞」1940年 8月 16日
• 「東京朝日新聞」1945年 8月 15日
• 「東京日日新聞」1902年 2月 1日~3月 30日
• 「東京日日新聞」1910年 7月 1日~8月 31日
• 「東京日日新聞」1919年 3月 1日~1920年 4月 30日
• 「東京日日新聞」1920年 4月 29日付
• 「東京日日新聞」1923年 9月 1日~10月 31日
• 「時事新報」1894年 6月1日~8月 31日
• 「時事新報」1902年 2月 1日~3月 31日
• 「時事新報」1911年 4月 11日
• 「時事新報」1919年 7月 30日
• 「時事新保」1910年 7月 1日~8月 31日
• 「國民新聞」1902年 2月 1日~1902年 3月 31日
• 「國民新聞」1920年 8月 18日
• 「大阪朝日新聞」1911年 4月 5日~4月 15日

- 「大阪朝日新聞」1910年 7月 1日~1910年 8月 31日
- 「大阪朝日新聞」1919年 3月 3日
- 「大阪朝日新聞」1923年 9月 1日~10月 31日
- 「大阪朝日新聞」1932年 3月 2日
- 「大阪朝日新聞」1939年 10月 19日
- 「大阪朝日新聞」1945年 8月 15日
- 「大阪毎日新聞」1939年 10月 19日
- 「大阪毎日新聞」1911年 4月 22日
- 「東洋經濟新聞」1931年 9月 26日
- 「東洋經濟新聞」1931年 10月 10日
- 「万朝報」1919年 3月1日~4月 30日
- 「山陽新聞」1919年 3月 4日
- 「都新聞」1919年 3月 5日
- 「야마토新聞」1919年 3月 8日
- 「朝日新聞」1989年 5月 1日
- 「北海道新聞」1923年 9月 7日付
- 「朝野新聞」1886年 10月 7日
- 「福岡日日新聞」1940年 8月 15日付
- 「皇城新聞」1899年 3月 3日
- 「皇城新聞」1904年 8月 17日
- 「皇城新聞」1908年 6月 17日
- 「獨立新聞」1899年 1月 27日
- 「全南日報」1945年 7月 16日~1945年 8月 29日
- 「京城新聞」1908年 6月 20日
- 「京城日報」1910年 8月 27日
- 「京城日報」1919年 3月 6日~7日
- 「京城日報」1920年 1月 1日~12月 31日
- 「京城日報」1934年 11月 20日
- 「京城日報」1940年 1月 1日~1940年 10月 31日
- 「京城日報」1940年 11月 1日~1942年 6月 31日

- 「帝國新聞」1898年 9月 19日
- 「帝國新聞」1898年 10月 19日
- 「帝國新聞」1904年 11月 9日
- 「大東新報」1906年 7月 20日
- 「外交時報」1909年 (127號)
- 「帝國大新聞」1935年 9月 11日~1935年 9月 12日
- 「朝鮮新聞」1919年 7月 1日~8月 30日
- 「東亞日報」1989年 11月 4日付
- 「東亞日報」1920年 4月 1日~4月 29日
- 「東亞日報」1923年 9月 1日~1923年 10月 31日
- 「東亞日報」1940年 8月 10日
- 「朝鮮日報」1989年 5月 1日~1989年 5月 2日
- 「朝鮮日報」1923年 9月 1日~1923年 10月 31日
- 「朝鮮日報」1989年 5月 2日
- 「中央日報」1989年 2月 20日~1989年 2月 21日
- 「中央日報」1989年 5月 1日~1989年 5月 2日
- The Seoul Press, 20 May 1919
- The Seoul Press, 10 January 1920
- The Seoul Press, 25 May 1920
- The Seoul Press, 28 July 1920
- The Seoul Press, 30 May 1937
- The Japan Advertiser, 14 January 1920
- The Japan Advertiser, 21 January 1920
- The Japan Advertiser, 18 June 1923
- The Times, 28 September 1908
- The Times, 23 September 1909
- The Times, 24 September 1910
- The Times, 25 August 1910
- The Times, 26 August 1910
- The Times, 28 August 1910

• The Daily News, 25 August, 1910, "The Fate of Korea" British Government's Attitude towards Annexation (in London)
• The Daily News, 26 August, 1910 "Annexation of Korea"
• The Daily News, 29 August 1910, column headed "passing of Korea", Ex−Emperor given title of king and person"
• The Daily News, 29 August 1910, column headed, Term "Most Generous." Reuter's Agency
• The Daily News, 29 August 1910, column headed, Term "Most Generous."
• The Daily News, 29 August 1910, "Terms of the treaty."
• Morning Post, 25 August 1910, "Annexation of Korea by Japan." British Government's Attitude
• The Daily Telegraph, 25 August 1910, Column Headed, "Annexation of Korea", from our own correspondent
• The Daily Telegraph, 29 August 1910, Column Headed, "Annexation of Korea", The Tariff Question.
• The Daily Telegraph, 29 August 1910, Column Headed, "Annexation of Korea", Commercial Interests.
• The Daily Telegraph, 29 August 1910, Column Headed, "Annexation of Korea", Imperal Rescript.
• The Daily Mail, 25 August 1910, Column Headed, "The Outlook" The Annexation of Korea
• The Daily Mail, 25 August 1910, Column Headed, "Annexation of Korea", Japan's Action, Fate of the Hermit Kingdom, British Attitude, "No objection"
• The Daily Mail, 26 August 1910, Column Headed, "Annexation of Korea"
• The Daily Mail, 26 August 1910, "Fate of Korea", Japanese Rejoicings at the Annexation
• The Daily Mail, 26 August 1910, "Fate of Korea", from our own corre−spondent (Berlin, Thursday)
• The New York Times, 13 May 1919
• The New York Times, 23 May 1919

부록[1] 언론관계법규

• 신문지법(광무11년 7월 법률 제1호)

개정 융희2년 제8호 명치43년 제령1호에 의해 총독부명령으로 조선인에게
적용한다.

제1조 신문지를 발행하려는 자는 발행지를 관할하는 「관찰사」 경성에 있어서는 (경무
　　　사)를 경유하여 [내무대신]에게 청원하고 허가를 받아야 한다.
제2조 전조의 청원서에는 아래 사항을 기재해야한다.
　　　1 제호
　　　2 기사 종류
　　　3 발행 시기
　　　4 발행소 및 인쇄소
　　　5 발행인, 편집인 및 인쇄인의 이름, 거주, 연령
제3조 발행인, 편집인 및 인쇄인은 연령 20세 이상의 남자로 [국내]에 거주하는 자에
　　　한한다.
제4조 발행인은 보증금으로 금 3백엔을 청원서에 첨부하고 [내부]에 납부해야 한다.
　　　보증금은 확실한 은행의 임치금 증서로 대납할 수 있다.
제5조 학술기예 혹은 물가보고에 관한 사항만을 기재 하는 신문지에 있어서는 보증금
　　　을 납부할 것을 요하지 않는다.
제6조 제2조 제1호 제2호 또는 제5호의 사항을 변경할 때는 미리 청원하여 허가를 받
　　　고 기타 각호의 사항을 변경하고자 할 때는 1주일이내에 신고해야 한다. 발행인,
　　　편집인 혹은 인쇄인이 사망 혹은 제3조의 용건을 잃었을 때는 1주일이내에 후계자
　　　를 정하고 청원하여 허가를 받고 그 허가까지는 담당자를 임시로 정해 신고한 후
　　　발행을 계속할 수 있다.
제7조 발행을 정지할 경우는 기한을 정해 신고해야 한다. 발행정지기간은 1년을 넘을
　　　수 없다.
제8조 전 2개조의 청원 및 신고는 제1조의 수속에 의해야한다.
제9조 발행허가일 또는 신고에 관계되는 발행정지의 최종일부터 2개월이 경과해 발행

할 때는 발행허가의 효력을 잃는다.

　신고 없이 발행을 정지하고 2주일이 지났을 때도 또한 동일하다.

제10조 신문지는 매월 발행에 앞서 [내부] 및 그 관할관청에 각2부를 납부해야한다.

제11조 황실의 존엄을 모독하거나 혹은 국헌을 문란하고 또는 국제교의를 저해하는 사
항을 기재할 수 없다.

제12조 기밀에 관한 관청의 문서 및 의사는 해당 관청의 허가를 받지 않으면 상략詳略
에 관계없이 기재할 수 없다. 특수한 사항에 대해 해당 관청에서 기재를 금지할
때도 또한 동일하다.

제13조 범죄를 곡비曲庇하거나 혹은 형사피고인 또는 범죄인을 구원하거나 또는 상휼賞
恤을 하는 사항을 기재할 수 없다.

제14조 공판에 이관하기 전 또는 공개하는 재판사건을 기재할 수 없다.

제15조 사람을 비방하는 허위사항을 기재할 수 없다.

제16조 어떤 사항을 기재하느냐 마느냐 혹은 정정 또는 취소하느냐 마느냐를 조건으로
하여 보수報酬를 내든지 또는 수령 할 수 없다.

제17조 신문지는 매호에 제목, 발행 시기, 발행소, 인쇄소, 발행인, 편집인, 인쇄인의
성명을 기재해야한다.

제18조 기사에 대해서 재판을 받을 때에 다음 회에 발행하는 지상에 선고전문을 기재
해야한다.

제19조 관보에서 초록한 사항에 관해서는 관보에서 정오正誤했을 때는 다음 회에 발행
하는 지상에 이것을 기재해야한다.

제20조 기사에 대해서 관계자가 정오를 청구하거나 혹은 정오서 또는 변박서辨駁西의
게재를 청구했을 때는 다음 회에 발행하는 지상에 기재해야한다.

　정오서 또는 변박서의 자수字數가 원기사 자수의 2배를 초과할 때는 그 초과 자
수에 대해 보통 광고료와 동일한 금액을 요구할 수 있다.

　정오 또는 변박의 취지 혹은 사구辭句로 본 법에 기재를 금하는 자 혹은 요구자
의 성명 주거를 명기시키는 자의 요구는 응하지 않을 수 있다.

제21조 [내부대신]은 신문지로 안녕질서를 방해 또는 풍속을 괴란한다고 인정할 때는
그 발매반포를 금지하고 이것을 압수 또는 발행을 정지 혹은 금지할 수 있다.

제22조 보증금은 신문지의 발행을 폐지하고 발행허가의 효과를 잃거나 또는 발행을 금
지했을 때는 환부한다.

제23조 기사에 대해서 재판에 이관되어 재판확정일로부터 1주일이내에 재판비용 및 벌
금을 완납할 때는 보증금으로 이것을 충당하고 부족금은 형법의 징상처분徵賞處分

에 의한다.

제24조 보증금으로 재판비용 및 벌금에 충당할 때는 발행인은 그 통지를 받은 날부터 1주일이내에 보증금을 보전補塡할 때는 이것을 보진해야 하거나 또 기일 내에 보진할 때까지 신문지의 발행을 계속할 수 없다.

제25조 제11조에 위반한 경우는 발행인, 편집인, 인쇄인을 3년 이하의 징역에 처하고 그 범죄에 공용된 기계를 몰수한다.

제26조 사회 질서 또는 풍속을 괴란하는 사항을 기재한 경우에는 발행인, 편집인을 10 개월 이하의 감옥 또는 50엔 이상 3백엔 이하의 벌금에 처한다.

제27조 제12조 제16조에 위반한 경우에는 편집인을 10개월 이하의 금옥 또는 50엔 이상 3백엔 이하에 벌금에 처한다.

제28조 제21조에 근거해 행한 처분에 위반한 경우에는 발행인, 편집인 및 인쇄인을 50 엔 이상 3백엔 이하의 벌금에 처한다.

제29조 제13조 제14조를 위반한 경우에는 편집인을 50엔 이상 2백엔 이하의 벌금에 처한다.

제30조 제1조의 허가를 받지 않고 신문지를 발행하거나 또는 제23조에 위반하고 발행을 계속 하거나 또는 보증금을 납부하는 신문지가 제5조 사항이하의 기사를 게재한 경우에는 발행인을 40엔 이상 백엔 이하의 벌금에 처한다.

제31조 제18조 제19조 제20조 제1항을 위반한 경우에는 편집인을 10엔 이상 백엔 이하의 벌금에 처한다.

제32조 제3조 제6조 제10조 제17조를 위반한 경우에는 발행인을 10엔 이상 50엔 이하의 벌금에 처한다.

제33조 제15조를 위반한 경우에는 형법조언율刑法造言律에 의해 처단하고 피해자 또는 관계자의 고소를 기다려 그 죄를 논한다.

제34조 외국에서 발행하는 국문 또는 국한문 혹은 한문의 신문지 또는 외국인이 국내에서 발행하는 국문 혹은 국한문 또는 한문의 신문지가 치안을 방해하거나 또는 풍속을 괴란한다고 인정될 때는 [내부대신]은 해당신문지를 [내국]에서 발매반포하거나 금지하고 해당 신문을 압수할 수 있다.

제35조 제34조의 금지를 위반하고 신문지를 발매 반포하는 [내국인]은 3백엔 이내의 벌금에 처한다.

제36조 [내국인]이 제34조에 의해 발매반포 금지된 것을 알고 해당 신문지를 수송하거나 배포한 자는 50원 이내의 벌금에 처한다.

제37조 신문지 기사에 대해서 편집인을 처벌할 경우에는 해당 기사에 서명하는 자는

모두 편집인과 함께 그 책임을 담당한다.

제38조 본 법을 범하는 자는 자수멸自首滅 등, 2죄 이상 처단 예 및 수속처분의 예를 이용한다.

부칙

제39조 본 법의 규정은 정기발행의 잡지류에 이것을 준용한다.

제40조 본 법은 반포일로부터 시행한다.

제41조 본 법 반포전의 발행에 관한 신문지는 본 법 반포 후 2개월 이내에 규정에 따라서 상당하는 수속을 실시해야 한다.

• 신문지규칙(1908년 4월 통령 제12호)

개정 1909년8 제22호 1909년10 제35호 제령 제1호에 의해 재선일본인에 적용

제 1 조 신문지를 발행하려는 자는 아래의 사항을 기재해 발행지를 관할하는 [이사관]의 인가를 받아야 한다.

　1 제호

　2 기재 종류

　3 발행 시기

　4 발행소 및 인쇄소

　5 발행인 편집인 및 인쇄인의 주소 성명 연령

　　편집인이 2명이상 있을 때는 주로 편집사무를 담당하는 자를 기재해야 한다.

　　인가를 받은 후 제1호 내지 제4호에 게재하는 사항 및 발행인 편집인 및 인쇄인을 변경하고자 할 때는 [이사관]의 하가를 받고, 발행인 및 인쇄인의 주소 성명이 변경되었을 때는 85일 이내에 발행지의 관할 [이사관]에 신고한다.

제 1 조의 2 발행 시기로부터 50일이 지나 발행할 때는 인가는 그 효력을 상실한다.

제 2 조 발행인 및 편집인은 인쇄인을 겸할 수 없다.

제 3 조 발행인 편집인 인쇄인의 사망 또는 제5조 제2호 및 제3호에 해당할 때는 7일 이내에 이것을 대신할 자를 정해 [이사관]의 인가를 받아야 한다.

　　전항의 인가를 받을 때까지는 임시 담당자를 정해 발행할 수 있다.

제 4 조 발행의 휴지를 할 때는 미리 그 기간을 정해 관할 [이사청]에 신고한다.

제 5 조 아래에 게재하는 자는 발행인 편집인 및 인쇄인이 될 수 없다.

    1 미성년자

    2 [한국] 내에 거주하는 자

    3 공권박탈 또는 정지중인 자

제6조 발행인은 제1조 제1항의 인가를 받았을 때는 보증으로 아래의 금액을 인가서교 부와 동시에 관할 [이사관]에 납부한다.

    1 경성, 인천, 부산 및 그 구역 외 2리 이내의 지역에서는 2천엔

    2 전호에 든 이외의 [이사장]소재지 및 그 구역 외 1리 이내의 지역에서는 천엔

    3 전2호 이외의 지역에서는 5백 엔

    4 1개월 5회 이하 발행하는 것에 있어서는 전기 각 호의 반액

    보증금은 시가에 준해 전항 각 호의 금액에 상당하는 공책증서로 이것을 대납할 수 있다.

제7조 발행인 편집인 또는 인쇄인 본칙의 규정을 위반해 재판을 받고, 그 판결 확정일 로부터 7일 이내에 벌금 및 재판비용을 납부할 때는 보증금으로 이것을 충당해야 한다.

    보증금으로 벌금 및 재판비용에 충당했을 때는 발행인은 관할 [이사청]의 통고 를 받은 날로부터 7일 이내에 그 보증금의 차액을 납부해야 한다.

    전항의 기일 내에 보증금의 차액을 납부할 때는 이것을 납부하기까지 신문지를 발행할 수 없다.

제8조 신문지는 매호에 발행인 편집인 인쇄인의 성명 및 발행소를 게재해야 한다.

제9조 발행인은 그 발행하는 신문지를 [통감부], 관할 [이사청] 및 관할 [지방재판소 검사국]에 매호 각2부를 납부해야 한다.

제10조 아래의 사항은 신문지에 게재할 수 없다.

    1 한일 양 황실의 존엄을 모독하는 사항

    2 치안을 방해하거나 풍속을 괴란하는 사항

    3 공표한 관청의 문서 및 의사에 관한 사항

    4 공판에 이관하기 전의 중죄경죄의 예심에 관한 사항 및 방청을 금하는 재판에 관한 사항

    5 형사피고인 또는 범죄인을 구원하거나 상휼賞恤, 범죄를 곡비하는 사항

제11조 [이사관]은 필요하다고 인정할 때 외교군사 및 비밀을 요하는 사항의 게재를 금지할 수 있다.

제12조 신문지가 제10조의 규정 또는 제11조에 의한 명령을 위반한 경우에는 [이사관] 은 그 발매반포를 금지하고 이것을 압수하며 동시에 발행을 정지하고 또는 인가를

취소할 수 있다.

제14조 [이사관]은 아래의 각 호에 해당하는 신문지는 이것을 차압해야 한다.

　　1 제1조 제1항 및 제3조의 인가를 받지 않고 또는 제1조 제3항의 신고를 하지 않고 발행한 것

　　2 삭제

　　3 보증금의 차액을 납부하지 않고 발행한 것

제15조 신문지에 게재한 사항에 대해 본인 또는 관계자로부터 취소 또는 정오를 위해 게재를 요구한 문서는 그 다음 회 혹은 제3회 발행지상에 그 전문을 게재해야 한다.

　　전항의 경우에 있어서 취소문서 또는 정오서의 자수가 원문의 2배를 초과할 때는 초과자수에 대해 그 신문사가 정하는 보통 광고료와 동일한 대가를 요구할 수 있다.

　　관보 또는 그 외 신문지로부터 전재 혹은 초록한 사항에 대해 그 관보 또는 신문지에 취소서 또는 정오서의 게재가 있을 때는 그 다음 회 혹은 제3회 발행지상에 이것을 게재해야 한다.

제16조 취소서 또는 정오서의 취지 혹은 사구辭句로 본칙에 있어서 게재를 금지한 사항에 관할 때 또는 요구서의 주소 성명을 명기할 때는 게재할 수 있다.

제17조 신문지에 게재한 사항에 대해 재판을 받을 때는 다음 회 발행 신문지에 판결서의 전문을 게재해야 한다.

제18조 편집인의 책임에 관한 본칙의 규정은 아래에 게재한 자로 이것을 준용한다.

　　1 편집인 이외에 있어서 실제 편집을 담당하는 자

　　2 게재 사항에 서명한 자

　　3 취소서 정오서의 사항에 대해서는 그 게재를 청구한 자

　　발행인 편집인 및 인쇄인에 관한 본칙의 규정은 제3조 제2항의 임시 담당자에게 이것을 준용한다.

제19조 제1조 내지 제5조 제7조 제3항 제8조 내지 제9조의 규정에 위반했을 때는 발행인을 10엔 이상 백엔 이하의 벌금에 처한다.

　　본칙에 의해 인가를 신청하거나 또는 신고를 할 경우에 있어서 허위사항을 기재했을 때는 발행인을 1개월 이상 6개월 이하의 [경금고] 또는 20엔 이상 백엔 이하의 벌금에 처한다.

제20조 삭제

제21조 제15조 및 제17조의 규정에 위반했을 때는 발행인 편집인을 20엔 이상 백엔 이하의 벌금에 처한다.

제22조 제10조 제1호 해당하는 사항을 게재했을 때는 발행인 편집인 인쇄인을 3개월 이상 1년 이하의 [경금고] 또는 50엔 이상 2백엔 이하의 벌금에 처한다.

제23조 제10조 제2호에 해당하거나 제11조의 명령에 위반하는 사항을 게재했을 때는 발행인 편집인을 2개월 이상 1년 이하의 [경금고] 또는 20엔 이상 백엔 이하의 벌금에 처한다.

제25조 제16조의 경우에 있어 사적인 일에 관한 것은 피해자의 고소를 기다려 그 죄를 논한다.

제26조 본칙의 규정은 잡지통신의 종류에도 이것을 준용한다.

부칙

제27조 본칙은 1908년 5월 1일로 부터 이것을 시행한다.

제28조 종래 발행하는 신문지 및 잡지통신 종류의 발행인은 본칙 시행일로부터 2개월 이내에 본칙에 정해진 절차를 행해야 한다.

부칙(1909년 통령 22호)

본령은 공포일로부터 이것을 시행한다.

종래 발행하는 신문지 및 잡지통신의 종류에 있어서 종래의 규정에 의해 보증금을 이미 납부한 자 및 금년 9월 30일까지 이것을 납부하는 자는 본령에 의해 발행의 인가를 받은 자로 간주한다. 다만 제6조의 보증금은 본령 시행일로부터 3년간에 이것을 진보하고자 하는 3년간을 경과해 또한 진보할 때는 인가는 그 효력을 상실한다.

• 출판법(1909(융희3)년 2월 법률 제6호) 정령 제1호에 의해 조선인에게 적용

제 1 조 기계 또는 그 외 어떠한 방법을 논하지 않고 발매 또는 반포를 목적으로 하는 문서 및 도화를 인쇄하는 것을 출판이라고 하고 그 문서를 저술하거나 번역, 편찬 혹은 도화를 작위作爲하는 자는 저작자라고 하며 발매 또는 반포를 담당하는 자를 발행자라 하고 인쇄를 담당하는 자를 인쇄자라고 한다.

제 2 조 문서 도서를 출판하고자 할 때는 저작자 또는 그 상속자 및 발행자가 연인連印하고 고본稿本을 첨부해 지방장관([한성부]에 있어서는 [경시총감]으로 한다.)을 경유하여 [내부대신]에게 허가를 신청해야 한다.

제 3 조 관청의 문서도화 혹은 타인의 연설 또는 강의 필기를 출판하고자 할 때 또는 저작권을 가지고 있는 타인의 저작물을 출판하고자 할 때는 전조의 신청서에 해당 관청의 허가서 또는 연설자, 강의자, 저작권자의 승낙서를 첨부할 것을 요함. 전항의 경우에 있어서는 허가 또는 승낙을 얻은 자를 저작자로 간주한다.

제4조 사립학교, 회사 기타 단체에 있어서 출판하는 문서도화는 해당학교, 회사 기타
　　　단체를 대표하는 자 및 발행자가 연인하고 제2조의 절차를 행한다.
　　　　전항의 대표자는 저작자로 간주한다.
제5조 제2조의 허가를 얻고 문서도화를 출판했을 때는 즉시 제본 2부를 [내부]에 납
　　　부해야 한다.
제6조 관청에 있어서 문서도화를 출판했을 때는 그 관청에 있어서 제본 2부를 [내부]
　　　에 송부해야 한다.
제7조 문서도화의 발행자는 문서도화를 판매하는 것을 영업으로 하는 자에게 한한다.
　　　다만 저작자 또는 그 상속자는 발행자를 겸할 수 있다.
제8조 문서도화의 발행자 및 인쇄자는 그 성명, 주소, 발행소, 인쇄소 및 발행인쇄의
　　　연월일을 해당 문서도화의 말미에 기재해야 한다. 인쇄소가 영업상 관습으로 하는
　　　명칭이 있는 경우에는 해당 명칭도 기재해야 한다. 몇 명이 협동하여 발행 또는
　　　인쇄를 경영하는 경우에는 업무상 대표자를 발행자 또는 인쇄자로 간주한다.
제9조 문서도화를 재판再版하는 경우에는 저작자 또는 그 상속자 및 발행자가 연인해 제
　　　본 2부를 첨부하고 지방장관을 경유해 [내부대신]에게 신고해야 한다. 다만 개정 증
　　　감 혹은 주해, 부록, 회화 등을 첨가하고자 할 때는 제2조의 절차에 의해야 한다.
제10조 서간, 통신, 보고, 사칙, 전단지, 광고, 모든 예술의 차제서, 모든 용지의 종류
　　　및 사진을 출판하는 자는 제2조 제6조 제7조에 의할 것을 요한다.
제11조 허가를 얻고 출판하는 저작자 발행자는 아래의 구별에 의해 처단한다.
　　　1 국교를 저해하고 정체政體를 변괴하거나 국헌을 문란하게 하는 문서도화를 출판
　　　　했을 때는 3년 이하의 역형
　　　2 외교 및 군사 기밀에 관한 문서도화를 출판했을 때는 2년 이하의 역형
　　　3 전2호의 경우 외에 안녕질서를 방해하거나 또는 풍속을 괴란하는 문서도화를 출
　　　　판했을 때는 10개월 이하의 금옥
　　　4 기타 문서도화를 출판했을 때는 백엔 이하의 벌금
　　　　전항 문서도화의 인쇄를 담당한 자의 벌도 역시 같다.
제12조 외국에서 발행하는 문서도화 또는 외국인의 내국에서 발행하는 문서도화가 안
　　　녕질서를 방해하거나 풍속을 괴란하는 것으로 인정될 때는 [내부대신]은 그 문서
　　　도화를 내국에서 발매 또는 반포를 금지하고 그 인본을 압수할 수 있다.
제13조 [내부대신]은 본 법에 위반해 출판하는 문서도화의 발매 또는 반포를 금지 해
　　　당각판, 인본을 압수할 수 있다.
제14조 발매반포를 금지당한 문서도화의 사정을 알고 이것을 발매 또는 반포 혹은 외

국에서 수입한 자는 6개월 이하의 금옥에 처한다. 다만 출판물이 제11조 제1항 제
1호 내지 제3호의 1에 해당할 때는 동 조령을 참조하여 처단한다.

　　　부칙

제15조 본 법 시행 전 이미 출판한 저작자를 재판하고자 할 때는 본법의 규정에 의해
　　　야 한다.

제16조 [내부대신]은 본 법 시행 전 이미 출판한 저작물이 안녕질서를 방해하거나 풍
　　　속을 괴란할 우려가 있다고 인정할 경우에는 그 발매 또는 반포를 금지하고 해당
　　　각판, 인본을 압수할 수 있다.

• **출판법칙 1910년 5월 통령 제20호**(제령 제1호에 의해 일본인에게 적용)

제1조 출판에 관해서는 특별한 규정에 의한 것을 제외한 외는 출판법 및 예약출판법
　　　의 규정을 준용한다. 다만 동법 중 내무대신이라고 있는 것은 [통감]에, 내무성이
　　　라고 있는 것은 [통감부]에 관할청이라고 있는 것은 [이사청이사관]에 해당한다.

제2조 출판법에 의해 내무대신이 발매반포를 금하는 문서도화는 [조선]에 있어서도
　　　그 발매반포를 금한다.

제3조 출판법 중 벌칙 규정에 해당하는 자 또는 제2조의 규정에 위반하는 자는 1년
　　　이하의 금고 또는 2백엔 이하의 벌금에, 예약출판법 중 벌칙 규정에 해당하는 자
　　　는 2백엔 이하의 벌금에 처한다.

　　　　　　　　　　부칙

본령은 공포일로부터 이것을 시행한다.

• **보안법 1907(광무11)년 7월 법률 제2호**(제령 제1호에 의해 조선인에게 적용)

제1조 [내부대신]은 안녕질서를 보호유지하기 위해 필요할 경우에 결사의 해산을 명
　　　할 수 있다.

제2조 경찰관은 안녕질서를 보호유지하기 위해 필요할 경우에 집합 또는 다중의 운동
　　　혹은 군중을 제한금지하거나 또는 해산할 수 있다.

제3조 경찰관은 전2조의 경우에 필요하다고 인정될 때는 계기 및 폭발물 기타 위험한
　　　물건의 휴대를 금지할 수 있다.

제4조 경찰관은 가로 기타 공개 장소에서 문서, 도화의 게시 및 분포, 낭독 또는 언어
　　　형용 기타의 행위를 하여 안녕질서를 문란할 우려가 있다고 인정될 때는 그 금지

를 명할 수 있다.

제5조 [내부대신]은 정치에 관한 불온한 동작을 행할 우려가 있다고 인정되는 자에 대해서 그 주거장소에서 퇴거를 명한다. 동시에 1년 이내의 기간을 특정하여 일정 지역 내에 범인을 금지할 수 있다.

제6조 전5조에 의한 명령에 위반하는 자는 「40이상의 태형」 또는 10개월 이하의 [금옥]에 처한다.

　　3조의 물건이 범인의 소유에 관계할 때는 정상에 의해 이것을 몰수한다.

제7조 정치에 관한 불온한 언론동작 또는 타인을 선동교사 혹은 사용하여 또는 타인의 행위에 관섭하는 것에 의해 치안을 방해하는 자는 [50이상의 태형] 10개월 이하의 [금옥 또는 2년 이하의 징역에 처한다.]

제8조 본 법의 공소시효는 〔6개월간〕으로 한다.

제9조 본 법의 범죄는 신분여하를 불문하고 [지방재판소] 또는 [항시港市재판소]의 관할로 한다.

부칙

제10조 본령은 반포일로부터 시행한다.

• 보안규칙 1906년 4월 통령 제10호, 개정 1907년 제31호 1909년 제13호(언론관계의 조항)

제9조의2 [이사관]은 신문지 기타 인쇄물의 기사를 외교관 혹은 군사상의 기밀에 걸쳐 또는 안녕질서를 방해하는 것이라 인정될 때는 그 발매반포를 금지하고 이것을 차압하여 그 발행을 정지하거나 금지할 수 있다.

제9조의3 [이사관]은 [통감]의 명에 의해 신문지의 원고를 검열하고 전조에 해당하는 사항의 기재를 금지할 수 있다.

제12조

①제4조, 제5조, 제6조 또는 제8조를 위반한 자는 1년 이하의 [중금고]에 처하거나 2백엔 이하의 벌금에 처한다.

②제9조 2의 처분에 위반하거나 또는 제9조 3의 검열을 받지 않거나 혹은 금지하는 사항을 기재할 때는 그 발행인 및 편집인의 처분 역시 전항과 동일하다.

부록[2] 언론관계연표

연	언 론	사 항
1392		조선왕조건국(이성계)
1876		2.26 한일강화도조약 5.30 1차수신사 도일
1880		8.11 2차수신사 도일
1881	12.10 『조선신보』 창간(재선일본상인)	1.20 인천항개항
1882	1. 6 『조선시보』 창간(재선일본상인)	10월 이노우에 가쿠고로井上角五郎 방한
1883	10.31 『한성순보』 창간(박문국)	
1884		12. 4 「갑신정변」(김옥균)
1886	1.25 『한성주보』 창간	12.22 이토 히로부미伊藤博文 내각성립
1888	7.14 『한성주보』 폐간	
1895	2.17 『한성신보』 창간 (일본공사관기관지)	10. 8 명성왕후(민비)시해사건
1898	3.2 『경성신문』 창간 8.10 『제국신문』 창간 9. 5 『황성신문』 창간	3월 대만총독부기관지 『대만일일신문』 창간
1902		1.30 영일동맹성립 4.14 게이오기주쿠 학생 등화행렬
1903	3. 1 『원산시사』창간 3월 『경성신보』창간 10월 『조선일일신문』창간 11.29 『인천상보』창간 12월 『한남일보』(군산)창간	
1904	2.12 『부산일보』창간 3.16 『조선민보』창간 4.18 『대동신보』창간 7.18 『대한매일신보』창간 7.20 일본군에 의한 사전검열제도실시	2. 8 러일전쟁발발 2.23 한일협약조인 8.20 일진회창립

1905	3.26 『대구실업신문』 창간 5. 1 『조선일보』 창간(부산) 　　　(후에 『조선시사신보』로 개칭) 7월 『평양시보』 창간 8.11 『대한매일신보』의 영문판 "The Korea Daily News" 창간	9. 5 러일강화조약체결 11.17 보호조약체결 12.21 통감부 및 지방 이사청 설치 12.21 이토 히로부미 한국통감취임
1906	4.17 「보안규칙」 시행 9.1 『경성일보』(통감부기관지) 창간(초대 사장 이토 유칸伊藤祐侃) 11월 『공산신문』(샌프란시스코) 창간	12.1 「서우회」 설립
1907	3월 "The Seoul Press" 창간 　　　(초대사장 즈모토 모토사다頭本元貞) 4.30 「신문지규칙」 발포 5.23 『대한매일신보』 한글판 발간 7.24 「신문지법」 공포 7월 「보안법」 시행 7.18 『대한신문』 창간 8월 『대동신보』 폐간 　　『한성신보』 폐간 10.14 『대한매일신보』 사장 베델 재판개시 　　　(주한영국총령사관) 11월 『국민신보』 창간	1월 국채보상운동시작 6.24 헤이그밀사사건 7.27 광무신문지법 7.31 한국군대해산 8. 2 연호를 융희로 개정
1908	1월 『조선일일신문』 발행정지처분 4.30 「신문지법」 개정공포 6월 『경성일보』 2대 사장 오오카 쓰토무 大岡力 취임 6.15 『대한매일신보』 사장 베델 재차 재판(6.18 상해로 추방) 6월 『경성신보』 발행정지처분 7월 『경성신보』를 『경성신문』으로 개제 12월 재경성일본기자단 「시국문제연구회」 결성	12.28 동양척식주식회사 창립
1909	2월 「출판법」 시행 8월 「신문지규칙」을 개정, 조선에 유입되는 내지신문에도 적용 9. 3 『대동일보』 창간 12.21 재경성일본인기자단 합병문제에 관한 성명서발표	6.14 소네 아라스케曾根荒助 통감취임 10.26 이토 히로부미 하얼빈에서 암살되다. 12. 4 일진회, 「합병청원서」 발표 12.21 도쿄일본기자단 내한

연도		
1910	4월 『평양매일신문』 창간 5월 「출판규칙」 공포, 재경성일본기자단, 언론탄압에 대한 항의성명발표 6월 『경성일보』 재선일본헌병대 동향기사를 게재, 발행정지처분을 받는다. 8월 "The Seoul Press" 발행정지처분을 받는다. 8.30 『대한매일신보』는 총독부에게 매수되어 『매일신보』라 개제 12.30 『경향신문』 폐간	5.10 테라우치 마사타케寺內正毅 통감취임 8.22 한일합병조약조인 8.29 한일합병 　　　조선총독부설치 10. 1 초대총독 테라우치 마사타케 취임
1911	4월 테라우치 총독의 강제적인 언론탄압에 대한 일본 언론의 반발 4.5－4.15 『오사카아사히신문大阪朝日新聞』 「테라우치 총독론」 「조선과 언론」 4.22 『오사카마이니치신문大阪毎日新聞』 4.12 『시사신보』(동경) 4.13 『후쿠오카니치니치신문福岡日日新聞』	8.23 조선교육령시행
1912		테라우치 암살미수사건
1913	2월 『경성신보』폐간 　　일본전국신문기자연합회　개최(도쿄 쓰키지築地) 　　헌정옹호를 결의선언	
1914	7월 『경성일보』사장, 요시노 다자에몬吉野太左衛門이 사임, 아베 미쓰이에阿部三家가 취임하다. 10월 『경성일보』합자회사가 되어 『매일신보』와 합동	7.28 제1차세계대전 발발
1916	8. 3 이방자여사 혼약발표 　　(『요미우리부인부록』)	10.16 하세가와 요시미치長谷川好道 총독취임
1917	「경시청 활동사진 단속규칙」 공포(일본)	
1918	6.30 『경성일보』, 도쿠토미 소호德富蘇峰감독, 아베 미쓰이에阿部三家 사장이 각각 사임, 가토 후사조加藤房藏가 사장에 취임 11. 4 『매일신보』 연중무휴제 실시	제1차세계대전 휴전 하라 다카시原敬 내각조직 쌀소동 발생
1919	2. 8 도쿄의 한국유학생 독립선언 6월 『광주일보』, 『목포신보』를 합병.	1.22 이태왕서거 3. 1　3·1독립운동 발생

	8.21 『독립신문』(대한민국임시정부기관 　　 지) 창간 10. 2 『대한민국』(상해의 대한민국총회 수 　　 감지) 창간 12. 5 『북선일일신문』 창간	4.11 상해에 대한임시정부수립 4.15 수원사건발생 8.11 하세가와 총독취임 8.12 사이토 마코토齋藤實 총독취임 9. 2 강우규의 사이토 총독 암살미수사건
1920	3. 5 『조선일보』 창간(초대사장 남궁훈) 4. 1 『동아일보』 창간(초대사장 박영효) 4. 1 『시사신문』 창간(민원식) 4.28 『조선일보』 최초의 압수사건 7월 『경성일일신문』 창간 8.27 『조선일보』 1차정간처분 9. 5 『조선일보』 2차정간처분 9.25 『동아일보』 1차무기정간처분 11월 「조선정보위원회」 설치 12. 2 제1차 「조선정보위원회」 회의 　　 (위원장 미즈노 렌타로水野鍊太郎 정 　　 무통감)	7.13 「조선체육회」의 창립 9. 1 「조선노동공제회」 전국지회 개최
1921	3월 「신시정 선전강연회」를 각지에서 개 　 최 6. 1 아키즈키 사쓰오秋月左都夫(전 요미우 　　 리 사장)『경성일보』 사장으로 취임 8월 『인천신보』창간	4. 9 일본농민조합결성 8.25 워싱턴군축회의개최
1922	4월 『조선매일신문』을 『인천신보』로 개제 11월 "The Chicago Daily News" 지상에 　　 F. A. Mckenzie의 공개문 발표	2. 4 조선교육령개정 7.15 일본공산당결성
1923		3.24 「전조선청년당」 결성 9. 1 관동대진재와 조선인학살사건발생
1924	3.31 『시대일보』 창간 8. 8 소에지마 미치마사副島道正 『경성일 　　 보』 사장으로 취임 9월 이상재 『조선일보』 사장에 취임	
1925	3.20 동경방송국 일본최초의 본방송개시 4월 조선전국신문기자대회개최(경성) 9. 8 『조선일보』 제3차 정간처분	4.17 조선공산당결성 5. 8 「치안유지법」 공포 　　 (5.12실시)
1926	3. 6 『동아일보』 제2차 무기정간 처분 7.　 활동사진필름검열규칙(총독부령 59 　　 호) 제정 11.31 경성방송국 설립	6.10 만세사건

1927	2.16 「경성방송국」(JODK) 시험방송 12월 마쓰오카 마사오松岡正男(전 오사카 마이니치 경제부장) 『경성일보』사 장취임	4.15 우가키 가즈시게宇垣一成 총독취임 12.10 야마나시 한조山梨半造 총독취임
1928	5. 9 『조선일보』 4차 정간처분 12. 6 『중외일보』 무기정간처분	6.29 치안유지법개정공포(일본칙령) 11.22 대만방송개시
1929	6월 미국신문기자 12명 조선시찰 8. 4 신간회의 언론탄압 비평 대연설회가 종로경찰서에 의해 금지된다. 9월 일본방송협회의 프로그램을 정기적 으로 조선에 중계	4.16 일본공산당원 전국적 대검거 8.17 총독부 독직사건에 의한 야마나시 한조山梨半造 총독파면 사이토 마코토齋藤實 총독취임 11. 3 광주학생운동
1930	3월 『적기』(국외공산주의기관지) 창간 4.16 『동아일보』 10주년기념호부터 무기 정간처분(4.17～9.1) 10월 『중외일보』 무기휴간	1.22 런던군축회의개최
1931	10월 이케다 히데오池田秀雄 『경성일보』사 장에 취임(전 홋카이도 장관) 11. 1 『신동아』(『동아일보』사 월간잡지) 발 간	5.15 「신간회」 해산 6.17 우가키 가즈시게宇垣一成 총독취임 7. 1 만보산사건 7. 2 만주사변발발
1932	4.7 사단법인 「경성중앙방송국」이 「조선 방송협회」로 개칭 10월 도키자네 아키호時實秋穗 『경성일보』 사장으로 취임(전 경기도지사, 전 후쿠오카福岡 시장)	3.1 만주국건국 수도: 장춘長春 연호: 대동大同
1933	2월 『중앙일보』를 『조선중앙일보』로 개제 4.26 경성방송국조선어, 일본어의 이중방 송실시 5.23 축음기, 레코드의 단속규칙, 총독부 령으로 시행	3.27 일본, 국제연맹에서 탈퇴 ＊「대만방송협회」 창립
1934	1월 일본과 상호중계방송시작 8.18 「방송심의회」 창설 10월 「부산방송국」 설립	5.18 임시쌀이입조절법 시행령 (조선미의 이입통제) 공포
1936	6월 다카다 치이치로高田知一郞 『경성일보』 사장에 취임(전 호치신문 간부) 8. 8 조선에 「불온문서임시단속령」을 시행 8.27 『동아일보』제4차 무기정간처분 (일장기말소사건)	8.15 미나미 지로南次郞 조선총독취임

	9. 5 『조선중앙일보』 자주휴간(손기정 선 수 사진의 일장기를 말소 게재한 것 에 의함)	12.12 조선사상보호관찰령 실시 12.18 조선사상보호관찰령 시행규칙 발포
1937	4.17 경성방송국의 제2방송(조선어방송) 조치를 50kW로 확장 5.30 "The Seoul Press"(제1089호) 종간 6. 5 청진방송국개국(50KW) 7.22 「조선중앙정보위원회」 설립	7. 1 「정보위원회」가 「내각정보부」로 확대 7. 7 중일전쟁발발
1938	4.11 다쿠치 쓰케이치田口弼一 『경성일보』 사장에 취임(전 귀족원 의원) 4.29 『매일신문』이 『경성일보』에서 분리 되어 『매일신보』로 개제 10. 1 이리방송국개국(50kW) 10.30 함흥에 이중방송실시(250kW)	2.26 육군특별지원병제도공포 3. 4 조선교육령개정(내선일체를 본지) 5.10 국가총동원법을 조선에 시행 7. 1 국민정신총동원조선연맹발족 8.27 「조선총독부시국대책조사회」 조직
1939	2월 『경성일보』 전조선13도판 발행 6월 『총동원』(국민정신총동원연맹기관지) 발간 10. 1 경성중앙전신국개국 10. 7 미타라이 다쓰오御手洗辰雄 『경성일보』 사장에 취임(전 국민신문 편집국장) * 총독부, 신문통폐합개시	9. 1 제2차세계대전 발발 10.10 창씨개명공포 10.29 「조선문인협회」 결성
1940	1. 4 「조선영화령」 공포 8.10 『동아일보』·『조선일보』 폐간 9월 『조선중앙일보』 폐간 9. 1 경성일보사, 동경에서 조선대박람회 개최 10월 『조광』(조선문종합잡지) 발간	10.12 「대정익찬회」 발족 10.16 「국민총력연맹」 발족 12. 6 「내각정보부」가 「정보국」으로 승격
1941	3.21 광주방송국개국 4월 대구방송국개국 7. 2 「조선영화협회」 창립 11.26 총독부총무국내에 「정보과」 친설 12.13 「신문사업령」 시행에 의해 1도1지로 통폐합 12.26 「조선임시보안령」 시행	1.11 「신문지등 게재제한령」 10.18 도조 히데키東條英機 내각성립 12. 8 태평양전쟁발발 12.13 사단법인 「신문연맹」 설립
1942	2월 『조선신문』, 『조선일일신문』, 『조선 매일신문』은 신문통제에 의해 『경성 일보』로 흡수된다. 2. 5 「일본신문협회」 발족(구 신문연맹)	

	4월 「조선무선통신기단속규칙」 시행 5. 1 「조선신문회」 발족 5월 경성일보사 『황민일보』발간 5.12 전주·진해에 우편검열사무국설치 7월 『경성일보』사장에 다카미야 다헤이 　　　高宮太平가 취임	5.29 고이소 구니아키小磯國昭 총독취임
1943	8월 신문전용무전사용금지 9월 「조선총독부출판통제협의회」 설치	7.28 해군특별지원병제도시행 10.25 학도특별지원병제도시행
1944	9월 요코미조 미쓰테루橫溝光暉 『경성일보』 　　사장에 취임(전 정보위원회간사)	2. 8 국민징용령 4.30 히틀러자살 6.17 미곡강제 공출제실시 7.24 아베 노부유키阿部信行 조선총독에 취 　　임(～1945. 9. 28)
1945	5월 경기도경찰국, 전시유언비어에 휘말 　　리지 않도록 경고 6월 경성일보사원, 경일의용대를 조직 7월 「조선언론보국회」(어용신문단체)발족 11. 1 『경성일보』 폐간(40년의 역사) 11.23 『조선일보』 복간 12. 1 『동아일보』 복간	5. 7 독일무조건항복문서에 서명 8. 6 히로시마廣島에 원자폭탄투하 8. 9 나가사키長崎에 원자폭탄투하 8.15 일본, 포츠담선언을 수락 　　GHQ, 일본정부에 「신문언론의 자유 　　에 관한 건」 지시

찾아보기

기타

이연(李鍊)

이연 교수는 현재 선문대학교 미디어커뮤니케이션 학부 명예교수로 재직하고 있으며, (사)한국재난정보미디어포럼 회장과 재난방송중앙협의회위원을 맡고 있다. 그가 일제하 조선의 언론통제에 관해 연구하게 된 것은 1984년 日本 조치대학(上智大學 : Sophia Univ.)대학원 신문학연구과에 유학하면서부터이다. 특히 도쿄대학東京大学 히로이 오사무広井脩 교수와 '관동대지진과 조선인학살사건'을 공동연구하면서 국가위기관리와 언론통제 정책 연구에 주력하게 된다. 그 후 上智大學 석사, 박사과정을 졸업하면서 일제하 언론통제 연구에 전념한다. 경력으로는 선문대학교 사회과학대학장, 중앙도서관장, 행정대학원장, 대학언론사 주간, 언론중재위원, 국민안전처 기획위원, 행정안전부 기획위원 및 자문교수, 행정안전부 중앙평가위원, 소방방재청 자문교수, 기상청 자문교수, 日本 上智大學 신문학연구과 객원교수, NHK 자문교수(닛포로) 등이 있다.

〈저 서〉
• 『위기관리와 커뮤니케이션』(2003, 학문사)
• 『일본의 방송과 방송문화사』(2006, 학문사)
• 『위기관리와 매스미디어』(2007, 학문사)
• 『정부와 기업의 위기관리 커뮤니케이션』(2010, 박영사)
• 『국가위기관리와 재난정보』(2016, 박영사)
• 『신문, 텔레비전의 소멸』(2010, 아카넷, 역서)
• 『일본의 케이블TV』(1997, 영풍문고 : 공저)
• 『일본 대중문화 베끼기』(1998, 나무와 숲 : 공저)
• 『朝鮮言論統制史』(2002, 日本 信山社)
• 『グローバル社會とメデイア』(2003, ミネルバー : 共著)
• 『サッカー文化の構図』(2004, 道和書院 : 共著)
• 『マス・メディアと冷戦後の東アジア』(2005, 学文社 : 共著)
• 『メディアと文化の日韓関係』(2016, 新曜社 : 共著) 등 다수

일제강점기 조선언론 통제사

초판발행	2013년 10월 31일
제2판발행	2020년 8월 31일
중판발행	2021년 9월 10일

지은이	이 연
펴낸이	안종만·안상준

편 집	조보나
기획/마케팅	오치웅
표지디자인	박현정
제 작	고철민·조영환

펴낸곳	(주) **박영사**
	서울특별시 금천구 가산디지털2로 53, 210호(가산동, 한라시그마밸리)
	등록 1959. 3. 11. 제300-1959-1호(倫)
전 화	02)733-6771
f a x	02)736-4818
e-mail	pys@pybook.co.kr
homepage	www.pybook.co.kr
ISBN	979-11-303-1102-9 93070

copyright©이연, 2020, Printed in Korea

정 가   34,000원